U0840092

安徽省烟草专卖局(公司)年鉴
(2012)

顾　问　问　武　卓俭华　张靖江
　　　　贾零霓　陈爱群　时玉玲
主　编　董建江
副主编　徐海清　陈荣奖　张　宁
编　辑　李　胜　李茂青　李　力　李存跃
　　　　王　飞　朱光银　朱　萌

合肥工业大学出版社

图书在版编目(CIP)数据

安徽省烟草专卖局(公司)年鉴.2012/董建江主编.—合肥:合肥工业大学出版社,2016.7

ISBN 978-7-5650-2844-1

Ⅰ.①安… Ⅱ.①董… Ⅲ.①专卖—烟草企业—安徽省—2012—年鉴 Ⅳ.①F426.89-54

中国版本图书馆 CIP 数据核字(2016)第 142804 号

安徽省烟草专卖局(公司)年鉴(2012)

董建江 主编　　责任编辑 权 怡　　责任校对 何恩情

出 版	合肥工业大学出版社	版 次	2016 年 7 月第 1 版
地 址	合肥市屯溪路 193 号	印 次	2016 年 7 月第 1 次印刷
邮 编	230009	开 本	787 毫米×1092 毫米 1/16
电 话	编 校 中 心:0551-62903210	印 张	33 彩 插 1 印张
	市场营销部:0551-62903198	字 数	830 千字
网 址	www.hfutpress.com.cn	印 刷	安徽联众印刷有限公司
E-mail	hfutpress@163.com	发 行	全国新华书店

ISBN 978-7-5650-2844-1　　定价:98.00 元

8月，国家烟草专卖局局长姜成康（右二）参观考察安庆市局（公司）企业文化展厅

8月，国家烟草专卖局副局长何泽华到马鞍山市局（公司）调研卷烟营销网络建设工作

1月，国家烟草专卖局副局长赵洪顺到合肥市局（公司）调研

7月，国家烟草专卖局总会计师张玉霞调研皖南烟叶公司

4月，宣城市委书记、市人大常委会主任童怀伟到皖南烟叶公司调研

5月，省局（公司）副总经理卓俭华到黄山烟草市场调研

1月，省局（公司）纪检组长鹿军到滁州慰问离退休老同志

6月，省局（公司）副总经理董建江到亳州烟草调研

11月，省局副局长张靖江到淮北市局（公司）调研

2月，全省系统物流工作现场会在宣城市局（公司）召开

安徽省烟草专卖局（公司）服务品牌建设工作推进会在安庆召开

11月22日，全省系统“235”教育实践活动现场会在南陵举行

11月，全省卷烟营销网络建设工作会议在马鞍山市局（公司）召开

3月，铜陵市局（公司）开展“徽映志愿者服务”活动

3月，安庆烟草“徽映”志愿者开展雷锋日活动

3月，淮北市局（公司）开展“3·15”宣传活动

4月，华环公司易地技改项目奠基仪式

5月，亳州市局（公司）慰问烟农留守儿童

5月，“徽映”杯第二届中央暨省驻黄单位男子篮球邀请赛开赛

5月，淮南烟草成立三十周年暨“健身健心”展演

6月，六安市局（公司）与金寨飞机场村联合召开迎“七一”党员大会

6月，中南部区第一届卷烟营销信息交流座谈会在 马鞍山市局（公司）召开

6月，滁州市局（公司）党员赴藕塘烈士陵园参观

6月，全市卷烟打假工作会议在阜阳市局召开

7月，淮北市局（公司）召开安全生产标准化建设启动大会

7月，皖南特色优质烟叶开发研究室揭牌

7月，宿州市局（公司）召开“保持党的纯洁性，迎接党的十八大”主题教育实践活动动员大会

7月，宣城烟草“235”教育实践活动烟田行

8月，黄山市局（公司）“235”教育实践活动演讲比赛

8月，滁州市局（公司）开展“徽映”助学行动

9月，池州烟草“部队型组织”户外拓展培训班合影

9月，池州烟草工会赴基层“三送三慰问”活动

9月，蚌埠市局(公司)爱心捐赠怀远常坟镇镇北小学

10月，合肥烟草大讲堂讲述你我身边的故事

10月，蚌埠市局（公司）举办第十二届专卖业务技能大比武

10月，亳州烟草第八届职工书画摄影展

10月，宿州市局（公司）职工运动会拔河比赛

11月，淮南市局（公司）组织员工观看党的十八大会议

11月，华环公司举行“235”教育实践活动宣誓仪式

12月，合肥烟草开展“慈善一日捐”活动

《安徽省烟草专卖局（公司）年鉴（2012）》撰稿人名单

一、省局（公司）机关撰稿人名单

办公室（外事办、烟草学会）	李　胜
综合计划与企业管理处	彭志斌
专卖监督管理处（内部专卖监督管理处、专卖稽查总队）	骆　亮
烟叶管理处	薛宝燕
卷烟营销管理处	李洪全
物流管理处	朱　宇
人事处（含行业职业技能鉴定站）	常莉莉
财务管理处	黄　芳
审计处	王　丹
法规处	王洪光
科技处（烟草质量监督监测站）	张丽娜
安全保卫处	马云歌
监察处（与党组纪检组合署办公）	韩结红
思想政治工作处（机关党委，含烟草工会）	陈　祁
经济信息中心	秦　玮
离退休人员管理办公室（机关离退休人员服务中心）	康　力
培训中心	王　奎
机关行政管理中心	何　琼
整顿办	缪庆华

二、直属单位撰稿人名单

合肥市烟草专卖局（公司）	干　操
淮北市烟草专卖局（公司）	邢　飞
亳州市烟草专卖局（公司）	李　恒
宿州市烟草专卖局（公司）	武海彦
蚌埠市烟草专卖局（公司）	杨立杰
阜阳市烟草专卖局（公司）	马　震
淮南市烟草专卖局（公司）	耿　辉
滁州市烟草专卖局（公司）	席　凯
六安市烟草专卖局（公司）	陈　武
马鞍山市烟草专卖局（公司）	郭　鑫
芜湖市烟草专卖局（公司）	盛　力
宣城市烟草专卖局（公司）	陶胜利
铜陵市烟草专卖局（公司）	吴永柱
池州市烟草专卖局（公司）	吴卫东
安庆市烟草专卖局（公司）	张娟娟
黄山市烟草专卖局（公司）	吴　艳
华环国际烟草有限公司	计　磊
安徽皖南烟叶有限责任公司	张　萍

出版说明

一、《安徽省烟草专卖局（公司）年鉴》是系统地记述安徽烟草商业系统（以下简称全省系统）专卖管理、卷烟营销、烟叶生产与经营、企业管理与改革、精神文明建设等方面的文献资料，自2006年以来，已出版六卷，本卷是第七卷。本卷翔实记载了全省系统2012年各项工作的发展情况和主要特点，对认识和研究安徽烟草商业系统具有较强的参考价值，也为读者了解和认识安徽烟草商业提供了基础资料。

二、本卷年鉴基本保持往年的编纂框架。全书分为概况、领导与机构、重要报告、重要文件、烟草专卖管理、卷烟营销、物流建设、烟叶生产与经营、管理与服务、全省系统各单位、光荣榜、公益事业、报刊文萃、大事记等十四个栏目。

三、本卷年鉴中的2012年概况、重要报告、重要文件、大事记、报刊文萃由办公室整理提供；概况中的相关数据由卷烟营销管理处和财务管理处提供；其他部分内容分别由行业各单位和省局（公司）相关处室对应提供，资料充分，翔实可靠。

四、本卷年鉴仍以力求完整保存历史资料、为认识安徽烟草商业提供参考为主要目的，力求更加突出资料的权威性、延续性和可读性。

五、本卷年鉴在组稿、编纂和出版过程中，得到了省局（公司）领导的高度重视，机关各部门和行业各单位给予了大力支持，编校人员付出了艰辛努力，在此谨表谢忱。如有疏漏、错误之处，敬请批评指正。

编　者

2015年7月

目 录

安徽省烟草专卖局（公司）概况

领导与机构

重 要 报 告

重要文件

烟草专卖管理

卷烟营销

物流建设

烟叶生产与经营

管理与服务

全省系统各单位

光　荣　榜

公益事业

报刊文萃

大　事　记

安徽省烟草专卖局（公司）概况

安徽省烟草专卖局（公司）2012 年概况

2012 年，安徽省烟草专卖局（公司）面对较为复杂的经济形势，全省系统坚持以邓小平理论、“三个代表”重要思想、科学发展观为指导，紧紧围绕主题主线，认真把握“稳中求进”总基调，加快组织成长，扎实推进各项工作，努力争创“优良作风、优秀文化、优异业绩”，各项工作取得新进展，组织成长展现新气象。

坚持稳中求进，经济运行总体平稳。及早谋划、合理安排，科学分析经济形势，紧跟行业发展大势，注重品牌培育，调整烟叶生产，维护良好秩序，经济运行质量和效益稳中有进。全省系统累计销售卷烟 195.61 万箱，同比增加 2.7 万箱，增幅 1.4%；实现卷烟含税销售收入 469.82 亿元，同比增加 47.45 亿元，增幅 11%；实现利税 99.16 亿元，同比增加 6.23 亿元，增幅 7%，其中利润 57.06 亿元，税金 42.1 亿元；卷烟费用率 5.67%，同比下降 0.36 个百分点。全年销售烟叶 50 万担，其中省外销售 22.1 万担。复烤烟叶 191.05 万担，增幅 10.79%，其中复烤“中华”品牌原料 90 万担；实现烟叶加工收入 3.14 亿元，增幅 19.86%；实现利润 6608.27 万元，增幅 5.14%。

强调质量并进，烟叶生产实现突破。以现代烟草农业建设为统领，以特色优质烟叶开发为重点，努力扩量、提质、夯基。全年落实烟叶种植面积 16.9 万亩，增幅 11.9%，落实焦甜香特色优质烟叶面积 9 万亩。签订收购合同 4530 份，户均规模 37.2 亩，增幅 27.4%。全省收购烟叶 51.4 万担，近 15 年来首次突破 50 万担，其中焦甜香特色优质烟叶 26 万担，增幅 30%。收购均价 20.2 元/公斤，增幅 28.1%。2012 年，省政府牵头建立皖南特色优质烟叶发展联席会议制度。加快特色优质烟叶研究与开发。与上海烟草集团签订原料合作框架协议。启动沪皖现代烟草农业高科技示范园建设。与安徽中烟共建皖南优质特色烟叶开发研究室。继续推进烟叶基地建设，初步形成原料供应基地化格局。稳步推进烟叶基础设施建设，行业投入资金 9860.34 万元，建成烟叶基础设施建设项目 4018 个。

推行“烟叶一生管理”和 GAP 生产理念。积极发展烟叶种植专业户、家庭农场和专业合作社，促进土地流转，烟农种烟收入增加，烟农每亩综合收入 4010.5 元，增幅 35.26%。华环易地技改项目奠基开工并顺利推进。

聚焦品牌培育，营销基础得到巩固。坚持“控总量、调结构、降库存、稳价格”和“渐进式调控”的工作方针，密切关注市场变化，主动加强宏观调控，科学组织有效货源，实现销量稳定增长，荣获国家烟草专卖局年度销售工作考核一等奖。坚持“大品牌、大企业”发展方向，推进“知名品牌培育建功立业”活动，知名品牌稳定发展，“532”、“461”品牌销量、销售额分别增长 15%、14%，“黄山”销量超百万箱，“利群”“红塔山”“玉溪”超 5 万箱。“一高一低”品牌迅速发展，全年一类烟销量增长 22%，“黄山”一类烟销量增长 34%，批发价 680 元/条以上卷烟销量增长 89%，低焦卷烟销量增长 277%，增幅居全国首位。责任品牌共同发展，圆满完成年度培育目标，品牌共同发展格局基本形成。系统规划建设现代卷烟零售终端，召开两次终端建设现场会，总结提升“135”工作法应用水平，提高网上订货覆盖率，提升客户盈利水平，全年零售毛利率 10.3%，同比提高 0.4 个百分点。严格贯彻“六个严禁，一个严控”，突出抓好宣传促销、品牌引进、货源采购、货源投放等重点领域和关键环节。深入开展“天价烟”专项检查，巩固治理成果，维护高端品牌市场价格秩序，初步形成“天价烟”治理长效机制。加快市级公司物流基础设施建设，组织年度物流工作考核，推广 7S 现场管理，推进工商物流一体化，研究配送中心相对独立的运行机制，物流水平明显提升。

关注市场变化，市场监管继续强化。发挥两个联席会议机制作用，积极推动专卖管理社会化进程，加快传统市场监管模式转变，开展专卖柔性执法试点，探索市场监管新途径。协调公安部门，做好涉烟刑事案件管辖权由经侦部门移交治安部门的工作衔接，明确协作机制。突出打团破网，加大市场整治力度，收尾“11-3”专项行动，开展“金龙一号”专项行动，启动“金龙二号”专项行动。按照“三个领先”的要求，全面推进优秀县级局“创建提升年”活动，探索长效机制。试行专卖管理新评价体系，实施专卖队伍建设“活力工程”。全年累计查获涉烟违法案件 2.05 万起，增幅 7.2%，案值 5907 万元；查获违法卷烟 6928 件；查获 10 万元以上案件 73 起，其中真烟案件 58 起，假烟案件 15 起；破获网络案件 40 起，其中国标 5 起，省标 35 起。省局（公司）机关单设内部专卖管理监督处，开展专卖内管委派制专题调研，督办国家局交办的卷烟非法流通案件调查，召开规范经营专题会议，统一思想，提高认识，严肃纪律，开展对工业、商业、烟叶专项检查，专卖内管工作纵深推进。

注重严格规范，基础管理能力提升。上线资产管理子系统与资金监管系统，搭建省市县三级资金监管体系。迎接国家局经济责任审计暨全面审计重点检查。开展质量管理体系省级审核，推进“管理创一流”活动。建设“徽映”标准化质量管理体系信息平台，建成对标管理模块。组织全省专卖法规人员统一培训与考试。补充完善和贯彻执行省市两级制度体系。严格落实安全生产主体责任和监管责任，加大隐患排查治理力度，推进安全生产标准化创建达标，强化安全工作基础。全年接报各类安全生产事故 4 起，为这些年事故起数最少一年。深入推进公开招标、办事公开、专项治理，“三项工作”监管系统上线运行，共审核 2838 个项目，涉及金额 1.85 亿元。完善管理规范免检制度，设置 8 大类 52 项近1000个考核指标，“能进能退”管理机制进一步健全。深化政（企）务公开工作，撰写政务服务工作经验交流材料，代表行业报国务院有关会议，组织编写《民主管理规范性文件汇编》，建设阳光烟草。信息化建设稳步推进，系统集成整合取得新进展，财务信息系统全面建成，人力资源管理信息系统开发与运用取得实质性突破，新办公楼数据中心机房规划设计顺利完成。探索创新体系建设，评选年度科技进步奖，突出科技项目管理，全年申请和授权专利21件，企业标准化建设不断推进，QC小组活动蓬勃开展，取得多项成果。圆满完成各类烟草质量监督检测服务。

加强队伍建设，成长氛围持续优化。以“创先争优引领组织成长”为主题，有效推进“235”教育实践活动，国家局姜成康局长给予“很有特色、很有内容、很有成效”的高度评价，芜湖市南陵县局“235”教育实践活动被中央《深入开展创先争优活动简报》专题刊载，并被人民网等多家主流媒体转载。开展全省系统干部人事劳资工作检查，注重直属单位领导班子建设，调整充实班子成员，组织两个副处级领导干部岗位公开选拔。加强教育培训，组织两期处级干部赴延安干部学院党性修养专题培训班，中科大物流工程硕士班顺利入学开课，会计硕士全国联考取得优异成绩，举办4期科级干部综合知识培训班，累计举办培训项目41个、70期次、培训6238人次。开展3个种类4个等级12批次技能鉴定，组织5个类别岗位技能竞赛。加强青年工作，成立省局（公司）机关团委和“徽映”青年志愿者服务队。强化反腐倡廉建设，开展“保持党的纯洁性、迎接十八大”主题教育实践活动，积极构建廉政风险防控机制，接受国家局巡视组巡视检查。学习贯彻十八大精神，加强基层党组织建设，完成省局（公司）机关党委换届。推进省市两级文化融合与考核验收，直属单位基本完成文化体系融合。推广“感知徽映”中心建设，推进“徽映”服务品牌宣贯培训、行为规范、考核评价体系试点，开展服务品牌管理体系项目研究。“徽映杯”首届体育运动会成功举办。离退休人员管理与服务水平不断提升。召开省烟草学会第五次会员代表大会，完成学会换届选举。网站建设获国家局表彰，新闻宣传得到加强，为企业成长营造较好发展环境。

资料1

全省烟草商业企业2012年主要指标分析表

指标名称	累计（箱）	比例（%）	去年累计	增幅（%）
一、卷烟购进	1951479	100.0	1948406	0.16
省内购进	1275337	65.4	1314454	-2.98
省外购进	676142	34.6	633952	6.66
二、卷烟销量	1956107	100.0	1929118	1.40
省产烟销售	1284691	65.7	1311560	-2.05

（续表）

指标名称	累计（箱）	比例（%）	去年累计	增幅（%）
省外烟销售	671416	34.3	617558	8.72
省内销售	1956107	100.0	1929118	1.40
其中：一类烟	307893	15.7	251796	22.28
二类烟	360964	18.5	292715	23.32
三类烟	569373	29.1	531539	7.12
四类烟	493482	25.2	563633	-12.45
五类烟	224395	11.5	289435	-22.47
三、卷烟库存	108980	100.0	113375	-3.88
省产烟库存	45902	42.1	55208	-16.86
省外烟库存	63078	57.9	58167	8.44

资料 2

全省烟草商业批发企业 2012 年主要经济效益指标分析表

企业名称	卷烟销量(箱)				销售收入(万元)				单条批发均价(元/条)				销售毛利(万元)				单箱毛利(元/箱)			
	本期	上年同期	增幅	排序	本期	上年同期	增幅	排序	本期	上年同期	增幅	排序	本期	上年同期	增幅	排序	本期	上年同期	增幅	排序
全省合计	1956107	1929118	1.40		4698110	4223523	11.24		96.07	87.57	9.70		1026764	965515	6.34		5249	5005	4.88	
皖南小计	435238	370268	17.55		1190294	957225	24.35		109.39	103.41	5.79		266332	225438	18.14		6119	6089	0.50	
皖中小计	827954	873518	-5.22		2198718	2117003	3.86		106.22	96.94	9.58		484048	487610	-0.73		5846	5582	4.73	
皖北小计	692915	685332	1.11		1309098	1149294	13.90		75.57	67.08	12.66		276384	252466	9.47		3989	3684	8.28	
芜湖	122828	85880	43.02	2	322626	217780	48.14	2	105.07	101.43	3.58	15	71133	50470	40.94	2	5791	5877	-1.45	15
宣城	98457	97300	1.19	7	251157	233492	7.57	14	102.04	95.99	6.30	12	55653	54415	2.28	15	5653	5592	1.07	12
池州	53793	53738	0.10	15	143983	132926	8.32	13	107.06	98.94	8.21	9	31749	30834	2.96	13	5902	5738	2.86	9
黄山	52603	52058	1.05	10	141066	129514	8.92	12	107.27	99.52	7.79	10	31708	30552	3.78	11	6028	5869	2.71	10
马鞍山	76648	51135	49.89	1	228390	149373	52.90	1	119.19	116.85	2.00	16	52179	36116	44.48	1	6808	7063	-3.61	16
铜陵	30909	30158	2.49	4	103073	94140	9.49	11	133.39	124.86	6.83	11	23910	23051	3.72	12	7736	7644	1.20	11
合肥	272096	209530	29.86	3	845215	616529	37.09	3	124.25	117.70	5.57	13	189758	145459	30.45	3	6974	6942	0.46	13
滁州	138056	136515	1.13	9	331054	295683	11.96	7	95.92	86.64	10.71	3	72279	67378	7.27	7	5236	4936	6.08	3
六安	164030	162393	1.01	11	393830	353226	11.50	8	96.04	87.00	10.38	5	85080	79487	7.04	8	5187	4895	5.97	4
安庆	168048	170023	-1.16	16	412430	384010	7.40	15	98.17	90.34	8.66	7	89499	87280	2.54	14	5326	5133	3.75	8
巢湖	0	109911			0	263732				95.98			0	61025				5552		
淮南	85725	85146	0.68	14	216190	203823	6.07	16	100.88	95.75	5.35	14	47432	46982	0.96	16	5533	5518	0.28	14
蚌埠	114295	113017	1.13	8	236533	215424	9.80	10	82.78	76.24	8.57	8	50267	47811	5.14	10	4398	4230	3.96	7
阜阳	227560	225504	0.91	12	413579	351446	17.68	4	72.70	62.34	16.62	1	86794	76091	14.07	4	3814	3374	13.03	1
宿州	158636	157558	0.68	13	287041	249781	14.92	5	72.38	63.41	14.14	2	60333	54566	10.57	5	3803	3463	9.82	2
亳州	130072	128048	1.58	6	245266	220311	11.33	9	75.42	68.82	9.59	6	51843	48763	6.32	9	3986	3808	4.66	6
淮北	62352	61206	1.87	5	126677	112332	12.77	6	81.27	73.41	10.70	4	27148	25235	7.58	6	4354	4123	5.60	5

资料 3

全省烟草商业企业 2012 年分类别卷烟销量分析表

单位：箱

单位名称	一类				二类				三类				四类				五类			
	本期	上年同期	增幅（%）	排序	本期	上年同期	增幅（%）	排序	本期	上年同期	增幅（%）	排序	本期	上年同期	增幅（%）	排序	本期	上年同期	增幅（%）	排序
全省合计	307893	251796	22.28		360964	292715	23.32		569373	531539	7.12		493482	563633	-12.45		224395	289435	-22.47	
皖南小计	95974	72380	32.60		71582	52291	36.89		154901	132310	17.07		89984	90428	-0.49		22797	22858	-0.27	
皖中小计	151349	131931	14.72		214101	191177	11.99		205361	216317	-5.06		188367	230736	-18.36		68776	103356	-33.46	
皖北小计	60570	47485	27.56		75280	49246	52.86		209111	182911	14.32		215132	242469	-11.27		132822	163221	-18.62	
芜湖	24704	15008	64.61	1	23242	14389	61.53	4	45519	36637	24.24	3	22766	15465	47.22	2	6597	4382	50.55	1
宣城	19988	17275	15.70	12	11976	10828	10.60	15	35566	32762	8.56	10	25307	29484	-14.17	10	5620	6951	-19.15	6
池州	10216	8968	13.92	15	12884	10189	26.46	9	13866	12321	12.54	6	13591	17848	-23.85	15	3236	4412	-26.66	12
黄山	11353	9704	17.00	11	6462	5352	20.75	11	21423	19291	11.05	8	11164	14943	-25.29	16	2201	2768	-20.49	7
马鞍山	19631	12530	56.67	2	11740	7092	65.54	3	28832	21831	32.07	1	12433	6915	79.78	1	4013	2767	45.00	2
铜陵	10082	8896	13.33	16	5277	4442	18.80	13	9695	9470	2.38	13	4723	5772	-18.17	12	1131	1577	-28.29	14
合肥	65830	42640	54.38	3	81094	60496	34.05	8	59275	49181	20.52	4	52749	45194	16.72	3	13148	12019	9.40	3
滁州	19351	15257	26.83	8	29020	23000	26.18	10	39185	38486	1.81	14	35306	37916	-6.88	7	15194	21856	-30.48	15
六安	22446	17132	31.01	6	45313	38839	16.67	14	36832	33725	9.21	9	42370	49103	-13.71	9	17069	23594	-27.66	13
安庆	27843	24312	14.52	13	40370	33628	20.05	12	46680	41800	11.68	7	39444	49763	-20.74	14	13710	20521	-33.19	16
巢湖	0	19160	-100.00		0	18311			0	28372			0	31824			0	12243		
淮南	15879	13429	18.25	10	18304	16903	8.29	16	23389	24754	-5.51	16	18498	16935	9.23	4	9654	13124	-26.44	11
蚌埠	11918	10427	14.29	14	12184	9059	34.49	7	38507	36747	4.79	12	29318	28532	2.75	5	22369	28252	-20.82	8
阜阳	18275	12948	41.14	4	27393	18261	50.01	5	65132	51678	26.03	2	72307	91121	-20.65	13	44453	51495	-13.68	5
宿州	12618	9930	27.07	7	12987	7587	71.17	2	47523	39537	20.20	5	54048	58886	-8.22	8	31459	41617	-24.41	10
亳州	12488	10254	21.78	9	13471	9109	47.89	6	39317	36258	8.44	11	45494	47636	-4.50	6	19303	24791	-22.14	9
淮北	5271	3925	34.31	5	9245	5230	76.76	1	18633	18692	-0.31	15	13965	16294	-14.29	11	15238	17065	-10.71	4

资料 4

全省烟草商业企业 2011—2012 年分牌号卷烟销量分析表

单位：箱

序号	卷烟牌号	2012 年销量	2011 年销量	同比增加%	序号	卷烟牌号	2012 年销量	2011 年销量	同比增加%
1	黄山	1071140.75	1005854.39	6.49	30	黄果树	2911.32	3290.79	-11.53
2	红三环	176172.17	248823.48	-29.20	31	红山茶	1370.86	1996.69	-31.34
3	利群	61724.96	55175.38	11.87	32	中南海	1266.54	1178.89	7.43
4	红塔山	60090.4	58878.48	2.06	33	兰州	1121.12	1062.24	5.54
5	玉溪	59617.61	56005.81	6.45	34	万宝路（国内）	1117.87	1132.73	-1.31
6	红梅	58647.41	50635.38	15.82	35	都宝	555.44	1666.42	-66.67
7	雄狮	47134.36	42709.26	10.36	36	钻石	486.02	364.82	33.22
8	南京	46576.03	41825.24	11.36	37	555	309.08	281.4	9.84
9	中华	41251.99	35503.36	16.19	38	狮牌	245.81	142.48	72.52
10	白沙	40098.48	41072.83	-2.37	39	猴王	188.64	462.61	-59.22
11	云烟	37277	32302.89	15.40	40	黄山松	160.2	149.4	7.23
12	盛唐	36569.49	54972.25	-33.48	41	真龙	142.12	530.31	-73.20
13	黄鹤楼	33502.77	20266.97	65.31	42	熊猫	122.45	123.4	-0.77
14	双喜·红双喜	32851.76	26933.32	21.97	43	庐山	116.85	503.8	-76.81
15	苏烟	28646.29	21725.34	31.86	44	好猫	83.48	87.15	-4.21
16	哈德门	23004.65	23135.24	-0.56	45	王冠	81.99	81.86	0.16
17	芙蓉王	17883.41	15190.68	17.73	46	长城	34.04	10.14	235.70
18	黄金叶	10489.39	6862.29	52.86	47	爱喜	29.6	16.99	74.22
19	红河	7439.45	14226.36	-47.71	48	茂大	23.16	0	
20	红金龙	7222.4	10952.79	-34.06	49	味美思	11.27	12.14	-7.17
21	娇子	6923.28	5455.54	26.90	50	小熊猫	2.59	2134.37	-99.88
22	长白山	6849.5	6196.08	10.55	51	林海灵芝	0.06	126.59	-99.95
23	红旗渠	6674.33	10333.17	-35.41	52	一品梅	0	163.57	-100.00
24	七匹狼	5880.14	4947.22	18.86	53	大红鹰	0	1673.06	-100.00
25	大前门（上海）	5712.47	6849.05	-16.59	54	将军	0	5.33	-100.00
26	红杉树	5707.52	7570.32	-24.61	55	帝豪	0	99.22	-100.00
27	金圣	4234.17	2380.42	77.87	56	甲天下	0	39.04	-100.00
28	贵烟	3266.66	2664.55	22.60	57	老仁義	0	118.86	-100.00
29	泰山	3138.06	2215.1	41.67	58	天子	0	0.71	-100.00

资料 5

全省系统 2012 年主要财务指标总表

单位：万元

单位	卷烟不含税收入			烟叶本年销售收入	利润			税金			利税			资产总额	负债合计	所有者权益
	本年累计	上年同期	同比增减%		本年累计	上年同期	同比增减%	本年累计	上年同期	同比增减%	本年累计	上年同期	同比增减%			
全省合计	4016817	3615392	11	62898	571158	544957	5	437949	396713	10	437949	941670	-53	2319986	176564	2143423
批发小计	4016817	3615596	11	11001	566165	540865	5	420986	381977	10	420986	922842	-54	1719759	101787	1617972
合肥市公司	722524	757367	-5	0	116987	127444	-8	76467	80191	-5	76467	207636	-63	303117	14232	288885
淮北市公司	108271	96206	13	0	14104	13182	7	11101	10325	8	11101	23507	-53	55733	3195	52538
亳州市公司	209629	188300	11	4020	13601	15244	-11	21818	20694	5	21818	35937	-39	45167	4758	40408
宿州市公司	245334	213648	15	0	30408	26776	14	24640	21909	12	24640	48685	-49	90687	8704	81983
蚌埠市公司	202165	184174	10	0	23561	22608	4	20827	19266	8	20827	41874	-50	69434	5482	63952
阜阳市公司	353487	300381	18	964	43253	36746	18	37041	29780	24	37041	66526	-44	107600	6867	100733
淮南市公司	185255	174208	6	0	28567	28900	-1	19130	19039	0	19130	47939	-60	83096	3144	79952
滁州市公司	282952	252720	12	0	38150	36310	5	28745	26885	7	28745	63195	-55	111457	10116	101341
六安市公司	337082	301903	12	0	52634	50234	5	35390	31076	14	35390	81310	-56	152261	9547	142713
马鞍山市公司	195205	127669	53	0	31563	22578	40	21834	13532	61	21834	36110	-40	100701	4568	96133
芜湖市公司	275748	186137	48	0	46673	33701	38	29640	19259	54	29640	52960	-44	145319	5616	139703
宣城市公司	214664	199586	8	0	29169	29826	-2	22315	22032	1	22315	51858	-57	109548	5142	104407
铜陵市公司	88096	80461	9	0	15810	14734	7	9503	8799	8	9503	23533	-60	50101	3531	46570
池州市公司	123330	113816	8	6018	14541	16936	-14	14143	12820	10	14143	29756	-52	56425	4712	51713
安庆市公司	352504	328323	7	0	51285	50338	2	35564	34303	4	35564	84641	-58	165096	6666	158430
黄山市公司	120570	110696	9	0	15858	15309	4	12828	12067	6	12828	27376	-53	74017	5508	68509
其他小计	0	0		51896	14390	11614	24	16578	14505	14	16578	26119	-37	197661	59413	138248
蚌埠储运	0	0		0	-926	-1210	-23	289	208	39	289	-1002	-129	33199	427	32771
华环	0	0		0	6607	6285	5	5075	6527	-22	5075	12812	-60	74806	7705	67101
皖南烟叶	0	0		51896	8709	6539	33	11215	7770	44	11215	14309	-22	89656	51281	38375
省公司小计	0	0		0	-9396	-7886	19	385	231	67	385	-7655	-105	879884	27417	852467
省公司本部	0	0		0	-9396	-7886	19	385	231	67	385	-7655	-105	879884	27417	852467

领导与机构

安徽省烟草专卖局（公司）领导成员

党组书记、局长、总经理：问　武
党组成员、副局长：王汉文（行政正厅级）（　—2012. 10）
党组成员、巡视员、副总经理：卓俭华（2012. 11—　）
党组成员、纪检组长：鹿　军
党组成员、副总经理：董建江
党组成员、副局长：张靖江（2012. 11—　）
总会计师：贾零霓（女）
副巡视员：曹永钦
副巡视员：叫正坤
副巡视员：陈爱群（2012. 11—　）
副巡视员：时玉玲（女）（2012. 11—　）

全省系统各单位领导班子成员

合肥市烟草专卖局（公司）
党组书记、局长、经理：丁云水（　—2012. 06）
党组书记、局长、经理：张丙利（2012. 06—　）
党组成员、副局长：杨忠传（行政正处级）（　—2012. 01）

党组成员、纪检组长：纪　萍（女）（行政正处级）
党组成员、副局长：葛鲁民（2012. 06—　）
党组成员、副经理：杨二宝（2012. 06—　）
党组成员、副经理：杨　波（　—2012. 06）
党组成员、副经理：刘　玲（女）

淮北市烟草专卖局（公司）

党组书记、局长、经理：张雪松
党组成员、副局长、纪检组长：彭祥影
党组成员、副局长：冯西伦（　—2012. 04）
党组成员、副经理（调研员）：徐爱红（女）（2012. 10—　）
党组成员、副经理：李　刚
党组成员、副局长：张建华（2012. 12—）

亳州市烟草专卖局（公司）

党组书记、局长、经理：李成贵
党组成员、副局长、纪检组长：郭　卢（行政正处级）（　—2012. 06）
党组成员、副局长：郭　卢（行政正处级）（2012. 06—　）
党组成员、副经理：尹德奎
党组成员、副局长：黄文浩
党组成员、纪检组长：崔志伟（2012. 06—　）
总会计师：锁　杰

宿州市烟草专卖局（公司）

党组书记、局长、经理：王世华（　—2012. 11）
党组书记、局长、经理：丁惠萍（女）（2012. 11—　）
党组成员、副经理：姜　平
党组成员、副局长：张　浩
党组成员、纪检组长：于孝江
党组成员、副经理：白云彦

蚌埠市烟草专卖局（公司）

党组书记、局长、经理：张丙利（　—2012. 06）
党组书记、局长、经理：童学根（2012. 06—　）
党组成员、副经理：桑保国（行政正处级）
党组成员、副局长：刘士彬（行政正处级）
党组成员、副经理：刘和平
总会计师：余成好

阜阳市烟草专卖局（公司）

党组书记、局长、经理：昝兴标（　—2012. 08）

党组成员、副局长、副经理：胡志刚（　—2012. 08）

党组成员、副局长、副经理（主持工作）：胡志刚（2012. 08—　）

党组成员、副局长：陈海峰（行政正处级）

党组成员、副经理：岳　文

党组成员、纪检组长：李海峰

总会计师：王红梅（女）

淮南市烟草专卖局（公司）

党组书记、局长、经理：孙太勇

党组成员、纪检组长：李乐志

党组成员、副经理：刘燕林（2012. 07—　）

党组成员、副局长：张　骥

总会计师：朱继伟

滁州市烟草专卖局（公司）

党组书记、局长、经理：程旭东

党组成员、副经理：何　军（行政正处级）

党组成员、纪检组长：贾新善

党组成员、副局长：孙志强

总会计师：江　南（女）

六安市烟草专卖局（公司）

党组书记、局长、经理：时玉玲（女）（　—2012. 11）

党组书记、局长、经理：王世华（2012. 11—　）

党组成员、副局长：杨成明（　—2012. 06）

党组成员、副经理（调研员）：杨成明（2012. 06—　）

党组成员、副经理：杨二宝（　—2012. 06）

党组成员、纪检组长：卢应元

党组成员、副局长：张海超（2012. 06—　）

马鞍山市烟草专卖局（公司）

党组书记、局长、经理：胡家木（　—2012. 12）

党组副书记、副局长、副经理（主持工作）：施书林（2012. 12—　）

党组成员、副经理：张树华（行政正处级）

党组成员、副局长：凤利民

党组成员、纪检组长：姚明海
总会计师：潘武兵（2012. 06—　）

芜湖市烟草专卖局（公司）
党组书记、局长、经理：谢建生（　—2012. 12）
党组书记、局长、经理：胡家木（2012. 12—　）
党组成员、副局长、副经理：施书林（　—2012. 12）
党组成员、副局长：张绪金（行政正处级）
党组成员、副经理：俞宏武
党组成员、纪检组长：舒　庆
党组成员、副经理：吴必祥

宣城市烟草专卖局（公司）
党组书记、局长、经理：齐美生
党组成员、副局长：胡守华
党组成员、副经理：吴修军
党组成员、纪检组长：陈顸栋

铜陵市烟草专卖局（公司）
党组书记、局长、经理：陈长生
党组成员、副经理：王　凯
党组成员、副局长：江　兴
党组成员、纪检组长：秦敬松
总会计师：李广琪

池州市烟草专卖局（公司）
党组副书记、副局长、副经理（主持工作）：吴兰田（行政正处级）（　—2012. 06）
党组书记、局长、经理：吴兰田（2012. 06—　）
党组成员、副局长：王　鸿
党组成员、纪检组长：吴文化
副经理：杨建正
副经理：李　田

安庆市烟草专卖局（公司）
党组书记、局长、经理：范家福
党组成员、副局长、副经理：尹建国（行政正处级）（　—2012. 03）
党组成员、副经理：王宏才（行政正处级）
党组成员、纪检组长：李生斌（　—2012. 11）

党组成员、副局长：林晓跃

黄山市烟草专卖局（公司）

党组书记、局长、经理：张后全（ —2012. 12）
党组副书记、副局长、副经理：刘新华（ —2012. 12）
党组副书记、副局长、副经理（主持工作）：刘新华（2012. 12— ）
党组成员、副局长、纪检组长：吴伟利
党组成员、副经理：方贻斌
党组成员、副局长：杨辉扬
总会计师：张味英

蚌埠烟叶储运公司（华环国际烟草有限公司）

党委书记、总经理（董事）：王 辉
党委副书记、副总经理、调研员（董事）：王亚光（2012. 07— ）
党委副书记、纪委书记、工会主席：刘德功
副总经理：张培智
副总经理（涡阳烟叶复烤厂厂长）：刘燕林（ —2012. 07）
副总经理：汪海生（2012. 07— ）
副总经理：李清朗（2012. 07— ）
总会计师：陈宏斌（2012. 07— ）

安徽皖南烟叶有限责任公司

党组书记、董事长、总经理：王道支
党组成员、董事、副总经理：徐玉亮
党组成员、副总经理：吴义军
党组成员、纪检组长：张武汉
总农艺师：季学军

安徽省烟草专卖局（公司）2012年内部机构一览表

序号	机　构　名　称
一、职能部门（14个）	
1	办公室（外事办公室、烟草学会）
2	综合计划与企业管理处
3	专卖监督管理处（内部专卖监督管理处、专卖稽查总队）
4	烟叶管理处
5	卷烟营销管理处
6	物流管理处
7	人事处（含行业职业技能鉴定站）
8	财务管理处
9	审计处
10	法规处
11	科技处（烟草质量监督检测站）
12	安全保卫处
13	监察处（与党组纪检组合署办公）
14	思想政治工作处（机关党委、含烟草工会）
二、专业部门（4个）	
1	经济信息中心
2	离退休人员管理办公室（机关离退休人员服务中心）
3	培训中心
4	机关行政管理中心
三、非常设机构（1个）	
1	整顿办
省局（公司）领导	
巡视员、副巡视员	

全省系统各单位内部机构设置情况

一、合肥市局（公司）

1. 内设：办公室（基建办）、人事科、财务管理科、安全保卫科、整顿与企业管理办公室、法规科、政工科（工会）、纪检组监察室、审计派驻办、信息中心、巢湖离退休人员服务管理办公室、专卖管理科、卷烟营销中心、卷烟配送中心。

2. 下辖巢湖市烟草专卖局（营销部）、庐江县烟草专卖局（营销部）、肥东县烟草专卖局、肥西县烟草专卖局、长丰县烟草专卖局、瑶海区烟草专卖局（营销部）、包河区烟草专卖局（营销部）、庐阳区烟草专卖局、蜀山区烟草专卖局。

二、淮北市局（公司）

1. 内设：办公室、专卖监督管理科、营销中心、配送中心、人力资源科、政工科、财务管理科、审计科、纪检监察室、法规科、安全保卫科、信息技术中心等12个部门。

2. 下辖濉溪县局（营销部）、直属分局（营销部）。

三、亳州市局（公司）

1. 内设：整顿办、办公室、纪检监察（督查）室、人力资源科（政工、工会）、专卖管理监督科（含内部专卖管理监督科）、安全保卫科、财务管理科、法规科、审计科、营销管理中心、卷烟配送中心、烟叶生产经营中心、信息技术中心。

2. 下辖涡阳、蒙城、利辛县局（营销部）和谯城区直属分局（营销部）。

四、宿州市局（公司）

1. 内设：办公室、监察室（督查中心）、专卖监督管理科（稽查支队、内部专卖管理监督科）、财务管理科、人力资源科（政工科）、安全保卫科、审计科、卷烟营销中心、卷烟配送中心、信息中心、法规科、整顿办（临时办事机构）等12个部门。

2. 下辖灵璧、泗县、萧县、砀山县局（营销部）和埇桥直属分局（营销部）。

五、蚌埠市局（公司）

1. 内设：办公室、专卖监督管理科（内部专卖管理监督科）、营销管理中心、人力资源科、财务管理科、卷烟配送中心、安全保卫科、监察室、政工科、法规科、信息技术中心、审计派驻办。

2. 下辖怀远、固镇、五河3个县局（营销部）和直属分局、本级营销部。

六、阜阳市局（公司）

1. 内设：办公室、纪检监察室（整顿办）、专卖管理科（含内部监管、稽查支队）、财务管理科、人力资源科、政工科（工会）、法规科、安全保卫科、营销管理中心、卷烟配送中心、烟叶生产经营中心、信息技术中心、审计派驻办公室。

2. 下辖临泉、阜南、太和、界首、颍上县局（营销部）和直属分局（营销部）。

七、淮南市局（公司）

1. 内设：办公室（基建办）、纪检监察室、审计驻派办、法规科、信息中心、卷烟营销中心、卷烟配送中心、财务管理科、专卖管理科、人力资源科（政工科、工会）、安保科、整顿办。

2. 下辖凤台县局（营销部）、田家庵大通分局（营销部）、谢家集八公山分局（营销部）、潘集分局（营销部）、毛集分局、山南分局。

八、滁州市局（公司）

1. 内设：办公室、人力资源科、政工科（机关党委、工会）、财务管理科、纪检组监察室（督查中心）、审计派驻办、法规科、信息中心、安全保卫科、专卖管理科、卷烟营销中心、卷烟配送中心、整顿办、基建办。

2. 下辖来安、全椒、明光、定远、凤阳、天长县局（营销部）和直属分局（营销部）。

九、六安市局（公司）

1. 内设：人力资源科、专卖监督管理科（稽查支队）、财务管理科、安全保卫科、政工科（工会、机关党委）、营销管理中心、卷烟配送中心、信息技术中心、办公室（基建办）、企管办、纪检组监察室（督查中心）、审计科、法规科（企管办）、整顿办。

2. 下辖寿县局、霍邱县局、舒城县局、霍山县局、金寨县局（营销部），皋城分局、叶集分局。

十、马鞍山市局（公司）

1. 内设：办公室、人力资源科（老干部服务中心）、政工科（工会）、财务管理科、专卖监督管理科（内部专卖管理监督科、稽查支队）、卷烟营销中心（网建办）、卷烟配送中心、纪检监察室（企管办）、法规科、安全保卫科、审计派驻办（整顿办）、信息技术中心。

2 下辖含山、和县、当涂县局（营销部）和钢城分局（营销部）。

十一、芜湖市局（公司）

1. 内设：办公室、人力资源科、财务管理科、纪检组监察室（整顿办）；专卖管理科（内部专卖管理监督办公室），审计科（安徽省烟草公司芜湖市公司审计派驻办）、安全保卫科、法规科、政工科（机关党总支办公室、工会）、营销管理中心、卷烟配送中心、信息技术中心。

2. 下辖芜湖县局、南陵县局、繁昌县局、无为县局（营销部）和直属分局。

十二、宣城市局（公司）

1. 内设：办公室、纪检监察室、企业管理办公室、人力资源科、安全保卫科、政工科、法规科、财务管理科、专卖监督管理科、营销管理中心、信息技术中心、卷烟配送中心、审计派驻办。

2. 下辖郎溪、广德、宁国、泾县、绩溪、旌德等6个县局（营销部）和宣州区分局（营销部）。

十三、铜陵市局（公司）

1. 内设：办公室、纪检组监察室（督查中心）、审计派驻办、财务管理科、人力资源科、政工科（工会、机关党办）、法规科、安全保卫科、整顿办、专卖监督管理科（稽查支队、内部监管办）、信息中心、营销管理中心（营销部、采购部、订单部）、卷烟配送中心（储配部、送货部）。

2. 下辖铜陵县局（营销部）和铜都直属分局。

十四、池州市局（公司）

1. 内设：办公室、卷烟营销中心、卷烟配送中心、专卖管理科（内管科）、安全保卫科、财务管理科、人力资源科、监察室（纪检组、督查督办中心、整顿办）、法规科、审计派驻办、信息中心、政工科。

2. 下辖贵池区、东至县、石台县、青阳县等4个县级局（营销部）及九子山宾馆、烟叶生产经营中心。

十五、安庆市局（公司）

1. 内设：办公室（基建办）、专卖监督管理科（内部专卖监督管理科、稽查支队）、营销管理中心（网建办）、卷烟配送中心、人力资源科、财务管理科、审计派驻办、法规科、安全保卫科、纪检监察室（督查中心）、政工科（机关党委、工会、老干办）、信息数据中心、整顿办（企管办）。

2. 下辖桐城、怀宁、枞阳、潜山、岳西、太湖、望江、宿松县局（营销部）和宜城局（营销部）。

十六、黄山市局（公司）

1. 内设：办公室、安全保卫科、专卖管理科（内部专卖管理监督办公室、稽查支队）、纪检监察室（整顿办）、法规科（督查中心）、财务管理科、审计派驻办、人力资源（政工）科、接待办（机关服务中心）、营销管理中心、卷烟配送中心、信息技术中心。

2. 下辖屯溪区、徽州区、歙县、休宁县、祁门县、黟县、黄山区等7个区、县局（营销部）。

十七、华环国际烟草有限公司

1. 内设：办公室、财务部、行政事业部、专卖与审计部、市场业务部、人力资源部、安保部、技术中心、工会、政工部、设备部、生产部、物流部、信息中心。

2. 下辖华环加工中心、涡阳烟叶复烤厂两个分支机构。

十八、安徽皖南烟叶有限责任公司

1. 内设：公司总部目前设有技术研发、生产经营、综合管理三个部门。

2. 下辖宣州、郎溪、芜湖、南陵、黄山5个经理部及8个烟叶收购站（点）。

重要报告

姜成康局长、李克明副局长视察安庆烟草时的讲话

（根据录音整理，未经本人审阅）

2012 年 8 月 29 日

国家烟草专卖局局长姜成康：

尊敬的海嵩副省长、朱书记，感谢你们专程陪同一起到安庆烟草来调研，感谢安徽省委省政府和安庆市委市政府的重视。这是我第一次来安庆，所以对我来说，所看到的都是全新的东西。刚才家福同志把安庆烟草的工作作了一个简要的汇报，克明局长对安庆烟草的工作也提出了明确的要求，我非常同意。利用这个机会，对安庆烟草的工作和发展，谈一些个人的想法。

第一是要充分肯定安庆烟草的各项工作。虽然我没来过安庆，但是省局问武局长，包括以前的江太平同志都曾介绍过安庆，对安庆烟草还是有一些粗略的了解。虽然今天来的时间很短，看了安庆烟草的“感知徽映”中心，看了企业文化展示厅，又听了家福同志的汇报，给我留下了非常深刻的印象。

我认为“感知徽映”中心建设很有特点，体现创新，富有成效。我认为，“感知徽映”中心的功能，是服务的窗口，宣传的阵地，交流的平台，体验的中心。把这四个方面的功能，能够很好地融合在一起，对我们安徽烟草、安庆烟草文化的宣贯，对提升安徽烟草、安庆烟草的形象，都发挥了直接的作用。

服务的窗口，比较好的体现了为卷烟工业企业服务，为零售户服务，这是我们商业企业的灵魂。刚才在现场介绍，工业企业在中心进行品牌推介等。宣传的阵地，通过触摸屏，把烟草相关法律法规、相关政策、企业规章制度、紧俏烟分配原则等都比较全面地进

行了宣传展示。这是烟草与社会的交流平台，我们今天看到，银行和零售户在现场进行交流，人家不一定就要到你的办公楼来。另外还是产品体验的中心，苹果产品在体验方面做得很好，其商业运作非常成功。乔布斯的天才不仅体现在技术创新上，更体现在商业能力上。所以，上午看了融四种功能于一体的"感知徽映"中心，印象非常深刻。

企业文化展示厅，我认为安庆烟草以"和"为核心理念的企业文化，有丰富的内涵，完整的体系，生动的实践，这一切都转化为推动企业发展、员工成长的强大动力。在刚才的介绍中，简单做人、扎实工作、快乐生活给我留下非常深刻的印象，这就是"和"文化丰富内涵的体现之一。还有，"和"文化落地的十个标志——"和"在发展、"和"在班子、"和"在队伍、"和"在阳光、"和"在岗位、"和"在责任、"和"在生活、"和"在成长、"和"在共赢、"和"在安全等等，都是一个非常完整的体系。另外，文化还需要实践。安庆烟草的"和"文化实践是很生动的，比如说刚才你们的解说，七个领导班子成员上台上演了"七仙男"下凡，这是你们精神生活的一个展示。最后在文化展厅的荣誉室面前，很多国家局、省委省政府或省局、当地政府颁发的奖牌，这些都是通过生动实践所体现出来的，最后就转化为推动企业发展、员工成长的强大动力。所以安庆烟草的整体工作，在品牌培育、内部管理、规范自律、员工队伍提升等方面，我认为都起着非常明显的作用。

第二个问题，就"235"教育实践活动提几点我个人的看法。

刚才家福同志将安庆市局（公司）开展"235"教育实践活动作了简要介绍。安庆市局（公司）是国家局开展"235"教育实践活动的试点单位，从刚才的介绍来看，我认为是符合国家局要求的，非常具有成效的。采取一些活动的形式，也是非常有特点的。希望按照国家局的要求，把这些活动扎实深入地开展下去。这里面我想强调几点。

一是开展"235"教育实践活动要以领导班子、领导干部为重点。以领导班子、领导干部为重点，我认为就是各级领导班子、领导干部想问题、做决策、办事情是否符合"235"教育实践活动的总体要求。首先是各级领导班子、领导干部要把国家利益至上、消费者利益至上作为我们一切工作的出发点。如果这个问题能够解决好，严格规范的各项要求就能够落到实处，在社会上就能够树立负责任的良好形象。其二是要把"三个始终"作为领导班子、领导干部的自觉行为。始终把烟农的利益放心上，始终把零售客户的利益放心上，始终把基层员工的利益放心上。全国524万零售户是一个很大的群体。刚才在"感知徽映"中心和一位零售户交流，他们家60多平方米的店面，主要营业收入来源于卷烟销售，大概毛利率能达到10%到12%，这笔收入也是非常可观的。其三是讲到"五种意识"。当前我认为最重要的是责任意识和忧患意识。如果能做到这三点，我想我们这个行业就能够保持一个很好的发展态势，就能经受住各种挑战。

第二，要以解决突出问题为主要任务。开展"235"教育实践活动，我认为最重要的是要联系实际，联系思想实际，联系工作实际，解决存在的突出问题。刚才汇报中讲到要解决精神懈怠的危险和能力不足的问题。按照胡总书记在建党九十周年的讲话要求，除了要解决精神懈怠、能力不足的问题，还要解决脱离群众的危险和消极腐败的危险，确保行业能够保持较长时期的快速增长，始终保持满腔热情、富有激情、充满智慧、奋力创新的精神状态。从2001年到2011年十年间，全行业年均增长20%，利税从1000亿到了7000亿，今年上半年增长16.8%。在行业发展处于这样良好的态势下，我们各级领导干部能不能始终保持良好的精神状态，这是我们需要解决的问题。第二个要解决能力不足的问题。怎么适应形势发展变化，怎么积极应对各种挑战和考验，提高我们应对复杂局面的能力，领导科学发展的能力。目前我认为最重要的就是培育品牌的能力。这次到安徽来开会就是要开黄山品牌的培育会，要推出“天都”“红方印”，怎么把这两种烟培育好，能不能培育好，我认为就是对我们培育品牌能力的一次检验。当然我们还要联系实际，把“三个始终”落到实处，把烟农、零售户和基层员工的利益放在心上，牢固树立“五种意识”，谨记消极腐败的危险。讲五种意识，我就强调两点：一是每个人都要有敬畏之心，对权力的敬畏，对老百姓的敬畏，对职工的敬畏；另外一个就是要言行一致，表里如一。

第三个方面，要以推动工作水平的全面提升，促进企业的持续健康发展为根本目的。开展“235”教育实践活动的目的就是推动企业持续健康发展，推动工作水平全面提升，促进企业的持续健康发展。虽然我们今天来的时间很短，但是看到安庆烟草的工作还是有比较扎实的基础，也体现了比较高的水平。在目前这样的状态下，怎么把我们的水平进一步提升？用工分配制度怎么进一步深化？工资增长的竞争机制怎么建立？员工的积极性怎么持续地提高？我想这都是需要我们好好研究的问题，这里面很多工作都可以去做。问武同志专门和我讲过这个问题，安庆当时也是用工改革的一个试点单位。另外要促进企业持续健康发展，作为一个市级公司，去年税利 8.3 亿，发展到这个阶段不容易。对于地方企业来说，也是很高的水平。今后如何保持持续健康发展，这些都很重要。

关于“235”教育实践活动，还是以领导班子、领导干部为重点，以解决突出问题为主要任务，以促进工作水平的全面提升和企业的持续发展为根本目标。我希望你们在这方面，创造更多的经验，为行业全面开展这项活动发挥更好的示范带头作用。

最后，再次感谢海嵩副省长、朱书记对我们烟草工作的支持。

国家烟草专卖局副局长李克明：

尊敬的海嵩副省长、朱书记，上午看了“感知徽映”中心和企业文化展厅，听了家福同志的工作汇报，我觉得朱书记对烟草工作给予了很多的关心和支持，我感觉安庆烟草按照国家局和省局（公司）的工作重点和要求，在培育品牌、服务客户、队伍建设三个方面很有特色，印象很深。

在培育品牌方面，刚才的品牌体验，以及工商与零售客户的互动，特别是在品牌的传播方面，我觉得还是很有特色的。服务客户方面，包括资金运作方面的服务，对客户经营能力的服务方面，都做了很多的尝试和创新。另外一个就是队伍建设，员工培训、员工成长以及老干部工作等方面，都很有成效。

作为国家局“235”教育实践活动的试点单位，希望安庆市局（公司）按照国家局教育实践活动的总体要求，重在教育，重在实践，把“235”教育实践活动与领导班子建设结合起来，这也是上个月在浙江的试点工作会议上提出来的。希望安庆市局（公司）领导班子率先垂范。通过教育实践活动，使班子建设得到进一步加强。二是将“235”教育实践活动与思想政治建设有机结合起来。通过开展教育实践活动，使我们行业的共同价值观在整个的员工队伍中进一步的确立起来。同时，重在实践，通过教育实践活动，进一步提升服务品牌的能力，特别是服务客户的能力。就像刚才家福同志讲的零售户“我感动、我喜欢、我参与、我快乐、我实惠、我支持”。这对于我们下一步组织好“235”教育实践活动都是一种新的启发。

作为试点单位，希望安庆市局（公司）为行业教育实践活动创造经验，创新方法，取得更好的效果，在全行业起到引领的作用。

姜成康局长，何泽华、李克明副局长视察安徽烟草商业时的讲话

（根据录音整理，未经本人审阅）

2012 年 8 月 30 日

国家烟草专卖局局长姜成康：

这次到安徽烟草专卖局调研，主要是参加下午召开的“黄山”品牌发布会，这次会议是今年 3 月份李斌省长在北京与我们交换意见后确定下来的。今年品牌会不多，主要有三个，这是第一个，这也充分体现出国家局对黄山品牌发展的高度重视。这次到安徽烟草调研，何局长调研的基层单位比较多，到铜陵、芜湖、马鞍山、宣城，沿途对卷烟销售，特别是皖南特色烟叶开发进行调研，并提出了明确要求。昨天到安庆，看了安庆市局（公司）的“感知徽映”中心，了解了安庆市局（公司）的企业文化建设，听取了安庆市局（公司）的汇报，就安庆市局（公司）的工作谈了几点想法。今天上午，在一楼看了安徽省局（公司）开展“235”教育实践活动图片展。由于时间关系，问武同志准备了书面汇报材料，刚才也翻阅了汇报材料。利用这个机会谈谈安徽烟草商业系统的工作，主要谈两点意见：

一、对安徽省局（公司）党组的工作给予充分肯定

上次来安徽，是 2010 年参加“黄山”精品线的奠基工程，是同何局长一起来的。两年过去了，安徽省局（公司）按照国家局党组的总体部署，结合安徽烟草的实际，卓有成效地开展工作，取得了明显的进步和发展，对安徽省局（公司）的工作，国家局是满意的，要给予充分的肯定。从安徽烟草近两年的发展来看，我认为，第一是烟叶基础工作在不断地加强。安徽烟叶规模不大，但是很有特色，（每年）大概 50 万担左右，今年突破了 50 万担，很不容易，很不错。问武同志说目标是 80 万担，我很赞同这个想法。安徽烟叶北烟南移，效果很明显，原来安徽烟叶主要是在阜阳、亳州、蚌埠，还有一个门台子复烤厂。现在重点是在皖南地区。刚才何局长讲了，烟叶焦甜香的特质还是比较明显，这就是最大的亮点，最突出的特色，规模不大但很有特色。通过这几年的努力，我认为皖南的烟叶得到了很好的发展和评价。一个是规模在稳步扩大，刚才也讲了。第二个是户均种植面

积在明显增加。今年突破50亩。应该说，规模种植基本实现，或者说已经实现规模种植。我们全国户均种植面积46.7亩，基本实现或已经实现规模种植。基础设施也在不断加强，最为重要的是围绕着焦甜香特色，我们的栽培基础措施，各项管理得到了综合配套。所以，皖南烟叶的发展很有意义。第二是市场营销水平在不断提升。刚才我看了你们的汇报材料，重点品牌在安徽市场的发展我认为还是很好的，零售终端建设也很有自己的特色。看了马鞍山，一线营销人员的素质也是在不断地提高。第三是严格规范工作得到了比较好的落实。不论是市场监管、内部专卖管理，还是“两项工作”的有效推进，国家局严格规范的各项要求在安徽烟草（都）得到比较好的落实，促进了安徽烟草持续健康的发展。第四是队伍建设，队伍的素质得到进一步提高。昨天我们在安庆看“感知徽映”中心，我看了以后认为很有特色，也体现了创新，也卓有成效。昨天我讲了，“感知徽映”中心是服务的窗口、宣传的阵地、交流的平台，很符合产品体验的宗旨。在安庆看了企业文化建设，还有“235”教育实践活动，特别是刚才看了省局（公司）“235”教育实践活动图片展，我认为很有特色，很有内容，很有成效。第一个是很有特色。主题非常鲜明，把国家局“235”教育实践活动总体要求跟安徽烟草的实际找到了一个很好的结合点。结合点很重要，安徽省局开展的“235”教育实践活动有主题，各个地市有各个地市的主题，各个部门有各个部门的主题，各个部门的主题还是很有特色的，各个地市的主题还是很新颖的，我认为这个结合点找得很好。第二个是很有内容。我们把“235”教育活动跟领导班子建设、跟基层组织创优、跟加强对员工思想教育有机结合在一起。你们提出来的“创三先争三优”，我认为把领导班子建设、基层建设、职工思想教育，很好地融合在一起。刚才在来的路上，问武同志讲，以“235”教育实践活动为主线，把各项工作结合在一起，内涵、内容比较丰富。第三个是很有成效。这个成效更高地体现在零售户对我们的评价，烟农对我们的评价，基层员工对我们的评价。烟农对我们的评价，说跟着中国烟草（走）肯定不会错，这（话）很朴实，这背后，（能看出）我们烟草各级同志付出了大量的心血和汗水。现在你要得到群众的认可，要得到群众的支持，不是你说几句话就可以的。我们真心实意地为烟农服务，烟农得到实实在在的利益，他才会跟着你走。还有零售户的评价，有个零售户讲，要紧随发展，对烟草懂得感恩，都是发自内心的。另外就是基层员工。昨天我在安庆跟一个零售户现场交流，我问他这几年生意好做不好做？他说毛利润10%～12%。店是60平方米，除了烟还卖其他的食品，还卖一些杂货。那烟的比例占多少，主要是靠卖烟赚钱。听了之后，我们感到很高兴，他一直感谢烟草公司，我们也感谢他们。我们的成效更多的是体现在烟农对我们的评价、零售户对我们的评价、基层员工对我们的评价。虽然时间不长，我认为还是取得了很好的成效。到下面调研时，参加座谈会的零售户都是随机抽取的，这样才能够比较真实的了解零售户的数据，他的想法、他的意愿。所以我认为还是很有成效、很有特色、很有内容的。回去之后，请人事部门总结一下。对安徽省局（公司）工作，国家局是满意的，是充分肯定的。

二、对当前工作提几点要求

对今年的工作会和半年座谈会，国家局提出了明确的要求，安徽省局（公司）对于国家局的要求是要抓好贯彻落实。当前的工作我想第一是要进一步彰显安徽烟叶的特色。安徽烟叶下一步的重点，就是在稳定扩大规模的同时进一步彰显特色。问武同志讲，规模要稳步的增加，我还是赞同的。你要进入卷烟配方，你才有稳定的市场。所以在稳定扩大规模的同时怎么去彰显特色？我想重点抓三个方面：第一个是皖南的生态优势、自然环境的优势怎么得到进一步发挥、挖掘。所谓的焦甜香，就有它独特的气候、土壤。怎么把这种独特的优势得到进一步发展，这方面还是要加强研究。好像原来仅是比较窄的一个范围，现在规模要扩大。你现在企业怎么想，这里面优势怎么真正的发挥。因为是在特殊的环境才种植出这种特殊的香型，这方面我认为要加强研究。第二个是配套的生产技术怎么进一步提高。何局长讲，“焦”体现得非常突出，“甜”还略显不足。怎么把焦甜进一步凸显出来，我认为在技术，比如烘烤方面，还有大量的空间，配套生产技术我认为还要完善。在我印象里，原来你们烟叶技术力量还是比较强的。第三个是基础设施建设怎么进一步加强。你们的生产组织形式是比较特殊的，他是独立于当地的烟草公司。基础设施建设方面，需要国家局支持，国家局就会支持，把这个搞好很有意义，包括田间机械化等等。怎么彰显特色？优势怎么发挥？生产技术怎么完善提高？另外（还有一个）就是基础设施怎么加强？就焦甜香这个问题，你们可以搞一个规划，一个方案，有个规划方案，目标可能更加明显。

第二（点）是营销方面要进一步突出品牌培育。国家局一再强调培育品牌是第一要务，今年的主要工作重点就是培育品牌，所以我们烟草商业企业在卷烟营销方面，一切工作都要围绕品牌培育能力展开。我很赞成你们提出的成长型组织建设，提高成长的质量。成长很重要的一个方面就体现在培育品牌水平和能力的提高。在这个方面我也想提三个要求：第一个，是紧紧围绕“黄山”品牌提升结构、提高价值，从而提高我们培育品牌的能力。国家局对“黄山”品牌是寄予厚望的，我们非常希望“黄山”品牌在新的时期有新的突破。“黄山”品牌上水平，我认为基础在安徽。只要把基础做得更加扎实，我认为就有希望。现在全国这么多品牌，包括“黄鹤楼”“黄金叶”，首先都是在本省市场卖得好，（如果）在本省市场卖得不好，很难在其他市场真正得到认可。基础在安徽，真正的带动也在安徽。所以我认为安徽烟草，我们商业系统对“黄山”品牌的培育责任重大，使命光荣。第二个，是要紧紧围绕“四同”，切实加强零售终端建设。全国500多万零售户，这是培育品牌的主力军，培育品牌最关键的力量，零售终端建设的核心就是“四同”，就是发展同向、工作同心、服务同步、利益同体。如果我们能够全面的把“四同”全面贯彻落实下去，零售客户的积极性就能够得到调动，培育品牌的能力水平就能够得到提升。第三个，要紧紧围绕提高一线营销人员的素质，从而提高我们的营销水平，培育品牌的能力。现在有客户经理、市场经理、品牌经理。我认为我们抓网建是最具战略性的工程，通过这几年网建，培育了一支市场营销队伍，这是我们行业最宝贵的财富。什么事都要靠人去做，所以我们把基层员工利益放在心上也是调动他们的积极性。一线营销人员素质的提高也激励了我们整个营销水平的提高，培育品牌能力的提高。我讲三个紧紧围绕，紧紧围绕培育“黄山”品牌，紧紧围绕“四同”，紧紧围绕提高一线员工提高素质。

第三（点）是要把严格规范的各项要求进一步落到实处。国家局提出严格规范是行业持续健康发展的生命线。这句话是我2008年在张家口调研的时候提出的，现在更觉得是正确的。行业风风雨雨30年，你怎么在社会上树立行业的良好形象，关键是管好自己，把自己的事情办好。怎么样把严格规范的各项要求进一步落到实处，我也讲三点要求。一是思想认识上要进一步到位。对我们烟草行业（来说，面临的）挑战，我认为有发展的问题，但（又）不仅仅是发展的问题，（因为）我们这些年发展（得）很好，更重要的是形象问题。如果烟草行业没有一个好的形象，对我们的影响最大。形象怎么改善，那就是抓好严格规范。所以思想上、认识上要进一步到位。二是工作上要进一步主动。我认为要增强主动性、自觉性，这很重要。主动与不主动，结果大不一样，认识上要进一步到位，工作上要进一步主动。三是标准要进一步提高。有些事过去可能习以为常，那现在就不行，社会关注度也不一样，整个舆论环境也不一样。包括这次整改，我认为更重要的是标准怎么进一步提高，要坚持高标准、严要求。

第四（点）是要全面提高我们职工队伍的整体素质。保持行业的持续健康发展，关键在人，关键在我们队伍素质的整体提升。这点我也讲三个方面：一是要认真总结前面开展“235”教育实践活动的做法和经验，深入、扎实、持久地推进“235”教育实践活动。开展“235”教育实践活动，我认为虽然时间不是很长，但是很有特点，很有内容。下一步怎么深入、扎实、持久地推进“235”教育实践，要做出新的安排。现在的社会，价值多元化，外部舆论环境也是非常复杂。在这种情况下，怎么加强职工主流价值观的教育，怎么加强职工正面教育，我认为非常重要。不能天天接触网上的东西，或者非主流媒体的东西。人是靠潜移默化的，久而久之，他能够听我们组织的，靠什么？靠教育。思想教育是我们共产党的优良传统。你在这样的形势下怎么把这种优势得到进一步发挥，我认为是非常重要的。毛主席教导我们：人是要有一点精神，如果一个人没有一点精神追求，他是不可能激发自己干好工作的热情和干劲。二是开展“235”教育活动我认为要做到三个（方面）：（第一个）就是“两个至上”行业价值观要真正落地生根。“两个至上”行业价值观我们讲了十年，现在要落地生根，要真学、真懂、真会、真用。我认为我们“两个至上”价值观也要做到“四真”。（第二个）要把“三个始终”作为各级领导干部、领导班子（成员的）自觉行为、自觉行动。始终把烟农利益放在心上，始终把零售客户的利益放在心上，始终把基层员工的利益放在心上。要成为行业的一种文化，成为一种自觉的行动，这很重要。现在我认为发生了很大变化，刚才，烟农为什么说我们的好，零售户说我们的好。我看思想很统一，措施怎么完善。要把“五种意识”作为激励我们干好工作的强大动力。（即）责任意识，忧患意识，公仆意识，民主意识，创新意识。第三个就是要把开展“235”教育实践活动，跟领导班子建设、基层创优活动、员工队伍建设等有机结合起来。基层创优，特别是（跟）地市公司创优很好地结合起来，与各项工作结合起来，才很有意义。

（我这次）到安徽省局（公司）调研时间很短，谈了一些概要性的东西。这两年，安徽省局（公司）工作很有成效，整个安徽烟草事业得到很好的发展。我们省局（公司）同志，各部门同志，包括各地市同志为此做出了艰苦的努力，国家局党组对你们的工作很满意。我也非常希望安徽省局（公司）按照“卷烟上水平”的总体要求，结合我们安徽烟草实际，创造性地推进工作。按照你们建设成长型组织的要求，把安徽烟草的各项工作进一步提高，促进安徽烟草持续健康发展，为安徽经济发展，为安徽“卷烟上水平”做出新的努力和贡献。

国家烟草专卖局副局长何泽华：

（这次我）又一次随姜局长到安徽，（是）为“黄山”品牌发展而来。我最想讲的一点，就是希望我们工商共同聚焦“黄山”，把“黄山”品牌搞起来。姜局长对“黄山”品牌长期予以关注，在“卷烟上水平”（活动）当中几次跟我讲到这次“黄山”品牌的发展目标，从总体的指导思想到具体的要求，都是在姜局长的高度指导下来开展工作的。我认为，（对）现在的产品大家是比较满意的，下一步能不能把品牌搞成，还需要工商双方的共同努力，“黄山”的主市场还比较好。这几天我看了以后，我感觉到有几点（值得肯定）：（第一个）我觉得，安徽烟草的市场营销工作做得还是比较专业（的）。我看了马鞍山的客户服务部，特别是终端，严格按照国家局要求，并且有相当的水平，我觉得应该加快推广，他这个全部靠自己，零售户一点没有投入，这样搞起来，并且零售户反映比较好，我觉得充分体现了姜局长讲的“四同”的要求，并且在这个方面如果全省真正做好的话还是大有前途的。第二个我感觉到，安徽烟叶的发展这几年有了着力提升，我认为是破了题。在现代烟草农业建设方面，在某些方面走在全行业的前面，现在户均种植（达）到50亩，这个在全国走在前列。家庭农场这种方式已经普遍出现，合作社建设、机械化也都很好地发展起来。但同时我也感觉到，皖南烟叶有着比较好的发展前景，还有着水平质量提升的空间。在生长期的问题、在土地资源的问题、在组织方式的问题，如果这几方面再（有）突破的话，焦甜香（的）特色就会真正地体现。所以，作为这两块，一个市场，一个农场，为“黄山”品牌的发展，打下了扎实的基础，也有着广阔的空间。刚才又看了合肥烟厂新的制造车间、新的制造工厂，我在想现场怎么与黄山品牌结合起来，就是说焦甜香风格怎么在车间里体现出来。因为作为焦甜香风格，“黄山”品牌（的）外包装大家都赞成，品质现在也可以了，但这个风格如何彰显，还是要农业、工业两面都要做。所以我就想，（把）生产的现场、销售的市场、烟叶的农场这“三场”连在一起。刚才看了省局的“235”教育实践活动，我受到很大启发，我认为“235”的核心课题就是要把行业的价值观在生产经营当中体现（出来），这方面你们做了不少探索，特别是各个部门、各个地市公司（提出的研究）主题。我觉得主题还是选得很好的，能够结合我们的本职工作，结合我们的生产经营实际来展开，不是空对空的搞，这（很）有意义。所以，这几个方面，从共同点来说，还是把“黄山”品牌发展起来。对“黄山”品牌的发展，国家局高度重视。这次姜局长专门为“黄山”品牌而来，我们安徽烟草的同志，工商更加齐心协力把这个工作做好，为我们地方经济发展、为我们中国烟草的品牌发展做出新的贡献。谢谢大家。

国家烟草专卖局副局长李克明：

昨天（我）陪同姜局长到安庆进行调研，今天上午看了合肥烟厂，包括听了省局（公司）“235”教育实践活动的介绍，确实感触很深，（这是）安徽省局（公司）按照国家局确定的工作重点。感触最深的是三个方面：第一个是服务品牌。在服务品牌方面，包括工商互动，包括品牌体验，在服务品牌这方面做得很多。第二个是服务客户。包括为零售客户解决一些资金困难，包括货源的指导。第三个是队伍建设。包括技能培训，教育培训，打通员工的成长通道，留下很深刻的印象。今天看了“235”教育实践活动，我有两个比较深（刻）的感受：一个是富有特色，重在教育，重在实践。富有特色，包括省局的各个部门都有自己的活动主题。第二个是在基层党建方面，如何在“235”教育实践活动当中，把基层的党组织建设成为真正的基层的战斗堡垒，在这些方面印象很深。希望安徽省局在“235”教育实践活动方面作为全国烟草行业的重点试点单位，进一步通过“235”教育实践活动，使我们的企业增强活力、增强动力、增强竞争力，能够促进我们企业的协调持续发展，为我们的行业能够创造更多的经验。感谢省委、省政府对安徽烟草的关心和支持，也祝愿我们的安徽烟草在今后的发展中为地方经济和中国烟草的发展做出更大的贡献。谢谢！

何泽华副局长视察马鞍山烟草商业时的讲话

（根据录音整理，未经本人审阅）

2012 年 8 月 27 日

马鞍山我前几年来过一次，是 2007 年。上午来看了 3 个零售户，看了我们的物流，信息管理平台也听了情况介绍。刚才，家木把马鞍山的情况做了汇报，我看了还是很高兴的。你说马鞍山这样 200 多万人口今年税利要达到 6 个亿，在当地除去马钢就是它了。单箱结构 31000 元，比北京高。确实，不论从经济指标，还是经营管理、市场管理、队伍建设，确实（发展）都还是比较全面。马鞍山在安徽属于经济比较活跃的地区，有点像江苏的无锡，规模不大，但是单价水平比较好。安徽这边第一是铜陵，单价高。铜陵是铜矿（输出为主），这是钢铁，芜湖现在没这高。安徽的精华也就在皖南这几个地区，加池州在内，皖南人口也就 1000 万，有点像江苏的苏南。

这次来，看到你们这几年按照国家局的有关要求，在省局的领导下，做了很多富有成效的工作，我最感兴趣的就是你们的终端建设，马鞍山的终端（建设）最早（是）在 2000 年初全国首创零售户协会（上开始的），前几年主要是巢湖搞的，（当时是把）电视在零售店里放一放，那时我没肯定也没否定，我知道那个恐怕难以为继，（因为）它是靠收工业企业的广告费来搞的，那么这次来看，还是有点真谛的，符合国家局提出的现代终端建设要求。

今天我看了 3 个超市，几个点都是夫妻俩搞的，年龄都不大，都三四十来岁，所以我就感到终端以后不得了，第一家是小超市，一年盈利 20 万，小两口轻轻松松就赚 10 万块钱，我一看他 1 ~8 月份，到今天，卖了 9 万块钱，其中将近 8 万是烟，这个基本上就是靠烟，盈利 9000 多块钱，其中 6000 块钱是烟，盈利是 55%。第二个也是这样，差不多。第三个店是烟酒店，也是夫妻店，那就更厉害，一年利润就是 100 万，一个月至少六七万的利润，很厉害，他主要靠卖酒，他的烟就占整个销售量的30%。这几个店都用了扫码枪，用了零售管理软件，我确实感到很高兴，也就是他基本上养成了扫码枪扫码的习惯。第二个你这个软件，尽管说现在（的技术）水平不是太高，但是它的功能还是比较全面的，账算得清清楚楚，盈利多少，卖了多少条，更重要的是他所用的商品都进入扫描了，就是卖其他的水、酒都扫描一下，这个思路，所以我跟家木讲，我说当初输入费很大功夫，初始搞这个软件，所以这个软件把本地销售的所有的商品都输入，不需要一个店一个店地输入。在使用的（“徽映e家”）有500个（安装系统有700多家），那不错。如果1万多户中有5000多户安装使用那就不得了了，所以我越来越坚定了零售终端建设的（发展）思路，（认识到它的）重要性。我们现在利用管理软件实现卷烟网上订货，以后（还可以）拓展到其他商品的订货。我刚才和家木讲了，你这个（约定）三年内不收钱，双方什么都不说，只是双方自由（约）定，我现在只提供你一个平台，（等）订到一定程度，对上游的企业，你要有所表示了。同时，要让利给零售户，我认为，就是通过这个系统，把小超市组织起来和大超市竞争，这个思路我认为是个重大战略。如果说我们全市有1000个这样的（系统），那么苏果、麦德龙，我不怕他。同时，更重要的就是，我们不仅控制了上游的供应商，还控制了下游的客户，就是说我们可以更多地为零售客户让利，不是说卷烟的让利，而是说其他商品的让利，提高其他商品的盈利，让零售户离不开烟草，我觉得这个做起来确实有意义。如果先把上游搞起来，把物流搞起来，实际上就把全市的零售环节变成一个大的商场，（这样）就是我们商场的柜台遍布全市的角落，我认为这样做起来的话，我们烟草业真正的竞争力在哪？就在这。控制力、竞争力就在这里。同时，要把零售户变成我们烟草自己的人，从今天就可以看出来。你看，这几个人都是靠烟草生活的，我们现在烟农讲职业烟农，零售户也讲职业卖烟的，你说像我们这种情况你让他怎么卖烟，他对烟草缺少了解。所以，我说（如果）像国外一样，我们把烟草零售终端抓住了，中国烟草（就）永远立于不败之地。并且，随着我们卷烟结构的持续提升，卷烟销售额占的比重还会持续健康提升，零售户对我们的依赖性会越来越大，要利用这段时间做好工作，我觉得我们的竞争力就更强，所以家木我说实话，对这个工作我很赞成，你们按照这个路子来先逐步逐步地搞，一千个，两千个，看能搞到什么程度，搞到一定程度的时候，再把订货平台建立起来，再往下走，就来把上游控制了，为下游让利，把上下游整合好，形成一个完整的工业链系统，就是把零售户的供应链控制在我们的手上。实际上，谁控制了供应链，（谁）就控制了价值链，进而控制了整个市场。你别看马鞍山这块，你现在是24个亿，到那个时候，可能就变成100亿的销售水平，我都算了，你要不到五年，价格就得翻一番。我们现在卷烟销售占的零售（额）基本上不到一半，如果全部弄进来，100亿的销售平台你在你马鞍山这块哪个超市能达到100亿啊，我觉得还是很有意义，可以考虑的。当然，这一万个零售户能搞到什么程度，这个是主要的，并且你这儿还是按照零售户自己扎扎实实搞的，就是两三百块钱给零售户买了一个扫码枪，免费提供了一个软件，电脑都是零售户自己的，我看你柜台也没有叫人家来做，都是零售户自己的，很规范，所以这个路子，我希望你们继续探索实践，力度可以大一点，进度可以快一点。当然，（还）有点我在看的时候已经讲了。你看你现在柜台（宣传）做的还可以，货架还没有（宣传）。你看零售户的店面，他在货架上摆酒，一年光陈列酒就收入上万，（是）酒厂给的，卖酒的要给他，就是上架费，你产品不上架，他不知道，不选你的，这里面就值得我们学到一些东西。另外，我们柜台后面的都应该是卷烟的货架，我们现在就可以做这个事，包括你宣传啊，另外包括我们内管都需要进一步完善。当然，这个不是大问题，总得（方面）都是很好的。还有个你们做得比较好的，就是在这个信息采集。上次销售公司在你们这开了个会，我觉得这个材料，家木也跟我讲过的，这张报纸也推荐我看了一下，发言材料我是认真看了。我觉得确实不错，他这信息采集。为什么我们库存老是搞不起来，非正常状态、非自然状态啊，你这个好就好在自然状态啊，就是他扫的，怎么扫，不受这个影响，他有多少库存，我今天看了以下，他一共是50万库存一个商店，其中烟12万，关键是这个店软件一支持他就有了，他不是人为地去修改、填写的，就是卖掉扫一个，进货有，出货有，所以我觉得这几点确实比较好，我觉得这个做得很有价值，很有感触，这是最深的感受。

第二，我觉得你们在经营管理、技术研发方面也做得很好。刚才看了你们的管控平台，当然，马鞍山在全省最早搞GPS的，我在安徽时还批评了，我当时是最反对一个市搞一个GPS的，当时觉得花钱很多，浪费，2000年的时候就花到20多万，搁现在这钱是很多的，但是从现在来看还是很有必要的，像你们现在手机办公系统，恐怕以后和零售户的互动更多，要在经营水平提升上来做文章，以后零售户能不能进我们的平台，我觉得这局域网是很厉害的，在这个网内通话都是免费，可以更多地想一想，所以说这终端系统是中国烟草最重要的资源，我是这样理解的，最大的一笔资源，如果把这500万（户）组织起来，你马鞍山把1万户组织起来，组织好，将来在这方面动一点头脑，你这个终端系统如果是一年通信费20多万的话，还是可以的。我算了，30多万取得20多个亿，这个费用还是可以的，不是太多。但如果是太多的话，也能考虑，搞企业就是这样，该花的钱还得花，不该花的钱一分都不花，我觉得是办企业的基本方针。

第三，我感觉到，你们的管理是比较好的，特别是管理意识比较强，对标意识、标杆意识，这个费用率不是很高，当然主要是这单箱结构比较高，1200多元（单箱费用减去两项费用），我们商业是全国平均1029.5元，人越少单箱费用越高，这方面我觉得不错，企业管理（的也）不错，管理条件也算好。这么好的办公楼，这么好的物流，全国也不多，在全省也算好的了。

第四，我觉得你们的队伍建设也抓得很好，你看这个岗位技能，特别是QC小组活动，我觉得都很有意义。现在商业企业如果不搞搞细点的东西，那就整天没有多少事。如果整天有事做，一个企业他就生动活泼了。一个单位如果大家都没有事干，那这个单位（就）快出问题了，那就整天斗吧。人就是这样，我一直讲，人就是要干事，要先做人再做事。后来人家讲你不干事如何体现你做人啊，你不能为了做人连事都不干了，还做什么人，对不对？企业里面更是这样子，你在这个单位就要把事情干好，这是必然的，你这4000平方公里的市场，就是你们几位（领导班子成员）在管理和控制，如何做得更好，做得更有意义，我们的企业才有价值，对不对？现在如果不抓队伍建设，现在市公司有四五个人也就差不多了，但是你如果想干好的话，那就不一样。同时，我看了，马鞍山这个市场比较活跃，你们专卖（局）管理的力度是比较大的，因为它与南京靠得很近，经济又比较复杂，两省交界，离浙江也不远，常州、山东，山东我知道，常州是有一批烟贩子。

我觉得，马鞍山的整体水平能代表安徽的水平。我觉得说不出你们的问题，确实是没有发现。我看下面反映货源，“中华”烟缺，“利群”烟紧，“芙蓉王”略少一点，其他都可以，我也理解像你们这样的地区，首先要控制总量，把价格做好。现在，如果说要提一点建议，就是把价格坚挺作为我们整个营销工作的重点来抓。你现在价格一坚挺，我们自己好，零售户更好。价格不好，倒霉的是品牌，但是首先受到冲击的是零售户。零售户毛利就 10 个点、11 个点，他少 3 个点就少 40% 左右的毛利，所以零售户的利益是我们首先要关注的。我希望你们在终端信息上、信息采集上下更大的功夫，能够做出一个样本来。你们在这方面没走弯路，走得正，效果好，搞到一定量的时候，整体效果就会出来了。当然，今天美中不足的是，一般的杂货店我没看，对这一类的日常小杂货店还是要多关注。它是我们的主体，我们全行业 70% 是这一类的零售户，这一部分是我们的主体。另外，我讲在逐步当中，鉴于从就业的角度去把握，500 万户解决了上千万人就业啊，如果做好了，不能让外资资本把我们民族（自己的零售业）冲掉，我觉得我们国有企业有这个责任，作为我们中国烟草来说是有责任。这几年我们网络建设的一个很大的成就，就是把这 500 万个零售户其中的 400 万个零售户（组织起来），靠我们烟草（销售）来把他保护好，发挥好了。你现在回过头来看看，很有意义的。国外好多国家（的零售业）一冲就垮，生存都没办法，我觉得上次在浙江调研时就讲了，包括现在除了卖烟，其他基本上什么都卖不了了，其他的都被大店冲掉了。人们现在买东西都是到超市去买，小杂货店还有什么？除掉烟就是水，几瓶酒，就是这些，别的没有了。所以，我们要进一步考察一下，把商业研究透。马鞍山属于商业比较活跃的地区，你们在这个环境下能考虑这么多，确实不容易，我希望你们下更大的功夫，搞得更好。

谢谢大家！

何泽华副局长视察宣城烟草商业时的讲话

（根据录音整理，未经本人审阅）

2012 年 8 月 28 日

一、肯定取得的成绩

宣城市局（公司）近年来的工作成绩值得肯定，主要表现在四个方面：

一是文化氛围良好。硬件条件、办公环境很好，现场管理井井有条，员工素质很高，较好地体现了徽文化底蕴。

二是卷烟经营成绩明显。宣城在安徽省经济发展水平并不是最好的，200 多万人口的地区，人口流动性不是很强，但各项指标表现都不错，销量近 10 万箱；人均年销量 10 多条；税利一年有 5 亿多元，在当地数一数二；单箱毛利 5000 多元，超过全国平均水平。

三是能扎实贯彻国家局工作要求。省内省外烟销量基本上四六开，一至五类烟结构合理，“532”“461”、“责任”品牌、“双低”品牌销量都稳步增长，品牌培育扎实有效，总体上能把国家局的工作部署有效落实到生产经营当中。

四是内部管理较有成效。为工业企业服务的意识很强，高度重视客户服务，网络建设、终端建设扎实，费用控制得较好，各项工作抓出了较好成绩。

二、提出一点意见

由于时间关系，对宣城市局（公司）工作提出一点希望：

要进一步思考和摸索“一个地市级公司应该做什么、怎么做”的问题，说白了就是“烟怎么卖”的问题。这是一个根本性的问题，关系到地市级烟草两个工作根本点：一是怎么为工业企业培育好品牌；二是怎么为零售客户搞好服务。市场是基础，但不是资源，客户才是行业最丰富、最根本、最关键的资源，甚至关系到行业未来十年的发展。我们要把客户资源当作命根子一样，切实做好终端建设和客户服务工作。如果烟草商业做好客户服务，抓住上下游客户，未来可以开展多元化经营，经济规模将越来越大，市场竞争力将越来越强。希望宣城市局（公司）下一步在客户服务和终端建设上继续下足功夫。

最后，请大家转达我对全体员工的亲切问候，祝愿宣城烟草发展得越来越好！

何泽华副局长视察皖南烟叶公司时的讲话

（根据录音整理，未经本人审阅）

2012 年 8 月 28 日

看了皖南烟叶公司收购现场，听了王道支的汇报，很高兴。

皖南烟叶公司作为我们行业里最年轻的烟叶公司，是一个有着跨地区、专业化等特殊因素的公司。公司成立以来，一直保持着创新、务实的精神，这是你们的一个特点。因为一个公司从无到有，要探索和摸索，加上我们行业这些年烟叶发展是不断变化的，包括你的人员、基础设施在生产发展过程中，有很多工作要做，总体上说表现出比较高的水平。同时，我感觉你们的作风还是比较务实的，务实与创新精神结合得比较好，所以发展比较稳定。并且我感觉，你们是把长远的发展和为烟农谋利放在重要的位置，而不是把自己的谋利放在第一位，当然，搞企业最后还要搞利润，但是你在创建初期，不把基础打好是不行的，这是长远利益和眼前利益的关系。在皖南这个地区能坚持发展起来，我认为是很不容易的。现在我们北方地区，从这边往北去，山东诸城是一个特例，你这里也是个特例。其他的地区还看不出那种活力和生气，我觉得你这里更突出一些。同时皖南烟叶也在行业内有一定的影响，得到了行业工业企业的认可。这次和张总一起来，就是想真正探讨皖南烟叶和“黄山”品牌这种关联怎么样。因为“黄山”已经把焦甜香作为自己的特色风格，这个概念不是炒作，你拿不出一点东西来，焦甜香也是假的。我说一开始可以喊喊，但是喊了几年，你没有东西是不行的。我们现在说，有焦香，甜香弱一点，应该没有大问题。作为中国烟叶来讲，焦香是比较少的，甜香是比较多的，所以作为配方，这个难题比较好解决。所以调香的问题，应该作为技术攻关的大问题。但是我们今天讲烟叶生产，要确立以形成焦甜香风格的卷烟品牌为最终目标，来研究和发展皖南烟叶。所以我认为，不仅仅是现代烟草农业的问题，也不仅仅是特色烟的开发问题，我觉得目标很明确，就是要把目标集聚到焦甜香风格和“黄山”品牌上，两者有机结合，工商之间就找到共同的着力点。安徽中烟这点做得不错，他们已经调查了30个农户，围绕着中三和上二对每家做了评价，进而确定风格特色究竟是什么。工业企业做到这个程度是很不错的，上海烟草四个同志长期驻在这里。我们烟叶生产以及工商之间的合作达到这种程度，这是中国烟草的特殊竞争力，这是很多外国企业做不到的。我们可以把田间地头的东西抓住，我们的特殊优势真的很多。同时，我感觉到皖南烟叶公司重视科技、重视烟农、重视管理。科技不仅有大的科技研究，还有许多具体的措施。重视烟农，烟农建设也有特点。我一直在讲，在哪种烟、靠谁种烟、怎么种烟这三个基本问题一直困扰着我们。皖南烟叶在哪种烟也是一个大问题，靠谁种烟基本解决了，怎么种烟解决的也不错。所以我觉得重视烟农是你们的一个特点，也是亮点，要充分肯定。重视管理，你们创立了“四段式”工作法、“121”工作法，“123”工作法，都很好。烟站的整合也不错，黄渡烟叶工作站可以收购15万担。农业上不应该搞那些花里胡哨的东西。物流上我也坚决反对搞豪华。要多提升软实力，这个很重要。风气，都是比较好的。我看了以后有这样几点感觉，在行业里有一点影响，有一定特点，上海烟草、安徽中烟、浙江中烟、湖南中烟等工业企业都接受了。所以对你们提几点希望：

一、把焦甜香风格作为重中之重来抓

皖南烟叶如果能够生产出50万担焦甜香，对中国烟草来讲是味精。生产“味精”，在行业领域就等于“中华”这样的品牌，属资源的稀缺性，另外还有“黄山”这个品牌，我看才有希望，不然这种风格特色的选择又要重新定位，重新考虑。这点，希望工商紧密结合、紧密配合，你们现在做得很好，搞科技园、联合实验室，这些很好。但是我希望做得更扎实，挖得更深。

二、皖南烟叶公司要在现代烟草农业上面走在前列

因为你们是非常有特色的公司，小而精，产品有特色，企业有特色，所以在现代烟草农业上，胆子要更大点，步伐更快点。从目前情况看，客观上讲，你们要对现代烟草农业理解的更深一点。什么是“现代”？“现代”必须是市场化的、高效率的，必须有技术支撑的。所以你们的组织结构应该是扁平式的，生产规模是集中式的，劳动效率应该很高。皖南烟区生产用工是21个，作为我们这样的地区，用工还是要做一些研究。所以我讲户均规模不小，种植规模还不大，在这方面还要有所突破，当然也有难度。你们这个地方市

场化程度高，不愿意搞，那没办法，但是题目还要破。不然农机在这里种 50 亩，再在很远的地方种 50 亩，没有效率。所以我现在感觉你们做得比较好的，烟站建设起点比较高。一个烟站承担 15 万担，方圆三十公里，这个对我启发比较大，这个比很多地方好些。但是其他的效率，为什么 21 个工，也值得我们研究。比如你提到烤房问题，你这烤房，我年年注意到。因为你就那点地，14 万亩地，搞了一万三千多个烤房，还要再加两千多个。当然有问题我们也还要具体解决，具体对待。我一算一个烤房 10 亩地，就算你说的，有 3000 ~ 4000 座不行了，还有 9000 座，14 万亩地，一个烤房不到 15 亩地，这就是高投入低产出，这就是效率。我估计当初建的是比较分散的。那时候我们就讲，建得慢一点，建的集中一点，大家都听不进去，认为我们说的不符合实际。现在回头看一看，我们很多省都这样，所以你现在要再建几千座，能不能再建，能建啊，中国烟草反正钱不缺，但是浪费啊。搞企业的人，效益是最核心的问题。我讲这个，不是说批评你，像你这种情况，全国带有普遍性。但是对你道支要求要高一点，你是有头脑的人。所以不要看我每次都批评你，但是我是比较喜欢你这种风格的，做事比较细，爱琢磨事，但是琢磨事一定要从大的方面琢磨，当然细节也很重要。没有细的，光大的也不行。这个我们可以算，我们要求一座烤房要 26 ~ 27 亩，你一个烤房最起码要 20 亩，60 担。你可以算算一个烤房烤几次，烤多少，一算就算出来了。最起码采收期是两个月，这两个月怎么把它利用起来，这就是水平，这就是效率，这就是现代的东西。我今天看你们整个工作，我很高兴，但是问题在于怎么提高水平。在现代烟草农业上，我希望你们比诸城还要好一点才行。诸城是一个县，你们是一个跨地区的，基本上是一个省的专业化烟叶。安徽省局董建江副总经理主要分工是烟叶，这块做起来会很有意思。另外，我们讲扁平式的结构是什么，你下面合作社怎么搞，烟技员和合作社之间什么关系。你们培养了“三师”（农艺师、烘烤师、分级师），非常好。但是“三师”和烟技员之间是不是重叠，有没有必要，值得推敲。我不是说你做得不好，首先肯定你三师培训抓得好。所以我说你重视烟农，是有很多独特的地方。皖南烟叶在全行业较早提出培养职业化烟农这个概念，每次来，你们都是有点新的东西，但是我们要把这些东西搞透。我在思考你的烟站人员能不能向合作社转移一下，承担某一方面职能，让这些人真正按照市场化的机制来干一些事啊。国家局现在也提出，有的业务可以外包给他们，带一些人去干。皖南烟叶公司以后就是清资产、清人员，这样来搞才有意思、才有活力，你在市场竞争中才行。我今天和张总在探讨，我们的烟叶体制迟早要专业化的，这是趋势，就是皖南公司这种模式。皖南公司走在前面，带有开创性的，甚至在某种程度上以后是会给人启示的，现在一定要把效率放在第一位。现代烟草农业是讲效率的，讲市场的，你把这两条核心抓住，再把创新抓住，就会干出很大的业绩。所以一定要有现代意识。我在安徽工作几年，安徽的同志工作扎实。但是说实话，计划经济的思维方式是比较多一点。包括你们搞什么科技园，我不赞成搞多少建筑类的东西，把心思和钱放在那个上面，最后是没有多少用的，光有壳子是不行的。集中精力搞一点是可以的，但是不能东西搞得太多，人的精力就那么多，你放在这上面，那方面就要弱点。甚至你搞东西都要配套，最后用人就更多，最后效果就不会太好。我讲的这些，可能是更深层次的东西。十年后我们回头看看今天讨论的东西，可能会有点意义。我是希望皖南公司越办越好，越办越有活力，有竞争力，有实力，有水平。

三、皖南烟叶的发展要研究和思考一些根本问题

皖南烟叶焦甜香风格是有的，大部分人认可了。但是我们烟叶品质的提升还是有潜质的。从我们现在的烟叶交收来看，不是完美无缺的，如果再细究一点，我们皖南这块，发展烟叶生产遇到最大的障碍是生长期的问题。我把皖南、湖南郴州、福建三个点看了一下。福建是二月份种烟，皖南是三月底种烟，迟两个月，而采烤这块，皖南最多比福建迟半个月左右，所以相对来讲，生长期满打满算基本上是120天，所以近两年我为什么一直提育苗的问题，烘烤的问题呢，我就感觉到，烟叶品质无法提高与我们的耕作制度有关系。我们的耕作制度是从千百年来的小农经济，一家一户种植上形成的。现在大家的惯性思维是不从根本上研究这个问题。所以我觉得你们要把技术创新放在这几个要害的地方上。生长周期如何延长，当然宣城的气候资料我没看，我估计基本上七月底，八月中旬采完。那么育苗现在怎么样？壮苗能不能做到？苗栽得好，实际上苗床好，就像小孩子生下来是强壮还是瘦弱的，他后面长的是不一样的。这是很简单的道理。移栽的时间，地温是多少，一般是不得低于十度。十度以下它不长，但十度以上在我们这个地方是哪一天？十度以下能不能栽，我觉得可以思考一下。我在想，膜下移栽技术行不行，因为膜下和在盆子里的道理是一样的，只要地气往上面长，这是按照哲学上来分析的。所以我认为耕作制度不加以研究，品质难以提升。另外田烟、地烟问题。现在地烟比田烟品质好。所以要来搞研究，考虑在哪里研究。反过来再说一季、两季的问题。一季的租金不就400块钱，如果搞一万亩，一年四百万，多出那四百万种出来的烟叶会怎么样呢，可以转换思维方式看一下。工商一起合作，每方两百万，我就算搞不出一万亩，搞一千亩，不就四十万块钱，搞出来看看，好不好，差异大不大，品质、单产有多大差别。实际上最好的烟叶是15度以下的坡地，有一点的坡度，特别是对着风向，风是慢慢上来的，透风对光，长得好。所以我讲创新一定要围绕着生产、围绕着技术，烘烤技术的研究也是值得的。

四、皖南烟叶公司要长久存在就要研究土地的问题

几年前，我就认为土地的开发问题，在皖南公司有意义。皖南公司能不能，有10万~20万亩自有土地，我觉得不是不可以，皖南的荒地很多，特别是两江一河流域。国家局现在有土地整理的专项资金。地方政府对烟叶生产也很理解、很支持。为什么不利用这些政策来研究、来发展。说实话，皖南烟叶公司有个几万亩地、几十万亩地，以后生活都没有问题。这就是资源的开发利用。另一方面当地政府是高兴的，有税收，当地还有土地整理的配套资金和政策。开出的土地能不能种烟也是要研究。我本认为像育苗一样。我们现在育苗就算用沙也能育好，为什么呢？因为解决好营养液。土壤一是作为介质，靠它的肥力来增长。另一个是作为一个载体，肥料通过它循环。葡萄栽植和这个焦甜香烟叶的地我都看过，这些地块，一米以下都是很大的鹅卵石，通气透气性特别好。所以根扎得深，抓取岩石上的矿物成分。葡萄的根也是这样，最多长到三十米。所以你另外一个思路，就是把土壤作为一个介质和载体来研究，肥多施一点，其他的慢慢来改良。但是从根本上讲，不弄一批土地在手里，你看现在还可以，以后还是大问题。当然中国烟草，不能指望自己

拿土地种烟，但是对皖南公司有这种意义。

说实话，我看到你们还是很高兴，你们路子走得正，走得实，还有一定的超前性，在实物质量上也不错，大家也能接受，现代烟草农业搞得也不错。有的问题实际上是如何发展的更好的问题，如何搞得更好的问题。

何泽华副局长视察铜陵烟草时的讲话

（根据录音整理，未经本人审阅）

2012 年 8 月 29 日

我这次到铜陵，时间比较紧，也想来看看大家，10 年来铜陵变化很大，无论是城市面貌还是铜陵市烟草局（公司），现在的办公楼是我走了之后建好的。我想讲陈长生还是当年的陈长生，还是那样朝气活灵，同时铜陵市局（公司）也有这样的生机活力。我看了还是感到很高兴，半个多小时，我想到这样几个问题：一个就是从铜陵烟草看中国烟草，我不知道你们是哪一年实现销量达到 2.5 万箱的，三年前还是四年前，今年 3.1 万箱，去年是 3 万左右吧。（陈长生报告说 2009 年销量为 2.5 万箱）2009 年就是三年前，三年前是 2.5 万箱，今年 3.1 万箱，就是说中国烟草三年后就是铜陵现在的销售水平。今年你们税利能搞多少？2.1 亿左右？利润超过一个亿。三万箱，一个亿，就是说未来的中国烟草三年后就是你们铜陵现在的这样的水平，一方面说明你们处于全国先进的行列，另一方面也说明中国烟草未来的发展是可以预测的，预测未来还是立足于当前来分析。我对我们行业的发展充满了更多的信心。第二，我觉得铜陵烟草公司有目前的成绩是你们长期努力的结果，在现在省局领导下，结合铜陵市局做了很多工作。昨天我跟长生也讲，2000 年是铜陵最困难的时候，前一任局长主动要求辞职不干，这是我来省局之后要求不干的唯一的一个，那时候的难度确实很大，现在看来各项工作都做得很好，我特别感到印象深刻，就是你们这样的一个小的公司，人少，地域比较小，地方规模小，一般来说各种成本费用肯定高，但是你们恰恰相反，这个说明还是下了不少功夫，参加这样的会议我感到很高兴、很舒服、很自然，简朴、真实，铜陵烟草好几个指标在全省处于前列。

我提两点希望：一是铜陵公司要做“精”。“小而精”是对铜陵烟草最贴切的形象反映，现在各项指标都不错，但如何发展？不能停滞不前，最重要的是如何做精，大家都要有做精的意识，精益求精，我看你们管理上很有意识，经营上也要有这个意识，比如说 4400 个零售客户，全公司平均一人 30 个客户，如果把一人 30 个客户做到位，做出水平，这就要求有硬功夫。铜陵交通发达，市场经济在安徽来说也很发达，大企业大公司也很多。我经常到一个地方讲，一个市公司你就有一亩三分地，铜陵这一千多平方公里，就是一个普通县的面积，你如果提高单产，你现在单产是比较高的，人均 10 条烟、3.1 万箱的销售收入、利润率很高，这就是做精的结果。如果本来就小，再马马虎虎做，就没有多少市场了。你说是不是啊？你们现在是越做越有意思，这也是从未来的层面讲，市场怎么管，客户怎么做，内部管理怎么抓，我觉得都要立足于做精，更上一层楼。你别小看一个小公司，小公司做好是很讲究的。国外的企业也小，但他们做得很精，做得很老，长寿。这是我提的第一点。

第二，铜陵公司要做强。我提出这个“做强”是什么？要做强中国烟草的品牌，更直接一点，我希望在长生你的领导下，能把黄山品牌真正培育好，因为这次我们来，安徽中烟推出三种烟，我刚在你这里想的第一个念头，“天都”也好，“红方印”也好，首先要在铜陵打响，你别看铜陵小，（对着安徽中烟副总经理卢安宁）你回去跟建华讲讲，我认为现在再搞点是可以的。（铜陵公司）能卖近 3000 箱“中华”，卖不了 1000 箱“红方印”吗？“红方印”300 块钱一条，“中华”400 元一条，200 箱“天都”可不可以啊？我看不一定不行。大公司多啊，你真正一打开局面那就不一样了，所以我们现在的营销工作，真正做细做精做深做透，工业企业更要这样，我觉得你们要在培养品牌方面走在前头，长生你也是老销售了，老业务了，在这方面我觉得很有潜力，对于黄山品牌的培育要和行业其他品牌一样重视，但是我认为对安徽烟草工商的共同发展特别是对黄山品牌的发展方面，铜陵要起窗口作用、示范作用。因为你销售结构比较完善，你增长的这一块的话就要做增量，我并不是要你把别人搞掉，专门搞黄山，而是试试这个品牌能不能在你这做长，我刚才想了一想，我没分析你的销售结构，做出一定水平来还是可以的，特别是品牌的口碑要硬，因为铜陵的上市公司多，商业活动多，对于高端有特色的品牌需求量就大，你这个全省牛耳第一，不大但是第一位，做精做强很有意义。这两个目标能实现的话，员工的气势会更高，大家情绪会更好，你们也会赢得更多的尊重，赢得工业的赞誉，我相信铜陵公司在长生的带领下一定能做到做精做强。

国家局副局长赵洪顺在安徽省局（公司）工作汇报会上的讲话

（根据录音整理，未经本人审阅）

2012 年 11 月 27 日

刚才听了丙利同志对合肥市局工作的汇报，问局长也把近几年省局全方面的工作，特别是专卖管理、法规建设、内部监管这方面工作都做了介绍。听完以后，我感觉，虽然这两年我没有来，但是对安徽的工作和情况，还是关注、关切、关心的，情况也是了解的，特别是这几年的发展，各方面的全面进步，取得的各方面成效还是听得到的，从数字上也是看得见的。不同的会议上，安徽同志在会上介绍情况和经验都可以听到。从刚才的情况介绍，我感觉有这样的总体印象——安徽的工作是基础扎实、奋力转型、注重规范、依法治企、文化引领、成效明显。

第一，安徽烟草商业基础扎实。特别是市场基础，从专卖的管理创新，打假打私的、政法委牵头的联席机制又加了一个行政管理的合作机制，打假从过去我们的专业人员打假到进社区、抓预防，全民打假的转变，应该说对打假这个专项工作的工作格局和工作基础更加牢固。其次是对内部监管方面的探索，这个安徽起步早，是从2008、2009年的时候，国家局还没有把内部监管真正摆上议题，概念刚提出的时候就已经对工业，诸如试点怎么抓、对工业怎么监管，进行了探索，然后就是说我们在内部监管方面从宣传、怎么引导做了一些很基础的工作，始终都是国家局的联系点，是整个内部监管的联系点，这说明基础很好。另外通过看队所，听丙利同志讲，队所是牢牢地抓住市场监管的重要环节，刚才丙利同志也介绍了合肥当前的市场监管中具体的新动向和存在的问题和困难。从我们看队所的情况来看，应该说比较鲜明地体现了基层站点建设，这方面是很有特色的。姜局长非常强调注重基层建设，今年也是把基层创优、达标、创标作为重点，整个彻底改善了基层站点的办公环境、精神面貌、对外形象，上次来我和姜局长看了包河区的一个站点，总的来说基层站点的建设起点比较高，比较规范、比较标准，在执法监管方面，墙上的各项制度都比较健全，职责比较清晰，这些方面都是为整个安徽的市场基础做了保障。

第二是奋力转型。刚才问局长讲到安徽烟草是从增长型向成长型转变，虽然是两个字的不同，实际上是转变经济增长方式的一个具体体现，在安徽烟草的发展中，两个字的不同背后的含义是有深刻变化的，体现了安徽烟草正在探索转变经济发展方式。转变经济发展方式应该说最终体现在方方面面，体现在各方面的提升上。我觉得就像“卷烟上水平”是行业经济发展方式转变的总要求和抓手。这个从增长型向成长型转变，也是安徽烟草符合实际的一个转变发展方式的抓手和主要体现。

第三是注重规范。规范问题在安徽的体现一是认识到位，现在经常讲规范问题，我在许多会议上都明确要求。认识是前提、是先导，认识了就能解决，否则任何制度、办法、措施都是空洞、无效的。领导班子的认识、主要领导的认识是做好严格规范的思想基础和根本保证。如果领导干部自身不想规范，任何下面的制度、措施，什么流程、要求、准则都是一纸空谈。安徽烟草，首先在认识上与国家局保持了高度一致，有了这个认识，就有了行动上的自觉性和坚定性，所以安徽很好地解决了认识问题，不存在认识上的误区，或是在认识上与国家局的要求讨价还价，主张特殊性，没有强调客观，也不存在兜圈子绕弯子，坚定不移地认识到规范是行业生命线，是国家局的战略和部署。其次是操作层面上，两项工作的核心具体来说就是采购方式，公开招标是采购方式的重中之重，国家局姜局长对这个事情的要求是“应招尽招、真招实招”，在这方面，刚才问局长也谈到了这一点。再次就是公开透明、阳光操作这项工作。这项工作在行业的发端或是起点是在安徽，是起源于蚌埠。我们还总结过蚌埠的经验，引起过国家局的重视，所以说这个事情做得最好的是安徽，合肥现在是两项工作试点。但是从自觉性、主动性的角度来说，在阳光下运行，主动公开，刚才问局长也说了，针对节点、控制点已经做了系统的梳理和制度化的安排。我认为现在的阳光操作或是民主公开是有制度、有要求、有考核、有监督，已经成为一套完整的制度化自觉行为。群众监督，阳光透明操作是治理不规范行为的十分重要有效的手段。什么叫制度？实际上置于阳光和监督之下是最有效的制度。上次董事会谈话的时候，我说这个董事长不是真正有权的董事长，只要做到皇帝新衣里面的最后说实话的小孩就很起作用了，其他人都不说，可能研究半天，到董事长那儿说这个项目为什么要做，提三个为什么：为什么要做？为什么便宜的不用要用贵的？为什么不从这里买，而是去别的地方买？就把皇帝没穿衣服这件事说明白，要当众回答，这就叫规范。大家都知道皇帝没穿衣服，大家谁都不说，为什么呢？班子内部不好说，工业公司总经理安排的事，下面的处长、班子成员不好说，班子成员说就会不和谐，处长一说事情就不好办，所以我说董事长应该扮演那个小孩的角色。这个事为什么这么做，还是说清楚，大家都清楚清楚，一说清楚，很多没穿衣服的事就见不得人了，只能穿上衣服。所以现在的阳光操作就是要把事实的真相让大家知道，这个事情到底是做什么的？怎么做的？结果是什么？别的情况怎么样？这样才有对比。这方面在安徽确实体现得比较好。另外还说到规范要阶段性向常态化发展，规范这件事，现在做的都是阶段性的，但是追求的目的是常态化，应该说要变成一种制度、一种行为，最高的境界是变成一种习惯，就是这种事不这样做是不行的，这是第三个感受。

第四是依法治企。刚才问局长比较多地强调了依法治企，同时还要依法执法、柔性管理。最近姜局长一直在强调，我们是执法部门，是有特定的法律管制的部门，法律对我们的生产经营活动、行政执法活动来说是至关重要的，特别是在法治社会的大背景下，首先我们自己要懂法、要知法，要依法治国；其次是我们的行为要符合法律的要求；三是执法的形式、执法的要求在现在的外部环境和社会进步的背景下要发生变化，这都对我们依法治企、依法行政提出了新的要求。安徽在这方面是高度重视，而且取得了很好的成效。

文化引领方面虽然问局长没有说，丙利同志讲了几句，我是感觉到安徽是一个有文化的地方。这两年国家局开始开展“235”教育实践活动，在安徽得到了非常好地贯彻，上次姜局长、何局长、李局长来安徽安庆、马鞍山，都赞许安徽“235”教育活动这个平台，而且践行落地为“徽映”文化，有自己的特色。“235”教育实践活动是落实科学发展中“以人为本”的具体体现，可能十八大之后，中央还要开展教育活动，“为民、务实、清廉”，实际上“235”很好地体现了党中央对未来宣传教育活动的要求，安徽这方面是有文化底蕴的，有很好的结合，所以在“235”教育活动中走在了行业的前列，虽然刚才没有介绍，但是我们感受到“徽映”文化的品牌越来越受到安徽烟草广泛的认同，而且各具特色。

最后是效果明显。市场占有水平、服务营销水平、规范管理水平、经济效益水平达到了全新高度，刚才问局长说的这些数字，销量上这些数字以前是不可想象的，税利上以前怎么也算不到现在水平，肯定是出乎意料的，当然整个行业发展都是超出我们的预期，“卷烟上水平”，刚刚两年多的时间，这个规划也出乎意料。但是安徽烟草的经济运行效果，各方面管理水平的提升，作为在安徽烟草工作过的我是难以想象的，形式的发展永远比人强。这些成绩的取得是凝聚了安徽烟草上下万众一心、共同努力拼搏，紧紧抓住发展的机遇，很好地解决了从基础管理、规范经营、文化建设、队伍建设这些基本问题，形成了现在经济发展良好，各方面水平明显提升，形成了安徽烟草风清气正、政通人和的局面。

接下来，我想借这个机会提几点建议。现在十八大刚刚结束，就是要全面学习、深刻理解、贯彻执行十八大精神，这也是中央的要求，作为当前首要的政治任务，上一周国家局也刚刚召开了中心组学习，进行了全面、深刻的学习。姜局长最后代表党组作了学习的总结讲话，接下来还要发一个通知要求，也做了安排，就是以十八大精神为指导，全面贯彻落实国家局一系列的重大部署和要求，因为我们在学习当中感受到国家局近几年来提出的一系列重大安排部署是符合十八大精神的。首先提出的“卷烟上水平”基本方针战略任务，就是符合科学发展观当中“发展是第一要义”这一要求，也符合十八大报告当中指出的要紧紧扭住经济发展这个中心，符合十八大提出来的“发展是执政兴国的第一要务，是解决一切问题的总要领”这个精神的。国家局现在提出的“进一步坚持和完善专卖专营体制”也是符合十八大精神当中关于中国目前仍处在社会主义初级阶段这个基本理论和最大国情的，这也是提出中国特色社会主义的总依据，是符合这一精神的。提出的现代烟草农业建设也是符合十八大当中关于建设现代农业的精神和要求的。总的来说，国家局最近一段时间做出的重大安排、部署符合十八大精神，我们要以十八大精神为指导贯彻落实国家局一系列的部署和安排，结合自身实际，全力推进“卷烟上水平”，实现发展方式的转变，在此有四点建议：

一是把安徽烟草商业打造成创新专卖管理的先行者。安徽烟草在专卖管理各项工作基础上做得很扎实，但现在专卖管理面临很多新课题，面临着转型，管理上面临着创新的迫切要求。今年年初，在南昌的专卖工作管理会上，我提出“构建三个体系，树立三个理念”，说到底就是面对现在不断变化的世情、国情、行情，专卖管理提出了哪些新要求？要创新哪些管理新方法来与之相适应？我提出的核心问题，实际上也是姜局长以前提出的，就是把眼睛由注重向外转变为更注重向内。向内就是要管住自己的思想，在专卖管理当中要作为我们的一个基本理念。三个体系，一是内管体系。围绕着三个体系建设，安徽烟草要积极探索“内管委派制”，符合国家局总体要求路线，契合安徽实际。安徽烟草历来有创新精神、改革创新，安徽历来都是引领者，所以我提出“先行者”。作为内管方面，特别是委派制怎么来摸索、探索，怎么大胆创新，国家局的文件很长，内容很多，那是提供了一个思路和方法，是一个基本要求，安徽一定要向姜局长学习十八大精神报告一样，要更加解放思想，以更大的创新勇气来破解发展和管理中的难题。第二个是要以创新的精神去探索市场监管体系。刚才在滨湖新区，丙利同志也说到了，和过去不一样，过去的市场监管注重流程和形式，一个人看多少户，一户多少天检查一遍，有没有问题都查一遍，形式主义比较明显，针对性不强。在探索市场监管中怎么来解决针对性监管，我们提出了三个转变：从常态化例行向更有针对性的重点检查转变；从到市场找问题到带着问题的线索上市场转变，因为问题的线索通过营销环节的异动，通过专销数据共享，对营销环节的异动客户的分析，会查出很多的疑点和线索，带着问题上市场，好比营销是作为一个整体，先透视一遍，哪个指标正常就放一边，不正常就去复查，就是这个道理；从注重对案件本身的处理向深挖案件发生背后的原因转变，背后的原因肯定是和经营活动有关。建立更加政府主导、部门联合、多方参与的打假打私体系，进一步提升和完善体系的功能，更好地推动政府重视打假，调动各有关部门的积极性，来实现打假的目标。

二是把安徽烟草商业打造成卷烟科学营销的旗舰店。从市场现在出现的问题，真烟非法流入流出已经比假烟问题更严重，所有真烟的非法流动，其背后的根本原因是营销不当造成的。首先进货环节上，货源和需求的差异，供货的货源和市场真实需求的差异，差异有多少，最终导致的肯定是非法流动，不管最后是怎么实现，实现途径怎么样，走多少弯，最终是流动。这里卖不掉，肯定是流动到其他地方，总根源是供求关系失衡。其次是由于经营管理上的缺陷，大户的监管控制不力，证件管理是一个方面，更重要的是要采取重点监管，要看住大户的店，采取一对一的重点监管，大户的管理是否到位，核量是否准确，客户的供应结构是否合理，与需求是否匹配，所有的不适宜最终都会流向市场，核量多了会流向市场，核量少了会从其他渠道进货，都会导致非法流动。另外是从价格上，规定的价格是不会变动的，但量的多少会影响价格变化，价格变动就会产生流动，就会动摇市场基础。营销的科学化、规范化、制度化是从根源上治理市场监管的有效方式，需要更加提高营销的科学化水平。这也是将来内管办管理的重心，内管办就是代表省局到市局看住营销进货是否合理、核量是否准确，大户监管是否到位、供货结构是否符合实际，重点品牌或紧俏品牌供应是否符合有关制度规定，做好这些工作，市场上的不规范行为就会大大减少，这也是将来内管委派的职责。

三是把安徽烟草商业打造成严格规范的示范区。严格规范是安徽烟草的一大亮点，各项工作中的突出亮点，更加严格的标准，更加阳光透明的操作，更加完善的制度，更有力的考核与监督，从而使安徽烟草的各项工作都走在行业前列，作为示范区。171 号文件的贯彻，刚才问局长也介绍说做了全面的自查，有关人员也进行了检查，验证了安徽是“首善之区”，工业上反映比较正规的地区，董事长是从另外一个角度提供了验证。然后就是“天价烟”治理，也是重要的内容。真烟的查处，进入真烟的问题责任不在我们的辖区，这是要在市场上监管的，真烟的流出是工作不到位造成的，这些问题要明确责任。两项工作，公开招标，从上次检查的情况来看，安徽两项工作的检查，包括 171 号文件、“天价烟”治理总体来说是排在前列的，国家局是充分肯定的，但还要有更高的标准，打造成示范区，因为有很好的基础。特别是办事公开、民主管理方面，要更好地在更高层面上推进这项工作。

最后是把安徽烟草商业打造成文化建设的引领者。安徽有条件、有能力、有基础，因为安徽文化底蕴深厚，领会国家局“235”教育实践活动精神到位，贯彻上坚定自觉。“徽映”文化有厚度、有认同，能很好地作为文化载体，成为行业文化建设的引领者。行业的最大文化是“两个至上”，“三个始终”是确立了行业到底为谁服务的问题，一个是零售户、一个是烟农、一个是基层职工，所以党的群众路线落脚点就在零售客户、烟农和广大干部职工身上。“五种意识”是新形势下对领导干部做好工作的要求。安徽要在“235”教育实践活动和文化建设的指引下，把“徽映”文化打造成行业文化的引领者，我也希望看到安徽烟草在文化建设上有新的成果。

这次来时间很紧，感觉很高兴，各方面给我感觉安徽既和全国的发展保持一致，又有自己鲜明的特点，有安徽烟草特有的文化底蕴，希望能够在这个基础上按照国家局要求，贯彻好十八大精神，为行业持续健康发展做出更大贡献。

安徽省烟草专卖局（公司）工作报告

（2012年1月17日）

问　武

同志们：

这次会议的主要任务是：认真贯彻党的十七届六中全会和中央经济工作会议精神，学习传达全国烟草行业工作会议精神，继续围绕“卷烟上水平”基本方针和战略任务，坚定推进建设成长型企业战略，总结2011年工作，分析发展形势，明确成长愿景，做实基础工作，加快组织成长，安排部署2012年工作。

下面，我代表省局（公司）党组做报告。

一、2011年工作情况回顾

2011年，是“十二五”规划开局之年，也是全省系统迈进企业成长新阶段的第一年。我们认真贯彻“卷烟上水平”基本方针和战略任务，按照“四个全面提升”工作要求，切实增强“五种能力”，始终坚持和把握“三个符合”、“三个规范”、“三个领先”要求，企业成长科学性、规范性、可持续性有效增强，各项工作取得新进展，实现了“十二五”良好开局。

（一）经济运行平稳健康，奠定后续成长坚实基础

全省系统早谋划、早安排，认真分析和把握卷烟市场变化，更加关注发展的平衡性、稳定性，努力稳销量、优结构，经济运行总体平稳，为后续发展奠定坚实基础。全年累计销售卷烟192.91万箱，同比增加1.81万箱，增幅0.95%；实现含税销售收入422.37亿元，同比增加63.03亿元，增幅17.54%；利税92.92亿元，同比增加16.94亿元，增幅22.29%，其中利润54.48亿元，税金38.44亿元；卷烟费用率6.03%，同比下降0.23个百分点。销售烟叶39.02万担，其中省内销售18.86万担，省外销售20.16万担，烟叶销售收入5.38亿元，增幅4.86%；烟叶利润7402万元，增幅124%。复烤烟叶172.44万担，烟叶加工收入2.57亿元，增幅12.46%，加工利润6282.65万元，增幅51.06%。

（二）烟叶生产总体稳定，烟叶特色品质有效提升

努力克服生产资料大幅涨价和严重自然灾害的不利影响，把“稳定规模，优化结构”摆在烟叶工作首要位置，继续打造皖南焦甜香特色优质烟叶品牌。种植计划得到严格落实，全省移栽面积15.1万亩，签订烟叶种植合同5160份，约定烟叶收购量45.3万担，户均种植面积29.2亩。皖南烟区落实焦甜香特色优质烟叶面积7万亩，增幅25%，新增

特色优质烟叶开发计划5万担。收购烟叶37.2万担，收购均价15.77元/公斤，增幅14.5%，皖南特色优质烟叶收购20万担，增幅33.3%。向宣州区捐赠200万元烟叶救灾款，研究制订《建立烟叶生产自然灾害风险救助机制的指导意见》，初步建立自然灾害风险保障长效机制。实施“浓香型特色优质烟叶开发”和“低危害烟叶开发”专项研究。基地建设持续推进，与安徽中烟签订烟叶发展五年合作框架协议，“中华”原料基地单元通过国家局验收，全面推进“黄山”“利群”和“白沙”原料基地单元建设。开展烟叶基础设施建设项目3377个，行业补贴资金7358万元，建成一批高标准基本烟田，宣州区获“国家级烟叶标准化生产示范区”荣誉称号。全省组建专业服务队2000余支，“种植在户、服务在社”生产组织模式探索实践取得新进展。进一步加强基层建设，推荐皖南黄渡烟叶工作站和华环公司参加“全国优秀烟叶收购站”和“全国打叶复烤企业标兵单位”评选。完成省内复烤企业重组整合，华环公司通过4A级“标准化良好行为企业”认证，被国家局确定为行业首批重点标准研究室、全国打叶复烤企业全面预算管理和标准化建设试点企业。

（三）注重培育知名品牌，实现卷烟销量稳定增长

面对复杂多变市场环境和卷烟销量增长乏力严峻挑战，牢固树立“保销量就是保增长”理念，加强宏观调控，培育知名品牌，提升卷烟营销能力和水平。建立销售预警机制，发挥商商调剂平台作用，完善卷烟交易机制，突出销量考核，实现销量平稳增长。加强库存管理，将库存总量、存销比、库存结构等纳入经济运行考核。大力培育“双低”品牌，全年引入“双低”规格37个，实现销量6.1万箱，增幅215%，圆满完成年度目标任务。全面启动中华品牌精准营销工作，稳步推进苏烟、利群等高端规格精准营销工作。深入开展“品牌培育建功立业”活动，重点品牌销量和增幅快速增长，全年销售1~3类烟前15位品牌101.4万箱，增幅22.3%，黄山销量100.6万箱，增幅12.3%。开展“135”工作法应用试点，扎实推进网上订货，全省客户网上订货率65%，网上订货量比重72.6%，网上订货金额比重76.8%。选择部分市公司开展零售终端建设试点。推进现代物流建设，编制物流建设规划，成为行业首批规划通过审核单位。建设物流制度体系，形成《物流业务规范》，加强物流核算管理和物流成本费用分析，完善物流评价体系。推进合六巢物流整合项目，提出“一体化”整合模式和“公司化”运行机制，草拟公司章程，并根据安徽行政区划调整情况进行优化。拓宽工商一体化建设内容，开展统一工商物流建设规划、网上配货试点和仓储资源协同设计，两家市公司分别开展省内工商网上配货和跨省即时物流试点取得新经验。完善提升物流线路优化、物流监控、成本绩效管理系统，两家市公司开展GPS应用试点，物联网技术探索稳步推进。

（四）保持打假高压态势，良好市场环境持续巩固

坚持“三个不放松”，加强市场监管、内部监管和基层建设。继续发挥两个联席会议机制作用，明确“三个基本买不到”工作目标，突出打团破网，加大整治力度，开展“11-1”“11-3”专项整治行动，实现每个地市均破获1~2起涉烟网络案件目标。马鞍山“1·24”网络案件被公安部列为督办案件，马鞍山“10·22”网络案件由公安部统一指挥、多省公安厅统一行动，在全国产生较大影响。“三大工程”继续纵深推进，596个社区纳入打假进社区范围，占全省社区总数24.92%；全年培训零售户15.24万户，占全省

持证户总数 57.05%；累计建立全省卷烟零售放心店 3367 户。全年累计查获涉烟违法案件 1.91 万起，同比下降 10.75%；破获涉烟网络案件 48 起，其中国家局标准 11 起，省局标准 37 起；查获违法卷烟 7930.99 件，同比下降 36.86%。组织开展“11-2”专卖内管专项行动，开展面向工商系统内管检查，全面运行商业、烟叶、复烤、辅材等内部监管系统，实现工商系统对接和“两烟”运行情况实时监管。按照“三个相适应”，突出“三个领先”要求，加强县级局标准化建设。2011 年，优秀县级局验收达标 32 个，占全省县级局比重 36.8%，累计验收达标 79 个，占比 90.8%。

（五）基础管理得到加强，企业成长更加规范

按照“三个规范”要求，实现全流程监管、全领域覆盖。财务审计取得新成果，完成第二轮财务制度修订工作，运行全面预算管理信息系统；开展全面审计，顺利完成自查、复查工作。推进体制改革，实现平稳过渡，先后多次召开专题协调会，研究部署安徽行政区划调整后烟草管理体制配套调整，实现各项业务顺利交接，重组后华环公司经济平稳运行。发布省局（公司）质量管理体系文件，体系贯标步入试运行阶段。启动“六五”普法，完成《烟草专卖执法实用指南》编写，着手《安徽烟草商业系统监督控制指南》编写工作，初步搭建省、市两级制度体系构架，有效提升了执行力，依法治企进入新阶段。落实安全责任制，强化安全管理，加强安全检查，及时消除安全隐患，培养注册安全工程师 20 人，实现安全生产事故“六个零”。召开全省系统“两项工作”现场会，展示交流试点单位人力资源流程控制和“三项工作”监管系统，授予 16 家单位“管理规范免检单位”称号，整顿规范显现新成效。理顺工会工作管理体制，梳理出《七类十三项工作公开节点》并纳入管理流程，公开工作走向日常化、规范化。编制信息化总体规划，启动信息化技术架构和标准化建设，加大集成整合力度，推进人力资源、“135”工作法和客户经理职能转变、卷烟生产经营数据统计应用、“三项工作”监管、“徽映”质量管理、烟叶基地单元软件和审计软件等信息系统，完善物流 GPS 和线路优化系统，优化实施网上订货系统，信息服务领域不断拓宽，“两化”融合程度更加深入。

（六）建立创新激励机制，科技创新成果日渐丰富

着力推进创新平台和激励机制建设，挖掘科技生产力。华环公司建成烟叶原料研究室、理化实验室、工艺研究室和打叶复烤标准研究室，皖南烟叶公司建成理化实验室和 11 个科技示范园，多家直属单位以项目为载体，构建产学研技术合作平台。完善创新激励机制，开展科技创新能力考核，评选表彰“十一五”科技进步奖，科技奖励 68.9 万元，激励机制发挥正向效用。项目带动战略稳步实施，QC 小组活动全面开展，创新成果不断增加，完成科技成果 22 项，其中省部级成果 1 项，受理、授权专利 42 件，登记计算机软件著作权 8 个，成立 QC 小组 354 个，有 21 个单位、QC 小组、个人受到国家和省部级表彰奖励。完成“烟草行业三标一体化管理体系”行业标准制订，并由国家局正式发布实施。质量监督检测正常开展，完成质量监督抽检 61 次，鉴别检验送检卷烟样品 3580 个，出具真伪检验报告 917 份，“大要案”现场检测 53 次。

（七）队伍素质有效提升，企业成长活力充分显现

按照“全面提升员工素质和能力”“思想观念要领先”和“行为作风要规范”要求，继续推进队伍文化建设。组织开展直属单位领导班子和领导干部考核、省局（公司）党组

管理的200名处级干部报告个人有关事项，开展“一报告两评议”工作，对13个单位领导班子进行调整充实。加强教育培训，定期组织党组中心组学习，分批次组织处级干部赴延安干部管理学院开展专题培训，承办国家局培训班、举办省局（公司）培训班共46个、61期次，培训人数4531人次。开展技能鉴定6个种类、4个等级、16个批次，鉴定合格3740人，组织岗位技能竞赛和“徽映”杯财审知识竞赛。强化反腐倡廉建设，开展“以人为本、执政为民”主题教育活动、公务用车问题和庆典、研讨会、论坛活动专项治理，完善明示承诺制度，重视巡视工作，规范权力运行，重点对工程投资、物资采购和干部选拔任用实施了有效监管。继续推进企业文化建设，制定学习型组织建设和加强青年工作意见，开展创先争优领导点评和新一轮承诺践诺活动。发布“成长”文化和“徽映”服务品牌，省局（公司）和一个直属单位获“全国烟草行业服务品牌建设先进单位”称号。举办第三届文艺汇演、演讲比赛、“徽映”杯篮球赛、“一先两优”和“双十”人物评选表彰活动，组织“在党旗下成长”庆祝建党90周年文艺演出，承办烟草行业“文化故事大讲堂”决赛活动。省局（公司）及10个市、县局单位获得国家级和省级文明创建表彰。继续加强信访工作，新闻宣传取得新成效，离退休人员“两项待遇”得到较好落实，企业成长环境基本和谐稳定。

二、明确成长愿景，奋力加快成长

“十一五”后期，为推动组织转型，我们研究提出“四个全面提升”工作要求，加速了企业组织阶段转变，为催生企业成长新阶段注入了动力、增添了活力。回顾“四个全面提升”提出以来的发展历程：

我们有效提升了科学发展能力。坚持以科学发展观为指导，探索、把握和运用客观规律，在学习实践科学发展观活动中，提炼出“三力三性”理论成果，即提高领导和把握科学发展的能力，强调科学性；提高整体协调推进发展的能力，注重协同性；提高传递和实现发展的能力，突出有效性。面对加快推进组织成长新要求和新的发展机遇与挑战，强调在工作实践中对照“三个符合”，即是否符合经济发展规律、是否符合组织成长要求、是否符合人的发展需要。总体看，在国内外复杂经济形势和行业发展一系列新挑战环境中，全省系统在科学理论成果的指导下，积极调整应对，把握主动权，比较好地实现了稳健发展、科学发展。

我们有效提升了规范管理能力。更加强调规范是持续健康发展的生命线，突出更加自律、更加严格、更加规范要求，推进全面规范管理，强调“三个规范”，即市场环境规范、基础管理规范、行为作风规范。发挥制度硬约束作用，全面开展制度梳理，构建省市两级制度体系。管理规范免检制度逐步完善，自律规范日益成为自觉行为。公开工作继续推进，公开体系不断完善，民主意识有效增强。“三项检查”、“两项工作”取得新成效，与信息化融合，运行一系列监管信息系统，企业管理制度化、流程化、规范化程度不断提高。

我们有效提升了工作质量和水平。大力推进皖南焦甜香特色优质烟叶发展，稳步扩大规模，品质特色彰显。构建公平有序市场环境，安徽市场“532”“461”品牌加快成长，品牌培育、精准营销、网上订货、终端建设、现代物流等工作全面推进，分析市场、把握市场、引领市场、管控市场水平不断提升。深入开展贯标、对标、基层创优和创先争优活动，按照“三个相适应”“三个领先”要求全面加强基层建设，工作质量和水平实现了新提升。

我们有效提升了员工素质和能力。更加重视员工队伍建设，全面提升员工综合素质和工作能力。加大干部公开选拔力度，注重后备干部培养。进一步巩固、完善和提升“四定”成果，改革人员招聘工作，促进不同层级人员流动，着力打通“三条通道”，努力实现“三个接轨”。继续加大教育培训力度，大规模开展员工轮训，重点开展各类专业培训。专业技术技能类评聘破冰推进，岗位技能竞赛蓬勃开展，职业技能鉴定成效明显，为组织成长提供了人才支撑。

同时，我们也清醒地认识到，在加快推进企业成长的过程中，我们还面临一些不容忽视的问题。一是科学发展的能力还需要进一步提高，需要在加强实践探索的同时，紧密结合新阶段新形势新任务，创新推进企业成长理论研究，明晰成长愿景，把握客观规律，确保企业沿着正确的方向健康成长。二是企业发展核心要素支撑能力不足。市场竞争意识还比较薄弱，品牌建设意识还不够紧迫，品牌培育、品牌维护、品牌服务和品牌文化还需认真研究把握；卷烟销量增长遇到困难，后续增长预期仍不乐观；优质烟叶仍不能很好满足工业企业需求，稳扩规模、优化结构相关压力不断增大。三是基础工作还不够扎实。企业运行管理制度体系虽已初步构建，但制度体系仍需要进一步完善，制度执行力还需要持续配套提高，自主、能动、规范的市场营销主体建设仍需要加力推进，科学高效的监控机制、公平合理的激励约束机制尚未真正发挥作用，科技创新能力仍然比较薄弱，适应发展、超前思考、力求新突破、争创新局面的能力还需要不断增强。四是队伍整体素质还达不到成长型企业需求，企业文化融合与落地的任务依然艰巨，企业发展环境还需要进一步优化，构建和谐烟草任重道远，这些突出问题已成为企业发展瓶颈，阻碍了企业成长步伐，必须予以重点解决。

从中国烟草发展形势看，目前已经进入大品牌大营销阶段。工业企业品牌合作与整合将进一步深入，由多品牌向大品牌转变。在这个过程中，商业企业要坚定信念，明确职责，认清品牌建设的紧迫性。商业企业没有自己的卷烟品牌，实际上在从事多重营销，关键要积极主动融入大品牌大营销。对于我们主动引进的品牌，去年销量下降的，今年要止住下降的状态和趋势。既然引进，就要想方设法做好服务，不能任其进退，这也是今年销售工作的重要任务。今后，凡品牌引进前，要做好深入研究分析。同时，要认识到品牌维护的重要性，将卷烟品牌真正当成自己的品牌，研究异动，加强维护，做真正负责任的商业企业，这也是中国烟草一体化战略的必然要求。我们的产品，狭义就是服务品牌。广义上包括我们引进和培育的卷烟品牌。在大品牌格局形成过程中，商业企业融入这一进程，则大有可为。今后卷烟产销量的增长没有多少空间，保证经济效益和地位，必然提升结构，趋向大品牌大营销，我们要把握和适应这种形式，做好商业企业工作，切实履行培育品牌、维护品牌的职责。

基于现有较高成长平台，面对加快成长制约因素，需要我们沉着冷静，继续凝聚共识，明确成长愿景，深刻理解成长型企业的目标特征，共同推进成长型企业建设。当前和今后一个时期，要着重把握好六个方面：

（一）增强核心业务支撑力。要紧紧把握烟叶、营销、物流三个方面，充分发挥商业企业服务上下游客户的职能作用。要不断提升优质烟叶保障能力，优化全省烟叶生产布局，促进皖北、皖南烟区协调发展，形成以皖南烟区为主的烟叶发展战略。要继续坚决贯彻落实“做精做强、做成精品”要求，突出彰显皖南焦甜香特色优质烟叶风格，适应并融入知名品牌发展战略。要进一步提升烟区烟叶生产配套设施保障能力，在传统烟叶生产向现代烟草农业转变上实现突出进展。要紧跟行业品牌发展战略，正确判断和把握全国品牌发展变化的趋势，突出品牌建设意识，健全品牌进退机制，增强品牌培育能力，促使我省卷烟品牌布局和品牌结构更加合理、行业重点骨干品牌加快集聚、加速成长。要通过开展订单供货、精准营销、终端建设等工作，大幅提升营销能力，有效满足市场真实消费需求。要加快物流区域整合，加强物流基础建设，加大信息化支撑力度，推进物流信息化、智能化，做到布局更加合理、管理更加精细、配送能力增强、响应速度提升、物流成本费用有效降低，物流作为核心业务的地位和作用不断显现。

（二）增强市场环境控制力。主要体现在卷烟营销市场和专卖管理市场两个方面。要进一步树立大营销观念，把品牌培育作为第一要务，深入推进市场取向改革，把握市场规律，尊重消费者选择，降低人为控制因素，逐步建立适度竞争、公平有序、统一开放的市场环境，为重点骨干品牌成长创造良好环境。要下大力气维护良好的卷烟市场秩序，进一步健全完善政法烟草、行政执法联合机制，坚持卷烟市场专项整治和日常监管常抓不懈，继续推进“三大工程”，确保卷烟联合打假机制和行政执法机制作用充分发挥并持续巩固，执法环境优化，“三个基本买不到”目标得到较好实现，卷烟市场监管联动机制不断完善，卷烟消费市场环境和专卖管理市场环境实现良性互动。

（三）增强基础管理内管力。要不断强化企业内部管理，健全制度体系，完善财务审计管控机制，创新推进管理规范免检工作，切实提高自律规范的意识和水平，真正使“他律”向“自律”转变，实现企业制度化管理、规范化运作。要加强民主管理，推进公开工作日常化运作，公开范围涵盖政务、企务、党务多层次、多领域，民主管理真正成为企业发展现实需要和广大员工共同诉求。要在企业标准化建设上取得明显成效，推进质量体系建设与日常工作深度融合，加快信息化建设步伐，加大信息资源开发、整合、利用，健全激励考核机制，有效运用激励考核结果，实现企业管理持续改进。

（四）增强企业主体执行力。要充分尊重市级公司的市场营销主体和县级局执法主体地位，科学引导并有效发挥其积极性、主动性与创造性，着力增强企业主体执行的自主性和能动性。要建立一套科学有效的监督、评价、考核机制，明确标准，落实责任，赏罚严明，形成闭环管理，真正发挥考核的导向激励作用，着力增强企业主体执行的动力。要建立科学的政策执行反馈机制，加强机关与基层、部门单位之间沟通与协作，着力增强国家局、省局决策部署向基层的政策传导能力。要进一步树立竞争意识，增强竞争观念，主动面向市场，提升竞争力，破除“小富即安”思想。要加强队伍建设，加大培训力度，推进学习型组织创建，提高员工理解上级决策部署的能力，培养严谨细致的工作态度，提高精益求精的执行能力，确保决策执行的到位率。

（五）增强科技创新驱动力。实施科技创新驱动是转变经济发展方式的中心环节，是实现“卷烟上水平”的有效途径，是加快组织成长进程的内在要求。要树立科技创新是第一生产力的观念，提高全体员工科技创新意识，激发科技创新内源动力。要建立科技投入长效机制，搭建创新平台，完善载体建设，加强科研项目与实际工作的结合，提高科技成果转化和应用的效率，促使专卖体制下市场取向的模式创新、流程创新、管理创新、文化创新等创新成果竞相涌现，科技成果反哺工作实践的作用和效果进一步彰显。要统筹抓好以高层次人才和高技能人才为重点的各类人才队伍建设，增强科技人才储备，完善人才培养激励机制，进一步营造尊重人才、鼓励创新的良好环境，充分激发各类人才的创造活力。

（六）增强文化建设感染力。要将企业文化建设融入企业管理，构建社会主义核心价值体系引领下、以“两个至上”行业共同价值观为核心、“成长”文化与各单位文化理念融合的母子文化体系，实现文化理念的传承性和统一性。要以企业文化为引领，融于实践，指导实践，引领实践，切实做到“三个始终”，即始终把烟农利益放在心上，始终把为零售客户提供优质服务作为流通企业的根本任务，始终把调动全体员工积极性、主动性和创造性作为一切工作的出发点。要致力于服务品牌建设成效，以“两个至上”行业共同价值观为立足点，以文化营销为突破口，以“徽映”服务品牌为导向，探索搭建与社会、工业企业、零售终端、消费者的沟通平台，实现单纯卷烟营销向加强品牌管理、做好品牌维护、优化品牌服务、培育品牌文化转变，为加速形成知名品牌格局，更好地服务于“卷烟上水平”基本方针和战略任务做出努力。

三、2012 年主要工作安排

2012 年全省系统要认真贯彻党的十七届六中全会和中央经济工作会议精神，全面落实全国烟草工作会议精神，继续围绕“卷烟上水平”基本方针和战略任务，坚定成长战略，明确成长愿景，突出成长特征，坚持稳中求进，继续按照“四个全面提升”工作要求，提增成长能力，提高成长水平，提升成长品质，努力实现全省系统持续、协调、共同发展。2012 年主要经济指标是：卷烟销量 195.2 万箱，其中完成“双低”品牌销量 10 万箱以上；税利继续保持稳步增长；种植烟叶 17 万亩，收购烟叶 50 万担。今年要着重抓好以下工作：

（一）巩固烟叶工作基础，增强优质烟叶保障能力

我省烟叶生产近年来总体实现了良性发展，但面临的挑战和风险不容忽视，特别是稳扩规模压力大、抵御风险能力弱、烟叶质量不均等。2012 年，要力争以 50 万担的收购量为新起点，实现烟叶工作新突破。

一是稳步扩大规模。确保烟叶种植规模稳中有升，形成规模效应，这是实现 2012 烟叶工作新突破在量方面的基础。各烟叶产区要早启动、早准备，科学分解种植计划，争取地方政府支持，调动烟农积极性，确保完成烟叶种植计划目标。加大烟叶工作考核力度，重点考核烟叶收购量和等级合格率。在稳扩规模的同时，要突出维护烟农利益这一重点，广泛宣传烟叶收购价格总水平提高 20%、专业化分级散叶收购烟叶价格上浮 5% 的政策，争取国家局调整皖北烟区烟叶收购价区政策。根据国家局政策，相应提高优化结构、散叶收购等补贴标准，在育种、供苗、化肥供应、病虫害防治、防灾抗灾、烘烤、收购等方面为烟农提供及时高效服务。各烟叶产区要创新探索利用基础设施开展多元化经营，充分发

挥现有设施作用，减少设施闲置，增加烟农综合收益。

二是加强烟叶基础。坚持以现代烟草农业为统领，加快推进现代烟草农业建设，努力改变传统烟叶生产方式，继续加大烟叶生产基础设施投入，完成预算投入补贴资金 9954 万元，真正将这些项目做成惠民工程、民心工程。要坚持高水平系统设计与高标准综合配套相结合，全面实现八大基础设施工程综合配套，重点抓好育苗工场和烘烤工场建设，把握“完善、配套、提升”要求，改善烟区生产条件。各烟叶产区要对基础设施建成项目开展“回头看”活动，总结基础设施是否发挥效用、是否产出效果。要积极探索推进烟农专业合作社建设，推进“种植在户、服务在社”生产组织模式，逐步实现专业合作社对烟农全面覆盖、全程服务、全体受益。要推进减工降本系统工程，着力提高烟叶生产机械化水平，把烟叶生产总体亩均用工逐步减少到 15 个以内，逐步形成完整的减工增效体系，降低费用，提高收益。要继续加强基层烟站建设，合理布局，优化资源，压缩站点，以黄渡烟站为范本，建立烟站（单元）烟叶管理信息系统，切实改善基层烟站工作环境，打牢烟叶工作基础。华环公司要继续在观念、机制、文化等方面加大融合力度，完善董事会运行机制，推进技改力度，建成全国领先复烤企业。

三是注重烟叶品质水平。我省烟叶要在全国占有一席之地，必须要突出质量、品质和特色，尤其是皖南烟叶，要坚持“做精做强、做出精品”要求，突出焦甜香风格特色，全面提升烟叶品质水平。要推行 GAP 烟叶生产管理，逐步建立优质烟叶生产管理规范和操作规程，建立生态烟草农业体系，全面推行烟田轮作。烟叶、科技、质检等部门要加强沟通配合，强化质量追踪，严格烟叶农残和重金属标准和检测，更加注重烟叶品质安全性。要把进一步优化烟叶区域生产结构、持续推进皖南特色烟叶研究与开发，作为提高烟叶品质水平中心任务，借助国家局特色优质烟叶开发重大专项平台，加强“浓香型特色优质烟叶研究与开发”和“低危害烟叶研究与开发”等重点科研项目研究工作，争取早出成果、加速运用，推动皖南烟叶品质特色化水平持续提升。要牢固树立精品意识、质量意识和诚信意识，强化对烟叶生产、收购调拨、复烤加工等环节过程控制，尽最大努力实现烟叶品质均质化。要加强烟叶收购工作，严格烟叶收购国家标准，确保烟叶收购品质。要进一步探索订单烟叶发展方向，加大订单烟叶试点工作力度，以高品质烟叶融入知名品牌发展中，为行业品牌发展提供稳定的优质原料。

（二）突出品牌发展核心，提高卷烟市场营销水平

高度重视卷烟销量和品牌发展对加快企业成长的基础和核心作用，严格落实“总量控制，稍紧平衡”指导方针，确保卷烟销量稳定增长和品牌发展加快集聚。

一是提高营销基础水平。加强市场预测，科学判断市场需求，准确把握市场容量，将销量计划完成情况作为各单位营销考核的重点。分析把握“一价三库”，对库存设立动态指标，根据市场变化认真分析、科学把握库存，加强市场调研和信息监测，准确把握市场变化所带来的消费需求。深入推进“按订单组织货源”工作，切实提升货源采供水平和订单满足率。要继续坚持销售预警机制，定期发布销售动态，提升快速响应能力，保持市场相对平稳，避免市场大起大落。要优化客户投诉处理流程，建立健全投诉问责机制，在提高投诉处理及时性和有效性的同时，更加注重分析投诉所体现的问题，不能一味追求漂亮的数据，而要客观对待，不能回避。今年，国家局在我省试点行业市场信息自动采集工

作，各单位要高度重视，按照国家局统一部署，整合现有信息系统，搭建真正意义上的终端信息管理平台。要按照“发展同向、工作同心、服务同步、利益同体”总体要求，巩固“平等互利、长期合作、共同发展”客我关系，努力构建工、商、零共同面向消费者卷烟营销体系。探索推进零售终端建设，提高零售户经营水平，有效发挥零售终端作用，维护零售户利益，实现批零差率在10%以上。要推进营销部创优向地市级公司延伸拓展。继续加强规范经营，切实规范货源投放供应政策，重点加强大户管理，加大对往来接待和宣传促销过程中物资采购、资金管理等关键环节监管力度，强化直营店管理，严禁烟草员工入股卷烟零售经营等各类不规范经营行为，发现问题，严肃处理，切实巩固营销工作基础。

二是提高品牌培育水平。扎实推进品牌维护，各单位要正确处理好省内、省外品牌关系，密切跟踪和把握行业“532”“461”品牌发展现状和趋势，抓好“一高两低”品牌培育，密切关注高端市场变化趋势，做好高端规格市场引入和市场维护，发挥高端品牌的市场引领作用；要以更大的责任感加大“双低”品牌培育，选择在全国、全省销量大、增长快的“双低”规格重点加以培育，实现量的增长和比例的提高。要按照“抓两头，促中间”工作思路，合理控制一二类烟增速，促进三类烟增长，稳定四、五类烟销量。各单位要结合实际，选择在全省具有一定规模和覆盖范围的中低档卷烟规格加以重点培育，有效降低品牌整合带来的风险，切实发挥“双低”品牌，四、五类烟的基础作用。要完善品牌布局，以行业知名品牌为培育重点，对满足全省中低档烟货源供应的工业企业，重点加强对其三类烟以上规格的培育，打造稳定的中低档货源供应基地，特别是要稳定省产四、五类烟规模。要继续推进精准营销，注重总结经验，拓展工作范围，切实发挥精准营销在品牌培育上的特殊作用，同时要着力构建工商零共同面向消费者的营销体系，共同提高品牌培育和品牌发展水平。

三是提高现代物流水平。在物流建设上要有新思考、新研究，按照“专业化、精益化、智能化”和“四个一流”目标要求，提升现代卷烟流通水平。要整合现有物流资源基础，加快区域物流整合试点，做好物流规划分布与实施。按照《物流业务规范》，加强标准化管理，进一步推行7S管理方法，组织召开物流现场会总结推广先进做法和经验，做好物流核算，加强对标管理，切实降低运行费用。要把提高物流运行效率和水平作为重点工作研究推进，统一物流管理，减少物流节点，扩大直送比例，提高资源配置水平。要全面总结单车多班送货模式经验，进一步在全省系统推广实施。加强物流模式创新，开展访送周期调整试点和卷烟周转箱应用，组织物流设备选型研究，降低日常运行成本。积极推进工商物流一体化建设，总结试点经验，推广工商网上配货、即时物流等模式。加强物流信息技术的应用，提高物流监控和GPS系统使用效果，研究开发全省物流综合管理系统，加强RFID技术应用，提升物流运行效率，进一步提升现代物流水平。

（三）强化市场监管力度，维护卷烟市场成长环境

坚定不移抓好卷烟市场监管，珍惜和巩固成绩，保持良好工作状态，为企业成长提供规范有序市场环境。要继续健全完善政法烟草和烟草市场行政执法两个联席会议机制，创新完善政府领导、烟草部门积极参与的专卖管理长效机制，增强卷烟联合打假合力。要深化“两法衔接”机制，拓展省际、市际间协作机制，推动全省打击涉烟犯罪工作向纵深发展，全力打压涉烟违法犯罪活动空间。要加强对无证经营、物流运输非法卷烟、互联网销

售非法烟草专卖品等问题的研究和治理，实现有效监管。要认真总结专卖管理“三大工程”经验，探索市场管理新形式、新方法，完善长效机制。强化打团破网力度，由追求数量、完成任务向质量为先、深耕细作转变。继续落实“三个基本买不到”市场管理目标，明确责任，严格考核。积极探索建立创建优秀县级局长效机制，确定2012年为“创建提升年”，要按照“三个相适应”“三个领先”的要求，总结、巩固和提升优秀县级局创建水平。继续加强县级局基础设施建设，力争通过1～2年努力，实现全省县级局硬件100%达标。组织评选全省优秀县级局标兵单位，促进创先争优活动向纵深扩展。深入推进专卖内部监管，深化“重点时期、重点区域、重点环节、重点对象”监管，贯彻落实新《工作规范》，学习探索专卖内管委派制工作，延伸监管触角，强化基层监管，发挥重心下移对专卖内管基础性保障作用。实行重点检查和专项检查相结合，对全省卷烟工商企业进行全面检查，市级局要突出层级监管，加强对县级局定期检查，促进专卖内管工作向更高层面、更深层次推进，努力探索和构建打击、管理、疏导和服务相结合的专卖管理新模式。

（四）注重严格规范，全面加强企业基础管理

着眼于企业成长的新需要，更加突出基础管理的重要性，为企业在较高平台上实现持续健康成长奠定更加坚实的基础。

一是继续加强财务审计。以行业统一会计核算软件为平台，建设集财务核算、全面预算、资金结算于一体的财务集中管控系统。实施烟草行业资金监管系统，上线运行资产管理和资金管理系统。深化全面预算管理基础，建立健全动态完善的定额管理体系，谋划全省多元化投资“十二五”规划，促进多元化企业健康良性发展。要在全面审计自查基础上，落实整改，确保顺利通过国家局4月份开始的重点审计。

二是加强管控体系建设。充分发挥“三项工作”管理委员会职能，强化投资项目管理，加大公开招标工作力度，应招标的一定招标。全省系统在建投资项目多、金额大，要充分发挥投资管理系统作用，加大投资项目过程管理，强化责任落实，切实防止增资、变更的随意性。着力发挥质量体系效用，省局（公司）和已经导入体系的行业各单位要关注和改进体系运行效果，实时跟踪运行状态，着力解决好“管、控”问题。组织开展面向全省系统的行业审核，实施“徽映”质量管理体系信息化建设，搭建高效率、严标准、优流程、重协同的信息管理平台，全面部署和推进管理创优活动，争创一流企业管理目标。继续加强整顿规范，深入推进“两项工作”，健全“两项工作”管理监督体系，健全工会工作机制，扎实推进办事公开，切实加强民主管理，促进管理规范免检制度再完善、再提升。

三是加强行业法治建设。贯彻落实《“六五”普法实施意见》，加强法治宣传教育和普法培训师队伍建设，创新普法培训工作模式，形成自我培训、自主宣传的良性工作机制。配合省政府法制办组织开展烟草专卖行政执法资格考试工作，把好执法职业资格入口关。遵循《烟草专卖办案实用指南》，推进制度体系建设，充分发挥制度体系作用。

四是着力抓好信息应用。推进资金监管系统、“三项工作”系统升级、审计系统二期、物流管控平台、徽映标准化管理信息系统二期等应用项目，加快安徽烟草商业信息化技术架构建设，初步实现门户、应用、数据、基础设施的集成整合，更加关注运维安全体系建设，强化信息数据统计服务职能，发挥信息技术基础支撑作用。

五是提升科技创新能力。发挥创新平台作用，加强科技项目管理，着力提升研发水平，更加注重科技创新成果的转化和应用，深入推进QC小组活动，延续和激发基层和一线创新热情。扎实开展标准化工作，完善产品质量安全标准。要继续加强质量监督检测工作，突出生产、检验和检测等全过程的追踪，服务烟草制品检测和质量监督。

六是高度重视安全管理。明确“一岗双责”，落实主体责任，高标准抓好安全生产标准化、信息化和安全文化建设，全面加强安全基础设施建设，尽快完成“三项系统”建设，复烤企业至少配备2名、每个市局（公司）至少配备1名注册安全工程师。健全完善隐患排查治理机制，抓好安全生产检查和隐患排查整改，突出防火和道路交通安全管理，有效运行职业健康安全管理体系，严防安全事故，确保安全发展。

（五）加强队伍文化建设，提升企业组织成长品质

加快建设成长型企业，需要队伍的支撑，需要文化的浸润，需要提升企业成长的层次和境界，促使企业成长因文化而生机勃勃、因文化而青春焕发。

一是锻造优秀队伍。要严格干部管理，运用好两年一度领导班子和领导干部考核结果，优化班子结构、充实班子力量。进一步加大领导干部公选力度，激发干部活力。加强后备干部培养选拔，依据2011年底后备干部推荐情况，做好后备干部动态调整和重点培养。各单位要加强本单位干部队伍的管理、选拔和使用，做到梯队层次科学化。深化用工分配制度改革，继续缩小同岗位、同级别新老员工收入差距。要加强培训，扩大范围，提升层次，突出效果，着力提升全员业务水平和综合素质。加大专业技术职务聘任力度，用其所专、用其所长。组织实施全省系统科级干部轮训班，联合高等院校办好物流硕士班，做好会计硕士班办学准备，继续组织开办财务审计研修班和财审知识竞赛。做好技能鉴定，重点做好行业高技能人才队伍培养，特别是在营销和专卖序列技师级以上鉴定要有所突破。要创新形式、创新内容，深入开展多序列岗位技能竞赛，以赛促学、以赛代训，加大对优秀选手培养使用力度，强化业务和素质导向，促进岗位成才、岗位成长。认真总结学习型组织建设试点单位经验，形成比较成熟的方案和方法，在全省系统全面推进，带动队伍能力和素质全面提升。

二是深化文化建设。要以“两个至上”行业共同价值观为引领，深入推进社会主义核心价值体系建设，培养正确的价值取向，深入扎实开展创先争优和文明创建，在专卖、营销、烟叶等多序列开展基层创优活动。要在探索“两个至上”进班子、进岗位、进制度、进流程方面取得新成绩。要以迎接党的十八大和中国烟草成立30周年为契机，制定工作计划，广泛开展主题教育和文体活动，唱响主旋律。要以服务品牌建设为重点，做好企业文化提升、融合与管理。对现有文化体系进行全面审视，总结文化成果发布以来取得的成效、存在的不足，加大“成长”文化宣贯，构建全省系统规范的文化架构体系，加强企业文化基础设施建设，促进文化提升；推进母子文化、企业文化与服务品牌融合对接，大力宣贯“徽映”服务品牌，认真总结试点单位经验，推广“感知徽映”做法，打造特色服务，彰显自身特色；健全文化工作机制，明确各单位各部门都是企业文化和服务品牌建设的责任人和参与者，研究加强对文化体系和服务品牌管理，构建一整套完整管理体系，促进文化建设与服务品牌良性发展，打造深入内心、品味彰显的优秀文化资产和文化魅力。

三是营造和谐环境。和谐稳定是企业成长必然要求，改革越推进，发展越深入，稳定

越重要。树立“三个始终”和“五种”意识，在当前较好发展环境下，要突出责任意识、忧患意识、公仆意识、民主意识和创新意识，广泛开展宣传、教育、讨论、践行等工作，创新推进思想政治工作，引导干部员工共同维护良好的发展环境。做好信访工作，重视和关心员工意见表达，做好接待和解释，尽量不使矛盾激化和上行，尽量将问题解决在萌芽状态。做到风清气正，落实党风廉政责任制，继续加强廉政监督，强化廉政意识，总结推进巡视工作，加强案件查办，探索建立廉政风险防控管理机制。按照《廉政准则》《廉洁从业若干规定》要求，严格规范生产经营，严格规范权力运行，严格规范选人用人行为。要加强新闻宣传，努力争取在主动、正面宣传上有所突破，为全省系统营造和谐稳定的成长环境。

同志们，新征程充满新希望，新阶段推进新成长。胸怀美好成长愿景，奋力做好各项工作，共同推进科学发展，需要我们更加凝心聚力、不断跨越、奋力超越。让我们按照国家局政策方针和工作部署，坚守目标不放松、振奋精神不懈怠、奋力争先不停步，加快向成长型迈进，全力推进“卷烟上水平”，努力开创科学发展新局面，以优异成绩向党的十八大和中国烟草成立30周年献礼！

在全省系统纪检监察财务审计工作会议上的讲话（摘要）

（2012年3月1日）

问　武

同志们：

这次全省系统纪检监察、财务审计工作会议，两个会三个方面工作，召开一个会议贯彻落实，是基于国家局、总公司，特别是姜局长参加两次会议讲话精神，也是延续国家局今年工作会议精神所做出的安排。

一、努力保持党的纯洁性，深入推进反腐倡廉工作

一是围绕中心，服务大局。认真贯彻国家局“卷烟上水平”的基本方针和战略任务，围绕加快建设成长型企业发展方向，正确处理党风廉政建设与全省系统各项业务工作关系，努力做到在监督中加强服务，在服务中保障发展，推进党风廉政建设，促进全省系统持续稳定健康发展。二是标本兼治，惩防并举。坚持“标本兼治、综合治理、惩防并举、注重预防”的战略方针，全面落实《建立健全惩治和预防腐败体系2008—2012年工作规划》，积极推进全省系统惩防体系建设，有效强化干部员工大局意识、宗旨意识、法纪意识、廉政意识和监督意识。三是完善制度，规范行为。不断加强反腐倡廉教育制度、监督制度、预防制度、惩治制度建设，完善反腐倡廉制度体系，加强对制度执行情况的监督检

查，严肃查处违反制度的行为，切实提高制度执行力。四是积极探索，勇于实践。坚持从实际出发，紧紧围绕烟草行业改革与发展现状和进程，针对反腐倡廉建设重点领域、关键环节，针对影响全局、关系长远的关键性问题，积极探索，着力研究，勇于实践，形成了一些源头治理工作成果和经验，不断推进全省系统反腐倡廉建设。五是提高素质，提升能力。全省系统纪检监察干部不断加强党性修养，不断加强对纪检监察工作法律法规学习，不断加强对烟草行业生产经营管理工作流程的熟悉和掌握，及时了解行业中心工作和重大事项，改善知识结构，拓宽工作视野，研究探索适应新形势、解决新问题的方法途径，不断提升纪检监察队伍的自身素质和履职能力。

（一）贯彻中纪委七次全会精神，保持党的纯洁性，加强领导干部队伍建设

一是各级领导干部要在保持党的纯洁性各项工作中发挥表率作用。

保持党的纯洁性是每一位共产党员的职责和使命，尤其是党员领导干部要切实发挥表率作用，在工作生活中，努力做到修身、勤学、敬业、自律相统一。

要修身。要加强党性修养，做到一身正气、一尘不染，始终保持共产党人的纯洁品格和高尚情操。要带头加强党性锻炼，坚定理想信念，忠诚于党和人民的事业，始终在政治上、思想上、行动上同党中央保持高度一致，坚决维护人民群众的根本利益，切实做到国家利益至上、消费者利益至上。全省系统各级领导干部要带头加强人格修养，强化道德建设，培养健康情趣，提高心理素质，模范践行社会主义核心价值体系，带头实践“两个至上”行业共同价值观，树风气、扬正气，引领和带动全省系统持续健康发展。

要勤学。学习是提高素质、增长才干的重要途径，也是做好工作、干好事业的重要基础，要把“勤奋好学、学以致用”作为加强领导干部作风建设的首要任务。要学习到、意识到、感悟到，把学习作为工作的伴侣、生活的伴侣、精神的伴侣，一方面提高理论素养，另一方面增强工作能力。一些党员领导干部认为学习是苦差事、学习是敷衍事、学习是耽误事，都是错误的认识，长此以往就会很危险。古语云：腹有诗书气自华，要修身则必须勤学，在学习中才能使自己安静、领悟、提升。要真正把学习当作一种工作责任、一种生活方式、一种精神追求，通过学习不断提高理论水平、工作能力和精神境界，更好地肩负起行业的职责和使命，更好地服务于成长型企业建设。

要敬业。爱岗敬业是我们对工作的一种态度，也是对党员领导干部的基本要求。坚持说实话、办实事、求实效，一步一个脚印地把各项工作落到实处。要带头继承传统、勇于创新，坚持以改革创新精神研究新情况、探索新办法、解决新问题。要带头淡泊名利、甘于奉献，正确处理个人与组织、工作与家庭、失与得、苦与乐的关系，谦虚谨慎、不骄不躁，脚踏实地、扎实工作，在埋头苦干中实现人生价值。要按照“三个始终”要求，在敬业爱岗中始终把维护烟农利益放在心上，始终把为零售客户提供优质服务作为全省系统根本任务，始终把调动全体干部员工积极性、主动性和创造性作为我们一切工作的出发点。

要自律。自律是对自身的严格规范，是对自己言行的选择性约束。全省系统各级领导干部要带头坚持自重、自省、自警、自励，切实把各项纪律要求转化为自觉行动。要慎独，时时处处严格要求自己，加强自我规范和约束，做到不仁之事不做、不义之财不取、不正之风不沾、不法之事不干；要慎微，认真做好每件小事、管好每个小节，见微知著、防微杜渐，切实做到不该说的话不说、不该拿的东西不拿、不该去的地方不去、不该办的

事情不办；要慎情，树立正确的亲情观，教育和管好自己的配偶、子女和亲属，决不允许他们利用自己的职权或职务影响谋取不正当利益；要慎友，正确处理人际关系，慎重对待社会交往，注意净化自己的社交圈、生活圈和朋友圈，善交益友、乐交净友、不交损友，始终保持蓬勃朝气、昂扬锐气和浩然正气，营造风清气正的发展环境。

二是关心和提高干部心理健康与心理素质，建设高素质干部队伍。

一要加强教育培训。要开展心理健康教育培训，增强心理健康意识，提升心理健康素养，掌握应对压力和解决心理问题的方法技巧，提高干部心理承受能力和自我调适能力，促进干部身心和谐发展。二要建立关爱机制。要坚持和完善干部谈话制度，在干部提拔任用、岗位交流、离岗退休、矛盾困难、情绪波动时，在干部思想上有负担、工作上有情绪、业务上有滑坡时，及时谈话，关心了解，有针对性地作好心理疏导工作，保护干部身心健康。三要坚持正确的用人导向。实践表明，用人不公是造成一部分干部心态失衡的重要原因。全省系统各级党组（党委）要注重防范和矫正干部的不良心态，大力营造公开公平公正的用人环境，形成能者上、平者让、庸者下的用人机制，使干部“上”的合理，“下”的服气，人尽其才，才尽其用，从用人导向和机制上引导干部不断调节心理预期，减轻压力，保持良好状态。四要完善工作机制。健全完善干部体制和机制，明确不同岗位不同职级干部的职责权限，清晰定义干部工作角色和工作任务，避免和减少因角色模糊、角色冲突给干部带来的心理压力，别总让那些干事的干部一边替别人干着活，一边又生着气；一边出着成绩，一边又窝着火。五要强化干部考核。在领导班子、领导干部考察中，在调整和搭配领导班子时，要把对干部心理素质的考核结果作为选拔任用干部的重要依据，促进各级领导干部不断提高心理素质。在考核德、能、勤、绩、廉的同时，要认真考察了解干部在面对名利得失、承受工作压力和遇到困难挫折时的态度及表现，要了解考核干部的个性修养、适应力、创新力、承受力、人际关系等各方面的变化情况以及性格气质特点，注重干部心理素质与岗位职责要求的匹配，有针对性的培养和任用干部，注重领导班子成员之间在个人性格、心理素质上的互补，搭建和谐的领导班子，促进领导干部健康成长。

（二）围绕中心、突出重点，扎实推进全省系统反腐倡廉建设

一要严格规范生产经营。要严格遵守烟草专卖法律法规，坚持依法行政，严格规范生产经营行为方面，要更加重视专卖内管监督，充分发挥内管机构作用，加大对烟草专卖品生产经营监督管理。特别是在烟叶生产、卷烟经营等方面要慎之又慎，杜绝不规范生产经营行为。

二要严格规范权力运行。要自觉遵守工程投资、物资采购、宣传促销有关制度规定，重点加强对领导干部和关键岗位的监督制约，特别要按照“四个严禁”的纪律要求，制定具体实施意见，认真开展对照检查，及时纠正和严肃查处违反纪律的行为，确保“四个严禁”要求落到实处，确保权力公开透明阳光运行。

三要严格规范选人用人行为。全省系统要认真贯彻执行领导干部选拔任用各项规定，要严格执行干部选拔任用程序，在民主推荐、干部考察、廉政审核、酝酿研究、讨论决定、公示等环节认真把关，切实提高干部选拔任用公信力，做到优秀的人才有展示的平台，有脱颖而出的机会。

四要坚持勤俭干事业、节约办企业。今年，全省系统要继续加强公务用车、业务接待、因公出国（境）管理。省局（公司）有关部门要严格计划、严格审核、严格管理。加强公务用车管理，待国家局公务用车管理具体规定制订后严格遵照执行。各单位要制订制度，明确标准，严格开支，精打细算，不得任意开支，坚决禁止铺张浪费。

五要有效发挥纪检监察的职能作用。要充分认识纪检监察部门同志在严明纪律、保障政治安全、经济发展、企业进步当中起到的重要作用。希望能够有计划地选拔优秀年轻的业务干部充实到纪检监察队伍中，在纪检监察岗位上得到锻炼，能够面对一些比较复杂的工作和事情，促进纪检干部健康成长与有效履职，为加快企业成长做出应有的贡献。

二、强化基础管理规范性，持续提升财审工作水平

关于财务审计工作，近年来，已经改变单独从财务审计角度讲业务，而是从管理和规范的角度，特别是今年姜局长在财审工作会议上的讲话充分体现这一点。财务审计是企业管理必不可少的重要环节，审计工作也是保障经济安全的重要监督部门，财务审计工作主要按照国家局要求，按照姜局长讲话精神，从全面促进规范的角度去理解。

（一）全面落实严管理、促规范工作要求

在今年的财务审计工作会议上，国家局姜成康局长指出要把严管理、促规范作为财务审计工作的重点任务抓好落实，对我们当前和今后一个时期财务审计工作提出了更高要求。这是行业发展到更高水平后的内在要求，也是更好履行财务审计工作职能的客观需要。全省系统各级财务审计部门要深刻理解“严管理、促规范”工作要求，在日常工作中认真贯彻落实。

一要进一步提高思想认识。规范是管理的目的和具体体现，管理是促进规范的方式和手段，严管理与促规范相互依存、相互协调、相互促进。全省系统要站在全行业的高度，站在确保全省系统持续、协调、共同发展的高度，进一步提高对严管理、促规范的思想认识。

严管理、促规范是行业内部监管的根本要求。规范，按照字面去理解，可以是一种标准，最初就是一种标准。按照当前和这些年的工作，规范又是一种建立，规范也是一种补救，规范还是一种整改。这十几年都是这个历程，首先是整顿，然后补救，进而建立，最后形成标准。谈当前规范，对于我们安徽烟草来说，规范是一种境界、也是一种品质。我们企业成长的品质品味在哪里，就是看我们规范工作做得怎么样，在这个过程中我们建立和形成了什么标准，这就是看我们的能力和水平。规范的最高的境界是让问题不出现，形成严格有效的标准，然后按标准执行。标准体系，在新建企业比较好做，对于我们发展几十年的企业来说，逐步走向规范轨道，则要付出很多。真正先进和优秀的企业，最终的境界是把规范做得顺其自然，自然形成一些标准，这就是境界和品质。我们说加快组织成长，建设成长型企业，就是要在这些方面都做成熟，我们现在需要做的还是要扎扎实实把规范做好，使得我们队伍境界更高，执行规范的标准更加自觉。

严管理、促规范是全省系统健康发展的现实需要。经过 10 多年的整顿规范工作，全省系统在规范方面取得了较好成效。生产经营管理规范有序，没有出现大的违纪违规问题。但从实际情况看，一些小的违规问题依然存在。尤其从去年开展的全面审计自查复查看，暴露了在工程项目、物资采购等 6 个方面的问题还是不少，有些问题具有普遍性和反复性。说明全省系统的严格规范工作远没有到位，丝毫不能掉以轻心，也充分说明规范工作的长期性和复杂性，严管理、促规范工作必须长抓不懈。

二要进一步抓好严格管理。严格管理要以财物为抓手。企业管理涉及人、财、物等多方面问题，其中“财”和“物”是核心和焦点，“人”的问题是由“财”和“物”引起的，财和物主要针对人，出问题的表现还是反映在人的问题上。因此，企业的严格管理要紧紧围绕人、财、物的问题展开。“财”和“物”直接与财务审计工作相关，所以财务管理是企业管理的核心，审计监督是内部监管的关键环节。各级领导和财审部门要高度重视并不断加强对企业“财”和“物”的管理，管得好与不好，直接体现企业的管理现状，也直接体现企业管理者的能力和水平。

严格管理需要全程控制。全省系统从组织转型到组织成长，就是按照既定的目标发展的。“定规则”就是要建立并完善各项规章制度、流程，使生产经营管理的各项工作在规则的约束下按程序进行。这项工作我们已经努力了几年，今后还需要进一步努力，使各项规则更加科学、合理。

严格管理需要考核奖惩。加强业绩考核和奖惩是严格管理的重要措施，也是管理严格与否的具体体现。尽管这方面也属于定规则、抓控制的内容，但这里需要进一步提出来。没有严格的业绩考核和奖惩，规则就难以得到切实执行。目标就有可能产生大的波动，甚至很难实现。控制也就可能弱化或形同虚设，谈不上严格管理。

三要进一步促进规范。规范的标准要不断提高，不断变化。标准决定工作效果，没有设定很高的标准，规范工作就难以到位。规范工作也需要对标，要选择行业内外规范工作好的单位为标杆，不断提升规范工作水平。今年上半年，国家局将对行业进行全面审计重点检查，前期已经部署了全面审计“回头看”工作。各单位要高度重视此项工作，按照国家局、省局（公司）的要求，扎实做好“回头看”各项工作，为迎接国家局全面审计重点检查做好准备。

规范的效率离不开信息化。目前，全省系统各项信息系统平台基本建立。财务审计工作要以这些平台为支撑，积极探索“制度+科技”“人控+技控”新手段，开辟财务管理新方法。通过实际应用，固化制度和流程，以信息化手段提升制度的执行力，增强财务管理和审计监督力度，进一步提高规范工作的效率和质量，实现良性循环。

（二）持续提高财务审计队伍的素质和能力

严管理、促规范，加快组织成长，完成财务审计工作各项任务，需要建立一支作风优良、业务精通、素质过硬的财审队伍。目前，全省系统财审队伍已经达到300多人。总体学历是比较高的，但是缺乏高层次、高结构的人才，更缺乏一些领军式的人才，下一步还要继续培养和引进这方面的人才。

一要重视财审队伍建设。全省系统各单位要在思想上更加重视、要求上更加严格、行动上突出实效，不断提升财审队伍的凝聚力、创新力和实战力。要在“三精”上下功夫，通过教育培训、实践锻炼等多种措施，逐步使财审人员达到精明、精通、精湛；以开放的思维对待今后的业务工作，在做好现在工作的同时，着眼未来，不断思考、研究问题。

二要不断提高自身素质。新时期、新任务对财审人员提出了新要求，尤其是各项政策更新快、财务审计信息化等，如何适应这种变化、清晰掌握政策对企业成长是至关重要的，这些都客观上需要财审人员加强学习，努力提升自身素质，从而更好地开展工作、服务成长。

财审工作要积极转型。随着成长型企业组织的推进和“卷烟上水平”基本方针和战略任务的实施，企业生产经营管理各方面已经发生深刻变化，财务审计工作必须更加密切关注经济运行和企业管理中出现的新情况、新问题，找准目标，真确定位，加强监管，不断推进各项工作转型。

政策理论水平要不断提升。财审人员要认真学习、研读政策，把政策的沿革和来龙去脉弄清楚。只有在学习的基础上，才能吃透政策精神，正确掌握政策。也只有建立在这样的基础上，才能正确分析政策，认清政策的来龙去脉，合理把握发展方向。

监测预警能力要不断增强。财审人员要善于借助现代信息手段，从繁琐的日常工作中解脱出来，投入更多的精力，加强对实际生产经营管理工作的分析，找准企业发展的薄弱环节和风险点，对经济活动进行监测和预警。

财审工作创新要持续开展。各单位要鼓励财审人员开展创新课题研究，以课题研究和QC 活动等为主要载体，提升财审工作的分析研究水平，做到未雨绸缪，这些非常有现实意义，对于提高整体素质和能力起到很好作用。持续培养财审人员的工作创新能力，激发财审人员的活力和潜能。广大财审人员要通过自学、专业培训和工作实践，进一步夯实专业基础，拓宽知识面，在现有基础上努力创新推进财务审计工作，为提升企业财务审计工作水平，加快推进企业组织成长发挥服务和管理作用。

今年全行业工作会议，包括刚刚结束的纪检监察和财务审计工作会议，主题都是围绕“1+5”工作目标进行，特别是在抓基础、严格规范这些方面，我们要有更加清醒的认识。规范的能力、规范的水平将对行业制度和政策产生很大影响。全省系统在抓规范、严管理这些方面意识要更强一些、思想认识要更高一些，实践行为更加自觉一些，水平提得更高一些，更加符合国家局的要求，高标准、严要求、重基础、抓规范，全面提升纪检监察和财务审计工作水平，加快建设成长型企业，服务和保障全省系统持续、协调、共同发展。

在省局（公司）党组中心组第三季度学习会暨半年工作汇报会上的讲话（摘要）

（2012 年 7 月 11 日）

问　武

一、关于上半年工作

年初以来，全省系统认真贯彻国家局和省局（公司）工作会议精神，与各单位、各部门具体工作相结合，凝心聚力，振奋精神，围绕“卷烟上水平”基本方针和战略任务，落实国家局“1+5”工作任务，坚定成长战略，明确成长愿景，特别是突出以“思想观念领先、创新意识领先、各项工作领先”的要求，努力追求“优良作风、优秀文化、优异业绩”，各项工作取得了新进展，企业成长迈出了新步伐。

从上半年主要经济指标看，今年1～6月，全省累计销售卷烟107万箱，同比增长5.4%，累计完成全年销量计划195.2万箱的54.8%；一到三类烟累计销量同比分别增长29.4%、22.5%和7.1%，四、五类烟销量同比分别下降3%和20.1%，降幅分别低于全国平均水平24.5和6.3个百分点，成为拉动销量增长、控制结构提升的重要因素。1～6月份，累计实现卷烟含税销售收入259亿元，同比增长15.5%；实现税利59.6亿元，同比增长13.61%，其中利润35.04亿元，同比增长11.85%；卷烟费用率4.61%，同比减少0.4个百分点。全省复烤加工烟叶94.56万担，实现加工收入1.45亿元。回顾上半年工作，应该说总体上实现了稳中求进、稳中有进，呈现出三个方面的特征：

一是在优良作风建设上取得了新成效。全省系统把优良作风建设摆在突出重要位置，注重培养优良作风，并以优良作风推进严格规范。上半年，全省系统启动并开展践行“两个至上”、做到“三个始终”、树立“五种意识”教育实践活动。省局（公司）及安庆市局（公司）被确定为行业“235”活动重点推进单位。各单位以“创先争优活动引领组织成长”为主题，按照“创优到全员，工作全覆盖”原则，各阶段工作稳步推进，实现了良好开端，取得了明显的成效。同时，各单位继续推进创先争优，组织开展保持党的纯洁性教育活动等，有效转变了工作作风。优良作风促进了规范管理，“两项工作”继续推进，继续完善管理规范免检制度，认真执行“六个严禁、一个严控”要求，开展“天价烟”专项治理活动，长效机制初步建立。

二是在优秀文化塑造上取得了新成果。上半年，在企业文化建设方面，我们推进“成长”文化融合，认真实施市局（公司）文化理念与“成长”文化对接，着力构建“四统一”母子文化体系，即统一核心理念、统一核心规范、统一服务品牌、统一评价体系，鼓励以“四自主”（即自主提炼特色理念、自主导入行为模式、自主开展主题活动、自主创新管理实践）来体现子文化特色。继续打造“徽映”服务品牌，召开服务品牌建设推进现场会，推广“感知徽映”中心典型做法，大力推进“徽映”服务品牌试点工作，提升服务品牌建设理论研究水平。

三是在优异业绩创造上取得了新进步。烟叶生产稳中求进，烟叶种植面积得到严格落实，种植规模稳中有升，实践“烟叶一生管理”和GAP生产理念，注重烟叶质量品质提升，深入推进特色烟技术开发，发展现代烟草农业，烟叶基础设施建设不断加强。营销水平有效提升，密切关注“一价三库”宏观调控指标，制定《零售终端建设五年规划》，探索实践“1235”现代零售终端建设模式，试点应用“徽映e家”零售终端管理平台，大力培育低焦卷烟，积极扶持“责任品牌”，积极推进物流建设。推动专卖管理社会化进程，加快转变传统市场监管模式，努力探索实践市场监管新的有效途径，市场监管持续加力，内部专卖监管不断改进与提升。

二、关于下半年工作

关于下半年工作，这里，我提四点看法和要求：

（1）坚持稳中求进不动摇

我们提稳中求进，要注意理解三层意思：一是以“稳”为先，就是要稳定经济运行、稳定卷烟销售、稳定烟叶生产，达到稳定全局工作的效果；二是以“求”主动，就是要认真分析形势、密切跟踪形势，在“稳”中发挥主动性，把握主动权，主动发现问题、深刻分析问题、善于解决问题；三是以“进”促变，就是要促进经济发展，推动各项工作进步，从而推进企业持续、协调、健康成长。

关于卷烟销量，要确保销量不下降，也要控制增长过快势头，但在货源供应上也不能急刹车。要对全国宏观经济形势和行业发展形势有正确的分析和清醒的认识。要正确处理好今明两年三、四、五类烟的销售，认真研究和特别关注三类烟在发展中的作用。要针对下半年货源供应偏紧的情况，加强对调控策略的思考，要兼顾到各种品牌、各个规格，特别是下半年中秋、国庆两节相交，假期时间长、卷烟需求大，营销、物流、专卖等部门要密切配合，努力保障货源供应，最大限度地适应市场、满足市场，维护正常的市场秩序。在把握好销量的同时，要适当增加4个“责任品牌”投放量，努力完成年度培育目标。要注重培育低焦品牌，力争使低焦卷烟比重赶超行业平均水平。要加强对黄山三类以上烟特别是一类烟的扶持力度。

关于烟叶生产，50万担是一个机遇，也是新起点。要在充分发挥量的规模效应的同时，按照“做精做强、做成精品”要求，靠质量取胜、靠特色突围。对于烟叶的稳中求进，就是要在稳定现有收购量的基础上，追求量的科学合理增长，并在品质上不断进步。皖南烟叶公司要进一步发挥主观能动性，加大科研力度，加强国内外交流，坚持优质特色可替代，努力形成一整套“焦甜香”风格体系，探索制定“焦甜香”烟叶的生产技术标准体系，稳定并提升优质烟叶特色品质。要加强烟农专业合作社建设，坚持“种植在户、服务在社”的发展方向，探索推进综合服务型烟农专业合作社建设的发展模式。

（二）坚持追求质量抓基础

要巩固市场基础。要清醒地认识到，涉烟违法行为在不同地区依然不同程度地存在，而且制售假和非法流通方法越来越灵活、手段越来越隐蔽，甚至趋向信息网络化或者借助第三方流通。因此，专卖市场监管一刻也不能放松。特别是下半年货源相对紧张，势必给市场监管带来更多压力和不确定性，专卖管理部门要有充分的思想准备，继续加大市场管控力度，做到市场监管毫不松懈，全力打压涉烟违法犯罪活动空间。要注重加强对无证经营、物流运输非法卷烟、互联网销售非法烟草专卖品等问题的研究和治理。继续强化“打团破网”力度，把破获网络案件作为专卖部门的硬任务。积极探索“全程说理，柔性执法”新模式，引导卷烟零售户成立自律组织组织，自律经营。目前，卷烟市场净化程度较高，但不要背负市场净化率的包袱，要实事求是的反映市场、管理市场，防止在数字压力下扭曲变形工作。要继续加强内部专卖监管，防止内部出现问题。下一步，我们将根据国家局意见，对专卖内管机构进行调整设置，省局（公司）也将提出具体要求，希望各单位在现有编制内做好调整工作，进一步加强和推进专卖内管工作。

要夯实管理基础。做好基础管理工作，要把握好以下四点：一是运行。一些好的管理方法、管理模型，初步搭建起来之后，要融入实践中去运行，例如我们开展的体系建设，要深入研究如何与实际工作有效结合，我们的信息系统如何更好地支撑我们的基础管理等。在制度建立起来之后，关键就看执行和使用到何种程度。二是提升。基础管理也是一个螺旋上升的过程，是动态的完善过程，我们要善于在工作中发现不足，找到薄弱环节，做到持续改进、不断提升。三是创新。要通过创新思维打破旧有的思维定式，通过创新方法提高工作效率和水平，科技部门要继续推进创新平台建设，坚持科技项目管理和群众性创新相结合。要加强科技项目的全过程管理，特别是招标立项，做到以我为主。要继续广泛开展群众性创新活动，激发一线人员的创新意识，捕捉创新灵感，形成创新成果，加快成果运用。四是细节。基础管理越加强，竞争力更多地体现在细节上，特别要善于把握细节。

（三）坚持优良作风保规范

今年以来的几次会议，要求各省级单位主要负责人参加，讲的都是规范，包括选人用人的规范、使用资金的规范、业务交往的规范、管理服务的规范，是今年也是今后的工作重点。首先是一个态度问题，以什么样的态度对待。各单位、各部门要把规范当作重要而严肃的事情对待和处理。要有制度、有机制、有教育、有管理，不厌其烦地强调和引导规范。

要培养优良作风。作风是人在思想上、工作上和生活上表现出来的态度和行为。作风好不好，直接影响到个人的发展和行业的形象，尤其是党员领导干部。培养优良作风，要做好保持党的纯洁性教育，加强理想信念教育，牢记党员宗旨意识和服务意识。要深入开展“235”教育实践活动，认真开展好组织实施、总结提升阶段的各项工作，深化各层面的主题教育大讨论活动，组织召开片区经验交流会，探索建立教育实践活动长效机制。

要坚持严格规范。要突出抓好工程投资、物资采购、宣传促销等重点领域的规范，“两项工作”要常抓不懈，特别是要研究如何建立长效机制，不能满足于零碎的修补，而要系统地建章立制，形成一种规范、一种意识、一种自觉。对待工程招标，要严格落实“应招必招、真招实招”工作要求，启动物资采购“能招尽招”试点工作。要巩固“天价烟”治理成果，坚决防止反弹，在建立长效机制上下功夫。要严格落实“六个严禁、一个严控”，进一步严格规范工商企业卷烟经营行为。要在前期工作的基础上，全面开展自查清理，该停止的要立即停止，该整改的要立即整改，该纠正的要立即纠正。省局（公司）将组织开展全面复查，督促落实整改，以扎实有效的工作迎接国家局重点抽查。

（四）坚持激发活力促成长

要关注队伍成长。上半年，省局（公司）对全省系统人员、科级干部数量、机构设置以及人力资源结构等情况，进行了全面调查统计和分析，得出了一些很有价值的判断和建议，下一步要运用好这一调研结果，有针对性地促进队伍成长。对于超编、超职数、超机构的问题，各单位要立即纠正，特别是超机构问题，各单位近期要制定整改方案报省局（公司）党组。凡未经省局（公司）确认的机构都无效。要加强市局（公司）班子的补充调整，加强后备干部的培养和锻炼，做到动态调整，选拔使用。要继续开展岗位技能鉴定和多种形式的劳动竞赛。要特别关注青年员工的成长成才，围绕青年群体的特点去实施管理，帮助他们解决一些实际问题，为一线员工创造健康的成长环境。

要强化培训效果。在培训方面，要注重层次性，根据不同层次、不同类别，开展有针对性的培训，解决工作的实际需要。组织开展好物流、会计硕士班，积极筹备法律硕士班，继续组织开展科级干部培训班。要注重实效性，要积极探索班级管理与教学评估的新形式，制定员工培训与绩效考核挂钩的相关实施意见和方案，落实参训学员的全员省级考核目标，不断提升教学质量和培训效果。

要深化企业文化建设。要全面完成“成长”文化的融合工作，并组织开展对各直属单位文化融合工作的检查验收。不断加大对文化体系成果的宣贯力度，开展相关培训，组织企业文化知识竞赛，丰富文化载体，充实宣贯内容，激发员工内在动力。要加快“徽映”服务品牌一体化建设工作，推进市局（公司）服务品牌与“徽映”的融合，重点完成“徽映”服务品牌宣贯培训、行为规范和管理体系试点工作，强化服务执行，提升服务品质，打造具有安徽烟草商业特色的服务品牌。

在全省烟叶工作会议上的讲话（摘要）

（2012年10月17日）

问 武

一、充分肯定近年来烟叶工作取得的成绩

近几年来，我省加快调整烟叶生产布局，坚持“北烟南移”“稳北促南”“安徽烟叶重点发展皖南烟叶，皖南烟叶重点发展特色烟叶”的发展战略，突出打造“焦甜香”特色优质烟叶品牌；立足烟农，立足上下游客户，烟叶工作取得长足发展，管理方式由粗放到精细，工作目标由求数量到求质量，今年，一举取得收购烟叶50万担，焦甜香质感烟叶过半的重大突破。烟叶员工充分展示了优良作风，创造了优异业绩，突出体现了以下几个特征：

一是体现了艰苦奋斗的创业精神。烟叶员工始终把烟农放在心上，始终坚守在烟叶生产的一线，全心全意为烟农提供全面细致的服务。2011年，出现了旱涝急转的恶劣天气，面临近10年最大洪涝灾害袭击，皖南烟区一线员工实行全员驻站管理，与家人聚少离多。

二是体现了敢为人先的创新精神。创新是安徽烟叶发展的不竭动力：户籍化管理被誉为代表中国烟叶生产管理的发展方向；适度规模种植被誉为代表中国烟叶生产组织形式的发展方向；密集烤房被誉为中国烘烤设备的一次革命、代表中国烘烤设备的发展方向。特别是皖南烟叶公司的成立，这是体制机制改革创新的产物，也给皖南烟叶带来全新的发展机遇。皖南烟叶公司成立后，积极开展生产模式创新、管理创新、技术创新，创造性找到了一条在经济较发达地区发展烟叶的道路，使皖南烟叶的发展步入快车道。2005年，池州烟区试种烟叶成功，又以每年翻番的速度不断扩大烟区规模。安徽烟叶发展每前进一步，都充分体现了改革创新、开拓进取的行业精神，成为一笔宝贵的精神财富。

三是体现了无私奉献的创享精神。近几年皖南烟区发展的过程，就是一次创业的过

程，更是经历无数次蜕变和无数次磨砺，弘扬吃苦耐劳、无怨无悔、无私奉献精神品质的过程。根据全省烟叶生产发展战略和烟叶生产实际情况，蚌埠、六安和宿州烟区相继退出烟叶种植，其种植计划用于发展皖南焦甜香特色烟叶，三家市级公司按照省局（公司）的统一部署，积极稳妥地做好烟叶计划取消后的机构调整、人员安置等后续工作，体现了一种大局意识，体现了一种贡献，体现了和谐共赢的创享精神。烟叶员工奉行“烟农利益至上，工业利益至上”，无私奉献的创享精神赢得了下游客户烟农的信任，赢得了上游客户工业企业的认可。

四是体现了高效的求真务实精神。求真务实，着力一个“实”字，密切联系烟农，为烟农办实事。我们搞现代烟草农业建设，搞专业化服务，搞减工降本，就是要降低烟农种烟的劳动强度，让烟农轻松种烟。求真务实，追求一个“效”字，坚持以效率为中心，逐步形成高层服务中层、中层服务基层，基层服务烟农的高效服务价值链。亳州烟叶“围着烟农转，围着烟田转，围着烟炕转”的“三转”烟技员就是一名优秀烟叶基层员工的缩影。

近几年，烟叶工作还集中体现了烟叶种植计划的严肃性和规范意识，烟叶工作从精字上下功夫，不断积蓄力量，寻求突破。

二、烟叶工作要重点把握好三个结合

一是把握好烟叶保障与品牌发展的结合。品牌发展是行业发展的关键，品牌发展的基础是原料，“532、461”品牌发展对烟叶原料提出了更高的要求，烟叶工作面临许多新问题。第一是量的需求。知名品牌扩张，对烟叶原料的需求量快速增加。全国烟叶产量每年就控制在4800万担左右，烟叶总量的需求将调整到重点品牌和知名品牌上来，在控制总量的前提下，如何满足重点品牌和知名品牌的需求，将是烟叶工作面对的第一个问题。第二是质的需求。目前，烟叶原料的风格特色、质量水平，等级结构与知名品牌发展的差距还很大，如何使原料质量更有效地满足品牌发展需求，这是我们面临的第二个问题。第三是持续稳定供应的需求。烟叶生产是农业生产，生态条件、自然气候、品种选择、栽培措施的变化，都会影响原料稳定供应。如何处理区域间、年度间的烟叶特色、质量的稳定，保障烟叶持续供应，这是我们面临的第三个问题。为解决以上三个问题，围绕卷烟品牌需求，开展烟叶基地单元建设，实现原料供应基地化就是一把钥匙，基地单元订单式烟叶生产就是要满足卷烟品牌配方的要求，稳定烟叶原料供应，适应知名品牌发展的战略需要，提升原料保障能力。

二是把握好烟叶生产与经济发展的结合。结合安徽省推进的“美丽乡村”建设，省政府对现代烟草农业建设给予了高度重视，大力推进现代烟草农业建设的需求越来越迫切。首先，是促进社会经济发展的需求。今后的烟叶发展中，第一，要“求变”，烟叶生产技术、烟用农机具等内容要顺应要求而变；第二，要“求稳”，烟叶生产要有稳步的扩量方案；三是要“求进”，在烟叶生产增量的同时，为卷烟重点品牌和知名品牌提供保障。其次，是保障烟农增收的需求。推进现代烟草农业建设，是始终把烟农利益放在心上，关注烟区、关爱烟农的具体措施，是解决烟农减工降本，促进烟叶生产稳定发展的实际需要。第三，是以工促农共同发展的需求。烟草行业是集农、工、商一体的国有垄断行业，从工业上讲，就是通过“532、461”品牌发展加快经济发展方式转变；从农业上来讲，就是要从传统生产方式向现代烟草农业转变。近年来，烟草工商业的发展成绩斐然，具备了工商携手合作，共同支持烟草农业发展的条件。

三是把握好烟叶质量与特色风格的结合。全国烟叶产区都在发掘和研究地域性的特色烟叶，皖南焦甜香烟叶一度成为全国特色烟叶开发的典范，焦甜香烟叶成为卷烟工业企业的兴奋点。当前，我们要关注的重点就是全省烟叶质量的全面提升与焦甜香风格特色的彰显。要开拓思路，拓宽视野，加强国际合作，加强现场交流，使我们的烟叶与国际优质烟叶相媲美。首先，要注重基础性研究。通过国家局浓香型特色烟叶研究平台，进一步明确焦甜香烟叶产出的生态区域，把概念解析成适合推广、可复制的生产过程，做好规划，积极进行布局调整。其次，要注重关键的技术研究。加强烟叶生命周期管理，解决种植制度、自然环境和多种要素组合问题，重点研究生态土壤、品种、栽培技术等适合性技术，包括加工技术。第三，是研究特色技术。注重特色技术，注重核心能力的形成，形成地方独特性。第四，实施标准化生产。建立标准体系，推广实用技术，提高技术落实率。以点带面，促进全省烟叶质量水平的全面提升，实现质与量的完美结合。

三、要着力解决好现代烟草农业建设中的五个问题

一要注重系统规划，提高设施建设水平。按照省政府皖南特色烟叶发展第一次联席会议要求，将组织领导机制、基本烟田建设、土地流转、烟用设施用地、设施用电、基础设施建设、烟叶保险、烟叶价格等内容纳入规划；加强与国土、电力等部门的沟通协调，使现代烟草农业建设规划与社会主义新农村建设规划相匹配，系统设计，综合配套，整体推进。

二要注重培育主体，提高组织经营水平。坚持农村基本经营制度，突出烟农主体地位。发挥好市场机制和政策引导作用，保持烟叶生产稳定。从实际出发，结合经营主体能力、经营方式和客观条件，适度推进规模种植，培育种烟专业大户、家庭农场和专业合作社，降低生产管理成本。整合资源，理顺关系，发挥政府领导、烟农主体、烟草公司组织协调、工业企业深度参与，社会中介服务的作用。

三要注重科技进步，提高专业服务水平。围绕烟草品种、特色优质烟叶开发等重点，开展联合攻关，实现技术创新和技术集成。在焦甜香烟叶开发上，要细分焦甜香特色风格区域，明确焦甜香产出的生态核心区、重点区和一般区域，重点打造核心区域，充分彰显风格特色，实现优质优价。加强烟用机械研究与应用，逐步在烟叶生产关键环节实现机械化作业和自动化控制，实现减工降本。按照全覆盖全过程、保质量上水平、普惠制广受益的原则，不断完善专业化服务体系，全面推进综合型烟农专业合作社建设。

四要注重需求导向，提高资源配置水平。以工业企业需求为导向，基地建设为纽带，复烤加工为平台，农工商密切合作，逐步做到烟叶按需求布局，按基地生产，有效提高烟叶生产水平。同时，华环公司要加强整合后的企业运行管理，完善体制机制，高起点、高标准、高融合。进一步规范高效地开展异地技改项目，以持续满足工业企业需求为目标，立足服务，规范管理，夯实基础，提升水平，打造国内领先的现代打叶复烤企业。

五要注重人的成长，提高队伍素质水平。近年来，在“成长”文化氛围中，我们全面加强队伍建设，特别重视干部员工的教育培训，坚持激发活力促成长，为企业成长奠定了人才基础。这几年，烟叶战线招聘了百余位本科学历以上的毕业生，充实在烟叶生产第一线，要特别关注这些青年员工的成长成才，为他们创造健康的成长环境，引导和激励他们更好地发展。全面开展技术职称评定和职业技能鉴定工作，进一步加快技术与技能岗位聘任步伐，鼓励员工走技术与技能发展通道，推动员工提高技术技能水平，努力打造一支知识面广、技能优良、作风过硬的基层队伍。

在省局（公司）党组中心组2012年第四季度第一次集中学习（扩大）会上的讲话（摘要）

（2012年10月18日）

问　武

同志们：

为期三天的省局（公司）党组中心组2012年第四季度第一次学习（扩大）会议，马上就要结束了。总结这次中心组学习（扩大）会，内容丰富，时间紧凑，富有效率，同志们很投入，能够专心听讲、认真记录、积极思考，达到了预期的效果，开得很成功。下面，我就贯彻落实会议精神和做好今年四季度及今后一个时期的工作，讲四点意见：

一、进一步加强和改进党组中心组学习，切实增强理论武装

在今年的全国烟草行业政治工作会议上，国家局姜成康局长对进一步加强各单位尤其是各直属单位党组中心组集中学习提出了具体要求：要“认真坚持学习制度，保证学习时间，丰富学习内容，增强学习的针对性，确保学习取得实实在在成效。”近期，国家局党组印发《关于进一步加强和改进党组（党委）中心组学习的意见》（国烟党〔2012〕56号），对行业进一步做好党组中心组学习工作作了全面的部署和落实。近年来，省局（公司）党组高度重视党组中心组理论学习，坚持每季度至少集中学习一次，每次2～3天，以理论学习为主，学习内容丰富多样，取得了很好的效果；全省系统各直属单位党组也基本能按照要求认真组织党组中心组学习活动，提高了广大领导干部的理论水平。全省系统各级党组织特别是党组主要负责同志，务必要提高对新形势下开展好党组中心组理论学习重要性认识，不断增强学习的主动性、自觉性，进一步加强和改进党组中心组学习。

提高认识，增强学习责任感。加强和改进行业党组中心组学习，首要解决的是思想认识上的问题。各级党组要高度重视，切实把党组中心组学习摆上重要议事日程，形成党组

主要领导亲自抓，分管领导具体抓，形成一级抓一级、层层抓落实的领导责任制和工作机制。全省系统各级领导干部要按照“贵在自觉、贵在坚持、贵在应用”的要求，发挥理论学习中的表率作用，带头学习中国特色社会主义理论，带头加强党性修养和党性锻炼，牢固树立正确的世界观、人生观、价值观，坚守共产党人精神家园，始终保持对共产主义远大理想的坚定信仰和建设中国特色社会主义事业的坚定信念，深入践行“两个至上”、做到“三个始终”、树立“五种意识”。

端正学风，提高学习自觉性。要始终把大力弘扬理论联系实际的马克思主义学风作为行业各级党组中心组学习的首要任务。当前，要紧密联系领导干部的思想实际和领导班子思想政治建设的实际，坚持以理论学习为主，切实端正学风，紧紧围绕保持党的纯洁性，使广大领导干部坚定理想信念、坚持正确价值追求、保持务实工作作风、确保严格廉洁自律，以优良的学风带动工作作风的转变，引领行业风气。希望同志们真正把学习当成一种生活态度，一种工作责任，一种精神追求，在工作和生活中更加重视加强个人自学，坚持在学习中把握规律、探求真理，使自己变得更加充实、更加睿智。

健全制度，严格学习纪律性。要按照国家局、省局（公司）党组的有关要求，建立健全党组中心组学习考勤、个人自学、集体研讨、专题调研、学习通报和学习考核等制度，进一步规范学习内容、学习方法，保证集体学习研讨的时间和质量，要求每个季度集中学习不少于一次，每年不少于12天，学习成员每年要撰写1～2篇调研报告。要建立党组中心组学习预告、报告制度，行业各直属单位党组在每季度组织中心组学习前，要及时将学习内容、日程安排报省局（公司）党组，每季度中心组学习结束后，及时将有关内容报省局党组（机关党委）。

学以致用，提升学习实效性。要坚持学以致用，注重把学习与实践统一起来，把学习重点与工作重点统一起来，在学习中研讨交流，在研讨交流中深化认识，以学习成效指导工作，推动实践，形成“学习、研讨、实践、成长”四位一体的学习实践模式，真正把学习成效转化为领导干部增强党性修养、保持党的纯洁性的自觉行动，转化为加快组织成长、推动“卷烟上水平”的实践动力。

二、严格规范自律，确保行业健康稳定发展

今年以来，全省系统以工程投资、物资采购、宣传促销等领域为重点，进一步强化“三项工作”项目监管，加大公开招标工作力度，组织免检考评、人事劳资和技能鉴定专项检查，开展“天价烟”和卷烟过度包装专项治理、全面审计“回头看”等工作，加强源头预防和治理，确保了全省系统的持续稳定健康发展。但我们要清醒地看到，全省系统在规范自律方面还存在一些问题。针对这些突出矛盾和问题，各单位要认真对照，仔细梳理，举一反三，严格整改，持续提升规范管理水平。

要突出抓好公开招标，做到“应招必招、真招实招”。各级领导干部要进一步增强法律意识、规范意识和责任意识，严格依法办事，以推动“三项工作”管理委员会常态化运作为契机，严格执行“三项工作”管理委员会议事规则，进一步推动“三项工作”决策规范化。要严格落实“应招必招、真招实招”的工作要求，提高物资采购“能招尽招”比例，实现阳光操作。

要巩固全面审计成果，深入彻底进行整改。各直属单位要进一步完善整改措施，逐项逐条明确整改责任，确保整改任务落实到人，彻底整改。针对检查中暴露的薄弱环节，建立内部监管长效机制，加快完善制度体系，强化制度的执行力；加强信息化建设，固化流程，避免决策、实施及监督方面的问题发生；通过质量体系认证和流程固化，阻止决策、实施及监督程序方面的问题发生；加强监督考核，确保公平公正。

要采取切实有效措施，规范干部人事工作。各单位领导班子和领导干部在思想认识上要高度统一，要认真学习、全面理解、严格执行干部人事政策，确保各项干部人事政策在落实过程中不走样。要加强对干部员工的政策引导，通过有效手段加强干部人事管理，不断夯实干部人事各项基础管理工作，加大对检查中发现问题的整改力度。对于今后干部人事工作中发生不规范问题的，将做出严肃处理，一要取消免检单位称号，二要考虑领导班子的使用与薪酬问题。

三、坚持稳中求进，着力提升经济运行质量

今年以来，国内外宏观经济环境复杂多变，可喜的是安徽区域经济发展态势良好，经济保持平稳较快的发展势头，高开稳走，为我们营造了较好的区域经济环境。前三个季度，按照省局（公司）对卷烟市场的分析研究和判断决策部署，进一步加强宏观调控，卷烟销量总体保持增长，卷烟结构稳步提升，价格走向保持平稳态势，市场状态达到预期效果，经济效益持续攀升，经济运行整体良好。

坚持稳中求进不动摇。面对复杂多变的市场环境，我们要坚持“稳中求进”的原则，把握卷烟市场规律，重视卷烟市场变化实情，增强宏观调控措施的科学性、有效性。要“稳”字当头，始终重视卷烟市场的变化走势，提高卷烟市场分析和市场需求预测水平，牢牢掌握市场主动权。

坚持品牌培育不放松。要紧紧围绕“532、461”品牌发展战略，继续加大卷烟品牌培育力度，重点发展“黄山”品牌，突出四个“责任品牌”和“双低”品牌培育，推进品牌战略、品牌创新、品牌维护的有机统一，积极引导消费，实现全年卷烟销量稳中有升。

坚持终端建设不懈怠。要深入贯彻落实全国卷烟营销网络建设现场会精神，以“四个一流”为目标，不断提高为卷烟工业企业、零售客户和消费者服务的水平，全面提升现代卷烟流通水平，真正实现与零售客户“发展同向、工作同心、服务同步、利益同体”。当前，尤其要结合“235”教育实践活动，围绕“三个始终”做文章，强化服务意识，真正想客户之所想，急客户之所急，切实做到让零售客户满意。

坚持专卖监管不减压。四季度货源相对紧张，势必给市场监管带来更多压力和不确定性，要继续加大市场管控力度，做到市场监管毫不松懈，全力打压涉烟违法犯罪活动空间。要结合新形势，客观看待市场净化率水平，探索建立新的专卖市场考核评价体系，推动市场监管工作创新。要继续加大“打团破网”力度，加强对无证经营、物流运输非法卷烟等“顽症”、互联网销售非法烟草专卖品等新问题的研究，探索治理手段。同时，要以“服务在先，管理跟进”为理念，提升文明执法水平，融洽客我关系。

坚持基础管理不松劲。各单位要按照省局（公司）即将下发的管理“五个一流”的评价标准，综合运用贯标对标、基层创优、预算管理、制度建设、科技创新、信息融合、文化建设等管理手段，认真对照，量化评价，促进自我完善提升，不断夯实管理基础，提升管理水平，实现规范、高效、低成本运行和优质服务，推动全省烟草商业系统持续健康发展。

四、深入推进“235”教育实践活动，努力构建长效机制

深入开展“践行‘两个至上’、做到‘三个始终’、树立‘五种意识’”教育实践活动，是我们当前的一项重要政治任务。8月30日，国家局局长姜成康、副局长何泽华、副局长李克明、总会计师张玉霞来安徽调研。姜成康局长对省局（公司）“235”教育实践活动给予了充分肯定，认为“很有特色，很有内容，很有成效”，并对下一步活动开展提出了具体要求。各单位、各部门要认真学习贯彻姜成康局长来安徽调研时的重要讲话精神，确保将讲话精神运用在实际工作上，达到思想同心、工作同向，为建设成长型企业，实现持续性发展，推动“卷烟上水平”提供思想保证。下一阶段“235”教育实践活动要把握几个方面重点：

切实把各级领导班子和领导干部作为教育实践活动的重点。在“235”教育实践活动中，要通过发挥各级领导班子、领导干部的表率作用，使各级领导班子和领导干部想问题、作决策、定措施，始终把国家利益摆在首要位置，把关心爱护烟农、零售客户、基层员工成为自觉行为，把勤勉敬业、奉公守法作为最基本的要求和应尽的责任，以自身的行为感染和带动广大员工积极投身到“235”教育活动中来。

切实将解决实际问题作为深化教育实践活动的有力抓手。各单位、各部门要大力发扬“实话实说、实情实报、实功实做”的作风，在进一步梳理前期省局（公司）领导第二次集中调研、各层面大讨论查摆出的问题及合理化建议的基础上，认真开展新一轮整改提升活动。要建立整改工作责任制，明确整改责任，加大整改落实的力度，把及时有效地解决问题的作为衡量教育实践将活动成效的重要标准。

切实把发挥先进典型的示范引领作用作为深化教育实践活动的内在动力。“235”教育实践活动中，要善于总结先进经验、挖掘先进典型、发现优秀人物，选树一批先进单位（部门）、优秀员工、优秀烟农和零售客户，通过他们的先进事迹，发挥示范引领作用，鼓舞和激励广大员工、烟农和零售客户积极投身到“235”教育活动中来。要进一步深入扎实开展“结对共建，成长同行”主题实践活动，明确共建目标，细化共建举措，确保活动取得实实在在的成效，促进共同提升和进步。

切实将构建长效机制作为教育实践活动总结提升的重要手段。各单位、各部门要将探索建立“235”教育实践长效机制作为总结提升阶段的中心任务，总结提炼出1-2项体现本单位、本序列特点的、在推动组织成长中有创新、有优势、有推动力、有引领作用的工作成果，并以制度、机制加以固化，全面推广，深入实践，努力构建一套“创先争优引领组织成长”的长效机制。

同志们，现在已经进入第四季度，将近年底，时间很紧，任务繁重。希望同志们回去后能早思考、早谋划、早落实，不断增强工作责任感、使命感和紧迫感，继续保持良好的精神状态，坚持创“三先”争“三优”，全面推动各项工作再上新水平，确保全年的目标任务的完成，加快组织成长，全力推进“卷烟上水平”，以优异业绩向党的十八大和中国烟草成立30周年献礼！

安徽省烟草学会第四届理事会工作报告（摘要）

（2012 年 10 月 10 日）

王汉文

一、第四届理事会工作回顾

自 2006 年 9 月第四届理事会改选成立以来，安徽省烟草学会在省科协、中国烟草学会和安徽省烟草专卖局、安徽中烟工业有限公司党组的正确领导下，坚持“三服务一加强”工作定位，围绕中心，服务大局，为推进安徽烟草事业改革与发展做出了积极贡献。

（一）学习科学发展观，有效提升了服务意识

学会深入学习贯彻党的十七大和十七届三中、四中、五中、六中全会精神，自觉以科学发展观为指导，充分发挥学会组织跨单位、跨部门、跨专业联合的优势，在学会内部营造良好的学习和创先争优氛围，相继开展“两个至上大讨论”“学习实践科学发展观”“创先争优在岗位”等系列活动。通过专题教育、座谈交流、撰写论文、有奖征文等方式，不断提高全省行业广大科技工作者和学会会员的认知水平、理论水平和科研水平。在《安徽烟草》杂志开辟专栏，集中刊登会员心得体会和学术论文，更好地服务发展、服务基层、服务群众，促进全省烟草事业科学发展。

（二）强化自身建设，有效提高了服务能力

一是依法办会。自觉接受挂靠单位安徽省烟草专卖局、安徽中烟工业有限责任公司、业务主管单位安徽省科协和学会登记管理机关安徽省民政厅民间组织管理局的管理监督，按规定及时做好日常管理工作；严格按照有关程序规定，换届改选了省烟草学会第四届理事会，先后召开学会四届二次、三次理事大会；坚持财务公开，委托省局审计处定期对学会财务情况进行审计。

二是健全制度。按照相关规定修订了学会章程，确立了理事会（常务理事会）民主议事、民主决策规则；完善了专业委员会工作制度；出台了《安徽省烟草学会财务管理规定》；主持或参与制订了《安徽烟草商业网站投稿规范》《安徽烟草商业新闻宣传考核办法》等；制定了《会员管理实施细则》。

三是完善机构。学会调整和扩充了工作委员会和办公室成员，成立了学会各分支机构，顺利变更了省烟草学会社会团体法人登记证书及组织机构代码证，成立了基层工作委员会，建立健全了基层工作委员会的组织机构。2011 年新成立了信息化专业委员会。目前，省烟草学会共有 23 个团体会员、7 个专业委员会、23 个基层工作委员会、1305 名个人会员。

四是提高人员素质。学会不断加强工作人员素质教育，为工作人员购买相关业务书籍，组织参加行业内举办的有关培训和行业外正规培训，鼓励员工参加各种学术交流活动，努力提高人员综合素质。

五是提升服务水平。牵头组织省烟草专卖局（公司）烟叶管理处和安徽省烟草研究所，对皖南烟叶生产情况进行深入调研，并形成了有价值的调研报告和学术论文；在我省部分区域2008年冰雪灾害、2009风雹灾害以及2010洪涝灾害发生后，学会即组织人员撰写通讯报道，展示安徽烟草工商双方干部员工拼搏向上、全力抗灾的精神风貌。

（三）开展学术交流，有效服务了创新发展

一是围绕中心工作开展论文征集。积极做好CORESTA论文征集和报送，并有一篇论文入选CORESTA论文集，安徽中烟正式成为CORESTA特别分析物分学组成员。在2008年3月份召开的中国烟草学会五届四次理事会暨学术年会上，我们报送的《安徽烟草商业成长阶段的界定和竞争力研究》一文获得唯一的一等奖；2011年，安徽中烟牵头的《卷烟保润机理及应用技术研究》项目，获中国烟草总公司科学技术进步一等奖；2012年，学会报送的《龙涎香类化合物中基团的空间可接近性与其香气的关系》，再次在中国烟草学会学术年会上被评为一等奖。先后以“中国·黄山品牌发展”、“让黄山品牌又好又快成长”为主题，面向行业内外广泛进行论文征集活动。

二是积极参加学术交流活动。2009年，在山东烟台召开的华东地区烟草学会工作交流会议上，我们围绕“加强自身建设，强化服务功能”的主题所做的经验交流得到参会的中国烟草学会领导及其他兄弟烟草学会一致好评。2008年7月，省烟草学会农业专业委员会组织在池州召开研讨会，对该地域烟叶生产问题进行专题研讨，取得良好效果。

三是为安徽烟草创新服务。积极为企业科技创新搭建平台，鼓励企业通过自主创新申请专利。2011年，仅华环公司就获得了“测梗机落料器自动吹梗装置”等6项国家专利。积极协助工商企业开展群众性创新活动，努力营造良好的群众性科技创新氛围，鼓励员工进行小改小革、小发明小创造，QC小组活动蓬勃发展，多个QC小组被评为安徽省优秀质量管理小组。

（四）开展科普工作，大力传播了科学知识

面向生产、面向群众、面向基层，以素质教育为重点，加大科普教育投入力度。利用杂志、网络等多种媒介，积极宣传和普及科学知识、科学思想、科学方法和科学精神，宣传企业文化建设成果，切实提高干部员工的科学文化素养和业务水平。近年来，学会围绕社会焦点和热点问题开展经常性科普教育。

（五）搞好宣传工作，为科技创新和行业发展提供舆论支持

一是办好《安徽烟草》杂志。安徽烟草杂志每月1期，每期10万字，并根据工作需要，每年出版增刊1~2期，面向全行业和地方政府有关部门赠阅，截至目前，已经出版133期。2011年6月，根据形势发展需要，对《安徽烟草》杂志进行了全新改版，《安徽烟草》办刊水平迈上新水平。

二是做好省烟草学会网站建立和运维工作。学会办公室建设并自行维护省烟草学会网站，坚持每日更新，及时报道行业的重要事件和学会工作动态，提供学会活动的相关信息，扩大学会影响面。

三是编发《烟草速递》。自 2009 年 4 月开始编发，每月 1 期，送至政府部门负责人，及时将安徽烟草信息和工作情况向政府汇报，为赢得政府支持发挥了重要作用。

成绩的取得，得益于挂靠单位和主管单位的正确领导，得益于各团体会员单位、各专业委员会、各基层工作委员会的大力支持，得益于广大会员的积极参与。同时，学会工作还存在一些薄弱环节，在紧密围绕行业中心工作开展前瞻性学术研究和学术交流方面，在专业委员会的工作开展方面，在增强服务意识、建设科技工作者之家等方面还存在不足，服务会员的手段不多、方法不够，服务的机制有待完善，等等。

回顾多年来的工作实践，我们也深刻体会到：一是坚持党的领导是做好学会工作的根本；二是找准学会工作定位是做好学会工作的前提；三是发挥好科技工作者的主体作用是做好学会的关键；四是加强学会自身建设是做好学会工作的保障。

二、下一步工作建议

第一，正确分析判断形势，以思想认识的提高来增强做好学会工作的信心和责任。国家局姜成康局长强调：行业科技工作者要以更加奋发有为的精神状态和科学严谨的良好作风，围绕四大战略课题，潜心研究，奋力攻关，力争在关键技术方面取得新的突破，推动行业技术进步上新水平。各单位会员、基层委员会一定要认清形势，增强紧迫感和责任性，牢固树立“有为才能有位”的思想，增强信心，主动出击，激情干事，创造性地开展工作。

第二，完善工作思路，以思路的创新来推动学会工作的有效开展。紧扣“三个发展”——实现中国烟草持续发展、协调发展、共同发展，服务好工作大局；突出“两个重点”——推进企业组织转型、培育黄山卷烟品牌，不断改进方法、提升水平；服务一支队伍——科技工作者，努力建好科技工作者之家。

第三，紧盯关键环节，以重点工作的突破来提升学会工作的针对性和影响面。对于工业企业来说，要聚焦于降焦减害和品牌营销；对于商业来说，要聚焦“三个根本转变”，即传统烟叶生产向现代烟草农业转变、传统商业向现代流通转变、传统管理向现代管理转变。

第四，改进工作方式，以良好的作风和工作方法创新来提升学会工作水平。始终把加强卷烟工商企业管理层同科技工作者的联系作为基本职责，把竭诚为科技工作者服务作为根本任务，把科技工作者是否满意作为衡量工作的主要标准，为科技工作者服务，调动科技工作者主动性和积极性。

第五，主动争取支持，以创造必要的条件营造学会工作的良好环境。切实加强学会组织自身建设，强化学习意识、奋进意识、创新意识、团结意识，推动学会组织向民主、和谐、务实和学习型、创新型、服务型方向发展，提升工作水平。同时，学会要主动向挂靠单位、主管单位请示汇报，赢得重视，争取在工作部署、人员时间安排等方面给予学会更多的支持。

深化应用　加快集成　突出服务
推动全省系统信息化工作再上新台阶

——在2012年全省烟草商业信息化工作会议上的报告（摘要）

（2012年3月20日）

卓俭华

一、2011年主要工作情况

2011年是“十二五”开局之年，全省系统信息化工作紧紧围绕“卷烟上水平”和企业组织成长转型的基本方针和战略任务，从规划编制入手梳理工作思路，以集成整合为重点推进“两化”融合，以安全运维为基础保障系统运行，夯实基础，锤炼队伍，攻坚克难，抢抓机遇，实现了“十二五”信息化工作良好开局。

（一）围绕中心服务大局，信息保障工作取得新进展

全力支持巢湖区划调整，研讨工作方案和实施计划，制定应急预案并进行演练，组织各个系统切换测试，系统切换一次成功。切实保障节日销售高峰，做好系统巡检，制定应急预案，落实人员保障。认真做好系统日常运维，加强重要信息系统和基础设施的巡检和维护，及时做好系统升级。启动信息安全体系建设，对全省系统信息安全状况进行评估，在全国烟草商业企业中，率先编制了信息安全总体规划。开展2011年行业信息安全及应用系统安全管理两个专项检查和正版化软件使用情况检查整改工作。

（二）规划引领确立架构，集成整合工作取得新突破

突出引领作用，科学制定总体规划，立足自身力量，编制了“十二五”信息化总体规划。规划最终将实现门户统一、平台整合、业务集成、数据一体的格局，为“十二五”信息化的整体提升提供了理论依据和实践路线。打造技术架构，集成整合实现突破，制定了以集成整合为主线的技术路线。启动了统一门户、应用平台和基础设施集成整合建设，对数据中心建设方案进行了研究。探索了虚拟化技术的实际应用，对硬件和网络进行了集成整合。发布了安徽烟草商业统一应用门户，搭建了统一流程平台。

（三）突出融合深化应用，系统建设推广取得新成果

积极推进烟叶信息化建设，完成烟叶基地单元系统的部署和实施。升级安徽烟草商业管理信息系统，细化并深化“135”工作法的实际需求，整合客户经理职能转变、精准营销的信息支撑并在全省推广实施。升级网上订货系统，增加网络营销等功能。人力资源系统实现了业务办理、监督管控和政务公开三位一体，分批在全省推广。徽映质量管理信息系统完成了流程平台和门户系统的开发，以及与其他系统的集成。升级会计核算系统软硬件平台，部署上线宏观调控、投资管理、市场信息采集等模块，重点开展卷烟生产经营数

据统计应用项目建设。

（四）注重基础强化素质，综合管理工作取得新佳绩

制定全省系统信息化工作评价体系，科学设置评价指标，开展直属单位信息化工作考核评价。开展“读书与研究”活动，共收到读书报告56篇，论文30篇，公开发表信息化论文14篇。坚持每月编制统计报表和分析报告，不定期撰写专题统计分析，为决策提供统计服务。举办注册信息安全工程师培训班，参训人员全部一次性获得注册信息安全工程师资格。晋升通道初步打通，2011年全省聘任高级工程师2名，7家单位聘任了工程师。成立安徽烟草商业信息化专家委员会和安徽烟草学会信息化分会。组织技术力量，实施信息化科研项目7个。

二、分析解决当前信息化工作中存在的突出问题

经过“十五”“十一五”大规模、正规化的建设，信息化工作取得了巨大的成就，初步形成了决策依据信息化、业务依靠信息化、监管依托信息化的良好局面，然而随着行业管理体制的改革，信息技术的高速发展，特别是“卷烟上水平”战略任务的提出，信息化工作还存在着一些必须正视和亟待解决的问题。

（一）深入研究“两化”融合不足的问题，着力推进传统商业向现代流通转变

推动“卷烟上水平”，实现传统商业向现代流通的转变，必须发挥信息化的革命性作用，加快信息化迈入新阶段。一是提升洞察力，要注重数据挖掘、分析和使用。二是提升敏捷力，要着眼于未来的竞争格局，着手提升企业整体应变能力和敏捷性。三是提升优化力，以更低的成本、更快的效率实施运作。四是提升协作力，让安徽烟草商业如同一个整体一样运作，增强企业内外部的协同性。五是提升创新力，为零售客户提供“一站式”服务。六是提升移动力，实现任何时间、任何地点、任何设备的互联互通。

（二）深入研究信息系统使用率不高的内在因素，从重系统建设向建管用并重转变

我省已经初步建立了电子商务、电子政务、管理决策三大信息化应用体系，当前存在的问题，主要是重建设、淡管理、轻使用，系统使用率不高。据不完全统计，经常使用的功能模块，仅占总量的30%左右。造成这种现象的原因，一是全省统一开发的应用系统越来越多，但是基层单位使用的积极性不高。二是信息系统固化流程规范管理的能力和日常工作随意性的冲突。三是管理考核不到位。四是项目管理机制问题。五是部分系统存在着不稳定、操作界面不友好的问题。加强信息系统建管用，全省要探索项目生命周期管理，高度关注需求收集整理、项目立项、总体设计、系统使用4个重点环节。

（三）深入研究全省信息化发展不平衡问题，加快省市两级信息化职能定位转变

无论是深入推进“两化”融合，实现由传统商业向现代流通的转变，还是统筹信息系统的建管用，加快企业从经验管理向科学管理迈进，都要明确市级公司信息化工作的主体地位。市局（公司）要把研究信息化应用需求放到首位，探索新的应用，抓好现有系统的使用运行，认真落实标准规范。省局（公司）要重点抓好技术管理，研究制定技术架构、数据架构，抓好集成整合和应用平台建设，逐步整合全省计算资源，逐步制定并完善全省技术标准、规范。

三、2012 年全省信息化主要工作任务

2012 年，安徽省信息化工作的主要任务是：贯彻落实全国烟草行业信息化工作会议和省局（公司）工作会议精神，按照“统一性、系统性、完整性”的要求，服务“卷烟上水平”和组织成长转型大局，以“两化”融合为目标，以规划落地为主线，以集成整合为抓手，以应用推进为重点，扎实推进安徽烟草商业技术架构、应用架构、数据架构和标准体系建设，聚焦“集成、应用、机房、安全、运维、统计、队伍”七个关键词，推动全省系统信息化工作再上新台阶。

（一）抓好规划落实，提升集成整合水平

一是开展规划“回头看”，做好总体规划的优化和提升。二是分解规划内容，按照合理的顺序抓好推进。三是省市联动、统筹规划，进一步完善修订规划，确保两级规划的系统性、一致性和互补性。四是提升集成整合工作，在深入推进、整体提升上下功夫。认真落实标准规范，严格按程序申报相关内容，配合好全省项目的实施。突出抓好数据资源的集成整合，做好与国家局行业数据中心级联的准备工作。思考研究市局（公司）信息资源集成整合问题，以及与省局（公司）的互联互通和资源共享。

（二）深化“两化”融合，提升信息化应用水平

一是高度重视零售终端信息化建设，认真分析客户需求和问题，注重为零售客户提供增值服务。二是着力抓好物流综合管理信息系统建设，以透明的供应链整合管理为重点，理清需求，打通环节，努力做到全程透明、全程可控、统一平台、资源共享。三是升级专卖管理信息系统，进行功能深化拓展。四是抓好财务审计信息化，探索研究审计系统二期的解决方案，推行资金监管系统。

（三）统筹机房建设，提升信息资源整合水平

新机房建设要把好三个关口。一是方案关，要学习考察机房建设经验，形成考察报告和建设思路。二是论证关，要对设计单位设计的方案，进行研究和把关。三是验收关，要对机房的验收严格把关，确保按照规划设计施工，各项功能齐备。要利用新机房建设这一重大契机，对信息资源的整合做出规划。一是全省视频会议系统的总体规划和部署。二是做好全省行业广域网的总体规划方案。三是省市联动，共同研究新机房计算资源的整体规划。今年还要研究探索全省统一容灾中心的建设方案。

（四）建设安全体系，提升整体安全水平

今年，要以落实信息系统等级保护整改措施为重点，落实信息安全总体规划，建设信息安全管理与技术体系。一是抓好等保测评与等保检查。二是抓好信息安全技术体系建设，今年要在统筹安排的基础上分步实施。三是抓好信息安全管理体系建设，重点要完善信息安全管理制度体系。四是注重培育健康的信息安全文化，通过开展信息安全日、举办讲座、开展培训等活动，传播信息安全知识，营造信息安全环境。

（五）改革运维机制，提升支撑保障水平

一是要规范运维工作管理，全省信息系统运维由信息部门归口管理，整合运维人员，实行集中调派，设立运维热线电话，形成运维统一管理的格局。二是建立和完善运维管理机制，确定运维管理职责，制定运维管理办法。三要搭建省市两级集成运维管理平台，分

级管理，上下联动，信息共享。四是探索“以我为主”的运维模式，逐步建立一支运维服务队伍。五是突出运维重点，加强核心业务保障，不断优化完善，提升运行效果。

（六）注重数据应用，提升统计服务水平

一是抓好生产经营统计应用项目的运行管理，严格遵守“两打三扫”和专卖管理有关规定，不断提升项目数据质量。二是加强统计管理和统计队伍建设，建立健全统计工作制度体系，推进统计工作转型，加强统计队伍建设。三是重点加强统计专题分析和统计调查工作，各单位要选择 2 ~3 个课题，进行专题分析，选择 1 ~2 个课题，开展针对性市场调查活动，摸清市场真实状况，并为今后开展统计服务工作积累经验。

（七）激发队伍活力，提升基础管理工作水平

一是加强对信息化工作的领导，强调统一性，统一领导、统一管理、统一标准。二是抓好全省信息化工作的平衡发展，完善下发信息化考核评价办法并组织评价。三是培育先进的行业 IT 文化，开展“读书、研究、调查”活动，增加实践调查内容。四是高度重视软件正版化工作。五是持续抓好员工信息化素质提升，鼓励和支持信息化工作人员参加与工作有关的资格认证考试，积极打通技术人员晋升通道，开展丰富多彩的活动，提升全体员工的信息化素养和应用能力。

严格规范　加强管理
努力提高全省投资项目管理水平

——在全省烟草商业系统投资管理工作座谈会上的讲话（摘要）

（2012 年 5 月 25 日）

卓俭华

一、主要工作回顾

2011 年，全省系统投资项目管理工作紧紧围绕国家局提出的“项目管理要向审批和管理并重转变”的工作要求，以“卷烟上水平”总体规划为指导，以加强项目过程管理为抓手，着力打牢“三个基础”，为“十二五”投资规划的全面实施打下了基础。

（一）严格按照国家局下达的项目年度投资计划组织项目实施，投资计划执行率达 79%，投资完成情况较好

（二）打牢项目基础

制定基层专卖管理队所建设规划。基本完成了全省系统专卖管理队所建设规划，内容涵盖全省系统专卖管理队所建设布点、建设方式、建设原则、功能要求，规划设计、建设标准等内容，对全省系统的队所建设起到引导和指导作用。

开展房产调查。在全省系统范围内开展房产情况调查工作，形成了《安徽烟草商业土地及房屋调查分析报告》，为全省系统拟建项目的申报审批提供依据，为不良资产处置，闲置资产利用，存量资产盘活提供参考。

（三）夯实过程管理基础

1. 重心下移，服务现场，定期开展投资项目管理现场督导。

2. 突出重点，加强指导，强力推进重点项目建设。

3. 促进交流，加强培训，实现经验知识共享。

4. 开展调研，编制需求，为实现投资项目信息化管理打下基础。

（四）筑牢规范管理基础

1. 建立制度体系。修订、完善投资项目管理制度，制度基本涵盖了从立项至竣工验收项目管理的全过程，初步形成了投资项目管理制度体系。

2. 注重过程监督。业务主管、纪检监察、审计、整顿办等部门积极配合，加强项目招标、跟踪审计、竣工决算等实施重点环节的监督，重大建设项目，直属单位还邀请地方政府纪检监察部门参加项目建设全过程监督，多管齐下，齐抓共管，建立投资项目管理的多方监督机制。

3. 形成制衡机制。认真总结部分直属单位项目管理经验，在具体项目施工管理中，推行项目管理相互制衡机制。

二、主要工作安排

全省系统投资项目管理主要工作思路：全面落实各项规定，坚持统筹计划、有保有控、循序渐进、量力而行的原则，重点支持影响企业发展项目，特别是重大项目和急需的项目，严格程序、严控规模，坚决落实“应招尽招、真招实招”，实现项目管理的科学化和规范化水平。

（一）进一步加强基础管理工作

要对本单位工程投资、物资采购、宣传促销项目做到“三清”，即说清情况，理清思路，摸清家底，在“三清”基础上要建立项目管理台账制度。各直属单位要对所实施的所有项目要能够说清楚；对项目规划、计划、实施的具体工作安排要能理清思路；各单位要调查清楚本单位所有项目，做到摸清家底。以这次项目调查活动为契机，制定工程投资、物资采购、宣传促销项目项目管理台账，建立本单位的项目管理台账制度。

（二）充分发挥三项工作管理委员会的作用

要认真履行职责，严格执行程序，真正发挥作用。

（三）进一步完善制度

1. 要延伸制度。各单位要对现有制度存在的不完善地方进行补充修订，制定补充细则。将制度向项目管理更细的环节、更容易出问题的环节延伸。要补充制定烟用物质类、宣传促销类、信息化类，通用物资类采购实施细则。

2. 要严格执行制度。严格执行项目决策程序。决策项目要按照国家、行业的产业技术政策和投资政策要求，符合全省系统“卷烟上水平”总体规划和“十二五”投资规划，符合企业的长远发展规划和生产经营实际。项目决策一定要经过企业“三项工作”管理委员会集体研究同意，并形成会议纪要，严禁个人说了算。严格执行项目招标管理规定。全面落实“应招尽招”。对符合公开招标条件的项目，要以更加坚定的态度，更加严格的标准，全力推进公开招标，切实做到“四个严禁”，确保“应招尽招”。力求做到“真招实招”。严格执行招投标管理规定，严格资格预审，做好专家遴选，科学设置拦标价，认真审查文件，保证招标文件科学合理性，及制定过程公开透明。切实避免“互相串通围标串标”“虚假招标”“明招暗定”等违规违纪问题，力求做到公开招标的项目“真招实招”。

3. 严格工程变更管理。要严格工程变更的报批制度，对于扩大面积，改变装修等重大的工程变更，一律要事先报省局（公司）批准，没有批准的一律不准施工。要严格变更管理，各单位要制定工程变更管理规定，并严格执行。

（四）严格项目审批

1. 严格执行项目审批权限。各单位一定要按照项目审批权限批准项目，严禁越权审批项目，更不允许将由上级机关审批的项目，化整为零，拆分成属于自行权限审批的项目。

2. 严格执行项目审批程序。国家局对投资项目实行计划管理，依靠年初下达投资计划控制行业年度投资总规模，必须列入年度投资计划的项目才能获得批准。国家局下达的年度投资计划，不是项目的批准文件，不能作为项目开工建设的依据。企业要根据下达的投资计划，委托有资质的咨询单位编制项目申请报告，按照项目审批权限上报有权机关审批。对于重大投资项目，项目批准后，还要委托设计部门编制项目初步设计文件，经第三方审查，专家论证后，上报有权机关审批，项目初步设计批准后，项目审批才算完成。

3. 规范项目审批。上报国家局审批的重大建设项目，申请报告必须经省局（公司）“三项工作”管理委员会研究同意后，才能上报国家局审批。各直属单位上报省局（公司）审批的项目，由省局（公司）“三项工作”管理委员会办公室收集整理，进行项目调研，拿出初审意见，定期报省局（公司）“三项工作”管理委员会研究批准。各直属单位自行审批的项目，审批后要立即向省局（公司）备案。

（五）落实责任

1. 落实管理机关责任。投资主管部门要加强对全省系统投资项目的政策性指导，严把项目审批关和项目建设程序关，加强项目建设的过程管理；法规部门要加强项目建设的各种委托合同、承包合同和采购合同审查、把关；监察部门、整顿办要按照国家局提出的“五个关口”，加强项目建设过程的监管；财务、审计部门按照财务审计有关规定，加强项目资金管理和项目审计管理。省局（公司）投资主管部门要积极主动与监察、法规、整顿办、财务、审计等部门配合，构建各部门协同配合、分工负责、齐抓共管、监管和服务同步的全省系统投资项目管理格局。

2. 落实项目建设责任。在落实项目法人责任的基础上，落实项目第一责任人责任。为保证项目顺利实施，项目法人应组建项目实施领导机构，指定一位单位副职作为项目实施的第一责任人，负责协调、指挥项目建设。

（六）加强监管

1. 借助管理信息系统，加强项目监管。借助管理信息系统，适时、全面掌握全省系统项目实施情况，增强项目管理和监督的针对性和时效性；管理信息系统包含项目管理、项目监管和资金监管功能，使项目监督更好地融入项目管理，针对项目管理的关键环节及时施行项目监督；系统按照投资项目管理制度要求，固化项目管理流程，增强了执行制度和程序的刚性，提高了项目规范化管理水平；利用信息系统实现项目预警管理和痕迹化管理，提高项目的风险管理和痕迹化管理水平。

2. 充分发挥项目管理小组的作用。针对全省系统投资项目多，管理力量薄弱且分布不均的实际情况，省局（公司）从长期从事项目管理工作，且具有一定经验的专业人员中选派 18 位同志，组建 6 个项目管理工作组，定期深入项目现场，帮助企业开展项目管理工作。项目管理工作组要帮助项目建设单位严格按照项目管理制度和程序要求，开展实施项目的现场管。

3. 继续开展项目督导。要扩大督导内容，将项目督导内容从施工现场督导，扩大到项目决策、审批、规划设计、工程招标、合同签订、施工安装现场管理、竣工验收等项目实施全过程；要充实督导组人员，扩大参与度。通过项目督导，搭建督导、指导和相互交流学习的平台，在服务指导项目实施的同时加强项目监管，充分调动项目管理工作组积极性，有效提升全省系统投资项目过程管理水平。

4. 开展投资项目管理创优评比活动。按照“创优到全员，工作全覆盖”的工作要求，在全省系统投资项目管理达标创优活动，通过创优活动的开展，在投资项目管理的各个层面、每个环节树立规范意识和责任意识，进一步提高投资项目规范管理、投资调控、质量创优、进度控制和安全管理水平。

5. 发挥投资项目考核的导向性作用。建立投资项目管理考核体系，重点考核项目管理制度和程序执行、项目招标落实“应招尽招、真招实招”，项目实施中的“投资、进度、质量”控制、项目竣工验收等内容，科学合理设置考核指标，制定考核办法，组成由投资、纪检、审计、整顿办等部门参加的考核组，年终对全省系统投资项目管理情况进行考核，考核结果在全省系统通报，真正发挥考核对投资项目管理的激励和导向性作用。

（七）加强人才队伍建设

1. 稳定人才队伍。各单位要高度重视投资项目管理人才队伍建设，要设置投资项目管理专职岗位，原则上每家直属单位至少应有一名专业的项目管理人员。

2. 加强培训。进一步加大投资项目管理人员的培训力度，鼓励专业人才的自我学习和学历教育培训，通过管理制度和专业技术培训、专业管理课题研究、项目管理现场会议、项目论证会议、经验交流会议等多种形式，搭建项目管理人员学习培训和经验交流的平台，提升全省系统投资项目管理人员的专业技术水平。

3. 关心成长。各单位要加强项目管理人员的培养和使用，在职称评定、职务晋升、专业技术职务聘任等方面关心项目管理人员的成长，激发他们工作的积极性、主动性和创造性，为全省系统投资项目管理提供强有力的人才支撑。

4. 严格要求。从事项目管理工作的同志，要严格要求自己，廉洁自律，洁身自好，管好自己，管好项目；一定要警醒行业内项目建设领域出现的一些问题，在项目管理工作中，自觉接受来自社会、员工的监督。

在省局（公司）党组中心组第三季度学习会暨上半年工作汇报会上的总结讲话

（2012年7月11日）

卓俭华

同志们：

经过大家的共同努力，这次会议圆满完成了各项议程，很快就要结束了。这次会议，我们组织了相关专题学习，集中听取了各直属单位和部分机关部门工作汇报，达到了加强教育、相互学习、统一思想、激发干劲的目的和效果。刚才，问武局长作了重要讲话。在讲话中，从三个方面总结上半年工作情况，指出在优良作风建设上取得了新成效、在优秀文化塑造上取得了新成果、在优秀业绩创造上取得了新进步，充分肯定了全省系统上半年工作取得的成绩。关于下半年工作，问武局长提出了“四个坚持”的工作要求，即坚持稳中求进不动摇、坚持追求质量抓基础、坚持优良作风保规范、坚持激发活力促成长。希望同志们按照问武局长要求，结合各自工作实际，认真学习领会，深入贯彻落实。下面，就贯彻落实会议精神及做好当前主要工作，我强调两点意见：

一、深入学习贯彻会议精神

这次会议的主要精神体现在问武局长的讲话中，我们学习贯彻会议精神，关键就是要学习领会问局长讲话精神，按照问局长提出的“四个坚持”的工作要求继续扎实有效地推进各项工作。

要深刻理解稳中求进不动摇。这是企业成长的基调。问武局长在讲话中阐述了稳中求进的三层含义，概括起来，我认为“稳”是基础，“求”是状态，“进”是成长。这三者是统一的，也是辩证的。首先，我们要稳定经济运行、稳定卷烟销量、稳定烟叶生产、稳定发展信心、稳定成长大局，防止出现“过山车”，努力保持政策的连续性和一致性。其次，我们要保持积极的、主动的工作状态，特别是在较高平台上深入推进发展的过程中，一些现有的问题到了攻坚期、一些潜在的矛盾到了凸显期、一些未知的困难到了萌芽期，对我们提出了新的考验。这也要求我们在面对困难和挑战时，必须做到不退缩、不回避、不上交、不下派，积极思考、主动应对。第三，“稳中求进”的出发点和落脚点都在“进”字上，落实到我们企业，就是要实现新的成长，要用新的成长业绩更好地维护稳定局面，以“进”促稳，同时也要用新的成长业绩激发我们保持更加良好的状态，在求稳、求进中持续推进科学发展。

要深刻理解追求质量抓基础。这是企业成长的根基。基础是企业发展的根本，是企业永恒的主题，没有坚实的基础，企业不可能实现持续性成长，相反，则会产生各种组织隐患和风险。尤其是在企业成长到一定阶段后，对企业基础管理提出越来越高的要求。省局（公司）党组一直强调基础管理的重要性，在不同会议、各种场合反复强调，也是基于更高平台上成长加快的需要，具有现实的必要性和紧迫性。提升基础管理水平，首先要建立在正确的决策、科学的模式、有效的方法上，需要充分的调研和对企业精准的把握。在此基础上，我们推进管理实践，能否取得预期的效果，关键就在于质量。要认识到，缺乏质量或者劣质的发展比不发展会付出更大的代价，因为要付出纠正的时间、付出重构的费用。因此，在基础管理中，在基本建设中，尤其要注重质量，做到精细管理，打造管理精品。

要深刻理解优良作风保规范。这是企业成长的保障。在企业成长过程中，规范是生命线，任何时候都不能动规范这根高压线。我们要认识到，规范的重点在于人财物等关键领域和关键环节，但绝不仅仅局限于此，而更要贯穿于我们的每一项工作，实现全过程控制、全领域覆盖，真正做到防微杜渐，防范“千里之堤溃于蚁穴”的麻痹和悲剧。同时，我们要看到，不规范的主体在于人、客体在于事。人是主动，事是被动。保证规范，根本在于人的规范，而保证人的规范，关键在于培养优良的作风。因此，规范的前提和基础是优良作风，要认清和把握作风的“蝴蝶效应”，在作风建设上抓小、抓细、抓实。全省系统要把培养优良作风摆到更高的位置，在企业内部积极倡导和培养优良作风，以优良的作风为人做事、干事创业、正己正人。

要深刻理解激发活力促成长。这是企业成长的动力。成长型企业是活力迸发的企业，有效激发活力才能持续推进企业成长，打造不竭的动力之源。机制出活力，要探索构建有效的激励机制，坚持正向激励为主，形成良好的导向作用。创新出活力，继续推进各类创新，包括营销创新、管理创新、文化创新等，破除定势效应，激发创新灵感。培训出活力，主要从提升干部员工的业务技能和综合素质，通过知识的更新和积累，以自我能力的提升，自我实现的满足形成自我创造的实现。文化出活力，持续推进文化建设，在企业内部营造和谐的发展环境，以增强干部员工的忠诚度而提升贡献度，激发更加积极主动的状态投身到企业成长进程中。

二、认真做好当前几项工作

下半年工作任务依然很繁重，面临着诸多问题和挑战，但有上半年的良好工作基础，也为我们更好推进下半年工作提供了有利条件。同志们要抓紧时间、时不我待，集中精力做好每一件事情，继续推进企业成长。当前，要把握好以下几项工作：

一是谋划开展今后工作。今年不再单独召开全省系统局长（经理）座谈会，省局（公司）将在问武局长讲话的基础上，结合行业局长（总经理）座谈会精神，制定印发全省系统下半年工作要点。各单位、各部门要针对上半年工作的问题和不足，对照全省系统下半年工作要点，结合自身实际，认真谋划具体工作措施，做到化解矛盾、弥补不足、整体发展、加快成长。

二是全力做好烟叶收购。当前，烟叶正在进行采烤，这是保证烟叶质量的重要环节，皖南烟叶公司和各产烟市公司要以成熟度为重点，进一步加强田间管理，规范采烤管理，加强技术指导，抓住每一环节，确保将良好的田间长势转化为质量和效益。相关单位要做好烟叶收购各项工作，加大工作力度，优化收购流程，积极开展散叶收购试点，认真落实入户预检制度、分部位收购、电话预约交售和编码收购等制度，全面推进烟叶收购电子结算工作。收购期间，加强烟叶合同执行的监督检查，确保按合同收购烟叶，建立良好的烟叶收购秩序，皖北烟区要强化专卖管理，做好边界地区烟叶收购工作，确保烟叶收购工作的顺利完成。

三是密切把控卷烟市场。各单位要认真贯彻落实国家局有关调控方针和要求，加强对卷烟销售的科学调控，掌握好调控的力度和节奏，既要调得好，又要控得住，防止出现大起大落，保持卷烟市场的良好态势。要更加重视卷烟品牌培育工作，继续推进精准营销、零售终端建设，深化工商协同，继续做好“双低”卷烟、责任品牌和“黄山”品牌销售工作。营销、专卖等部门要密切配合，加强市场管控力度，要充分预估省内外市场变化对专卖带来的压力，提前防范、有效打击，确保卷烟市场良好秩序。

四是注重抓好作风建设。各单位、各部门要持续抓好作风建设，努力培养干部员工的优良作风。注重把党的建设、企业文化、效能建设、纪检监察等工作相结合，形成作风建设的合力。当前，特别要继续抓好“235”教育实践活动，要在前期工作的基础上，丰富形式、丰富内容，融入实践、融入基层、融入员工，做出实实在在的效果，自觉认同和践行“两个至上”“三个始终”和“五种意识”。要下决心解决选人用人等方面的不规范问题，贯彻好“六个严禁、一个严控”，重视抓好党风廉政建设，在各个单位、各个方面、各个岗位形成优良作风。

五是切实保障安全生产。安全生产要常抓不懈、警钟长鸣。各单位、各部门要树立全员安全、各方安全的大安全观。要继续加强安全设施管理和安全隐患排查，尤其是近期高温、洪涝天气交替，要切实做好防暑防涝防火灾等各项安全防范工作。要切实关心一线员工，灵活调整作息时间，避开高温时段，杜绝疲劳驾驶，防止热天中暑，确保人身财产安全。

六是全力维护信访稳定。今年是党和国家以及行业具有特殊重要意义的一年，各单位要认真分解落实责任，切实加强信访稳定工作，加强多方沟通交流，经常听取员工意见，畅通意愿表达渠道，耐心做好思想疏导，积极解决相关问题，全力维护稳定的发展局面。

同志们，时间已到七月，全年任务过半，但我们肩负的任务依然繁重，责任依然艰巨。面对新的形势、新的机遇、新的挑战，我们要坚定方向、坚定信心，在省局（公司）党组的坚强领导下，团结一心，凝心聚力，继续保持良好状态、着力培养优良作风、努力塑造优秀文化、不断追求优异业绩，为圆满完成全年工作任务、加快企业组织成长、持续推进卷烟上水平做出新贡献。

在安徽省烟草学会第五次会员代表大会上的讲话（摘要）

（2012年10月10日）

卓俭华

安徽省烟草学会第五次会员代表大会，以科学发展观和党的十七届五中、六中全会精神为指导，认真贯彻中国烟草学会和安徽省科协关于学会建设的工作要求，全面回顾和客观总结了安徽省烟草学会第四届理事会工作，研究部署了省烟草学会今后一个时期的主要工作任务。会议审议通过了王汉文理事长代表省烟草学会第四届理事会所做的工作报告。大会选举产生了省烟草学会第五届理事会、常务理事会和学会领导机构负责人，实现了学会组织机构的新老交替，为学会今后进一步发展奠定了基础，提供了新的更高的平台。

过去的6年，伴随着烟草行业的快速发展、转变和提升，省烟草学会围绕安徽烟草中心工作，做了大量富有成效的工作，为全省烟草行业科学发展做出了积极贡献。第四届理事会为我们新一届理事会的工作打下了坚实的工作基础，提供了更高的发展平台，积累了宝贵的理论和实践经验。第五届理事会将继续保持和发扬第四届理事会的优良传统和作风，继续推进学会工作向前开展。

下面，我代表第五届理事会，就做好新一届学会理事会工作谈几点看法。

一、围绕中心工作，努力提升服务意识

服务是学会生存和发展的根本。学会要全面履行“三个自觉”，即自觉为行业长远发展服务，自觉为科技进步和学科建设服务，自觉为扩大对外民间科技合作与交流服务。一是当好助手。学会要从行业发展的全局和战略高度，全面理解和准确把握行业中心工作，立足行业“十二五”发展规划和“卷烟上水平”基本方针和战略目标，主动承担对当前经济形势的分析、对行业经济发展重大问题的研究，加强调查研究，积极建言献策；二是做好纽带。要充分发挥学会联系社会各界的积极作用，扩大学会组织基层覆盖面，广泛吸收符合条件的科技工作者，密切广大科技工作者同行业各单位之间的联系。一方面在广大科技工作者中积极宣传国家的法律法规、宏观政策和新技术、新标准，促进企业进一步贯彻落实政府部门及行业有关政策规定和要求，大力促进科技成果的研发和转化。另一方面，发挥学会的桥梁和纽带作用，积极向领导层反映科技工作者特别是基层科技工作者的意见和建议，为基层科技工作者搭建表达诉求的渠道，进一步激发基层科技工作者的工作积极性和主动性。

二、服务科技进步，广泛开展学术交流

学会要围绕行业发展和科技进步，围绕行业重大课题，积极组织开展有效的学术交流活动，活跃学术思想，激发创新意识，为行业改革发展献计献策，提供智力支持。一是要认真组织开展学术活动。学会要努力搭建不同形式、不同层次的学术交流平台，积极推进各项学术交流活动，充分发挥学会的学术交流主渠道、主阵地作用。各专业委员会要紧密结合本专业的工作重点和难点，选择重点课题进行深入研究探讨，分享科技成果，促进科技知识的流动和应用，使学术交流成为科技人员充分展示才华的平台，成为促进科技成果应用、转化和推广的平台，为安徽烟草科技创新、管理创新增添助推力量，显示学会学术活动的价值。二是要深入开展专题调研。学会要牢牢把握科学发展这个主题和加快转变发展方式这条主线，充分调动广大会员和科技工作者的积极性、主动性，把科技攻关重点与安徽烟草发展现实需求结合起来，抓住影响行业发展的重大科技问题，紧紧围绕制约行业发展的核心技术、关键技术和共性技术加强攻关，为行业科学决策发挥科技思想库作用。三是要提高学术活动的效果和质量。学术活动要服务于行业科技进步，服务于行业改革和发展，坚持贴近生产科研一线，坚持学术交流与行业改革发展实践相结合，与促进科学发展相结合，与提高科技人员学术水平相结合。可以借助外力，适时邀请专家进行论文选题指导和论文写作培训，提高调研和写作水平，提升学术活动价值。四是策划开展学术年会或者学术论坛。围绕行业中心工作和“卷烟上水平”基本方针和战略任务，突出“黄山”品牌培育，推进商业系统成长型企业建设等重大课题，选择主题，创新形式，适时组织学术年会和论坛，举办高层次的学术报告会，努力传播科学思想、科学知识和科学方法。

三、结合行业实际，深入推进科普宣传

科普宣传是科技创新的延伸和学会工作的重要内容，承担着普及科学知识、传播科学思想、弘扬科学精神、倡导科学方法、推广科学技术应用的重要使命。一是要面向行业内部和社会外部做好科普宣传。坚持面向基层，逐步在现代烟草农业、节能减排、低碳环保、现代商业、安全生产、减灾防灾等方面开展科普工作，创新科普形式，突出科普实效，鼓励科普原创。二是要创新挖掘和整合科普资源。以传播科学知识和宣传创新成果为主要内容，以提高全省行业干部员工科学文化素质为目的，挖掘形成有行业特色、有影响力的科普资源，认真开展各种形式的宣传教育活动，扩大科普活动的影响范围，重点要做好烟农科技种烟、消费者真假烟鉴别等科普宣传活动。要加强与烟叶生产单位、卷烟工厂等沟通联系，通过与相关部门协同合作，筹划创建安徽烟草学会优秀科普基地，积极探索尝试科普基地建设。要善于借助学会网站、《安徽烟草》和《安徽中烟报》等载体，推进行业科普资源共建共享工作。

四、激发会员活力，建设科技工作者之家

科技工作者和学会会员是行业改革发展的中坚力量和宝贵资源，学会要竭诚为会员服务、为科技工作者服务，凝聚力量、激发才智，把学会建设成科技工作者之家。一要建立平台，互促相进。建立专业人才库，整合现有资源，提供高质量的学术交流平台。二要以

人为本，团结协作。学会各种活动都要从会员的实际需要出发，为会员提供完善周到的服务，最大限度满足会员需求。要实施激励，奖优促后，通过建立健全激励机制，将精神激励和物质激励相结合，在学会内部营造“比学赶帮”的良好学术氛围，带动整体会员水平的提升。三要加强与科技人员的联系沟通。要做好会员的会籍管理，完善学会基础数据库建设。学会秘书处、各基层工作委员会和各专业委员会要加强与广大科技工作者的沟通联系，关心他们的工作和生活，及时、准确向上级反映广大科技工作者的思想动态和建议呼声，充分发挥好学会的桥梁纽带作用。

五、突出能力提升，努力加强自身建设

学会要准确把握当前形势，充分认识加强自身建设、提升队伍素质的重要性和紧迫性，自觉做到思想认识到位、工作措施到位、工作作风扎实，为学会更好履行新形势下的责任和使命提供坚强有力的保证。一要加强制度建设。严格遵照《安徽省烟草学会章程》，进一步健全学会的工作机制和运行机制，完善各项工作制度，理事会每年至少召开一次会议。学会办事机构要加强学习，增强服务意识，努力提高工作水平和办事效率。各专业委员会要积极履行自身职责，每年应至少开展一次学术活动，努力推动本条线工作的创新开展。各基层工作委员会要明确自身职责，认真做好学会相关工作的落实和执行，并根据学会的部署做好专题性调研工作。二要加强期刊建设。要在去年改版《安徽烟草》的基础上，梳理和总结改版工作，持续提升《安徽烟草》办刊水平。在把握正确的舆论导向的前提下，树立精品意识，编辑部同志和广大通讯员要加强学习，不断提高自身的思想政治水平和业务能力，紧密联系行业工作实际和干部员工的思想实际，围绕“卷烟上水平”和“1+5”工作任务，立足安徽烟草，精心策划、精心采访、精心写作、精心编辑，努力打造更多有影响力的精品力作。要做好学会网站建设和维护工作。学会网站是学会宣传和发布信息的新窗口，要继续扎实推进学会网站的内容维护和功能完善工作，定期更新、丰富网站各栏目的内容。三要提升能力素养。要加强理论学习，提高文化素养，提升业务能力，自觉遵循“潜心做事、低调做人”行为准则，切实做到不张扬、不浮躁、不漂浮，努力成为做好学会工作的行家里手，提高学会服务工作的质量和水平，增强学会的凝聚力，更好地为安徽烟草行业持续健康发展服务。

烟草行业正全力推进“卷烟上水平”和“1+5”工作任务，面临着新的机遇和挑战。烟草学会换届改选也掀开了学会工作的崭新一页，对我们提出了新的任务和要求，烟草学会工作任重道远。在此，感谢大家对我本人以及新当选的第五届理事会的信任和鼓励。作为安徽烟草学会第五届理事会理事长，我深感责任重大。我将牢记责任，尽职尽责，在今后的工作中发扬民主，集思广益，倾力而为，与第五届理事会的全体理事一道，团结各方力量，全力做好新一届理事会各项工作，不辜负大家对我们寄予的厚望。省烟草学会将在中国烟草学会、省科协、省局（公司）和安徽中烟工业有限责任公司党组正确领导下，依靠全省各单位会员、专业委员会和广大会员的大力支持，以更加奋发有为的精神状态和求真务实的工作作风，有效发挥职能作用，卓有成效开展工作，为促进安徽烟草行业持续、协调、共同发展做出更大贡献！

改善运行调控　保持良好状态
努力提高经济运行质量水平（摘要）

——在全省党组中心组2012年第四季度第一次集中学习（扩大）会上的讲话

（2012年10月18日）

卓俭华

同志们：

根据会议安排，我就今年以来全省烟草商业经济运行情况讲两点意见：

一、前三季度经济运行基本情况

今年以来，全省烟草商业认真贯彻落实国家局、省局（公司）总体部署，严格遵循“稳中求进、稳中有进”总基调，紧紧围绕“1+5”目标任务，始终把保持平稳发展作为经济运行工作的首要任务，始终把加强和改善宏观调控作为经济运行的有效手段，以大力培育“532”“461”知名品牌为主线，育品牌、调结构、强基础，卷烟销售赢得全面主动、品牌导向作用充分发挥、卷烟市场状态稳定向好、经济运行质量不断提升。全省累计销售卷烟156.2万箱，同比增长3%；累计销售“532”品牌118.8万箱，同比增长10.1%；累计实现“461”品牌销售收入350.3亿元，同比增长15.4%；全省移栽烟叶面积16.9万亩，同比增加1.8万亩；累计实现卷烟含税销售收入374.9亿元，同比增长12.6%；利税82.6亿元，同比增长8.2%。

1. 宏观调控充分发挥作用，卷烟销售赢得全面主动

调控的积极作用体现较为充分。去年年底适度控量投放加上全省系统卷烟经营认识、准备“两个到位”，元月份卷烟销量再次实现“开门红”，以37.7万箱的销售规模，位居全国第6位。同时，针对一季度销售偏快问题，着重实施“渐进式”调控，加强销售进度控制、优化市场结构、调整市场状态，进度偏快问题逐步得到改善，取得了明显效果。

2. 关注品牌培育重点目标，积极发挥品牌导向作用

一是黄山品牌量价双升。全省销售黄山品牌卷烟84.5万箱，同比增长8.6%，其中1～3类销量60万箱，同比增长17.2%。二是“双低”品牌加速发展。累计销售低焦油卷烟14.7万箱，同比增长274.4%，占总量比重9.4%。其中，6mg及以下卷烟销量0.24万箱，同比增长110.7%，占总量比重0.15%。三是“责任品牌”培育成效明显。全省累计销售“责任品牌”4.0万箱，同比增长36.2%。其中，双喜·红双喜增长23.4%、娇子增长45.1%、金圣增长77.1%、七匹狼增长127.4%。

3. 始终坚持抓好市场营销，卷烟市场状态稳定向好

密切关注“一价三库”动态变化，始终把价格作为经济运行调控的风向标，把保持重

点品牌市场价格坚挺作为调控的首要目标，及时调整货源投放策略，市场总体上保持了“稍紧平衡”的供求状态。9月末，全省推算社会存销比0.49，连续三个月保持在0.5以下。主要品牌规格零售价格较为坚挺，波动性比较小。零售客户推算毛利率10.3%，同比增加0.35个百分点。另外，从市场管理的角度看，全省始终保持市场高压态势，市场总体保持稳定。全省共查处涉案卷烟4983件，同比下降12.5%；其中，涉案金额5万元以上案件116起，同比下降2.5%。

4. 把握卷烟结构调整力度，经济运行质量不断提升

一、二类卷烟增速得到了合理控制，三类卷烟实现了较快发展，四、五类烟销量规模保持了相对稳定。一、二类卷烟增幅23%，比去年同期的33.1%下降10.1个百分点；四、五类卷烟降幅13.8%，同比16.8%减少3个百分点。另一方面，着重加强重点费用预算控制，整体费用水平增幅下降，发展的效率水平有所提升。卷烟三项费用率4.75%，同比减少0.2个百分点。单箱营业费用249元，同比增长7.2%。

尽管，今年来全省烟草商业经济运行整体情况较好，但存在的问题需要引起高度重视。

1. 销售的均衡性仍然存在

总量方面，主要是上半年卷烟销售进度偏快，54.8%的销售进度创近几年新高，加剧了销量增长的季节性偏差。根据各单位上报的销量预测，四季度全省卷烟预计销量39万箱，预计同比下降5.3%，四季度市场可能存在一定的供求压力。区域方面，主要是局部市场波动较为明显，市场投放落差较大。

2. 客户满意度和订单满足率偏低

6月份以来，全省订单满足率持续走低，8月份达到年度以来的最低水平。订单满足率低，货源投放偏紧是一个方面的原因，但一些单位对货源投放政策宣传不及时，解释不到位导致客户虚报货源需求的现象也大量存在。订单满足率持续走低使全省的客户投诉明显增加。9月份，全省客户投诉共发生42起，同比增加12起，增长40%。

3. 调控手段简单化，品牌培育非市场因素增加

一些单位在品牌培育问题上缺乏科学系统的发展思路，往往为了给一些新上市品牌让出市场空间，为了完成阶段性品牌培育任务，对同价位竞争性品牌采取简单的限供甚至长时间的停供措施，人为降低一些深受消费者欢迎、市场基础比较好的卷烟品牌的上柜率和覆盖面，损害品牌发展基础。同时，在市场供应总量偏紧的情况下，不能很好地处理各品牌的市场摆布，打乱了正常品牌的布局和供应节奏，造成有的品牌断货，有的品牌价格波动下滑，影响了市场的稳定和零售客户的盈利水平。

4. 低焦油卷烟销售结构和6mg以下卷烟比重偏低

“高档低焦”是行业卷烟产品总体发展方向，但目前我们在低焦油卷烟销售结构和6mg以下卷烟经营上均存在一定的不足。1~3季度，全省低焦油卷烟单箱销售收入18600元，低于全省卷烟单箱均价（24000元）5400元/箱。主销低焦油卷烟品牌价类较低制约了低焦油卷烟结构的整体提升。同时，6mg以下卷烟比重仅为0.15%，低于全国平均水平0.3个百分点，低于年度0.4%的总体目标，比重偏低。

5. 卷烟销售结构优化和三类烟比重偏低

全省三类卷烟9.6%的增幅，低于去年同期6.8个百分点；三类卷烟销售比重29%，

低于全国平均水平近16.6个百分点。三类卷烟每条零售价位在60-100元左右，购买者基本属于自我消费，与区域经济水平紧密相关。三类卷烟作为中间价位，上接二类卷烟下连四类卷烟，三类卷烟销售状况同时也取决于二、三、四类烟相近品类之间的竞争能力和扩张实力。二类卷烟下限的“黄山新制皖”，四类卷烟上限的“黄山一品硬盒”对全省三类卷烟经营影响较大。

二、四季度经济运行工作的总体要求

进一步贯彻落实国家局和省局（公司）关于经济运行的基本方针，加强和改善宏观调控，保持良好的市场状态；充分利用有利时机加大品牌培育力度，提升品牌基础；进一步加强规范自律意识，提升规范基础；进一步加强经济运行管理，提升经济运行监测、分析、预警水平。

1. 要把经济运行的着力点放在调控市场状态上来

继续坚持“稍紧平衡”的运行方针，以“一价三库”作为基本衡量指标，切实解决订单满足率和客户满意度问题。

一要密切关注宏观经济形势的变化。理性认识我们当前的经济发展环境，既不能盲目乐观，也不能消极等待。

二要合理设定总量调控目标。为满足市场需求，缓解市场压力，全省应适当加大四季度的卷烟投放，将年度总量目标适当调整，请各单位做好补货需求工作。

三要合理把握投放节奏。要总体安排四季度的销量任务，不仅要关注总量的投放节奏，更要关注品牌的投放节奏。要通过合理有效的投放，切实保证市场平稳、价格稳定。

四要做好客户沟通工作。要进一步提高货源供应的透明度，切实改善紧俏货源的投放办法。减少简单的行政办法，多做沟通协调服务和解释工作，争取得到零售客户的理解和配合。要减少非市场因素，公平对待工业企业和品牌，保持品牌供应的连续性和稳定性。

2. 要把经济运行的重点放在谋划明年的发展和品牌培育上来

谋划明年经济运行工作重点要做好明年的销售预测和货源衔接。各单位要开展辖区内全面的市场调研，深入挖掘数据价值，全面总结发展规律，准确把握市场需求。货源衔接上要着重考虑四类卷烟的货源衔接和四类转三类的品牌安排，提早加强四类卷烟货源组织，确保中低档货源保障供应。同时，要加大三类卷烟品牌推广力度，提升市场份额。

一要做好知名品牌培育。围绕“532”“461”品牌发展战略，把握动向，结合实际，借助“大品牌”培育全省“大市场”。进一步加大对黄山品牌培育力度，当前要重点做好目标客户选择、客户经理和零售客户品牌推广培训工作，以黄山（天都）树形象，以黄山（红方印）为发力点，努力争取新品培育成功。

二要高度重视“双低”卷烟产品培育，突出“高档低焦”的发展方向。重点加强6mg以下卷烟品牌规格的引入和培育，稳步提升低焦产品的销售结构，重点培育三类以上特别是二类以上的低焦产品。

三要促进“责任品牌”有效增长。四季度在关注“责任品牌”销量增长的同时，要关注品牌的市场动销，关注市场价格的稳定。

四要扶持“共同发展”品牌。加强对国家局重点扶持的老少边穷地区品牌的引进和培育工作，进一步巩固和提升“共同发展”品牌卷烟市场规模。

3. 要把规范管理作为经济运行的根本要求加以落实

严格落实国家局《关于进一步严格规范工商企业卷烟经营行为的意见》，在卷烟经营中做到“六个严禁、一个控制”，坚决杜绝工商交易中的一切商业贿赂行为，从今年开始每年将组织工业企业对各单位进行评估，切实增强对工业企业的服务。要高度重视客户投诉，防止和避免客户咨询投诉的重复发生，切实降低因货源供应和服务质量所引发的投诉问题。要引导零售客户、消费者提高自律意识，自觉抵制违法批发、违规零售。“天价烟”和卷烟过度包装专项治理要在彻底整改、建章立制、巩固成果上下功夫、严防反弹。要进一步提高安全意识，加强安全管理，做到安全生产经营警钟长鸣。

4. 要进一步加强经济运行管理工作

一要高度重视经济运行管理工作，建立起经济运行管理的领导机构，切实加强组织领导，把经济运行管理提到重要位置；二要建立健全月度、季度定期分析通报、经济运行调研、经济运行督导三项制度；三要提升经济运行监测、分析、预警水平。

在全省系统深入开展“践行‘两个至上’、做到‘三个始终’、树立‘五种意识’”教育实践活动视频动员大会上的讲话

（2012年4月12日）

鹿　军

同志们：

今天上午的会议主要是认真贯彻国家局、省局（公司）工作会议精神，紧密联系工作实际，以创先争优为主线，研究部署全省系统深入开展“践行‘两个至上’、做到‘三个始终’、树立‘五种意识’”教育实践活动任务，努力加快组织成长，推动卷烟上水平。

一、统一思想，提高认识，深刻认识开展“235”教育实践活动的重要性和必要性

今年全国烟草工作会议上，姜成康局长对全行业干部员工提出要努力践行“两个至上”、做到“三个始终”、树立“五种意识”。国家局党组专门发文对全行业开展“235”教育实践活动进行部署，确定省局（公司）及安庆市局（公司）为重点推进单位。“两个至上”共同价值观是行业思想和文化的统领；“三个始终”是践行“两个至上”的出发点和落脚点；“五种意识”是加强行业干部员工作风建设的明确要求，是践行“两个至上”，做到“三个始终”客观要求和思想保证。

（一）深入开展“235”教育实践活动，是深入贯彻落实党的十七届六中全会和中纪委七次全会精神的具体措施

党的十七届六中全会，明确提出了构建社会主义核心价值体系，吹响了文化大发展大繁荣的号角。“两个至上”行业共同价值观，是社会主义核心价值体系在烟草行业的具体体现，是行业文化建设之魂。我们深入开展“235”教育实践活动，是“两个至上”在岗位主题实践活动的延续与深化，是扎实开展创先争优活动的重要载体，是推进行业文化建设的重要内容和现实需要。在中纪委七次全会上，胡锦涛总书记进一步强调指出：“经受考验、化解危险，最根本的是要加强党的自身建设，始终保持党的先进性和纯洁性。”开展“235”教育实践活动，就是以“创先争优引领组织成长”为主题，以基层党组织和广大党员立足实际创先争优为抓手，增强党性修养，转变工作作风，提升规范自律意识，提高工作质量，切实服务于广大烟农、零售客户及广大员工，推动各项工作上水平。

（二）深入开展“235”教育实践活动，是全省系统深化创先争优的重要举措

近两年来，通过一系列举措推动创先争优活动，基层党组织工作基础得到了一定夯实，广大党员党性修养有了一定提高。但仍要清醒地看到，当前全省系统党的建设同样面临着胡总书记强调的四个方面的危险，即精神懈怠的危险、能力不足的危险、脱离群众的危险、消极腐败的危险。如果我们能够努力做到“三个始终”，就能比较好地防止“脱离群众的危险”；如果我们能够牢固树立“五种意识”，就能比较好地防止“精神懈怠的危险、能力不足的危险、消极腐败的危险”。要按照“创优到全员，工作全覆盖”的原则，以建立创先争优活动的长效机制为目标，紧紧围绕“强组织、增活力、创先争优迎十八大”的要求，进一步强化基层党的思想、组织、作风、制度和廉政建设，切实提高党员党性修养，充分发挥党组织的战斗堡垒作用和党员的先锋模范作用，不断提高全省系统党建工作科学化水平。

（三）深入开展“235”教育实践活动，是全面加快组织成长、推进“卷烟上水平”的迫切需要

面对加快组织成长，推动“卷烟上水平”的新形势、新任务、新要求，通过开展“235”教育实践活动，能够进一步引导全体员工牢固树立“两个至上”行业共同价值观，以“满腔热情、富有激情、充满智慧、奋力创新”的精神状态，达到节奏要快、标准要高、工作要实、状态要好的工作要求，转作风，提干劲，从而进一步增强行业发展的后劲与活力，努力实现行业持续、协调、共同发展。

（四）深入开展“235”教育实践活动，是推进“徽映”服务品牌落地，构建责任烟草、诚信烟草、和谐烟草，提升行业形象的内在要求

为烟农、零售客户提供良好的服务，是以情暖江淮、徽映四方为宗旨的“徽映”服务品牌的基本要求，也是广大员工岗位职责，构建共同发展的服务价值链。对外要妥善处理好国家、消费者、客户及社会公众的关系，作为商业企业尤其是要协调处理好与烟农、零售客户之间的利益关系，营造组织成长的和谐外部环境；对内要维护好员工权益，依靠人、尊重人、培养人、鼓舞人，在企业内部形成积极、健康、向上、稳定的成长环境。行业改革发展的历程告诉我们，维护好国家利益、消费者利益，服务好烟农、零售客户，激发员工活力是行业兴业之本。

（五）开展“235”教育实践活动，是提高干部员工队伍整体素质的重要举措

近年来，通过不断加强队伍建设，行业干部职工队伍整体素质有了显著提升。但我们也要清醒地认识到，面对新形势新任务，干部员工队伍中还存在一些不适应、不符合行业发展要求的问题。问局长指出，当前全省系统存在破解科学发展的能力、核心要素支撑能力不足、基础工作不扎实、队伍整体素质达不到成长型企业需求等四大不可忽视的问题。开展“235”教育实践活动，对于解决当前干部员工队伍中存在的精神懈怠、能力不足、素质不高、基础不实等问题，提升队伍素质具有重要意义。

二、突出重点，扎实开展好“235”教育实践活动

（一）强化领导，精心组织

各单位要切实加强对此次教育实践活动的组织领导，按照省局（公司）即将下发的教育实践活动方案的部署和要求，成立领导小组，健全工作机制，抓紧制订活动实施方案，层层抓落实，把责任和任务落实到具体单位、部门和个人。要发挥政工部门牵头协调作用，各职能部门具体主抓实施，形成合力；加强教育实践活动督导，检查结果纳入年度相关考核。烟叶、专卖、营销、物流和管理等各序列要抓好本序列的创优示范单位。各单位要结合本单位工作实际情况，自行确定1～2家试点单位。

（二）深入讨论，凝聚共识

各单位要组织全员性的专题讨论会。讨论要以“摆问题、找根源，精神懈怠在哪里？促发展、拓思路，能力不足怎么办？”为主要内容，全员参与，找准症结，收集合理化建议，提出对策和措施。基层各级党组织要召开专题组织生活会，直属单位党组要召开承诺践诺为主题的专题民主生活会，查找问题，整改提升。

（三）统筹安排，分步推进

为确保活动成效，分为学习动员阶段、组织实施阶段、总结提升阶段三个阶段。学习动员阶段的主要任务是召开动员大会，对教育实践活动做出安排部署，认真学习有关文件，统一思想认识。组织实施阶段的主要任务是紧紧围绕“以创先争优活动引领组织成长”这一主题，通过各种形式和活动载体，将主题实践活动融入实际工作中去。总结提升阶段的主要任务是对教育实践活动进行总结提炼，以制度规范等形式固化下来，形成长效机制。

（四）突出重点，分类开展

要紧紧围绕中心，突出重点，分类开展，全力推动基层组织建设、优秀基层单位创建、基础管理、队伍建设和文化建设等五个方面上水平。进一步突出以烟叶、专卖、营销、物流为重点，把教育实践活动的主要内容融入创优工作的对标定位，以更高标准、更严要求，分别制定各序列创优工作的标准，进一步明确创优目标，丰富创优内涵，细化分解各项创优指标，制定创优评价考核办法，切实提升基层创优工作上水平。

三、以教育实践活动为动力，为全员创先争优引领组织成长提供坚强保障

（一）坚持践行“两个至上”、做到“三个始终”、树立“五种意识”，奋力创先争优，必须强化理想信念

一要始终坚定理想信念。要大力保持党员干部和广大员工思想纯洁，当前首要任务就

是要加强以“235”教育实践活动为主要内容的思想建设，教育引导广大党员干部坚定理想信念、坚守共产党人精神家园，坚持不懈加强党性修养和党性锻炼，自觉用践行“两个至上”、努力做到“三个始终”、树立“五种意识”作为全省系统检验思想作风的标准。二要自觉践行“两个至上”行业价值观。全省系统全体员工都要深刻理解和准确把握“两个至上”行业共同价值观的丰富内涵、精神实质，不断提升思考问题、解决矛盾、推动发展的能力，努力成为“两个至上”的热情倡导者、坚定践行者。三要努力做到“三个始终”。从根本上来说，“三个始终”就是全省系统密切联系群众的最有力抓手。全省系统广大党员干部，不论职位高低、不分岗位差别，都要将“三个始终”放在心上，以烟农、零售客户和员工利益为重，倾听他们的心声，诚心诚意为他们办实事、解难事、做好事，努力让行业改革发展成果更多地惠及至每一个人。四要牢固树立“五种意识”。要把牢固树立责任意识、忧患意识、公仆意识、民主意识、创新意识作为新形势下加强全员思想政治建设的重要内容，作为全省系统全员精神状态上的基本要求。要按照“两个超越”的要求，进一步解放思想、改革创新，坚持用改革的思路、创新的举措、统筹的办法解决行业发展中存在的问题，努力促进行业持续、协调、共同发展。

（二）坚持践行“两个至上”、做到“三个始终”、树立“五种意识”，勇当行业先锋，必须强化加快成长的意识

要将“235”教育实践活动融入烟叶、专卖、营销、物流和管理五大类别的实际工作中。认真落实惠农政策，加大烟叶生产基础设施建设，推广烟叶生产专业化服务，强化市场打假力度，提高文明执法水平，加强卷烟营销网建工作力度，提高配送服务能力和响应速度，促进烟农增收致富，提高零售客户盈利水平。以开展“管理创一流”活动为抓手，进一步夯实管理基础，建立规范化的基础管理标准化体系，促进管理创优，推进管理文明。

（三）坚持践行“两个至上”、做到“三个始终”、树立“五种意识”，严格规范自律，必须强化队伍素质

要继续强化廉政教育，加大整顿规范力度，严格规范生产经营，规范权力运行。要强化队伍建设，提高整体素质，为加快成长提供强大的智力支持。要把充分发挥“成长”文化的引领作用，引导、教育和培养广大员工树立正确的价值取向，规范员工行为，提高员工职业素养。要高度重视离退休干部工作，认真落实离退休干部职工政治、生活待遇，丰富老同志文化生活，努力构建和谐关系。

（四）坚持践行“两个至上”、做到“三个始终”、树立“五种意识”，加强组织建设，必须强化基层党建科学化水平

要通过深入开展基层组织建设年活动，健全工作机制，形成一整套标准化工作规程。要以岗位职责为重点开展党员干部新一轮承诺、践诺活动，建立党员责任区、红旗示范岗，开展对所属基层党组织分类定级，将创先争优和党建工作指标纳入到基层单位创优指标中。省局（公司）机关及各直属单位机关基层党组织和党员创先争优要按照“讲责任、重感情、转作风、强素质”的要求走在全省系统的前头。

同志们，开展好“以创先争优活动引领组织成长”为主题的“235”教育实践活动，是全省系统当前的一项重大政治任务，也是今后一个时期的一大重点工作。面对新的形势和任务，我们要始终保持满腔热情、富有激情、充满智慧、奋力创新的良好精神状态，以

更加坚决的态度、更加有力的措施、更加扎实的工作，全面加快组织成长，推进“卷烟上水平”，以优异的工作业绩，喜迎党的十八大和全国烟草管理体制改革三十周年。

提高认识　突出重点　强化执行
深度推进“两项工作”

——在全省系统整顿规范工作会议上的讲话（摘要）

（2012年4月20日）

鹿　军

同志们：

今天召开全省系统整顿规范工作会议，主要任务是贯彻落实全国烟草行业2012年整顿规范工作杭州现场会议精神，总结、交流去年以来的“两项工作”，按照闫武局长年初在省局（公司）工作报告提出的“注重严格规范、全面加强企业基础管理”的要求，研究部署今年的整顿规范工作，着力保障在更高水平上提升企业组织成长品质。

下面，我讲两点意见。

一、主要工作回顾

2011年以来，全省系统整顿规范工作在省局（公司）党组坚强领导下，全面贯彻国家局河北现场会和西安重点调研单位汇报会精神，坚持“规范权力运行、公开透明操作、确保监管到位、打造阳光烟草”和“要求要严、工作要实、责任到位、严格问责”的要求，通过构建严密控制体系，严管理、促规范，全面提升规范管理能力和水平，引导广大干部员工自律、自觉、自悟、自发，努力实现“自管”“自限”“自纠”，“两项工作”取得了新成效。

（一）制度体系更加完善

各单位均成立了“三项工作”管理委员会，明确组织架构、工作职责、审批权限、议事规则。省局（公司）正式发布市级局（公司）管理制度，陆续制定下发了《加强固定资产投资项目过程管理》等规章制度。各单位也结合自身实际，健全完善本单位“两项工作”相关制度与程序。

（二）公开招标更加重视

全省系统突出公开招标重点，积极落实“应招尽招，能招尽招”要求，公开招标的项目数和项目金额同比大幅提升，绝大多数单位实现了“应招尽招”目标，整体上进步明显。今年，全省系统“三项工作”项目数1486个，预算金额26.33亿元；拟采用公开招标方式组织实施1132个，所占比例76%，与去年相比增加27%，金额24.35亿元，所占比例92%，与去年相比增加13%。

（三）“三项工作”运作更加规范

“三项工作”监管系统经测试、试运行和操作培训，10月份开始在全省系统正式上线运行。截至今年3月底，18家直属单位共培训61场次、参训人员达1200余人次；运行项目数1155个，涉及金额1.89亿元。

（四）办事公开民主管理工作更加深入

一是理顺工会管理体制，明确工作关系。二是深化公开内涵，拓展公开内容。三是丰富公开形式，畅通公开渠道。四是加强监督检查，狠抓工作落实。

（五）免检工作成效更加凸显

对初次申报、免检期满再申报和免检期内年度复审单位进行了评审。经省局（公司）规范委员会研究，申报的10家单位全部获得“管理规范免检单位”称号，年度复审的6家单位全部通过复审。

（六）滁州现场会的影响更加深远

各单位迅速召开专题会议，贯彻落实滁州现场会精神，学习借鉴综合试点单位的做法和经验，制订《深入推进“两项工作”实施方案》。省局（公司）组织开展“两项工作”回顾检查。对省局（公司）机关本级涉及“两项工作”的部门进行了全面检查。同时，全省系统两级整顿办配合审计部门认真开展了全面审计工作。

刚才，4家单位分别汇报了“两项工作”开展情况。他们的共同特点是领导高度重视，部门工作富有成效，突出招投标这个重点。3家市局（公司）做法的主要特点：一是组织领导有力；二是宣传教育深入；三是公开招标重点突出；四是办事公开民主管理推进有深度。华环公司在易地技改项目实施过程中，积极探索构建工程建设领域廉政风险防范机制，以“五个关口”为重点，完善项目监管体系，着力打造双优工程、安全工程、阳光工程。

各直属单位“两项工作”都有亮点。在此，我代表省局（公司）党组，对各直属单位所做的工作和取得的成效给予充分肯定。此次会议后，各单位要多相互交流学习“两项工作”好的做法和经验，结合本单位实际，认真梳理、研究、分析，查找自身差距，扬长避短，促进工作更加规范开展。

二、深度推进“两项工作”

从1999年至今，整顿规范工作已连续开展了14年。其间，省局（公司）党组持续强化内部管理监督，先后开展了一系列整顿规范工作，取得了一定的成绩。但仍存在需要改进和注意的问题：一是个别单位对已经取得的成绩评价过高，对整顿规范工作的长期性、艰巨性、复杂性认识还不到位，整顿规范的自觉性和主动性还有待进一步增强；二是部分单位“三项工作”管理委员会的职能没有充分发挥，“三项工作”管理不规范有所回潮；三是探索全面推进公开招标，落实“应招尽招”的方法和措施还不够多，公开招标的比例上还有待进一步提升；四是部分单位“三项工作”项目卷宗（尤其是工程投资项目卷宗）整理还不够规范，痕迹化资料还不够完整；五是人事管理方面不规范有所抬头，在干部提拔、员工招聘、人员调动、机构设置等方面的不规范现象时有发生；六是整顿规范队伍在人员配备、能力素质、职能发挥等方面还不能完全适应工作需求。

当前，需要重点抓好以下几项工作：

（一）进一步增强深度推进“两项工作”的自觉性

不断强化“严格规范”是行业持续健康发展“生命线”的思想认识，以更高标准更严格的要求规范生产经营活动，对各种违规违纪行为和不规范行为“零容忍”，克服在整顿规范工作中的自满和松懈情绪，消除“告一段落”的想法，持续增强工作的主动性和自觉性，扎实深入开展“两项工作”。

（二）全面发挥“三项工作”管理委员会职能

充分有效发挥“三项工作”管理委员会职能，在运作上要执行以下五项规定：一是所有“三项工作”项目计划，必须归口上报管理委员会审批；二是所有“三项工作”项目具体实施方案，必须由管理委员会研究确定并明确相应采购方式；三是所有采购方式的变更，必须由管理委员会研究确定；四是要研究确定重大项目供应商资格、招标文件、成交供应商、采购价格；五是管理委员会要常态化运作，并建立相应的公文体系。设立董事会的华环与皖南公司除第一项“三项工作”项目计划由董事会审批外，“三项工作”管理委员会运作适用其余规定。

“三项工作”管理委员会下设办公室要发挥好“五个作用”：一要做好项目的初审工作，贯彻落实管理委员会各项决议，切实发挥好计划协调作用；二要认真审核项目实施方案，严密组织招标，在专家遴选、拦标价设置、供应商初选、项目验收等关键环节切实发挥好牵头作用；三要研究确定谈判小组成员和询价小组成员，切实发挥好辅助决策作用；四要协调组织相关监督部门对“三项工作”项目实施有效监督，切实发挥好监督作用；五要建立“三项工作”台账，按省局（公司）整顿办下发的项目实施统计表确定的统计要素，做好项目统计工作。

项目实施部门要对项目实施过程与结果负全责，其职责为：项目实施过程中，严格执行相关文件规定，积极与监督部门沟通，主动接受监督和指导；加强痕迹化管理；运作“三项工作”监管系统，按照系统要求及时完整准确输入相关信息，各监管部门要按照标准严格审核把关，及时审批。

（三）更加突出公开招标要求落实

全力推进公开招标，在“应招尽招”基础上进一步做到“能招尽招”。首先，要严把采购方式审批关。其次，要积极创新公开招标的有效措施。即将项目合理归类整合；建立定点供应商；变分散采购为集中采购；增强工作的计划性和前瞻性。再次，要严格程序，确保真招实招。

特别强调，今后应该招标的不招标，就不能再作为免检单位，并要严肃追究责任，并到省局说明情况。特别要求，各直属单位今年要在公开招标采购方面有实质性突破，公开招标的权重、项目金额都要有较大提升。

全省系统各级领导干部特别是主要领导，要切实增强自律意识，带头学习和模范遵守制度与程序、自觉维护制度与程序的严肃性，严格规范权力运行，率先垂范，营造风清气正的良好氛围。要坚决落实“四个严禁”要求，对于违反“四个严禁”，不经民主决策“个人说了算”的，应当公开招标擅自变更采购方式的，违反规定搞“虚假招标”“明招暗定”“互相串通围标串标”等违纪违法问题，要严格问责，绝不搞下不为例。

（四）深度推进办事公开民主管理

一是加强组织建设，健全民主管理工作机制；二是加强制度建设，规范建立民主管理工作制度体系；三是进一步深化公开内容；四是拓宽民主管理渠道。

各单位要以办事公开民主管理工作为载体，以“三项工作”为重点，抓好“两项工作”有机结合。

（五）认真开展卷烟规范经营专项整顿活动

国家局近期专门下发了通知（国烟办综〔2012〕127 号），省局（公司）正在组织自查，各单位整顿办要密切配合相关部门按通知精神抓好落实。

为进一步加强卷烟经营的规范管理，省局（公司）营销管理处提出了四点要求，各单位整顿办要跟进督导。一是规范品牌引入管理。二是规范货源供应管理。三是规范宣传促销管理。四是规范高价位卷烟管理。

（六）持续提升规范管理免检成效

一是要提高标准；二是要落实标准；三是要建立标准体系；四是进一步完善免检制度。

整顿办的同志，要加强学习，不断提高水平和能力，要熟悉业务和流程，要融入业务中去，要积极投入到“践行‘两个至上’、做到‘三个始终’、树立‘五种意识’”教育活动中，在深度推进整顿规范工作中创先争优。

同志们，国家局和省局（公司）党组对整顿规范工作标准很高、要求很严，各单位要进一步提高认识、理清思路、明确目标、突出重点、狠抓落实，要以更加坚决的态度、更加有力的措施，继续深入扎实推进“两项工作”，全面提升规范管理能力和水平，服务和保障全省系统持续、协调、共同发展，以优异的工作成绩迎接党的十八大胜利召开。

省局（公司）“践行‘两个至上’、做到‘三个始终’、树立‘五种意识’”教育实践活动片区经验交流会总结讲话

（2012 年 8 月 14 日）

鹿　军

尊敬的烟农和零售客户朋友们，同志们：

根据会议安排，受问局长委托，下面我就加强学习交流，深入开展“235”教育实践活动，讲二点意见。

一、在教育实践中凝聚成长力量

通过各层面的经验交流，各单位能够紧紧围绕“创先争优引领组织成长”这一主题，在探索中实践，在实践中提升，深入开展“践行‘两个至上’、做到‘三个始终’、树立‘五种意识’”教育实践活动，不断凝聚组织成长力量，努力推动“卷烟上水平”，取得了可喜的成绩、达到了良好的成效。首先是省局（公司）党组高度重视，问武局长高度重视这项工作，整体工作亲自部署，具体工作亲自安排，逢会必讲，亲自到会。如全省系统“235”教育实践活动的一些思路、理念、活动内容和方式，包括阶段性工作安排，都亲自部署；省局（公司）领导集中调研步骤和方法，都亲自安排。从交流的情况来看，全省系统上下“235”教育实践活动认识统一，领导重视，行动迅速，措施有力，推进有序，目标明确，各具特色，事例典型，载体丰富，成效明显。主要表现在六个方面：一是加强组织领导，在思想观念领先上取得新进步；二是强化主题教育，在优良作风发扬上实现新转变；三是突出实践特色，在创新意识领先上谋求新举措；四是发挥文化引领，在优秀文化融合上力求新飞跃；五是坚持分类指导，在各项工作领先上取得新进展；六是助推组织成长，在优异业绩创造上实现新成效。可以说，“235”教育实践活动取得了阶段性的成果，值得充分肯定，有力推动了组织成长。

二、在贯彻落实中明确努力方向

下半年，我们将深入贯彻落实全国烟草专卖局长、公司总经理座谈会精神，重点贯彻落实姜成康局长、李克明副局长和省局（公司）问武局长关于“235”教育实践活动重要讲话的要求，发扬“实话实说、实情实报、实功实做”的六实作风，继续深化“践行‘两个至上’、做到‘三个始终’、树立‘五种意识’”教育实践活动，在创先争优引领组织成长上“查实情、办实事、求实效”。

一要在统一思想中深化认识。要进一步明确“235”教育实践活动2、3、5之间的内在关系，深刻把握坚持创“三先”争“三优”与“235”教育实践活动的关系。坚持创“三先”争“三优”，是省局（公司）党组提出的在“稳中求进”中推动整体工作上水平的有效载体和有力抓手，“三先”、“三优”是全省系统“235”教育实践活动主题的深化和内涵的丰富。各单位要深入贯彻省局（公司）党组中心组第三季度学习会暨上半年工作汇报会上问局长提出的“四个坚持”的工作要求（即坚持稳中求进不动摇、坚持追求质量抓基础、坚持优良作风保规范、坚持激发活力促成长），进一步明确以创先争优为抓手，以组织成长为目标，以搞好教育实践为重点，要在强化措施中突出“三服”（即服务烟农、服务零售客户、服务基层员工），坚持创“三先”争“三优”，加强组织领导，统一思想认识，全面总结和梳理上半年工作，开展“回头看”，严格要求，补缺补差，不折不扣地完成各项活动任务。要切实解决集中调研和大讨论中发现的问题上、员工和客户反映的意见上，尤其是刚才员工、客户代表提出的意见和反映的问题，十分中肯，切实将解决问题作为检验活动成效的“标尺”。

二要在思想教育中保持纯洁性。近期，国家局姜成康局长反复强调要加强思想政治建设，是当前和今后长期需要坚持的一项政治任务。要按照问局长在全省系统思想政治工作会议上的讲话要求，以开展“保持党的纯洁性，迎接党的十八大”主题教育活动为契机，不断加强领导班子和干部队伍思想政治建设，持续践行“两个至上”、做到“三个始终”、树立“五种意识”，切实提高思想政治素质，使行业各级领导班子和领导干部做到始终坚定理想信念，坚持正确价值追求，保持务实工作作风，认真执行“六个严禁、一个严控”要求，确保严格廉洁自律，努力保持队伍纯洁性。下半年重点要抓好“三个结合”，即要与贯彻落实姜成康局长在全国烟草专卖局长、公司总经理座谈会的讲话精神、纪念中国烟草总公司成立三十周年报告会精神、弘扬行业精神相结合。

三要在有机结合中突出重点。要在“措施上更加有力”，从三个方面突出重点：一是突出党员干部特别是党员领导干部和领导班子。这次教育实践活动的重点是党员干部，特别是各级领导干部要以身作则，率先垂范，积极带头，想问题、做决策、定措施始终把国家利益放在首位，把关心爱护烟农、零售客户、基层员工成为自觉行为，把勤勉敬业、奉公守法作为最基本的要求和应尽的责任。二是突出党支部的战斗堡垒作用的发挥和党员先锋模范作用的发挥。全省系统235教育实践活动的主题就是要突出“创先争优引领组织成长”，发挥基层党组织、党员的先锋模范作用，让党旗飘起来、把党员身份亮出来，把党组织的形象树起来，以点带面，在示范引领中鼓舞和带动全员参与到活动中来。三是突出以创“三先”争“三优”作为教育实践活动的主要内容。创“三先”争“三优”，是全省系统深化“235”教育实践活动的主题的最重要的典型特色，是推动整体工作上水平的重要抓手。因此，要将创“三先”争“三优”作为教育活动的主要内容，以“五个方面上水平”为切入点，抓紧抓实，抓出成效。在做好结合文章上，要把教育实践活动与保持党的纯洁性教育、与创先争优活动有机结合，与巩固以“四进”为重点的“两个至上”长效机制、与“讲责任、讲奉献、讲纪律”、“四要”作风建设等教育活动的成效结合起来，与全面开展基层单位创优工作相结合，与“成长”文化融合和“徽映”服务品牌一体化建设结合起来，与各项日常具体工作实际结合起来，纳入各项考核督查指标体系之中，以教育实践活动成效促进各项工作上水平。

四要在丰富载体中彰显特色。要围绕创先争优引领组织成长这一主题，充分发挥基层创新精神，进一步提炼出各单位、各序列叫得响、特色浓的教育活动的主题，开展各具特色、融入具体工作的主题活动，形成浓厚的活动氛围。省局（公司）将在全省系统广泛开展“结对共建，成长同行”主题实践活动，以结对共建的形式，以共建组织、共抓业务、共帮客户、共带队伍、共育典型为重点，通过省局（公司）机关与直属单位之间、机关部门与基层一线之间、领导与员工之间、党员与客户之间的“一对一”结对，开展互学、互动、互助、互帮活动，进一步转作风、振精神、提干劲，增强广大员工尤其是党员领导干部的投身“235”教育实践活动的主动性、自觉性。各单位、各部门要“在行动上更加自觉”，努力推动“五个提升”，要在查找精神懈怠问题，看是否争创一流，全面提升责任意识；查找内部管理漏洞，看是否规范有序，全面提升制度建设水平；查找服务客户意识，看是否尽心尽力，全面提升企业形象；查找能力不足问题，看是否适岗在行，全面提升工作水平；查找工作落实问题，看是否按时推进，全面提升执行能力。要紧密联系工作实际，开展有丰富内涵、形式多样、员工喜闻乐见的各种活动，塑造亮点，彰显特色。

五要在抓好典型中树立标杆。在这两次片区交流会上，发现了很多很好的、发生在我们身旁和周围的一个个生动而鲜活的事例，涌现出了一批包括我们的烟农、零售户朋友们在内的各层面、各序列、各岗位的优秀集体和个人。下一步要着重树标杆、抓典型，积极发挥典型引路、以点带面的示范作用，鼓励全员争学先进、争创优秀、争当模范，形成学有榜样、干有方向、赶有目标，在全省系统营造“比、学、赶、超”的活动氛围。省局（公司）将根据两次片区交流会的发言情况，进一步深入挖掘先进典型的事迹，组织开展演讲比赛活动，讲我们身边的模范人物，说看得见、摸得着的真人真事，鼓舞和激励广大员工、烟农和零售客户积极投身到“235”教育活动中来。

六要在建立机制中创新发展。“235”教育实践活动，既是一项阶段性思想教育活动，也是一项需要长期坚持的思想建设工作。各单位要以此次活动为契机，探索建立“235”教育实践长效机制，重点健全统一领导，分工协作，有序推进的教育活动领导工作机制；建立领导干部模范带头、深入基层、推动工作的联系点工作机制；构建各领域的横向交流，各层面的纵向交流，建立省市之间、市县之间、客我之间、单位部门之间的联系沟通机制；建立领导干部深入市场、深入一线、深入客户的集中调研机制；建立树立标杆、培养先进、以点带面的典型引领机制；建立广泛动员、载体多样、全员参与、实功实做、推动实践的思想教育工作机制，全面构建形成一套“创先争优引领组织成长”的长效机制，推进成长型企业建设，实现持续性发展。

同志们，时间已到八月，教育时间活动时间过半，但我们肩负的任务依然繁重，责任依然艰巨。我们坚信，有国家局党组的坚强领导，有省局（公司）党组的正确领导，有各直属单位、省局机关各部门及广大基层单位、员工的深入践行，有广大烟农、零售客户的热情参与，不断在保持思想观念领先、创新意识领先、各项工作领先中深化实践，在坚持优良作风、优秀文化、优异业绩中加快成长，努力践行“两个至上”、做到“三个始终”、树立“五种意识”，持续推进“卷烟上水平”。最后，祝愿烟农朋友们种烟舒心，放心种烟，烟叶丰收，发家致富！祝愿零售户朋友卷烟生意兴隆，财源广进，万事如意！祝愿在坐的各位领导、同志们工作顺利，身体健康，阖家幸福！

在省局（公司）推进“235”教育实践活动现场会上的讲话

（2012年11月23日）

鹿　军

同志们：

这次会议的主要任务是认真学习贯彻党的十八大精神，以科学发展观为指导，全面总结推广南陵县局“235”教育实践活动经验和典型做法，对教育实践活动进行再动员、再部署，持续推动全省系统基层教育实践活动深入开展。

下面，受问局长委托，我代表省局（公司）讲三点意见。

一、突出“创先争优引领组织成长”，全省系统教育实践活动有特色有内容有成效

作为行业重点推进单位，省局（公司）认真按照国家局“235”教育实践活动一系列工作部署，以“创先争优引领组织成长”为主题，遵循“创优到全员，工作全覆盖”的原则，贯穿“宣传、教育、讨论、践行”这一主线，坚持创“三先”争“三优”，深入践行“两个至上”、做到“三个始终”、树立“五种意识”，全力推进基层组织、基层创优、基础管理、队伍建设、文化建设上水平，有力地加快了组织成长，推动“卷烟上水平”。为加强活动组织领导，成立了“235”教育实践活动领导小组，召开动员大会，制定活动方案，建立领导联系点制度，健全工作机制，开辟专题网页、内报内刊专栏，编印活动简报，举办了“235”教育实践活动先进事迹报告会，营造浓厚氛围。为了增强工作的计划性，省局（公司）分别针对每一阶段活动计划安排下发通知，明确阶段目标，细化工作任务，提出具体要求。特别是省局（公司）主要领导问局长还亲自提炼活动主题“创先争优引领组织成长”，提出了要创“三先”争“三优”、“创优到全员，工作全覆盖”、培养“实话实说、实情实报、实功实做”的六实作风等一系列新理念。5 月和 9 月份，省局（公司）领导亲自带队，两次分赴全省系统 18 家直属单位，采取“面对面，背靠背”方式，集中调研。深入开展了各层面大讨论活动，广泛收集烟农、零售客户和员工意见，全省系统共征集合理化意见建议达 1198 条。目前，除少数受客观原因限制无法整改的外，大部分意见和建议都得到整改落实，很多合理化建议得到采纳。紧密结合创先争优活动，深入开展“结对共建，成长同行”主题实践活动，全省系统共设置“党员示范岗”441 个，党员责任区 312 个，各类结对共建数量达 3168 对。行业各直属单位也紧密结合实际，扎实推进“235”教育实践活动的深入开展，取得明显成效。突出表现在六个方面：一是认识统一，行动迅速；二是重点突出，主题鲜明；三是创新发展，各具特色；四是标杆引领，事迹感人；五是深入基层，深入实际；六是结合工作，成效初显。8 月 30 日，国家局局长姜成康，副局长何泽华、李克明，总会计师张玉霞在安徽烟草考察调研期间，对安徽省局（公司）“235”教育实践活动给予了充分肯定，认为“很有特色，很有内容，很有成效”。可以说，“235”教育实践活动取得了阶段性的成果，凝聚了成长力量，有力推动了各项工作上水平。

二、坚持组织成长方向，全面总结推广南陵经验

“235”教育实践活动以来，芜湖市局（公司）高度重视，精心组织，突出“五抓五新”，多措并举，扎实推进，取得了良好的效果。尤其是芜湖市局（公司）按照问局长三次调研指导精神，悉心指导基层单位活动开展，卓有成效地深化教育实践活动。近期，芜湖南陵县局“235”教育实践活动在中央《深入开展创先争优活动简报》第 2513 期上刊载专题报道，树立了烟草行业的良好形象。问武局长在南陵调研时，认为“南陵县局讲政治、讲大局，从最基层的角度，紧密结合创先争优活动，坚持创‘三先’争‘三优’，联系各项工作实际，解决突出问题，行动迅速，成效明显，起到了立竿见影的效果，得到了县委、县政府、广大零售客户、基层员工及社会各界的好评和支持，反映出了行业的面貌，为树立烟草行业良好形象做出了应有的努力”。我们认为南陵经验主要体现为：

（一）讲政治，树立大局意识

南陵县局“235”教育实践活动之所以能够被省、市、县组织部门发现，之所以能够被中央创先争优活动领导小组办公室关注，最根本的一条经验就是讲政治。其一，有高度的政治责任感。其二，有高度的政治敏锐性。其三，有高度的政治执行力。南陵县局对省、市局（公司）教育实践活动的工作部署认认真真、一丝不苟地落实执行到位，有很好的大局意识。

（二）主题突出，活动目标明确

南陵县局以“‘235’活动推进创先争优、以创先争优引领组织成长、以组织成长促进‘卷烟上水平’”为主题，以“开展两项活动、争创三面红旗、搭建五大载体”为抓手，立足实际，明确目标任务，深入推进创先争优活动，是省局（公司）“创先争优引领组织成长”在基层的具体化。

（三）工作细实，善于工作总结

南陵县局经验的最大特色体现在善于不断地对工作进行总结，不断进步，体现了细实工作作风，对待每一项工作都严谨细致。一是突出一个“细”字。二是强化一个“实”字。

（四）突出重点，领导率先垂范

南陵县局的经验，领导重视是关键。南陵县局紧紧把握领导干部这一重点，坚持领导带头学习、带头讨论、带头调研、带头走访、带头思考，在身体力行中发挥率先垂范作用，引领和带动全员参与。

（五）注重实效，突出解决问题

南陵县局立足本职，深入调研，对照标杆，采取“自己提出来、组织点出来、相互讲出来”的方式，对前期大讨论和调研中收集的17条合理化建议和意见紧抓不放，制定解决方案，持续整改到位。

（六）有机结合，融入创新发展

活动中，注重与创先争优活动紧密结合，拓展活动范围，评选设立了2名零售客户党员示范店，树立“党员示范岗”钱玉喜为标杆，发挥典型引领作用。同时，与抓好专卖管理、营销服务、内部管理和队伍建设等基层创优工作相结合，“创建示范一条街”，提升零售终端经营能力。他们还创新活动载体，丰富活动形式，先后开展了“大手牵小手”爱心帮扶活动，真心实意为客户服务。

（七）展现风采，树立行业形象

南陵县局在日常工作中，注重利用一切机会，找准切入点，借助各方力量，把握行业正面宣传导向，打好主动仗，唱响主旋律，实现宣传的新突破，树立了行业良好形象。

虽然，“235”教育实践活动取得了一定的成效，但我们也要清醒地看到还存在一些问题，主要体现在：少数领导干部认识不到位，重视程度不一，导致全省系统活动开展存在不平衡，个别单位推进力度有待加强，工作措施不到位，活动成效不明显，等等。通过这次会议，就是要查找工作差距，分析原因，系统解决这些问题，推进全省系统教育实践活动深入开展。

三、大力弘扬“六实”作风，持续推进基层“235”教育实践活动

学习南陵经验，就是要学习他们讲政治，顾大局，以高度的政治责任感、敏锐性和执行力，坚持“六实”工作作风，领导垂范，全员参与，求真务实，创新发展，树立形象，创造性地推动工作上水平。今天，我们在此推广芜湖南陵县局“235”教育实践活动的特色做法和典型经验，推动和提升全省系统尤其是基层单位“235”教育实践活动深入开展，下一阶段“235”教育实践活动要突出抓好以下几个方面：

（一）突出用十八大精神统领各项工作

各单位、各部门要结合工作实际特别是当前正在开展的“235”教育实践活动，坚持用十八大精神统领工作实践，特别是要贯彻落实姜成康局长安徽调研时关于“235”教育实践活动的重要讲话精神，把“235”教育实践活动作为激励广大干部员工干好工作的强大动力。

（二）突出领导班子和领导干部，发挥率先垂范作用

此次教育实践活动的重点对象是各级领导班子和领导干部。广大领导干部要时刻保持清醒的头脑，深刻认识到基层是每一位领导干部的成长与进步的深厚土壤。广大领导干部要率先垂范，下基层、接地气、问民生，倾听客户的呼声，走进员工的心灵，以身作则，严于律己，感染和带动广大员工积极投身到“235”教育活动中来。

（三）突出解决实际问题，促进持续整改提升

各单位、各部门要在进一步梳理前期查摆出的问题及合理化建议的基础上，突出解决基层单位和基层员工的工作和生活困难，认真开展新一轮整改提升活动。尤其是针对烟农、零售客户和广大员工提出的合理化建议，建立整改工作责任制，明确整改责任，落实到相关责任部门和责任人，加大整改落实的力度，把及时有效地解决问题的作为衡量教育实践将活动成效的重要标准。

（四）突出夯实工作基础，促进基层创优

在“235”教育活动中，要以持续推进创建优秀县级局、营销部、配送中心、复烤厂、烟叶工作站及标杆所队活动为抓手，创新方法，拓展载体，增强活力，全面建设“基础管理扎实、创新活力较强、管理民主科学、职业道德良好、劳动关系和谐、领导坚强有力”的基层单位。

（五）突出有机结合，注重创新发展

各单位要将“235”教育实践活动与卷烟经营、市场管理、客户服务、员工成长、内部管理等工作有效结合起来，重视并善于做好结合文章，大力提升综合管理水平，提高员工队伍素质，将“235”教育实践活动融入各项日常工作中，做到理论引领思路、创新发展实践。

（六）突出总结推广，努力构建长效机制

“235”教育实践活动是阶段性的，但践行“两个至上”、做到“三个始终”、树立“五种意识”是长期的，必须持之以恒的坚持，以长效机制固化，持续推进。各单位、各部门要将探索建立“235”教育实践长效机制作为总结提升阶段的中心任务，全面总结提炼出 1 项在推动基层组织成长中有创新、有优势、有推动力、有引领作用的工作成果，以制度、机制加以固化，努力推进工作实践。

教育显成效，实践助成长。希望同志们以更加昂扬的精神状态，进一步统一思想，提高认识，坚定信心，加快步伐，努力在践行“两个至上”、做到“三个始终”、树立“五种意识”上取得新进展、新突破，实现全年各项目标任务的全面完成，为促进组织成长，推动“卷烟上水平”做出新的更大贡献！

明确定位　提升能力　筑牢基础
努力打造国内领先的现代复烤企业

——在华环公司2012年工作会议上的讲话

（2012年2月12日）

董建江

（根据录音整理，发表时本人已经审阅）

同志们：

新年好，上午好！我很高兴参加重组整合后新华环公司首次工作会议。我向这次会议的隆重召开表示祝贺，也向刚才受到表彰的在企业改革发展中做出突出贡献的先进集体、先进个人表示衷心感谢和热烈的祝贺！还在正月里，借此机会向同志们拜个晚年，祝同志们龙年大吉，工作顺利，生活幸福！

刚才，王辉总经理作了一个很好的工作报告，全面总结了去年的各项工作，特别是总结了企业发展中取得的一些显著业绩，认真分析了当前的形势，特别是深度分析了企业成长面临的一些新课题，在这一基础上，部署安排了今年的各项工作。我认为这个报告体现了比较高的思想性和比较强的实践性，对这个报告，我个人表示完全赞同。刚刚过去的一年和已经来到的今年，由于我们两个企业的重组整合，由于实施易地技改，这两年对华环公司未来发展将产生深远影响，注定将载入华环公司改革发展的史册。去年，华环公司取得了多方面的业绩，王辉总经理已经作了比较全面客观的描述，令我印象深刻，而且我认为是影响未来发展的，主要有以下工作：

（一）顺利完成联合重组

联合重组牵涉面大，关系两个企业员工的切身利益，同时与地方政府和有关部门有着紧密的关联性，难度可想而知。在省局（公司）党组的直接领导下，在两个企业股东单位的全力支持下，特别是在两个企业全体员工着眼未来，顾全大局，全力配合下，重组过程是顺利的和有效率，赢得了各方面的好评。重组整合以后，过渡时期实现了平稳较快发展，特别是税利和“中华”品牌原料加工数量有了突破性增长，成绩来之不易。

（二）正式启动易地技改

易地技改是华环公司历史上，也是安徽烟草商业历史上规模最大的投资，各方关注，影响深远。易地技改将为企业未来发展创造新的机遇，奠定新的基础，是新起点，新形象。去年易地技改，完成了国家局的项目审批，完成了总体设计的招投标等基础工作，后来根据上海烟草集团的需求变化，对项目进行了相应的调整申报，继续得到了国家局的支持和批复。今年将进入实质性的实施阶段，明年将在附近矗立起一座崭新形象的现代化复烤企业。

（三）深入推进品牌服务

华环公司既是一个加工企业，又是一个服务企业，并且是烟草行业里市场化竞争程度比较高的企业。到目前为止，两个企业实际上已经在发生两个转变：第一个转变是从加工服务向服务品牌转变。这个转变意义重大，仅仅是加工服务，找米下锅，只能维持一个企业正常的生存。服务品牌就是和卷烟工业企业的命运紧密联系在一起，实施卷烟品牌导向，按照卷烟品牌需求实施定制生产。第二个转变是从一般的卷烟品牌加工向主要突出“中华”“黄山”卷烟品牌的加工转变。“中华”卷烟是国烟，是无可争议的中国第一卷烟品牌，代表中国卷烟工业的最高水平。服务于“中华”品牌，和“中华”品牌同成长、同命运，既是我们的一种贡献，也体现了我们现在的水平。所以，上海烟草集团领导到华环公司考察时，指出华环公司已经成为“中华”卷烟制造链上的重要环节。王辉总经理讲要把公司作为上海烟草集团的第一车间来建设，这体现了与工业企业在整个产业链上密不可分的关系，不是和一般的工业企业、一般的品牌的紧密联系，而是和上海烟草集团、“中华”卷烟品牌的紧密联系，这就体现了我们服务的水平，体现了公司的竞争力。

（四）继续保持科技领先

我认为去年华环公司保持了科技领先，取得了多项具有标志性的成果：一是标准化建设成绩突出，获得了安徽省质监局组织的AAAA级标准化良好行为企业认证，被国家局确定为标准化建设试点单位，被国家局授予首批六家重点标准研究室之一，在全国烟草行业标准化建设工作会议上作经验介绍。二是科技成果涌现，去年专利成果在全国复烤企业中占40%以上，实用发明专利实现零的突破，涡阳复烤厂实现专利零的突破。三是获得一个综合性的展示企业绩效管理水平的安徽省卓越绩效管理奖。

我认为上述四方面的成果是有关联性的，影响深刻。前两个，重组整合、易地技改是创造新机遇；后两个，服务品牌、科技创新体现的是新实力。它们共同奠定了发展的新基础，体现了发展的新优势。我强调这几方面的业绩，主要目的是要正视我们的优势，振奋我们的精神和士气，为打造一个真正有竞争力、具有领导性的现代复烤企业而努力奋斗。

关于下一步工作，我提三点意见：

（一）明确定位，打造国内领先复烤企业

我们应该有这样的雄心壮志，明确提出我们企业的共同愿景、行动目标，就是建设“国内领先，国际一流”的复烤企业，在行业复烤领域把华环公司建成领军型企业、标杆型企业。我认为在两个企业成功重组整合之后，提出这样一个奋斗目标和共同愿景是积极的、适时的、量力而行的。为什么说是积极的、适时的、量力而行的？我这样的判断是基于对这个企业目前的优势和基础的深刻认知之上的。

第一是百年传承。原华环公司有百年历史，涡阳厂也有几十年历史，都是历史悠久的企业。百年企业发展到今天，自然有值得总结和传承的积淀、经验、基础和文化。当然，老企业也可能守旧，好在我们这个老企业不是一成不变的，它是不断地注入了变革的因素。大家都知道华环的历史，我们曾经跟外资合作，积极吸收了外方所提供的原料、资金和技术，根据发展的需要我们又及时地调整了股权结构，加强了与安徽中烟、上海烟草集团的合作，去年又实施了新的联合重组。这个百年企业始终是在变革中发展的，这使这个企业可以把历史的经验与时代的新要求、新气息结合起来，在保留经验的同时展现生机活力。

第二是市场驱动。在今天的烟草体制下，相对于烟草商业企业，甚至卷烟工业企业，市场化程度最高是复烤加工企业。复烤企业竞争正处在优胜劣汰的关键时期，特别是近几十年来，安徽烟叶生产规模上大幅度萎缩，从过去烟叶生产大省的 200 万担、100 万担的规模调整到今天不足 50 万担的规模，而我们两个复烤企业的生产规模是 200 万担，这种加工原料来源的压力，某种角度上，也比较早地锻炼了我们的市场意识、市场竞争能力、服务质量和加工质量水平。我们比较早地面对市场竞争，这么多年来，无论是原华环还是涡阳，都与工业企业、烟叶产区保持了比较良好的合作基础。

第三是科技领先。涡阳企业规模相对较小，但是管理水平不低，原华环企业在行业内一直享有良好的声誉，技术、管理优势得到了工业企业的普遍认可。两个企业重组有利于在新的基础上设立更高的标杆，去年经过一年的磨合运行，保持了管理领先、技术领先的优势。

第四是品牌影响。这种品牌，我认为应该从两个角度去认识。第一个认识角度，作为华环公司加工什么卷烟品牌的原料，为什么卷烟品牌服务。在今天格局下，为了一定的加工量，我们是为多品牌服务的，但是也在逐步体现为主要为“中华”“黄山”卷烟品牌服务，同时当我们有实力为“中华”卷烟品牌服务的时候，客观上就没有了加工量的后顾之忧，真正到那个时候，就不是我们寻求为谁加工的问题，而是工业企业寻求和我们合作的问题。我认为这种转变正在开始，意义非同寻常。第二个认识角度，是站在工业企业的角度，评价华环复烤企业的生产质量和经营服务。我认为这两个角度是互动的，当我们有实力为中国最具价值的卷烟品牌服务的时候，就一定是工业企业最青睐、最看重的复烤企业。我们的企业已经初步形成加工和服务品牌，正在行业内产生影响。我们下一步的主要工作是维护华环公司加工和服务品牌，彰显华环公司在全国复烤领域企业的品牌价值。

我认为有这样几个基础，当然不仅仅是这样几个基础，我们提出的奋斗目标和共同愿景就是积极的、适时的和量力而行的。

（二）提升能力，发挥科技的支撑和引领作用

目前，我们企业越来越呈现出竞争性企业的特征，所以科技在企业竞争中的支撑作用越来越明显。科技是第一生产力不仅仅是理念的问题，而且是实践的问题。对此，我强调四个方面。

一是核心性。我认为企业的竞争力，尤其是核心竞争力，体现在企业创新能力的持续提高水平上。所谓核心能力就是支持我们这个企业加工质量、服务质量，其他企业没有唯我企业独有，其他企业都有我们更具优势的能力。这种能力的支持、维护、发展，根本上要靠创新能力的提高。复烤企业相对来说科技含量比较高，科技的更新速度也比较快，因而科技在企业变革和发展中的作用和贡献度也是高的。所以关注创新就是关注企业的核心

竞争力，就是关注企业的发展和未来。中国烟草对卷烟工业企业提出的很重要的要求就是保香保润，降焦减害。围绕工业企业服务，针对这个主目标，复烤企业能做什么，这是我们面临的核心课题，这些课题的破解就是增强我们的核心竞争力。比如华环公司对片烟产品质量波动性研究，通过低温复烤来实现保香保润，这些技术的领先保证了加工产品的质量。

二是群众性。建设一个创新型企业，根本上是要打造一个知识型、创新型的干部员工队伍，所以提升企业的创新能力既要发挥科研部门和专业技术人员的骨干作用，同时更要重视全员创新，这方面，华环公司有比较好的基础，我认为仍然有大有可为的空间。全省系统群众性创新活动正在蓬勃深入开展，其中全省系统 QC 小组有近 300 个，有近 3000 人参加，占全省系统员工总数的 20% 以上，对整个行业的发展成长发挥了难以估量的作用。华环公司今天表彰了一批先进个人，先进集体，也突出表彰了一批技术能手，体现了企业对群众性创新活动的关注，体现了企业对在群众性创新活动中的突出个人的充分肯定。因为时间关系，几十位先进个人未能在会上表彰，将以其他方式予以表彰。我建议以后这种表彰不要吝惜时间，要对所有获奖者进行表彰，辛劳一年，荣誉一刻，经过层层选拔评比出来的先进个人，用这种隆重的方式来表彰，比奖金、证书更有意义，更印象深刻。

三是先锋性。在安徽省烟草公司范围内，主营业务包括三块：一块是农业的烟叶种植，一块是工业的复烤加工，主要的一块是商业的卷烟批发经营。相对来说，华环公司科技成果是多的，创新能力是强的，在全行业的复烤领域具有领先地位，所以华环公司的创新活动水平，不仅要在企业内持续提高，而且要在全省系统发挥先锋、示范、引领作用。这也是华环公司对全省系统的一种促进和贡献。

四是标准化。企业的标准化建设，既是科技创新、管理创新成果的一个相对固化，也是发展的新的标杆和基础。华环公司在标准化建设方面，已经做出了许多突出的业绩和贡献，但是标准化建设没有止境。随着建设国内领先的标志性复烤企业这一目标定位的逐步推进，华环公司的标准化建设应该提出更高的要求。标准要高，要全，最终要落实，要成为全体员工的行动准则。另外作为国家局授予的行业重点标准研究室单位，华环公司还承担着为行业复烤领域标准化研究贡献智慧的重要职责。我认为这样一个标准研究室不仅仅是荣誉，更多的是职责，我们要贡献成果，要引领行业复烤企业的发展。

（三）筑牢基础，努力把潜在的优势变为发展的优势

我认为华环公司现在很多的优势还是潜在的，强调潜在性是为了理性地面对未来。

第一，要珍惜机遇。企业的联合重组和易地技改，主要是未来发展的新机遇，任何事情都有两面，它也可能是摩擦和障碍。两个企业重组在复烤企业领域，我们是走在行业发展前列的。企业重组总体上保持了健康平稳，今天仍然要防范可能的摩擦，可能的文化冲突。这也是一种居安思危，认识到可能有摩擦、可能有文化冲突不是坏事，“凡事预则立”。易地技改也一样，易地技改不只是建一个现代化的厂房，更在于建设一个以现代化的工艺、技术和标准为核心的现代化企业。巨大的易地技改投资，将转化为巨大的成本，消化这些成本需要有跟这个现代化企业相匹配的管理、技术、效益，否则技改会成为企业发展的负担。我们要珍惜机遇也要认识可能的风险。

第二，要加快融合。去年主要是体制上，组织架构上完成了企业整合，在将近 10 个

月的时间，两个企业以时不我待的工作责任感，比较早地研究了重组整合后企业的运行机制、运行模式，这一阶段的运行，我认为是正常的有效的成功的。今年要加快全面融合，真正成为一体，从理念、精神、文化到工艺、标准、质量，要全面融合。我们要认识到重组整合是大势所趋。全国复烤企业在去年有将近 60 家，全国复烤企业的总加工规模大约 6000 万担，平均每家企业加工规模大约是 100 万担，这和 18 家工业集团 5000 多万箱的生产规模相比，复烤企业体量上是不足的，加工规模、发展水平是不相称的，提升中国烟草整个产业链的竞争力已经到了重点解决复烤环节竞争力的时代了，所以实施复烤企业的重组整合是大势所趋。我们还要认识到企业重组整合是着眼未来、解决长治久安的问题。如果说大势所趋是外在压力，解决长治久安问题就是两个企业的内在需求。集中调配资源，面向统一市场，寻求与高水准的工业企业的合作，是解决企业的长期发展问题。我个人的看法，我们的重组整合可能还是未竟的事业，省内的重组整合完成，不排除在未来新的发展基础上可能的跨省重组整合，这话说得可能远了一点，但我认为这不是坏事是好事。今天企业的发展，决定了在未来可能有的重组整合中占据什么地位，是你整合别人还是别人整合你，是你和什么样的工业企业合作。我认为华环企业具备了建设国内领先复烤企业的条件，也具备了未来在可能有的新的重组整合中抢占先机和争取主动的条件。

第三，要主动融入。不仅要主动融入而且要深度融入。融入就是高屋建瓴、着眼未来，推动与上海烟草集团等代表性工业企业的合作，努力成为代表性工业企业生产链上不可替代的重要环节。去年华环公司实现 80 多万担“中华”品牌原料加工量是一个突破性、标志性数字。未来华环公司提出要打造“百万工程”，就是“中华”品牌原料的加工要突破 100 万担。这种和上海烟草集团等高水平的工业企业集团的融合，我认为有几个过程，形象地说，过去是“你是你，我是我”；今天是“你中有我，我中有你”；明天是“你离不开我，我离不开你”。说的理智一点，第一是产权，现在我们的产权是我中有你了，上海烟草集团、安徽中烟公司都是股东。因为是股东，这种联系就是合作的基础。第二是协作，主要是产品加工的协作，包括很多方面，甚至包括情感方面的联系。第三是标准，这是最重要的，要按照工业企业的标准进行加工生产，按照工业企业，特别是按照领先工业的标准来调整变革各种工艺流程、管理水平，在融合中明确定位，在融合中做出贡献，在融合中体现实力和竞争力。

第四，要把易地技改工程打造成廉洁工程、优质工程、示范工程。易地技改工程投资额大，各方关注，影响深远。华环公司要在保证生产经营正常秩序的前提下，组织精兵强将，集中智慧力量，本着对企业负责、对股东负责、对未来负责的精神，突出质量、突出标准、突出规范，把这一行业瞩目的易地技改工程打造成为一个干干净净的廉洁工程，打造成为一个高标准、高水平的优质工程，打造成为一个支撑企业发展成为国内领先复烤企业的标志性工程。这个工程如果实现这三个方面的要求，将是一件功德无量的事情，也是这一届领导班子，在座的各位同志为未来企业发展奠定了非常坚实的基础。

同志们，华环公司已经进入到了快速发展的最好时期。借这个机会，我讲了以上近期的一些思考，供你们参考。希望同志们珍惜机遇，团结奋进，共同创造未来美好的企业，共同创造未来美好的生活。

在滁州市局（公司）全面提升创建优秀县级局工作推进会暨安全标准化文件发布会上的讲话

（2012 年 3 月 19 日）

董建江

同志们：

很高兴与专卖处、安保处负责同志一起参加滁州市局（公司）全面提升创建优秀基层县级局工作推进会暨安全标准化文件发布会。刚才，滁州市局（公司）的几位领导同志对这两项工作分别进行了动员和部署，天长、定远县局和相关部门负责同志作了表态发言。我认为滁州市局（公司）对这两项工作是高度重视的，建立了工作领导组，研制了工作方案，措施得力，推进有序而扎实。滁州市局（公司）这两项工作过去有比较好的基础，我相信以这次会议为起点，滁州市局（公司）一定能够再接再厉，加快推进这两项工作深入开展，继续保持领先地位，在全省系统发挥示范和引领作用。借此机会，我就这两项工作讲几点意见，供同志们参考。

一、关于全面提升优秀县级局创建工作

持续开展基层单位创优活动是推动基础管理上水平的关键，是“卷烟上水平”的重要支撑。前不久，国家局姜成康局长专门听取了行业创优情况汇报，明确提出要把“抓基层、打基础、树形象、强素质、增活力”作为创优活动的主要任务。省局（公司）问武局长在年初的工作报告中提出，将 2012 年确定为“创建提升年”，要求各单位要按照“三个相适应”、“三个领先”的要求，全面总结、巩固和提升优秀县级局创建水平。我们要认真学习领会国家局、省局（公司）主要领导关于下一步创优工作的指示精神，切实抓好贯彻落实，努力推进县级局建设，为“卷烟上水平”提供有力保障。

（一）要以清醒的认识，厘清创建的发展思路

2009 年 5 月，国家局下发了《关于在全国烟草行业开展优秀基层单位创建活动的意见》，在全行业部署开展优秀基层单位创建活动。当时，县级局建设处在亟待加强的关键时期。随着行业改革发展的深入推进，特别是在县级烟草公司取消法人资格后，对充分发挥县级局在专卖管理和市场监管方面的基础作用提出了新的更高要求。从县级局自身看，一方面，县级局作为整个专卖管理的基础和专卖管理“三大任务”的具体执行者，对维护和巩固烟草专卖制度起着重要的基础作用；另一方面，县级局作为最基层的烟草专卖执法主体，直接面对广大的卷烟零售客户、烟农和消费者，其执法状况和服务水平直接关系到

烟草行业与社会的和谐，关系到烟草行业的社会形象和公信力。所以说，开展优秀县级局创建活动是维护和巩固烟草专卖制度的需要，是行业持续、健康发展的需要，是加强和发挥县级局专卖管理职能的需要，也是提升队伍整体素质、树立良好社会形象的需要。截至去年年底，滁州市局所辖的7个县级局都已经通过了省局创建验收，这说明滁州市局的各项工作基础是扎实的。但大家也应该清醒地认识到，这种验收只能算是一个“达标级”或者说是“入门级”的验收，绝不代表创建的终极目的。创建工作是一项长期的系统工程，只有更好，没有最好。我们奋斗的目标是什么？滁州市局创建工作方案已经有比较好的概括，就是“四个一流”——“一流的市场控制力、一流的基础管理水平、一流的队伍、一流的执法形象”。因此，我们一定要再接再厉，提高认识、严格标准、规范程序、认真把关，切实把优秀县级局创建作为一项长期任务深入开展下去。

（二）要以踏实的工作，全面完成创建的目标任务

要严格按照“抓基层、打基础、树形象，强素质、增活力”的要求，明确全面提升创建工作要做什么，谁来做，如何做，确保创建工作学有内容，干有方向，做有标准。同时，要联系实际，对近年来的创建工作进行认真总结，分析解决存在的问题，从“基础管理、技能水平、创新活动、服务意识、团结和谐、职业道德、班子建设”等方面，研究制定进一步完善提高的意见，积极摸索具有地方特色的新方法，展现具有自身特色的新亮点。全面提升创建工作任务艰巨，时间紧迫，需要我们科学规划、明确目标、分解任务、落实责任、迅速行动、扎实推进。要定期组织召开全面提升创建工作的专题会议，了解创建活动的落实开展情况，及时进行总结指导，进而更好地把握创建活动的努力方向。各责任部门要开展阶段性自查自评，查漏补缺，不断完善各项工作内容，防止全面提升创建工作流于形式，使全面提升创建工作形成规范化、制度化。

（三）要以开放的思维，充分激发队伍的活力

在队伍建设方面，活力不足一直是困扰我们的一个“瓶颈性”的问题，最近，省局专卖处提出了“活力工程”这个概念，我认为提法很好，抓住了关键，也很有创意。激发队伍活力是加强基层优秀县级局建设、提高基层队伍建设科学化水平的重要内容，是深入开展创优活动需要解决好的重要课题。概念和命题提出来了，关键是如何破解。滁州市局作为试点区、先行者，应该在这方面开动脑筋，精心策划和实施好“活力工程”。“活力工程”的重点要从业务建设、保障建设入手，围绕创建主题，细化创建举措，规范工作流程，通过建立和完善各种机制，激发活力，催生动力，增强干部职工的执行能力、创新能力和协作能力。关键是要通过一系列活动把专卖队伍的素质、能力和干劲，凝聚、升华到精神面貌和精神状态上。要使队伍具有昂扬向上的志气和攻坚克难、干事创业的精神。

（四）要以多样的手段，充分营造创建的氛围

在全面提升创建过程中对内要营造创建氛围，对外要宣传行业形象。一是要及时组织全体干部职工对相关会议文件精神进行认真的传达和学习，通过广泛地宣传动员，使全体干部职工在思想上认识创建的重要性，激发干部职工创优的热情，形成全员参与、主动参与的全面提升创建活动氛围；二是要充分利用网站、报刊等各大媒体，加强对全面提升创建工作的宣传，扩大行业的对外影响，树立良好的行业形象。

同志们，问武局长先后在滁州市全椒县局、定远县局提出了“三个相适应”和“三

个领先”的基层创建工作的阶段性目标任务。这是对滁州市（公司）工作的肯定，也是对滁州市（公司）未来工作的期待。我希望滁州市（公司）在保证全面提升创建质量的同时，积极探索、勇于创新，坚持抓基层、打基础、创新路、出实招，力促基层县级局各项工作全面上新水平！

二、关于安全标准化建设工作

近几年全省系统安全工作发展态势良好，已经并正在发生这样几个重要的转变：一是从防控重大安全事故向全面安全管理转变；二是从被动式防控向主动作为转变；三是从应急式管理向系统化标准化管理转变。这体现了全省系统安全工作的新变化、新水平和新面貌。今天，滁州市（公司）安全标准化文件发布，对滁州市（公司）安全工作是有标志性意义的，对全省系统安全工作特别是安全标准化建设工作也是推动和激励。

（一）要以安全生产标准化建设为抓手，切实提高安全意识、强化安全责任

过去我们始终在讲安全意识和安全责任问题，但有些时候流于形式，难以落实。造成这个问题的主要原因是职责不明确，不知道自己在安全生产管理工作中到底有哪些义务、权利和职责，标准化建设恰恰解决了这个关键问题。国家局《安全生产标准化规范》明确提出了“一岗双责”的具体要求和各个层级、各个岗位所要承担的安全职责。今后再发生安全生产事故需要追责的时候，我们就会根据相关责任岗位的安全职责、安全操作规程、安全规章制度去对照，一目了然。因此，我希望各级领导和管理人员一定要认真学习和领会行业安全标准化规范，最起码要清楚每个人自己岗位的安全职责以及承担的相应责任。

（二）以行业安全生产标准化规范为标准，全面开展对标整改工作

行业安全生产标准化建设工作是一个涉及文件建立、对标整改的系统工程，涉及安全管理的各个方面。所以标准化文件的发布只能说是整个标准化建设工作的良好起步，关键工作还在安全基础设施建设、在现场整改和文件的最终贯彻执行。滁州市（公司）作为试点地区，要坚持标准，既要重视因地制宜，切实解决实际问题，又要重视总结经验，提供借鉴。一是要保证标准化建设工作小组的人员组成满足实际工作的需要，要抽调精兵强将加快进度，这是基础；二是在基础设施整改问题上要舍得投入，不要因为异地改建等原因降低整改标准，这是关键；三是在安全绩效考核上要目标明确、奖罚分明，追究责任绝不姑息手软，这是保障。只有抓好这三个方面，才能解决实际问题，才能保证标准化建设工作顺利推进并实现最终目标。

三、积极努力，创建国家安全生产标准化二级企业

3 月上旬，省局（公司）连续下发（2012）65、66 号两个文件，分别转发了国家局《关于进一步加强烟草企业安全标准化建设工作》和《国家局转发国务院办公厅关于进一步加强行业安全生产基础工作》的两个文件，对全省系统达标创建明确了具体的时间进度，也对安全生产标准化建设和安全生产基础工作提出了更高的要求。同时。作为试点单位，滁州市局（公司）的文件发布、对标自评、行业复评以及达标验收的时间分别是 3 月底、5 月底、7 月份和 9 月份，时间紧迫。我希望市局（公司）进一步提高对安全生产标准化建设工作重要性、必要性的认识，把思想统一到国家局、省局（公司）对安全生产标

准化建设的总体要求上来，增强紧迫感和责任感，把标准化建设作为一项重要工作抓紧抓好。要健全领导和工作机制，主要领导关心，分管领导主抓，要从人员、资金保障上真正履行责任和承诺；安保部门作为安全生产标准化体系的主管部门，必须充分发挥监督、指导职能。安全生产标准化建设是一个全新的工作，推行起来可能会遇到一些思想上、行动上的阻力，对标准化建设过程中遇到的各种问题，各级领导一定要积极应对，认真加以解决，保证安全生产标准化二级达标任务顺利完成。

同志们，2006 年，滁州市局（公司）作为全省系统职业健康安全管理体系试点单位之一，圆满完成了任务，顺利通过了国家安监委的认证。这一次，省局（公司）再确定滁州市局（公司）为全省系统安全生产标准化建设试点单位，既是对滁州过去几年来安全生产工作的肯定，也是对滁州安全生产管理工作的新要求。我相信在市局（公司）党组的领导和省局（公司）主管部门的支持下，在滁州市局（公司）全体干部员工的共同努力下，你们一定能够不负众望，在全省系统安全生产标准化建设工作中取得新佳绩，创造新经验。

完善机制　通力协作
扎实推进卷烟打假工作上水平

——在全省卷烟打假工作会议上的讲话

（2012 年 4 月 26 日）

董建江

各位领导、各位来宾、同志们：

一年一度的全省卷烟打假工作会议今天隆重召开了。下面我代表省政法烟草联席会议办公室向大会汇报两个问题：

一、2011 年以来卷烟打假工作回顾

2011 年，我省卷烟打假和市场监管工作在省委、省政府的坚强领导下，认真贯彻党的十七大精神，全面贯彻落实科学发展观，充分发挥政法烟草和行政执法两个联席会议制度的巨大优势，针对烟草市场出现的新情况、新特点，积极协调、主动应对，为加速我省“中部崛起”和促进烟草经济健康发展，做出了积极贡献。2011 年，全省共查处涉烟案件 19097 起，同比减少 10.75%。其中 5 万元以上案件 165 起，同比增加 34.15%。符合国家局标准的网络案件 10 起，符合省局标准的网络案件 38 起。查获涉烟案件总金额 6042.95 万元，同比减少 10.61%。查获各类违法卷烟 7930.99 万支，同比减少 36.87%。其中假烟 3034.89 万支，同比减少 62.15%；非法流入烟 4890.67 万支，同比增加 7.74%；走私烟 5.43 万支，同比减少 8.43%。判刑 162 人，同比增加 15.71%；拘留 247 人，同比增加

4.66%。连续数年保持了居全国前列的高市场净化程度。今年以来，全省继续保持市场监管的高压态势。全省卷烟市场秩序继续向好，尤其是假烟数量大幅减少，反映了卷烟打假工作取得了重要成果。

（一）紧紧依托政法烟草联席会议机制，开展一系列市场整治专项行动

2011 年上半年相继召开全省卷烟打假工作会议和烟草市场行政执法会议。全省上下充分发挥两个联席会议机制的巨大威力，在全省范围内开展了两个专项行动：

省政法烟草联席会议牵头开展“11-1 号”行动，为 2011 年专卖管理工作开局擂响战鼓。2011 年元月在全省范围内开展“11-1 号”市场整治专项行动。出动烟草执法人员 60239 人次，公安执法人员 1414 人次；检查卷烟零售户 223851 户，查处无证经营 2977 户；查处涉烟案件 1915 起，案值 1059.44 万元；查获各类违法卷烟 1254.46 万支；刑事拘留 56 人，治安拘留 1 人。

省行政执法联席会议牵头开展“11-3 号”行动，为综合整治烟草市场再出重拳。2011 年 8 月 1 日起，在全省范围内开展为期 180 天的“11-3 号”市场整治专项行动。共查获涉烟案件 6882 起，查获各类非法卷烟 5643.95 万支，其中假冒卷烟 1404.37 万支，非法流入烟 4226.34 万支，查获案值 4270.54 万元；取缔无证（照）经营 1973 户；拘留 87 人，判刑 51 人，劳教 1 人。

（二）紧扣核心不放松，“打团破网”成绩斐然

我们始终坚持“打团破网”为核心，以“端窝点、断源头、破网络、抓主犯”为主线，不断加大案件经营力度，努力提高案件经营能力，提高打团破网成功率。2011 年全省共破获 10 万元以上案件 82 起，同比增加 22.38%。池州、亳州、马鞍山、蚌埠、阜阳、安庆等市在网络案件经营上又实现了新突破，相继破获案值百万元以上网络案件。公安部挂牌督办的马鞍山“1·24”网络案件，当事人尹某被法院一审判处无期徒刑，剥夺政治权利终身，开创了我省涉烟犯罪量刑之最。由公安部统一指挥，多省警方共同参与的马鞍山“10·22”网络案件，共缴获假冒卷烟 5000 余条，查清涉案金额 5000 余万元，抓获犯罪嫌疑人 34 名（其中安徽警方抓获 22 人）。黄山市局破获 2 起省标网络案件，实现了多年来网络案件“零”的突破，其中黟县“2·22”网络案件，系我省首例破获利用互联网销售假烟的较大案件。

（三）“三大工程”助推长效机制，市场监管取得新进展

扎实推进卷烟打假进社区。2011 年，全省共在 596 个社区开展了打假进社区工作，占全省社区总数的 24.92%。积极开展卷烟零售户培训。2011 年共培训零售户 152364 户，占全省持证户总数 57.05%，提前实现全省零售户两年轮训一遍的计划目标。大力推行卷烟经营“放心店”工程。采取先试点，后推进的方式，稳步推进卷烟经营“放心店”工程。合肥、马鞍山、淮南、宣城等地工作力度大，进展较快。

（四）不断完善联席会议机制，实现卷烟市场综合治理

各地不断将联席会议机制向基层延伸，建立健全考核机制，赋予联席会议制度新鲜血液，促进卷烟打假与综合治理工作取得新进展。合肥将政法卷烟打假联席机制延伸至基层管理所（队）。淮南按照属地管理原则，建立市、县（区）、所（队）三级责任制，逐级分解目标责任。阜阳烟草部门与公安经侦、技侦等部门建立了良好协作关系，市委政法委

挂牌督办重大案件，检察院在案件侦破阶段提前介入。淮北定期召开案件协调会、大要案现场会，实现案件快侦快判。亳州、安庆等市委政法委将卷烟打假纳入各县、区综治考核，促进卷烟打假工作持续深入推进。

各项工作不仅严厉打击了涉烟违法犯罪行为，确保了卷烟市场的繁荣有序，更促进了我省烟草经济又好又快发展。2011 年，全省烟草工业企业生产卷烟 252.38 万箱，同比增长 2.86%，实现税利 186.59 亿元，同比增长 18%；商业企业销售卷烟 192.93 万箱，同比增长 0.95%，实现税利 92.92 亿元，同比增长 22.29%；工商合计实现税利 279.51 亿元，同比增长 19.39%。

二、2012 年卷烟打假工作意见

2012 年，我省卷烟打假工作的基本思路是：认真贯彻落实全国卷烟打假工作部署，以科学发展观为统领，紧紧围绕“基本买不到假烟，基本买不到非法流入烟，基本买不到走私烟，取缔无证经营”的工作目标，继续发扬政法烟草联席会议制度的巨大优势，坚持端窝打点与市场管理并重，突出对假烟运输、分销环节的打击，坚持把打击制售假烟网络放在突出位置，加大案件协调督办力度，依法惩处制售假烟的违法犯罪分子，不断推动卷烟打假工作上水平，为烟草行业经济持续健康发展，促进地方经济加快发展，营造更加良好的市场环境。

（一）继续坚持和不断完善两个机制，研究解决市场新问题，开创市场监管新局面

继续坚持和完善政法烟草和烟草市场行政执法两个联席会议机制，增强部门协作的深度和广度。进一步深化卷烟打假行政执法与刑事执法衔接机制，进一步拓展省际、市际间协作机制，推动全省打击涉烟违法犯罪工作向纵深发展，全力打压涉烟违法犯罪活动空间。加强对无证经营、物流运输非法卷烟、互联网销售非法烟草专卖品等问题的研究和治理。加强对无证户开展梳理清查工作，对无证户要进行细分，既要严格执法，也要关注民生。研究修订完善卷烟零售户合理布局方案，提高对卷烟零售户的服务质量和水平，切实解决烟草市场监管中的难点问题。加强对物流运输环节涉烟违法犯罪行为的治理和打击，特别要研究利用互联网等新型通信手段销售烟草专卖品的行为。

（二）继续推进相关“工程”，总结经验，树立标杆，不断完善市场监管长效机制

要认真总结各地在开展“卷烟打假进社区”、零售户培训工作中好的经验和做法，发挥标杆引领作用，高标准、大力度推进。要将零售市场的良好秩序作为检验市场监管各项工作成效的主要标准，积极探索零售市场监管模式，建立健全零售市场监管体系，总结推广实用有效的监管方法，着力构建“打击严厉、管理到位、疏导及时、服务周到”的市场监管体系，切实维护良好的市场秩序。要积极推动建立与工商管理部门的联合执法协作机制，形成监管合力，不断提高零售市场守法经营率。要丰富监管手段，以信息化带动提高科学化水平，认真做好零售市场信息监测工作。要改变过去单纯强调打击的市场监管方式，注意倾听零售户呼声，积极疏导合理诉求，化解矛盾，构建和谐。

（三）继续关注大要案件，不断提高办案水平，力争查办一批高质量的网络案件

继续抓住侦破大案要案这一关键环节，切实提高情报信息搜集能力，提高经营案件的能力，提高跨区域协同作战的能力，有效打击跨地区、集团化、网络化的制售假烟犯罪团

伙，认真完成每个地级市局都要打掉1～2个较大规模制售假烟网络的目标任务。进一步完善区域协作打假机制，建立线索通报、案件协办等制度，完善立案协助、调查取证、证据互认、协助执行和应急联动等工作机制。对重大涉烟案件，争取公安机关和检察院提前介入，依法加大刑事打击力度。继续加强与物流运输管理部门的协作配合，加大对物流企业的监控力度，积极破解物流业涉烟违法犯罪活动查处难的问题。各地一定要认真总结经验，创新思路，把打团破网作为硬任务，千方百计侦破。一定要在卷烟打假上舍得投入，在人力、物力、财力上给予充分保障，为打假工作搞好服务。

加强法治建设积极推进普法和法规各项工作

——在全省系统2012年法规工作现场会上的讲话

（2012年4月27日）

董建江

同志们：

这次法规工作现场会议的主要任务是：回顾和总结全省系统2011年法规工作，根据省局（公司）2012年工作会议精神，全面和深入推进全省系统2012年法规工作，积极推动六五普法和法规各项工作。

下面我讲三点意见。

一、2011年普法和法规主要工作回顾

（一）加强法规机构建设，扎实推进基层法规工作

2011年，全省系统法规工作机构和法规队伍建设得到进一步加强，各级在岗法规工作人员共计145人，实现了省市县三级法规工作机构的相对独立设置。但是，尚未真正做到国家局关于“机构健全、人员到位、职责发挥全面”的要求。国家局年内将对此进行专门检查，请各直属单位认真对照自查和整改。

各级各类普法宣传培训活动有声有色。全省系统全年累计开展459期各类法律知识培训，总计50401人次接受培训；“法律五进”活动蓬勃发展，其中进机关72个、进农村304个、进社区596个、进企业69个、进网点45198个；举办法律知识竞赛62次，涉法文艺演出57场，法制展览137期，法律宣传阵地建设37个。法制监督工作进一步加强。截至2011年底，累计清理规范性文件713件，其中废止260件，修改74件，保留379件；开展案卷评查活动6215次，案卷合格率99%；开展合同审核2118个，制度和规范性文件审核219件，专卖执法案件专项审查7408个。省局（公司）通过手机短信平台，编发以法律法规、诉讼常识、典型案例为主要内容的法制宣传短信，每周向省局（公司）机关全体干部员工及18家直属单位的班子成员发布一条，取得了良好的效果。

（二）启动“六五”普法规划，积极培养普法人才队伍

2011 年，为更好地推动普法工作，对“五五”期间全省普法先进单位、集体和个人进行了表彰。

制定了省局（公司）“六五”普法规划。“六五”普法规划对今后五年普法工作要求做了详细规定，对年度普法工作给出了考核细则，并对普法工作创新和普法培训师队伍建设进行了规范。各直属单位要及时成立或者调整相应的法制宣传教育工作领导小组，由主要领导亲自担任组长，分管领导具体抓落实，组织广大干部员工认真学习，深刻体会，全面有效贯彻执行。

按照“六五”普法规划要求，通过自愿报名、所在单位初审、省局法规处复审、举办模拟课堂授课评比等程序，选出 43 人担任普法培训师。

（三）总结制度建设经验，初步完成制度体系构架

2011 年，根据全省系统法规制度论证会反馈意见，省局（公司）对涉及法规工作的合同管理制度、听证程序规定、重大决策程序规定和烟草专卖执法徽章管理办法等工作制度结合基层实际进行了修改。为推动制度执行，在全省协同办公网公布了市级局（公司）制度体系范本，对各直属单位如何执行市级局（公司）制度范本作了总体要求。

（四）提升依法行政水平，严格规范专卖执法行为

2011 年，完成了近 300 人参加的行政执法资格培训和考试工作。组织各市局法规人员参加省政府法制办网上办理行政执法证相关事宜培训，目前，全省系统已实现行政执法证网上办证和网上公示。

认真做好《行政强制法》出台后的法规清理、培训和执法指导工作。省局就《安徽省实施<中华人民共和国烟草专卖法>办法》、《安徽省查处非法生产卷烟规定》中所涉及强制措施的合法性进行解释，函复了省人大常委会办公厅、省政府法制办和国家局法规司，并进行了工作协调。为适应调整，举办了四期《行政强制法》培训班，累计近 1000 人参加了培训。并就施行后烟草专卖行政执法的若干问题提出指导意见，较好地解决了实践中隐藏的执法风险。

2011 年，经省局（公司）办公会通过，决定编写《烟草专卖办案实用指南》。目前，《办案实用指南》编撰工作已全部结束，将采取内部编印的形式印刷发行。

（五）强化依法监管意识，积极构建监督控制体系

启动全省监督控制系统建设工作。该系统通过法律和制度规范，对全省烟草商业企业职能以部门为基准进行整合，寻找和归纳企业管理中的监督控制节点，在此基础上充分发挥职能部门的监督控制作用，最终形成符合安徽烟草商业企业发展实际、具有烟草行业特色的监督控制体制和机制。经过多层次协调、集中商讨和分组工作，目前，监督控制系统初稿已完成，已经研讨修订两次，仍在继续修改完善之中。

二、明确思路，准确定位，不断促进法规工作与基础管理相结合

法规工作必须紧紧围绕成长型企业建设的大局，明确工作方向和着力点。对于“六五”期间的普法和法规工作，我们必须要有更深的认识：

（一）法规工作思路必须明确

在法规工作思路上，要明确三点：

第一，法规工作部门要为企业持续发展保驾护航。

第二，法规工作人员要积极维护烟草企业和员工的合法权益。

第三，法规工作方式要保证做到稳中求新。

（二）法规工作立足点必须明确

各级法规工作人员在开展法规工作的过程中，必须立足于三点：

第一，法规工作的宗旨是实现国家及行业法律法规在全省系统的全面覆盖和有效贯通。

第二，法规工作的定位是修正错位，程序优先。

第三，法规工作在操作实践中应当严谨严格、可行可用。

（三）法规工作必须与行业基础管理相结合，与行业发展共进步

规范是安徽烟草成长文化体系中的重要管理理念，促进基础管理的规范是法规工作的重要使命，要求法规工作融入行业基础管理中去。对此，全省各级法规部门和法规工作人员要有清醒的认识。法规工作人员要站在规则制定者、监督者和裁判者的高度紧跟时代对行业发展提出的新要求，为企业发展定规立矩，只有与行业发展共同进步，才能有所作为。

三、2012 年普法和法规工作的主要任务

（一）坚持和巩固普法宣传教育常态化机制，创新普法宣传活动方式，努力促进烟草法治建设和普法宣传活动

各单位要有效落实“六五”普法规划中规定的年度普法教育培训任务。继续推动在“3·15”“6·29”“12·4”等重点普法纪念日的大规模法律宣传活动的开展，继续推动员工集体学法和“三个依法”观念在工作岗位中的落实，努力促进普法宣传教育常态化机制的形成。对此，马鞍山市局（公司）进行了有益探索，率先在全省签订了“六五”普法目标责任书，对普法目标要求、责任范围和内容、责任考核和追究进行了明确规定，较好地促进了普法工作的常态化机制的形成，对此，各单位可参考借鉴。

今年，要继续提升法制宣传的科学性、时效性、针对性和可行性，积极创新普法活动的形式和载体，突破传统思维定式，综合运用新手段、新载体、新形式，推动烟草法治文化走进行业、走进单位、走进管理、走进岗位、走进心灵，为行业持续协调共同发展营造良好环境。

今年，要严格组织好“法律五进”。要把送法律进机关、进农村、进社区、进企业、进网点作为法制宣传的主要任务扎实组织落实到位。要进一步拓展普法宣传教育阵地，把“感知徽映”体验中心作为普法宣传教育的阵地之一。要拓展网络门户主页普法版块和普法专栏，继续提升普法对象的接受面和接受度。

要积极推动法制宣传教育与专卖执法实践相结合，将普法宣传教育融入烟草专卖零售许可证管理环节中。采取在申请人领取许可证前后举办“烟草专卖法规与守法经营”专题法律培训，让零售户在开始经营卷烟业务前就对烟草法律法规有较为全面的了解；针对违法经营、停业整顿的卷烟零售户，在恢复营业前进行一次守法经营的再教育，防止零售户

再次违法。

（二）以提升一线执法人员办案水平为目的，积极推动《烟草专卖办案实用指南》的学习运用

《烟草专卖办案实用指南》目前已成稿并将印刷发行。要做到全体领导干部、法规人员和专卖执法人员人手一册。以《指南》为教材和参考，在全省系统形成一个学法守法用法的新高潮。各级局要积极举办关于《办案指南》的培训和竞赛活动，使《办案指南》真正成为烟草专卖案件处理的实用手册。

（三）有效推进普法培训师队伍建设，为“六五”普法活动深入开展提供组织保障

要有效推进普法培训师队伍建设工作。结合普法培训需求，对培训师进行分组管理。针对普法培训师开展专业知识、教育心理、授课技巧、课件制作等方面培训，全面提升培训师的素质和能力。要重视培训师的进步与培养，实行动态管理，通过与高等院校合作办学方式，举办法律硕士班，为全省系统普法培训师的进一步发展和深造提供培养途径。各单位领导要积极支持、扶持和鼓励普法培训师在省局（公司）统一指导和调配下开展相关工作，推动普法人才资源在全省系统范围内实现有效流动、合理使用，形成惠及基层各级各单位的普法教育和培训机制，促进普法效能和普法工作水平进一步提升。

（四）完成监督控制系统的编制工作，努力开创安徽烟草规范化建设新局面

根据当前监督控制系统的工作进度，要争取在2012年内完成监督控制系统的建设工作，并以工具书的形式简洁、明晰、全面地反映各项监督控制节点，积极推动监督控制观念和监督控制机制融入岗位工作中，努力促进安徽烟草在规范化建设方面迈出新步伐。

（五）推进直属单位制度贯彻执行力度，认真开展合法合规监督审查

今年，将对各直属单位执行市级局制度规范情况进行调研，检查直属单位制度执行情况。在制度规范的基础上，要重点加强对专卖行政管理、“两项工作”、重要决策和规范性文件备案审查等四类事项的监督审查。特别要对工程投资、物资采购、宣传促销业务合同进行审查，而且要对主要环节进行合法合规监督审查。把落实“依法生产经营”要求从依法监督审查制度规范层面，延伸到对日常具体业务活动进行合法合规监督审查的常态化运作层面。要建立健全合法合规监督审查工作机制，由基层各单位先行探索试行，待时机成熟后适时上升为全省层面的统一机制。

（六）推进行政执法责任制，探索文明柔性执法试点

全省各级法规部门要切实加强对于公正文明执法活动的事中、事后合法合规监督审查工作，努力发挥对专卖执法制衡的职能作用。各市、县局专卖管理部门要正确履行职责，积极协同配合，共同推动全省系统公正文明执法水平跨上新台阶。在国家局倡导文明柔性执法的背景下，各市级局要进一步加强对执法行为包括对抽象行政行为的监督力度。要不断改进执法行为和执法方式，避免和纠正简单粗暴执法等不文明执法方式，注重对当事人的教育引导。全省各级法规部门要加强对行政执法责任的普查和追究制度的落实，要监督基层专卖执法工作，推动专卖案件评查机制走入正轨。

按照国家局《关于加强烟草法治建设的实施意见》，今年拟在淮南市局和宣城市局进

行公正文明执法方面的试点探索，请以上两个单位研究相关方案和制度。省局将在试点的基础上研究推广实施的可行性和相关办法。

加强领导　深化发展
推动科技创新工作再上新台阶

——在2012年科技工作会议上的工作报告（摘要）

（2012年5月18日）

董建江

一、2011年主要工作回顾

（一）加强创新平台和机制建设，创新体系不断完善

一年来，全省系统以创新体系建设为主线，积极构建创新平台，努力完善工作机制和激励机制，烟叶生产加工企业技术中心建设取得新进展，产学研技术合作平台建设迈出新步伐，科技创新工作机制和激励机制不断完善，激发了科技人员的创新热情，营造了良好的创新氛围。

（二）大力实施项目带动战略，科技成果大量涌现

全省系统围绕关键技术和管理难题，整合行业内外科技资源，大力实施项目带动战略，初步实现了三个有价值的转变：一是科技项目从数量较少、质量较低、经费投入较小逐步向数量增多、质量提高、经费投入增加转变；二是从主要是烟草农业类技术研发逐步向包括卷烟营销、卷烟物流、信息技术和管理创新等多领域转变；三是从主要依托外部力量逐步向内部力量与外部力量合作转变。通过项目实施，取得了丰硕成果，有效带动各项工作开展。2011年，共有22个科技项目通过验收（鉴定），全年申请专利10件，授权专利28件，登记计算机软件著作权8个。

（三）全面开展QC小组活动，创新活力竞相迸发

全省系统围绕“普及·提高·创新”的活动主题，以“掌握方法、拓展领域、增强活力”为目标，全面开展QC小组活动，创新活力竞相迸发。各单位领导重视，组织有力，推动有方，通过广泛宣传发动、精心选择课题、加强跟踪指导、定期研讨交流、强化考评激励等一系列举措，保证了QC小组活动课题覆盖面宽，参与人员分布广，活动开展有声有色。一年来，全省系统注册QC小组345个，参加人员2263人，活动普及率19%。全年坚持活动的QC小组308个，活动率89%。注册课题348个，取得课题成果286个，成果率高达82%。

（四）有序推进标准化建设，基础工作不断夯实

完善标准化工作体系，推进烟叶标准化生产，加强复烤企业标准化建设，开展重点标准制修订，标准化建设有序推进。宣州区被国家标准委授予“国家级烟叶标准化生产示范区”荣誉称号，全省基本实现烟叶生产标准化。国家局正式批准华环公司组建打叶复烤标准研究室，成为行业首批6个重点标准研究室之一，并顺利通过国家4A级标准化良好行为企业确认。由省公司牵头制定的第一个行业标准“烟草行业质量、环境、职业健康安全一体化管理体系”，正式被国家局批准发布实施。根据国家局2012年行业标准制修订计划，我们又承担或参与4项行业标准制修订任务。

（五）不断加强产品质量监督，质检能力进一步提升

按照“公正监督、科学检测、服务到位、支撑有力”的质检工作方针，加强承检能力建设，拓展质量安全指标检测项目，质检能力进一步提升。圆满完成完成国家局、省局下达的年度卷烟市场抽样检测任务，切实做好打假送检卷烟的鉴别检验工作。不断加强实验室建设，完善实验室信息管理系统运行，顺利通过省质量技术监督局实验室资质认定现场评审。

二、需要重点把握的几个问题

（一）转变思想观念，切实提高对科技创新工作重要性的认识

我们必须清醒地看到，全省系统科技发展还不平衡，创新环境还有待改善，科技引领、创新驱动的作用还没有很好发挥。为此，全省系统要高度重视科技创新工作，采取强有力措施，加快科技进步与发展。

（二）完善体制机制，创造良好的创新环境条件

经过几年努力，全省系统基本构建起各级科技委牵头领导、各级科技管理部门组织推动、各领域创新骨干积极参与的科技工作体系，基本形成了科技项目带动、群众性创新普及的科技工作局面。但是，科技投入不足、平台建设迟缓、激励机制缺乏等问题依然突出。所以，进一步完善体制机制，创造良好的创新环境条件，增强企业自主创新的动力和活力，显得尤为迫切和紧要。

一是要强化企业创新主体地位；二是要加大科技投入力度；三是要完善科技创新激励机制。

（三）实施双轮驱动，促进更高水平成果大量涌现

一是整合系统内外科技资源和科研力量，组建项目攻关团队，围绕重点领域和关键技术，开展重点课题攻关。

二是进一步健全QC小组活动的长效机制，完善推进体系和组织网络，持续开展QC小组活动。

（四）培养高层次人才，加强创新型人才队伍建设

一是要依托科研项目和QC小组活动等，立足岗位开展创新实践活动，培养一批具有发展潜力的科研骨干人才。二是要鼓励更多具备高技术、高技能人员参加专业技术资格申报和职业资格鉴定，建立一支具备精湛专业技术技能、关键环节发挥作用、能够解决业务操作难题的高层次人才队伍。三是要通过企业技术中心、研发基地等平台，加强

青年科技人才特别是高层次人才的培养，推进高层次人才在创新实践中逐步成长为全省系统学科带头人。四是要积极探索、大胆创新科技人才引进模式，建立高层次尖端人才的引进渠道和制度，重点引进一批行业内外同行公认、具有重要影响力的高层次尖端科技人才，加快企业急需专业人才的引进力度。五是要为科技人才建功立业创造良好的环境和条件。

三、2012 年主要工作任务

（一）着力完善科技创新体系

一是进一步推进烟草农业技术创新与推广平台建设。突出以省烟草所为依托的合作创新平台建设。加大与省烟草所的技术合作，深化与中科大、中国烟草研究所、郑州烟草研究院等国内科研院所的合作，积极引进外部智力，开展合作创新。强化以技术中心和技术推广站为载体的技术推广平台建设。始终坚持“重在转化、突出应用”的原则，不断强化新技术、新工艺、新方法、新装备的推广应用，促进科技成果迅速转化为现实生产力，充分发挥技术中心推广主体、技术推广站推广主力作用，建立烟农培训学校和科技示范园，形成纵向到底、层层传递、全面覆盖的技术推广体系。

二是着力推进华环公司技术中心建设。加大技术中心投入力度，不断优化技术中心机构设置，打通技术人员晋升通道，有效运行实验室管理体系，加强与上海烟草集团技术中心合作，开展“中华”烟叶加工生产过程全方位技术研究，实现与上海烟草集团技术中心的“一体化”。

三是着力推进市级公司创新平台建设。鼓励市级公司以科技项目为载体，与高校院所建立产学研技术合作平台，支持市级公司创建相关领域研究室，以创新平台聚集科技资源，在技术创新、营销创新、管理创新、机制创新以及人才培养等方面有新作为。

四是健全完善创新激励机制。省局（公司）将修订科技创新奖励办法，完善科技创新考核指标体系，组织开展 2012 年度科技进步奖的评选表彰活动。各单位要按照省局（公司）相关激励政策，结合本单位实际，健全完善激励机制，加大科技创新的考核力度，加大科技创新奖励力度，营造浓厚的创新环境和氛围。

五是继续强化科技基础工作。加强信息化建设，修订完善相关科技管理制度，做好科技档案的归集整理，推进科技信息化管理；建立科技信息月报、科技数据季报制度，按时编制科技工作简报和向国家局报送科技信息动态；加大科技管理人员培训的力度，提高科技管理人员水平。

（二）着力实施项目带动战略

一是围绕关键技术和管理瓶颈抓立项。今年，省公司专门组织编制了科技项目指南，明确了烟草农业、打叶复烤、信息技术、卷烟营销、卷烟物流、基础管理、标准类项目等 7 个领域，具体提出了相关重点研究方向。各单位要按照科技项目立项要求，结合本单位实际，广泛征集需求，科学凝练课题，组织开展项目申报、评审和立项工作，提高科技项目研究的针对性和实效性。

二是围绕科技项目计划抓实施。各单位科技管理部门要强化项目过程管理，认真按照项目计划和合同要求，督促、指导、检查项目承担单位按质按量实施项目研究。省局（公司）继续坚持项目期中专家评估和项目年报审核制度，完善中期评估、年报审核细则和要求。继续开展在研项目现场检查，按时组织项目结题验收。

三是围绕科技成果转化抓应用。科研开发的目的在于应用。近年来，全省系统产出了大量符合企业发展需要的科研成果，关键是转化应用还不够。一方面，省公司要拓宽科技成果共享渠道，组织成果完成单位和使用单位编制实施成果应用推广计划；另一方面，各单位要加快成果转化应用力度，通过项目带动、成果应用，真正发挥科技创新的支撑作用。

（三）着力实施标准化战略

一是加强标准化工作体系建设。加快筹建省局（公司）标准化技术委员会，推进各单位标准化工作机构建设，加强华环公司打叶复烤标准研究室建设，有效组织开展标准化工作。

二是继续推进烟叶生产加工企业标准化工作。烟叶产区要进一步提升烟叶标准化生产的整体水平，研究制定系统的工作方案，建立健全长效机制，并以实际成效迎接国家局的抽查和考评。

三是组织开展商业企业标准化建设试点工作。省公司将选择1~2家市公司参与标准制定，并以行业标准为指导，构建切合企业实际的系统、完整的标准体系，引导推动全省系统标准化工作开展。

（四）着力实施知识产权战略

一是健全知识产权工作机制。二是加强知识产权保护和运用。三是提高全省系统核心专利拥有量。

（五）深入推进QC小组活动

一是加强QC小组活动的过程管理。二是加强QC知识普及和骨干培训。三是提高QC小组活动质量和水平。

（六）继续加强质量监督检测

一是继续加强承检能力建设。二是继续加强质检规范管理工作水平。三是加强实验室建设，积极开展实验室计量认证活动。

（七）切实抓好创新型人才培养

人才是科技创新工作的第一要素。各单位要充分认识创新型人才对企业科技发展的引领作用，按照省局（公司）关于人才发展的部署和要求，制定创新人才培养计划，结合本单位人才发展现状，围绕生产经营管理需要，确定各类人才发展目标，制订具体实施计划，有序开展人才引进和培养。

夯基固本 创新提升
努力推动专卖管理工作向更高水平迈进

——在全省专卖管理工作视频会议上的讲话

（2012 年 6 月 5 日）

董建江

一、去年以来专卖管理工作情况

（一）紧紧依托两个联席会议机制，相继开展“11-1 号”和“11-3 号”市场整治专项行动，市场监管持续保持高压，卷烟打假成效明显。2011 年至今，全省共查处案件 28168 起，同比减少 3.2%。截至今年 5 月底，去年以来全省共查获假冒卷烟 3326.28 万支，同比减少 77%；非法流入烟 7503.18 万支，同比增加 11.08%。自去年至今年 4 月底查获案件涉案金额 8466.83 万元，判刑 204 人，拘留 319 人。2011 年共破获 10 万元以上案件 82 起。其中马鞍山“10·22”案件、安庆“3·9”案件等四起网络案件得到了国家局专项奖励。

目前全省共在 596 个社区开展了打假进社区工作，占全省社区总数的 24.92%。共培训零售户 152364 户，占全省持证户总数 57.05%，提前实现全省零售户两年轮训一遍的计划目标。稳步推进卷烟经营“放心店”工程。

（二）内部监管更加扎实，企业生产经营持续规范。

各级局认真学习新《工作规范》，结合本单位实际，突出抓好内管《工作规范》落实，确保专卖内管长效机制有效运行。扎实开展“11-2 号”行动，积极推动自查整改。省局在全省开展为期三个月的“11-2 号”内部专卖管理监督工作专项行动。通过自查整改、教育培训、规范提高等三个阶段工作，在全省进行一次广泛的专卖内管再教育，持续推动专卖内管工作向纵深发展。

去年省局对全省工商业企业分两批进行了内管工作检查。并先后组织人员奔赴蚌埠、合肥、阜阳、滁州卷烟工业企业进行烟机设备报废销毁工作，顺利按程序规范销毁 156 台套报废烟草专用机械设备。

（三）县局创建进入攻坚，基层建设稳步推进。

认真开展优秀县级局达标验收。省局对 32 个申报的县级局全部验收达标。至今，全省 87 个县级局共验收达标 79 个，占全省县级局数量比例为 90.8%，超过了国家局的阶段性目标要求。

积极推行优秀县级局创建经验。根据问武局长提出的我省创建提升年要求，确定滁州市局为重点推进单位。专门下发了《关于全面提升创建优秀基层县级局工作水平的意见》，要求今年全省创优工作达标率达到100%，通过1-2年的努力使优秀率达到30%，超过全国平均水平。

（四）队伍建设彰显特色，人员素质不断提高

认真落实年度教育培训工作，对基层所（队）长和一线专卖执法人员共计350人进行培训。基本完成对全省基层所（队）长轮训一遍的工作目标。全面推进专卖管理岗位技能鉴定，2311人次参加专卖岗位技能鉴定，合格1988人次，总体合格率为86.02%。成功举办首届专卖岗位技能竞赛，对竞赛成绩前18名的选手，授予“省级烟草技术能手”荣誉称号，选拔了7名优胜者参加第一届全国烟草行业烟草专卖管理岗位技能竞赛。

二、当前我省专卖管理面临的形势

（一）弱化专卖管理的思潮悄然滋生

随着市场形势的好转，销量、结构、效益的日趋攀升，少数单位渐渐滋生了放松专卖管理的思想。部分单位对基层建设重视程度不够，不能充分认识县级局、专卖所（队）的基层执法主体作用，对基层专卖管理机构的投入不足、关心不够。县级局基础建设没有跟上国家局创建步伐。

当前我省卷烟打假仍压力重重：违法经营活动呈现出主体多元化的鲜明特点，无证、无照、无店面、互联网的非法贩假渐成主流；南方假烟和北方非法流入卷烟的“南北夹击”之势日渐明显；违法经营者逃避打击能力不断增强，违法手段更加隐蔽，方式更加灵活。相当数量的网络案件查处难度加大。

（二）队伍“活力不足”严重制约了高效履职

队伍活力不足的问题已成为专卖管理了发展过程中的瓶颈性问题。开拓创新意识不够，工作效率不高，专卖管理的长期性、艰巨性缺乏清楚的认识，市场检查的方法、手段简单雷同，检查成效难以显现。

（二）卷烟非法流通、无证经营与专卖管理呈现胶着状态。

非法流入卷烟品种多种多样，流入地主要来自河南、山东、江苏、浙江等周边地区，非法流通卷烟渐成当前我省市场管理的主要矛盾。治理无证经营是一个长期的和不断反复的过程。各单位对此应有清醒的认识。

三、关于下一阶段全省专卖管理工作

（一）着力构建“政府领导、部门联合、多方参与、密切协作”的打假体系，持续保持卷烟打假高压态势

1. 进一步深化对卷烟打假工作重要性的认识。坚持守土有责和综合治理，认真总结推广打假工作好的做法和经验，努力把握打假工作规律，及时解决打假工做出现的新动向和问题，不断提高打假工作科学化水平。

2. 进一步深化联合执法，开创卷烟打假新局面。继续健全完善政法烟草和烟草市场行政执法两个联席会议机制，增强部门协作的深度和广度，充分发挥社区、乡镇等基层组织作用。加强对无证经营、物流运输非法卷烟、互联网销售非法烟草专卖品等问题的研究和治理。认真总结打假进社区、零售户培训的经验，探索卷烟打假的新形式、新方法，完

善长效机制。确保烟叶收购秩序稳定。

3. 进一步关注重要案件，不断提高办案水平，力争突破一批高质量的“国标”案件。继续把“每个地市级局破获 1 ~2 个涉烟网络案件”作为硬性任务。适时开展打击利用互联网非法经营烟草专卖品的专项行动，争取在互联网案件查办上有更大突破。

（二）着力构建“打击严厉、管理到位、疏导及时、服务周到”的市场监管体系，切实维护良好的市场秩序

1. 高度重视有效监管，实现由注重频率向注重效率的转变。结合烟草专卖管理工作职责内容，合理优化专卖管理岗位，将监管职责细化到管理者直至执行者。高度关注卷烟非法流通问题。进一步加大案件查办力度，重点督办对案值 10 万元以上的真烟案件。进一步强化卷烟零售户培训工程，积极探索“全程说理、柔性执法”新模式。理顺消费者监管举报的渠道，及时处理，并针对性地开展市场整治。

2. 高度重视评价体系建设，实现由传统考核向科学评价的转变。在预测把握市场状况方面，近期蚌埠市局积极探索，创新方式，取得初步成效。专卖处、科技处要开展针对性调研，进行总结、改进和完善。

（三）着力构建“制度完善、职责明确、监管到位、奖惩分明”的内部监管体系，维护良好的生产经营秩序

加强对卷烟非法流通的日常监管和市场检查，及时将有关信息反馈给内管、经营部门，对流出严重的依法依规严肃处理，努力维护良好的市场秩序。

（四）持续以“政治合格、业务过硬、充满活力、高效履职”为标准，努力打造一支高素质的专卖管理队伍

继续狠抓岗位技能鉴定工作。各单位要切实加强组织领导，认真总结经验，创造有利条件，继续抓好专卖管理岗位技能鉴定工作。认真做好评聘工作，建立培训、鉴定、使用、绩效考核和待遇相结合的激励机制，积极推进身份管理向岗位管理的转变。

继续狠抓教育培训工作。要科学系统的开展业务技能培训，确保培训实效，防止培训流于形式，建立员工严格的培训考核登记档案。将培训经历、学习表现和培训考试考核结果作为考核、任职、定级、晋升职务的重要依据。

继续狠抓活力工程建设。拓宽选人用人渠道，搭建公平竞争平台，使一些德才兼备的专卖人员得以脱颖而出。大力倡导勤政务实之风，增强集体荣誉，建设“团队文化”，倡导和培养一种积极进取、乐观向上、忠于职守和富有特色的团队精神，才能增强团队的战斗力。

（五）持续把“抓基层、打基础、树形象、强素质、增活力”作为基层创优活动的主要任务，推动基层创优实现“五个提升”

今年是安徽烟草“创建提升年”，各单位要以更加开阔的视野、创新的思路谋划、推动、落实好创建活动。按照“六个统一”的要求，合理基层所（队）布局，配齐配足专卖人员。按照打造“军营型、院校型、家园型”基层所（队）的要求，更多注重文化的融入，丰富“家园性”内涵。加快未达标 8 家县级局的跟进力度，力争 2012 年底实现全省县级局 100% 创建达标。高度关注以滁州市局为代表的重点推进单位工作成效，再选择 2 ~3 家基层县局作为联系单位，优中选优，树立标杆，促进创先争优活动向纵深扩展。

稳定烟叶发展良好局面 推进现代烟草农业建设上水平

——在全省烟叶收购暨现代烟草农业建设现场会上的讲话（摘要）

（2012年7月25日）

董建江

一、关于上半年烟叶工作

2012年，国家局下达我省烟叶收购量计划50万担，全省共落实烟叶种植面积16.9万亩，同比增加11.8%；签订种植收购合同4530份，种植主体户均规模37.2亩，同比增加27.4%。落实焦甜香特色优质烟叶面积6.8万亩，合同约定收购量20万担。特色烟叶开发和全省烟叶种植规模创近十年最好水平。全省共签订烟叶购销协议50万担，其中省外22.1万担，占44%；华环公司签订烟叶加工合同197万担，其中“中华”品牌原料87万担，均创新高。上半年烟叶工作主要体现在以下方面。

（一）力促扩量，烟叶种植规模稳中有升

通过组织召开生产动员会和多种形式慰问等措施，全力开展面积落实工作；积极与地方政府及保险部门协调，加强烟农烟叶种植风险防范能力；创新烟叶生产基层管理方式，皖南烟叶公司和亳州市公司通过分片组建生产小组，全面开展烟叶种植面积宣传和落实工作；继续严格规范签订合同。

（二）科技提质，着力打造烟叶特色品牌

1. 成熟适用技术进一步落实推广。积极加大品种试验工作，云烟97和云烟87种植面积分别占58.2%和19.8%；有效推进集约化育苗，全省落实烟叶育苗面积18.3万亩，其中漂浮育苗12.1万亩，占66.5%，湿润育苗6.1万亩，占33.5%；商品化供苗16.3万亩，占89.3%，全省育苗工场20个，育苗面积5万亩，占27.6%；全面推行测土配方施肥，采集土壤样品219个，全面推广定株定量精准施肥；积极推行GAP管理。

2. 特色优质烟叶研究与开发步伐加快。以国家局项目为研究重点，进一步理清“焦甜香”在浓香型烟叶中的品质定位。皖南烟叶公司重点围绕“两江一河”流域内的砂性土壤，重点开发郎溪、泾县、旌德、绩溪等新区。池州烟区以“三河一湖”流域为依托，制定烟叶面积发展规划。根据上海烟草集团和安徽中烟需求，选择在6个基层烟站辖区内开发精品特色优质烟叶。

（三）大力夯基，推进现代烟草农业发展

1. 原料供应基地化格局初步形成。基地单元建设成效显著，皖南公司四个特色烟叶基地单元全部通过验收；启动安徽中烟“皖南优质特色烟叶开发研究室”建设；池州市公司与安徽中烟公司、安徽省农科院烟草研究所共建科学研究与示范基地。省局（公司）与上海烟草集团签订了原料合作框架协议，建设上海烟草“中华”原料科技创新示范园区，深度介入华环公司易地技改项目。

2. 烟叶基础设施建设稳步推进。加快2011年度项目建设进度。2011年度实际实施项目3820个，行业补贴资金9954.5万元。2012年度项目建设有序开展。目前，已落实2012年度烟叶基础设施建设项目4156个。不断加强两个工场建设。全省共建有育苗工场20个，育苗能力达7.8万亩；皖南烟区基本实现育苗工场全覆盖，100%实行集约化育苗、商品化供苗。全省共建有烘烤工场510个，实现100%密集烘烤。

3. 专业化服务和机械化进程加快。全省1000亩以上集中种植片区11片；500亩以上集中种植片区42片；100亩以上家庭农场主462名；50亩以上农户1246户。2012年，全省共组建起垄移栽、大田管理和采烤服务队3000余支，服务面积累计达30万亩以上，生产用工由以前的30个工/亩左右下降到22个工/亩左右。

4. 烟叶基层烟站创优活动有序开展。科学规划烟叶基层站创建工作；抓好基层收购站基础设施建设、制度建设和队伍建设；坚持规范教育，诚信经营。

二、关于今年烟叶收购工作

今年全省烟叶收购工作的主要任务是：坚决贯彻落实国家局烟叶收购工作的总体要求，始终坚持以收购管理为重点，合同管理为主线，等级质量为核心，严格规范收购行为，全面加强质量管理，诚信经营，不断提升服务水平，确保烟叶收购工作顺利进行。

（一）以合同管理为主线，严格规范烟叶收购行为

坚持按合同组织收购。严禁跨区收购烟叶，收购无合同烟叶，利用虚假合同收购烟叶。切实加强烟叶专卖市场管理，加强毗邻地区沟通协调。严格执行收购调拨流程。全面宣贯《烟叶收购管理规范》，严格按工作流程操作，严格遵守收购制度。加强收购工作监督检查。省局（公司）组成联合检查组，对烟叶收购、工商交接、复烤加工等环节的合同执行、收购政策执行、质量进行监督检查与考核。

（二）以等级质量为核心，全面加强质量管理

要以收购流程管理为基础，成包质量为重点，中心库入库和工商交接为关口，着力解决混青、混部位问题，提高烟叶等级纯度，实现收购和工商交接等级合格率比去年提高5个百分点的质量目标。

（三）以服务烟农为宗旨，不断提升服务水平

加强专业分级队伍建设。加大对专业分级队伍组建、技能培训和服务规范的指导，充分发挥专业分级组织服务烟农的主体作用。切实增强服务烟农意识。认真履行服务承诺，树立诚信烟草、责任烟草、和谐烟草的良好行业形象。加强组织领导，提高收购保障能力。各产区要高度重视，成立主要负责人负总责的收购工作领导小组，及时发现和解决收购过程中出现的问题。

（四）以收购管理为重点，扎实做好各项准备工作

各产区公司在开秤前要制定本地区烟叶收购工作方案和应急预案，开展收购线巡检和信息系统的检测和调试工作。烟叶复烤企业及时做好与工业企业的加工衔接，按卷烟工业

企业要求做好烟叶精选和配方打叶安排。

三、关于现代烟草农业建设工作

（一）进一步提升烟农专业合作社建设上水平

1. 要着力分析解决合作社建设中的问题。目前，全省工商注册成立种植合作社 15 个，其中紧密型合作社 1 个，松散型合作社 14 个，入社农户共 859 户，种植面积 12389 亩；工商注册成立综合服务社 10 个，入社农户 1280 户，服务面积 8.9 万亩。各地合作社建设还存在不少问题，主要表现在：服务组织经营模式尚需改进；发展动力不足；服务定价难以差异化；多元化经营难度大。

2. 要准确把握烟农专业合作社功能定位。合作社是烟叶生产基础设施的受助者、使用者和实际掌控者；是各种生产要素的整合者；是烟叶生产全过程的综合服务者；是烟农相互关系的调节者；是行业在烟叶生产方面的主要合作者。

3. 要切实抓住烟农合作社建设重点。一是加强领导，精心做好规划。坚持全面规划、分步实施，单元配置、同步推进的工作思路，抓住重点，突破难点，稳步开展烟农专业合作社建设。每家单位重点抓好一个综合服务型合作社建设。二是突出规范，加强建设指导。指导健全治理结构，推动民主管理；指导建立职业经理人制度，推动能人治理；指导合作社建章立制、规范内部管理；指导合作社规范财务管理；指导合作社加强服务管理。三是合理定价，完善内生机制。要资产量化、合理定价、合理分配。四是多元经营，增强自身活力。发展多元经营，应坚持“五个有”，即有设施、有技术、有品牌、有订单、有效益。

（二）进一步推进烟叶基地单元建设上水平

依照规范抓落实，今明两年将继续推进 1 ~ 2 个基地单元的建设；围绕品牌促发展，工商研三方要深度合作，在种植品种、区域布局、风格特色、等级结构等关键技术方面开展研究，构建基地单元烟叶质量管理体系，共同开展质量评价。

（三）进一步推动烟叶基础设施建设上水平

结合我省烟叶烟区实际，水源工程、土地整理项目要量力而行。切实加大全程机械化工作力度，全面推广翻耕起垄和烟草植保的机械化作业，切实加大覆膜、施肥、起垄一体机，中耕培土机和烟夹的推广力度，积极推进烟草农机专业化服务。

（四）进一步加快皖南特色烟叶发展上水平

省局（公司）将向国家局积极争取政策上的支持，重点发展皖南特色优质烟叶；将构建领导支持体系，建立省政府专题会议制度，争取省政府支持。烟叶发展上，北方要实行恢复性发展，池州公司要以夯实基础为主，积极争取安徽中烟的支持。皖南烟叶公司要挖掘潜力，采取非常规的手段，实现跨越式发展。要加强和安徽中烟的合作，按照订单农业的新要求，开辟一个新单元。要不断加快上海科技园的建设。

在全省系统新闻宣传工作座谈会上的讲话（摘要）

（2012年8月1日）

董建江

同志们：

新闻宣传有两种理解，一种是将新闻宣传看作并列词组。“新”就是时效性，“闻”就是传播性。新闻就是将有时效性的、有价值的重要信息传播开来。时效性既是指正在发生的，也指已经发生的，甚至过去发生影响至今的事情。宣传就是宣讲传播，用各种符号传达一种理念，影响人们的思想行为，从而在一定程度上改变社会。宣传更强调政治意义，宣传最基本的功能是劝服人、引导人，正向的扩展意义叫激励，反向的扩展意义叫批判。宣传的手段、方式很多，包括理论、文艺、新闻宣传等。新闻宣传是宣传的一种手段、一种方式、一种力量。新闻宣传第二种理解是个偏正词组，强调是宣传的一个部分。这次座谈会主要讲新闻宣传偏正词组的小宣传，但也多少有并列词组大宣传的意味。我们召开这次全省系统新闻宣传工作座谈会，主要任务是总结一年来新闻宣传工作，分析形势，明确重点，表彰先进，部署当前和今后一段时期新闻宣传工作主要任务，加快推进新闻宣传工作向更高水平迈进，为推进“卷烟上水平”基本方针和战略任务，建设成长型企业，营造团结鼓劲、稳定和谐的发展环境，努力实现全省系统持续、协调、共同发展。

下面，我代表省局（公司）讲三个方面的问题。

一、主要工作回顾

2011年，全省系统在行业内外各类新闻媒体发表稿件4174篇，在行业三大主流媒体发表稿件1009篇，其中行业网站392篇，中国烟草杂志及其网站375篇，东方烟草报及其网站242篇，在行业外主流媒体发表稿件数量持续增加，稿件质量继续提升。

（一）主题宣传彰显了良好效果

一是做好“卷烟上水平”策划宣传。二是做好创先争优活动策划宣传，策划直属单位创先争优活动7篇系列报道。三是做好中国共产党成立90周年策划宣传。各单位在省内打叶复烤企业重组整合、巢湖行政区划调整烟草配套调整、皖南烟叶抗灾救灾等工作中，编发大量稿件，取得良好效果。

（二）健全制度完善了管理体系

拟订全省系统《通联队伍管理办法》《网站新闻信息发布操作细则》《重要事件和重要稿件审核办法》《网站新闻信息编辑工作规范》《新闻宣传安全责任管理办法》《新闻宣传应急预案》《舆情监测与处置工作制度》等。行业各单位相继制定或者修订一系列制度，新闻宣传工作管理机制基本建立。

（三）创新平台实现了改版提升

加强省局（公司）内外网站建设，形成比较成熟的网站改版方案。行业各单位重视企业网站建设。策划并完成《安徽烟草》杂志全新改版。各单位重视并加强企业内刊建设。省局（公司）继续编发《烟草速递》12 期，继续办好《安烟政务信息》，全年编印 12 期。

（四）媒体合作取得了明显成效

深化与新华社安徽分社合作，由新华社安徽分社摘编稿件，并摘要刊登在《安徽领导参考》。2011 年，在新华网刊登新闻稿件 24 篇。加强涉烟舆情监测与处理，与新华社安徽分社开展媒体顾问合作，2011 年，新华社安徽分社提供烟草行业《专报信息》32 期，《控烟履约及行业监测月报》12 期，涉烟敏感信息 92 条。定期向省局（公司）领导报送新华社编印的《总裁快递（烟草版）》。

（五）队伍建设增添了崭新活力

各单位形成了素质较高、专兼搭配、相对稳定的新闻宣传队伍。省局（公司）新闻宣传主管部门组织赴部分基层单位开展新闻宣传、舆情监测等相关培训。各单位加大经费投入和保障力度。省局（公司）组织开展年度新闻宣传先进单位、优秀通讯员和优秀新闻作品评选表彰，推进新闻宣传工作不断提升新水平、迈上新台阶。

二、加快推进新闻宣传工作向更高水平迈进

进展和成绩应该得到充分肯定，但有些问题也值得我们认真思考。我们的行业宣传有其特殊性，有很多尴尬的甚至是困惑的问题。比如说，第一，我认为系统内宣传已成蔚然大观之势，但面向社会宣传可能还是盲区。面向社会的宣传不是禁区，是我们自身工作还没有突破，不知道如何借助社会媒体的力量。第二，发展性宣传生动活泼，维稳性宣传困难重重。推动烟草行业改革发展，在展示烟草行业日新月异的发展进步方面找到了基本规律，但是维稳性发展方面的宣传压力很大。第三，行业正面宣传屡遭社会质疑，而对行业的一些负面宣传报道，我们往往噤声无语，缺乏有效地应对。烟草宣传有其特殊性，也有很多没有破题的东西。就我们新闻宣传本身而言，一是部分单位思想认识不到位，重视程度不够，支持力度不大，没有充分认识到新闻宣传工作的价值和作用。二是主题策划能力相对薄弱，常常满足于就事件做宣传。我们的分管领导、新闻主管部门主要就是做新闻策划，以点带面。《安徽烟草》改版最明显的变化就是重视了主题策划。这次会议也交流了部分企业刊物，适当的时候可以召开企业办报座谈会，研讨如何提高办报水平，发挥报纸宣传作用。明年的全省系统新闻宣传工作会议可以考虑增加优秀企业报和优秀企业报版面评奖。我也希望《安徽烟草》杂志能够提高一些版面，转载刊发企业报纸中具有代表性的优秀文章，既是加强交流，也是对企业办报的支持和推动。三是稿件质量水平有待提升，防止片面追求稿件数量。四是新闻宣传稿件数量同比波幅较大，从统计数据看，淮北、池州、亳州、马鞍山市局（公司）新闻宣传稿件数量同比明显增长，上升名次均在七位次以上。淮北市局（公司）从 2010 年排位第十九，上升到 2011 年排位第七，实现了跨越式突破，成绩来之不易。但个别单位同比却大幅下滑，最高降幅达八个位次。五是新闻宣传领域比较狭窄，主要表现在新闻宣传类文章体裁单一。要利用网络提供发布即时性宣传，省局（公司）网站主页面新闻可以考虑充实内容，转发各直属单位在社会媒体上发表的优秀新闻作品。六是新闻宣传队伍整体素质参差不齐，还需要持续加强培训，强化学习，不断提升写作能力和综合素质，等等。这些问题和不足，影响新闻宣传工作整体水平的提升，需要我们在今后的工作中更加关注并着力解决。

在当前新闻宣传已经取得较好的基础上，我们要保持清醒，正视不足，努力改进，不断提高，切实做到“四个转变”，加快推进新闻宣传工作向更高水平迈进。

一是努力向追求质量与数量并重转变。一要提升写作质量。树立精品意识，具备强烈的责任意识。二是寻求量的突破。写好稿，多写稿，多投稿，多发稿。三是追求质量兼顾。正确对待和深刻理解新闻宣传作品质与量的关系，辩证理解质与量。在日常工作中多练笔、多写稿，力戒仓促写稿，不能敷衍投稿。

二是努力向打造复合型新闻宣传转变。一是宣传平台的复合，主要指新闻媒介而言，做到纸质、音像、网络新闻宣传并行。二是写作文体的复合。创新运用新闻宣传体裁，改变单一的消息类报道，增强新闻宣传的吸引力和可读性。三是新闻人员的复合。努力培养复合型的新闻宣传人员，打造专兼职新闻写作人员，覆盖行业工作各条战线、各个领域。

三是努力向关注基层的工作作风转变。一是内容关注基层，解决“宣传什么”这一问题。二是采写深入基层，解决“怎么宣传”这一问题。三是关注基层来稿，解决“为谁宣传”这一问题。

四是努力向亲和悦读的优良文风转变。一要坚持短话宣传，反对拖泥带水。二是坚持实话宣传，反对假话空话。三是坚持新话宣传，反对陈词滥调。

三、今后主要工作安排

全省系统新闻宣传工作，要继续坚持以科学发展观为指导，围绕“卷烟上水平”和加快企业组织成长，坚持“贴近实际、贴近群众、贴近生活”原则，以党的十八大和中国烟草成立30周年宣传为重点，突出主题宣传，提升宣传品质，强调宣传效果，推进四个转变，加快新闻宣传工作向更高水平迈进，努力开创新闻宣传工作新局面，更好的服务和保障“卷烟上水平”和成长型企业组织建设。

（一）把握新闻宣传重点，唱响企业发展主旋律

各单位要制定规划好当前和今后的新闻宣传工作，做到有计划、有落实、有考核，主题宣传和日常宣传同步推进。各单位要围绕迎接宣传和贯彻党的十八大，精心组织好这一重大主题宣传；各单位要围绕中国烟草成立30周年，开展系列主题宣传活动；各单位要围绕安徽烟草商业并结合各自实际组织开展主题宣传，重点是组织成长推进情况，贯彻落实国家局“1+5”工作任务情况，特别是当前正在组织开展的以“创先争优引领组织成长”为主题的“235”教育实践活动。

（二）突出新闻宣传质量，确保宣传效果上水平

要确保新闻宣传稿件数量稳中有升。要严格按照省局（公司）考核办法，完成发稿数量硬指标，省局（公司）将核发各单位不同媒体发稿任务量，未完成的下年度不予参评优秀单位。省局（公司）将继续实行用稿数量季度通报制度。对于数量同比明显增长的单位，在下一年度评优中予以酌情参考加分；要确保新闻宣传稿件品质整体优化。各单位要加强对通讯员的培训，今后新闻宣传先进单位评优将增加针对通讯员的培训这一要求。

（三）创新新闻宣传方式，拓宽新闻宣传新视野

要丰富宣传方式。今后，利用文学体裁反映企业发展人与事的文章，也可以作为新闻宣传任务指标统计，并纳入优秀作品评选范围；要创新刊载范围。要在采写出高质量稿件的基础上，扩大投稿范围。在加强与业内媒体合作，巩固业内媒体宣传阵地的同时，争取在地方媒体及各大报刊上取得突破；要改进报道方式。多研究新形势下受众心理特点和接受习惯，努力提高新闻宣传的针对性、实效性和吸引力、感染力。

（四）加强宣传平台建设，拓展新闻宣传主阵地

要加强网站平台建设力度，希望各单位加强对网站的运维管理；要加强对纸质媒体建设力度。省局（公司）新闻主管部门将组织召开杂志改版座谈会。要改版办好《安烟政务信息》和《烟草速递》。前段时期，省局（公司）办公室对各单位及机关各部门自办报刊简报进行了调查，根据省局（公司）办公会议要求，提出了整改意见；要加大新媒体宣传力度；加大与新闻媒体合作力度。继续深化省局（公司）与新华社安徽分社合作，增加对新华网安徽频道专供烟草信息。加强与其他主流媒体合作，行业各单位要巩固与地方媒体的合作关系。

（五）提升宣传管理水平，构建新闻宣传新机制

一是建立新闻宣传工作考核评选机制；二是建立突发舆情处置机制。提升舆情信息搜集分析研判能力和水平，各单位要逐步建立舆情监测机制；三是建立行业与地方媒体协作沟通机制。各单位可以选择适合自己并具有一定公信力和影响力的媒体作为合作对象。

（六）着力提升新闻素养，增强新闻宣传主动性

要充实调整通讯员队伍。各单位要对现有的通讯员队伍进行动态调整充实；要加强培养选拔力度，积极为新闻宣传工作者成长成才搭建平台；要不断提升业务能力。加强业务培训和实践锻炼，适时组织新闻采风采写活动。广大新闻宣传工作者要珍惜岗位，认真负责，多写稿、写好稿，把新闻宣传作为事业平台、作为提升途径、作为锻炼方式，做精做实新闻宣传，努力为行业发展贡献聪明的才智。

持续扩量　优化提质
全力推进安徽烟叶量与质的双项超越（摘要）

——在全省烟叶工作会议上的报告

（2012 年 10 月 17 日）

董建江

一、近年来烟叶工作回顾

进入 21 世纪，我省主动加快调整烟叶生产布局，坚持“北烟南移”“稳北促南”工

作思路，按照“安徽烟叶重点发展皖南烟叶，皖南烟叶重点发展特色烟叶”发展战略，富有成效地打造出“焦甜香”特色优质烟叶品牌。

今年，全省落实烟叶种植面积 16.9 万亩，签订种植收购合同 4530 份，种植主体户均规模 37.2 亩。预计今年烟叶收购量突破 50 万担，其中特色优质烟叶将超过 50%，收购量和收购质量均达到近十五年来的最好水平。华环公司签订烟叶加工合同 197 万担，其中“中华”品牌原料 87 万担。

（一）调整种植布局，烟叶规模取得新突破

全省烟叶生产根据土壤、气候以及卷烟工业的需要，明确不同烟区目标定位，皖东、皖西地区退出烟叶种植，皖北地区压缩种植计划，皖南烟区加快规模化、特色化烟叶种植。全省烟叶收购量从 2005 年的 20.6 万担稳步增长到 2012 年的 50 万担，其中皖南烟区烟叶收购量占全省 82%。

（二）开发特色烟叶，焦甜香烟叶全国闻名

2006 年开展“皖南烟区烤烟特殊香气风格形成机理及配套栽培技术研究”，总结提炼“生态决定特色、品种彰显特色、技术保障特色”的焦甜香烟叶开发关键，项目获国家局科技进步二等奖。2009 年开展“皖南烤烟浓香型焦甜香特色彰显关键技术研究与开发”项目。重点围绕宣城、芜湖“两江一河”流域内的砂性土壤，同时开发郎溪、泾县、旌德、绩溪等新区。焦甜香烟叶成功进入安徽中烟顶端品牌“黄山天都”卷烟主配方和上海烟草集团“软中华”卷烟配方；池州烟区拉开了富硒有机烟叶研究开发的序幕。

（三）依靠科技进步，生产质量水平显著提升

针对烟叶生产过程做整体的研究分析，把培育壮苗、测土配方施肥、科学烘烤作为重点环节突破，不断加大成熟适用技术的推广应用。皖南宣州区获“国家级烟叶标准化生产示范区”荣誉称号。

（四）原料基地供应，基地单元建设深入推进

2010 年，省局（公司）与安徽中烟公司共同签订安徽烟叶发展的五年合作框架协议；今年，与上海烟草集团签订原料合作框架协议，打造“中华”卷烟品牌发展的优质原料保障基地和打叶复烤专线。自 2010 年，皖南烟叶公司共建特色烟基地单元四个，顺利通过国家局验收，其中“上海烟草集团华阳河中华”基地单元 2012 年获国家局“优秀基地单元”称号。

（五）开展设施建设，烟叶生产条件明显改善

2005—2012 年，全省累计开展烟叶生产基础设施建设项目 26636 个，其中烟水配套项目 2791 个，密集烤房 16571 座，机耕路 1091 条，烟草农用机械 6048 套，育苗大棚 135 个，行业累计投入资金 5.25 亿元，受益基本烟田面积 26.2 万亩，主产烟区基本烟田基本实现“涝能排，旱能灌，渠相连，路相通”目标，烟区抵御自然灾害能力和综合生产能力进一步增强。2011 年以来，积极探索设施农业建设，育苗工场种植有机瓜果蔬菜、烘烤工场培育食用菌取得初步成功。

（六）注重系统配套，现代烟草农业初具雏形

全省烟叶规模化种植逐年扩大，烟叶集中连片种植规模不断提高，今年，全省种烟主体平均规模 37.2 亩，较 2006 年 7.6 亩增长 4.9 倍；全省千亩以上集中种植片区 11 片，连

片种植规模快速发展；专业化服务不断拓展，今年全省共组建起垄移栽、大田管理和采烤服务队3000余支，服务面积达10万亩以上。各地在冬耕、整地、起垄、植保环节基本实现了100%机械化，生产用工下降到21个。

（七）重视基层建设，烟叶基础管理得到加强

不断加强员工和烟农两支队伍建设，注重发挥各类人才作用，全省已聘任高级农艺师2人，农艺师4人，培养职业化现代烟农1080名；按照“全流程、全覆盖”的信息化工作总体要求，实施烟站（单元）烟叶管理信息系统；不断规范烟叶生产经营秩序，建立了比较完善的内部约束机制和外部监督机制。2012年，皖南烟叶公司黄渡烟叶工作站获“全国优秀烟叶收购站”荣誉称号。

（八）突出管理服务，华环复烤企业全国领先

顺利实施华环和华圆两家复烤企业重组整合，加强两家复烤企业重组整合后的运行管理，重视管理和服务能力建设，抓住质量和效益两个重点，努力实现从传统复烤企业向现代加工企业转变。2012年，华环公司获“全国打叶复烤企业标兵单位”殊荣，通过AAAA级“标准化良好行为企业”认证，并获首届安徽省“卓越绩效”奖，管理服务能力全面提高。

二、近年来烟叶工作积累的主要经验

领导重视是安徽烟叶发展的关键。我省烟叶工作一直得到国家局、省局（公司）领导的高度重视。省局（公司）问武局长就加快安徽烟叶发展，特别是加快皖南特色优质烟叶开发，提出了许多指导性的要求。自2008年起，省局（公司）每年拨款500万元支持皖南特色烟叶开发；去年，向宣州区捐赠200万元烟叶救灾款。烟叶主产区政府领导高度重视烟叶工作，专题研究制定加快烟叶产业化发展的具体措施。9月28日，省政府召开皖南特色烟叶发展第一次联席会议，政府主导、公司主体、多部门协作的促进皖南特色烟叶发展的新的工作机制由此形成。

科学决策是安徽烟叶发展的前提。坚定不移地实施烟叶生产两个战略：一个是“稳北促南”战略；另一个是“精品”战略。“稳北促南”战略总体上是数量战略，通过布局调整，在烟叶计划资源上保证皖南焦甜香烟叶的开发规模，为“精品”战略服务；“精品”战略主要是质量战略，进一步发挥皖南小生态的优势，在未来三年力争开发焦甜香烟叶60万担，并逐步建立市场化机制。

科技支撑是安徽烟叶发展的核心。按照烟叶一生管理的理念，强化烟叶生育期管理，不断提高烟叶成熟度，促进特色质量提升。皖南烟区着重加强云烟97良种良法配套栽培技术研究；重点抓好高茎壮苗培育；建立烟草测土配方施肥长效机制；提高烟叶成熟度。

现代烟草农业是安徽烟叶发展的保障。在基地单元建设中全面统筹基础设施建设、合作社建设、优化结构、减工降本、专业化分级散叶收购、特色优质烟叶开发、GAP管理、信息化管理等各项工作任务，实现以点带面、整体推进。注重“三化”有机结合和深度融合；进一步加强工商合作；继续加大站点整合力度，把烟站建设成为综合性烟叶工作站。

面对当前农村经济的新形势，由于我省烟叶生产基础比较薄弱，烟叶工作仍面临一些突出问题，主要表现在：一是自然灾害频发成为影响烟叶生产稳定发展的重要因素；二是

增加规模的压力越来越大；三是现代烟草农业建设水平不均衡；四是烟叶供求的结构性矛盾愈显突出并长期存在。

三、明年及今后烟叶工作安排

2013 年，全省烟叶工作要紧紧围绕“卷烟上水平”基本方针和战略任务，始终把烟农利益放在心上，坚持以现代烟草农业建设为统领，以基地单元“三化”融合建设为载体，以焦甜香特色优质烟叶开发为重点，扩大规模，优化结构，标准生产，持续提升焦甜香烟叶品牌贡献率，确保安徽烟叶在全国有一席之地。在未来 3 年，努力实现收购烟叶 80 万担，焦甜香烟叶 60 万担的宏伟目标。

（一）我们要坚持共同发展，始终坚持把烟农利益放在心上

继续深入开展“两个至上”“三个始终”“五种意识”教育实践活动，以“服务多一点，管理高一点，成本降一点，收益增一点”为活动主题，以“一张笑脸，一家亲情，一套标准，一生管理，一起成长”为活动载体，持续延伸“235”教育实践活动内涵。

（二）我们要坚持规模扩增，始终坚持烟叶持续发展不动摇

2013 年，全省拟安排种植烟叶 20 万亩以上，收购烟叶 60 万担以上，其中皖南烟区收购量较今年调增 26%。各地要充分发挥政府联席会议的作用，积极争取政府支持，积极做好基本烟田规划，建立基本烟田保护制度；把落实种植面积当作一项重要任务来抓紧抓好，充分调动烟农积极性，层层分解落实，力争种植规模有新的突破。

（三）我们要坚持研发并进，始终坚持打造焦甜香烟叶品牌不动摇

坚持“边研究，边转化，边使用”，研究建立焦甜香烟叶的生产技术体系。加强与工业企业、科研单位深度合作，研究建立焦甜香烟叶化学成分评价体系，在稳步扩大规模的同时进一步彰显风格特色，打造焦甜香精品烟叶。

（四）我们要坚持优化结构，始终坚持提升烟叶质量上水平不动摇

进一步强化“优质烟叶有效供给水平”的概念，侧重提高技术措施到位率带来的烟叶质量改善；积极做好优化结构工作；坚定不移地推进烟叶标准化生产、GAP 管理理念，建立生态烟草农业体系。

（五）我们要坚持工商协同，始终坚持基地单元建设上水平不动摇

在单元管理、技术落实、基础设施建设、规模化种植、集约化经营、信息化管理、烟叶收购和交接等方面整体推进。加强与津巴布韦烟叶生产交流合作，“走出去，请进来”，促进农业技术体系和管理体系的建立和实施。2013 年，全省计划再建设烟叶基地单元 4 个，分别为皖南烟叶公司 2 个，池州和亳州市公司各 1 个，其中申请国家局统一规划建设单元 2 个。

（六）我们要坚持系统效益，始终坚持现代烟草农业建设上水平不动摇

重点研究土地整理问题；全面启动综合型服务专业合作社建设；积极推进减工降本系统工程，把散叶烘烤和散叶收购作为重点探索环节。

在全省公安烟草卷烟打假工作会议上的讲话

（2012年12月28日）

张靖江

一、今年以来全省卷烟打假工作情况

今年1～11月份，全省共查处案件18834起，同比增加9.3%，其中5万元以上案件141起，同比减少3.4%；符合国家局标准的网络案件5起，符合省局标准的网络案件15起。查获案件涉案金额5288.8万元，同比减少7.8%。查获各类非法卷烟6066.65万支，同比减少15.6%，其中假冒卷烟624.1万支，同比减少77.1%；非法流入烟5433.46万支，同比增加22.1%。判刑113人，同比减少13.1%；拘留157人，同比减少27.3%。据11月份全省专卖市场检查结果显示，我省卷烟市场规范指数92.4，继续保持了较高的市场规范程度。

（一）开展专项行动，卷烟市场整治不留死角

全年开展了三次全省性卷烟市场整治行动。一是在年初做好“11-3号”专项行动收官工作，为元旦、春节期间卷烟市场良好秩序奠定基础。二是2～5月份在全省开展“金龙一号”专项行动，对跨省、跨区非法流入烟、无证经营等问题等进行了重点整治，破获了一批大要案件。这两次行动全省共出动烟草执法人员82645人次，公安干警1925人次，其他部门行政执法人员1268人次。查获涉烟案件5570起，其中5万元以上案件30起，案值合计1623万元，查获各类非法卷烟1876.55万支。三是于12月中旬开始开展“金龙二号”专项行动，针对2013年元旦、春节市场，突出对繁华商业区、火车站、汽车站等重点区域和“名烟名酒店”“烟酒茶专卖店”以及娱乐场所等重点对象的市场监管。

各地市局针对辖区市场情况，分别开展专项治理行动。合肥市局先后组织开展“净园”系列卷烟打假专项行动，保证省会卷烟市场高压态势。淮南市局“秋风”行动，各县级局所有市管员集中编入大队，统一行动，县级局局长、副局长直接带队参与市场检查。全省其他市局也都针对本地市场状况，有针对性地开展了一系列专项行动，做到了月月有活动、季季有高潮。

（二）紧抓“打团破网”，大要案件查处力度不减

各级局按照省局部署，针对卷烟打假实际情况，进一步坚定“破获1～2个涉烟网络案件”决心，增强破获大要案件力度。

一是努力提升案件经营水平。针对当前犯罪团伙网络化、家族化、职业化的特点，坚持抓源头、挖窝点，立足于深挖犯罪团伙，揪出隐蔽较深的地下产销网络。努力提高

案件经营能力，提高“打团破网”成功率。截至12月18日，全省共破获涉烟网络案件20起，其中符合国家局标准的网络案件的5起，符合省局标准的15起。淮南市局破获符合国标和省标网络案件各1起，逮捕13人，刑拘17人，判刑13人，逮捕、刑拘、判刑人数同比大幅增加。黄山、池州市局在去年破获2起网络案件基础上，今年继续破获2起，连续两年实现了“小市场挖出大案件”，打破了“小市场”没有网络案件的不实之说，充分验证“每一包假烟背后都有一个制售假烟网络”的科学论断。亳州、马鞍山、淮北、安庆等市局均破获了2起以上网络案件，为全省“打团破网”目标的实现做出了贡献。

二是高度重视大要案的查处和侦破。各地开拓线索，力求深挖，与交警、交通等部门密切协作，加强路查和大要案的查处侦破工作。1～11月，查获10万元以上卷烟案件58起，其中非法渠道卷烟案件46起，较去年同期增加15起，假冒卷烟案件12起，较去年同期减少28起。58起大要案件中，在道路和物流运输环节查获的案件有20起，查获的非法卷烟数量占总量的37%，充分显示了我们抓住了当前非法卷烟贩运这一“牛鼻子”。

三是进一步加大涉烟案件抓捕追刑力度。各市局充分依托政法烟草卷烟打假联席会议机制，紧密联系公安部门，部署对涉烟案件嫌疑人抓捕行动，特别加大赴广东、福建抓捕力度。1～11月，累计赴省外抓捕嫌疑人32人次。用好用足“两高”司法解释，1～11月，累计判刑113人。池州市卷烟打假领导小组调整打假追刑奖励办法，取消缓刑奖励，大幅度提高实刑奖励标准，全年判处有期徒刑刑期累计达33年6个月，其中实刑刑期累计达22年6个月，对涉烟违法犯罪分子的震慑力度进一步加大。

（三）依托联席会议机制，市场监管方法创新不断

各市局以两个联席会议机制为平台，积极推动专卖管理社会化进程，加快转变传统的市场监管模式，努力探索实践市场监管新的有效途径。滁州市局扎实开展卷烟市场管理进社区、进乡镇和法律宣传进网点、进社区、进农村活动，将烟草市场管理纳入党委政府的社会综合整治考核体系，明确社区的工作内容，考核指标层层分解、逐级落实并实行季度考核、年终评比。专卖管理所加强与乡镇、社区的沟通对接，确保工作落到实处，取得实效。走出了一条政法委牵头推进、社区主动参与、烟草积极配合的卷烟市场监管新路子。马鞍山市局面向社会开展的第二届“维权杯”真假卷烟鉴别比赛，吸引了社会各界3304名消费者的参加，有力促进了广大群众对假烟鉴别水平和防范意识的提升。亳州市局城乡联动，城区专卖管理所与农村专卖管理所每周开展一次互查，每月组织一次联合稽查，在稽查区域上形成网格状，确保稽查全覆盖。蚌埠市局推进“三防”情报网络建设，健全完善了情报网络建设工作制度，构建线人选人、培养、管理机制。在怀远制假区域、全区零售终端、物流快递环节积极建立信息情报网络，设置300多个信息监控点，进一步延伸市场监管触角。

回顾2012年全省卷烟打假工作，在肯定成绩的同时，我们也应对卷烟打假的复杂性和艰巨性保持高度的警醒。

1. 从全国的形势来看，当前全国卷烟打假形势依然严峻，广东、福建、河南等局部地区长期存在的卷烟制假问题仍然严重，制假活动转移扩散明显，境外制假、境内销售的

现象有所抬头。制假窝点原辅材料供应尚未得到有效遏制，假烟网络对制售假烟活动仍起着重要的支撑作用。

2. 从我省当前案件查处的情况看，假烟和非法流入烟“南北夹击”的格局没有改变，违规运输和非法流入的涉烟违法活动仍较猖獗，网络案件侦破深挖难度加大，互联网涉烟案件已有抬头之势。概括起来，当前卷烟打假存在的问题集中表现在三个方面：一是随着打假形势好转，少数地区及个别领导对制假售假的危害性掉以轻心，对制假售假活动的复杂性、艰巨性、反复性、长期性认识不够，开始出现松懈思想，产生了麻痹情绪；二是省际间毗邻地区异地携带卷烟问题比较突出，涉烟违法分子深谙烟草法律法规，精通现代商业物流，采取“数量少、频次多”的蚂蚁搬家的方式进行交易，抓到了往往也只能是行政处罚而免于刑事处罚，由于赚的总比被查扣的多，处罚后依然从事非法活动；三是网络化、家族化、信息化已成为涉烟违法犯罪的主流，制假售假分子的手段狡猾多变，抗打击的经验不断丰富，而我们的打假策略和手段还未能及时跟上形势的变化。

3. 从统计数据来看，市场监管水平不平衡性进一步凸显。1～11 月份，全省共破获网络案件 20 起。在案件性质上，真烟网络案件占 11 起，假烟网络案件仅有 9 起。查获的假烟案值也明显少于真烟案值。在地域分布上，仅有 10 家市局破获了网络案件，还有 6 家市局交了白卷。“打团破网”工作呈现明显的不平衡性。11 月份全省市场检查结果显示，各地市场规范经营程度和监管力度也差异甚大。这在一定程度上反映了全省各地市场监管工作水平的不平衡性，需引起高度重视。

4. 从案发特点来看，对市场监管新问题、新形势的认识和研究不足。根据国家局的统计，安徽、山东、河北等 4 省市互联网涉烟案件下线线索占全国的 80%，这反映出利用互联网从事涉烟违法活动正在我省暗流涌动。但全省绝大部分地区的专卖管理机关对此类案件的认识不够，关注度不高，办案意识不强，工作内容仍停留在对上级交办线索的调查取证上。可以确定的是，随着对传统方式从事涉烟违法活动打击力度的不断加大，利用互联网平台进行涉烟违法活动的规模和范围都将逐渐扩大，如何有效应对这 新问题，将是未来一个阶段我们思考和研究的重点。

二、治安、烟草部门交接协作情况

安徽省公安和烟草部门的联合执法与协作渊源已久。1998 年初，安徽省政府办公厅下发《关于进一步加强全省烟草专卖管理工作意见的通知》，成立全省烟草专卖管理协调领导小组，成员单位包括省政府办公厅和烟草、公安、工商、检察、财政等执法机关。2002 年，省烟草专卖局稽查总队与省公安厅经侦总队协商建立联合打假工作制度。当年，国家烟草专卖局、公安部下发《联合打击制售假烟违法犯罪活动工作制度》后，省烟草专卖局与省公安厅贯彻落实该文件精神，将两总队联席会议升格为两厅局联席会议。

烟草公安联席会议机制的建立对打击涉烟违法犯罪行为发挥了巨大威力。2002 年至今，烟草、公安联手，相继开展“金网一号”至“金网五号”“奋战六十天”“11-1 号”“11-3 号”等全省性卷烟市场整治专项行动，破获了蚌埠“4・23”、淮北“1・02”、六安“9・03”、马鞍山“10・22”等一系列涉烟网络大案，抓捕涉烟案件嫌疑人 1500 余人，为全省卷烟市场秩序的根本性好转奠定了基础。在多年的并肩作战中，全省各级烟草、公安部门密切协作，高效沟通，成为联合执法的典范。

今年7月，省公安厅下发《关于理顺涉及烟草制品犯罪案件管辖权的通知》，决定将涉烟刑事案件管辖权由经侦部门移交给治安部门。省烟草专卖局党组高度重视，责成专卖处与经侦总队、治安总队联系，完成工作衔接。9月，省局与省公安厅召开专题会议，提出了关注力度不减、侦办力度不减、配合力度不减，进一步加强案件经营、进一步加强服务保障、进一步加强沟通交流的“三不减三加强”的具体要求，要求各级烟草、治安部门加强协作配合，做好工作移交，加强业务对接，形成打击合力。

各市烟草专卖局主要领导高度重视，主动与市公安局主要领导沟通，市、县分管领导和专卖部门加强与公安治安部门协调，会商并建立长效协作机制。亳州市烟草部门积极与公安治安部门沟通，积极探索烟草公安联动机制，明确各自职责，突出“四个联动”（市场检查联动、专项行动联动、案件侦查联动、应急处理联动），加快推动烟草制品犯罪案件由经侦部门向治安部门的顺利移交。马鞍山市召开全市烟草公安工作联席会议，确立了相应的对接内容：治安办驻点、案件线索、市场监管、进出城治安卡点、职责界定、案件办理、联系协调方式等7个方面。市经侦、治安顺利对接，在市县保留公安驻烟草治安办公室，和县、含山两县将原经侦人员直接划转治安，便于工作延续。宿州市烟草局在近年来始终确立的公安治安支队联席部门的基础上，又将公安经侦、技侦、网侦、情报等多警种纳入联席部门，充分发挥各警种在案件侦办中的作用，扩大监管领域，丰富监管手段。截至目前，除安庆市定于2013年起开始移交外，全省各市均顺利完成涉烟案件管辖权的移交，烟草、治安部门协作机制已经初步建立。

工作移交后，为尽快进入实战状态，部分地市烟草、公安部门联合召开办理涉烟犯罪案件培训会，互相学习，共同提高。宣城市局与公安部门联合召开办理涉烟犯罪案件培训会，公安、烟草分别就涉烟犯罪案件的定性、线索的搜集、证据的固定、办案的程序等重点内容进行了业务培训，对近期该市破获的多起涉烟案件进行了剖析，取得了良好的培训效果，实现了良好的开局。

一是涉烟制品犯罪案件由治安部门统一管辖后，各市、县烟草部门加强了同本级公安机关治安部门的联系，双方互通信息、互相配合，做好业务对接，完善联合工作机制，进一步提高了打击涉烟违法行为的反应速度和处置能力。二是加强基础工作，发挥资源优势。公安部门充分利用治安工作点多、面广、线长的资源优势，发挥派出所、社区基层组织作用，对涉烟案件主动出击、提前介入。烟草稽查部门认真履行职责，积极搜集涉烟案件的有力线索，做好涉烟大要案件的前期侦查工作，共同维护烟草市场的经济秩序。自10月份至今，全省移交治安部门涉烟犯罪案件22起，案值超过500万元。三是加强工作创新，提高办案效能。针对“打团破网”工作要求和卷烟打假工作新形势新问题，特别是针对即将到来的元旦、春节期间案件高发的特点，双方改进工作思想、工作方法，共同研究涉烟案件的新规律、新办法。同时加强了与检察院、法院的协作，依靠网侦、技侦的力量，多警种协作，提升整体办案水平和效力，有力打击涉烟违法行为。

三、下一步工作意见

在今年11月份结束的全国卷烟打假工作会议上，公安部、国家烟草专卖局要求：要认真贯彻落实国务院关于进一步做好打击侵犯知识产权和制售假冒伪劣商品工作的文件精神，以营造良好的烟草市场秩序为目标，全面实施综合打击综合治理，积极建立和完善长效机制，突出“端窝点、断源头、破网络、抓主犯”的工作重点，始终做到“毫不松懈，守土有责，巩固成果，严防反弹”，切实维护国家利益和消费者利益。

具体点到我省如何贯彻全国卷烟打假工作会议精神，借此机会，讲几点意见，供大家参考。

（一）要进一步提高认识，加强领导，继续保持对卷烟打假工作的严打高压态势

由于吸烟人口众多、消费需求巨大，我国烟草市场始终是各个跨国烟草公司和各种民间资本最渴望进入的市场。同时，由于国家对烟草征收高税，加之我国正处于经济转轨、社会转型时期，烟草也是极易诱发制售非法烟草活动的领域。从我国国情和烟草行业实际出发，只有继续坚持和不断巩固专卖体制，才能有效避免国内烟草市场出现非法进入和无序竞争的不良现象，有力打击制售非法烟草活动，持续提高中国烟草整体竞争实力，从而为实现烟草行业持续健康发展提供根本保障。烟草行业作为国家特许经营的行业，是国家税收的重要来源之一，关乎国家的政治稳定、经济发展和人民群众的身心健康。打击制售假烟违法犯罪活动，对于落实科学发展观，规范社会主义市场经济秩序，推动经济社会又好又快发展，具有十分重要的意义。要进一步增强卷烟打假工作的责任意识和案件经营能力，积极开拓思路，讲方法、求实效，继续把打击销售假烟网络工作放在突出位置，牢牢把握“打源头、断网络、抓主犯”的主线，在查处大案要案上下功夫，始终保持对卷烟制假违法犯罪活动的严打高压态势，斩断假烟运输链、狠打制假窝点和分销网络、追捕在逃主犯，巩固成果，严防反弹，不断推动卷烟打假工作向纵深开展。

（二）要进一步加大打击力度，再破一批制售假烟大案

要继续抓住侦破大案要案这一关键环节，切实提高情报信息搜集能力、经营案件能力和跨区域协同作战的能力，有效打击跨地区、集团化、网络化的制售假烟犯罪团伙，认真完成每个市级局都要打掉 1 ~ 2 个较大规模制售假烟网络的目标任务。进一步完善区域协作打假机制，建立线索通报、案件协办等制度，完善立案协助、调查取证、证据互认、协助执行和应急联动等工作机制，努力解决当前打击制售假烟网络工作普遍存在的追踪调查成本大、取证难度大、抓捕收网阻力大等问题。对重大涉烟案件，争取公安机关和检察院提前介入，依法加大刑事打击力度。继续加强与物流运输管理部门的协作配合，加大对物流企业的监控力度，及时掌握动态情况，积极破解物流业涉烟违法犯罪活动查处难的问题。烟草部门要加强与工商部门的协作配合，探索更加有效的市场管理方法，着力构建市场监管长效机制，创新监管方式，提升监管效率，推动市场监管科学化。按照《打击利用互联网等信息网络非法经营烟草专卖品工作指引》，会同公安、工商、通信等监管部门，继续加强互联网涉烟监管工作，建立网上监管协作机制，加强网络管理技能培训，及时掌握案件线索，做好证据提取和固定工作，有效打击此类犯罪活动。

（三）要进一步推进专业队伍建设，努力提高卷烟打假队伍的整体素质

打击卷烟制假售假违法犯罪活动是一项长期而艰巨的任务。不断推进打假专业队伍建设，提高打假队伍整体素质也是坚持与时俱进的必然要求。各地要积极开展卷烟打假业务培训，切实提高涉烟案件办理能力，积极适应当前卷烟打假形势的需要。与此同时，要认

真总结和学习借鉴卷烟打假工作中涌现出的先进单位和先进个人的经验，努力提高自身办理案件的能力和水平。当前，我省一些地方的执法机关存在着打假队伍建设不平衡，打假力量人少质弱，资源不能有效整合等问题，影响了打假工作的开展。各地要紧紧围绕抓基层，打基础，苦练基本功的要求，切实加强打假队伍的基层基础建设工作，尤其要加强基层管理所和稽查队的建设工作，确保打假力量配齐配强，保障卷烟打假工作顺利开展，切实维护国家利益和消费者利益。

（四）要进一步围绕重点，突出创新，务求卷烟打假取得实效

一是继续探索建立市场监管新模式，以分类管理、错时检查、重点监管为突破口，着力实现市场监管的“三个转变”，即由普遍监管向定向监管转变，对广大守法经营户予以“免打扰服务”；由从市场上发现问题向带着问题上市场转变，实现打击的精准性；由单纯处理案件向追根溯源转变，深挖案件发生原因、拓宽案件信息使用渠道、延伸案件经营触角。

二是将零售市场的良好秩序作为检验市场监管各项工作成效的主要标准，实现专项性集中整治与日常规范监管紧密结合，注重通过有效的市场监管主动发现案件线索，改变网络案件主要依靠举报的被动局面；加强市场监管与专卖内管、打假打私的有效衔接，形成几项工作良性互动的有利局面。坚决打击公开摆卖假烟行为，大力整顿名烟名酒店违规经营问题，不断提高零售市场净化程度。

三是高度重视互联网涉烟监管工作。自国家局部署开展打击利用互联网贩售假烟网络活动三年多以来，我省仅黄山、铜陵两市局有所突破，分别于去年和今年破获了一起符合省标和国标的案件，与全国其他省份相比，此项工作我省属“慢热”。因此，下一步我们一定要加强与通讯主管部门和公安机关技侦部门的协作，积极经营有价值的案件线索，加强案件侦办力度。加强互联网案件办案经验交流，努力提高专卖管理队伍办理互联网案件的能力和水平。

四是发挥好人民群众的重要参与作用。大力宣传“12313”卷烟打假举报热线，落实举报奖励，鼓励人民群众同制售假烟违法犯罪活动作斗争。要加强宣传教育，对破获的重大典型案件，通过新闻媒体及时向社会和人民群众通报。要研究卷烟打假工作中的深层次问题，争取党委、政府落实综合治理措施，把打假与社会管理综合治理工作有机结合起来，让全社会都参与到卷烟打假的事业中来。

同志们，这次会议既是见面会，也是总结会，更是动员会，让我们坚持以邓小平理论和“三个代表”重要思想为指导，以全面落实科学发展观为统领，以构建社会主义和谐社会为目标，认真贯彻落实党的十八大精神要求，继续按照省委、省政府和国家烟草专卖局的统一部署，以这次会议为新的起点，振奋精神，同心协力，开拓创新，争取我省卷烟打假工作的更大胜利，为富民强省和安徽的中部崛起做出新的更大的贡献！

严格管理　深入规范　主动服务
进一步推动全省系统财务审计工作上水平

——在全省系统纪检监察、财务审计工作会上的报告（摘要）

（2012 年 2 月 29 日）

贾零霓

下面，我讲两点意见。

一、2011 年主要工作

2011 年，是“十二五”开局之年，是“卷烟上水平”战略规划启动实施之年，也是全省系统财务审计工作迈入新阶段的重要一年。在省局（公司）党组和国家局财务审计司的正确领导下，在各基层单位的大力支持下，财务审计工作按照“四个全面提升”的工作要求，紧紧围绕“持续规范、加力监管、突出服务、注重效率”的主要任务，各项工作稳步推进，较好地完成了年度目标任务，实现“十二五”良好开局。

（一）常抓不懈，基础管理规范有序

基础管理是各项工作的根本。全省系统财务审计部门始终坚持加强基础管理，建立健全基础工作的制度化、规范化、标准化机制，工作基础进一步夯实。

持续推进财审制度体系建设。按照“常修订、常补正、常完善”的工作要求，继续从省局和基层两条线全力推进财审制度体系建设，不断深化制度规范，强化制度监督，巩固扩大“全面规范梳理年”活动成果。本着科学、严谨的态度，省局（公司）先后完成 13 项财务管理类制度的修订、发布工作，其中修订制度 10 项，新增制度 3 项，力求满足新形势下企业管理对财务制度规范的新要求。以质量管理体系建设为契机，梳理审计工作流程，优化方案，统一方法，审计制度和标准进一步完善。各基层单位以省局（公司）制度规范为指引，结合企业实际管理需要，对现行财务审计制度进行了补充、完善，省市两级财审制度体系更加全面、协同、有效。全省系统加强学习，严格执行，实现制度制订、执行和完善的良性循环，制度的规范约束作用得以有效发挥。

持续深化会计基础工作规范。全面分析总结财务决算工作，下发 2010 年度财务会计报告审验工作通报，进一步规范年度财务报告的编制。调整、轮换年报审计中介机构，召开会计师事务所座谈会，明确工作职责，确保年报编报质量。开展物流费用核算工作调研，摸清现状，统一核算口径，加强费用管理，为物流对标管理和考核工作提供数据支撑。根据全省烟草直营店发展需要，探索直营店会计核算模式，专题召开研讨会，充分听取基层单位意见，赴上海烟草集团学习，合理吸收兄弟单位管理经验，拟定全省系统直营店财务管理意见，增强直营店财务管理工作的统一性和规范性。开展酒店旅业会计制度梳理研究工作，深入徽州皖韵假日酒店和黄山疗养院实地调研，全面了解酒店核算现状，初步建立全省系统酒店宾馆会计核算办法。

持续完善全面预算管理机制。以预算管理信息化为重要手段，落实全面预算管理要求，突破传统预算管理方法和手段的瓶颈，将预算管理制度固化于系统，进一步明确各级预算主体的预算管理职责，强化预算管理的过程控制。切实转变预算管控模式，初步实现预算由“以财务部门控制为主”向“以业务部门自我控制为主”转变，提高控制的效率和效果。加强重点可控费用的预算管理，突出控制重点，防止开支的随意性，抑制费用过快增长。深化预算考核机制，完善预算考核办法，充分发挥预算的硬约束作用。开展预算决算分析，强化预算闭环管理。华环公司预算试点工作取得阶段性成果，在行业打叶复烤企业预算管理工作会上做了交流发言，得到国家局领导的充分肯定。

持续提升审计基础管理水平。深入总结“十一五”审计工作，制定全省系统审计工作“十二五”规划，确立指导思想，明确目标任务。围绕国家局、省局（公司）年度工作重点，充分利用审计委派制工作机制，统筹全省审计资源，分解下达全省系统审计项目计划。实行审计派驻办月度工作小结与计划上报制度，全面了解基层单位审计工作动态。制定审计项目评估办法，开展省级审计项目自我评估，检查审计程序、方法、内容的适当性，复核审计结果的准确性，查找审计工作中存在的不足，为后续开展的审计项目提供参考。统一日常审计项目和工程建设项目电子台账，收集、整理、登记、归档审计项目基础资料，加强审计资料痕迹化管理。

（二）立足长效，有效监管持续深化

严格规范是行业健康发展的生命线。全省系统财务审计工作始终坚持更加严格、更加自律、更加规范的要求，突出监管实效，财审工作的监管效能进一步发挥。

开展全面审计，巩固行业规范成果。2011 年，国家局党组决定在全行业开展全面审计工作。国家局全面审计工作布置会议召开后，省局（公司）领导高度重视，迅速成立了以问武局长为组长的全面审计工作领导小组。多次召开专题会议，传达贯彻行业全面审计会议精神，指导、督促全面审计工作；建立定期汇报制度，及时了解企业自查工作开展情况；开展自查督导工作，切实加强自查工作的监督与指导。各单位严格按照省局（公司）工作要求，统一思想、健全机构，思想上高度重视，行动上认真落实，全面、深入、细致地开展了全面审计自查工作。认真梳理自查中发现的问题，制定相应整改措施，确保自查工作成效。在全面自查的基础上，认真开展审计复查。复查工作采取“试点先行、总结培训、以点带面、全面铺开”的方式进行，省局领导亲自带队，全面部署审计复查与巡视工作，加大了复查力度，确保了工作效果。自查反映工程项目、物资采购等 6 个方面问题 204 条，复查反映问题 225 条。针对自查、复查发现的问题，省局（公司）相关部门及时提出整改意见，督促各单位落实整改。全面审计工作的开展，切实巩固了整顿规范成果，提升了规范管理水平。

加强资产监管，提升资产管控水平。依法依规处置资产，资产质量进一步优化。严格资产处置预案管理，将预案管理和资产监管相结合，实现资产处置的全程管控。对重大资产处置进行实地勘察，确保资产处置的合理性。规范资产评估管理，建立全省系统资产评估中介机构备选库，跟踪评估中介机构执业质量，提升资产评估的质量和效果。强化资产评估备案工作，完备资产处置程序。2011 年，全省系统批复处置资产 522 项，资产原值 11138 万元，净值 3377 万元。加强资产权属证明管理，完成 2010 年度产权登记及年检工作，充分发挥产权登记管理作用。贯彻落实“稳健经营、规范运作”的指导方针，制定徽州皖韵假日酒店接待服务规定，结合质量管理体系建设工作，切实加强对多元化企业的投资管理。

加强资金监管，提升资金管控能力。全面开展“小金库”专项治理工作，召开专题督导会，交流工作经验，探讨“小金库”源头治理的有效途径。密切融合“小金库”专项治理工作与纪检监察、内部审计工作，形成监督合力，确保工作成效。针对前期资金管理检查中发现的问题，印发资金管理专项检查工作情况通报，统一卷烟货款管理流程，健全资金管理运行机制。部分单位以此为契机，开展“回头看”工作，巩固资金管理检查工作成效。结合网上订货业务模式的推广，密切关注网上结算，确保资金安全完整。扩大公务卡在全省范围内的应用，进一步减少现金使用，降低财务风险。

加强常规审计，发挥日常监督作用。相继开展法定代表人任期经济责任、烟叶基础设施建设项目资金、特色烟专项补贴资金使用以及工程建设项目管理等审计工作。在项目实施同时，同步开展物资采购宣传促销和财务收支审计，节约了审计成本，提高了工作效率。各项审计共提出审计意见及建议 82 条，全部下发被审计单位落实整改。各单位开展管理审计项目 53 项，内容涉及专卖管理、车辆费用管理、烟叶基础设施建设项目资金、职工食堂、工会经费使用等方面，“监督驻地”职能有效发挥。全年共完成 22 项工程建设项目跟踪结算审计单位的选定工作，加强沟通协调，重点关注投资金额较大的项目，跟踪项目进展情况，有效监管工程造价中介机构执业行为。开展审计派驻办年度工作质量考核，奖惩兑现，有效发挥激励机制作用。

（三）突出服务，工作转型稳步显现

全省系统财务审计部门力求找准定位、转变职能，对行业改革发展中出现的热点、难点和重点问题，认真思考、深入研究、加强调研，为组织成长提供服务支撑和保障。

认真履职，服务行业改革。积极参与打叶复烤企业重组整合，统筹考虑企业重组整合过程中涉及的财税事项，协调处理各方利益关系，妥善做好企业账务合并、账套设置和税收缴纳等工作，有力促进了华环、华圆公司的管理融合。扎实做好巢湖行政区划调整后烟草组织机构调整财务相关工作。制定翔实的财务实施方案，多次召开协调会，现场指导财务调整工作。协调多家银行解决货款收缴、账户开立等问题，协同合肥、芜湖、马鞍山、巢湖 4 家单位做好资产划转、账务合并等事项，确保业务顺利对接，企业平稳过渡。加强对直属单位的资金支持，先后完成对蚌埠储运公司、皖南烟叶公司的增资工作，累计注入资金 18183 万元，增强企业发展后劲。高度关注徽州皖韵假日酒店改造工程，及时拨付工程改造资金，确保工程进度。

积极建策，服务组织成长。随着全省系统步入组织成长的新阶段，财审人员始终以专业为立足点，以业务为着眼点，以服务成长为落脚点，不断强化服务职能，积极加强政策研究，努力做好服务配套。针对区域物流整合、网上订货、现代烟草农业建设、烟叶生产自然灾害风险救助机制建立等新情况，认真思考、深入研究，为“两烟”发展建言献策。以合肥市国税局开展“烟草行业企业所得税存在问题及对策”课题调研为契机，梳理全省烟草商业涉税重点诉求，争取税务部门对烟草行业的政策支持。

（四）注重效率，系统建设实现突破

2011 年，按照财务审计信息系统项目建设总体安排和分步实施计划，全省系统统筹规划、群策群力、全力推动，财审信息系统建设与集成取得重要突破。

财务信息化建设深入开展。启动全面预算管理信息子系统建设。多次召集基层人员对系统需求、功能、流程及指标体系等进行研讨，确保系统简单、实用。全面完成系统初始化及用户培训工作，推进系统顺利上线。召开系统上线阶段性总结会议，跟踪解决系统运行中出现的问题，促进系统优化完善。编发全面预算管理子系统建设情况工作简报，梳理工作进程，分析存在问题，拟定改进措施。预算管理系统的顺利实施，固化了预算管理流程，强化了“全员预算”管理责任，实现了“三算”有机结合，有效提高了财务管理工作的效率与水平。开展资产管理系统需求调研，学习行业资金监管规则，做好资产管理和资金监管系统实施前的各项准备工作。

审计信息化建设稳步推进。经过前期充分准备，审计信息系统一期项目于 2011 年 8 月正式上线运行，及时补录审计项目计划和审计项目相关资料。拓展系统应用，突破一期项目只有经济责任审计的局限，增加财务收支审计、管理审计、专项审计等审计类型，并建立对应的审计方案库，共享在线审计功能。根据分步实施的原则，在系统一期上线运行后，适时开展审计系统二期需求调研论证，为二期项目实施做好准备。

（五）激发活力，财审队伍奋发向上

全省系统财务审计部门不断丰富学习载体、激发队伍活力，着力培养财审人员的进取、实干、创新精神，队伍风貌奋发向上。

以“内培外训”为基础，提高专业能力。坚持抓好培训工作，拓展培训空间，多课堂培训相得益彰。内部小课堂生动活泼。各单位采取集中学习、例会交流、内部授课等方式，畅通学习渠道，交流学习成果，在思想交流中碰撞火花，在相互学习中促进提升。培训主课堂积极创新。科学制定培训目标，合理安排培训计划，加大学习培训力度，分步分层扎实推进年度培训工作。组织参加国家局举办的各类培训班，举办全省系统财审知识培训班，探索建立高校合作培训机制，与上海国家会计学院合作，举办安徽烟草第一期财审经理研修班。研修项目突出管理热点、紧扣实际需求，涵盖内控、财税、会计与法律等知识，拓宽了学员的视野，启发了心智。外部学习收效良好。赴河南省局（公司）学习定额管理，赴上海烟草集团交流直营店财务管理，到安徽移动学习财务中心建设，为全省相关工作的推进提供有益借鉴。

以“知识竞赛”为平台，增添进取活力。举办第四届“徽映”杯财审知识竞赛，继续发挥“以赛促学”的引擎作用。竞赛坚持“一年一专题”，竞赛内容与全面审计工作相结合，突出实用性；扩大参赛人员覆盖面，参赛人员向基层一线财务人员延伸，强调全员性。调整竞赛表彰方式，激发工作激情和学习热情，扩大影响力。竞赛在各单位的大力支持下，取得圆满成功。蚌埠、皖南烟叶、黄山、滁州、宣城市局（公司）准备充分、实力强劲，在比赛中脱颖而出，分获团体一、二、三等奖。竞赛举办四年来，影响力进一步辐射，特色进一步彰显，已成为安徽烟草商业财审战线一项标志性的工作。

以“实践锻炼”为抓手，增强工作实力。全省系统财审部门始终强调求真务实，真抓实干的工作作风，通过丰富实践锻炼培养实干精神，力求干实事、出实效。各单位财审人员切实加强实践锻炼，在实践中逐步充实自我、历练自我、完善自我。各单位财审人员积极投入到全省预算管理和审计子系统建设工作中来，全面参与研讨，在系统建设过程中历练自身的综合素质，为实现系统的顺利上线和系统功能的简单实用，做出了有益的探索和富有成效的工作。各单位积极探索小型工程及零星维修项目自审工作，为驻地单位节省了资金，提高了经济效益，突出了内部审计的显性价值。安庆市局（公司）深入县局（营销部）开展专题调研，内容覆盖面广，问题了解翔实，在调研同时辅以政策宣传，有效提升了调研工作成效。

以“项目研究”为载体，激发创新潜力。继续以项目推动创新，以创新驱动进步，逐步摸索出了一条以项目研究为载体提升队伍素质的新路径。省市两级项目研究有序推进。省局（公司）课题研究成果显现，《资金头寸管理课题研究》顺利结题并通过省局（公司）科技项目验收。市局（公司）创新项目开展得有声有色，宣城市局（公司）开展了“预算精准化管理”课题研究，蚌埠市局（公司）开展了“虚拟二级银行账户管理”QC活动，马鞍山市局（公司）开展了“如何提高审计项目质量”QC 活动等，全省系统财审创新项目研究成果不断涌现。通过开展项目研究，创造了学习机会、培养了创新意识，锻炼了队伍素质，财审队伍自主创新能力显著增强，为推动全省系统财审工作上水平积聚了人才力量。

2011 年，财务审计工作在全省系统财审人员的共同努力下取得了一些成绩，但我们也应该清醒地认识到，财务审计工作还存在一些不足，主要表现在：一是基础管理需要进一步加强。组织成长的新阶段对财务审计工作提出了新的更高要求，我们的基础管理水平需要进一步上档升级；二是严格规范需要进一步深化。近年来，行业整顿规范深入开展，规范工作取得明显成效，但从全面审计反映的情况来看，全面规范的任务依然繁重；三是服务水平还需进一步提升。在推进工作转型的进程中，我们的服务意识明显增强，但对基层及业务的了解熟悉程度还不够，服务的主动性和针对性需进一步增强；四是创新思维还需进一步激发。在专卖专营的行业体制下，我们在工作中更关注眼前、更注重平稳，在创新、变革上还缺乏激情和动力。

二、2012 年工作安排

深入贯彻落实全省烟草工作会议精神，按照国家局财务审计工作会议的部署和要求，2012 年全省系统财务审计工作的主要目标是：继续围绕“卷烟上水平”的基本方针和战略任务，按照“四个全面提升”工作要求，着力在“重基础、严管理、促规范、强素质”上下功夫，使基础更加扎实、监管更加有力、服务更加到位、队伍更具活力，促进财务审计工作水平的全面提升，为组织成长做出新的贡献。为圆满完成上述目标任务，要着重抓好以下几个方面工作：

（一）健全机制、加强支撑，进一步夯实工作基础

新时期、新形势对基础工作的要求更严、标准更高。全省系统财务审计部门要始终把基础管理放在工作的首要位置，通过狠抓质量、健全机制、把握重点、突破难点，持续巩固工作基础。

要着眼基础，不断深化会计规范。会计信息化水平的不断提高，给会计基础工作带来便捷的同时，也使我们放松了对会计基础工作规范的严格要求。我们要及时抑制这种苗头倾向，对会计基础工作规范做到常抓不懈。要做好会计工作标准化研究成果在全省系统的推广实施，使之真正运用于企业日常会计工作中，促进会计工作质量的不断提升，满足会计核算规范化的深层次需求。要加强信息化下的会计基础规范研究。随着信息化的快速发展，原有的会计基础规范与现有的会计环境已不相适应。各单位要积极探索和实践信息化下的会计核算与管理工作规范，促进全省系统会计基础规范水平不断提升。要提高对年度财务决算工作的重视程度。2011 年度行业财务报告布置会上，国家局财务司反复强调了决算工作的重要性，并要求层层落实责任。各单位财务部门负责人要切实负起审核把关的职责，确保年报数据的真实、准确、完整。要加强对数据的分析利用，提高信息的分析、解读能力，撰写分析报告，为领导决策提供参考。省局（公司）将通过会计核算系统在线查账与实地检查相结合的方式，对各单位基础工作规范化开展全面检查，切实了解各单位基础工作现状，促进工作标准的严格落实。

要突破难点，持续完善预算管理。我省从 2007 年开始推行成本费用定额管理，五年来，各单位在定额标准的建立上都进行了积极探索，积累了一些经验，取得了一些成绩，但总体成效不明显。今年各单位要把定额标准体系建设工作作为全面预算管理的重中之重，力求实现新突破。去年阜阳、安庆市局（公司）相继启动了预算定额标准项目研究，取得了初步成果，两家单位要在前期工作的基础上，科学论证，深入推进，力争年内形成成果；省局（公司）要加强跟踪指导，为全省系统定额标准体系的建设积累经验。各单位要认真落实国家局预算定额管理要求，结合企业实际，采取有效措施，逐步建立动态完善的预算定额管理体系，进一步深化预算管理基础，提高预算编制的科学性和准确性。要加强预算审核力度，对年度预算费用同比增长或年度预算调整幅度较大的单位，采取面对面审核的方式，切实了解基层单位预算变化的真实原因。要加强重点费用预算的控制，凡省局（公司）批复的重点费用预算一律不得突破。充分发挥全面预算管理信息系统作用，加强预算执行的监测和预警，开展预算动态分析，强化预算的管控功能。调整预算考核方式，强化预算归口部门责任，发挥预算考核的导向作用。各单位要学习借鉴池州、蚌埠、滁州等市局（公司）预算管理先进经验，推动全省系统预算管理水平的整体提升。加强多元化企业预算管理，对多元化企业预算管理进行指导，促进预算管理工作的落实。

要狠抓质量，着力夯实审计基础。不断完善审计制度体系，依据审计制度办法和作业指南持续完善审计方案，细化审计内容，规范审计流程，使审计项目的开展有据可依，有规可循。改进审计方法，重视审前准备，做好分工协作，提高审计的针对性。加强审计项目现场管理，实行见面会、日结会、反馈会“三会”机制；实行现场审计人员考核，增强责任感；加大审计复核，确保审计程序有效执行。持续开展优秀审计项目评选活动，发挥典型引路的示范作用。开展审计项目自我评估，及时发现不足。通过多措并举，始终不渝狠抓审计项目质量。

要建融并举，全力推进系统建设。2012 年，财审信息化建设仍然是全省系统的一项重点工作。抓紧实施资产管理子系统和资金监管系统，加快完成审计二期模块的上线运行，建设集核算、预算、资金、资产、审计于一体的集中管控系统。要拓展系统应用，优化系统功能，加快系统整合，加强财审系统与业务系统的集成，实现信息资源共享，充分发挥财审信息平台的管控和服务功能，努力打造监督管理、学习交流、指导服务平台。2月中旬，省局（公司）召开了资产管理信息子系统建设项目启动电视电话会议，对系统实施工作进行了动员和部署。各单位要严格贯彻会议精神，加强领导、精心组织、强化措施、扎实推进，确保资产管理系统实施工作高质高效完成。

（二）完善内控、合力监督，进一步提高管理水平

全省系统财务审计部门要坚持以风险防范为导向，以严格规范为生命线，完善财务内部控制，强化财审监督合力，不断提升管理效能，努力推动企业迈入规范发展的新阶段。

要以“回头看”为契机，全力落实审计整改。全面审计工作是国家局党组站在历史新的起点上审时度势，为促进行业持续健康发展所做出的一项重要决策，是行业集中开展的综合性整顿规范，是落实“卷烟上水平”目标任务的有力保证，对行业持续健康发展具有十分深远的意义。全省系统审计自查和复查工作已经全面完成，省局（公司）研究了具体的整改建议，下发了全面审计情况通报及“回头看”的通知。目前，阶段性的工作重点就是落实全面审计问题整改，做好迎接国家局重点检查的各项准备。各单位要在自查、复查的基础上，进一步对共性和个性的问题进行认真梳理，按照省局（公司）相关部门的整改意见，逐项逐条列出整改措施，督促整改落到实处。要深入分析问题产生的根源，着重研究源头治理的办法，构建内部监督管理的长效机制。

要以“闭环管理”为要求，切实加强资产监管。在行业国有资产管理制度体系日趋完善的条件下，我们要强化制度执行力，切实履行资产管理职责。要以资产管理信息系统上线为契机，做实资产清查工作，掌握资产存量状态，查找资产管理薄弱环节，全面摸清家底。要加强对资产管理系统的使用，凡资产的增加、变动与处置，都必须在资产系统中履行相应的审批流程，确保资产管理系统实施工作真正取得成效。规范资产出租出借管理，堵塞管理漏洞。严格资产处置工作流程，强化资产处置预案管理，对未纳入年度资产处置预案的资产处置行为，原则上不予审批；规范资产评估机构的选取，严格落实“挂牌交易、公开拍卖”的管理规定，开展资产处置批复文件执行情况的专项检查，完善资产处置结果反馈机制，实现“严格事前计划、审核，强化事中控制、监督，重视事后检查、评价”的全过程动态管理，推动国有资产管理水平的持续提升。财务部门作为资产价值的管理部门，要加强对资产处置程序的审核把关，切实履行资产监管职责。根据行业多元化投资管理规定，按照“归口管理、分级负责、实体运作、加强监管”的工作要求，稳步推进多元化企业制度体系建设，开展多元化企业经营管理分析评价，促进多元化企业健康良性发展。

要以“风险防范”为导向，持续加强资金监管。资金是企业生存和发展的重要基础，资金活动影响企业生产经营的全过程。烟草行业资金量大，要始终把防范资金风险、维护资金安全、提高资金效益作为资金管理的重点，切实加强资金管控。持续推进电子结算工作。分析总结全省系统电子结算工作情况，完善电子结算差错解决机制，召开银企座谈会，共同维护良好的电子结算环境，提升资金结算安全系数。要继续加强卷烟货款回笼管理，关注网上结算业务，做好服务协调，防范资金风险。加强往来款项的核对与清理，严格落实往来款项的管理职责，防止坏账损失的发生。加强县级收入户管理，统计分析县级

收入户停用情况，协调银行解决部分单位收入户撤销事宜；学习借鉴蚌埠市局（公司）《虚拟二级银行账户管理》QC成果，精简银行账户，优化账户管理，探索银行账户管理的新模式。加强资金头寸管理课题研究成果的转化应用，指导资金管理中心日常资金运营，正确评价企业资源条件和运营状况，合理确定资金存量和流量，在满足全省系统资金周转需求的前提下提升资金效益。同时，通过实践检验资金头寸管理模型的科学性和实用性，推动理论成果的持续完善。巩固“小金库”专项治理工作成果，着力源头治理，强化过程监督，建立健全监督管理的长效机制。

要以“深入规范”为目标，不断加强内审监督。认真履行审计顺向服务功能，构建“以风险为导向、以控制为主线、以规范为目标、以增值为目的”的新型审计模式。选择部分内部控制制度进行评审，重点对内部控制制度的健全性和执行的有效性开展评价，推进内部审计监督的端口前移。继续开展领导干部经济责任审计和财务收支审计，逐步形成财务收支审计的常态化机制，从年度审向季度审、月度审发展。加强工程建设项目审计监管，依据行业相关规定，对工程造价中介机构备选单位进行招标调整；选择部分工程建设项目结算审计开展复查，加强对中介机构的监管。审计处要对派驻办开展的审计项目进行抽查，检查项目计划落实情况，加强现场指导，督促审计派驻办更好地履行监督驻地职责。

（三）深入实践、主动服务，进一步提升服务能力

2012年，全省系统财务审计部门要以“走基层、抓基础、提服务”为工作要求，进一步拓宽工作思路，创新管理手段、强化服务意识，继续沿着推动工作转型的道路扎实迈进。

要深入实践，改进工作方法。坚持重心下移，着眼基层。组织开展基层财务基础管理的调研活动，切实增强机关财务人员对基层情况的了解和把握，从实践中总结经验，不断拓宽工作思路，提升服务水平。要以完善财务机制、提高制度执行力为抓手，以激发基层财务人员财务管理的主观能动性和创造性为动力，不断提高基层会计核算的精细化程度，拓展财务管理的广度和深度，深化基层财务基础建设。巢湖行政区划调整后，合肥、芜湖、马鞍山市局（公司）要加强对新增区县局（营销部）财务管理工作的调研，全面了解基层单位财务管理流程，通过制度协同、管理对接、文化宣贯等有效措施，促进市县两级财务管理模式的稳步融合。华环公司要在前期调研的基础上，对调研方案进行科学论证，加快推进财务中心建设工作。坚持工作延伸，注重协同。财务管理是对经济活动的反映和监督，很多情况需要依靠财务人员的职业判断，要做出合理的判断和正确的核算，必须把握经济事项的实质，仅凭表面信息可能会误导我们。财务管理工作不能只停留在工作表面，工作的触角要进一步延伸，要注重政策宣传，注重部门协同，形成工作合力，有效发挥财务管理在企业经营管理中的核心作用。

要主动服务，提升服务实效。全省系统财审部门要紧紧围绕行业中心工作，着眼全局、着眼长远，加强政策研究，提供服务保障，促进行业平稳健康发展。要充分发挥财审专业优势，加强财审工作与企业经营管理的有机融合，大力推行服务型管理，推动财审工作由提供服务向主动服务转变，实现财审工作的升级转型。做好服务的关键在于我们是否具有服务意识和能力，依赖于我们对生产经营管理的了解熟悉程度。只有主动融入，广泛学习，深度思考，切实转变服务观念，提升服务意识，我们才会有发现、有思考、有想法，在制度建设、流程管理、核算方式和政策保障上，积极响应，快速调整，真正体现服

务的价值。当前，要重点加强对烟叶生产投入补贴政策的研究，分析烟叶结构调整对生产经营的影响，进一步完善管理制度，促进烟叶结构优化，为原料保障上水平提供政策扶持；加强对两烟价格调整影响的分析和测算，发挥财务管理的预测功能；围绕科技创新和管理创新工作，加强政策研究和资金保障，探索有效的激励和监管机制。

（四）搭建平台、历练队伍，进一步增强队伍素质

以打造“精明、精通、精湛”的财审队伍为目标，加快高层次财审人才的培养，发挥标杆引领示范作用，带动全省系统财审队伍素质和能力的全面提升，焕发队伍勃勃生机。

要加强思想作风建设。在全省系统财审队伍中，进一步开展“两个至上”行业共同价值观教育，努力做到“三个始终”，牢固树立“五种意识”。全体财审人员要切实加强自身建设，坚持讲道德、重诚信、守纪律的行为准则，恪守潜心做事、低调做人的行为信条，发扬求真务实、严谨细致的工作作风，保持奋发有为、昂扬向上的精神状态，树立爱岗敬业、以身作则、廉洁奉献的良好职业形象，为行业健康持续发展做出应有的努力。

要加速高层人才培养。目前，全省系统专职、兼职财审人员 354 名，其中专科以上学历比重占 93.5%，人员结构总体较高，但高学历会计人才相对匮乏。今年省局（公司）将委托江西财经大学举办会计硕士学位班（MPAcc），各单位要选派骨干人员参加学习，努力培养行业高层次会计人才，以适应组织成长对高素质应用型会计人才的需求。要持续关注行业会计领军人才培养，高度重视高级会计人才队伍建设，努力壮大高级会计师队伍，发挥高端人才的领军效应。坚持“打造专家型团队”的人才发展战略，着手建立全省系统财务、会计、预算、资产、内控、税务和审计等研究方向的专家团队，引导队伍积极创新，营造自主创新氛围。各研究团队要根据专业分工，针对组织成长中出现的焦点、难点和重点，选择课题方向，寻求创新突破，合力解决企业发展过程中遇到的实际问题。

要积极推进职称评聘。各单位要进一步落实省局（公司）关于专业技术及技能岗位聘任工作实施意见的相关要求，加力推进全省系统财务审计专业技术评聘工作。目前，全省有 7 家直属单位已经开展了财审专业技术岗位评聘工作，共计评聘初中级职称 12 人，占全省系统直属单位初中级职称人数的 7.5%，聘任比例总体偏低。各单位要积极推动专业技术人员评聘工作，畅通晋升通道，拓展发展空间，充分调动财审人员的积极性、主动性和创造性。省局（公司）在继续把专业职称考试情况纳入对财审工作的评价外，还要把职称评聘工作纳入 2012 年财务工作评价内容，促进财务工作评价体系的不断完善。

要加大学习培训力度。持续将抓好学习培训作为提升队伍素质的重要手段。建立健全省市两级财审两条线统分结合的培训体系，促进两级培训相互契合、相互补充。广泛开展学习培训活动，营造学习氛围，丰富学习内容，创新培训手段，增强学习效果。各单位要开展对本单位资产管理员、预算员和中层以上干部的财务知识培训工作，增强全员规范意识。继续举办第五届财审知识竞赛，竞赛内容更加贴近企业管理实际，有效发挥“以赛促学”的激励作用。继续举办第二期财审经理研修班，突出学习重点，强化培训效果。鼓励财审人员参加各种专业职称和执业资格考试，不断更新知识结构。倡导财审人员开展课题研究和 QC 活动，不断提升创新能力。有针对性地开展各种交流学习活动，进一步开阔视野、开拓思维，不断提升财审人员的综合素质。

重要文件

综合管理类文件

安徽省烟草专卖局（公司）关于印发机关节能工作方案的通知

皖烟办〔2012〕33号

省局（公司）机关各部门：

为全面贯彻落实《安徽省公共机构节能办法》，结合安徽烟草商业企业实际，特制订《安徽省烟草专卖局（公司）机关节能工作方案》，现印发给你们，请结合工作实际，抓好落实。

二〇一二年二月一日

安徽省烟草专卖局（公司）机关节能工作方案

为全面贯彻落实《安徽省公共机构节能办法》，结合安徽烟草商业企业实际，特制订本方案。

一、总体要求

以科学发展观为指导，强化节能减排意识，调动企业节能减排的自觉性；转变经济增长方式、优化资源配置、加快技术进步，构建节约型的生产方式和能源消耗方式；提高能源利用效率和减少污染，大力推行节约办公、清洁生产。

二、节能规划和管理

（一）成立节能工作领导小组，加强组织领导；完善目标责任制和考核评价制度，将节能工作计划列入部门全年工作计划，年终对节能工作进行总结，并作为全年工作业绩考评的一项指标；建立健全节能管理制度，开展节能宣传教育和岗位培训，增强工作人员的节能意识，培养节能习惯，提高节能管理水平。

（二）实行能源消耗计量制度，结合财政部门核定的能源消耗支出标准对机关能源消耗状况进行实时监测，定期进行能源消耗分析，加强能源消耗支出管理。机关行政管理中心资产管理科具体承担机关节能的监督管理及能源消耗统计工作，设能耗统计员一名，负责本单位水、电、气、油等能源消耗统计工作，如实记录能源消耗计量原始数据，并进行收集、整理和汇总，建立统计台账，按照国家规定向本级人民政府机关事务管理机构报送能源消耗状况报告。

（三）对新建建筑按照用能种类、用能系统分户、分类、分项计量；对既有建筑结合节能改造计划，逐步做到分户、分类、分项计量。

（四）按照国家有关规定进行能源审计和投资效益分析，对机关用能系统、设备的运行及使用能源情况进行技术和经济性评价，根据实际结果采取提高能源效率的措施，并在节能改造后采用计量方式对节能指标进行考核和综合评价。

三、节能措施

（一）建立、健全省局（公司）机关节能运行管理制度和用能系统操作规程，在重点用能系统和设备的操作岗位配备专业技术人员，定期进行用能系统和设备的运行调节、维护保养、巡视检查，推行低成本或无成本节能措施。

（二）实施节能改造，推广、应用节能新产品、新技术，加快淘汰高能耗用能产品、设备。

（三）按照国家有关强制采购或优先采购的规定，采购列入政府采购名录的节能产品和环境标志产品。

（四）新建建筑或对既有建筑维修改造，严格执行国家有关建筑节能设计、施工、调试、竣工验收等方面的规定和标准，根据当地地理气候条件，优先选用节能效果显著的新材料、新产品、新技术，安装和使用太阳能等可再生能源利用系统。

（五）加强内部信息化、网络化建设，推行电子政务，合理控制会议数量与规模，建立健全电视电话会议、视频会议等系统，降低能源消耗。

（六）采取下列措施，加强用能管理：

1. 加强办公用电管理，建立用电巡查制度，减少空调、计算机、复印机等用电设备的待机时间，及时关闭用电设备；

2. 执行国家有关空调室内温度控制的规定，改进空调运行管理，提高空调能效水平；

3. 根据需要对燃煤、燃油、燃气设备进行节能检测和改造，提高能源利用效率；

4. 对电梯系统实行智能化控制，合理设置电梯开启的数量、楼层和时间，加强运行调节和维护保养，提倡五层以下（含五层）不乘坐电梯；

5. 办公建筑充分利用自然采光，使用高效节能照明灯具，优化照明系统设计，采用限时开启、间隔开灯等方式改进电路控制，推广、应用智能调控装置，严格控制建筑物外部泛光照明以及外部装饰用照明；

6. 对网络机房、食堂、开水间、换热站等部位的用能实行重点监测，采取有效措施降低能耗；

7. 加强供用水管网及设备设施的检查和维护保养。

（七）采取下列措施，加强公务车辆节能管理：

1. 对公务车辆实行编制管理，控制车辆保有数量；

2. 按照规定的标准配备公务车辆，优先选用低能耗、低污染、使用清洁能源的车辆，严格执行车辆报废制度；

3. 按照规定用途使用公务车辆；

4. 制定公务车辆节能驾驶规范，严格执行公务车辆定点加油、定点维修等制度；

5. 定期公布单车行驶里程和耗油量状况，推行单车能耗核算和节油奖励。

6. 推进公务用车服务社会化，加快公务车辆使用制度改革，鼓励工作人员利用公共交通工具、非机动交通工具出行。

（八）开展多种形式的节能宣传活动，加强节能减排意义的宣传，调动员工的积极性，鼓励关于节能减排方面的小改小革，鼓励员工提出节能减排的合理化建议等。

机关各部门要切实弘扬艰苦奋斗、勤俭节约的优良传统，提高工作效率和质量，节约开支，降低能耗，努力把省局（公司）机关的节能工作提高到一个新的水平。

关于深入开展“践行‘两个至上’、做到‘三个始终’、树立‘五种意识’”教育实践活动的通知

皖烟政〔2012〕135 号

行业各直属单位，省局（公司）机关各部门：

为了深入贯彻落实《国家烟草专卖局关于在全国烟草行业开展“践行‘两个至上’、做到‘三个始终’、树立‘五种意识’”教育实践活动的通知》精神，结合实际，现就全省系统深入开展教育实践活动通知如下。

一、教育实践活动的重要性和必要性

“两个至上”即“国家利益至上，消费者利益至上”行业共同价值观；“三个始终”是始终把维护烟农利益放在心上，始终把为零售客户提供优质服务作为流通企业根本任

务，始终把调动全体员工积极性、主动性、创造性作为一切工做出发点；“五种意识”是要牢固树立责任意识、忧患意识、公仆意识、民主意识、创新意识。“两个至上”是行业思想和文化的统领；“三个始终”是“两个至上”的根本出发点和落脚点；“五种意识”是加强行业干部员工作风建设的明确要求，是践行“两个至上”，做到“三个始终”以及做好各项工作的思想保证。

在全省系统深入开展此项教育实践活动，是贯彻落实党的十七届六中全会精神的具体措施，是全面推进“卷烟上水平”基本方针和战略任务的迫切需要，是“两个至上”在岗位主题实践活动的延续与深化，是增强核心业务支撑力、市场环境控制力、基础管理内管力、企业主体执行力、科技创新驱动力、文化建设感染力的有效手段，是促进“四个全面提升”，建设成长型企业，实现持续性发展的现实与内在需要。通过深入开展教育实践活动，进一步扎实推进创先争优活动，进一步加强“成长”文化和“徽映”服务品牌建设，有助于将“两个至上”落实到具体行动中，提升干部员工队伍的整体素质，夯实思想基础，增强企业发展的后劲与活力，为构建全省系统和谐的发展环境提供精神支撑。

二、教育实践活动的工作重点

全省系统深入开展教育实践活动，要以“创先争优活动引领组织成长”为主题，以宣传、教育、讨论、践行为主线，以建立创先争优活动的长效机制为目标，以提升干部员工队伍素质为根本，按照“创优到全员，工作全覆盖”的原则，围绕中心，突出重点，全力推进 5 个方面上水平。

（一）党组织建设上水平

各级基层党组织和党员是创先争优工作的重要主体，也是实践教育活动的重点对象。全省系统各级基层党组织要按照省委组织部《关于在创先争优活动中开展基层组织建设年活动的实施方案》（组通字［2012］11 号文）精神的统一部署，紧紧围绕“强组织、增活力、创先争优迎十八大”的要求，以扎实开展组织建设年活动为抓手，强化基层党组织的思想、组织、作风建设，要运用贯标的方法，建立健全一整套标准化的基层党组织建设和党员教育管理的工作规程，规范日常工作机制，认真开展对所属基层党组织的分类定级，提高全省系统党建工作科学化、规范化水平。进一步加强对党员的教育管理工作，以“五个好，五带头”为标准，采取对标管理的形式，以岗位职责为重点，开展新一轮的承诺、践诺；充分发挥党组织的战斗堡垒作用和党员的先锋模范作用，尤其是各级局（公司）机关基层党组织和党员要按照“讲责任、重感情、转作风、强素质”的要求走在活动前列，发挥表率作用。建立党员干部责任区、党员先锋岗，以党建带动工青团妇工作，以此感染和带动全体员工参与到创先争优活动中来。充分发挥各级离退休党组织和党员的主体作用，有针对性地开展创先争优和“235”教育实践活动，进一步鼓舞和支持老同志在思想政治上创先争优，在道德品行上创先争优，在教育后代上创先争优，在文化学习和活动上创先争优。

（二）基层创优上水平

按照国家局“1+5”工作目标（即以培育品牌为重点，全面抓好重基础、调结构、严管理、促规范、强素质）要求，在目前优秀县级局、营销部、烟站、复烤企业创建工作基础上，以全面建设“基础管理扎实、创新活力较强、管理民主科学、职业道德良好、劳动关系和谐、领导坚强有力”的基层单位为主要目标任务，重点加强地市局（公司）基层创优力度，进一步突出烟叶、专卖、营销、物流等序列，把实践教育活动的主要内容，融入创优工作的对标定位，以更高标准、更严要求，分别制定各序列创优工作的标准，进一步明确创优目标，丰富创优内涵，细化分解各项创优指标，制定创优评价考核办法。烟叶管理上，要突出维护烟农利益这一重点，认真落实惠农政策，广泛宣传烟叶收购价格总水平提高20%、专业化分级散叶收购价格上浮5%的政策，在育种、供苗、肥料供应、病虫害防治、防灾抗灾、烘烤、收购等方面为烟农提供及时高效专业化服务，推广烟叶种植实用技术，提高烟叶生产和质量水平，创新探索开展多元化经营，增加烟农综合收益，加大烟叶生产基础设施建设投入，提升烟叶生产配套设施保障能力，创新烟叶生产组织方式，让烟农简单轻松种烟，实现传统烟叶生产向现代烟草农业转变，稳定烟农种烟积极性，提高烟农满意度。在卷烟营销上，通过开展订单供货、精准营销、终端建设等工作，大幅提升营销能力，努力保障货源供应顺畅，有效满足市场真实消费需求。稳定提高批零差率，确保批零差率在10%以上，保证零售客户盈利水平不断提升。要进一步发挥零售终端作为信息采集点功能作用，广泛收集市场信息，顺畅信息反馈渠道，加大对外信息公开力度，接受客户监督，维护客户权益；加强对烟草自营店建设管理，严禁烟草职工入股卷烟零售经营，切实解决与零售户争利问题。在物流配送上，要加快物流区域整合，加强物流基础建设，加大信息化支撑力度，提高配送服务能力和响应速度，确保送货100%到位。在专卖监管上，要加大市场打假力度，建立适度竞争、公平有序、统一开放市场环境，维护良好卷烟市场秩序。进一步加大优秀县级局创建工作力度，提升基层专卖队员综合素质，提高文明执法水平。

（三）基础管理上水平

以开展“管理创一流”活动为抓手，健全制度体系，建立每个岗位人人有责任、事事有标准，件件有流程，办事讲规矩、管理用制度的工作机制，搭建高效率、严标准、优流程、重协同的信息管理平台，充分发挥计划管理、财审管控、安全保障、信息支撑等基础管理职能，夯实管理基础，建立规范化的基础管理标准化体系；创新推进管理规范免检工作，切实提高自律规范的意识和水平，真正使“他律”向“自律”转变；强化廉政教育，落实党风廉政责任制，建立廉政风险防控管理机制，实现企业制度化管理、规范化运作。深化民主管理，继续巩固完善政（企）务公开日常化的工作基础，从规范化、制度化方面加大推进力度；认真执行职代会制度，充分发挥职工代表参与民主管理的职责，制定合理化建议管理制度，搭建统一的合理化建议平台，调动广大员工参与企业管理的热情，发挥全体员工的集体智慧，扎实推进民主管理，促进管理文明。

（四）队伍建设上水平

进一步拓展创优外延，始终把调动全体员工积极性、主动性、创造性作为一切工做出发点。要结合不同层面实际、不同岗位特点，有针对性地开展强化“五种意识”教育。通过开展大范围、多层次、重实效的教育培训，做好烟叶、营销、专卖序列高级别技能鉴定，深入开展以赛促学、以赛代训的多序列岗位技能竞赛，强化业务和素质导向，营造争先晋位的创优氛围，促进岗位成才、岗位成长。大力推进学习型组织建设，以教育实践活动成果激发员工学习动力，以学习成效提升工作质量，提高员工理解上级决策部署的能力，培养严谨细致的工作态度，提高精益求精的执行能力。大力弘扬雷锋精神，以青年员工为重点，以社会志愿服务为载体，建立学雷锋常态化机制，广泛开展“岗位学雷锋、争做好员工”活动，提高员工综合素质。深化用工分配制度改革，建立工资调整正常机制，严格规范各级领导干部薪酬管理，继续缩小同岗位、同级别新老员工收入差距，努力做到收入分配向基层倾斜。要高度重视离退休干部工作，认真落实离退休干部职工政治、生活待遇，丰富老同志文化生活，努力构建和谐关系。

（五）文化建设上水平

要把企业文化建设作为教育实践活动的重要载体，以企业文化为引领，融于实践、指导实践、引领实践。构建社会主义核心价值体系为指导，以“两个至上”行业共同价值观为核心、“成长”文化与各单位文化理念融合的母子文化体系，实现文化理念的传承性和统一性。要着重加大“徽映”服务品牌在营销、物流、烟叶领域的宣贯力度，以“关爱烟农你我他，服务客户创最佳，和谐烟草靠大家”为主题，直属单位结合实际，针对不同服务对象的需求，统一服务标准，优化服务流程，提高服务质量，打造特色服务，不断提高“徽映”服务品牌的知名度、美誉度，实现服务价值的最大化。以文化营销为突破口，以“徽映”服务品牌为导向，按照规范化要求，建立全省系统“感知徽映”中心，探索搭建与社会、消费者、零售终端、工业企业的沟通平台，实现单纯卷烟营销向加强品牌管理，做好品牌维护，优化品牌服务、培育品牌文化转变，促进知名品牌格局形成；加强对文化体系和服务品牌管理，构建一整套完整管理体系，促进文化建设与服务品牌良性发展。

三、教育实践活动的方法与步骤

开展教育实践活动，要围绕主题，立足根本，抓住主线，聚焦目标，突出重点，不断丰富载体，创新形式，营造氛围，力争取得实效。

（一）活动方法

1. 深入开展全员性大讨论。各单位要分别从机关到县（区）局、从部门到班组等各个层面，组织的专题讨论会。讨论会要求全员参与，要结合单位发展现状、部门工作状况、个人精神状态，以“摆问题、找根源，精神懈怠在哪里？促发展、拓思路，能力不足怎么办?”为主要内容，查摆企业组织成长的瓶颈问题，经营管理中的薄弱环节和个人思想作风上的主要不足，找准症结，分析原因，提出对策和措施。在此期间，基层各级党组织要召开专题组织生活会，直属单位党组要召开专题民主生活会，围绕教育实践活动主题，把党员公开承诺、践诺情况作为主要内容，明确目标，落实整改，持续提升。各单位要广泛收集大讨论中员工提出的合理化建议，进行综合汇总，报送省局（公司）教育实践活动办公室备案，作为检验各单位实践教育活动成效的依据之一。

2. 加大宣传力度，营造浓厚氛围。要组织广大干部员工学习 2012 年国家局、省局（公司）工作会议精神，掌握了解行业、省局（公司）及本单位“十二五”规划、阶段性工作部署和要求，牢记部门和个人工作职责。尤其要深刻领会国家局姜成康局长关于践行

“两个至上”、做到“三个始终”、树立“五种意识”的有关重要论述，广泛动员，全员发动，进一步深化对深入开展实践教育活动重要性的认识。要充分发挥行业网站、报刊等媒体作用，及时宣传和报道各层面的教育活动中的好经验、好做法和先进典型。采取在会议室、餐厅等公共场所制作宣传标语（见附件）、悬挂横幅等方式，进行全方位、大容量、高密度、广覆盖地宣传，形成强大的舆论声势，组织开展丰富多彩的企业文化活动，丰富员工文化生活，营造浓厚的活动氛围。

3. 以点带面，全面推进。采取以点带面，试点先行的方法，确定安庆、蚌埠、滁州、六安、宣城市局（公司）、华环公司及皖南烟叶公司黄渡烟叶工作站、亳州谯城分局、黄山屯溪分局（营销部）为全省系统教育实践活动重点推进单位，重点推进单位要创新工作方法，突出实践特色，在总结经验的基础上形成长效机制，提炼出具有推广意义的典型做法。省局（公司）各部门要结合工作职责，抓好本序列的示范点（试点）工作；各直属单位要结合实际，在重点抓好 1 ~ 2 家下属单位试点同时，推广经验，整体推进。建立省局（公司）领导联系点制度，加强对分管部门、直属单位的联系督导（联系事宜另行通知）。

4. 选树标杆，典型引路。要通过开展设立党员先锋岗、党员干部责任区，评选先进基层党组织、优秀共产党员和优秀党务工作者等形式，在基层党组织和党员中树立创先争优的先锋模范，激励先进，带动后进。要不断创新创优载体，通过创优示范单位、部门、班组、车间、岗位，创优标兵的评选，在广大员工当中广泛开展争先晋位活动，全面推进全省系统基层创优，提升员工队伍的综合素质，促进基础管理各项工作上水平。充分发挥选树标杆的典型引路作用，使标杆成为创先争优活动的示范，形成“比有对象、学有榜样、赶有目标”，带动全省系统创先争优活动的深入开展。

（二）活动步骤

1. 宣传动员阶段（4 月份）

省局（公司）召开全省系统开展教育实践活动视频动员大会，制定活动实施方案，对教育实践活动进行总体部署和要求。省局（公司）各部门要结合部门实际和业务工作特点，制定本部门、本序列的实施方案；直属单位要层层广泛动员，根据省局（公司）工作方案，结合工作实际，制定具有自身特色、切实可行的实施细则和阶段性工作计划，要统一认识，精心组织，为活动取得实效奠定扎实的思想基础。

2. 组织实施阶段（5 ~ 10 月份）

直属单位、省局（公司）机关各部门围绕活动主题，结合“五个上水平”重点内容，在宣传、学习、讨论、教育的基础上，认真查找思想、作风和工作的薄弱环节，制定出符合本单位（部门）实际的具体措施，通过多种形式和活动载体，加强统筹协调，深入推进各层面、各序列的创先争优活动，促进整改提升。省局（公司）将于 7 ~ 8 月份举办专题汇报会，全面把握教育活动进展情况，广泛交流经验。省局（公司）确定的重点推进单位及各专项工作示范（试点）单位，要发挥先行示范作用，边推进边总结，突出特色，抓出成效，力争走在全省系统的前列，确保在 10 月份前形成具有推广价值的典型经验。

3. 总结提升阶段（11～12 月份）

在做好重点推进单位经验总结的基础上，总结提炼，并以制度、机制等形式进行固化，建立实践活动暨创先争优活动的长效机制。省局（公司）将组织专项检查考核，并依据考核情况，分党内、党外两个方面评选表彰先进集体和个人：一是 2010—2012 年创先争优活动先进基层党组织、优秀共产党员和优秀党务工作者；二是优秀示范县级局、营销部、烟叶工作站、车间、班组、岗位，先进标兵若干名。

四、教育实践活动的工作要求

（一）提高思想认识

各直属单位、省局（公司）机关各部门要组织动员广大干部员工认真领会教育实践活动的重要意义，深刻把握“两个至上”“三个始终”和“五种意识”的精神内涵，引导干部员工以扎实的工作作风、良好的精神面貌投入到促进组织成长、推动“卷烟上水平”的各项工作中去。开展好本次教育实践活动，要把握住“六点”：以学习教育为切入点，以企业实际为结合点，以中心工作为着力点，以实事实办为推动点，以考核评价为检验点，以促进发展为落脚点，把教育实践活动作为当前和今后一个时期全省系统思想政治工作的核心内容，营造浓厚的活动氛围，扎扎实实推进各项工作上水平。

（二）加强组织领导

本次教育实践活动不同于以往的教育活动，既要有教育，又要有实践。各单位要高度重视，切实加强对此次教育实践活动的组织领导，按照省局（公司）的部署和要求，成立领导小组（与创先争优领导小组合一），健全工作机制，制订活动实施方案和阶段性工作计划，分解任务，落实责任，保质保量完成实践教育活动阶段性工作任务。省局（公司）机关各部门要结合工作实际，不仅要组织开展好本部门、本支部教育实践活动，还要向基层单位延伸，加强对本职范围内教育实践和创新争优活动的组织指导，加强协作，重点抓好 5 个序列 8 个重点推进单位的教育实践活动。各级基层党组织和广大党员，尤其是党员领导干部要率先垂范，要以自身的模范行为影响和带动广大员工，推动活动有序开展，取得实效。各单位活动方案于 4 月 30 日前报省局（公司）政工处。

（三）做好结合文章

各单位要把开展好主题教育实践活动作为加快组织成长，推动“卷烟上水平”的强大动力，统筹协调，合理安排，把握好活动进度和节奏，做好结合文章。首要把教育实践活动与创先争优活动有机结合，并与巩固以“四进”为重点的“两个至上”长效机制、与“讲责任、讲奉献、讲纪律”、“四要”作风建设等教育活动的成效结合起来，与“成长”文化和“徽映”服务品牌建设结合起来，与文明创建和效能建设结合起来，与学雷锋活动结合起来，与各项日常具体工作实际结合起来，紧紧围绕解决影响保持良好精神状态的思想、作风和精神状态问题，破解制约建设成长型企业的难题，进一步振奋精神，转变作风，以教育实践活动成效促进各项工作上水平。

（四）加强督查考核

各单位要定期对主题教育活动开展情况自查自评，对照创先争优工作要求，及时总结经验，促进不断整改提高，要及时做好教育实践活动相关基础资料的收集、整理、归档，加强痕迹化管理；省局（公司）机关各部门要加强对职责范围内教育实践活动的日常督导，尤其要强化对专卖、营销、物流、烟叶、管理5个序列教育实践的跟踪督导。省局（公司）适时组织专项检查考核，发现典型，总结经验，指出存在的问题和不足，提出改进意见和措施，检查考核结果纳入年度相关专项性、综合性考核，促进持续提升，推动教育活动深入开展。

各直属单位开展大讨论活动的相关情况，要按照通知要求及时上报省局（公司）政工处（通过FTP：///10.48.1.31/政工处/“235”教育实践活动文件夹内）。

二〇一二年三月二十六日

教育实践活动的宣传用语

践行“两个至上”、做到“三个始终”、树立“五种意识”

以创先争优活动引领组织成长

强组织、增活力、创先争优迎十八大

讲党性、重品行、作表率

重心下移，着眼基层，突出服务，加强基础

重基础、调结构、严管理、促规范、强素质

创优到全员，工作全覆盖

共同价值观：国家利益至上，消费者利益至上

企业精神：创业、创新、创享

企业愿景：建设成长型企业，实现持续性发展

企业使命：履行责任，奉献社会

管理理念：人本、科学、规范、精益

行为信条：勤奋崇智，诚实守信，低调务实

服务宗旨：情暖江淮，徽映四方

超越今天，超越自我

思想观念领先、创新意识领先、各项工作领先

牢固树立责任意识、忧患意识、公仆意识、民主意识、创新意识

基础管理扎实、创新活力较强、管理民主科学、职业道德良好、劳动关系和谐、领导坚强有力

岗位学雷锋、争做好员工

安徽省烟草专卖局（公司）关于印发 2012 年工作会议提出的年度主要工作任务分解表的通知

皖烟办〔2012〕116 号

行业各直属单位，省局（公司）机关各部门：

为深入贯彻落实 2012 年工作会议精神，确保完成年度工作任务，加快建设成长型企业，现对省局（公司）2012 年工作会议提出的年度工作任务进行细化和分解，并予以印发。请各主要责任部门和相关单位、部门坚定成长战略，明确成长愿景，突出成长特征，坚持稳中求进，继续按照“四个全面提升”工作要求，对照《2012 年工作会议提出的年度主要工作任务分解表》，积极协调有关单位和部门，明确责任分工，制定有效措施，加强沟通配合，强化任务落实，确保工作效果，顺利完成年度各项目标任务，为加快建设成长型企业做出积极努力。

二〇一二年三月二十九日

2012 年工作会议提出的年度主要工作任务分解表

序号	主要任务	主要责任单位	协同责任单位
1	督促各单位、各部门贯彻落实行业和省局（公司）2012 年工作会议精神	办公室	有关部门
2	统筹安排各类调研工作，为领导决策提供辅助和参谋作用	办公室	有关部门
3	加强网站管理和新闻宣传，开展主动正面宣传，营造良好成长环境	办公室	有关部门
4	完成《安徽烟草志（1996—2010）》编纂工作，编辑出版 2010 年和 2011 年省局（公司）年鉴	办公室	有关部门
5	提高信访工作水平，重视员工意见表达，做好接待和解释工作，努力化解和处理信访矛盾	办公室	有关部门
6	加强经济运行监测，分析把握“一价三库”，实现经济运行平稳健康	综合计划与企业管理处	卷烟营销管理处 物流管理处 财务管理处
7	发挥“三项工作”管理委员会职能，强化投资项目管理，加大公开招标工作力度，确保应招标的必招标	综合计划与企业管理处	整顿办及相关部门

（续表）

序号	主要任务	主要责任单位	协同责任单位
8	发挥投资管理系统作用，加大投资项目过程管理，强化责任落实，切实防止增资、变更的随意性	综合计划与企业管理处	有关部门
9	推进质量管理体系建设，导入体系单位要关注和改进体系运行效果，实时跟踪运行状态	综合计划与企业管理处	直属单位 有关部门
10	开展全省系统贯标行业审核，实施“徽映”质量管理体系信息化建设，推进管理创优活动	综合计划与企业管理处	直属单位 有关部门
11	完善政法烟草和烟草市场行政执法联席会议机制，健全政府领导、烟草部门参与的专卖管理长效机制	专卖监督管理处	有关部门
12	深化“两法衔接”机制，拓展省际、市际间协作机制。强化打团破网力度，由追求数量、完成任务向质量为先、深耕细作转变	专卖监督管理处	有关部门
13	研究和治理无证经营、物流运输非法卷烟、互联网销售非法烟草专卖品等问题，实现有效监管。总结专卖管理“三大工程”经验，探索市场管理新形式、新方法	专卖监督管理处	有关部门
14	确定2012年为优秀县级局“创建提升年”。继续加强县级局基础设施建设，力争通过1～2年实现全省县级局硬件100%达标。组织评选全省优秀县级局标兵单位	专卖监督管理处	有关部门
15	贯彻落实新《工作规范》，学习探索专卖内管委派制，对全省卷烟工商企业进行全面检查，加强对县级局定期检查	专卖监督管理处	有关部门
16	完成50万担烟叶收购量。提高烟叶收购价格总水平20%，专业化分级散叶收购烟叶价格上浮5%，争取国家局调整皖北烟区烟叶收购价区政策，提高优化结构、散叶收购等补贴标准。利用基础设施开展多元化经营，增加烟农综合收益	烟叶管理处	各烟叶产区
17	全面实现八大基础设施工程综合配套，重点抓好育苗工场和烘烤工场建设，改善烟区生产条件。对基础设施建成项目开展“回头看”活动	烟叶管理处	各烟叶产区
18	积极探索推进烟农专业合作社建设，推进“种植在户、服务在社”生产组织模式。加大烟叶生产基础设施投入，完成预算投入补贴资金9954万元	烟叶管理处	各烟叶产区
19	推进减工降本系统工程，提高烟叶生产机械化水平，把烟叶生产总体亩均用工逐步减少到15个以内	烟叶管理处	各烟叶产区
20	加强基层烟站建设，建立烟站（单元）烟叶管理信息系统，切实改善基层烟站工作环境。华环公司向全国领先复烤企业目标努力推进	烟叶管理处	华环公司 各烟叶产区

（续表）

序号	主要任务	主要责任单位	协同责任单位
21	推行GAP烟叶生产管理，建立生态烟草农业体系，全面推行烟田轮作。探索订单烟叶发展方向，加大订单烟叶试点工作力度	烟叶管理处	各烟叶产区
22	推进皖南特色烟叶研究与开发，加大“浓香型特色优质烟叶研究与开发”和“低危害烟叶研究与开发”等重点科研项目研究力度	烟叶管理处	科技处 各烟叶产区
23	推进“按订单组织货源”工作，坚持销售预警机制，保持市场相对平稳，避免市场大起大落	卷烟营销管理处	有关部门
24	优化客户投诉处理流程，建立健全投诉问责机制，注重分析投诉体现的问题	卷烟营销管理处	有关部门
25	按照“发展同向、工作同心、服务同步、利益同体”总体要求，构建工、商、零共同面向消费者卷烟营销体系	卷烟营销管理处	有关部门
26	推进零售终端建设，提高零售户经营水平，维护零售户利益，实现批零差率在10%以上	卷烟营销管理处	有关部门
27	推进品牌维护，正确处理好省内、省外品牌关系，培育“一高两低”品牌，做好高端规格市场引入和市场维护，重点培育在全省具有一定规模和覆盖范围的中低档卷烟规格	卷烟营销管理处	有关部门
28	推进精准营销，发挥精准营销在品牌培育上的特殊作用，着力构建工商零共同面向消费者的营销体系	卷烟营销管理处	有关部门
29	在物流建设上要有新思考、新研究，按照“专业化、精益化、智能化”和“四个一流”目标要求，提升现代卷烟流通水平	物流管理处	有关部门
30	加快区域物流整合试点，做好物流规划的分布与实施。进一步推行物流7S管理方法，组织召开物流现场会总结推广先进做法和经验	物流管理处	有关部门
31	总结推广单车多班送货模式，创新物流模式，开展访送周期调整试点和卷烟周转箱应用，组织物流设备选型研究，降低日常运行成本。推进工商物流一体化建设，推广工商网上配货、即时物流等模式	物流管理处	有关部门
32	加强物流信息技术和RFID技术应用，提高物流监控和GPS系统使用效果，研究开发全省物流综合管理系统	物流管理处	经济信息中心 及有关部门
33	严格干部管理，运用好两年一度领导班子和领导干部考核结果，加大领导干部公选力度优化班子结构、充实班子力量。依据2011年底后备干部推荐情况，做好后备干部动态调整和重点培养	人事处	有关单位 有关部门

（续表）

序号	主要任务	主要责任单位	协同责任单位
34	深化用工分配制度改革，继续缩小同岗位、同级别新老员工收入差距	人事处	有关单位 有关部门
35	加大专业技术职务聘任力度，做好技能鉴定，重点做好行业高技能人才队伍培养，在营销和专卖序列技师级以上鉴定要有所突破	人事处	有关单位 有关部门
36	建设集财务核算、全面预算、资金结算于一体的财务集中管控系统。实施烟草行业资金监管系统，上线运行资产管理和资金管理系统	财务管理处	有关部门
37	建立健全动态完善的定额管理体系，谋划全省多元化投资“十二五”规划，促进多元化企业健康良性发展	财务管理处	综合计划与企业管理处及有关部门
38	在全面审计自查基础上，落实整改，确保顺利通过国家局4月份重点审计	审计处	有关部门
39	贯彻落实《“六五”普法实施意见》，加强法治宣传教育和普法培训师队伍建设，创新普法培训工作模式，形成自我培训、自主宣传工作机制	法规处	有关部门
40	推进制度体系建设。配合省政府法制办组织开展烟草专卖行政执法资格考试工作，把好执法职业资格入口关	法规处	专卖监督管理处及有关部门
41	加强科技项目管理，着力提升研发水平，更加注重科技创新成果转化和应用，深入推进QC小组活动，延续和激发基层和一线创新热情	科技处	有关部门
42	开展标准化工作，完善产品质量安全标准。加强质量监督检测工作，突出生产、检验和检测等全过程追踪，服务烟草制品检测和质量监督	科技处	有关部门
43	高标准抓好安全生产标准化、信息化和安全文化建设，全面加强安全基础设施建设，尽快完成“三项系统”建设	安全保卫处	有关部门
44	实现复烤企业至少配备2名、每个市局（公司）至少配备1名注册安全工程师	安全保卫处	有关部门
45	健全完善隐患排查治理机制，突出防火和道路交通安全管理，运行职业健康安全管理体系，确保安全发展	安全保卫处	有关部门
46	加强廉政监督，强化廉政意识，总结推进巡视工作，加强案件查办，探索建立廉政风险防控管理机制	监察处	有关部门
47	按照《廉政准则》、《廉洁从业若干规定》要求，严格规范生产经营，严格规范权力运行，严格规范选人用人行为	监察处	卷烟营销管理处 人事处及有关部门

（续表）

序号	主要任务	主要责任单位	协同责任单位
48	推进社会主义核心价值体系建设，开展创先争优和文明创建，在专卖、营销、烟叶等多序列开展基层创优活动。在探索“两个至上”进班子、进岗位、进制度、进流程方面取得新成绩。健全工会工作机制，扎实推进办事公开，切实加强民主管理	思想政治工作处	专卖监督管理处 卷烟营销管理处 烟叶管理处 相关部门
49	制定工作计划，开展主题教育和文体活动，迎接党的十八大和中国烟草成立30周年	思想政治工作处	有关部门
50	对现有文化体系进行全面审视和完善，加大“成长”文化宣贯，加强企业文化基础设施建设，促进文化理念体系提升	思想政治工作处	有关部门
51	推进母子文化、企业文化与服务品牌融合对接，大力宣贯“徽映”服务品牌，总结试点单位经验，推广“感知徽映”做法	思想政治工作处	有关部门
52	健全文化工作机制，研究加强对文化体系和服务品牌管理，构建一整套完整管理体系，促进文化建设与服务品牌良性发展	思想政治工作处	有关部门
53	创新开展多序列岗位技能竞赛，加大对优秀选手培养使用力度，强化业务和素质导向，促进岗位成才、岗位成长	思想政治工作处	有关部门
54	总结学习型组织建设试点单位经验，形成比较成熟的方案和方法，加强学习型组织建设	思想政治工作处	有关部门
55	推进资金监管系统、“三项工作”系统升级、审计系统二期、物流管控平台、徽映标准化管理信息系统二期等应用项目	经济信息中心	有关部门
56	建设安徽烟草商业信息化技术架构，初步实现门户、应用、数据、基础设施的集成整合，更加关注运维安全体系建设，强化信息数据统计服务职能	经济信息中心	有关部门
57	落实“两项待遇”，建立离退休人员生活补助长期机制	离退休人员 管理办公室	有关部门
58	组织实施全省系统科级干部轮训班。联合高等院校办好物流硕士班，做好会计硕士班办学准备。继续组织开办财务审计研修班和财审知识竞赛	培训中心	各单位 各部门
59	开展节能减排，加强车辆管理，做好后勤服务，配合做好新办公楼相关工作	机关行政 管理中心	有关部门
60	继续加强整顿规范，深入推进“两项工作”，健全“两项工作”管理监督体系。继续实行管理规范免检制度，促进管理规范免检制度再完善、再提升	整顿办	经济信息中心 及相关部门

安徽省烟草专卖局（公司）关于印发《2012 年度直属单位信息化评价考核细则》的通知

皖烟办文〔2012〕1 号

行业各直属单位：

为引导和激励各单位信息化建设，提升各单位信息化综合能力，特制定《2012 年度直属单位信息化评价考核细则》，现印发给你们，请遵照细则要求抓好各项工作。

二〇一二年五月三日

2012 年度直属单位信息化评价考核细则

为引导和激励直属单位信息化建设，构建上下贯通、左右协同、资源共享的一体化数字烟草，进一步提升信息化工作水平，加快推进“卷烟上水平”战略任务，特提出 2012 年直属单位信息化工作评价考核意见。

一、考核依据

1. 《烟草行业信息化水平评价体系》

2. 《安徽省烟草专卖局（公司）2012 年度经济运行及工作业绩考核办法》

3. 《安徽省烟草专卖局（公司）信息化工作管理办法》

二、考核原则

以人为本原则、有效激励原则、突出重点原则、强化基础原则、鼓励创新原则、简单明确原则。

三、评价考核指标体系、赋值、评价标准和依据见附表

四、考核方式

每年年底，根据上述指标对各单位进行统一评价，考察情况将作为经济运行质量考核的有机组成部分和衡量各单位信息化工作情况的重要依据。考核方式主要由日常统计、资料上报等方式进行，部分项目需结合现场考核进行。

五、其他

皖南烟叶有限责任公司、华环国际烟草有限公司的信息化评价考核体系参照本体系执行，去掉统计管理项及 2. 1. 1 网上订货系统、2. 1. 2GPS 系统、2. 1. 5 “135” 工作法和精准营销和 2. 1. 6 零售终端系统等，保留部分分值相应按百分比调整。

附表：

市局(公司)信息化考核评价指标体系框架与权重

一级指标	权重	二级指标	权重	三级指标	权重	评价标准及依据
一、基础管理	38分	1.1 信息化领导力与推动力	5	1.1.1 年度工作会议报告中具有独立章节的信息化相关内容情况	3分	依据工作报告
				1.1.2 召开年度信息化领导小组会议	1分	依据会议纪要或图片资料
				1.1.3 主要负责人推动信息系统建设情况	1分	依据会议纪要或图片资料
		1.2 信息化规划、计划与项目管理	10	1.2.1 信息化预算管理	2分	预算上报得1分，年度预算执行率超过80%得1分
				1.2.2 上报年度工作计划总结	1分	依据上报材料
				1.2.3 年度信息化投资情况	2分	数额达到100万及以上的得2分，数额达到50万及以上的得1分。依据批准的预算
				1.2.4 信息化项目管理	3分	项目按照规定程序审批、备案、验收的各得1分。以记录反馈为依据
				1.2.5 日常工作资料上报	2分	及时上报省局统计的有关信息化基础数据，迟报少报一次扣1分。以日常统计为依据
		1.3 信息化机构设置与人员配备	8	1.3.1 部门人员配备	3分	没有专职信息安全人员和专职运维人员的分别扣1分，专职统计人员不在信息中心的扣1分
				1.3.2 晋升通道及技术人才	5分	聘任中级职称的1人得3分，有注册信息安全工程师资格的1人得2分，有其他认证资格的1人得1分，满分5分。以文件或证书为依据
		1.4 制度建设与培训管理	5	1.4.1 建立、健全本单位的信息化工作管理制度	3分	包括项目管理、计算机中心机房及主机设备管理、信息安全及应急管理、网络管理、和信息系统运维管理、信息化资产管理、统计工作制度等。少一项扣完。以印发文件(包括体系文件流程作业指导)为依据

（续表）

一级指标	权重	二级指标	权重	三级指标	权重	评价标准及依据
一、基础管理	38分			1.4.2 培训工作	2分	培训人次达到在编员工总数30%的得1分，50%得2分。以培训记录为依据
		1.5 基础设施	7	1.5.1 中心机房建设	1分	市局（公司）机房达到B级标准得1分。以验收报告为依据
				1.5.2 网络、主机	1分	市到县以及基层网点的广域网和市公司局域网的拓扑结构科学合理、核心设备双机冗余；服务器设备及时更新、数量合理且满足需要。以拓扑图为依据
				1.5.3 软件正版化率	3分	当前阶段考核市局（公司）本级操作系统、杀毒、办公三类软件，正版化率达到100%得3分，达到80%或其中一种软件正版化率增长达到30%得1分，其他不得分。依据软件资产管理及投资等有关资料
				1.5.4 软件资产纳入资产管理	2分	依据制度执行和资产管理系统使用情况现场查看
		1.6 标准与规范	3	1.6.1 执行全省统一技术标准	3分	统一应用门户和平台没有按流程添加组织和用户的发现一人扣1分。以日常记录为依据
二、信息化应用	17分	2.1 国家局、省局统一部署系统推进	15	2.1.1 网上订货系统	3分	网上订货金额占销售收入比例12月份达到70%的得满分，每少10%扣1分，扣完为止。依据系统统计。
				2.1.2GPS 系统	3分	平均车辆上线率、平均信息下载率、平均信息发送率达到95%的得满分，每项少10%扣0.5分，扣完为止。以物流监控数据为依据
				2.1.3 人力资源系统	3分	少使用一个模块扣1分，基础信息维护不及时扣2分。依据系统监测情况
				2.1.4 质量管理体系	3分	少使用一个模块扣1分，依据系统监测情况
				2.1.5“135”工作法和精准营销	3分	少使用一个模块扣1分，依据系统监测情况
		2.2 市局（公司）应用推进	2	2.2.1 市局（公司）自主信息系统建设	2分	经预算批准并报省公司信息中心备案，自主建设的信息系统，每个得2分。以立项批复或备案为依据

（续表）

一级指标	权重	二级指标	权重	三级指标	权重	评价标准及依据
三、安全运维	20 分	3.1 网络和信息系统运维管理	5	3.1.1IT 基础设施运维管理模式和运行情况	2 分	机房、网络、主机（服务器）、存储（备份）等设施设备的运维是否均确定了运维服务机构，是否实行了 IT 基础设施集中运维（由一家服务机构承担）或对运维项目进行了整合（如将机房和网络、或主机和存储的运维进行合并），是否建立了包括备机、备件在内的后备设备（部件）保障机制，是否开展了定期巡检维护；缺少一个方面扣 0.5 分，最多扣 2 分。依据运维服务合同、日志记录和现场查看
				3.1.2 应用系统运维管理模式和运行情况	1 分	应用系统日常运维管理是否与相关业务部门（使用部门）有明确分工，是否对问题和事件进行统一的记录和响应（包括协调、沟通有关服务机构）；缺少一个方面扣 0.5 分，最多扣 1 分。依据相关记录和现场查看
				3.1.3 运维支撑体系的建设情况	2 分	是否运用信息技术支撑运维管理，建立或具备了系统运维的技术手段，包括机房集中监控系统、网络监控（管理）系统、主机（服务器）监控系统等，是否对系统日志进行记录和保存，缺少一个方面扣 0.5 分，最多扣 2 分。依据相关记录和现场查看
		3.2 信息安全管理	10	3.2.1 信息安全管理制度落实和执行情况	2 分	是否与运维服务机构签订了信息安全保密责任书，是否在开展信息（应用）系统建设时与合作单位明确了安全保密责任，日常信息安全管理的日志记录是否完整，系统运行是否安全可靠，缺少一个方面扣 0.5 分，最多扣 2 分。以现场查看或有关资料（合同）为依据
				3.2.2 信息安全检查情况	4 分	每发现一个不合格项扣 0.5 分，以全省统一组织的信息安全专项或年度检查记录为依据
				3.2.3 信息安全保障体系建设	2 分	防病毒、防火墙、VPN、入侵检测、访问控制、上网行为管理等信息安全技术手段和措施基本完备。以现场检查或网络拓扑图为依据
				3.2.4 信息安全意识宣贯	2 分	每开展、举办一次集体安全宣传、教育或培训活动得 1 分，依据活动记录

（续表）

一级指标	权重	二级指标	权重	三级指标	权重	评价标准及依据
三、安全运维	20分	3.3 安全运维事故、事件应急响应及上报	5	3.3.1 及时响应安全运维事故、事件，按时及时上报有关信息	5分	没有制定或建立安全运维事故、事件应急预案及措施扣3分，没有开展预案演练的扣2分，未按时上报《网络和信息安全事件季报》扣2分，瞒报、漏报安全事件一次扣2分，迟报一次扣1分。以上报材料或日常统计为依据
四、统计管理	17分	4.1 统计数据质量	7	4.1.1 工商数采数据	2分	每补报一次扣0.5分，重报一次扣完。以日常统计为依据（补报因客观原因造成并在规定时间内报经省局同意的除外）
				4.1.2 卷烟生产经营数据统计应用项目数据质量	5分	每补报一次扣0.5分，重报一次数据扣完。以日常统计为依据（补报因客观原因造成并在规定时间内报经省局同意的除外）
		4.2 统计服务与管理	10	4.2.1 统计服务产品	1分	定期编制统计报表和分析，每少一月报表和分析的扣0.5分。以上报的分析和报表为依据
				4.2.2 统计调查	3分	统计调查组织得力、数据准确、分析翔实、资料齐全的得3分，其中一项不达标扣1分。以报备的调查资料为依据
				4.2.3 统计专题分析	3分	年度报送1篇有价值的专题统计分析报告的得1分，最多得3分。以上报分析为依据
				4.2.4 统计人员资格	2分	具备统计从业资格的单位得1分，具有统计师资格的单位得2分。以证书为依据
				4.2.5 统计工作管理	1分	统计制度不完整、统计资料发生泄密一项的扣0.5分。以文件或现场考核为依据

（续表）

一级指标	权重	二级指标	权重	三级指标	权重	评价标准及依据
五、工作创新	8分	5.1 技术研究	8	5.1.1 科技项目	3分	省公司立项项目1个2分，面上项目1个1分。以科技项目文件为依据
				5.1.2 论文撰写	5分	报送年度国家局信息化专委会论文每篇2分，报送“读书活动”读书报告或论文的得2分，发表论文1篇3分，获奖每篇5分。以日常统计为依据
六、加分项目		6.1 信息化工作重大成绩		6.1.1 信息化工作获得国家、省、市级表彰		分别得5分、3分、1分。以证书或其他凭证为依据
				6.1.2 承担省局（公司）信息系统建设试点		召开现场会或下文全省推广的信息系统，做大会交流发言的，分别得3分、1分。以日常统计为依据
				6.1.3 依靠自身力量研发的信息系统		每个加2分，最多得4分。以日常统计为依据
				6.1.4 获国家专利、软件著作权		获得国家专利的每个加3分，最多得5分；获得软件著作权的每个加1分，最多加2分。以日常统计为依据。以上四项各单位须先自行申报
七、否决项		7.1 重大责任事故		7.1.1 影响生产四个小时以上的信息安全、运行责任事故，火灾、重大泄密、造成重大社会不良影响等		一票否决

安徽省烟草专卖局（公司）关于印发《安徽省烟草专卖局（公司）信息化工作管理办法》的通知

皖烟办文〔2012〕2号

行业各直属单位：

为加强信息化规范管理工作，进一步推进一体化“数字烟草”建设，省局（公司）制定了《安徽省烟草专卖局（公司）信息化工作管理办法》，现下发给你们，请遵照执行。

二〇一二年五月三日

安徽省烟草专卖局（公司）信息化工作管理办法

第一章　总　则

第一条　为加强信息化工作的规范管理，大力推进一体化“数字烟草”建设，全面提高全省系统信息化水平，为“卷烟上水平”提供信息化支撑，依据《烟草行业信息化工作管理办法》及国家法律法规相关规定，结合全省信息化实际情况，制订本办法。

第二条　本办法适用于省局（公司）机关、各直属单位。

第三条　安徽省烟草专卖局（公司）信息化工作主要包括信息化规划、信息化项目、信息资源、信息网络、信息安全、信息系统运行维护、信息化培训和考核等管理内容。

第四条　安徽省烟草专卖局（公司）信息化工作遵循应用主导、匹配适用、资源共享、安全可靠的方针，按照统筹规划、系统设计、整体推进的要求，实行统一领导、统一管理、分级负责的管理原则，注重统一性、系统性、完整性，把握规划与变化、技术与管理的辩证关系，积极推进信息化与烟草产业深度融合。

第二章　管理机构及工作职责

第五条　安徽省烟草专卖局（公司）信息化工作领导小组是全省系统信息化工作的领导决策机构，主要工作职责是：

（一）贯彻落实国家和行业信息化建设的方针、政策和法律法规。

（二）统一领导全省系统信息化工作，审议全省系统信息化发展规划、计划和有关规章制度。

（三）研究信息化建设重大事项，审议重大信息化建设项目方案。

（四）审核并批准信息系统灾难恢复计划和预案，下达启动灾难恢复指令，指挥灾难恢复工作。

（五）听取安徽省烟草专卖局（公司）信息化工作领导小组办公室汇报，审议工作报告。

第六条　安徽省烟草专卖局（公司）信息化工作领导小组办公室设在省局（公司）经济信息中心（以下简称省局信息中心），承担安徽省烟草专卖局（公司）信息化工作领导小组的日常工作，指导、协调、检查和监督全省系统信息化工作。

第七条　各直属单位要成立信息化工作领导机构，设立独立工作部门，配备专职工作人员，具体负责本单位的信息化管理和建设工作。省局（公司）机关各部门要明确信息化工作主办人员，负责本部门信息化工作的联络、协调、配合、推进。

第三章　规划管理

第八条　信息化工作部门（以下简称信息化部门）负责牵头组织编制信息化规划。规划要服从省局（公司）总体发展规划，符合本单位发展战略、业务需求和信息技术发展趋势。规划要包括现状、指导思想、发展目标、主要任务、重点项目和保障措施等内容，明确业务、应用、数据和技术等架构，全面系统地指导本单位信息化建设。

第九条　各直属单位信息化规划应经过本单位信息化工作领导小组审议通过后，报省局（公司）信息中心备案。

第十条　各业务部门要参与信息化规划的编制，并配合做好信息化规划的实施。

第四章　项目管理

第十一条　信息化项目是指信息化基础设施建设、信息安全保障体系建设、应用系统开发及建设、应用支撑系统建设、信息化咨询和监理等项目。信息化项目建设要坚持统一性、系统性、完整性。

第十二条　信息化项目投资计划管理。信息化部门参与审核本单位及下属单位的信息化项目年度投资计划。未纳入年度投资计划的，项目原则上不得实施。

第十三条　信息化项目预算申报和审批。信息化部门要按照全面预算管理办法和规程，统一编制和申报信息化预算，由预算管理部门审批。信息化项目批复后方可使用项目预算资金。

第十四条　信息化项目申报和审批。各直属单位信息化项目要依据有关投资审批规定逐级申报、审核转报。项目立项要由信息部门进行技术审核、需求整合，起草立项报告。全省统一推广的信息化项目由省局（公司）信息中心申请立项。

投资额未达到省局（公司）审批标准的应用软件系统，应向省局（公司）信息中心申报备案。

立项申请要包括现状、建设目标、主要内容、初步技术方案、进度安排、投资估算等主要内容。投资估算要包括咨询、购置、开发、实施、运维和培训等所有资金支出。

第十五条　信息化项目招标采购。信息化项目招投标采购要按照《烟草行业招标采购活动廉政监督工作暂行规定》《安徽省烟草专卖局（公司）投资项目审批管理办法》《安徽省烟草专卖局（公司）招标投标实施办法》和《安徽省烟草专卖局（公司）采购管理办法》的规定和程序执行。全省系统统一推广的信息化项目，要将单点实施和建设维护期后的系统维护费用纳入招标内容，作为评标依据。单纯的商品化软件、信息化设备采购，要坚持软、硬件产品正版化。涉及国家秘密或国家局有专门规定的信息化项目，按照国家局有关规定执行。信息化项目由信息部门统一拟订合同，合同文本要经本单位法规、财务、审计部门审核后方可签署。

第十六条　信息化项目建设。信息化部门和相关业务部门共同组成项目实施机构负责项目建设。信息化项目实施要严格按照项目批复文件进行，不得擅自变更，因特殊原因确需做重大变动的，要按原程序报批。信息化项目建设必须严格遵循烟草行业信息化相关标准。

第十七条　信息化项目验收。信息化项目竣工经系统测试和不少于三个月试运行合格，可组织竣工验收。竣工验收由信息部门或牵头部门提出申请，由项目审批部门组织。未经验收或者验收不合格的信息化项目，不得投入正式使用，不得支付合同尾款。申请信息化项目竣工验收时，要提交项目合同、用户使用报告、系统用户使用手册、系统维护手册、竣工报告、财务审计报告等文档，定制开发的软件要提交源代码。

第十八条　信息化项目监督。按照有关规定，各直属单位要加强对信息化项目的监督、审计和工程监理工作。

第十九条　信息化项目成果管理。各直属单位要加强对信息化项目软、硬件资产的管理，严格按照有关法律规定进行资产登记。要在合同中明确知识产权的归属，定制开发的软件版权一律归烟草投资方所有。所有信息化项目文档除按规定送档案管理部门留存外，还要交本单位信息化部门备案。

第五章　信息资源管理

第二十条　信息资源是指以数据、文字、图形、音视频等形式储存在信息系统中可供综合利用的信息。

第二十一条　信息部门负责牵头开发、建立、更新和维护相应的信息资源库，实现信息资源的授权访问、各取所需、简便快捷，为业务部门的信息采集、整理、分析和发布提供相应的技术支持。

第二十二条　各直属单位要制订信息资源管理办法，明确信息资源的有效利用、权限管理和保密要求，对于可以公开共享的信息，要经信息公开主管部门审批后方可发布。涉及烟草行业经济运行等重要数据，由省局（公司）负责组织报送发布，任何单位和个人不得擅自对外发布。

第二十三条　各直属单位要按照《国家局、总公司网站管理办法》和《安徽省局（公司）网站管理办法》等有关规定和要求，做好全省系统内、外部网站的规范性建设、技术支持和日常管理工作。

第六章　信息网络管理

第二十四条　烟草行业信息网络（以下简称行业网）由行业骨干网、省域网以及各级单位的局域网组成。行业网实行联网登记准入制度，未经信息化部门审核，任何信息系统、设备和终端计算机不得联入行业网。

第二十五条　各直属单位的互联网接入应实行统一接入、统一管理，报省局（公司）审批、登记，并经省局（公司）报总公司备案。行业网与互联网、行业外单位网络实行逻辑隔离。

第二十六条　行业骨干网由总公司组织建设和管理，省域网由省公司组织建设和管理，各直属单位局域网由各直属单位建设和管理，各直属单位局域网建设方案要报省局（公司）备案。

第二十七条　行业网域名（DNS）和互联网协议（IP）地址由省局（公司）按总公司要求统一规划和管理，各直属单位按规定使用。

第七章　信息安全管理

第二十八条　各直属单位要按照“谁主管谁负责，谁运行谁负责，谁使用谁负责”的原则，建立和完善信息安全管理制度，落实信息安全责任制，保障信息安全经费，建立信息安全保障体系，定期开展信息安全检查。

第二十九条　信息系统实行等级保护制度。行业统一推广的信息系统由总公司确定安全保护等级，全省统一推广的信息系统由省局（公司）统一确定安全保护等级，各直属单位自建信息系统由各直属单位确定安全保护等级并报省局（公司）审核。信息系统上线运行前要确定安全保护等级，三级以上信息系统要进行第三方机构安全测评。

第三十条　处理国家秘密信息及全省系统敏感信息的涉密计算机、专用计算机和信息系统要与行业信息网和互联网物理隔离。要加强信息内容安全管理，上网信息严格执行审查制度。

第三十一条　信息安全防护设施要与信息系统同步规划、同步建设、同步运行。各直属单位要强化身份鉴别、访问控制、安全审计等技术措施，建立和完善信息安全监测预警和应急保障机制，制订应急预案，明确应急处置流程和应急保障队伍，定期进行应急演练，发生信息安全事件要及时报告。

第三十二条　为全省系统提供信息技术外包服务的机构必须具有相应的资质。各直属单位要与外包服务机构签订信息安全保密协议，明确信息安全保密责任。外包服务机构在其申请信息安全管理体系认证时，若认证范围涉及我方，须由各直属单位信息化部门审核并报省局（公司）批准。

第八章　运行维护管理

第三十三条　运维管理包含信息系统运行维护和计算机机房设备管理两个方面。全省集中部署的信息系统运行维护工作由省局（公司）统一归口管理，各直属单位信息系统运行维护和计算机机房设备管理工作由本单位归口管理。

第三十四条　信息系统日常使用、管理，由相应业务部门负责，系统管理员由该部门人员担任。信息中心负责运行维护和技术支持。计算机机房、设备等基础设施的运维管理由信息中心负责。

第三十五条　各直属单位要制订运行维护管理制度、工作流程、操作规程和服务标准，规范运行维护外包服务采购程序，运行维护经费要纳入本单位年度预算。系统管理员、数据库管理员、安全审计员等涉及信息安全的关键岗位人员要由本单位在册人员担任。

第三十六条　烟草行业统一推广或全省统一推广的信息系统实行统一管理、分级负责的原则，分别由总公司和省局（公司）制订运行维护规范、运行维护方案和费用标准并组织实施。各直属单位按照总公司和省局（公司）统一要求负责本单位软、硬件运行维护工作。对本级系统进行调整时，须报省局（公司）审核批准，方可实施。

第九章　培训、考核和奖惩管理

第三十七条　各直属单位要加强对员工信息化知识的宣传普及、应用技能的培训和考核工作。信息化应用技能和信息安全常识要作为员工上岗考核的基本内容。

第三十八条　省局（公司）每年对各直属单位的信息化工作进行评价和考核，结果纳入全省经济运行质量考核体系。

第三十九条　各直属单位要重视对信息化人才的引进、使用和培养。对在信息化工作中做出突出贡献的单位和个人要给予表彰和奖励。

第四十条　对违反本管理办法及有关规定，要按照国家的法律法规及行业信息化有关规定追究有关责任者和单位负责人的责任。

第十章　附　则

第四十一条　各直属单位要根据本办法，结合实际情况，制订本单位的信息化工作管理办法和具体管理规定。

第四十二条　本办法由省局（公司）负责解释。

第四十三条　本办法自印发之日起施行，二〇〇六年十二月十四日印发的《安徽烟草商业信息化工作管理规范（第一册）》（皖烟办〔2006〕378 号）同时废止。

安徽省烟草专卖局（公司）关于加强“成长”文化融合工作的意见

皖烟政〔2012〕183号

行业各直属单位、省局（公司）机关各部门：

为认真贯彻落实党的十七届六中全会、全国烟草行业第七次企业文化暨服务品牌建设现场会和全省系统2012年工作会议精神，努力推动“文化建设”向“文化管理”转变，促进省局（公司）“成长”文化落地，引领企业组织成长，推进卷烟上水平，现就加强“成长”文化融合、构建母子文化体系提出如下意见：

一、“成长”文化融合的重要意义

加强“成长”文化融合，有利于企业组织成长战略的实施。“成长”文化是对安徽烟草三十年精神积淀的高度概括，也是省局（公司）企业组织成长战略的重要支撑，“成长”凝聚了全省系统的愿望和共识。当前，全省系统要以“成长”文化为主线，构建一套科学规范的母子文化体系，引领各项工作上水平，系统提升综合竞争力，加快成长型组织建设，实现全省系统的持续性发展。

加强“成长”文化融合，有利于打造企业文化品牌。各直属单位在现有企业文化建设基础上，以“成长”文化为引领，进行企业文化的对接、融合、创新与提升，提高文化管理水平，实现企业文化从“文化建设”向“文化管理”进步；同时以“成长”文化融合为契机，凝聚各单位的力量，整合全省系统资源，齐心协力打造富有全省系统特色的“成长”文化母子管理体系，扩大“成长”文化在行业内外的影响。

加强“成长”文化融合，有利于构建责任烟草、诚信烟草、和谐烟草。通过“成长”文化融合工作，充分发挥文化的融心、融智、融情功能，可以进一步统一全省系统广大员工思想，凝聚共识，集中智慧，激发责任心和使命感，为企业改革与发展、为构建责任烟草、诚信烟草、和谐烟草提供强大精神动力和智力支持。

二、“成长”文化融合的指导原则

全省系统“成长”文化融合应坚持“传承对接，统分结合，彰显特色、创新实践”的原则。

传承对接，统分结合：省局（公司）“成长”文化，是母文化，直属单位企业文化是子文化。母文化是子文化的源头，子文化是母文化的丰富，融合体现的是文化传承。省局（公司）做好统筹引导，发挥母文化战略统领作用，体现为“四统一”：统一核心理念、统一核心规范、统一服务品牌、统一评价体系，以“四统一”搭建“成长”文化的建设与管理平台。直属单位做好传承对接，充分发挥子文化的实践主体作用，体现为“四自主”：即自主提炼特色理念、自主导入行为模式、自主开展主题活动、自主创新管理实践，继承和发扬成长文化及本单位的优秀文化，与成长文化实现有机对接。

彰显特色，创新实践：直属单位按照全省系统“161”的母子文化架构，展示子文化的特色，突出实践、突出创新，促进子文化在工作实践中创新发展。

“16”是安徽省局（公司）“成长”文化体系架构。其中，“1”代表“一个行业共同价值观”（国家利益至上、消费者利益至上），“6”代表“六个核心理念”（企业愿景、企业使命、企业精神、服务宗旨、管理理念和行为信条）。

“1”是直属单位子文化架构。由“一个文化主题”和若干个“执行理念”构成。各直属单位在“文化主题”和“执行理念”两个方面，根据母文化核心理念并结合本单位的地域、历史、业务、人员等方面的差异性，在子文化架构中注入本单位的文化特质，展示本单位的创新实践，彰显本单位的文化特色。省局（公司）机关每一个部门根据成长文化核心理念，结合本部门业务特点和工作要求，提炼一条独具特色的“工作理念”。

三、“成长”文化融合的主要任务和工作进度

2012年是省局（公司）“成长”文化的融合年，主要任务是建立“161”母子文化架构，并围绕“161”母子文化架构开展文化创新实践活动。

（一）主要工作任务

1. 提炼文化主题

文化主题由文化冠名、主题表述两个部分组成，共同展示子文化特征。文化冠名，即直属单位以一个精炼的字，作为子文化的“名”，表述为“成长·名”。主题表述，即用经典短句或词语，凝练概括子文化的精髓，表达子文化的特征。

2. 整合执行理念

各直属单位根据省局（公司）成长文化核心理念和相关业务工作要求，结合自身的经营管理实际，对原有文化理念体系的理念与内涵进行整合、完善和提升，形成“架构一致、特色鲜明”的子文化理念体系。其中：

烟草专卖、卷烟营销单位可提炼执法理念、经营理念、物流理念、成本理念、安全理念、人才理念、学习理念、创新理念、团队理念、廉政理念等。

烟叶生产、烟叶复烤单位可提炼生产理念、经营理念、质量理念成本理念、安全理念、人才理念、学习理念、创新理念、团队理念、廉政理念等。

省局（公司）机关各部门根据职能分工归为6个类别，行政执法类包括专卖处、法规处，生产经营类包括烟叶处、营销处、物流处，内部监管类包括审计处、纪检组监察处、整顿办，基础管理类包括办公室、综合计划与企业管理处、财务处、科技处、安保处、信息中心，队伍建设类包括人事处、政工处（工会、机关党委）、培训中心，后勤服务类包括机关行管中心、离退办。各部门根据成长文化核心理念，结合类别、核心业务特点和要求，提炼1条精炼有特色的工作理念。

3. 开展主题实践

各直属单位结合本单位2012年主要工作和地域文化的特点，开展一项独具特色的企业文化主题实践活动。开展主题实践活动，一是要以文化冠名，以员工喜闻乐见的方式，传播“161”母子文化架构，使全员认知、理解和认同子文化。二是要注意结合本单位

“践行两个至上、做到三个始终、树立五种意识”，教育实践活动，激发员工的创造性，以“成长”文化推动企业经营管理优化与创新工作，使企业文化融入企业经营管理实践，推动企业的持续成长。

4. 落实行为模式

各直属单位以学习型组织建设为平台，以员工职业发展为路径，以教育培训为推动，以行为考评为手段，组织员工深入学习《中国烟草行业行为规范》《“徽映”服务行为识别系统》，持续提升全员的职业素质与职业技能，使企业文化融入员工的日常行为之中，从而引领员工的职业成长。

（二）工作进度

马鞍山、池州市局、宿州市（公司）、华环公司作为省局（公司）重点推进单位，要发挥示范引路作用，在7月底以前完成文化融合对接工作，其他直属单位在8月底之前完成文化融合对接工作。各直属单位在开展文化融合对接过程中，要加强与省局（公司）政工处的联系和沟通；文化融合对接、体系构建工作完成后，要及时向省局（公司）申请审核验收。省局（公司）按照“成熟一个验收一个”的原则，在9月底之前完成对各直属单位文化融合对接工作的验收。省局（公司）机关各部门在8月底前完成工作理念的提炼工作。

经省局（公司）审核验收合格的单位，按照“成长”文化融合的主要任务安排，积极开展企业文化主题实践活动和行为规范落地工作，持续开展宣贯，深入推进文化融合与落地。

四、“成长”文化融合的保障措施

“成长”文化融合工作是2012年全省系统文化建设的重点工作之一，各单位要高度重视，从人力、物力、财力等方面给予保障，确保“成长”文化融合对接工作顺利开展。

（一）注重示范，全员参与

各直属单位“成长”文化融合工作要在企业文化建设领导小组的领导下进行，一把手要亲自担任企业文化建设领导小组组长，领导层要发挥示范作用。发动广大员工积极参与“成长”文化融合工作，认真处理好母子文化关系，使广大员工在参与中认知、理解和认同“成长”文化。

（二）注重团队，以我为主

各单位抽调精干力量，建立本单位“成长”文化融合内部专家团队，必要时借助外部专家的力量，集中时间，开展“文化建设回头看”活动，在审视完善现有文化体系基础上，进行整合提炼，完成与“成长”的融和对接工作。要加大文化内训师的培训力度，使之发挥企业文化提升的骨干作用，推动“成长”文化得到有效传播。

（三）注重实效，持续创新

各单位要围绕中心工作，结合235教育实践活动，积极推动“成长”文化融入企业各项经营管理工作，以工作的重点、疑问和难点为突破口，在生产、经营、管理、服务等方面开展创新实践，以持续的文化创新带动各项工作上水平。

二〇一二年六月六日

安徽省烟草专卖局（公司）关于印发《卷烟配送中心7S现场管理实施方案》和《卷烟配送中心7S现场管理作业标准》的通知

皖烟物流〔2012〕196号

各市局（公司）：

为贯彻落实安徽烟草商业系统物流工作现场会议工作部署，适应现代物流建设要求，提升全省系统卷烟配送中心7S现场管理水平，省局（公司）在总结先进单位成功经验的基础上，结合实际，制订了《卷烟配送中心7S现场管理实施方案》和《卷烟配送中心7S现场管理作业标准》，现予以印发。请各单位认真组织学习，制定具体方案，落实工作责任，加强检查考核，持续总结提升，努力推进物流现场管理上水平。

二〇一二年六月十五日

安徽烟草商业系统卷烟配送中心7S现场管理实施方案

为适应现代物流建设要求，努力提升全省系统卷烟配送中心7S现场管理水平，创建一流作业现场，培养员工良好素质，做好活动组织实施，特制定本方案。

一、工作目标

通过在卷烟配送中心全面推进7S现场管理，建立明确的职责分工，培养员工认真的工作态度，发扬密切的协作精神，创造安全、舒适、有序的工作环境，提升物流作业效率，提高物流管理水平。

二、主要内容

将配送中心作业现场划分为办公场所、仓储作业、分拣作业、送货作业四个部分，将7S管理要求细化到每个作业现场（具体内容见《卷烟配送中心7S现场管理作业标准》）。

7S现场管理的基本要素为：整理、整顿、清扫、清洁、素养、安全、节约7个方面。

（一）“整理”

“整理”的基本内容：区分要用和不用的，不用的清除掉。“整理”的目的：腾出空间，活用空间，防止误用，塑造清爽的工作场所。“整理”的实施要领：自己的工作场所（范围）全面检查、包括看得到的和看不到的；制定“要”与“不要”的判别基准；将不要的物品清除出工作场所；对需要的物品调查使用频度，决定日常用量及放置位置；制定废弃物处理方法；每日自我检查。

（二）“整顿”

整顿的基本内容：要用的东西依规定定位、定量摆放整齐，明确标示。“整顿”的目的：工作场所一目了然，消除寻找物品的时间，整整齐齐的工作环境，消除过多的积压物品。“整顿”的实施要领：落实前一阶段的工作；流程布置，确定物品的放置场所；规定放置方法、明确数量；划线定位；场所、物品标识。“整顿”的 3 定原则：定点、定容、定量。定点是指放在哪里合适；定容是指用什么容器、颜色；定量是指规定合适的数量。

（三）“清扫”

“清扫”的基本内容：清除工作场所内的脏污，并防止污染的发生。“清扫”的目的：清除作业现场藏物，创建明快、舒畅的工作环境，使员工保持一个良好的工作情绪，并稳定产品的品质。“清扫”的实施要领：建立清扫责任区（室内外）；执行例行扫除，清理脏污；调查污染源，予以杜绝或隔离；建立清扫基准，作为规范。

（四）“清洁”

“清洁”的基本内容：将上面 3S 实施的做法制度化、规范化，并维持成果。“清洁”的目的：使“整理”、“整顿”和“清扫”成为一种管理和制度。“清洁”的实施要领：落实前面 3S 工作；制定考评办法，制定奖惩制度，加强执行；管理人员应经常带头巡查，以表重视。

（五）“素养”

“素养”的基本内容：人人依规定行事，从心态上养成好习惯。“素养”的目的：培养有好习惯，遵守规则的员工，营造团队精神。“素养”的实施要领：制定辅助、仪容、识别证标准；制定共同遵守的有关规则、规定；制定礼仪守则；教育训练；推动各种激励活动；遵守规章制度。

（六）“节约”

“节约”的基本内容：减少企业的人力、成本、空间、时间、库存、物料消耗等因素。“节约”的目的：对时间、空间、能源等方面的合理利用，以发挥最大效能，创造一个高效率、物尽其用的工作场所。“节约”的实施要领：能用的东西尽可能利用；以自己就是主人的心态对待企业的资源；切勿随意丢弃，丢弃前要思考其剩余之使用价值。

（七）“安全”

“安全”的基本内容：对不合安全规定的因素及时举报消除，加强作业人员安全意识教育。“安全”的目的：保障员工的人身安全，保证生产的连续安全正常进行，同时减少因安全事故而来的损失。“安全”的实施要领：采取系统的措施保证人员、场地、物品等安全；系统地建立防伤病、防污、防火、防水、防盗、防损等保护措施。

三、实施步骤

（一）成立组织机构

各市公司要成立专门的 7S 现场管理小组。明确组织机构的职责，相关成员的主要工作，编组和责任区划分。组长由卷烟配送中心的经理担任。成员至少应包括：安全员、各二级部门人员 1 名。

（二）制定实施计划

各市公司在实施 7S 现场管理前，应参照本方案，结合实际，制定本单位具体的实施计划。实施计划至少包括以下内容：

1. 实施方针：方针的制定要结合企业具体情况，要有号召力。方针制定后，要广为宣传。

2. 实施目标：要结合本单位的实际情况设定期望的目标，作为活动努力的方向及后续的检查、考核标准。

3. 实施内容：参照《安徽烟草商业系统卷烟配送中心 7S 现场管理作业标准》，结合本单位实际，明确每个作业环节的实施内容。

4. 考核办法：应制定本单位卷烟配送中心 7S 现场管理考核办法，明确考核的依据、范围、频次、方法和组织机构。考核工作应形成记录备查。

5. 时间进度表：结合本单位实际，制定详细的实施进度表，并且明确 7S 现场管理实施的责任部门及各个阶段的责任人。

（三）加强宣传培训

实施计划完成后，可结合本单位实际，采用多样化的教育形式，如讲课、放录像、观摩他厂案例或样板区域、学习推行手册等，对全员进行宣传与培训。培训内容包括：7S 现场管理的内容、目的、实施方案、考核方法等。

（四）组织实施

7S 现场管理实施可按以下几个阶段进行：

1. 实施导入

7S 现场管理的实施要按照“整理”“整顿”“清扫”“清洁”“素养”“节约”“安全”先后顺序，由易到难逐段实施，一个结束实施另一个。实施过程中，要定期对 7S 现场管理的活动成果进行检查，检查结果应当公开、透明；检查发现问题时应及时采取纠正措施，并形成记录备查。

2. 阶段考核

在 7S 现场管理的每一个阶段实施结束后，应及时对各个阶段的实施情况进行阶段考核，考核结果应向卷烟物流配送中心反馈。卷烟物流配送中心对考核中发现的问题应及时采取纠正措施，并形成记录备查。

3. 初步达标考核

7S 现场管理 7 个阶段全部实施结束后由市公司 7S 现场管理推进小组进行初步达标考核。

4. 持续推进

7S 现场管理的初步达标考核通过后，7S 现场管理的实施阶段结束，进入持续推进阶段。市公司应建立有效的 7S 监管体系，建立巡查制度，并成立相应的巡查小组，确定巡查标准，定期对 7S 现场管理的活动成果进行检查，巡查发现的问题要及时通报并改进。

四、工作要求

（一）全员参与，人人有责

现场管理与每一个员工息息相关，只有广大成员的共同参与，才能保证 7S 现场管理的顺利落实。7S 现场管理成功与否，领导是决定因素。各级领导者要承担倡导、组织、计划、协调、检查、奖惩等管理职能，自上而下地推进 7S 管理，并为实现 7S 管理目标创造和维持良好的企业内部环境。员工既是7S管理的实施者，又是7S管理的受益者。让员工在健康安全舒适的环境中愉快高效地工作，为企业持久地创造良好业绩。

（二）不走过场，注重实效

7S现场管理不是刷刷墙面、画画线条、贴贴标识、搞搞卫生。在实施过程中，要建立科学的流程控制，做到事事有人管，职责明确，奖惩兑现；方法要多样，表格控制、目视管理、定置管理、看板管理、目标管理等；要按流程、部门、工序逐级建立检查网，层层有人负责，形成要结果的检查习惯。

（三）持续推进，持之以恒

7S现场管理是一项长期和基础性的工作，一两次的整理或清扫清洁不能从根本上解决实际问题，必须长期坚持，反复执行，使工作现场时刻处于7S的管理状态，促使7S现场管理从“形式化”走向“行事化”，最后向“习惯化”演变，积极提升企业的规范管理水平。对7S现场管理中发现的问题及时改进，研究和创新有效的工作方法，使得7S现场管理随着时间、环境、任务的变化不断进行调整、更新和改进。

（四）加强考核，积极引导

各市公司要将7S管理要求纳入卷烟配送中心日常管理范围，组织广大员工学习标准，将工作责任和工作要求落实到相应部门和所有员工，并作为每月绩效考核的一项内容，通过加强检查考核，引导员工养成良好的工作习惯，持续提高现场管理水平。在市公司开展自我评价的基础上，省局（公司）下半年将组织7S现场管理互查活动，召开专题会议交流经验，持续推进7S管理工作。

安徽烟草商业系统卷烟配送中心7S现场管理作业标准

为进一步加强卷烟配送中心现场管理，统一工作标准，培养员工良好的职业素养，营造良好的工作环境，提高物流管理水平，特制定本作业标准。标准以办公场所、仓储作业、分拣作业、送货作业等四个方面对7S管理进行细化，并对考核评价提出要求。

一、7S作业标准

（一）办公场所

1. 整理：将区域场所物品分为有必要的与没必要的，将必要的留下来，没必要的清出工作场所。

（1）有用文件资料按常用和不常用进行分类整理，整齐存放于文件柜中；不再使用文件整理归档集中存放。

（2）正在使用的文件资料整齐放于办公桌面，需要时能快速找到。

（3）个人用品按类别整齐放于指定位置。

（4）办公台面按标志放置。

（5）文件柜外部统一放置文件盒，文件标签暂为白纸。

2. 整顿：把有必要用的物品依规定位置摆放整齐，并加以标识。

（1）办公桌统一物品，按所贴标识定点放置；文件柜内外物品整齐、分类放置。

（2）办公桌抽屉物品归类放置。

（3）办公桌椅离开时需及时回位。

（4）电脑键盘统一放置办公桌托架上，电脑主机统一放置办公桌下方，且水平对齐。

（5）报刊及时分类归架（每周五进行一次集中处理）。

（6）水瓶、茶杯、烟灰缸等物品定位摆放。

（7）网线、电线、电话线等各类线路有序固定，分类整理。

3. 清扫：将区域场所内所有地方清扫干净，保持工作场所干净、亮丽。

（1）灯具、空调、电脑、打印机、电话等电器及电器开关、线路，表面洁净，无灰尘。

（2）办公桌面、文件柜内外，隔断、木门里外清洁、门框上无灰尘；地面及四周踢角干净，要显露本色，无灰尘、污迹。

（3）室内墙壁及天花板每周清扫一次，做到无污染、无爆皮、无蜘蛛网；墙上不许乱贴、乱画、乱挂、乱钉。

（4）文件柜顶、表面保持洁净、无灰尘、无污迹，柜内文档分类整齐存放、统一标识。

（5）窗玻璃干净透明，无水迹、雨迹、污迹；窗框洁净无污迹；窗台无杂物、无灰尘。窗帘整齐洁净、无灰尘，悬挂整齐。

（6）垃圾及时倾倒，清洁用具整齐放在洗手间；抹布叠好整齐放置。

（7）持续保持办公环境整洁：工作日 7：45 分全面清洁办公区域。

4. 清洁：将整理、整顿、清扫的做法规范化、制度化，并维持成果。

（1）休息时间随时进行整理、整顿、清扫工作，注意保持。

（2）自我检查，对发现的不符合项及时整改。

（3）下班前整理好当日资料、文件并分类归档。

（4）下班后整理办公台面物品，归位放置。

（5）烟灰缸及时清理。

（6）每日下班前清理办公室垃圾。

5. 素养：每位员工养成良好的习惯，并遵守规章制度，工作主动、积极进取。

（1）爱护公共设备、设施，不损坏公物。

（2）保持办公室安静、整洁，不得大声喧哗，营造良好工作氛围。

（3）着装干净整齐，仪容自然大方，言谈举止文明礼貌。

（4）准时上下班，不迟到、早退及无故旷工。

（5）上班时间不随意串岗、流动吸烟及有关明令禁止的言行等。

（6）按时出席会议，不迟到、不早退，手机调为静音、震动或关机。

（7）全体员工自觉执行，并严格遵守公司各项规章制度。

6. 安全：消除安全隐患，预防安全事故，保障员工人身和企业财产安全，减少经济损失。

（1）各类电源线安全排列，确保无安全隐患。

（2）掌握消防器材的正确使用方法；消防设备、设施定位放置，消防通道严禁占用、堵塞。

（3）各种设备严格按使用说明操作。

（4）下班时空调、照明灯等电器切断电源，并锁闭门窗。

7. 节约：合理利用时间、空间及其他能源等资源，发挥其最大效能，减少浪费，降低成本。

（1）电脑长时不用时，设置为待机或关机，下班及时关机。

（2）空调适时按需合理开启（夏季不低于26℃，冬季不超过20℃），启用空调设备时不得同时开启门窗。

（3）正式文本双面打印，非正式文本稿纸打印。

（4）照明充分利用自然光，按需适量开启。

（5）各类废旧办公用品分类处理。

（6）工作安排科学有序，保持时不待我的时间观念。

（二）仓储作业

1. 整理：将区域场所物品分为有必要的与没必要的，将必要的留下来，没必要的清出工作场所。

（1）有用文件资料按常用和不常用进行分类整理，整齐存放于文件柜中；不再使用文件整理归档集中存放。

（2）正在使用的文件资料整齐放于办公桌面，需要时能快速找到。

（3）个人用品按类别整齐放于指定位置。

（4）办公台面按标志放置。

（5）文件柜外部统一放置文件盒，文件标签暂为白纸。

（6）对装卸、仓储、分拣区域进行严格的界定，明确每部分的作业区域，并进行标识。

2. 整顿：把有必要用的物品依规定位置摆放整齐，并加以标识。

（1）办公桌面物品放置为“4+1”，即显示器、鼠标、键盘、水杯和桌面打印机。放置的位置按桌面标签位置定点摆放。

（2）办公桌抽屉内物品归类放置，一层为笔、记事簿；二层为文档类。

（3）办公椅应保持干净整洁，离开时应将座椅回位。

（4）文件柜外部放置文件盒，文件盒标签暂为白纸，标签名简明扼要，中间汉字为隶书，字号30号。柜内放置办公物品，物品应分类清晰、码放整齐。

（5）茶水柜放置开水瓶与水杯，定位摆放。

（6）茶水柜下方柜组内按序编号，定位摆放办公物品。

（7）出入库电脑桌除了电脑、打印机，不放置任何物品，入库区内文件柜摆放办公文件，柜内放置办公物品，摆放整齐有序。

（8）叉车用完后整齐有序摆放在“叉车停放处”。

（9）仓库内卷烟堆码整齐，不得出现卷烟倒置现象.

（10）工作中必须用到的表单整齐有序的放置在包装机电脑桌上，桌上不允许放置其他物品。

（11）叉车、笼车定点摆放在指定位置，并摆放整齐有序，5～10 月份做好温湿度登记。

（12）散托盘卷烟摆放整齐，按照从下到上，从里到外码垛整齐。

（13）管理有序、仓库通道保持通畅、无杂物、卷烟整齐码放，件烟箱体标识一律朝上。

3. 清扫：将区域场所内所有地方清扫干净，保持工作场所干净、亮丽。

（1）休息室内会议桌面保持清洁，不摆放其他物品。

（2）茶水柜放置开水瓶及水杯，定位摆放整齐有序。抽屉内放置抹布。柜内放置烟灰缸，使用时将烟灰缸拿出使用，使用后将烟灰缸清理干净并放回原位。

（3）链板式伸缩机放在入口区门口左侧，保持伸缩机清洁。

（4）划分责任区，并定期进行清扫。

（5）库区内钢板地面保持清洁卫生，对生锈的钢板及时采取除锈工作，库区内环境卫生保证每天一小扫，每周一大扫。

（6）叉车、除湿机定期维护保养，保持表面清洁卫生。

4. 清洁：将整理、整顿、清扫的做法规范化、制度化，并维持成果。

（1）地面无杂物、灰尘，及时清理、清洁。

（2）工具整齐摆放，垃圾下班及时清理。

（3）沙发和边柜保持整洁、干净，不乱放物品，离开时及时整理。

5. 素养：每位员工养成良好的习惯，并遵守规章制度，工作主动、积极进取。

（1）作业人员按照操作流程规范操作。

（2）作业人员上班时间佩戴工作证件，按要求统一着装。

（3）工作人员不得有迟到、早退、离岗、串岗等现象。

6. 安全：消除安全隐患，预防安全事故，保障员工人身和企业财产安全，减少经济损失。

（1）库区作业人员要严格遵守各项法律法规、规章制度，安全作业，非工作人员禁止进入仓储区。

（2）定期对设备设施进行保养、检测。安全设施和消防器材要指定专人负责，定期检查、维修、保养、更换和添置，确保多项设施和器材性能可靠，状态良好。

（3）加强对电器线路及其他电器设备进行检查，杜绝火种进入库区，消除各种隐患，防患于未然。

（4）所有员工必须充分了解和掌握各种安全设施消防器材的性能和操作使用方法。

（5）电线网线屡顺固定，卷帘门下禁止堆码卷烟。

（6）叉车停放拉紧手刹，堆垛机关闭电源。

7. 节约：合理利用时间、空间及其他能源等资源，发挥其最大效能，减少浪费，降低成本。

（1）电脑长时不用时，设置为待机或关机，下班及时关机。

（2）空调适时按需合理开启（夏季不低于26℃，冬季不超过20℃），启用空调设备时不得同时开启门窗。

（3）正式文本双面打印，非正式文本稿纸打印。

（4）员工拥有节约的意识，节约使用办公耗材和包装辅材。

（5）高温梅雨季节随时注意卷烟温湿度，空调按温度设置要求合理开启（夏季不低于26℃），空调间歇使用。

（6）人走灯灭，下班后关闭空调、除湿机等设备电源。

（7）库内电灯间歇调节使用。

（三）分拣作业

1. 整理：将区域场所物品分为有必要的与没必要的，将必要的留下来，没必要的清出工作场所。

（1）操作台、机器设备上不得放置工作不必需的物品。

（2）作业设备应保持良好的工作状态。

（3）文件资料应及时整理归档。

（4）空纸箱、废弃标签纸、包装材料应及时清理。

（5）办公区域应定点定置摆放，抽屉内、物品柜内物品摆放整齐。

2. 整顿：把有必要用的物品依规定位置摆放整齐，并加以标识。

（1）待分拣的卷烟应整齐摆放在规定区域，保持通道的畅通，无杂物。

（2）空纸箱应按规定整齐收集堆码。

（3）笼车、叉车应按指定位置摆放，用后及时归位。

（4）正确的使用作业工具，无不良操作行为。

（5）工作区域内无私人物品乱放现象。

3. 清扫：将区域场所内所有地方清扫干净，保持工作场所干净、亮丽。

（1）钢板地面、分拣、包装操作台应保持干净整齐。

（2）机器、设备表面应擦拭干净。

（3）划分责任区，并定期进行清扫。

（4）分拣机及包装机机台上保持干净、整洁，柜内不允许摆放除卷烟以外的其他物品。

（5）分拣区域地面保持清洁卫生，对生锈的钢板及时采取除锈工作，环境卫生保证每天一小扫，每周一大扫。

4. 清洁：将整理、整顿、清扫的做法规范化、制度化，并维持成果。

（1）地面无杂物、灰尘，及时清理。

（2）分拣通道、走道应保持通畅，有无杂物。

（3）清洁工具应整齐摆放，垃圾下班应及时清理。

5. 素养：每位员工养成良好的习惯，并遵守规章制度，工作主动、积极进取。

（1）作业人员按照操作流程规范操作。

（2）作业人员上班时间佩戴工作证件，按要求统一着装。

（3）工作人员不得有迟到、早退、离岗、串岗等现象。

6. 安全：消除安全隐患，预防安全事故，保障员工人身和企业财产安全，减少经济损失。

（1）包装机附近不得摆放不必要的物品。

（2）空压机房严禁闲人进入，无杂物摆放，运行有检查、有记录。

（3）非工作人员不得随意进入分拣区，分拣大门开启时库内应有工作人员在场。

（4）工作结束后，应按程序关闭分拣设备，人员离开时应将所有设备电源都关闭。

（5）库区内应对电器线路及其他电器设备进行检查，杜绝火种进入库区，消除各种隐患，防患于未然。

7. 节约：合理利用时间、空间及其他能源等资源，发挥其最大效能，减少浪费，降低成本。

（1）每年5～10月，分拣空调温度设置不低于22℃。

（2）人走灯灭，下班后关闭分拣机、包装机等设备电源。

（3）应尽量避免人为原因造成重打标签和重包卷烟现象。

（四）送货作业

1. 整理：

（1）车辆驾驶室。资料：车辆行车日志、随车资料袋（车辆使用说明书、保修手册、道路运输证、车辆购置税完税证明、特约维修站通讯地址、从业资格证、保险卡）、三交一封袋（机动车驾驶员行业上岗证、机动车行驶证、车辆钥匙）。

工具及用品：灭火器、千斤顶、随车工具、警棍、收款包、水杯及毛巾，其他物品不得存放。

（2）驾驶员对车辆按时整理；车辆仪表盘、驾驶工作台、驾驶座椅及车厢内保持干净、整洁。

（3）交款后领取下一工作日卷烟销售发票和客户签收单，对卷烟销售发票按户分类。

（4）送货员提货时将存放卷烟的笼车或托盘推至指定装卸工作区域内进行取货。

（5）收款包内放置卷烟销售发票、客户签收单、笔、皮筋、印泥、铁夹。

2. 整顿：把有必要用的物品依规定位置摆放整齐，并加以标识。

（1）装载卷烟时负责校对卷烟序号及包装数量，按卷烟标签顺序依次、整齐码入车厢内，确保装载卷烟无差错、无残损。

（2）取货工作完毕后，将笼车、托盘及手推车放入库内指定区域，确保库内外取货区域畅通无阻。

（3）驾驶室内物品定位放置：行车日志放置在主驾驶台上方的遮阳板上；毛巾放置在主驾驶台左侧储物槽内或驾驶台收音机下方储物盒内（根据不同车型而定）。

（4）副驾驶座储物柜内统一放置随车资料袋、三交一封袋。

（5）车辆座椅后统一放置：灭火器、千斤顶、随车工具、警棍及收款包。

（6）车辆按固定线路进出停车场，整齐定点停放。

（7）50元及以上面值货款及时整理放入保险柜中。

（8）送货结束后，在送货办公室领取保险柜钥匙取出货款，填写《保险柜钥匙上交登记表》《工作日志》《卷烟缴款明细表》，并及时将货款存入银行。

3. 清扫：将区域场所内所有地方清扫干净，保持工作场所干净、亮丽。

（1）送货过程中保持车辆内部卫生、整洁。

（2）送货员在部门办公室办公、休息时，必须保持区域整洁、干净，并符合办公篇相关要求。

4. 清洁：将整理、整顿、清扫的做法规范化、制度化，并维持成果。

（1）随时进行整理、整顿、清扫工作，注意保持。

（2）自我检查，对发现的不符合项及时整改。

（3）下班前整理、填写好当日资料、文件并分类归档。

5. 素养：每位员工养成良好的习惯，并遵守规章制度，工作主动、积极进取。

（1）每周一、三、五，车辆回场后，驾驶员对车辆外部（车头、车厢、车尾）清理、清洗（每周三天中，一天进行检查）。

（2）爱护公物，保持办公区域安静、整洁，营造良好的工作氛围。

（3）着装干净整齐，仪容自然大方，言谈举止文明礼貌。

（4）准时上下班，不得迟到、早退及无故旷工。

（5）按时出席会议，不迟到、不早退，手机调为静音、震动或关机。

（6）在送货过程中佩戴工作证件，统一着装（按季节要求穿着）。

（7）按卷烟送货客户顺序，及时、准确、无差错、无残损、安全配送到户。

（8）双手将客户所订购卷烟搬至客户店堂内并主动向客户问好，轻拿轻放，做到微笑服务、用语规范。

（9）严格遵守各项法律、法规及公司各项规章制度。

6. 安全：消除安全隐患，预防安全事故，保障员工人身和企业财产安全，减少经济损失。

（1）送货员收取货款时须将收款包斜夸至身体正前方可视范围内，保证货款资金安全。

（2）大额现金（50 元及 100 元面值人民币）及时放入车载保险柜中。

（3）特殊及危险路段，协助驾驶员做好通行、转弯、倒车等。

（4）对电子结算客户应说明已扣款，对现金结算的客户应唱收唱付，送货员应面对客户接收货款，将货款放在手心之上，并当面进行清点。

7. 节约：合理利用时间、空间及其他能源等资源，发挥其最大效能，减少浪费，降低成本。

（1）文明驾驶，驾驶中避免车辆急停、急起步、急加速、急转弯等，以延长车辆部件使用寿命。

（2）遵循节油原则，避免绕道行驶，合理使用空调，有效降低车辆行驶费用。

（3）合理利用车辆车厢空间，有序码放卷烟包。

（4）提出合理、优化的线路建议；减少、降低车辆行驶费用。

（5）工作安排科学有序，谨记时不我待的时间观念。

二、考核评价办法

（一）考核评价

市公司应制定本单位卷烟配送中心 7S 现场管理考核计划，明确考核的依据、范围、频次、方法和组织机构。考核工作应形成记录备查。

考核形式：查看现场、现场提问、查阅文件与资料。

考核内容：制度执行情况、实施效果、文件体系建设、日常检查与考核情况。

（二）7S考核现场检查表

配送中心7S现场检查表

单位/部门：　　　　　　（办公场所）　　　　　　年　月　日

序号	现场检查项目		标准分	实得分	扣分原因
1	整理	每日下班前将无用物品丢弃，有用物品整齐放置	4		
2		办公设备按照操作说明正常使用，存在故障及时维修	4		
3		文件及时放入档案盒，桌面无散落文件	4		
4	整顿	电话线、电源等线路是否固定得当	4		
5		文件柜内是否按要求整齐摆放	4		
6		报纸、杂志是否整齐摆放	4		
7		物品是否按照定位标识整齐放置	4		
8		办公桌抽屉是否按要求整齐摆放	4		
9		电脑桌面是否统一背景，是否只设置“五项”桌面图标	4		
10	清扫	地面有无积水和污渍、墙角有无蜘蛛网	4		
11		办公设备是否有污浊及灰尘	4		
12	清洁	烟灰缸、办公桌面是否做到“两清理”	4		
13		中午、下午下班是否做到“两整理”	4		
14	节约	夏季空调温度设定不低于26℃、冬季不高于20℃，人走时关闭电源	4		
15		依据照明范围合理使用灯具，人走关闭电源	4		
16		打印机设为省电模式，格式文本文件需双面打印，其他应使用稿纸打	4		
17		电脑是否安装节电程序	4		
18		是否浪费办公用品现象	4		
19		运用FTP、投影设备使用电子文件，减少纸张的使用数量	4		
20	安全	电线网线屡顺固定，通道无堆积物	4		
21		关注身边危险源确保无安全事故发生	4		

（续表）

序号	现场检查项目		标准分	实得分	扣分原因
22	素养	会议期间走动需将脚步放轻，手机设置为振动或静音状态。三楼会议室会议中禁止吸烟	2		
23		办公场所不大声喧哗，离开座位应将椅子回位，衣服、包勿挂在椅子上	2		
24		上班期间勿做与工作无关的事（QQ 聊天、打游戏、看小说）	4		
25		学习笔记情况（抽查）	4		
26		省局（公司）十五项安全管理制度学习情况（抽查）	4		
检查人		检查对象	100		

配送中心 7S 现场检查表

单位/部门： （送货作业） 年 月 日

序号	现场检查项目		标准分	实得分	扣分原因
1	整理	无用的物品是否丢弃	4		
2		驾驶室内前台不允许堆放杂物，抽屉里除了放有用证件外，不要存放其他与工作无关的东西	4		
3		车内灭火器、警棍放在座椅后随手可以拿到的地方	4		
4	整顿	私有物品是否整齐放置	4		
5	清扫	车辆内外是否经常清洗，整洁干净	4		
6	清洁	电瓶表面、桩头是否干净	4		
7		轮胎是否有夹带物并清除	4		
8	节约	每月维修费用是否正常	4		
9		每只轮胎是否行驶五万公里	4		
10		降低燃油消耗，节油百分比 1% ~5% 得基本分，5% ~10% 加 1 分，10% 以上加 2 分	4		

（续表）

序号	现场检查项目			标准分	实得分	扣分原因
11	安全	每月参加安全学习情况		4		
12		道路交通安全“五不准”执行情况		4		
13		“三证一单”执行情况		4		
14		“三交一封”执行情况		4		
15		开车时，是否有未系安全带，接打电话情况		4		
16		出车前检查油、水、方向、制动、发动机工作是否正常		4		
17		回库时检查轮胎气压、发电机皮带、风扇皮带松紧度、排放储气筒、油水分离器的积水和污物		4		
18		是否及时参加年审、二级维护		4		
19		车辆是否及时检查维修、病车上路		4		
20		行车日志是否填写清楚		4		
21	素养	保持衣冠整洁，工作时间穿制服上下班		4		
22		会议期间不要随意走动、手机铃声调为静音		4		
23		是否及时完成领导交办的其他工作		4		
24		每月理论考试成绩		4		
25		每月场地考试成绩		4		
检查人		检查对象		100		

配送中心 7S 现场检查表

单位/部门：　　　　　　（仓储作业）　　　　　　年　月　日

序号	现场检查项目		标准分	实得分	扣分原因
1	整理	工作区域是否放置了工作不必需的物品	4		
2		作业设备状态是否保持良好	4		
3		文件资料是否及时整理归档	4		
4		是否定期清除不必要的物品	4		
5		物品柜内是否杂乱	2		

（续表）

序号	现场检查项目		标准分	实得分	扣分原因
6	整顿	叉车、托盘定点放置	4		
7		卷烟整齐码放，件烟箱体标识一律朝上	4		
8		5～10月份，是否做好温湿度登记	2		
9		零烟摆放整齐，管理有序	4		
10		仓库通道是否通畅、无杂物	2		
11	清扫	钢板地面、办公桌面是否脏乱	4		
12		设备是否定期检查、清洁	4		
13		是否划分责任区，并定期进行清扫	4		
14	清洁	地面无杂物、灰尘，是否及时清理	4		
15		清洁工具是否整齐摆放，垃圾下班及时清理	4		
16	节约	每年5～10月，仓储空调温度设置不低于25℃，空调间歇使用	4		
17		人走灯灭，下班后关闭空调、除湿机等设备电源	4		
18		库内电灯是否间歇调节使用	4		
19		减少纸张使用，必要时双面或稿纸打印	2		
20	安全	电线网线屡顺固定，卷帘门下禁止堆码卷烟	2		
21		叉车停放拉紧手刹，堆垛机关闭电源	4		
22		非工作人员禁止进入仓储区，仓库大门开启时库内是否有工作人员	4		
23		灭火栓外观是否完好	2		
24		库区是否有烟头等易燃物	4		
25	素养	是否按照操作流程规范操作	4		
26		工作服是否穿戴整齐，仪容是否整洁	2		
27		是否有迟到、早退、离岗、串岗等现象	2		
28		学习笔记情况（抽查）	4		
29		省局（公司）十五项安全管理制度学习情况（抽查）	4		
检查人		100			

配送中心 7S 现场检查表

单位/部门：　　　　　　　（分拣作业）　　　　　　　年　月　日

序号	现场检查项目		标准分	实得分	扣分原因
1	整理	操作台、机器设备上是否放置了工作不必需要的物品	4		
2		作业设备工作状态是否保持良好	4		
3		文件资料是否及时整理归档	2		
4		空纸箱、废弃标签纸、包装材料是否及时清理	4		
5		抽屉内、物品柜内是否杂乱	2		
6	整顿	待分卷烟是否整齐摆放在规定区域，通道畅通无杂物	4		
7		空纸箱是否按规定整齐收集堆码	4		
8		笼车、叉车是否按指定位置摆放，用后是否归位	2		
9		作业工具是否有不正当使用现象，如坐在或踩在叉车上，推放笼车造成碰撞、托盘随意放置等	4		
10		工作区域是否有私人物品乱放现象	2		
11	清扫	钢板地面、分拣、包装操作台是否脏乱	4		
12		机器、设备表面是否擦拭干净	2		
13		是否划分责任区，并定期进行清扫	4		
14	清洁	地面无杂物、灰尘，是否及时清理	2		
15		分拣通道、走道是否通畅，有无杂物	4		
16		清洁工具是否整齐摆放，垃圾下班及时清理	2		
17	节约	每年 5～10 月，分拣空调温度设置不低于 22℃	4		
18		人走灯灭，下班后关闭分拣机、包装机等设备电源	4		
19		是否人为原因造成重打标签、重包卷烟造成浪费	4		
20		减少纸张使用，必要时双面或稿纸打印	2		
21	安全	包装机附近有无摆放不必要的物品	2		
22		空压机房严禁闲人进入，无杂物摆放，运行有检查、有记录	4		
23		非工作人员不得随意进入分拣区，分拣大门开启时库内是否有工作人员	4		
24		工作结束后，是否按程序关闭分拣设备，人员离开时是否所有设备电源都已关闭	4		
25		库区是否有烟头等易燃物	4		

（续表）

序号	现场检查项目			标准分	实得分	扣分原因
26	素养	是否按照操作流程规范操作		4		
27		工作服是否穿戴整齐，仪容是否整洁		2		
28		是否有迟到、早退、离岗、窜岗等现象		4		
29		学习笔记情况（抽查）		4		
30		省局（公司）十五项安全管理制度学习情况（抽查）		4		
检查人			100			

关于印发《安徽省烟草专卖局（公司）工作检查暂行办法》的通知

皖烟办文〔2012〕3号

省局（公司）机关各部门：

为规范省局（公司）对基层单位工作检查，进一步提高工作检查质量和效能，省局（公司）结合实际，制订了《安徽省烟草专卖局（公司）工作检查暂行办法》，经省局（公司）局长（总经理）办公会审议通过，现印发给你们，请认真贯彻执行。

二〇一二年七月三日

安徽省烟草专卖局（公司）工作检查暂行办法

第一条　为规范省局（公司）对基层单位工作检查，加强省局（公司）机关部门工作协调配合，转变作风，提高效能，确保检查工作有序开展，特制定本办法。

第二条　本办法所指的工作检查包括：国家局、省局（公司）现行制度规定的各类常规性检查，落实年度重点工作必需的检查，国家局、省局（公司）安排的其他检查。

第三条　工作检查，坚持“计划管理、统一审批、流程控制、综合归类、结果报告、跟踪整改”的原则。

第四条　工作检查，以多部门综合检查为主，严格控制部门单项检查。

第五条　各部门单项检查或综合检查，责任部门或牵头部门，年初要制定年度检查计划，报分管领导审批。没有列入年度检查计划，确因工作需要开展检查的，也必须书面报经分管领导审批。

第六条　检查时间，尽量错开基层单位工作繁忙时间，原则上不在年初或年底安排工作检查。一般检查，对一家单位检查时间不超过两天，领导班子考核、审计检查等重大事项检查坚持时间服从任务。

第七条　严格控制检查频次，一个月内，对一家单位检查不超过两次。

第八条　严格控制检查规模，一般综合检查不超过 4 人，重大事项综合检查不超过 8 人。

第九条　检查实施前，要做好充分的检查准备和有关材料收集，并对检查人员进行必要的培训，时间不少于 1 天，使每一位检查人员都了解工作任务和要求，确保检查工作质量和检查工作效率。

第十条　检查计划实施时，要制定检查方案，填写工作检查申请表，明确检查的时间、地点、人员、内容和组长，由责任部门或牵头部门负责人签字，提前两个月报办公室和整顿办登记备案，并经省局分管检查工作领导同意，列入月度工作计划实施。确因工作需要开展紧急检查的，可不受时间限制，但必须按流程审批。

第十一条　检查程序应包括填写工作检查申请表、制定方案、成立检查组、实施检查、形成报告、整改跟踪、结果处理、资料归档 8 个环节。

第十二条　检查组成员应严格自律，不准提与检查工作无关的要求，不准私自泄露检查情况或有关问题。

第十三条　检查报告和跟踪整改情况报告，要在检查结束后十五个工作日内报送办公室和整顿办。

第十四条　本办法由办公室和整顿办负责解释，自发布之日起执行。

附件 1

安徽省烟草专卖局（公司）________年度工作检查计划申请表

申请部门：　　　　　　　　　　　　　　　　　　　　　　制表人：

序号	检查时间安排	检查内容	被检查单位	配合部门
1				
2				
3				
部门领导意见		分管领导意见		

附件2

安徽省烟草专卖局（公司）工作检查申请表

<table>
<tr><td>责任（牵头）部门</td><td colspan="2"></td><td colspan="2">配合部门</td><td colspan="2"></td></tr>
<tr><td>检查内容</td><td colspan="6"></td></tr>
<tr><td>被检查单位</td><td colspan="6"></td></tr>
<tr><td>上次检查时间</td><td colspan="2"></td><td colspan="2">检查报告报送
时　间</td><td colspan="2"></td></tr>
<tr><td>检查组组长</td><td></td><td colspan="2">检查组
成员</td><td colspan="3"></td></tr>
<tr><td colspan="2">检查时间</td><td colspan="5"></td></tr>
<tr><td colspan="3">责任（牵头）部门负责人签字</td><td colspan="4"></td></tr>
<tr><td>省局整顿办意见</td><td colspan="6"></td></tr>
<tr><td>省局办公室意见</td><td colspan="6"></td></tr>
<tr><td>省局领导意见</td><td colspan="2"></td><td colspan="2">省局领导意见</td><td colspan="2"></td></tr>
</table>

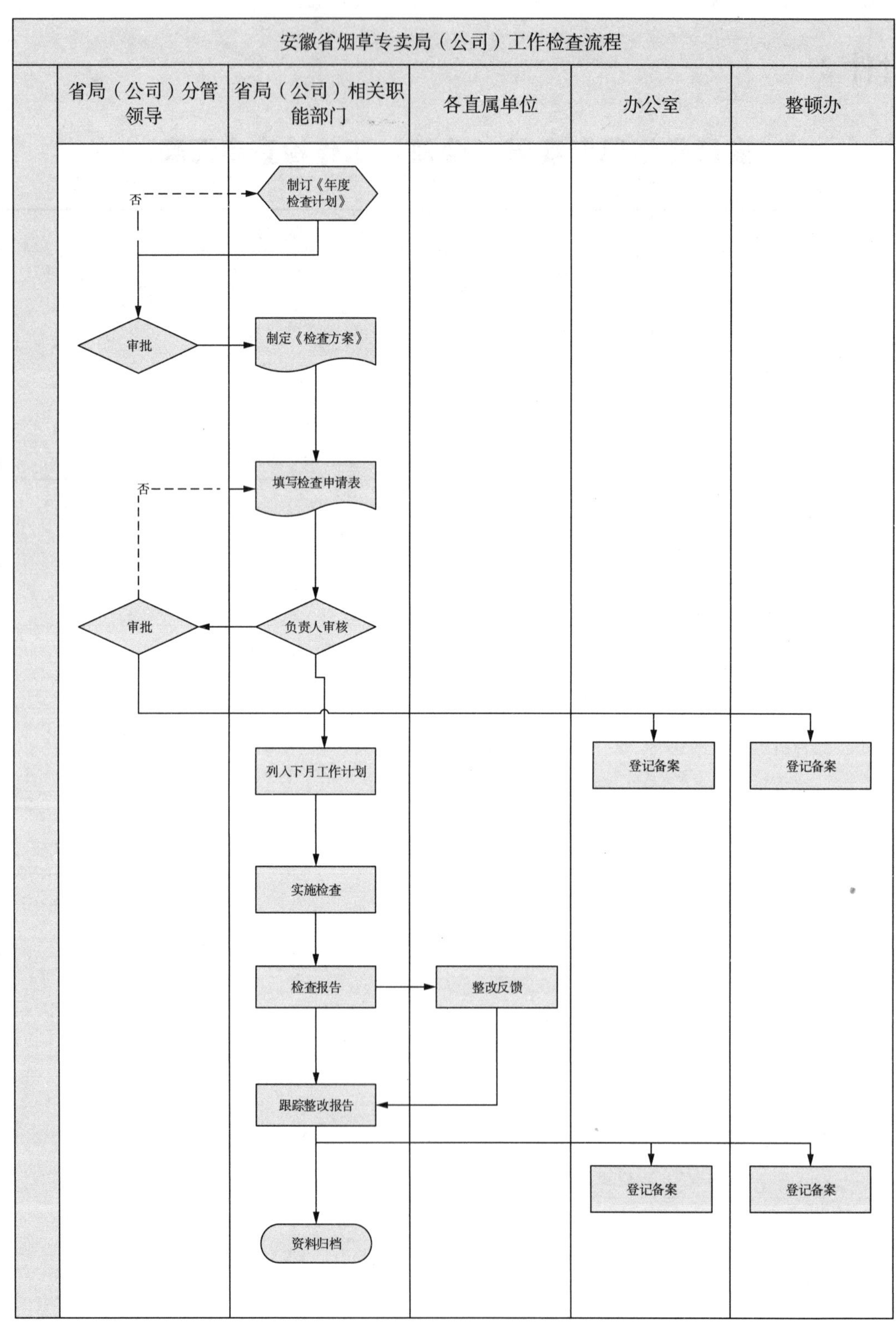
安徽省烟草专卖局（公司）工作检查流程
省局（公司）分管领导
省局（公司）相关职能部门
各直属单位
办公室
整顿办
制订《年度检查计划》
否
审批
制定《检查方案》
填写检查申请表
否
负责人审核
审批
列入下月工作计划
登记备案
登记备案
实施检查
检查报告
整改反馈
跟踪整改报告
登记备案
登记备案
资料归档

安徽省烟草专卖局（公司）关于印发招标投标实施办法补充意见的通知

皖烟办文〔2012〕5号

行业各直属单位、省局（公司）机关各部门：

《安徽省烟草专卖局（公司）招标投标实施办法补充意见》已经省局（公司）局长（总经理）办公会审议通过，现印发给你们，请认真组织学习，遵照执行。

安徽省烟草专卖局

2012年8月7日

安徽省烟草专卖局（公司）招标投标实施办法补充意见

为贯彻《中华人民共和国招投标法》《中华人民共和国招标投标实施条例》，严格按照行业《烟草行业投资项目招标投标实施办法》《安徽省烟草专卖局（公司）招标投标实施办法》开展招投标工作，针对全省烟草商业系统招投标工作在执行时存在的现实问题，制订本补充意见。

一、招投标前提条件

（一）建设工程项目招标的条件

建设工程项目具备下列所有条件方可进行监理、施工招标。

1. 工程项目已列入本年度的项目投资计划。

2. 项目申请报告已获批复。

3. 需要编制初步设计文件的项目，其初步设计已获批复，施工图已备案（当地政府、行业审批单位），场地条件基本具备。

4. 初步设计方案及概算，施工图及预算通过第三方审核。

5. 项目的招标范围、招标方式、招标组织形式已报项目审批、核准部门审批、核准。

具备1、2条件的可进行设计招标。

（二）服务、物资、设备采购招标的条件

1. 属于资本性支出类的采购项目，项目已列入年度资本性支出预算；按规定须报批的获得有权机关的批准且项目建设单位研究同意。

2. 不属于资本性支出类的采购项目，项目已列入企业年度费用支出预算，或获得上级单位业务归口管理部门批准且项目建设单位研究同意。

二、招标代理机构的管理

（一）省局（公司）建立全省烟草商业系统统一的招标代理机构备选库

1. 备选库保持不低于5家代理机构常态配置。

2. 代理机构资质能够满足烟草商业系统各种项目招标代理工作，特殊需求的业务最低有3家具备该业务的招标代理资质。

（二）省局（公司）对招标代理机构实行动态管理

1. 省局（公司）建立招标代理机构年度考核办法，连续2年考核排序倒数第一的，从备选库中退出，三年内不得进入；库中不满5家单位时，通过考察3家以上代理机构，确定排序靠前的单位进入备选库。

2. 招标代理机构出现下列任何一项违规情况，一经查实，立即从备选库中退出，且今后不得进入。

（1）招标代理机构泄露应当保密的与招标投标活动有关的情况和资料的。

（2）与招标人、投标人串通损害国家利益、委托方合法权益的。

（3）在所代理的招标项目中投标、代理投标的。

（4）接受委托编制标底的中介机构参加受托编制标底项目的投标。

（5）为所代理的项目的投标人编制投标文件、提供咨询的。

3. 招标代理机构在一年内发生下列违规情况之一的，发生一次，暂停代理业务一年；发生二次以上（含），暂停代理业务四年。

（1）未按项目实施单位提供的项目需求文件编制招标文件，擅自变更调整项目需求内容的。

（2）项目招标相关文件未经项目实施单位和省局（公司）招投标主管部门审核确认自行发布的。

（3）项目招标相关文件经过项目实施单位和省局（公司）招投标主管部门确认后，又擅自改变相关内容发布的。

（4）专家评委确定方式、评标专家的抽取和评标活动没有邀请项目实施单位纪检监察人员参与监督的。

（5）拒绝符合条件的投标人参加投标的。

4. 招标代理机构在一年内发生下列违规情况之一的，发生一次，暂停代理业务半年；发生二次以上（含），暂停代理业务二年。

（1）因为项目复杂、投资少等原因，以各种理由拒绝承担项目招标代理业务的。

（2）没有特殊业务的招投标代理资质，对委托方进行隐瞒，进行招标代理，造成不良影响的。

（3）未按照与委托方达成的时间规定，按时提交招标文件的。

（4）在代理招标业务过程中，因工作疏忽，组织程序漏洞等原因，造成项目不能顺利开标、评标、发布中标公告；或被投诉，对项目委托方造成不利影响的。

5. 招标代理单位服务良好，省局（公司）按以下情况给予奖励。

（1）连续两年没有出现以上违规情况，省局（公司）颁发上一年度客户满意招标代理单位证书。

（2）一年内没有出现以上违规情况，并在安徽烟草商业系统技术难度大、复杂程度高、投资较大的项目的招标代理活动中，有良好的表现、得到委托方称赞的，省局（公司）颁发上一年度客户满意招标代理单位证书。

（3）对得到客户满意招标代理单位证书奖励的单位，在管理规定的基础上优先安排下一年度代理项目。

三、招标文件编制与审核

（一）招标文件的编制

招标文件中的项目需求文件由项目实施单位按照核准的项目招标范围进行编制；招标代理机构按照项目需求文件根据国家及烟草行业招投标管理规定编制项目招标文件。

（二）招标文件的审核

1. 审核的权限和范围

（1）总投资300万元以下（含）的建设工程项目、总投资100万元以下（含）的其他项目由项目实施单位组织审核。

（2）总投资在300万元以上3000万元下（含）的建设工程项目、总投资100万元以上1000万元以下（含）的其他项目由省局（公司）主管部门组织审核。

（3）总投资3000万元以上的建设工程项目、1000万元以上的其他项目，由省局（公司）组织相关专家进行审核。

（4）项目总投资在以上1、2条确定的范围内，但技术复杂程度高，专业性较强的项目，由省局（公司）组织相关专家进行审核。

2. 审核的形式

（1）由项目实施单位审核的项目，业务主管部门牵头，法规、纪检监察、财务、审计部门参加，组成招标文件审核小组，召开项目招标文件审查会议，并形成会议纪要。

（2）由省局（公司）审核的项目，省局（公司）招标主管部门牵头，法规、纪检监察、财务、审计、业务主管部门和项目实施单位参加，组成招标文件审核小组，召开项目招标文件审查会议，并形成会议纪要。

（3）采用专家评审方式审核的项目，省局（公司）招标主管部门牵头，除法规、纪检监察、财务、审计、业务主管部门、项目实施单位参加外，同时在招标代理机构专家库或行业专家库中由监督部门随机抽取3人以上评审专家，共同组成评审专家组，召开项目招标文件审查会议，并形成会议纪要。

3. 审核流程

（1）省局（公司）招标主管部门根据招标备案表确定招标文件评审方式。

（2）招标代理机构向项目招标单位、招投标文件审核小组（或评审专家组）提交编制的项目招标文件，并就招标公告、招标文件确定的项目范围、发布媒体，投标人资质、专家评委产生办法、评标办法、合同条款、标段划分、工期设置、工程量清单编制、拦标价、履约保证金、共管账户设置等重点内容进行阐述。

（3）招投标文件审核小组（或评审专家组）对招标文件进行审核，并形成审核意见书面反馈项目招标单位。

（4）招标代理机构根据项目招标单位签发的审核意见修改招标文件，并报项目招标单位和省局（公司）招标主管部门备案。

四、关于招标规模标准：取消《安徽省烟草专卖局（公司）招标投标实施办法》（皖烟计〔2010〕398 号）第九条（一）建设工程项目中第 4 点“单项合同估算价低于第 1、2、3 项规定的标准，但项目总投资额在 500 万元人民币以上的。”规定。

五、《安徽省烟草专卖局（公司）招标投标实施办法》（皖烟计〔2010〕398 号）第四十八条调整如下：

评标委员会成员人数要为五人以上的单数，其中技术、经济等方面的专家不少于成员总数的 2/3。

评标委员会由评标专家和招标人代表组成，其中总体规划方案、工程设计的招标，招标人代表不得高于总数的 1/5。

六、关于招投标异议、投诉的处理

（一）关于招投标异议的提出和受理

1. 潜在投标人或者其他利害关系人对资格预审文件有异议的，应当在提交资格预审申请文件截止时间 2 日前提出；对招标文件有异议的，应当在投标截止时间 10 日内提出，招标人应当自收到异议之日起 3 日内做出答复；做出答复前，应当暂停招标投标活动。

2. 投标人对开标有异议的，应当在开标现场提出，招标人应当当场做出答复，并制作记录。

3. 依法必须进行招标的项目，招标人应当自收到评标报告之日起 3 日内公示中标候选人，公示期不得少于 3 个工作日；投标人或者其他利害关系人对依法必须进行招标的项目评标结果有异议的，应当在中标候选人公示期间提出，招标人应当自收到异议之日起 3 日内做出答复；做出答复前，应当暂停招标投标活动。

4. 在资格预审、投标、开标和评标结果公示阶段，投标人提出异议，应以书面形式递交招标人。招标人应会同招标代理机构给予书面答复，书面答复资料必须报项目审批单位主管部门和监督部门备案，并在规定的时间内通知所有投标人。

（二）关于招投标投诉的提出和受理

1. 投标人或者其他利害关系人认为招标投标活动不符合法律、行政法规规定的，可以自知道或者应当知道之日起 10 日内向政府行政监督部门或项目审批单位监督部门投诉。投诉应当有明确的请求和必要的证明材料。

2. 监督部门应当自收到投诉之日起 3 个工作日内决定是否受理投诉，并自受理投诉之日起 30 个工作日内做出书面处理决定；需要检验、检测、鉴定、专家评审的，所需时间不计算在内。

3. 招标代理机构在接受政府行政主管部门调查和处理投标人投诉时，应第一时间将投标人请求和证明材料转交项目审批单位的监督部门。

4. 项目审批单位的监督部门直接接受投标人投诉的，招标人和招标代理机构应按照监督部门要求书面澄清，接受、配合监督部门调查取证。

5. 投诉人捏造事实、伪造材料或者以非法手段取得证明材料进行投诉的，监督部门应当予以驳回。

6. 监督部门处理投诉，有权查阅、复制有关文件、资料，调查有关情况，相关单位和人员应该予以配合。必要时，行政监督部门可以责令暂停招标投标活动。

7. 监督部门的工作人员对监督检查过程中知悉的国家秘密、商业秘密，应当依法予以保密。

七、本补充意见没有提及的招投标相关内容，按《安徽省烟草专卖局（公司）招标投标实施办法》执行。

八、本补充意见自颁布之日起正式实施。

安徽省烟草专卖局（公司）关于印发固定资产投资项目投资控制管理规定的通知

皖烟办文〔2012〕4号

行业各直属单位、省局（公司）机关各部门：

《安徽省烟草专卖局（公司）固定资产投资项目投资控制管理规定》已经省局（公司）局长（总经理）办公会审议通过，现印发给你们，请认真组织学习，遵照执行。

安徽省烟草专卖局

2012年8月7日

安徽省烟草专卖局（公司）固定资产投资项目投资控制管理规定

第一章　总　则

第一条　为保证固定资产投资项目按照批复的投资规模规范实施，根据国家局（总公司）及省局（公司）有关投资管理制度，特制定本规定。

第二条　本规定适用于全省系统内所有固定资产投资项目，特别是基本建设项目和技术改造项目。

第三条　本规定投资控制是指通过对项目立项、设计、招投标、合同签订、施工安装、竣工验收等实施阶段的关键环节采取核准、核查及评审等相关措施，促使项目在批复的投资规模范围内实施。

第四条　固定资产投资项目投资控制实行“分级管理”原则。国家局（总公司）和省局（公司）审批的项目投资控制管理由省局（公司）负责，直属单位自行审批的项目投资控制管理由各单位负责。

第五条　本规定中重大投资项目是指新征土地项目以及国家局（总公司）、省局（公司）审批的项目。

第二章　立项阶段

第六条　项目建设单位应严格按照《安徽省烟草专卖局（公司）投资项目审批管理办法》要求，委托相应资质的咨询单位编制《固定资产投资项目申请报告》。

第七条　项目建设单位应根据实际需求，向编制单位提供项目申请报告编制任务书（见附件一）。

第八条　在委托合同中必须明确：申请报告编制单位应按照编制任务书内容合理估算项目总投资，不得出现重大漏项或投资估算与管理机关审查数额偏离15%以上的情况，如违反则编制单位应承担相应的违约赔偿金。

第九条　项目建设单位应对项目申请报告总投资估算进行初步审查，初步审查内容包括：

1. 土地购置费

2. 工程建设费用

（1）各单体工程投资，包括建筑主体、内外装饰、给排水、强弱电、消防、暖通、电梯等；

（2）室外附属工程投资，包括土方、道路、变配电、燃气、消防水池、管线、绿化、亮化、围墙、构筑物等；

3. 设备购置安装费用，包括生产、经营所需的工艺设备、安装调试、控制系统、管理信息系统、工器具购置等费用。

4. 其他费用，包括相关办证手续费、地方规费、咨询费用（招标、设计、监理、审计等费用）、管理费、预备费等。

第十条　项目申报时投资估算必须实事求是，全面完整，不重不漏，不得故意压低或抬高造价，不得故意拆分项目内容，化整为零。

第三章　设计阶段

第十一条　设计阶段是建设项目投资控制的关键与重点。项目建设单位在委托设计前，应先根据项目批复文件编制项目设计任务书，明确项目概况，提出经济技术指标，设计单位应按批复的总投资进行限额设计（见附件二）。

第十二条　重大投资项目设计任务书应通过省局（公司）投资管理部门审核备案后方

可正式提供给设计单位，并成为设计合同的组成部分。

第十三条　项目设计单位应根据设计任务书进行项目设计。偏离设计任务书设计的工作量不予认可，并在合同中明确上述内容以及因此所产生的经济损失的赔偿责任。

第十四条　项目初步设计概算总投资原则上应控制在项目报告书批复投资总额内，凡超过项目报告书批复投资总额15%以上的，要修改或重新编制初步设计文件，确实需要超出的项目要重新编报项目申请报告，由项目审批单位重新审批。

第十五条　项目初步设计实行专家论证、第三方审查和批准制度。

由项目审批单位确定需要进行专家论证的项目，由审批单位或其授权单位组织论证。专家论证后，由项目建设单位委托资质不低于原设计单位的咨询机构对项目的项目初步设计的技术方案，特别是设计概算进行第三方审查，专家论证和第三方审查结束后方可报项目审批单位批准。

第十六条　项目初步设计一经批准，任何单位不得随意扩大建设规模，擅自提高建设标准，增加建筑面积，改变建设内容或变更建设地点；确需进行调整的，按项目审批办法报项目审批单位批准。

第十七条　施工图设计内容应包括施工图预算，施工图预算不得超过初步设计概算，设计完成后必须选择无利害关系资质不低于原咨询单位的第三方设计和造价咨询单位对工程施工图和施工图预算进行审核，出具审核报告。项目设计单位施工图预算出现重大漏项或审核数额超过初步设计概算的应重新优化设计，因此导致项目建设单位经济损失应承担相应的赔偿责任，以上内容应在委托设计合同中明确。

施工图预算审核报告作为项目批准机关核定招标方式及控制价的主要依据。

第十八条　施工图设计及预算应报项目审批单位投资主管部门备案。（见附件三）

第十九条　项目建设单位应积极采用合同措施约束设计单位，有效控制造价，提高设计质量。设计单位应提供完整、详尽的施工图，对玻璃幕墙、钢结构、装饰等专业工程原则上不准许进行二次优化设计；对于确需进行二次设计的专业工程，该专业工程施工图及预算由原设计单位按初步设计及概算的控制额度进行审核，超过初步设计该专业工程概算的必须重新优化设计，直到达到概算控制要求。

针对设计深度及完整性不够而造成施工阶段设计变更过多的现象，在设计合同中约定本条第一款内容的基础上增加相应的索赔、违约条款，并设立设计质保金。

第四章　招标阶段

第二十条　固定资产投资项目招标包括施工招标和设备、材料采购安装招标及设计、监理、跟踪审计等咨询服务招标。

第二十一条　固定资产投资项目招标方式实行备案制（见附件四），招标文件审核实行审核小组（或专家评审组）审核制。

第二十二条　招标控制价及评标办法应设置合理，防止投标单位以低于成本价恶意竞争。招投标控制价应由具备相应资质的造价咨询单位编制，编制确有困难的，由招标代理机构组织相关专家研究制定。招标控制价及评标办法必须得到项目建设单位确认。

第二十三条　招标文件中的合同条款是签订项目合同的重要依据，应严格按照国家有关法律法规和行业相关管理规定，结合工程实际情况进行编制，合同条款制定要合法、严密，避免在今后的合同签订时和工程结算时发生不必要的争议或纠纷。

第五章　合同签订阶段

第二十四条　固定资产投资项目的设计、监理、跟踪审计等委托合同应明确与项目投资控制有关的奖罚条款。

第二十五条　固定资产投资项目的施工安装承包合同关于暂定价部分的材料采购、工程款支付、履约保证金、工程价款结算方式、价款优惠比例等条款必须同招标文件的相关条款保持一致。

第二十六条　固定资产投资项目的施工安装承包合同要明确共管账户的设立、履约保证金支付等条款，履约保证金支付比例按《安徽省烟草专卖局（公司）基本建设项目实施管理办法》第十四条执行，工程进度款按工程形象进度定期支付，支付比例参照《安徽省烟草专卖局（公司）工程建设审计管理办法》第十七条执行。

第六章　施工阶段

第二十七条　项目建设单位应建立健全投资控制体系，完善工程管理机制。

（一）落实项目建设单位现场管理人员、监理人员、造价审核人员责任，完善造价控制职责分工及有关制度。

（二）项目建设单位要组织设计、监理、跟踪审计单位对分部分项工程进行彻底的技术、施工工艺、预算造价交底，分析影响造价的主控因素，事先制定控制措施。

（三）工程竣工结算时，凡无完整签证的，增加造价不能加入结算内，工程竣工后不得随意补办签证。

（四）项目造价控制纳入考核范围。因管理不善、弄虚作假或擅自决策造成项目严重超投资的，实施问责制。

第二十八条　严格工程进度款支付管理。工程进度款的支付应严格按照项目施工安装承包合同中约定的工程预付款、进度款支付比例进行支付。在支付工程进度款时，监理单位要对承包方实际完成的工程量进行审核，跟踪审计单位要对实际完成的工程量的价格进行审核。工程进度款付至工程总价款的约定比例后停止支付。

第二十九条　严格工程变更管理。

（一）固定资产投资项目实施过程中，严禁以项目变更的手段，不经有权机关批准，擅自改变项目内容，提高项目建设标准，扩大项目建设和投资规模。

（二）固定资产投资项目实施过程中的变更分为设计变更和施工安装变更，项目实施单位要认真分析引起工程变更的原因，区分变更责任，综合考虑变更对工期及工程造价的影响，科学合理选择变更方案。

（三）对于因施工安装图纸漏项，解决施工安装矛盾等因素引起的设计变更，项目设计单位应提供 2 个以上（含）的变更方案，跟踪审计单位对每个变更设计方案进行造价分析，项目建设单位应统筹考虑变更设计方案、工期、变更造价等综合因素，合理选择变更设计方案。

（四）对于施工安装单位提出的施工安装变更，项目建设单位要组织设计、监理等单位认真分析施工安装变更的必要性和可行性，确实需要的变更，施工安装单位应提供2个以上（含）的变更方案，跟踪审计单位对每个变更方案进行造价分析，项目建设单位应统筹考虑变更方案、工期、变更造价等综合因素，合理决策施工安装变更。

（五）严格工程变更管理程序，加强工程变更管理。对于国家局（总公司）、省局（公司）审批的项目，凡单项工程变更引起工程造价增加额超过工程合同价款10%（含）的一律报省局（公司）审批，或省局（公司）报国家局（总公司）批准，未经批准不得实施该项工程变更（项目变更审批表，详见附件五）。单项工程变更引起的工程造价增加额低于工程合同价款10%的，项目建设单位根据项目实际情况，自行制定工程变更和工程签证的审批程序和权限，并严格按照制定的程序和权限审批工程变更。

第三十条　项目实施单位造价管理责任人员要做到事前把关，主动监控，严格工程变更，减少不必要的工程费用支出，避免投资失控。

第七章　竣工审计阶段

第三十一条　项目竣工审计由项目建设单位的审计部门负责，项目管理部门应积极配合审计工作，协助提高审计质量。

第三十二条　项目管理部门对施工单位提交竣工结算报告及结算资料要进行认真审核，关键资料是否完整，真实；结算方式是否符合承包合同相关条款规定；是否存在明显高估冒算情况。对不符合要求的竣工结算报告及结算资料，要以书面形式退回施工单位。

第三十三条　项目实施单位应根据项目结算审核单位提供结算资料清单及时准备相关结算资料，对涉及工程造价方面的资料，项目管理部门应提供一套完整的原件资料。

第三十四条　在结算审核过程中，项目管理部门应积极配合审计部门参与项目审计；竣工结算审计报告完成后，项目管理部门应对审计报告进行复核，并就审计工作质量进行反馈。

第八章　附　则

第三十五条　本规定在执行过程中，请项目实施单位注意总结经验，不断完善管理制度，提升项目造价控制水平。

第三十六条　本规定由安徽省烟草专卖局（公司）计划处负责解释。

第三十七条　本规定自印发之日起执行，已发布的有关文件与本规定有抵触的，按本规定执行。

附件一：

项目申请报告编制任务书

一、项目申报单位基本情况

项目申报单位的基本情况，重点说明生产经营状况、技术装备状况等。

二、项目基本情况

项目的基本情况，重点说明项目的必要性、市场分析、项目规模、产品方案等。

三、项目申请报告编制要求

（一）明确编制质量和深度要求

（二）明确编制时间要求

（三）明确项目申请报告成果要求

（四）按照行业项目审批规定，编制项目申请报告，形成文本和电子档

1. 项目申报单位基本情况；

2. 项目的基本情况；

3. 建设用地规划及总图布置；

4. 原材料、能源耗用情况和公用设施情况；

5. 生态环境影响分析和劳动安全情况；

6. 节能减排措施；

7. 技术方案的选择，重点说明经济技术比较分析；

8. 项目实施进度安排；

9. 投资估算与资金筹措方案；

10. 经济分析与评价；

项目的经济分析按照国家有关建设项目经济评价方法对项目进行综合财务分析，计算项目静态和动态财务指标，分析企业和项目的盈利能力、清偿能力和抗风险能力。有必要的还需进行国民经济分析，衡量项目对国民经济宏观效益的影响。

11. 社会影响分析与评价。

附件二：

安徽省烟草行业直属单位
项目设计任务书审查备案表

<table>
<tr><td>建设单位</td><td colspan="3"></td></tr>
<tr><td>项目名称</td><td colspan="3"></td></tr>
<tr><td>项目地点</td><td colspan="3"></td></tr>
<tr><td>项目批复文号</td><td colspan="3"></td></tr>
<tr><td>批复规模</td><td></td><td>限额设计标准</td><td></td></tr>
<tr><td>设计单位</td><td></td><td>资质</td><td></td></tr>
<tr><td>设计面积</td><td colspan="3">____M^2 建设层数：地下__层，地上__层</td></tr>
<tr><td>建设单位意见</td><td colspan="3">签章：</td></tr>
<tr><td>项目批准单位
备案意见</td><td colspan="3">签章：</td></tr>
</table>

项目设计任务书

一、项目概况

介绍现场地理情况，包括地址、面积、界址、地形、地貌、需避让的建筑、构作物、河流、名贵树木等。

介绍场外的环境情况，包括道路、河流、周边建筑的体量和高度、用途和风貌、人文景观等。

分阶段实施滚动开发的大致区域范围。

规划和建筑风貌趋向（只宜区分为以传统为主和以现代为主两种）。

二、市场定位

包括建筑标准档次的定位和建筑类型的定向。

三、规划设计控制指标

包括综合容积率、各种用途建筑的比例、建筑覆盖率、建筑限高、绿化率、集中绿化率等。

四、设计指标

包括建筑占地和高度的控制范围，功能，经营方式，服务范围等。

五、设计深度要求

分概念性方案设计，建筑方案设计和初步方案（即扩初）设计三种。注明除符合规范规定的深度外有何特殊的设计深度要求。

六、作品表达方式

明确各个阶段应该提交的成果，包括文本、模型、展板、电子文件等形式及规格。

七、完成期限

注意尽量给予充足的时间，一般情况下不得少于 30 ~ 40 个工作日，催得太急，方案构思和制作质量肯定大打折扣。

八、设计任务书应附以下附件

当地规划部门出具的规划选址意见书。

标有规划红线的 1：500 地形图（地处郊区的附 1：1000 的地形图），并在所有红线拐角点处标上城市坐标（当时如无此条件的，必须在设计进入扩初前补上）。

当设计任务书编进设计招标书时，部分章节与招标书有所重复，设计任务书相关内容可以简略。

附件三：

安徽省烟草行业直属单位项目施工图设计备案表

<table>
<tr><td>建设单位</td><td colspan="4"></td></tr>
<tr><td>工程项目名称</td><td colspan="4"></td></tr>
<tr><td>工程地点</td><td colspan="4"></td></tr>
<tr><td>项目批复文号</td><td colspan="4"></td></tr>
<tr><td>批复规模</td><td></td><td>批复资金</td><td colspan="2"></td></tr>
<tr><td>建筑规模</td><td></td><td>施工图
预算</td><td colspan="2"></td></tr>
<tr><td>设计单位</td><td colspan="2"></td><td>资质</td><td></td></tr>
<tr><td>勘察单位</td><td colspan="2"></td><td>资质</td><td></td></tr>
<tr><td>总建筑面积</td><td colspan="4">____M^2　建设层数：地下__层，地上__层</td></tr>
<tr><td>房屋高度</td><td colspan="4"></td></tr>
<tr><td>建筑类型</td><td colspan="4">建设分类：__________耐火等级：结构体系（类型）：____建筑抗震设防类别及烈度：</td></tr>
<tr><td>附件清单</td><td colspan="4"></td></tr>
<tr><td>建设单位意见</td><td colspan="4">

签章：</td></tr>
<tr><td>项目批准单位
备案意见</td><td colspan="4">

签章：</td></tr>
</table>

附件四：

安徽省烟草行业直属单位建设工程项目招标备案审核表

<table>
<tr><td colspan="2">建设单位</td><td colspan="6"></td></tr>
<tr><td colspan="2">工程项目名称</td><td colspan="6"></td></tr>
<tr><td colspan="2">工程地点</td><td colspan="6"></td></tr>
<tr><td colspan="2">工程批文名称</td><td colspan="6"></td></tr>
<tr><td colspan="2">批复规模</td><td></td><td>批复资金</td><td colspan="2"></td><td>批文号</td><td></td></tr>
<tr><td colspan="2">招标内容简介</td><td colspan="6">1. 招标前期准备工作完成情况；
2. 标段划分情况，各标段投资概算；
3. 该标段施工图设计实际规模及预算情况以及第三方审核情况</td></tr>
<tr><td>预算</td><td>万元</td><td colspan="2">拦标价设置</td><td>□否　□是</td><td>标段划分</td><td colspan="2">个标段</td></tr>
<tr><td>招标组织形式</td><td colspan="2">□委托招标
□自行招标</td><td>招标方式</td><td colspan="4">□公开招标　□邀请招标　□其他</td></tr>
<tr><td colspan="2">建设单位意见</td><td colspan="6">签章：</td></tr>
<tr><td colspan="2">项目批准单位
审核意见</td><td colspan="6"></td></tr>
</table>

附件五：

安徽省烟草行业直属单位项目变更审批表

建设单位			
工程项目名称			
工程地点			
项目批复文号			
批复规模		批复资金	
建筑规模		合同金额	
施工单位		资质	
变更预算		变更比率	变更预算/批复资金
变更内容简介			
附件清单			
建设单位意见	签章：		
项目批准单位备案意见			

安徽省烟草专卖局（公司）关于印发统计工作管理办法的通知

皖烟办文〔2012〕6号

行业各直属单位，省局（公司）机关各部门：

为进一步加强统计工作管理，根据新修订的《中华人民共和国统计法》和《烟草行业统计工作管理办法》，结合我省实际，省局（公司）研究制定了《安徽省烟草专卖局（公司）统计工作管理办法》，现印发给你们，请遵照执行并就有关事项通知如下：

一、严格遵守《中华人民共和国统计法》和本制度的有关规定，保障统计工作的合法性和统一性。

二、更加重视统计工作，各单位要制定完善的统计管理制度和明确的岗位职责，设立专职统计岗位，并为统计人员提供更多提高业务技能的培训机会。

三、本制度在执行过程中遇到的问题，请及时反馈至省局（公司）经济信息中心。联系人：秦玮；联系电话：0551-2285133；电子邮箱：qinwei@ahyc.com.cn；传真：0551-2285139。

安徽省烟草专卖局

2012年8月27日

安徽烟草专卖局（公司）统计工作管理办法

第一章　总　则

第一条　为了科学、有效地组织全省系统统计工作，确保统计资料的真实性、准确性、及时性和完整性，为“卷烟上水平”和企业组织成长提供优质的统计服务，依照国家和行业相关规章制度，制订本办法。

第二条　本办法适用于安徽省烟草专卖局（公司）及直属各单位。

安徽烟草商业统计工作的基本任务是全面贯彻国家统计法律法规，根据统计工作实际情况，制订统计制度，建立统计指标体系，运用各种统计方法，系统、准确、及时地对行业经济运行状况及发展情况进行统计调查，提供统计资料和统计分析。

第三条　安徽烟草商业统计工作实行统一管理、分级负责的管理体制。安徽省烟草专卖局（公司）经济信息中心（以下简称省局信息中心）是全省烟草商业统计工作主管部门，组织全省性统计工作，统一管理和指导各直属单位统计工作。

第四条　统计工作要加强统计科学研究，健全科学的统计指标体系，改进统计调查方法，提高烟草行业统计工作的科学性。不断加快行业统计信息化建设，健全统计信息系统，推进统计信息搜集、处理、传输、共享、存储过程中信息化技术应用。

第五条　各单位负责人必须依照国家有关统计法律、法规及本办法的规定，加强对统计工作的领导与监督，不得自行修改统计部门和统计人员依法搜集、整理的统计资料，不得以任何方式要求统计部门、统计人员及其他机构、人员伪造、篡改统计资料，不得对依法履行职责或者拒绝、抵制统计违法行为的统计人员打击报复。

第六条　各单位均要按照本办法如实提供统计资料，不得提供不真实或者不完整的统计资料，不得迟报、拒报统计资料。

第七条　行业统计工作接受社会的监督。任何单位和个人有权检举统计工作中弄虚作假等违法行为，对检举有功的单位和个人按有关规定给予表彰和奖励。

第二章　统计调查管理

第八条　统计调查项目是指某一时期为某一调查目的而组织实施的调查。统计调查项目要严格按照国家法律法规的规定进行编制。

第九条　全省性统计调查项目由省局信息中心拟订，经省局领导审核批准，依据调查事项内容，报国家局和安徽省统计局备案或审批。

省局机关各部门所开展的全省性统计调查，需经省局信息中心统一审核，依据调查事项内容，报国家局和安徽统计局办理备案或审批手续。部门统计调查项目不得与省局统计调查项目重复或矛盾，必须要有明确的目的和资料使用范围，要与本部门的职能相一致。

各单位统计调查项目由本级统计主管部门归口负责，统计主管部门要对统计调查项目的必要性、可行性和科学性进行严格审查。统计主管部门调查项目可满足需要的，其他业务部门不再布置调查。

第十条　统计报表制度是统计部门搜集资料的组织形式，统计报表制度由国家局负责管理和制订。统计报表制度包括保障统计调查采用的指标含义、计算方法、分类目录、调查表式和产品、单位代码等的标准化。

各单位统计报表制度需采用与国家局相一致的统计标准、指标含义、计算方法、分类目录和统计指标编码等，国家局没有制订的，各单位可制订补充性的统计标准，经省局报国家局备案或审批。

第十一条　统计调查表和文字说明必须规范，指标解释和计算方法必须科学，调查内容尽量简洁。调查表的格式根据调查目的制订，必须在调查表的右上角标明法定标识。法定标识包括：表号、制订机关、批准（或备案）机关、批准（或备案）文号、有效期限等标志。

未标明上述字样或者超过有效期限的统计调查表，被调查单位或个人有权拒绝填报并向上级单位统计主管部门举报，统计主管部门要予以废止。

第十二条　统计调查项目必须符合精简、效能的原则，最大限度地减少调查频率，缩小调查规模，降低调查成本。

第三章　统计资料管理

第十三条　统计资料是指以纸质、移动存储介质等形式保存的，能够反映烟草行业发展状况的数字、文字、图表和分析等统计信息。

统计资料包括调查对象的原始记录、统计台账、统计报表、电子数据以及经过分析、研究、加工或整理的统计分析报告等。

第十四条　统计资料管理是指对统计资料进行审核、签署、交接、归档等项工作的总称。

各单位要建立健全统计原始记录，原始记录的项目、含义、计算方法要科学规范、简明实用、便于记录，适合采用信息化手段处理和传输。任何人不得干涉或擅自修改原始记录，各单位必须指定专人负责原始记录的填报、收集、整理和保管。

第十五条　统计台账以原始记录为基础，是对生产经营活动进行调整和控制的重要依据。统计台账记录的数据要与相应的原始资料及统计报表相衔接并保持口径一致。

各单位要积极推动电子化台账建设，电子化台账的统计口径、填写项目、计算方法必须与统计制度规定相一致。电子化台账严格按照统计档案管理规定归档保管并及时进行数据备份。

第十六条　各单位要按照《中华人民共和国档案法》及国家局有关档案管理规定，建立统计资料审核、签署、交接和归档等统计档案管理制度，妥善保管、调用和移交统计档案。

各单位在使用统计信息系统管理统计报表时，必须按照统计规章制度管理统计资料。对业务系统和信息系统所形成的各种数据库，要由本单位在职人员专人监控和管理。

第十七条　统计机构和统计人员如遇变动，必须履行统计资料交接制度，办理统计资料移交手续，确保统计资料完整性、连续性和准确性。各单位负责人和其他使用保密统计资料的人员调离原单位时，必须将涉密资料交回发放部门，不得擅自处理。

第十八条　各级统计主管部门和统计人员要严格遵守国家及行业信息保密管理规定，加强对统计信息的保密管理。

对进入计算机、网络、出国携带、对外宣传发布或对外商务谈判需使用统计资料的，要经有关部门和统计部门的批准。

对已经过期的统计资料，确认无保管价值的，应经统计主管部门审核，并呈报批准后，方可销毁。

第十九条　各级统计主管部门要加强数据的统一管理，规范数据管理权责、健全数据管理流程，建立统计信息反馈和共享机制，按时公布和提供统计资料，提升数据利用效率，做好统计信息咨询服务工作。

第四章　统计机构和统计人员

第二十条　统计主管部门主要工作职责：

（一）贯彻执行国家、行业有关统计工作的政策法规，研究制定本单位统计工作制度与计划。

（二）负责单位综合信息的统计、汇总、分析工作，提供相应统计报表，编制分析报告。

（三）参与本单位数据中心建设。

（四）承担企业统计信息咨询和经济信息定期发布工作。

（五）组织落实中国统计学会烟草分会开展的各项活动。

第二十一条　统计人员主要工作职责：

（一）按照行业相关统计制度规定与要求，负责统计数据和资料的汇总、审核、上报工作，进行统计分析和统计预测，提供统计咨询建议。

（二）负责统计调查项目的组织实施、统计调查资料的汇总整理和上报工作。

（三）负责统计数据定期发布、经营活动监测，参与信息数据中心建设和维护工作。

（四）负责行业统计资料向行业外输送的审核、报送、备份，搜集、汇编并保管主要统计资料。

第二十二条　各单位在进行机构改革、职能转变过程中，要加强统计职能，明确统计主管部门，设置综合统计岗位，配备与完成统计任务相适应的综合统计人员并指定统计负责人，依法组织管理本单位职责范围内的统计工作。

各单位要根据统计工作的需要，配备相应网络信息资源和计算机设备，加快推进统计台账电子化管理，实现统计数据采集、整理、传输、存储、应用和管理的信息化。

第二十三条　各单位要确保统计专业队伍的稳定，不得随意将统计人员调离统计岗位。具有专业技术职务的统计人员如需调动，要由具备从业资格的统计人员接替并征求上一级统计部门的意见。对不称职、不合格的统计人员要及时进行调整，以保障统计工作的稳定性和连续性。

第二十四条　各单位要制订统计人员培训计划，组织好本单位及所属单位的培训，保证统计人员每年参加必要的培训，不断提高统计人员的专业知识和业务能力。

各单位要不断提高统计人员统计信息化能力，不断提高统计人员和相关人员的信息安全意识，按照国家、行业有关信息保密规定使用统计信息系统采集、存储、加工和传输信息。

第二十五条　统计部门、统计人员的权力：

（一）各级统计部门、统计人员独立、客观、公正地进行统计调查、统计分析、统计监督的权力不受侵犯。

（二）统计部门、统计人员有权检查被调查单位统计资料的准确性；有权揭发、检举统计调查中的违法行为。

（三）有权检查业务部门业务环节的原始记录和统计台账质量并要求改正不真实的统计资料。

（四）有权根据工作需要，提出参加专业培训和进修要求。

第二十六条　统计部门、统计人员的义务：

（一）各级统计部门、统计人员要依法履行职责，自觉遵守国家统计法规，准确、及时地向上级单位统计部门和地方政府统计部门报送统计资料，坚决抵制弄虚作假等统计违法行为，不得伪造、篡改统计资料，不得以任何方式要求任何单位和个人提供不真实的统计资料。

（二）统计人员对于所掌握的统计资料负有保密义务。不得违反国家和行业有关信息保密规定，不得随意发布和使用在统计工作过程中掌握的统计资料。

（三）统计部门和统计人员应充分利用信息化建设成果，加强统计数据的审核评估，加强统计数据的质量控制，强化数据间的衔接和协调，提高统计数据的准确性，提升统计部门的公信力。

（四）统计部门和统计人员应密切关注企业经营发展状况，探索建立统计数据预警指标体系，加强对经济运行和企业发展重点指标的统计监测，健全反映企业发展的评价指标，为单位发展提供准确、及时的统计信息和决策咨询建议。

（五）统计部门和统计人员应围绕企业经济运行中的热点、难点、焦点，认真研究企业、市场对统计的需求，深入开发统计资源，做好统计研究选题，及时组织开展专题调查，满足各个方面、各个层次对统计信息的需求。

（六）统计部门和统计人员应密切关注社会经济和企业发展动态，跟踪苗头性、趋势性、全局性问题，完善统计报表和统计分析，优化统计数据展示平台，加强统计预警研究，开发统计服务产品。

第五章　监督检查

第二十七条　各单位必须健全统计监督检查制度，除参加行业定期组织的监督检查外，可会同纪检监察、内管、法规等部门，对本单位统计工作进行定期或不定期检查，检查结束后要向上级单位统计部门报送检查报告。

第二十八条　各单位要配合上级单位统计部门组织的统计检查工作，如实反映情况，提供真实资料，不得拒绝、阻碍检查，不得转移、隐匿、篡改、毁弃原始记录、凭证、统计台账、统计调查表及其他相关证明和资料，不得干扰和妨碍检查工作。

第二十九条　各级统计部门在检查统计工作和调查统计违法行为时，有权采取下列措施：

（一）向被检查单位查询有关事项。

（二）要求被检查单位提供有关原始记录、凭证、统计台账、统计信息系统查询权限等。

（三）进入被检查单位的工作场地和统计信息系统进行查询、核对。

（四）登记、保存被检查单位的有关原始记录、统计台账、统计调查表、会计资料及其他相关证明和资料；对与检查事项有关的数据和资料进行摘录或复制。

第三十条　各级统计部门可以对所属单位的统计工作情况进行定期或者不定期检查：

（一）统计部门、统计人员的配置情况以及统计部门和统计人员依法行使职权情况。

（二）统计数据真实、准确、及时和完整程度。

（三）制发统计调查项目的合法性和规范性。

（四）统计资料的管理、公布和保密工作是否符合规定。

（五）其他有关统计法律、法规规定的执行情况。

第三十一条　在检查中发现违反统计法律、法规的行为，要向有关部门报告并依法追究相关人员的责任。

第六章　奖励与处罚

第三十二条　统计部门及统计人员取得下列工作成绩的，其所在单位要给予奖励：

（一）全面完成行业规定的统计调查任务，按照统计报表制度的规定准确、及时上报统计资料，成绩显著的。

（二）在统计指标体系、统计报表制度、统计调查方法等统计改革方面有重大贡献的。

（三）统计分析、统计预测、统计监督、统计咨询服务方面取得突出成绩的，所提建议被上级部门或本单位领导采纳的。

（四）在统计信息化建设方面取得重大成果的。

（五）忠于职守、模范执行统计法律、法规，坚决与违反统计法律、法规行为做斗争事迹突出的，揭发、检举、查处统计违法行为有功的。

第三十三条　统计部门和统计人员工作情况纳入全省信息化评价体系。

第三十四条　单位负责人有如下行为的，要由有关部门依法给予处分，情节严重构成犯罪的，依法追究刑事责任。

（一）自行修改统计资料、编造虚假数据的。

（二）强令、授意本单位统计部门、统计人员或者其他有关机构、人员拒报、虚报、瞒报或者篡改统计资料、编造虚假数据的。

（三）对拒绝、抵制篡改统计资料人员或者对举报人员进行打击报复的。

（四）侵犯统计部门、统计人员行使《中华人民共和国统计法》及本办法规定职权的。

第三十五条　统计部门和统计人员有如下行为的，要由有关部门对直接负责的主管人员和其他直接责任人员依法给予处分，情节严重构成犯罪的，依法追究刑事责任。

（一）拒报或者屡次迟报统计资料的。

（二）虚报、瞒报、伪造和篡改统计资料的。

（三）违法公布、泄露统计资料的。

第三十六条　对违反统计法律、法规，骗取荣誉称号、物质奖励或晋升职务和职称的，取消其荣誉称号，追缴物质奖励，撤销晋升职务和职称。

第七章　附　则

第三十七条　本办法由省局信息中心负责解释。

第三十八条　本办法自印发之日起施行。

附件：

安徽省烟草专卖局（公司）统计报表制度（试行）

安徽省烟草专卖局（公司）
统计报表制度（试行）

安徽省烟草专卖局（公司）

2012 年 6 月

目　录

一、总说明

（一）为真实、准确、及时、完整地采集烟草行业卷烟及相关生产经营活动统计数据，为制定政策和计划以及行业调控和决策提供依据，依照《中华人民共和国统计法》和《国家烟草专卖局办公室关于印发烟草行业工商统计报表制度的通知》（国烟办综〔2012〕2号）相关规定，制定本制度。

（二）本制度执行范围：各市局（公司）、华环国际烟草有限公司。

（三）统计数据采集方式及内容：市局（公司）通过卷烟生产经营决策管理系统采集并审核上报卷烟购进、调拨、销售、库存量及相应金额数据。

复烤企业定时填报原辅材料、产值类、节能减排等数据。

具体如下：

1. 卷烟购、销、调、存数量及相应金额数据：

烟草系统商业企业卷烟购、销、存日报（国烟商1表）；

烟草系统商业企业罚没烟购、销、存日报（国烟商2表）；

烟草系统商业企业雪茄烟购、销、存日报（国烟商3表）。

2. 原辅材料、产值类、节能减排等数据：

烟草系统非卷烟工业企业月报（国烟工3表附表）；

烟草系统工业企业能源购进与消费月报（国烟工4表）；

烟草系统工业企业水消费月报（国烟工4表附表）；

烟草系统工业企业生产排放物月报（国烟工5表）。

（四）统计数据采集要求：

1. 本制度所采集的数据起报单位是各市局（公司）、华环国际烟草有限公司。

2. 审核要求：上报单位向省局报送数据时，均要由本单位统计人员、统计部门负责人对数据进行认真审核，并由统计人员使用电子签章签名上报。

3. 统计原则：

（1）对系统内卷烟购、销、调数量统计必须经过出、入库扫码和人工确认。

（2）对系统外卷烟销售量统计必须经过条烟打码操作和人工确认。

（3）卷烟库存量统计，由系统已经确认的卷烟购、销、调、损溢数据计算自动生成。

（4）对系统内卷烟销售、购进、调剂金额统计依据卷烟销售合同相关信息抽取生成和人工确认。

（5）对系统外卷烟销售额依据订单采集系统相关信息抽取生成和人工确认。

（6）原辅材料数据均以办理出入库手续为准。

4. 报送时间及修正数据规定：

（1）日报：市局（公司）日报系统实时自动上传一个工作日内所有班次打扫码操作产生的数量和金额数据，统计人员需于次日15点前完成签名上报。华环国际烟草有限公司暂不需填报日报。

（2）月报：市局（公司）卷烟调、销、存月报数据由日报数据自动汇总生成，不再单独填报。华环国际烟草有限公司月报数据于月后10日内填报。

（3）年报：由月报数据自动汇总生成。

（4）数据修正：市局（公司）日报数据如存在误差，需由相关环节人员以录入修正单方式进行修正且注明原因。

（5）数据重报：各单位对已完成签名上报的数据，进行修正签名上报的视为重报。

注：重报数据需写重报申请，说明原因，并加盖单位公章传真至省局（公司）经济信息中心，同时将重报申请电子版一并发送，由省局（公司）向国家局申请重报，国家局开启重报指令后再进行数据重报。

（6）数据补报：各单位在规定时间内没有完成数据签名上报的视为补报。

注：上报单位无法按制度规定时间上报数据时，需向省局（公司）说明原因，同意后推迟上报可视同正常上报。

日报和月报逢休息日（星期六和星期日）统计人员可不签名上报，休息日后第一个工作日（如星期一）按规定时间签名上报。逢国务院规定的节日，按国务院规定的节日放假天数可延期上报，节后第一个工作日按规定时间签名上报。

二、报表目录及表式

表号	表　名	填报范围	报送日期及方式
日　报			
国烟商1表	烟草系统商业企业卷烟购、销、存日报	行业独立核算的商业法人单位	次日15点前签名上报
国烟商2表	烟草系统商业企业罚没烟购、销、存日报	行业独立核算的商业法人单位	次日15点前签名上报
国烟商3表	烟草系统商业企业雪茄烟购、销、存日报	行业独立核算的商业法人单位	次日15点前签名上报
月　报			
国烟工3表附表	烟草系统非卷烟工业企业月报	行业独立核算的非卷烟工业法人单位	月后10日内，网上直报
国烟工4表	烟草系统工业企业能源购进与消费月报	行业独立核算的工业法人单位	月后10日内，网上直报
国烟工4表附表	烟草系统工业企业水消费月报	行业独立核算的工业法人单位	月后10日内，网上直报
国烟工5表	烟草系统工业企业生产排放物月报	行业独立核算的工业法人单位	月后10日内，网上直报

烟草系统商业企业卷烟购、销、存日报

表　　号：国烟商1表
文　　号：
制表机关：国家烟草专卖局

上报单位名称：　　　　　　　　年　月

序号	指标名称	计量单位	本日实际
1	卷烟购进量	万支	
2	卷烟购进额	万元	
3	对系统内卷烟批发量	万支	
4	对系统内卷烟批发额	万元	
5	对系统外卷烟销售量	万支	
6	对系统外卷烟销售额	万元	
7	卷烟零售量	万支	

（续表）

序号	指标名称	计量单位	本日实际
8	卷烟零售额	万元	
9	期末卷烟库存量	万支	
10	卷烟损溢量	万支	

注：数量指标保留小数后4位，金额指标保留小数后6位。

审核人签字：　　　　填报日期：

烟草系统商业企业罚没烟购、销、存日报

表　　号：国烟商2表
文　　号：
制表机关：国家烟草专卖局

上报单位名称：　　　　年　月

序号	指标名称	计量单位	本日实际
1	罚没烟对系统内购进量	万支	
2	罚没烟对系统内购进额	万元	
3	罚没烟对系统外购进量	万支	
4	罚没烟对系统外购进额	万元	
5	罚没烟批发量	万支	
6	罚没烟批发额	万元	
7	罚没烟销售量	万支	
8	罚没烟销售额	万元	
9	罚没烟期末库存量	万支	
10	罚没烟损溢量	万支	

注：数量指标保留小数后4位，金额指标保留小数后6位。

审核人签字：　　　　填报日期：

烟草系统商业企业雪茄烟购、销、存日报

表　　号：国烟商3表
文　　号：
制表机关：国家烟草专卖局

上报单位名称：　　　　年　月

序号	指标名称	计量单位	本日实际
1	雪茄烟购进量	万支	
2	雪茄烟购进额	万元	

（续表）

序号	指标名称	计量单位	本日实际
3	对系统内雪茄烟批发量	万支	
4	对系统内雪茄烟批发额	万元	
5	对系统外雪茄烟销售量	万支	
6	对系统外雪茄烟销售额	万元	
7	雪茄烟零售量	万支	
8	雪茄烟零售额	万元	
9	期末雪茄烟库存量	万支	
10	雪茄烟损溢量	万支	

注：数量指标保留小数后4位，金额指标保留小数后6位。

审核人签字： 填报日期：

烟草系统非卷烟工业企业月报

表　　号：国烟工3表附表

文　　号：

制表机关：国家烟草专卖局

上报单位名称： 年　月

序号	指标名称	计量单位	本月实际	序号	指标名称	计量单位	本月实际
1	工业总产值（现行价）	千元		5	复烤烟叶产量	吨	
2	工业销售产值（现行价）	千元		6	复烤烟叶销量	吨	
3	工业中间投入（不含增值税）	千元		7	复烤烟叶库存	吨	
4	应交增值税	千元		8	醋纤丝束产量	吨	
				9	醋纤丝束销量	吨	
				10	醋纤丝束库存	吨	
				11	醋片产量	吨	
				12	醋片销量	吨	
				13	醋片库存	吨	

注：指标保留小数后2位

审核人签字： 填报日期：

烟草系统工业企业能源购进和消费月报

表　　号：国烟工4表
文　号：
制表机关：国家烟草专卖局

上报单位名称：　　　　年　月

序号	能源名称	购进量			消费量（标准煤：吨）			采用折标系数	参考折标系数
		计量单位	实物量	金额	合计	工业生产	非工业生产		
1	原煤	吨							-
2	其中：1. 无烟煤	吨							0.9428
3	2. 炼焦烟煤	吨							0.9
4	3. 一般烟煤	吨							0.7143
5	4. 褐煤	吨							0.4286
6	洗精煤	吨							0.9
7	其他洗煤	吨							0.4643
8	煤制品	吨							0.5286
9	焦炭	吨							0.9714
10	其他焦化产品	吨							1.1～1.5
11	焦炉煤气	万立方米							5.714～6.143
12	其他煤气	万立方米							1.7～12.1
13	天然气（气态）	万立方米							13
14	液化天然气	吨							1.7572
15	煤层气（煤田）	万立方米							11
16	原油	吨							1.4286
17	汽油	吨							1.4714
18	煤油	吨							1.4714
19	柴油	吨							1.4571
20	燃料油	吨							1.4286
21	液化石油气	吨							1.7143
22	炼厂干气	吨							1.5714
23	石脑油	吨							1.5
24	润滑油	吨							1.4331

（续表）

序号	能源名称	购进量			消费量（标准煤：吨）			采用折标系数	参考折标系数
		计量单位	实物量	金额	合计	工业生产	非工业生产		
25	石蜡	吨							1.3648
26	溶剂油	吨							1.4672
27	石油焦	吨							1.0918
28	石油沥青	吨							1.3307
29	其他石油制品	吨							1.4
30	热力	百万千焦							0.0341
31	电力	万千瓦时						1.229	1.229
32	回收利用燃料、动力	吨标准煤							-
33	1. 高炉煤气用于燃料	万立方米							1.286
34	2. 转炉煤气用于燃料	万立方米							2.714
35	3. 煤矸石用于燃料	吨							0.2857
36	4. 城市垃圾用于燃料	吨							0.2714
37	5. 生物质肥料用于燃料	吨		-			-	-	0.5
38	6. 回收余热余压用于动力	百万千焦							0.0341
39	7. 其他废料用于燃料	吨							0.4285
40	其他燃料	吨标准煤							1
41	能源合计	吨标准煤							-

注：①指标保留小数后4位；

②主要逻辑审核关系：

消费合计=工业生产消费+非工业生产消费；能源合计=各项能源之和

审核人签字：　　　　　　　　　　　　　　　　　　填报日期：

烟草系统工业企业水消费月报

表　　号：国烟工 4 表附表
文　　号：
制表机关：国家烟草专卖局
上报单位名称：　　年　月

指　标　名　称	数量（立方米）	取水金额（千元）
工业取水总量		
陆地地表水		
其中：陆地湖咸水		
地下水		
其中：地下咸水		
自来水		
海水		
其他水		
其中：雨水收集利用		
海水淡化水		
再生水（中水）		
重复用水量		

注：①数量指标保留小数后 2 位，金额指标保留小数后 4；

②主要逻辑审核关系：工业取水总量=陆地地表水+地下水+自来水+海水+其他水。

审核人签字：　　填报日期：

烟草系统工业企业生产排放物月报

表　　号：国烟工 5 表
文　　号：
制表机关：国家烟草专卖局
上报单位名称：　　年　月

生产排放物	总量（吨）	浓度平均值（毫克/立方米）	浓度最大值（毫克/立方米）
二氧化硫			
烟尘			
烟草粉尘			

（续表）

生产排放物	总量（吨）	浓度平均值（毫克/立方米）	浓度最大值（毫克/立方米）
化学需氧量		◆	◆
废水排放总量		–	–
二氧化碳排放量		–	–
氨氮		◆	◆
氮氧化物			

注：①指标保留小数后2位；②“◆”单位为毫克/升，“–”项免填。

审核人签字：　　　　　　　　填报日期：

三、主要指标解释及说明

（一）日报指标

商业企业日报

1. 卷烟购进量：商业企业在一个工作日内从本企业以外的单位购进，并经过扫码入库的每一牌号（规格）卷烟数量。进口烟以实际入库数量为准。

2. 卷烟购进额：商业企业从本企业以外的单位购进，并经过入库扫码确认的每一牌号（规格）卷烟金额（含增值税）。进口烟以签订购销合同金额为准。

3. 对系统内卷烟批发量：商业企业在一个工作日内完成商商调剂扫码出库的每一牌号（规格）卷烟数量。进口烟以实际出库数量为准。

4. 对系统内卷烟批发额：商业企业在一个工作日内完成商商调剂扫码出库的每一牌号（规格）卷烟销售金额（含增值税）。进口烟以签订购销合同金额为准。

5. 对系统外卷烟销售量：商业企业在一个工作日内销售给系统外卷烟零售户，并经条烟打码操作每一牌号（规格）卷烟数量。

6. 对系统外卷烟销售额：商业企业在一个工作日内销售给系统外卷烟零售户，并经条烟打码操作每一牌号（规格）卷烟销售金额（含增值税）。

7. 卷烟零售量：商业企业直属自营店在一个工作日内销售的直接进入消费领域的每一牌号（规格）的卷烟销售数量。

8. 卷烟零售额：商业企业直属自营店在一个工作日内销售的直接进入消费领域的每一牌号（规格）的卷烟销售金额（含增值税）。

9. 卷烟库存量：商业企业在一个工作日结束时，尚存在企业库中的每一品牌（规格）卷烟数量。

注：如企业有直属自营店，其卷烟库存应纳入企业卷烟库存量中。

10. 卷烟损溢量：商业企业一个工作日内在仓储期间发现实物损坏、卷烟被盗或其他原因造成卷烟质量受损，并经有关部门按照相关规定程序鉴定确认的每一牌号（规格）卷烟数量。

11. 对系统内罚没烟购进量：商业企业在一个工作日内从烟草行业其他商业单位所购进依法收购或没收的真品卷烟（含雪茄烟），进入本企业所属仓库的每一牌号（规格）卷烟（含雪茄烟）数量，以实际入库数量为准。

12. 对系统内罚没烟购进额：商业企业在一个工作日内从烟草行业其他商业单位所购进依法收购或没收的真品卷烟（含雪茄烟），进入本企业所属仓库的每一牌号（规格）卷烟（含雪茄烟）金额（含增值税），以签订购销合同金额为准。

13. 对系统外罚没烟购进量：商业企业在一个工作日内从烟草拍卖行购进依法收购或没收的真品卷烟（含雪茄烟），进入本企业所属仓库的每一牌号（规格）卷烟（含雪茄烟）数量，以实际入库数量为准。

14. 对系统外罚没烟购进额：商业企业在一个工作日内从烟草拍卖行购进依法收购或没收的真品卷烟（含雪茄烟），进入本企业所属仓库的每一牌号（规格）卷烟（含雪茄烟）金额（含增值税），以烟草专卖品拍卖成交确认书为准。

15. 罚没烟批发量：商业企业一个工作日内将依法收购或没收的真品卷烟（含雪茄烟）移出本企业仓库，销售给系统内另一单位的每一牌号（规格）卷烟（含雪茄烟）数量，以实际出库数量为准。

16. 罚没烟批发额：商业企业一个工作日内将依法收购或没收的真品卷烟（含雪茄烟）移出本企业仓库，销售给系统内另一单位的每一牌号（规格）卷烟（含雪茄烟）金额（含增值税），以签订购销合同金额为准。

17. 罚没烟销售量：商业企业在一个工作日内将依法收购或没收的真品卷烟（含雪茄烟）销售给系统外卷烟零售户，并经条烟打码操作每一牌号（规格）卷烟数量。

18. 罚没烟销售额：商业企业在一个工作日内将依法收购或没收的真品卷烟（含雪茄烟）销售给系统外卷烟零售户，并经条烟打码操作每一牌号（规格）卷烟（含雪茄烟）金额（含增值税）。

19. 罚没烟库存量：商业企业在一个工作日结束时，依法收购或没收的真品卷烟（含雪茄烟）尚存在企业库中的每一牌号（规格）卷烟（含雪茄烟）数量。

20. 罚没烟损溢量：商业企业一个工作日内在仓储期间发现依法收购或没收的真品卷烟（含雪茄烟）实物损坏、被盗或其他原因造成质量受损，并经有关部门按照相关规定程序鉴定确认的每一牌号（规格）卷烟（含雪茄烟）数量。

21. 雪茄烟购进量：商业企业在一个工作日内从本企业以外的单位购进每一牌号（规格）雪茄烟数量，以实际入库数量为准。

22. 雪茄烟购进额：商业企业在一个工作日内从本企业以外的单位购进每一牌号（规格）雪茄烟金额，以签订购销合同金额（含增值税）为准。

23. 对系统内雪茄烟批发量：商业企业在一个工作日内移出本企业仓库，销售给系统内另一单位的每一牌号（规格）雪茄烟数量，以实际出库数量为准。

24. 对系统内雪茄烟批发额：商业企业在一个工作日内移出本企业仓库，销售给系统内另一单位的每一牌号（规格）雪茄烟金额（含增值税），以签订购销合同金额为准。

25. 对系统外雪茄烟销售量：商业企业在一个工作日内销售给系统外卷烟零售户，并经条烟打码操作每一牌号（规格）雪茄烟数量。

26. 对系统外雪茄烟销售额：商业企业在一个工作日内销售给系统外卷烟零售户，并经条烟打码操作每一牌号（规格）雪茄烟金额（含增值税）。

27. 雪茄烟零售量：商业企业直属自营店在一个工作日内销售的直接进入消费领域的每一牌号（规格）的雪茄烟销售数量。

28. 雪茄烟零售额：商业企业直属自营店在一个工作日内销售的直接进入消费领域的每一牌号（规格）的雪茄烟销售金额（含增值税）。

29. 雪茄烟期末库存量：商业企业在一个工作日结束时，尚存在企业库中的每一牌号（规格）雪茄烟数量。

30. 雪茄烟损溢量：一个工作日内，商业企业在仓储期间发现实物损坏、卷烟被盗或其他原因造成卷烟质量受损，并经有关部门按照相关规定程序鉴定确认的每一牌号（规格）雪茄烟数量。

（二）月报指标

非卷烟工业企业月报

1. 工业总产值（现行价）：以货币表现的工业企业在报告期内以货币形式表现的工业最终产品和提供工业劳务活动的总价值量。

（1）工业总产值计算应遵循的原则：

① 工业生产的原则。即凡是企业在报告期内生产的最终产品和提供的劳务，均应包括在内。其中的最终产品，不管是否在本年内销售，只要是本年内生产的，就要包括在内。凡不是工业生产的产品，均不得计入工业总产值。

② 最终产品的原则。即企业生产的成品价值必须是本企业生产的，经检验合格不需再进行任何加工的最终产品。企业对外销售的半成品也要视为最终产品计入工业总产值。而在本企业内各车间转移的半成品和在制品只能计算其期末期初差额价值。烟草行业卷烟工业企业间的合作生产，按此原则要由被许可方计入工业总产值。

③“工厂法”原则。即以法人工业企业作为一个整体计算工业总产值，是其本年内生产的最终产品和提供劳务的总价值量。

（2）工业总产值的内容包括三部分：生产的成品价值、对外加工费收入、自制半成品在制品期末期初差额价值。

① 成品价值：指企业在报告期内生产并在报告期内不再进行加工，经检验合格、包装入库的已经销售和准备销售的全部工业成品（包括半成品）价值合计。成品价值中包括企业生产的自制设备及提供给本企业在建工程、其他非工业部门和生活福利部门等单位使用的成品价值，但不包括用订货者来料加工的成品（半成品）价值。

工业总产值是按现行价格计算的。成品价值按成品实物量乘以本年不含应交增值税（销项税额）的产品实际销售平均单价计算。会计核算中按成本价格转账的自制设备和自产自用的成品，按成本价格计算生产成品价值。

② 对外加工费收入：指企业在报告期内完成的对外承做的工业品加工（包括用订货者来料加工生产）的加工费收入和对外工业品修理作业所收取的加工费收入。对外加工费收入按不含应交增值税（销项税额）的价格计算，可根据会计“产品销售收入”科目的

有关资料取得。

对于以对外加工生产为主，对外加工费收入所占比重较大的企业，如果对外加工费收入出现跨年度支付的情况，为保证总产值生产口径计算的准确性，则要将对外加工费收入按实际情况调整，记录本年应实际收取的对外加工费收入。

③ 自制半成品在制品期末期初差额价值。为了使工业总产值与工业中间投入中的物耗价值一致，规定本指标的计算原则是：凡是企业会计产品成本核算中计算半成品、在制品成本，则工业总产值中必须包括自制半成品在制品期末期初差额价值。反之则不包括。

自制半成品在制品期末期初差额价值等于自制半成品在制品期末价值减去期初价值后的余额，如果期末价值小于期初价值，该指标为负值，企业在计算产值时，应按负值计算，不能作为零处理。

(3) 工业总产值计算的几种具体规定：

① 凡自备原材料，不论其加工繁简程度如何，一律按全价，即包括自备原材料的价值，计算工业总产值。

② 凡来料加工，加工企业一律按财务上结算的加工费计算工业总产值，即不包括订货者来料的价值。一般分两种情况：工业企业之间的来料加工，加工企业（即承包单位）按财务上结算的加工费计算工业总产值；委托加工的企业（即发包单位）按全价计算工业总产值；工业企业与非工业企业之间的来料加工，当工业企业作为加工企业时一律按加工费计算工业总产值。

③ 自制半成品、在制品期末期初差额价值，原则上应计入工业总产值，但如果会计产品成本核算中不计算自制半成品、在制品成本，则不计入工业总产值；如果会计产品成本核算中计算自制半成品、在制品成本的，则计入工业总产值。

2. 工业销售产值（现行价）：是以货币形式表现的，工业企业在报告期内销售的本企业生产的工业产品或提供工业性劳务价值的总价值量。工业销售产值包括的内容为：

① 销售成品价值：指企业在报告期内实际销售（包括本期生产和非本期生产）的全部成品、半成品的总价值，即按报告期产品的实际销售数量乘以不含增值税（销项税额）的产品实际销售平均单价计算。销售成品价值包括为本企业在建工程，生活福利部门等提供的成品和自制设备价值，不包括用订货者来料加工的成品和半成品价值。

② 对外加工费收入：指企业在报告期内完成的对外承接的工业品加工（包括用订货者来料加工的产品）的加工费收入；对外工业品修理作业可收取的加工费收入和对内非工业部门提供的加工修理、设备安装等收入。对外加工费收入按不含增值税（销项税额）的价格计算。

3. 工业中间投入（不含增值税）：指工业企业在报告期内用于工业生产活动所一次性消耗的外购原材料、燃料、动力及其他实物产品和对外支付的服务费用。

计算工业中间投入须遵循以下三条原则：

① 必须是从企业外部购入的产品和服务的价值，不包括生产过程中回收的废料以及自制品的价值。

② 必须是本期投入生产并一次性消耗的产品和服务的价值，不包括固定资产等的转移价值。

③ 工业中间投入的计算口径必须与工业总产值的计算口径一致，即计入了工业中间投入产品和服务的价值必须是计入了工业总产值的部分。

为了使工业中间投入的计算更加准确，将工业中间投入进一步细分为直接材料、制造费用中的中间投入、管理费用中的中间投入、营业费用中的中间投入和财务费用五个指标，企业要首先计算出这五个指标，再加总计算出工业中间投入合计，其中直接材料、财务费用根据有关会计明细科目填报。其余三项可采用倒扣法：

制造费用中的中间投入是从制造费用扣除固定资产折旧和修理费用的摊销；

管理费用中的中间投入是从管理费用扣除直接或间接支付给个人的部分，如工资、福利费、劳动保险费、待业保险费、住房公积金、差旅费中个人所得部分等；

营业费用中的中间投入是从营业费用中扣除支付给不构成非物质生产部门（指除工业，农业，运输邮电业，建筑业，批发、零售、贸易、餐饮业以外的部分）收入的各种税金、规费及其他费用，如房产税、车船使用税、土地使用税、印花税、矿山资源补偿费、排污费等。

4. 复烤烟叶产量：复烤烟叶企业生产的产品质量符合行业标准，经检验合格并已办理入库手续的复烤烟叶产量。企业收取加工费的代加工复烤烟叶成品应统计在内。

5. 复烤烟叶销量：复烤烟叶企业销售且办理出库手续的复烤烟叶数量。企业收取加工费的代加工复烤烟叶调出量，视同销售计入销量。

6. 复烤烟叶库存：复烤烟叶企业报告期末尚存在仓库中的暂未售出的复烤烟叶数量，包括代加工复烤烟叶中尚未调出的数量。

节能减排月报

1. 能源购进量：能源使用企业用于消费的能源购进数量，指能源使用单位在报告期内外购的、用于本企业消费的各种一次能源和二次能源。购进量的核算原则是：

① 计算购进量的能源必须具备以下三个条件：已实际到达本单位；经过验收、检验；办理完入库手续。

但是，在未办理完入库手续前，已经投入使用的或已经销售的，要计算在购进量中；使用多少，计算多少。

②“谁购进，谁统计”。

凡属本单位实际购进的，符合上述原则，不论从何处购进，均应计算在内，包括作价购进的加工来料。

凡属本报告期实际购进的，办理完入库手续，即计算购进量；什么时间办理入库手续，什么时间计算购进量。

根据以上原则，下述情况不能计算在购进量内：

① 供货单位已发货，但尚未运到本单位，即使已经付款；

② 货已运到本单位，但尚未办理验收、入库手续的；

③ 经验收发现的亏吨，（按验收后的实际数量计算购进量）；

④ 借入的，自产自用的，车间、工地上年领用今年退回的，以及加工来料（作价的除外）。

2. 能源购进量金额：指本单位在报告期实际购进的、已办理验收入库手续的各种一次能源和二次能源的金额。其金额以购货发票上的总金额（含增值税）计算，统计原则、范围与购进量相同。统计购进量金额要注意：

① 价值量指标要与实物量指标相一致，即计算实物量的，亦计算价值量，反之亦然；

② 已验收入库尚未结算，购货发票未到，购进量以实际验收数量计算，购进量金额以货物的上期平均价或合同价格乘购进量计算，待结算后再作调整；

③ 实物量与价值量之一，如不够一个计量单位，两者都不填报，待以后两者都达到一个计量单位时，再同时填报。

3. 能源消费量：指能源使用单位在报告期内实际消费的一次能源或二次能源的数量。能源消费量统计的原则是：

① 谁消费、谁统计。即不论其所有权的归属，由哪个单位消费，就由哪个单位统计其消费量。

② 何时投入使用，何时计算消费量。企业的能源消费，在时间、工艺界限上，以投入第一道生产工序为标志，即投入第一道生产工序就计算消费；何时投入第一道生产工序，何时计算消费量。

③ 消费量只能计算一次。既在第一次投入使用时，计算其消费量。对于反复循环使用的能源，消费量不得重复计算，如余热、余能的回收利用。

④ 耗能工质（如水、氧气、压缩空气等），不论是外购的还是自产自用的，均不统计在能源消费量中（计算单位产品能耗时除外）。

⑤ 企业自产的能源，凡作为企业生产另一种产品的原材料、燃料，又分别计算产量的，消费量要统计，如煤矿用原煤生产洗煤，炼焦厂用焦炭生产煤气，炼油厂用燃料油发电等。但产品生产过程中消费的半成品和中间产品，不统计消费量，如炼油厂用原油生产出燃料油后，又用燃料油生产其他产品，在这种情况下，如果燃料油不计算产量，那么作为中间产品的燃料油也不计算消费量（如果燃料油计算产量，那么也要计算消费量）。

工业企业的能源消费量包括工业企业在生产过程中作为燃料、动力、原料、辅助材料使用的能源以及工艺用能、非生产用能。具体包括：

① 用于本企业产品生产、工业性作业和其他生产性活动的能源；

② 用于技术更新改造措施、新技术研究和新产品试制以及科学试验等方面的能源；

③ 用于经营维修、建筑及设备大修理、机电设备和交通运输工具等方面的能源；

④ 用于劳动保护的能源；

⑤ 其他非生产消费的能源。

不包括：

① 由仓库发到车间，但在报告期最后一天没有消费的能源。这部分能源应在办理假退料手续后计入库存量。

② 回收利用的余热、余能。

③ 拨到外单位，委托外单位加工用的能源。

④ 调出本单位或借给外单位的能源。

4. 工业生产能源消费：指工业企业为进行工业生产活动所消费的能源。主要包括：

① 用于本企业产品生产、工业性作业的能源，包括用作原料、材料、燃料、动力。

② 产品生产过程中作为辅助材料使用的能源。

③ 生产工艺过程使用的能源。

④ 新技术研究、新产品试制、科学试验使用的能源。

⑤ 为了工业生产活动而在进行的各种修理过程中使用的能源。

⑥ 生产区内的劳动保护用能等。

⑦ 仓库使用的能源，包括外借、外租的仓库。

⑧ 生产区内各类运输使用的能源。

注：外销烟丝（含膨胀烟丝、薄片）的企业在计算单位卷烟产量能耗指标时，按外销40千克烟丝折合3万支卷烟，相应增加卷烟产量。购进烟丝（含膨胀烟丝）的企业在计算单位卷烟产量能耗时，按购进40千克烟丝折合3万支卷烟，从总产量中相应扣减。

5. 非工业生产能源消费：指在工业企业能源消费中，除“工业生产能源消费”以外的能源消费，即非工业生产用能和工业企业附属的不从事工业生产活动的非独立核算单位用能。比如本企业施工单位进行技术更新改造、维修等过程用能，非生产区的劳动保护用能，办公楼、科研单位、农场、车队、学校、医院、食堂、托儿所等单位用能。但是必须注意，上述单位如果是独立核算的，其用能既不能包括在“工业企业能源消费”中，亦不能包括在“非工业生产能源消费”中。

6. 其他焦化产品：指除焦炭、焦炉煤气以外的其他焦化产品，如煤焦油、初苯等。焦化产品很多，目录中只列出了焦炭、焦炉煤气这两个品种，统计时为了简化，把除这两个品种以外的其他焦化产品归并在“其他焦化产品”一个目录下一起填报。

7. 其他石油制品：指除汽油、煤油、柴油、燃料油、液化石油气、炼厂干气以外的其他石油制品，如润滑油、润滑脂、石脑油、石蜡、石油沥青等。石油制品很多，目录中只列出了汽油、煤油、柴油、燃料油、液化石油气、炼厂干气这几个主要品种，统计时为了简化，把除这几个主要品种以外的其他石油制品归并在“其他石油制品”一个目录下一起填报。

8. 液化天然气：指经过液化后的天然气。

9. 其他燃料：指统计目录以外的其他燃料。注意：填报时每个品种都要按照各自的实际折标系数折算成标准量（标准煤）计算。

10. 取水总量：指工业企业从各种水源提取的，并用于工业生产活动的水量总和，包括地表水、地下水、自来水、污水达标处理水、未达标污水、雨水收集利用以及企业从市场购得的其他水或水的产品（如纯净水、矿泉水等）。

取水量不包括重复用水量；不包括企业采自河流、水库、湖泊、海洋，用于冷却，不重复使用，又排回到河流、水库、湖泊、海洋的水。

取水量按取水企业和供水企业（单位）商定的水表结算流量计算。如没有水表，按取水企业和供水企业（单位）商定的或有关管理部门规定的计算方法计算。

11. 取水支付金额：指报告期企业取水所支付的费用，计算范围与形成但第水价格的费用结构相同，如水费、资源税、排水（污）费等，不包括取水过程的成本费用，如电费、设备费等。

12. 陆地地表水：指企业直接采自河流、水库、湖泊等地表水源的水，不包括水力发电厂的发电动力用水、海水。地表水分为淡水和咸水，陆地咸水湖的水为咸水，一般的河流、湖泊、水库的水是淡水。

13. 地下水：指企业通过自备井直接采自地下的水。金额是指报告期企业消费地下水所支付的费用，计算范围与形成当地地下水价格的费用结构相一致，如水费、资源税、排水（污）费等，有哪项就计算哪项。金额不包括取水过程的成本费用，如电费、设备费用、人工费用等。如果企业使用地下水不需支付费用，则免填金额。

14. 自来水：指地表水、地下水等经过供水企业加工处理，经认定达到自来水供水标准，通过城镇自来水管道供应的水；取水量按报告期自来水表的流量计算。金额是指报告期企业消费自来水所支付的费用，计算范围与形成当地自来水价格的费用结构相一致，如水费、资源税、排水（污）费等。

15. 海水：指海洋的水。工业企业提取海水主要用来制盐、化工生产、海水淡化等。

16. 其他水：指上述水源没有涵盖的或者界定不清的水。比如一些产品水，如纯净水、矿泉水、海水淡化水，或者污水处理厂处理的水等。其他水不应包括茶饮料、碳酸饮料、果汁饮料、酒类等大量用水的产品。

17. 雨水收集利用：指用水单位专门建立雨水收集设施，将收集到的雨水作为水源的补充。天降雨、雪后，流到江河、湖泊、水库的水不作为雨水收集利用统计。

18. 海水淡化水：指海水淡化企业提取海水，经过特定的生产工艺去除海水中的盐分后得到的淡水产品。

19. 再生水（中水）：指污水经适当处理后，达到一定的水质标准，满足某种使用要求，可以进行有益使用的水。通过管道或其他方式供应的水。

20. 重复用水量：工业企业重复用水量就是指在企业内部，对生产和生活排放的废水直接或经过处理后回收再利用的水量，不包括企业从城市污水处理厂购买的中水。企业废水在报告期每重复利用一次，计算一次重复用水量。

重复用水量的计算原则：

① 开放原则。即水的循环在开放系统进行，循环一次计算一次，封闭式循环系统的循环水不计算重复用水量。

②“源头”计算原则。对循环水来说，使用后的水，又回流到系统的取水源头，流经源头一次，计算一次。循环系统中的中间环节用水不得计算重复用水量。

③ 异地原则。对于非循环系统，根据不同工艺对不同水质的要求，在一个地方（工艺）使用过的水，在另外一个地方（工艺）中又进行使用，使用一次，计算一次。在同一地方（容器）多次使用的水，不得计算重复用水量。

④ 经过净化处理后的水重复再用，在任何情况下都按照重复用水计算。

生产排放物月报

1. 二氧化硫（烟尘、烟草粉尘、氮氧化物）排放总量：按照检测报告提供的每小时排放量（标干烟气量 m^3/h）×二氧化硫（烟尘、烟草粉尘）浓度［mg/（标·干·m^3）］×每个锅炉（除尘设备）的工作时间（h）的总和计算。统计单位为吨。

2. 二氧化硫（烟尘、烟草粉尘、氮氧化物）排放浓度平均值：平均值＝二氧化硫

（烟尘、烟草粉尘）排放总量/烟气（含烟草粉尘空气）总量。

3. 二氧化硫（烟尘、烟草粉尘、化学需氧量）排放浓度最大值：填报报告期内的历史最大数据。

4. 化学需氧量（COD）或氨氮排放总量：按照每个废水排放口检测报告提供的浓度（mg/L）×废水排放量的总和计算。

5. 化学需氧量（COD）或氨氮排放浓度平均值：平均值=化学需氧量（COD）排放总量（或氨氮排放总量）/废水排放总量。

6. 烟草粉尘：锅炉排放气体中的固体颗粒及能见气溶胶。

7. 废水排放总量：企业所有的生产、仓储、办公、生活场所排放废水的总和。

8. 二氧化碳排放量：企业为组织正常生产和生活投入使用的设备、机械、器具所排放的二氧化碳。排放二氧化碳的主要设备和机械有：锅炉、燃油汽车、厨具等。

计量办法：二氧化碳排放重点设备（如锅炉）需安装计量装置。计量燃油汽车、厨具等设备排放的二氧化碳数量时可以采用推算的办法。

推算参考依据：每千克标准煤燃烧后产生2.5千克二氧化碳；每升汽油、柴油燃烧后产生2.4千克二氧化碳；或者，每千克汽油、柴油燃烧后产生3.1千克二氧化碳。每燃烧一立方米天然气产生1.8千克二氧化碳。

四、附　录

（一）烟草行业卷烟工业企业名录

省级工业公司（18家）	法人企业名称（30家）	卷烟生产厂或生产点（95家）
河北中烟工业有限责任公司	张家口卷烟厂有限责任公司	张家口卷烟厂
	河北白沙烟草有限责任公司	石家庄卷烟厂、保定卷烟分厂
上海烟草集团有限责任公司	上海烟草集团	上海卷烟厂、天津卷烟厂、北京卷烟厂
	高扬国际烟草有限公司	高扬生产点
江苏中烟工业有限责任公司	江苏中烟工业有限责任公司	南京卷烟厂、徐州卷烟厂、淮阴卷烟厂
浙江中烟工业有限责任公司	浙江中烟工业有限责任公司	宁波卷烟厂、杭州卷烟厂
安徽中烟工业有限责任公司	安徽中烟工业有限责任公司	合肥卷烟厂、蚌埠卷烟厂、滁州卷烟厂、芜湖卷烟厂、阜阳卷烟厂
福建中烟工业有限责任公司	龙岩烟草工业有限责任公司	龙岩生产点
	厦门烟草工业有限责任公司	厦门生产点
江西中烟工业有限责任公司	江西中烟工业有限责任公司	南昌卷烟厂、赣南卷烟厂、广丰卷烟厂、井冈山卷烟厂、兴国卷烟厂

（续表）

省级工业公司（18 家）	法人企业名称（30 家）	卷烟生产厂或生产点（95 家）
山东中烟工业有限责任公司	山东中烟工业有限责任公司	济南卷烟厂、青岛卷烟厂、青州卷烟厂、滕州卷烟厂
河南中烟工业有限责任公司	河南中烟工业有限责任公司	郑州卷烟厂、漯河卷烟厂、新郑卷烟厂、安阳卷烟厂、洛阳卷烟厂、许昌卷烟厂、驻马店卷烟厂、南阳卷烟厂
湖北中烟工业有限责任公司	湖北中烟工业有限责任公司	武汉卷烟厂、红安卷烟厂、三峡卷烟厂、广水卷烟厂、襄阳卷烟厂、恩施卷烟厂
湖南中烟工业有限责任公司	湖南中烟工业有限责任公司	长沙卷烟厂、常德卷烟厂、郴州卷烟厂、吴忠卷烟厂、零陵卷烟厂、四平卷烟厂
广东中烟工业有限责任公司	广东中烟工业有限责任公司	广州卷烟厂、梅州卷烟厂、韶关卷烟厂、湛江卷烟厂
广西中烟工业有限责任公司	广西中烟工业有限责任公司	南宁卷烟厂、柳州卷烟厂
川渝中烟工业有限责任公司	四川烟草工业有限责任公司	成都卷烟厂、什邡卷烟厂、绵阳生产点、西昌分厂
	重庆烟草工业有限责任公司	重庆卷烟厂、涪陵生产点、黔江分厂
贵州中烟工业有限责任公司	贵州中烟工业有限责任公司	贵阳卷烟厂、遵义卷烟厂、毕节卷烟厂、铜仁卷烟厂、贵定卷烟厂
云南中烟工业有限责任公司	红塔烟草（集团）有限责任公司	玉溪卷烟厂、昭通卷烟厂、大理卷烟厂、楚雄卷烟厂
	红云红河烟草（集团）有限责任公司	昆明卷烟厂、红河卷烟厂，曲靖卷烟厂、会泽卷烟厂、乌兰浩特卷烟厂、新疆卷烟厂
陕西中烟工业有限责任公司	陕西中烟工业有限责任公司	宝鸡卷烟厂、延安卷烟厂、汉中卷烟厂、澄城生产点、旬阳生产点
中国烟草实业发展中心	黑龙江烟草工业有限责任公司	哈尔滨卷烟厂、海林分厂、绥化分厂、穆林分厂
	吉林烟草工业有限责任公司	长春卷烟厂、延吉卷烟厂
	甘肃烟草工业有限责任公司	兰州卷烟厂、天水分厂
	深圳烟草工业有限责任公司	深圳卷烟厂
	内蒙古昆明卷烟有限责任公司	呼和浩特卷烟厂
	红塔辽宁烟草有限责任公司	沈阳卷烟厂、营口生产点
	山西昆明烟草有限责任公司	太原卷烟厂
	海南红塔卷烟有限责任公司	海南卷烟厂

（二）烟草行业商业企业名录

序号	省份名称	地市级公司	序号	省份名称	地市级公司
1	北京市	北京市公司	45	辽宁省	营口市公司
2	天津市	天津市公司	46		阜新市公司
3	河北省	石家庄市公司	47		辽阳市公司
4		唐山市公司	48		铁岭市公司
5		秦皇岛市公司	49		朝阳市公司
6		邯郸市公司	50		盘锦市公司
7		邢台市公司	51		葫芦岛市公司
8		保定市公司	52	大连市	大连市公司
9		张家口市公司	53	吉林省	长春市公司
10		承德市公司	54		吉林市公司
11		沧州市公司	55		四平市公司
12		廊坊市公司	56		辽源市公司
13		衡水市公司	57		通化市公司
14	山西省	太原市公司	58		白山市公司
15		大同市公司	59		松原市公司
16		阳泉市公司	60		白城市公司
17		长治市公司	61		延边市公司
18		晋城市公司	62	黑龙江省	哈尔滨市公司
19		朔州市公司	63		齐齐哈尔市公司
20		晋中市公司	64		鸡西市公司
21		运城市公司	65		鹤岗市公司
22		忻州市公司	66		双鸭山市公司
23		临汾市公司	67		大庆市公司
24		吕梁市公司	68		伊春市公司
25	内蒙古区	锡林郭勒市公司	69		佳木斯市公司
26		呼和浩特市公司	70		七台河市公司
27		包头市公司	71		牡丹江市公司
28		乌海市公司	72		绥芬河市公司
29		赤峰市公司	73		黑河市公司
30		通辽市公司	74		绥化市公司
31		鄂尔多斯市公司	75		大兴安岭市公司
32		呼伦贝尔市公司	76	上海市	上海烟草集团有限责任公司
33		满洲里市公司	77	江苏省	南京市公司
34		兴安市公司	78		无锡市公司
35		二连浩特市公司	79		徐州市公司
36		乌兰察布市公司	80		常州市公司
37		巴彦淖尔市公司	81		苏州市公司
38		阿拉善市公司	82		南通市公司
39	辽宁省	沈阳市公司	83		连云港市公司
40		鞍山市公司	84		淮安市公司
41		抚顺市公司	85		盐城市公司
42		本溪市公司	86		扬州市公司
43		丹东市公司	87		镇江市公司
44		锦州市公司	88		泰州市公司

（续表）

序号	省份名称	地市级公司	序号	省份名称	地市级公司
89	江苏省	宿迁市公司	134	江西省	吉安市公司
90	浙江省	杭州市公司	135		宜春市公司
91		宁波市公司	136		抚州市公司
92		温州市公司	137		上饶市公司
93		嘉兴市公司	138		南昌铁路卷烟经营部
94		湖州市公司	139	山东省	济南市公司
95		绍兴市公司	140		青岛市公司
96		金华市公司	141		淄博市公司
97		衢州市公司	142		枣庄市公司
98		舟山市公司	143		东营市公司
99		台州市公司	144		烟台市公司
100		丽水市公司	145		潍坊市公司
101	安徽省	合肥市公司	146		济宁市公司
102		芜湖市公司	147		泰安市公司
103		蚌埠市公司	148		威海市公司
104		淮南市公司	149		日照市公司
105		马鞍山市公司	150		莱芜市公司
106		淮北市公司	151		临沂市公司
107		铜陵市公司	152		德州市公司
108		安庆市公司	153		聊城市公司
109		黄山市公司	154		滨州市公司
110		滁州市公司	155		菏泽市公司
111		阜阳市公司	156	河南省	郑州市公司
112		宿州市公司	157		开封市公司
113		六安市公司	158		洛阳市公司
114		亳州市公司	159		平顶山市公司
115		池州市公司	160		安阳市公司
116		宣城市公司	161		鹤壁市公司
117			162		新乡市公司
118	福建省	福州市公司	163		焦作市公司
119		厦门市公司	164		济源市公司
120		莆田市公司	165		濮阳市公司
121		三明市公司	166		许昌市公司
122		泉州市公司	167		漯河市公司
123		漳州市公司	168		三门峡市公司
124		南平市公司	169		南阳市公司
125		龙岩市公司	170		商丘市公司
126		宁德市公司	171		信阳市公司
127	江西省	南昌市公司	172		周口市公司
128		景德镇市公司	173		驻马店市公司
129		萍乡市公司	174	湖北省	武汉市公司
130		九江市公司	175		黄石市公司
131		新余市公司	176		十堰市公司
132		鹰潭市公司	177		宜昌市公司
133		赣州市公司	178		襄阳市公司

（续表）

序号	省份名称	地市级公司	序号	省份名称	地市级公司
179	湖北省	鄂州市公司	224	广东省	云浮市公司
180		荆门市公司	225	深圳市	深圳市公司
181		孝感市公司	226	广西区	南宁市公司
182		荆州市公司	227		柳州市公司
183		黄冈市公司	228		桂林市公司
184		咸宁市公司	229		梧州市公司
185		随州市公司	230		北海市公司
186		恩施市公司	231		防城港市公司
187		仙桃市公司	232		钦州市公司
188		潜江市公司	233		贵港市公司
189		天门市公司	234		玉林市公司
190		神农架林区公司	235		百色市公司
191	湖南省	长沙市公司	236		贺州市公司
192		株洲市公司	237		河池市公司
193		湘潭市公司	238		来宾市公司
194		衡阳市公司	239		崇左市公司
195		邵阳市公司	240	海南省	海口公司
196		岳阳市公司	241		三亚市公司
197		常德市公司	242		儋州市公司
198		张家界市公司	243		琼海市公司
199		益阳市公司	244		海南省卷烟销售公司
200		郴州市公司	245	重庆市	重庆市公司
201		永州市公司	246	四川省	成都市公司
202		怀化市公司	247		都江堰市公司
203		娄底市公司	248		自贡市公司
204		湘西自治州公司	249		攀枝花市公司
205	广东省	广州市公司	250		泸州市公司
206		韶关市公司	251		德阳市公司
207		珠海市公司	252		绵阳市公司
208		汕头市公司	253		广元市公司
209		佛山市公司	254		遂宁市公司
210		江门市公司	255		内江市公司
211		湛江市公司	256		乐山市公司
212		茂名市公司	257		南充市公司
213		肇庆市公司	258		眉山市公司
214		惠州市公司	259		宜宾市公司
215		梅州市公司	260		广安市公司
216		汕尾市公司	261		达州市公司
217		河源市公司	262		雅安市公司
218		阳江市公司	263		巴中市公司
219		清远市公司	264		资阳市公司
220		东莞市公司	265		阿坝市公司
221		中山市公司	266		甘孜市公司
222		潮州市公司	267		凉山州公司
223		揭阳市公司	268	贵州省	贵阳市公司

（续表）

序号	省份名称	地市级公司	序号	省份名称	地市级公司
269	贵州省	六盘水市公司	311	甘肃省	白银市公司
270		遵义市公司	312		天水市公司
271		安顺市公司	313		武威市公司
272		铜仁市公司	314		张掖市公司
273		黔西南市公司	315		平凉市公司
274		毕节市公司	316		酒泉市公司
275		黔东南市公司	317		敦煌市公司
276		黔南市公司	318		庆阳市公司
277	云南省	昆明市公司	319		定西市公司
278		曲靖市公司	320		陇南市公司
279		玉溪市公司	321		临夏市公司
280		保山市公司	322		甘南州公司
281		昭通市公司	323	青海省	西宁市公司
282		丽江市公司	324		海东市公司
283		楚雄州公司	325		海北州公司
284		红河州公司	326		黄南州公司
285		文山州公司	327		海南州公司
286		思茅地区公司	328		果洛州公司
287		西双版纳州公司	329		玉树州公司
288		大理州公司	330		海西市公司
289		德宏州公司	331		格尔木市公司
290		怒江州公司	332		青海省卷烟销售公司
291		迪庆州公司	333	宁夏区	银川市公司
292		临沧地区公司	334		石嘴山市公司
293	西藏区	拉萨市公司	335		吴忠市公司
294		昌都地区公司	336		中卫市公司
295		山南地区公司	337		固原市公司
296		日喀则地区公司	338	新疆区	乌鲁木齐市公司
297		林芝地区公司	339		克拉玛依市公司
298	陕西省	西安市公司	340		吐鲁番市公司
299		铜川市公司	341		哈密市公司
300		宝鸡市公司	342		昌吉州公司
301		咸阳市公司	343		博尔塔拉蒙州公司
302		杨凌市公司	344		巴音郭楞蒙州公司
303		渭南市公司	345		阿克苏地区公司
304		延安市公司	346		喀什地区公司
305		汉中市公司	347		和田地区公司
306		榆林市公司	348		伊犁州公司
307		安康市公司	349		塔城地区公司
308		商洛市公司	350		阿勒泰地区公司
309	甘肃省	兰州市公司	351		新疆兵团石河子有限公司
310		金昌市公司	352		新疆区销售处（公司）

（三）卷烟分类标准

卷烟类别	每标准条（200支）不含增值税调拨价格
一类卷烟	100元（含）以上
二类卷烟	70元（含）以上~低于100元
三类卷烟	30元（含）以上~低于70元
四类卷烟	16.5元（含）以上~低于30元
五类卷烟	低于16.5元

关于印发《安徽省烟草专卖局（公司）工程造价审计中介机构管理暂行办法》的通知

皖烟审〔2012〕310号

行业各直属单位：

为加强我省工程项目投资管理，规范与工程造价咨询中介机构的合作，推进工程造价管理的科学化与规范化，合理确定和有效控制项目投资规模和成本，提高项目投资效益，省局（公司）制定了《安徽省烟草专卖局（公司）工程造价审计中介机构管理暂行办法》，并经2012年9月24日省局（公司）局长、总经理办公会议审议通过。现将《安徽省烟草专卖局（公司）工程造价审计中介机构管理暂行办法》印发给你们，请认真组织学习，并遵照执行。

安徽省烟草专卖局

2012年9月25日

安徽省烟草专卖局（公司）工程造价审计中介机构管理暂行办法

第一章　总　则

第一条　为加强我省工程项目投资管理，规范与工程造价咨询中介机构的合作，推进工程造价管理的科学化与规范化，合理确定和有效控制项目投资规模和成本，提高项目投资效益，制定本办法。

第二条　本办法适用安徽省烟草专卖局（公司）各直属单位及本级（下简称建设单位）投资建设工程项目的工程造价咨询业务。

第三条　本办法所指的建设工程造价咨询业务范围如下：

（一）建设工程的概算、预算、工程量清单、控制价（标底）的编制、复核；

（二）建设工程的结算审核、复核；

（三）施工阶段全过程跟踪审计；

（四）其他。

第四条　安徽省烟草专卖局（公司）审计处负责全省工程造价咨询中介机构的管理工作。

第五条　工程造价咨询中介机构的确定，按照《工程建设项目管理审计办法》第十五条执行。工程造价中介机构选定后，由建设单位与其签订工程造价咨询委托合同，明确双方的权利和义务。

第二章　管理机制

第六条　安徽省烟草专卖局（公司）工程造价审计中介机构备选库（下简称备选库）通过公开报名、集体评选、现场考察程序确定，备选库数量原则为15家以内，具体数量视实际情况进行调整。

第七条　备选库实行动态调整制度，每两年调整一次，按建设单位对工程造价中介机构的服务评价得分进行排序（评价表见附表一），实行末位淘汰，每次按20%以内进行调整。

第八条　工程造价咨询中介机构的选用采取随机抽取制，由建设单位进行申报，审计处接申报后三个工作日内在相关部门的监督下，进行随机抽取。

第九条　工程造价咨询中介机构有下列情况不列入下一轮抽取：承接的业务未完成前或未按第十二条规定提供成果资料的（不包括跟踪审计）；跟踪审计业务自前次抽取之日起不满四个月的；跟踪审计期间不认真履行合同，被建设单位投诉的。

第十条　在同一个工程建设项目审计工作中，跟踪审计和结（决）算审计不得由同一家工程造价中介机构承担；工程造价咨询中介机构原则上不连续承担跟踪审计业务。

第三章　服务质量

第十一条　当建设单位资料准备齐全后，工程造价咨询中介机构需在规定的时间内完成，详细时间见下表，如遇特殊情况可另行商定。

单位：日历天

内容 \ 金额	500万以内	1000万以内	5000万以内	5000万以上
概算、预算、工程量清单、控制价（标底）的编制或复核	15	20	25	35
结算审核	25	30	60	90
结算复核	25	30	60	80

第十二条　造价咨询服务结束后，工程造价咨询中介机构向建设单位及审计处提交下列资料：造价咨询服务成果一份；对本项目的管理建议书一份。

第十三条　全过程跟踪审计服务质量要求

（一）按照合同约定认真履行职责；

（二）人员要满足工程专业需求；

（三）驻现场办公跟踪审计人员要满足建设单位要求；

（四）各项变更、签证要有跟踪审计人员签字，并对变更、签证价格进行询价认定；

（五）跟踪审计人员对现场所有造价资料进行收集归档；

（六）跟踪审计人员按相关要求及时向建设单位书面汇报投资控制情况及相关建议。

第十四条　省局（公司）将依据建设单位服务评价、投诉以及项目审结情况，每年抽取一定比例对工程造价咨询服务成果进行复核，复核结果与原审计结果误差±3%以上的，将追究原工程造价咨询服务机构相关责任。

第十五条　结算资料移交

（一）工程结算资料应由建设单位的基建部门报送，委托施工单位报送的结算资料工程造价中介机构不应签收，送审资料由建设单位审计派驻办会同工程造价咨询中介机构初审，资料齐全后形成签收表（详见附表三）。

（二）建设单位应加强对送审资料的管理，保证提供资料的完整、真实和合法。

（三）对于送审资料为复印件的，建设单位基建部门均应加盖公章，作为证明资料有效性的依据。

（四）加强竣工图的审查，用于结算的竣工图必须有施工单位竣工图专用章及其相关人员签字，有监理单位、设计单位和建设单位基建部门的审核人签字或单位盖章确认；若同一工程项目发包给不同的专业施工单位，基建部门应组织各方施工单位，明确其完成的工作范围，并形成会议纪要。

（五）凡是拆除工程中发生的材料或设备需要回收的，应签明回收单位，并有回收单位出具的回收证明，由基建部门会同施工单位鉴定、摊销、折价后形成会议纪要。

第四章　收费标准

第十六条　造价咨询服务收费实行最高限价，服务收费由建设单位与工程造价中介机构根据建设项目具体情况在限价范围内商定，详见附表二。本办法的最高限价依据《安徽省物价局关于重新制定工程造价咨询服务收费项目及标准的通知》（皖价服〔2007〕86号）制定。

第十七条　工程结算审减率超过10%的，其超出部分的咨询费用由施工单位承担，由建设单位代扣。

第十八条　行业各直属单位可以根据本办法制订本级备选库的实施办法。

第十九条　本办法自发布之日起执行，以往有关规定与本文相抵触的，以本文为准。

服务评价打分表

评价时间：　　　　　　　　　　中介机构名称：

序号	内容	分数	详细情况	评价标准及依据	得分
一、建设单位评价					
1	工作时限	10 分	工作时间（10 分）	按合同约定时间完成得满分，超期 30% 扣 1 分；超期 50% 扣 2 分；超期 100% 扣 4 分。非中介机构原因造成的时间延误需由建设单位出具证明	
2	服务过程质量	40 分	服务态度（10 分）	服务积极，主动联系得满分。服务态度不积极的扣 2 分，不服从管理扣 3 分，最多扣 3 分	
			服务人员（10 分）	按照合同约定配备合格的工程造价咨询人员，能够满足专业需要，具有良好的执业道德，认真负责的得满分。违背上述要求的扣 1–3 分	
			现场勘探（5 分）	现场勘察应全面深入，满分 5 分	
			合理化建议（15 分）	有合理化建议得基本分 10 分，建议具有针对性，切实可行对项目具有意义加 3 分；建议做法能够节约建设投资，效果显著加 2–5 分，最多加 5 分	

（续表）

序号	内容	分数	详细情况		评价标准及依据	得分	
3	服务成果质量	50 分	总体质量（15 分）		服务成果应满足合同要求的质量，工程量验算准确，无法达到合同要求或工程量验算不准确的扣 2–5 分		
			重大问题（10 分）		重大问题应及时通报协商，如未及时通报造成不利影响的扣 1–3 分		
			沟通质量（10 分）		与建设方、施工方及相关责任方的沟通协调及时有效，因沟通问题造成不利影响的扣 1–2 分		
			其他（15 分）	概预算、清单编制（15 分）	概预算、清单的描述不清楚、存在漏项造成纠纷的扣 1–3 分		承担项的平均分：
				跟踪审计（15 分）	跟踪服务过程中的签证、变更无价格认定，每份扣 1 分，最多扣 3 分		
				决算审计（15 分）	决算审计审减率超过 5% 加 1 分，10% 以上加 2 分，15% 以上加 3 分		
二、省局（公司）评价							
4	否决项	扣分项		审计复核，超过 3%	一票否决		
5	投诉项			被投诉情况	收到地市公司相关部门投诉，一次扣 3 分，纪检或社会等投诉并被证实，一次扣 5 分		
总计得分							

建设单位（签章）：

安徽省烟草专卖局(公司)工程造价审计中介机构服务收费标准

费率： ‰

<table>
<tr><th rowspan="2">序号</th><th colspan="2" rowspan="2">咨询项目</th><th rowspan="2">收费基础</th><th colspan="2" rowspan="2">工程类型</th><th colspan="6">单位工程金额(万元)
标准收费</th><th rowspan="2">指导收费(最高限价)
(异地指非中介机构所在市)</th><th rowspan="2">复核指导收费标准
(最高限价)</th></tr>
<tr><th>500以内</th><th>1000以内</th><th>2000以内</th><th>5000以内</th><th>10000以内</th><th>10000以上</th></tr>
<tr><td>一</td><td colspan="2">可行性项目投资估算</td><td>估算价</td><td colspan="2"></td><td>1.7</td><td>1.5</td><td>1.3</td><td>1.1</td><td>0.9</td><td>0.7</td><td rowspan="3">按标准收费8折计取,异地不打折</td><td rowspan="17">概算、预算、标底、清单、控制价的复核收费按各项指导收费的90%收取;结算复核自行商定。</td></tr>
<tr><td>二</td><td colspan="2">项目经济评价</td><td>评估价</td><td colspan="2"></td><td>1.8</td><td>1.6</td><td>1.4</td><td>1.2</td><td>1</td><td>0.8</td></tr>
<tr><td>三</td><td colspan="2">工程项目设计概算</td><td>概算价</td><td colspan="2"></td><td>2</td><td>1.8</td><td>1.6</td><td>1.4</td><td>1.2</td><td>1</td></tr>
<tr><td rowspan="2">四</td><td rowspan="5">定额计价</td><td rowspan="2">工程预算、结算、标底编制</td><td rowspan="2">工程造价</td><td colspan="2">建筑工程</td><td>3.2</td><td>2.8</td><td>2.5</td><td>2.3</td><td>2.1</td><td>1.9</td><td rowspan="2">按标准收费9折计取;异地不打折</td></tr>
<tr><td colspan="2">安装工程</td><td>3.3</td><td>3.0</td><td>2.6</td><td>2.4</td><td>2.2</td><td>2.0</td></tr>
<tr><td rowspan="3">五</td><td rowspan="3">工程结算审核</td><td rowspan="3">工程造价</td><td rowspan="2">(1)基本收费</td><td>建筑工程</td><td>2.1</td><td>1.6</td><td>1.4</td><td>1.2</td><td>1.0</td><td>0.9</td><td rowspan="3">分本地和异地:如是本地城市,按基本收费9折+审减额8折;如是本地乡镇按基本收费9折+审减额9折。如是异地,基本收费不打折+审减额不打折</td></tr>
<tr><td>安装工程</td><td>2.3</td><td>1.8</td><td>1.6</td><td>1.4</td><td>1.2</td><td>1.0</td></tr>
<tr><td colspan="2">(2)审核增减额</td><td colspan="6">5%</td></tr>
<tr><td rowspan="9">六</td><td rowspan="9">清单计价</td><td rowspan="2">工程量清单编制</td><td rowspan="2">中标价</td><td colspan="2">建筑工程</td><td>3.8</td><td>3.4</td><td>3.0</td><td>2.8</td><td>2.5</td><td>2.3</td><td rowspan="6">按标准收费8折计取;异地8.5折计取</td></tr>
<tr><td colspan="2">安装工程</td><td>4.0</td><td>3.6</td><td>3.1</td><td>2.9</td><td>2.6</td><td>2.4</td></tr>
<tr><td rowspan="2">控制价
(标底价)</td><td rowspan="2">中标价</td><td colspan="2">建筑工程</td><td>1.6</td><td>1.4</td><td>1.3</td><td>1.2</td><td>1.1</td><td>1.0</td></tr>
<tr><td colspan="2">安装工程</td><td>1.7</td><td>1.6</td><td>1.4</td><td>1.3</td><td>1.2</td><td>1.1</td></tr>
<tr><td rowspan="2">工程结算编制</td><td rowspan="2">工程造价</td><td colspan="2">建筑工程</td><td>2.1</td><td>1.6</td><td>1.4</td><td>1.2</td><td>1.0</td><td>0.9</td></tr>
<tr><td colspan="2">安装工程</td><td>2.3</td><td>1.8</td><td>1.6</td><td>1.4</td><td>1.2</td><td>1.0</td></tr>
<tr><td rowspan="3">工程结算审核</td><td rowspan="3">送审工程造价</td><td rowspan="2">(1)基本收费</td><td>建筑工程</td><td>2.7</td><td>2.4</td><td>2.1</td><td>1.9</td><td>1.8</td><td>1.6</td><td rowspan="3">分本地和异地:如是本地城市,按基本收费9折+审减额8折;如是本地乡镇按基本收费9折+审减额9折。如是异地,基本收费不打折+审减额不打折</td></tr>
<tr><td>安装工程</td><td>2.8</td><td>2.6</td><td>2.3</td><td>2.1</td><td>1.9</td><td>1.8</td></tr>
<tr><td colspan="2">(2)审核增减额</td><td colspan="6">5%</td></tr>
</table>

（续表）

序号	咨询项目	收费基础	工程类型	单位工程金额（万元）标准收费						指导收费（最高限价）（异地指非中介机构所在市）	复核指导收费标准（最高限价）
				500以内	1000以内	2000以内	5000以内	10000以内	10000以上		
七	施工阶段　全过程工程造价控制	工程造价	建筑工程	10	9	8	7	6	5	不含结算的跟综审计分本地和异地：如是本地城市，按标准收费8折计取；如是本地乡镇，按标准收费9折计取；如是异地，按标准收费计取。含结算的跟踪审计，自行商定。	概算、预算、标底、清单、控制价的复核收费按各项指导收费的90%收取；结算复核自行商定。
			安装工程	11	10	8	9	8	6		
八	钢筋及预埋件计算	实际吨数		10元/吨						按标准收费8折计取	

注：1. 表中“工程预算、结算、标底审核”和“工程量清单结算审核”项目的计费方式为(1)+(2)。其中审增额向施工单位收取咨询费，审减额向建设单位收取咨询费。凡工程审减率超过10%的，其超过部分咨询费用由施工单位承担，无审核增减额的，按基本收费收取。咨询服务费一律由委托单位支付。

2. 计费基数以单位工程金额计算；合同包干价加签证项目，包干价部分应计入计费基数。

3. 安装工程主材按规定都应列入造价，标底要求不列的，可以扣除但不得减少编制费用。

4. 本收费标准中的“建筑工程”适用建筑工程及配套的装饰工程、安装工程；市政工程等。“安装工程”适用单独安装工程、装饰工程（含二次装饰装修）；房屋修缮；园林绿化及仿古建筑工程等。

建设项目送审计资料清单及签收表

<table>
<tr><th>编号</th><th>名　称</th><th>份数</th><th>内容</th><th>备注</th></tr>
<tr><td>1</td><td>工程结算书及电子盘</td><td></td><td></td><td></td></tr>
<tr><td>2</td><td>工程量计算书或电子稿</td><td></td><td></td><td></td></tr>
<tr><td>3</td><td>钢筋抽料表或电子稿</td><td></td><td></td><td></td></tr>
<tr><td>4</td><td>施工合同，补充合同或施工协议书</td><td></td><td></td><td></td></tr>
<tr><td>5</td><td>工程竣工图</td><td></td><td></td><td></td></tr>
<tr><td>6</td><td>工程竣工资料</td><td></td><td></td><td></td></tr>
<tr><td>7</td><td>图纸会审纪录；</td><td></td><td></td><td></td></tr>
<tr><td>8</td><td>设计变更单</td><td></td><td></td><td></td></tr>
<tr><td>9</td><td>工程洽商记录</td><td></td><td></td><td></td></tr>
<tr><td>10</td><td>监理工程师通知或发包人施工指令</td><td></td><td></td><td></td></tr>
<tr><td>11</td><td>会议纪要</td><td></td><td></td><td></td></tr>
<tr><td>12</td><td>现场签证单</td><td></td><td></td><td></td></tr>
<tr><td>13</td><td>材料设备单价呈批审核单</td><td></td><td></td><td></td></tr>
<tr><td>14</td><td>甲供材料、设备收货验收签收单</td><td></td><td></td><td></td></tr>
<tr><td>15</td><td>施工单位投标书（包括相关电子盘）</td><td></td><td></td><td></td></tr>
<tr><td>16</td><td>招标文件（含工程量清单）、招标答疑纪要</td><td></td><td></td><td></td></tr>
<tr><td>17</td><td>开工报告、竣工报告及工期延期联系单</td><td></td><td></td><td></td></tr>
<tr><td>18</td><td>其他有关影响工程造价、工期等资料</td><td></td><td></td><td></td></tr>
<tr><td></td><td></td><td></td><td></td><td></td></tr>
<tr><td colspan="5">送交人：　　　　送交单位：（施工单位盖章）
送交人对上述资料的真实性、完整性负责。保证竣工结算资料一次性送至，审计中介机构在结算审计过程中不再接受任何经济性资料。
送交日期：　　年　月　日</td></tr>
<tr><td colspan="2">初核意见：

基建部门（签章）

日期：</td><td colspan="2">复核意见：

审计派驻办（签章）

日期：</td><td>接收意见：

审计中介机构（签章）

日期：</td></tr>
</table>

关于印发《安徽省烟草专卖局（公司）工程建设项目审计管理办法》的通知

皖烟审〔2012〕311号

行业各直属单位：

为进一步加强和规范工程建设项目审计管理，充分履行对工程建设项目的审计职能，省局（公司）修订了《安徽省烟草专卖局（公司）工程建设项目审计管理办法》，并经2012年9月24日省局（公司）局长、总经理办公会议审议通过。现将修订后的《安徽省烟草专卖局（公司）工程建设项目审计管理办法》印发给你们，请认真组织学习，并遵照执行。

安徽省烟草专卖局

2012年9月25日

安徽省烟草专卖局（公司）工程建设项目审计管理办法

第一章　总　则

第一条　为充分履行对工程建设项目的审计职能，根据《烟草行业内部审计工作暂行规定》（中烟审［2009］401号），结合我省实际，制订本办法。

第二条　本办法适用于省局（公司）机关、各直属单位及其投资控股企业。

第三条　工程建设项目审计依据国家相关财经法律法规《烟草行业工程建设项目审计管理办法》（国烟审［2009］485号）《安徽省烟草专卖局（公司）基本建设项目实施管理办法》、《安徽省烟草专卖局（公司）招标投标实施办法》等相关规定。

第四条　工程建设项目审计由各级审计部门负责。必要时可会同相关部门或聘请有资质的工程造价咨询机构实施。

省局（公司）审计处负责全省工程建设项目的审计工作，并监督、指导各直属单位开展工作。

第二章　职责及权限

第五条　各级审计部门在工程建设项目管理中的主要职责为：

（一）参与工程建设项目的全过程审计监督；

（二）组织实施并监管工程造价咨询机构的执业情况；

（三）根据需要开展工程建设项目管理审计。

第六条　投资总额在1亿元以上（不含烟草专卖设备）的工程建设项目（含新建项目、恢复项目、改扩建项目和修缮项目等）以及国家局、总公司机关投资项目审计由国家局审计部门组织实施；300万元以上1亿元以下的工程建设项目审计（不含跟踪审计）由省局（公司）审计处负责组织实施；300万元以下的工程建设项目审计由直属单位审计部门组织实施并及时向省局（公司）审计处备案。

总投资在1000万元以上的项目，必须实施跟踪审计，工程造价中介机构由省局（公司）确定；总投资在300万元以上1000万元以下建设项目的跟踪审计，由直属单位实施报省局（公司）备案；总投资在300万元以下的项目是否实施跟踪审计由建设单位自行确定。

第七条　建设工程造价咨询业务范围包括：建设工程的概算、预算、工程量清单、控制价（标底）的编制与复核；建设工程的结算审核与复核；施工阶段全过程跟踪审计；其他。

第八条　建设单位内部审计部门组织实施日常的审计监管工作。建设工程造价咨询业务按第六条规定执行。禁止未按第六条规定自行对外委托开展工程建设项目审计。

第九条　在确定工程造价咨询机构从事项目竣工结（决）算审计后，应要求其在约定时间内出具竣工结（决）算报告。竣工结算报告是建设单位结算工程款的合法文件，竣工决算报告是建设单位进行会计核算的重要依据。

第十条　对于已批准的工程建设项目，建设单位工程建设项目管理部门根据有关规定，及时提出工程建设项目审计的申请，按照分级管理的规定及时确定工程造价咨询机构，实施该项目的审计工作。

基本建设项目的结（决）算送审，应按照《投资项目申请报告》、《直属单位批复项目备案表》和《批复项目初步设计审查申报表》中所列的报建项目实施范围，将所有涵盖的工程建设项目资料归集完毕，集中办理结（决）算。禁止人为拆分工程建设项目，化整为零。

第十一条　建设单位接到审计通知后，要按照审计要求，积极配合工作并对所提供资料的真实性、完整性负责。不得以任何理由拒绝提供资料，限制审计范围。

第三章　委托审计监管

第十二条　各级内部审计部门在审计力量不足、不具备相关专业知识的情况下，可以委托工程造价咨询机构开展工程建设项目审计。内部审计部门在委托工程造价咨询机构进行审计时要指定专门人员进行跟踪管理，对工程造价咨询机构审计程序的合规性、公允性、造价的合理性进行监督，确保审计结果的客观、公正。

第十三条　内部审计部门对工程造价咨询机构的监管主要包括：

（一）资质审查。省局（公司）和直属单位要对参与全省系统工程建设项目审计的工程造价咨询机构实行资质审查，建立省、市两级工程造价咨询机构备选库。资质审查由各级审计部门牵头，相关部门参与。只有通过资质审查进入备选库的工程造价咨询机构，才有资格参加全省系统基本建设项目审计工作。

未完成前一个基本建设项目审计的工程造价咨询机构，不得参与下一个基本建设项目审计工作，但全过程跟踪审计时间超过 4 个月的除外。

（二）审计分工。在同一个工程建设项目审计工作中，跟踪审计和结（决）算审计不得由同一家工程造价中介机构承担。

（三）审后评价和抽查。省局（公司）制定全省系统工程建设项目审计评价制度，由直属单位审计部门协同相关部门组织实施。项目审计结束后，按项目对工程造价咨询机构进行客观公正评价，并将评价结果报送省局（公司）审计处。省局（公司）将根据评价结果，对已完工的工程建设项目审计结果实行抽查，监督工程造价咨询机构执业情况，确保工程建设项目审计质量。评价结果及抽查结果将作为工程造价咨询机构资质审查的主要依据。

第十四条　确定工程造价咨询机构后，建设单位应与其签订委托审计合同，并在合同中约定其应诚信、客观、公正地开展审计工作，负责协调施工方、建设方、监理方以及跟踪审计方涉及的项目结（决）算审计事宜。

与工程造价咨询机构签订委托或授权的审计业务合同，应采用国家规范的文本格式，并遵照相关合同管理规定执行。

第十五条　对总投资在 300 万元以上 1 亿元以下的工程建设项目的非跟踪审计业务（不含征地费，下同），1000 万元以上 1 亿元以下的工程建设项目的跟踪审计业务，通过随机方式从备选库中选取 1 家符合资质的工程造价咨询机构，负责该项目的审计工作；特殊情况下，由建设单位提出申请，经省局（公司）授权批准，建设单位可以从本单位备选库中选择工程造价咨询机构，负责该项目的审计工作，审计结果报省局（公司）备案。

对总投资在 300 万元以下项目的非跟踪审计业务，1000 万元以下项目的跟踪审计业务（包括维修等零星工程），由直属单位审计部门负责组织实施。

第十六条　企业可根据实际情况，在开展结（决）算审计前，由工程造价咨询机构提前介入协助建设单位，开展工程建设项目日常监管工作。

第十七条　建设单位在支付工程款已达合同价的 80% 时必须停止付款，待单项（位）工程竣工结算审计后再支付余款；合同必须约定暂扣不低于竣工结算价 5% 的质量保证金。

第十八条　审计费用结算项目及标准另行制定。审计费用由建设单位承担，但审减率超过 10% 的，其超过部分的审计费用由施工单位承担，合同约定的审计费率适用于建设方和施工方。

第四章　管理审计

第十九条　内部审计部门可根据企业内部管理需要，对工程建设项目开展管理审计。工程建设项目管理审计涵盖批准后的项目规划、设计、施工、竣工验收各阶段，以相关内控制度的评审及工程建设项目资金的真实性、合法性和效益性为审计重点。

第二十条　工程建设项目管理审计的内容包括：工程建设项目管理内控制度审计，工程建设项目立项审计，勘察、规划设计管理审计，施工前的准备工作审计，招投标审计，基建合同管理审计，工程建设项目设备、材料和物资采购审计，工程施工管理审计，竣工验收审计，工程建设项目决算审计，工程建设项目财务管理审计，工程建设项目档案管理审计。

第二十一条　工程建设项目管理内控制度审计

审查企业工程建设项目管理内部控制制度建立执行情况。重点审查：

（一）是否按照省局（公司）有关投资审批、建设项目实施管理等规定的要求，建立并实施项目申报制、预算批准制、重大项目专家论证制、项目法人责任制、招标投标制、项目监理制、项目审计制及合同管理等规定；

（二）是否按省局（公司）建设项目实施管理相关规定的要求，成立工程建设项目领导小组，领导小组是否下设项目实施管理机构和独立的项目实施监督机构，是否明确机构职能及人员的主要职责，派驻工地代表是否具备相应的专业知识，领导小组是否建立例会制度决策项目建设中的重大事宜。

第二十二条　工程建设项目立项审计

（一）是否按照省局（公司）有关投资审批等规定中立项审批权限进行立项报批，达到备案要求的是否进行备案（核查项目备案表），核查省局（公司）批复情况，工程建设项目规模及主要建设内容是否符合批复文件要求；

（二）是否根据项目施工进度编制年度资金预算，并报省局（公司）预算委员会批准；

（三）是否存在项目批准文件下发两年内未实施的项目、是否存在超出批准范围建设项目、擅自改变项目用途、扩大建设规模、将项目化整为零，或未经批准开工建设的现象。

第二十三条　勘察、规划设计管理审计

（一）新征土地建设项目是否事先做好总体规划设计，是否经省局（公司）批准后进行项目设计，项目设计是否分初步设计和施工图设计；

（二）建设单位有无擅自扩大建设规模，提高建设标准的情况，项目设计概预算是否控制在项目批准的投资内；

（三）建设单位在自主选择工程设计单位时，达到招标要求的是否通过招标方式确定，设计单位资质是否符合工程等级的要求；

（四）设计单位有无在图纸中指定建筑材料或设备的生产厂、供应商的情况；

（五）项目设计变更的内容是否经过批准并符合实际要求，设计内容是否经过建设单位、施工单位、设计单位、监理单位的签字确认；

（六）工程建设项目是否有委托勘察，是否有勘察报告，是否签订合同，达到招标要求的是否通过招标方式选定。

第二十四条　施工前的准备工作审计

（一）建设单位是否落实“三通一平”基本开工条件；

（二）建设单位是否按照国家、地方政府和行业招标管理规定组织实施招标选择施工单位；施工单位选定后，是否及时向当地政府的有关主管部门办理新开工项目报建手续，领取施工许可证；

（三）是否按工程项目等级选定相应资质等级的建设监理单位，达到招标要求的是否通过招标方式选定；

（四）是否备齐工程项目各种施工图，经技术人员审查后，再向组织施工、设计、监理等有关单位进行施工图的技术交底工作。

第二十五条 招投标审计

（一）检查是否建立、健全工程建设项目招投标的内部控制制度，制度执行是否有效，是否成立相应的组织机构独立进行招投标活动；

（二）检查招投标的程序和方式是否符合有关法规和行业制度，是否符合省局（公司）招标投标实施办法规定；

（三）是否按省局（公司）招标投标实施办法规定的工程建设项目招标规模标准进行招标。未达到招标规模标准的项目是否按省局（公司）招投标实施办法规定的其他形式进行采购，有无将进行招标的项目化整为零或者以其他任何方式规避招标；

（四）招标项目是否在资本性支出预算范围内，是否在省局（公司）批复后进行招标；

（五）建设单位在自主选择招标代理机构时，招标代理机构的资质、信誉、人员素质及服务质量是否符合要求；

（六）采用公开招标方式的，是否按规定在指定媒体上公开发布招标公告；采用邀请招投标方式时，是否同时向三个及以上具备承担投标项目能力、资信良好的特定法人或其他组织发出投标邀请书，投标人少于三家的，是否依法重新招标；

（七）招标结束后，是否按省局（公司）招标投标实施办法要求进行档案管理。

第二十六条 建设项目合同管理审计

（一）建设项目合同管理制度审计：

1. 建设单位是否建立了合同管理制度，制度执行是否有效；

2. 建设单位是否指定专门的合同管理机构，是否设置专职或兼职合同管理人员。

（二）建设项目合同签订审计：

1. 合同洽谈前，责任部门是否对合同签订单位的综合情况进行了解，是否召集有关部门认真组织合同洽谈的事宜，初步制定出合同签订的原则和方案；

2. 合同签订前，责任部门是否验证合同签订单位的有效营业执照、资质证书、资信情况，是否验明合同当事人是否具有签订合同的主体资格及相关事宜，对涉及标的担保、预付款、各类保证金等金额较大的项目是否有公司财务、监察、审计部门进行审核；

3. 合同主要条款商定后，是否使用示范文本签订合同，没有合同示范文本的，是否由公司责任部门负责起草文本；

4. 合同在报公司法定代表人之前，是否经公司法规部门和法律顾问审查；

5. 合同是否经法定代表人或授权委托人签订，是否存在无法人授权委托签订合同情况；

6. 合同签订有无违背招标文件和中标人投标文件的实质性内容，是否另行签订背离合同实质性内容的其他协议和条款；

7. 签订合同是否使用合同专用章，合同专用章是否由合同管理人员专人保管，责任部门在与外单位签订合同时，是否填写《合同审查审批表》，在相关人员签字后，合同管理人员方可盖章，是否存在私自使用合同专用章的现象；

8. 是否存在建设项目及附属工程未签订合同或补签合同情况。

（三）建设项目合同变更审计。检查合同变更程序是否规范、相关手续是否完备，执行是否有效：

1. 需变更或解除合同时责任部门是否查明原因，提出意见，合同是否经法定代表人核准，法规部门、法律顾问审查，并依法签订合同变更或依法解除合同的书面协议。合同变更对成本、工期及其他合同条款的影响的处理是否合理；

2. 检查合同变更后的文件处理工作，有无影响合同继续生效的漏洞。

（四）建设项目合同履行审计。检查合同履行中的差异及产生差异的原因，涉及违约的，责任部门是否及时查清原因，按规定向对方提出索赔要求，处理结果是否符合有关规定。

（五）解除、终止合同审计。合同需要解除、终止，责任部门是否做好解除、终止记录，收集履行过程中与合同相关的文件，办理合同解除手续。

（六）建设项目合同档案管理。检查合同资料的归档和保管，合同签订、履行分析、跟踪监督以及合同变更、索赔等一系列资料的收集和保管是否完整，责任部门在合同履行后是否将有关资料及时移交归档，是否按规定做好合同档案管理。

第二十七条　工程项目设备、材料和物资采购审计

（一）是否按照烟草专卖局（公司）招标投标实施办法等相关文件规定，采购工程项目设备、材料和物资，程序是否规范，是否建立主要设备、材料和物资采购、验收、入库、领用、保管相关内部控制制度，内控制度是否健全有效；

（二）是否编制工程项目设备、材料和物资采购计划；

（三）购进设备、材料和物资是否按合同签订的质量进行验收入库，检查验收记录的真实性、完整性和有效性；进入施工现场的主要设备和建筑材料是否具备有效资质证书、产品出厂检验合格证明，对水泥、钢材、防水材料、砖等主要材料是否有测试记录。

第二十八条　工程建设项目施工管理审计

（一）是否建立工程施工现场管理规章制度，明确建设、设计、监理、施工、审计等单位的职责，是否有效执行；

（二）是否根据监理合同和监理大纲要求加强对监理单位的监督、管理，是否制定对监理单位的奖惩考核办法，保证监理单位在施工活动中对工程质量、进度、投资进行有效控制。

（三）工程进度控制审计：

1. 检查施工许可证、建设及临时占用许可证的办理是否及时，是否影响工程按时开工；

2. 检查是否存在因设计变更等因素影响施工进度情况；

3. 检查施工进度延迟存在的原因，是否有施工进度控制措施。

（四）工程施工质量控制审计：

1. 检查是否建立监理例会制度，建设单位是否有专人负责工程质量管理；

2. 检查是否建立现场签证和隐蔽工程管理制度，执行是否有效，涉及工程变更、隐蔽工程、部分分项工程的阶段验收及设备系统调试时，建设单位是否有两人以上进行签字确认，对不合格项的处理是否及时、恰当。

（五）工程施工变更审计：

1. 查看工程变更签证单，变更的事项是否符合工程建设项目规定程序办理，变更签证手续是否完备；

2. 是否严格控制施工工程变更。预算投资达到项目总投资 5% 以上的变更，变更方案是否是报省局（公司）项目主管部门审查通过后实施。

第二十九条　竣工验收审计

（一）是否遵循“谁审批，谁负责”的原则组织建设工程项目竣工验收；

（二）工程竣工验收的条件、程序及验收形式是否符合《烟草行业固定资产投资项目竣工验收管理办法》的规定；

（三）需要成立竣工验收委员会的，委员会成员是否符合相关规定；

（四）是否存在未经竣工验收或竣工验收不合格的建设项目（包括改建、扩建及技术改造项目）交付使用情况。

第三十条　工程建设项目结（决）算审计

（一）对投资超过 300 万的项目是否上报省局（公司）确定结（决）算审计单位，相关结（决）算审计资料是否齐全；

（二）是否建立 300 万以下项目（包括维修等零星工程）相关结（决）算审计的内部控制制度，是否有效执行；

（三）单项（位）工程竣工结算重点审核以下内容：工程量计算是否符合规定的计算规则、是否准确；工程取费是否执行相应计算基数和费率标准；设备、材料用量是否与定额含量或设计含量一致；设备、材料是否明显高于市场价格；利润和税金的计算基数、利润率、税率是否符合规定；

（四）建设项目竣工决算包括从筹划到竣工投产（使用）全过程的费用，包括建筑工程费用、安装工程费用、设备工器具购置费用、工程建设其他费用以及预备费等。必须在所有工程以及前期的设计费、监理费等费用审计结束以后才能进行竣工决算审计。

第三十一条　工程建设项目财务管理审计

（一）审查有无工程建设项目资金支付相关制度及管理办法，是否指定专人负责工程建设项目财务工作，对工程建设项目中的材料、设备采购、存货、各项财产物资是否及时做好原始记录，及时掌握工程进度，定期进行财产物资清查；

（二）建设单位是否根据项目进度安排，详细、准确编制项目年度资金预算，并及时上报审批，是否存在随意扩大或缩小预算及预算外实施项目的现象；

（三）检查是否建立了工程建设项目共管账户，是否签订了共管账户协议，抽查共管账户的资金流向手续是否齐全，是否符合规定；

（四）工程建设项目资金支付是否符合合同约定，建设项目总体支付进度是否符合省局（公司）基本建设项目实施管理办法的规定。

（五）审查“在建工程”科目核算情况：

1. “在建工程”科目核算的范围是否真实、完整、准确，是否存在将工程外项目入账情况；

2. “在建工程”科目是否分项目进行明细核算。

（六）审查“工程物资”科目核算情况：

1. “工程物资”科目核算是否真实、完整、准确，是否存在工程外物资核算入账等现象；

2. 工程完工后，剩余工程物资处置是否恰当，对盘盈、盘亏、报废毁损工程物资是否做出恰当的账务处理。

（七）工程完工后是否及时按规定将“在建工程”转入“固定资产”核算。

第三十二条　工程建设项目档案管理审计

（一）审查是否建立工程建设项目档案管理相关内部控制制度，制度执行是否有效；

（二）工程建设项目相关档案是否指定专人负责收集、整理、保管，项目报建的批件、施工图、各类合同、施工过程中的会议纪要、施工洽商、变更签证、材料验收单等文件资料，是否按要求及时整理归档。

第三十三条　开展工程建设项目管理审计应出具管理审计报告，管理审计报告内容包括：

1. 工程建设项目管理审计的目的；

2. 工程建设项目管理审计的总体情况，包括工程开工前审计、施工过程中审计及工程结束审计情况；

3. 审计中发现的主要问题；

4. 对审计发现问题的整改意见和建议；

5. 其他。

审计报告后面可以附上被审计单位（部门）的反馈意见。

第三十四条　审计部门可根据单位实际情况，按照工程建设项目实施进度进行分阶段审计，具体可分为开工前审计、施工过程审计和工程结束审计。

第三十五条　审计人员在审计结束后30日内将分阶段出具的管理审计建议书，或汇总出具的审计报告报送被审计单位，同时抄报省局（公司）审计处。

第五章　附　则

第三十六条　本办法由省局（公司）负责解释。

第三十七条　本办法自印发之日起施行。原《安徽省烟草专卖局（公司）工程建设项目审计管理办法》（皖烟审〔2010〕334号）同时废止。

安徽省烟草专卖局（公司）关于印发工程投资、物资采购、宣传促销管理委员会议事规则的通知

皖烟计〔2012〕320 号

行业各直属单位、省局（公司）机关各部门：

为加强工程投资、物资采购、宣传促销的管理工作，省局（公司）制定了《工程投资、物资采购、宣传促销管理委员会议事规则》，经局长（总经理）办公会审议通过，现印发给你们，请各直属单位根据本规则制定本单位的工程投资、物资采购、宣传促销管理委员会议事规则。

安徽省烟草专卖局

2012 年 10 月 10 日

安徽省烟草专卖局（公司）工程投资、物资采购、宣传促销管理委员会议事规则

第一章 总 则

第一条 为加强工程投资、物资采购、宣传促销的管理工作，特制定本议事规则。

第二条 工程投资、物资采购、宣传促销管理委员会（以下简称“管理委员会”）议事应坚持民主集中、依法依规、科学高效的原则，完善专家咨询和集体决策相结合的决策机制，保证决策的民主性、合法性、科学性。

第三条 管理委员会在专家咨询基础上，主要采取会议方式集体决策工程投资、物资采购、宣传促销工作事项。

第二章 会议形式及议事内容

第四条 管理委员会会议形式根据决策事项不同，分为全体委员会议、主任委员会议和委员会办公室会议三种形式。

（一）全体委员会议

1. 议事内容：

（1）审定全省系统上报国家局的年度投资项目计划。

（2）审定全省系统固定资产年度投资项目计划。

（3）审定全省系统多元化投资项目规划。

（4）审定全省系统非项目类资本性支出年度预算。

（5）审定物资采购、宣传促销项目年度计划。

（6）审定全省系统固定资产投资、物资采购、宣传促销项目年度计划及非项目类资本性支出预算的年中调整方案。

2. 参加会议人员：管理委员会主任、副主任、委员，委员会办公室全体成员。

（二）主任委员会议

1. 议事内容：

（1）审查上报国家局（总公司）审批的投资项目申请报告。

（2）审查上报国家局（总公司）批准的投资总额超过15%或基建工程项目总建筑面积超过5%的项目。

（3）审批省局（公司）审批权限内的投资项目。

（4）审批省局（公司）批准投资项目的重大变更申请。

（5）审批省局（公司）本级的物资采购、宣传促销项目和采购方式。

2. 主任委员会议参加会议人员：管理委员会主任、副主任，办公室主任、常务副主任。

（三）管理委员会办公室会议

1. 议事内容：

（1）初审、编制全省系统固定资产及多元化投资规划。

（2）收集、整理、初审、编制直属单位和省局（公司）机关年度工程投资、物资采购、宣传促销项目计划、非项目类资本性支出预算及计划和预算的年中调整方案。

（3）收集、整理、初审直属单位和省局（公司）机关上报的投资项目的申请报告以及投资项目的重大变更申请。

（4）制定本系统工程投资、物资采购和宣传促销相关管理制度。

（5）负责全省系统批准项目的招标代理机构及供应商管理。

（6）负责由直属单位自行审批项目的备案管理。

（7）研究拟定省局（公司）机关经批准项目的采购方式，对采取竞争性谈判、比价询价的采购项目，组建谈判小组和询价小组，审议询价文件和竞争性谈判文件。

2. 参加会议人员：办公室主任、常务副主任、全体成员。

第三章　议事程序

第五条　全体委员会议议事程序

全体委员会议每年召开二至三次例会，原则上安排在年初、年中和年末。

（一）确定议题。议题为第四条规定的议事内容范围内事项。

（二）会议通知。会议由管理委员会主任召集，召开会议前，由管理委员会办公室提前二个工作日以上发出通知，告知会议召开的时间、地点、主要议题，并提供相关审议材料。参加会议的人员不少于应参加会议人数的五分之四以上。

（三）会议准备。根据会议议题，管理委员会办公室负责做好会议议案的准备。

（四）会议讨论。会议由管理委员会主任主持，主任不能出席时可委托副主任主持。

（五）集中意见。在会议议题经过充分讨论，意见一致或基本一致的基础上，主持人根据发言情况综合出结论性意见。对于少数人的不同意见，也要认真考虑。

（六）形成决议。表决可采取口头、举手、无记名投票或记名投票等方式进行。会议决议由主持人根据表决情况最后做出。会议决议必须有超过应到会委员人数的三分之二以上同意方为通过。

第六条 主任委员会议事程序

主任委员会议根据工作需要，不定期召开；会议由管理委员会办公室提议，报经管理委员会主任同意后召开。

（一）确定议题。议题为第四条规定的议事内容范围内事项。

（二）会议通知。会议由管理委员会主任召集，召开会议前，由管理委员会办公室提前二个工作日以上发出通知，告知会议召开的时间、地点、主要议题，并提供相关审议材料。

（三）会议准备。根据会议议题，管理委员会办公室负责做好会议议案的准备。重要事项要在会前组织调研、专家咨询，沟通、交换意见。

1. 拟提交主任委员会议讨论决策的项目文件及资料、制度、方案等应先经管理委员会办公室初审。初审材料时，需要征求相关部门意见的，应向相关部门出具征求意见函并附相关材料。涉及多个部门或单位的事项未沟通或虽经沟通但未达成原则性意见的重大事项，不得将议题呈报主任委员会研究。

2. 对重大工程投资、物资采购和宣传促销决策项目，管理委员会办公室应组织前期调研和可行性论证，包括对项目的规划设计、建设方案、投资估算进行论证。论证评估结论及专家咨询意见应形成论证评估报告。

（四）会议讨论。会议由管理委员会主任主持，主任不能出席时可委托副主任主持。与会人员根据会议议题逐个展开讨论，并提出建议和意见。如有必要，可以聘请专家为其决策提出专业意见。

（五）集中意见。在会议议题经过充分讨论，意见一致或基本一致的基础上，主持人根据发言情况综合出结论性意见。对于少数人的不同意见，也要认真考虑。

（六）形成决议。表决可采取口头、举手、无记名投票或记名投票等方式进行。会议决议由主持人根据表决情况最后做出。会议决议必须有超过到会委员人数的三分之二以上同意方为通过。

第七条 委员会办公室会议事程序

委员会办公室会议根据工作需要不定期召开。

（一）确定议题。会议议题为第四条规定的议事内容范围内事项；会议议题可由委员会办公室根据工作需要提出，也可以由主要涉及部门、下属单位用书面形式提交管理委员会办公室，经管理委员会办公室审定和统筹后确定。

（二）会议通知。由管理委员会办公室负责召集，会议召集人应在会前一个工作日以上以书面形式将会议日期、内容通知办公室成员。参加会议的人员不少于应参加会议人员的三分之二。

（三）会议准备。与会人员在会前应根据会议通知，认真做好准备。重要事项要在会前互相沟通情况、交换意见，也可事先咨询相关专家意见及建议，进行可行性论证。

（四）会议讨论。会议由管理委员会办公室主任主持，主任不能出席时可委托副主任主持。与会人员根据会议议题逐个展开讨论，并提出建议和意见。如有必要，可以聘请中介机构为其决策提出专业意见。

（五）集中意见。在会议议题经过充分讨论，意见一致或基本一致的基础上，主持人根据发言情况综合出结论性意见。对于少数人的不同意见，也要认真考虑。

（六）形成决议。办公室会议决议由会议召集人最后做出。

（七）情况报告。会议最后形成的决议和未形成一致意见的有关事项，以书面形式向分管工程投资、物资采购和宣传促销工作的领导报告。

第四章　议事记录

第八条　记录。会议一般由管理委员会办公室负责记录。

第九条　记录内容。一般包括会议的名称、时间、地点、参加人员、主持人、议题内容、发言要点、决议结论及有关附件。

第十条　记录保管。会议的记录由管理委员会办公室负责保管，并定期移交档案部门归档保存。

第十一条　记录借阅。因工作需要，借阅会议记录须经管理委员会办公室主任同意。

第十二条　会议纪要。根据工作需要，经管理委员会办公室起草会议纪要后，经管理委员会主任签发可在一定范围内下发。

第五章　决策执行

第十三条　对会议形成的决议，任何人不得擅自改变。有不同意见允许保留，也可按程序向上级组织反映意见。在集体没有重新改变决策前，必须按原决议执行。

第十四条　管理委员会办公室定期对管理委员会会议决策执行情况进行跟踪、调查及反馈。如在执行过程中情况发生变化，需要改变原来的会议决策，由管理委员会办公室提请管理委员会重新做出决策，并按新的决策执行。

第十五条　对决策实施过程中，发现与党和国家方针政策、法律法规以及行业有关规定不符或脱离实际情况的，管理委员会应当及时进行纠正，重新做出决策。

第六章　监督检查与责任追究

第十六条　出席会议的委员、成员对会议所议内容应当保密，不得擅自泄露有关信息。

第十七条　管理委员会办公室定期在相应范围内公开管理委员会的决策及执行情况，接受群众监督。

第十八条　对未经管理委员会决策或未按决策实施的有关事项，任何部门或人员可以向同级或上级党组、纪检组反映。

第十九条　违反本规则需进行责任追究的，具体参照《安徽省烟草专卖局（公司）重大决策管理程序规定（试行）》第十条、第十一条执行。

第七章　附　则

第二十条　各直属单位要根据本规则制定本单位的工程投资、物资采购、宣传促销管理委员会议事规则。

第二十一条　本规则由安徽省烟草专卖局（公司）管理委员会办公室负责解释。

第二十二条　本规则自发布之日起施行。

关于印发《安徽省烟草专卖局（公司）车辆配备购置管理实施办法》的通知

皖烟办文〔2012〕7号

行业各直属单位、省局（公司）机关各部门：

为贯彻落实《国家烟草专卖局办公室关于印发烟草行业车辆配备使用管理办法的通知》（国烟办综〔2012〕526号）文件精神，加强和规范全省烟草商业系统车辆配备购置管理，结合全省系统实际情况，现将《安徽省烟草专卖局（公司）车辆配备购置管理实施办法》印发给你们，请认真贯彻执行。

安徽省烟草专卖局

2012年11月13日

安徽省烟草专卖局（公司）车辆配备购置管理实施办法

第一条　为贯彻落实国家局《烟草行业车辆配备使用管理办法》（国烟办综〔2012〕526号）文件精神，结合安徽烟草商业系统实际情况，制订本实施办法。

第二条　本办法适用于安徽省局（公司）机关及直属单位。本办法中所指车辆包括企业用于卷烟配送、专卖市场监督管理、领导干部用车及其他公务需要的所有机动运输车辆。车辆用途分为卷烟配送车、专卖稽查车和公务车三大类。

第三条　车辆配备遵循经济适用、节能环保、保障工作、总量减少、费用降低、管理规范的原则。

第四条　车辆配备实行编制管理。车辆编制根据人员编制、领导职数等因素确定。

（一）领导干部公务用车编制。省局（公司）领导干部用车按照国家局规定要求配备。市局（公司）领导公务用车，原则上主要负责人配备固定用车，副职相对固定用车，调研员、副调研员保证工作用车。县局（营销部）公务用车配备3辆，其中县局局长保证相对固定用车。

（二）一般公务用车编制。省局（公司）机关一般公务用车、机要通信车辆、专卖管理用车按照国家局规定要求配备。

（三）生产经营管理用车编制。省局（公司）烟叶生产经营管理业务用车按照国家局要求配备。市局（公司）机关按照卷烟销量10万箱以下配备4辆，10万箱以上配备5辆，20万箱以上配备6辆。拥有宾馆接待任务的市局（公司）根据接待工作需要，配备接待用车2辆。

华环国际有限公司、皖南烟叶公司根据工作需要制定车辆编制标准，报省局（公司）批准后执行。

第五条　专卖稽查车辆，根据队（所）数量编制，原则上保证每个队（所）配备1辆。

第六条　卷烟配送车辆，原则上从主配送中心至分拨中心，每条线路配置一辆大型配送车；从主配送中心或分拨中心至卷烟零售户，根据卷烟配送线路，由直属单位自行确定配送车辆。

第七条　车辆选购，要优先配备使用国产汽车。对自主品牌、自主创新的新能源汽车要优先采购。

第八条　车辆选型，原则上公务用车和专卖稽查车由省局（公司）统一选择确定，卷烟配送车辆由直属单位自行确定。

第九条　车辆配备标准：

（一）市局（公司）领导公务用车配备排气量2.0升（含）以下，购车价格（裸车）28万元以内的轿车。

（二）一般公务用车和专卖稽查用车配备排气量1.8升（含）以下、购车价格（裸车）18万元以内的轿车或越野车。配备享受财政补助的自主创新的新能源汽车，以补助后的价格为计价标准。确需配备越野车的，要控制在排气量2.5升（含）以下、购车价格（裸车）25万元以内。

（三）配备中巴车、商务车等其他类型机动车辆，原则上优先选择国产汽车，价格不超过50万元。

（四）配备卷烟配送车辆，原则上优先选择国产汽车，价格不超过10万元。

第十条　需要更新车辆，年初要编制车辆更新计划，列入单位预算。

第十一条　更新车辆投资预算经省局（公司）批准下达后，除卷烟配送车履行备案手续外，公务用车和专卖稽查车需要申报省局（公司）履行审批手续。

第十二条　领导干部公务用车和一般公务用车使用年限超过6年或达到40万公里后可以更新。专卖稽查车使用年限超过5年或达到30万公里后可以更新。卷烟配送车辆需要更新，由直属单位报告省局（公司）批准后执行。若车况较好，应本着节约原则继续使用。

第十三条　对更新下来的车辆，可委托中介机构评估后，按程序公开拍卖，不得以任何理由变相处理，拍卖结果报省局（公司）备案。

第十四条　各单位要加强车辆使用管理，降低车辆使用和维护保养成本，确保车辆使用安全。

（一）建立车辆使用管理制度，加强车辆集中管理，统一调度，严禁分散管理，严禁公车私用。不得对外出租出借车辆，不得借用、占用下属单位或者其他单位车辆。

（二）严格车辆使用登记和公示制度，严格登记和公示用车时间、事由、地点、里程、油耗、费用等信息。严格实行车辆回单位停放制度，节假日期间除特殊工作需要外，车辆要封存，停止使用。

（三）实行车辆定点保险、定点维修、定点加油制度，健全车辆油耗、运行费用单车核算和节奖超罚制度，降低运行成本。严禁为车辆增加高档配置或豪华内饰，不得在车辆维修等费用中虚列名目或夹带其他费用。

（四）建立车辆配备更新和使用情况统计报告制度。每年 12 月中旬前，各单位车辆主管部门要上报本单位车辆配备更新和使用情况至省局（公司）综合计划与企业管理处。

第十五条　各单位要加强车辆配备使用管理工作的领导，纪检监察部门要加强对其监督检查，对违规行为依照党纪政纪有关规定予以处理。

第十六条　本办法由安徽省烟草专卖局（公司）负责解释。

第十七条　本办法自印发之日起执行，此前有关车辆配备购置管理规定停止使用。

专卖管理类文件

关于下发《安徽省烟草专卖局关于全面提升创建优秀县级局工作水平的意见》的通知

皖烟专〔2012〕73 号

各市烟草专卖局：

现将《安徽省烟草专卖局关于全面提升创建优秀县级局工作水平的意见》（见附件）下发给你们，请认真执行。

二〇一二年三月九日

安徽省烟草专卖局关于全面提升创建优秀县级局工作水平的意见

2009年，国家局《关于在全国烟草行业开展优秀基层单位创建活动的意见》(【2009】149号）下发以后，安徽省局积极把握发展机遇，顺应改革要求，结合自身实际，认真贯彻落实国家局的决策部署，坚持系统规划、强化指导，整体推进，扎实开展优秀县级局创建工作，一批又一批以职责明确、行为规范、运转协调、保障有力、公正透明、廉洁高效为显著特征的优秀基层执法主体相继涌现。基本实现了提升基础管理水平、加强专卖管理职能、提高队伍素质、维护良好形象的目标任务。

2011年，全国优秀县级局创建活动现场会召开以后，对比全国创优活动的开展和8家创建典型单位的先进经验与成效，我们深感有所差距，触动很大。主要差距集中体现在以下几个方面：一是基础设施建设滞后。截至2011年年底，全国创优工作达标率为97%，我省只达到90%，主要原因是部分单位基础设施建设滞后，达不到“三个相适应”的基本要求，与国家局要求差距甚远。目前，需改建、扩建、购置的所（队）仍有141个之多，占全部编制所（队）的43%。二是专卖队伍整体素质不高。队伍结构不合理，学历能力不对等，复合型人才匮乏。在过去几届全国岗位技能大赛中，我省还没有一人进入前20名。岗位技能鉴定通过率不足。按照国家局要求，截至2012年底，全体专卖人员要100%持证上岗，其中中级要达到65%以上，高级要达到25%以上，鉴于我省队伍的现状，达标很难。三是学习力、创新力不足。队伍中缺乏获取知识、进一步充实自己的勇气和信心。主动学习、自觉学习的不多，往往是被动地接受培训，在压力下不得不学；习惯于惯性思维和传统做法，创新力不足，尤其是面对日常市场监管工作，服务意识不强，市场监管重频率，轻实效，满足于面上工作，实质性内容较少；缺乏对市场行为监管业务的深层次探讨和挖掘。利用信息化进行市场监管、提升监管实效的做法虽在个别地区有所尝试，但基本没有形成气候。四是队伍的活力不足。新陈代谢机制没能得到充分发挥，这是当前创建过程中存在的瓶颈性问题。集中表现在队伍对工作缺乏热情、激情，缺乏活力，安于现状，不求有功，但求无过，人浮于事，效率不高。

对于取得的成绩，我们应该充分肯定并不断总结、完善、提高，对于存在的问题，也应该积极面对。创建活动不能回避矛盾、绕开难题。只有勇于攻克难题、破解难题，才能形成昂扬进取的精神和氛围，才能赢得创建的更大成效。因此，为了全面提升我省创建优秀基层县级局工作水平，彻底解决目前创建中存在的问题，进一步强化县级局执法主体地位，实现卷烟市场有效控制、全面规范、高度净化，在前期创建工作的基础上，提出以下工作意见：

一、明确目标，确保创建在完善中提升

创优工作是一项长期的系统工程，只有起点，没有终点。国家局党组将“卷烟上水平”作为行业发展的基本方针和战略任务，要求以持续开展基层单位创新活动为抓手，努力推动基础管理上水平，并明确提出下一步的主要任务是：抓基层、打基础、树形象、强素质、增活力。省局问局长在2012年工作报告中也明确提出要积极探索建立创建优秀县级局长效机制，确定2012年为“创建提升年”。因此，各单位要进一步提高认识，始终坚

持和把握“三个符合”“三个规范”“三个领先”要求，切实加强组织领导，把优秀县级局创建工作作为一项长期任务深入开展下去。各单位对近年来的创建工作要认真总结，分析解决存在的问题，从基础管理、基础建设、队伍素质、班子建设、创新活动、增添活力等方面，研究制定进一步完善提高意见。对已达标的单位要组织开展回头看，对照规范，瞄准细节，再完善、再提升；对尚未达标验收的要加大督导推动力度。力争通过今后1~2年的努力，实现“五个提升”（即提升控制力、提升服务力、提升队伍素质、提升整体活力、提升行业形象），达到“四个一流”（即一流的市场控制力、一流的基础管理水平、一流的队伍、一流的执法形象）。通过“五个提升”“四个一流”和基础设施的配套，使全省创优工作达标率达到100%，其中优秀率达到30%，超过全国平均水平。

二、标杆引领，确保更多单位在优秀中胜出

为全面总结创建典型经验，发挥示范带头作用，推动创优工作不断深入，按照“指标领先，管理科学”的原则，省局拟对已经通过验收单位的创优工作进行深入、客观地总结提炼，形成典型经验，作为标杆进行引领示范。在考虑专业指标先进性的基础上，综合考虑专业工作流程、管理手段和管理方式方法的先进性。将标杆单位的工作方法和业绩指标作为下一步各地对照和考核的标准。此次标杆单位评选拟按两个层面三个类别分类进行。两个层面包括：县级局层面、基层所（队）层面；三个类别分别为：城区区（分）局、平原（丘陵）县级局、山区县级局（山地面积占国土面积60%以上的）；城区管理所（含机动稽查队）、农村管理所、山区管理所（管辖区域面积60%以上为山区）。暂定优秀县级局标杆单位3~4个，专卖管理所（队）标杆5~6个。标杆单位由评比产生，实行动态管理，原则上两年评比一次，获得标杆单位光荣称号的单位由省局进行表彰，在年度经济运行考核中予以所属市级局适当加分，并推荐参加全国优秀县级局创建评比。同时，参照省局做法，各市级局在本辖区范围内也要开展标杆评比活动（省局评比标准另行制定）。

三、多措并举，确保队伍在成长中激活

激发队伍活力是加强基层优秀县级局建设、提高基层队伍建设科学化水平的重要内容，是深入开展创优活动需要解决好的重要课题。各地要把激发基层队伍活力的要求与本地实际结合起来，精心策划和实施队伍建设“活力工程”。通过“活力工程”把专卖队伍的素质、能力和干劲，凝聚、升华到精神面貌和精神状态上。要使队伍具有一种攻坚克难、干事创业的精神，昂扬向上的志气和积极健康的神韵。这一工程主要着眼于四个方面：一是要用创新激发活力，在高水平上求突破。弘扬创新精神，营造创新氛围，把建设学习型、创新型行业的要求全面落实到县级局。首先，要坚持观念创新。创建必须从解放思想开始，希望转变观念开始，要通过“大讨论”“座谈会”等形式，使全员认识到，开展优秀县级局创建，必须着力解决一些瓶颈性、实质性的问题，创建要在更高境界、更高水平上实现新突破。其次，要坚持方法创新。要找准基层工作的切入点，创新方法，小处着眼，大处着手，力戒空洞、力戒宏观、力戒浮躁。二是要用机制保持活力，在高质量上求突破。要把优秀县级局建设与全面预算管理、贯标、对标工作紧密结合，健全完善、细化分解县级局各县工作标准，通过对照标准逐项查找差距、落实责任、改进提升，进一步健全制度，完善程序，规范运作，严格管理，推动县级局工作的标准化、规范化、科学化，不断提高县级局管理水平。三是用激励增强活力，在严督真查上求突破。按照“分类管理、科学设岗、明确职责、严格考核、落实报酬”的总体要求扎实推进岗位技能鉴定工作，并将结果与上岗条件、岗位等级和岗位工资紧密结合，建立培训、鉴定、使用、考核和待遇相结合的激励机制。充分运用市场访查、定期考评、现场抽查、客户调查、问题督查等方式，利用专卖信息平台进行业绩排名、问题通报，以期不断促进工作质量提升。四是用文化提升活力，在良好形象上求突破。要通过县级局创优活动的开展，通过领导的率先垂范，切实提升队伍对行业文化的认同和对行业文化的自信，最终以文化的自律树立行业良好社会形象。通过不断传承和发展，日益丰富“徽映”文化建设内涵，积极转变工作作风，牢固树立服务意识，不断提高服务社会，奉献社会的能力，切实树立良好的行业形象。

四、夯基助推，确保基础管理在规范中升级

加强基层规范化建设，是提高基层监管执法效能、服务发展能力、消费维权水平和自身建设成效的必然要求。因此，要始终把“夯实基础”作为专卖管理工作的首要指导思想，不断加强基层队伍建设、基础设施建设、规范自律建设和能力水平建设，通过职能、制度、保障等多方面优先保证，扎实打牢专卖工作基础。

（一）进一步提高基层硬件建设水平，为满足履职需要提供有力保障

一是要进一步加强基础设施建设。要根据所（队）布局规划和资源整合要求，认真做出基础设施建设规划。要紧密结合实际，坚持以“三个相适应”为原则，通过新建、改造、置换、合并、购买等方式，力争在1～2年内，彻底解决所（队）自有产权和满足办公、生活需求的问题。要积极争取地方政府的支持，尽可能地解决土地购置等困难。二是进一步改善执法装备和信息化装备。要认真解决计算机等设备的更新换代问题，按照淘汰一批、重组一批、新购一批的原则，实现符合标准的机器配置，同时进一步加强各类办公、业务软件的推广应用，使信息化真正成为支撑基层履职的基本手段。要认真研究解决基层执法车辆不足和老化的问题，对部分车辆报废更新。积极探索移动执法终端平台建设和使用，进一步增强基层所（队）日常监管和快速应急处置能力。

（二）进一步提高基层规范化建设水平，形成统一的工作机制和管理模式

以“ISO9000”管理体系为基础，认真研究制定全省统一的《基层烟草专卖管理所（队）工作规范》，各地要严格按《规范》中有关所（队）职责、岗位设置、监管方式、工作标准、队伍建设、基础建设、工作制度和奖惩办法等要求，全面规范基层所（队）建设。

（三）进一步加强基层队伍建设，为履职到位打下坚实基础

一是选好、用好所（队）长。加强基层建设，所（队）长是关键，一个好的所（队）长能够带出一支好的队伍，其综合素质决定了一个所（队）的工作水平。要按照政治坚定、素质优良、业务熟练、作风正派、实绩突出、群众公认的要求，选好配强所（队）长。要积极营造正确的导向，今后，选配后备干部包括县级局班子成员，原则上都要有基层所（队）长的工作经历。

二是改善基层所（队）人员结构。要改善年龄结构，把年轻同志充实到基层一线，逐

步解决基层所（队）人员年龄偏大的问题。今后，凡新录用、聘用人员首先要放到基层所（队）锻炼，机关年轻干部也要放到基层所（队）培养，注意在基层选拔、培养干部，鼓励年轻同志到基层工作，在基层成才。要改善知识结构，按照会服务、会监管、会办案、会维权的要求，努力培养所（队）复合型人才；按照精通法律、经验丰富、善解难题、勇于创新的要求，培养所（队）专业化人才；结合岗位技能鉴定，积极开展基本功训练，在全系统特别是基层积极开展岗位练兵、岗位能手评定活动，为人才成长创造条件。

三是切实增强教育培训的针对性。按照需要什么学什么、缺什么补什么的原则，将教育培训“订单化”，分级分类抓好培训。应把行业内培训师授课作为一项重要举措，做出计划，抓好落实。

四是抓好基层党建工作。有条件的所（队），党支部（小组）建在基层所（队），既是烟草系统党建的基本要求，也是所（队）全面建设、履职到位的根本保证。要充分发挥党组织的战斗堡垒作用，充分发挥党员的先锋模范作用，贴近专卖工作实际，贴近党员干部需求，努力形成专卖体制下基层党建工作新特色。

（四）进一步狠抓效能建设，为认真履职提供有力抓手

一是牢固树立“抓效能就是抓发展”的理念，把效能建设融入基层各项工作中，贯穿于每个环节，以优良的工作业绩体现效能建设的实际成效，以效能建设的深入开展推动各项工作的全面进步。二是把效能建设作为促进作风转变的有力抓手，以更高标准、更严要求、更大力度，持之以恒地推进效能建设，营造人人讲效能、处处抓效能、事事促效能的浓厚氛围。三是开展效能建设，要把提高员工素质放在首位。通过广泛开展岗位大练兵、业务大比武等有益的活动，促使员工认真学习业务知识，大力提高业务技能和工作效率，通过努力，使各项指标水平的得到优化改善，实现更高效率、更好质量，全面推进专卖效能的整体提升。

关于印发《安徽省烟草专卖局烟草专卖行政执法卷宗制作及装订规范》的通知

皖烟专〔2012〕255号

各市烟草专卖局：

为进一步规范我省烟草专卖行政执法文书格式、案卷装订工作，切实提高烟草专卖执法机关行政执法案卷制作水平，特制订《安徽省烟草专卖局烟草专卖行政执法卷宗制作及装订规范》，现印发给你们，自2012年9月1日起施行，请认真执行。执行中有什么问题，请及时报告。

安徽省烟草专卖局

2012年8月6日

安徽省烟草专卖局烟草专卖行政处罚卷宗制作及装订规范

第一条　为进一步规范我省烟草专卖行政处罚文书格式、案卷材料及装订，提高烟草专卖执法机关行政处罚案卷制作水平，切实推进行政执法程序化、制度化、规范化、法治化建设，根据国烟专［2002］168 号《国家烟草专卖局关于印发烟草专卖行政处罚案卷标准的通知》和国烟法［2003］239 号《国家烟草专卖局关于印发烟草专卖执法文书格式的通知》要求，结合本省烟草专卖执法实际，制定本规范。

第二条　本规范所称的行政处罚文书，是指国烟法［2003］239 号文件中所指的行政处罚专用文书以及行政处罚过程中使用的其他文书。

第三条　行政处罚案件卷宗分为简易程序行政处罚案件卷宗、一般程序（包括听证程序）行政处罚案件卷宗两大类。

卷宗立卷、归档工作由案件处理员负责，承办县级局专卖办主任检查卷宗质量，并督促案件处理员按期归档。

第四条　行政处罚案卷实行一案一卷，一卷一号原则。

一份案卷从立案到结案所形成的全部执法文书材料，统一使用立案时编定的案号。名称重复的，可下分-1、-2 等，如送达回证。

《先行登记保存通知书》因情况紧急在立案之前开具的，可使用带有预先印制号码的文书，除此之外法律文书以及其他对外行文的文号，应与案号保持一致。

说明：依此种要求进行卷宗编号，会出现处罚决定书等卷内文书编号因案件处理方式不同（如作了结处理的不能形成处罚决定书），从而出现空号、断号现象，但案卷号会始终连贯。

第五条　行政处罚文书格式制作版面规范：

卷宗统一采用国际标准 A4 标准无酸纸制作，幅面为 21 厘米×29.7 厘米。上下边距均为 2.5 厘米，左边距为 3.2 厘米，右边距为 2.2 厘米，单面印刷。

封面卷宗名称为 1 号黑体字，封面表格制作参照样表。封面封底应当使用统一规格颜色的牛皮纸（软封面），逐卷装订后，装入档案盒。

第六条　行政处罚文书格式制作技术规范：

（一）文书标题。文书标题主要是指文书制作机关及文书名称，如“某某市烟草专卖局”和“行政处罚决定书”，机关名称与文书名称应分为两行，均为 2 号黑体字。文书标题居中排布，字间无空格。

（二）文书字号。字号在文书标题下一行，由发文机关代字、年份和序号组成，3 号仿宋体字，居中编排。年份、序号采用阿拉伯数码标识法，年份编满四位，用六角括号“〔〕”括入。例如：合烟处〔2012〕第 1 号。

（三）文书正文。正文部分每自然段首行左空 2 字，使用 3 号仿宋体字，字符间距为标准，行间距为单倍行距。表格内文字使用仿宋字体，可根据填写内容调整字体大小。备注、标注使用 5 号仿宋体字。

（四）落款及印章。正文结束后空三行，落款处应有制发机关名称（盖章）与成文时间的，应当右空 2 至 4 个汉字。成文时间采用中文标识法，年、月、日不得使用分隔符“-”、“/”或“.”代替，年份不得省略或简化，“零”标识为“〇”，不得用英文字母“O”或用阿拉伯数码“0”代替，月份、日期不得使用简写“廿”或“卅”，准确写法如“二〇一二年三月二十一日”。

加盖制发机关印章的，印章应端正、居中下压成文时间。两页以上的文书于各页页脚处插入页码（页码格式：第 X 页共 X 页，字体为 5 号仿宋体字）并在各页右边中间处加盖骑缝章。如排版后所剩空白处不能容下落款及印章位置时，可适当调整间距，保持页面美观。

第七条　对行政处罚文书制作形式、表述方式、注意事项等作如下规范：

（一）行政处罚文书制作形式：卷内目录、行政处罚决定书、调查终结报告、告知书等文稿一律实行微机制作，其他执法办案文书原则上实行微机制作。

卷宗封面内容尽量实现机打，不能打印的，要用碳素、蓝黑墨水书写。卷宗封面审批人指行政处罚决定书的批准人。

卷内目录和备考表单独印制入卷，不得直接印制在案卷封面或封底内页。

（二）行政执法办案文书涉及承办人、相关负责人签字的一律本人手写（机打询问笔录前部询问人和记录人可直接打印）。

（三）案件调查终结报告、行政处罚告知书（听证告知书）等文书格式要求参照前述规范。

（四）条款项的表述方式：条款项的序号用中文数字表述，其中款的序号不加圆括号，项的序号必须加圆括号。如第一条第一款第（一）项。

（五）前后内容可供选择的，在使用时要将不用的部分划去。如检查（勘验）笔录。

（六）各种清单表格多余部分应当用斜线划掉（现场执法文书表格空白处用手工斜对角线划掉）。目录下方“附证物（）袋”也要填写。如没有证物则划除。

（七）各单位可以根据当地的具体情况，在案卷中增加必要的执法文书，此类文书填制应遵循本规范。

（八）文书要讲求严谨规范的文理，逐步推行“说理式”处罚文书。“说理式”处罚文书是一种公文，应努力做到观点明确、证据充分，逻辑严密、结构严谨，用词准确、格式规范。在文书体例、标点符号标注、文字表述等方面必须符合现代汉语规范和公文格式化的要求，遣词造句要尽量使用书面语言，禁止使用生僻字，谨防用语“口语化”。

第八条　行政处罚案卷装订应遵循的技术规范：

（一）行政处罚简易程序案件可数案一卷，但最多不能超过 50 个案件。一般程序案件一案一卷；个别案情复杂同一案件文件材料数量过多时，可适当调整成若干分卷。或每卷的厚度以不超过 1.5 厘米为宜，超过的，应按顺序分册装订。

（二）案件办结以后，立卷人要认真检查全案的文书材料是否收集齐全，发现法律手续不完备的，应及时补齐或补救，去掉无关的材料（如入库单等），进行装订归档。

（三）卷内文书材料应当使用页码章依次标注页码，封面、卷内目录、备考表、证物袋、封底不编页码。

页码标注在每页的右上角，反页标注在左上角。采用自然数标注法，如第 1 页标注为

"1"。

卷内目录应按卷内文书材料排列顺序逐件填写，标明起止页号。

（四）案卷装订应当注意以下问题：

1. 卷宗装订前，要对执法文书材料进行全面检查，材料不完整的要补齐。破损或褪色的要修补、复制，复制件放于原件之前；检查复印件材料是否清晰，对于字迹难以辨认的材料，应附上抄件；对于传真要进行复印，以复印件入卷，以防时间长后褪色。订口过窄或有字迹可能被订的要粘贴衬纸；纸张过大的材料要修剪折叠；加边、加衬、折叠均以A4 纸张为准。

外文及少数民族文字材料应附上汉语译文。需要附卷保存的信封，要打开展平加贴衬纸，邮票不得取掉。文书材料上的金属物必须剔除干净。

2. 文书纸面过小或者装订后影响字迹的，以 A4 纸进行粘贴。

当事人身份证、证件等复印件如果大小规格符合标准则不需粘贴于《证据（复制）提取单》中，涉案的有关票证原件需入卷若规格较小则必须粘贴于《证据（复制）提取单》中。

3. 卷宗装订要求结实、整齐、美观，卷宗的下边、右边应对齐，上边、左边应剪切整齐，采用三孔一线装订法，长度 16 厘米，结扣打在背部。装订完毕，应在卷底装订线上贴密封条（盖住结扣处），加盖行政处罚机关加盖公章，并由立卷人盖上名章以示负责。此环节可在移送档案室存档时完成。

4. 随卷归档的录音带、录像带、光盘等证据材料，应进行整理，装入档案袋，作以说明，与文书档案一并归档。在说明中须注明当事人的姓名、案由、案号、录制时间、录制人或提交人、盘数及带长、保管期限等内容。保管期限与同一案号文书档案相同。

录音带、录像带、光盘应编号，如同一内容分录了数盒（或数盘）应统一编号，每盒（或盘）再编分号；若一盒（或盘）内录了若干次，则编一个号，再按顺序注明每一内容。

录音带、录像带、光盘的盒套外要贴上标签，写明编号、案号、案由、保管期限。

凡能随卷保存的证物均应装订入卷，无法装订的小件证物可装入证物袋，不便附卷的证物应拍照片附卷并加以说明。

5. 烟草专卖执法机关的文书材料，要单独立卷，不要与公安机关、司法机关案卷混订或合订，移送回执等除外。

第九条　有关行政处罚文书的文号、具体内容填制、归档等应当与国家局相关文件和省局《烟草专卖办案实用指南》的规定及示范文本保持一致。

第十条　本规范由安徽省烟草专卖局专卖监督管理处负责解释。

第十一条　本规范自 2012 年 9 月 1 日起施行。

附：案卷装订图例

案卷装订图例：

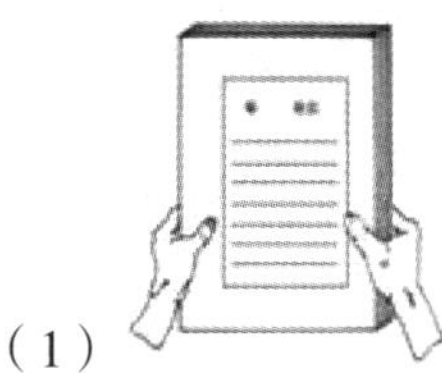

（1）

说明：将所要装订的卷宗材料整理齐。

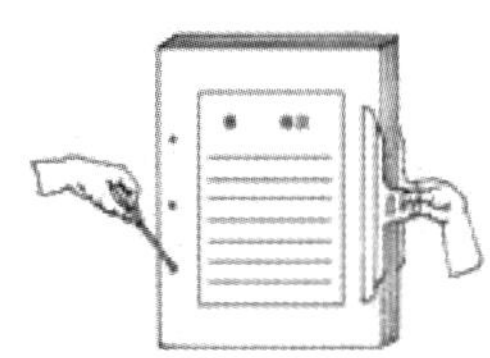

（2）

说明：用夹子夹住卷宗右侧（以便固定卷宗材料），用锥子在卷宗左侧的装订线上标记的三个孔位钻孔。

（3）

说明：将装订绳对折，将两个绳头并齐后从卷宗背面穿入中间孔。注意装订绳要在卷宗背面留出一定长度，以便打结。

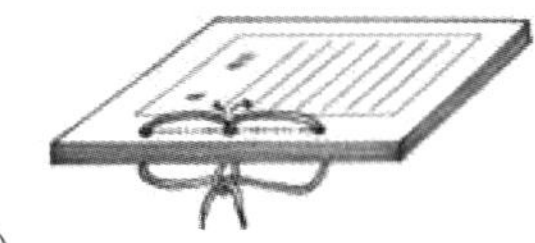

（4）

说明：将两个绳头分别穿入两边的孔中，并在背面由装订绳形成的圈中交叉穿过。

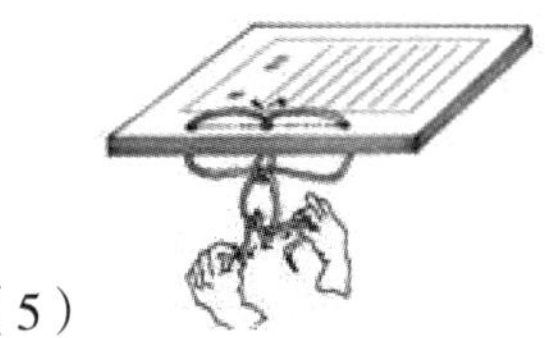

（5）

说明：用力拉紧两个绳头，使装订线紧缚在卷宗之上，之后将两个绳头打结。

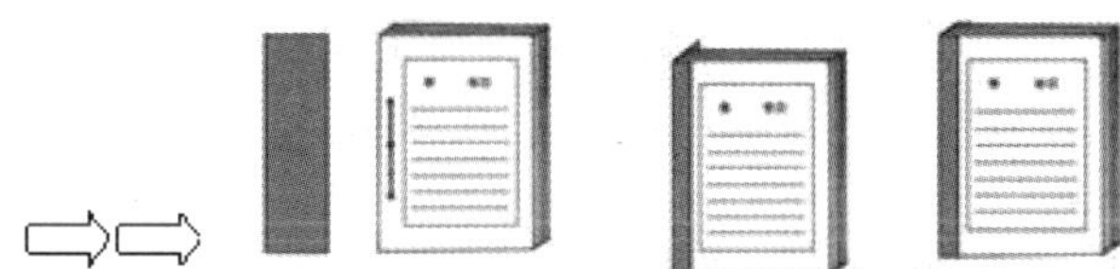

（6）说明：将卷宗正面朝上放置，取封条沿卷宗左侧装订线按图中所示进行粘贴。

附表略--------

安徽省烟草专卖局烟草专卖行政许可卷宗制作及装订规范

第一条　为进一步规范我省烟草专卖行政许可文书格式、案卷装订，提高烟草专卖执法机关行政许可案卷制作水平，切实推进行政执法程序化、制度化、规范化、法治化建设，根据《国家烟草专卖局关于使用烟草专卖许可证行政许可文书和规范卷宗档案管理的通知》（国烟专〔2008〕31 号）和《安徽省烟草专卖局关于印发烟草专卖行政许可文书格式的通知》（皖烟法〔2007〕346 号）要求，制定本规范。

第二条　本规范所称的行政许可文书，是指皖烟法〔2007〕346 号文件中所指的行政许可专用文书以及行政许可过程中使用的其他文书。

第三条　行政许可案卷分为许可类案卷和管理类案卷两大类。

行政许可案卷实行一案一卷，一卷一号原则。

行政许可决定书的编号按照许可决定类型各自依阿拉伯数字顺序编号，如“准予许可决定（文号：某烟许准决〔2012〕1 号），准予变更决定（文号：某烟许变更〔2012〕第 1 号”）；卷宗编号不分许可类型按阿拉伯数字顺序编号，如“某烟许〔2012〕1 号”。

第四条　行政处罚文书格式制作版面规范：

行政许可文书采用国际标准 A4 标准无酸纸制作，幅面为 21 厘米×29. 7 厘米。上边距为 2. 54 厘米，下边距为 3 厘米，左右边距均为 3. 17 厘米，单面印刷。

封面封底应当使用统一规格颜色的牛皮纸（软封面），逐卷装订后，装入档案盒。

第五条　行政许可文书格式制作技术规范：

（一）文书标题。文书标题主要是指文书制作机关及文书名称，如“某市烟草专卖局”和“行政许可决定书”，机关名称与文书名称应分为两行，均为 2 号黑体加粗。文书标题居中排布，字间无空格。

（二）文书字号。字号在文书标题下一行，由发文机关代字、年份和序号组成，3 号仿宋体字，居中编排。年份、序号采用阿拉伯数码标识法，年份编满四位，用括号“〔　〕”括入。例如：×烟许字〔2012〕第×号。

（三）文书正文。正文部分每自然段首行缩进 2 字，使用 3 号仿宋体字，表格内文字使用 4 号仿宋体字，备注、标注使用 5 号仿宋体字。正文字符间距为标准，行间距为单倍行距。

（四）落款及印章。落款处应有成文时间，采用中文标识法，如“二〇一二年三月二十一日”。

加盖制发机关印章应端正、居中，下压成文时间。做到上不压正文，下骑年盖月。

（五）文书材料为复印件的，应注明提取人、提取时间，并加盖“与原件核对无误章”。

第六条　行政许可文书制作形式、表述方式等事项规范：

（一）行政许可文书制作形式：行政许可文书原则上实行微机制作。需现场制作以及需签署意见、签名的，应手工填制。手工填制使用蓝、黑水笔，不得使用铅笔、圆珠笔。

卷宗封面审批人指行政许可决定书的批准人。

（二）条款项目的表述方式：条款项的序号用中文数字表述，其中款的序号不加圆括号，项的序号必须加圆括号，目的序号用阿拉伯数字。如第一条第一款第（一）项第1目。

（三）各种文书表格多余部分应当用斜线划掉。

第七条　行政许可案卷装订应遵循的技术规范：

（一）行政许可决定书及其送达回证在前，其他文书材料按时间顺序排列。

（二）卷内文书材料应当使用页码章依次标注页码，封面、卷内目录、备考表、证物袋、封底不编页码。

页码标注在每页的右上角，反页标注在左上角。采用自然数标注法，如第1页标注为“1”。

（三）案卷装订应当注意以下问题：

1. 卷宗装订前，要对文书材料进行全面检查，材料不完整的要补齐。破损或褪色的要修补、复制，复制件放于原件之前；检查复印件材料是否清晰，对于字迹难以辨认的材料，应附上抄件；对于传真要进行复印，以复印件入卷，以防时间长后褪色。订口过窄或有字迹可能被订的要粘贴衬纸；纸张过大的材料要修剪折叠；加边、加衬、折叠均以A4纸张为准。

外文及少数民族文字材料应附上汉语译文。需要附卷保存的信封，要打开展平加贴衬纸，邮票不得取掉。文书材料上的金属物必须剔除干净。

2. 文书纸面过小或者装订后影响字迹的，以A4纸进行粘贴。

3. 卷内文书装订要求结实、整齐、美观，卷宗的下边、右边应对齐，上边、左边应剪切整齐，采用三孔一线装订法，结扣打在背部。装订完毕，以卷宗封面粘贴，盖住结扣处。

4. 卷宗装订完毕，应在卷宗右侧加盖行政许可机关公章或者骑缝章。

5. 随卷归档的录音带、录像带、光盘等证据材料，应进行整理，装入档案袋，作以说明，与文书档案一并归档。在说明中须注明当事人的姓名、录制时间、录制人或提交人、盘数及带长、保管期限等内容。保管期限与同一案号文书档案相同。

录音带、录像带、光盘应编号，如同一内容分录了数盒（或数盘）应统一编号，每盒（或盘）再编分号；若一盒（或盘）内录了若干次，则编一个号，再按顺序注明每一内容。

录音带、录像带、光盘的盒套外要贴上标签，写明编号、案号、案由、保管期限。

凡能随卷保存的证物均应装订入卷，无法装订的小件证物可装入证物袋，不便附卷的证物应拍照片附卷并加以说明。

第八条　有关行政许可文书的具体内容填制、归档等按照皖烟法〔2007〕346号执行，参照省局《烟草专卖办案实用指南》。

第九条　本规范由安徽省烟草专卖局专卖监督管理处负责解释。

第十条　本规范自2012年9月1日起施行。

安徽省烟草专卖局关于印发优秀县级局标兵单位评比暂行办法的通知

皖烟专〔2012〕293 号

各市烟草专卖局：

现将《安徽省烟草专卖局优秀县级局标兵单位评比暂行办法》发给你们，请认真贯彻执行。

安徽省烟草专卖局

2012 年 9 月 21 日

安徽省烟草专卖局优秀县级局标兵单位评比办法（暂行）

为贯彻落实《国家烟草专卖局　中国烟草总公司关于在全国烟草行业进一步深入开展创建优秀基层单位活动的意见》（国烟人〔2012〕170 号）精神，全面提升创建优秀县级局工作水平，进一步发挥标杆引领作用，不断夯实行业发展基础，加快实现“卷烟上水平”，根据国家局关于深入推进创建优秀县级局活动方案要求，结合我省实际，制定本办法。

第一条　为实现提升基础管理水平、加强专卖管理职能、提高队伍素质、维护良好形象的创建工作任务，树立创建工作的标杆和典范，特在全省范围内开展“安徽省烟草专卖局优秀县级局标兵单位”评选活动。

第二条“安徽省烟草专卖局优秀县级局标兵单位”实行分类评比，严格名额限额。2012 年拟评选 10 个标兵县级局，具体分为三类，分别为：城区类（各市局所属直属分局及区局，共 24 个）评选 3 个、山区类（省政府公布的 17 个县，分别为潜山、太湖、岳西、歙县、休宁、黟县、祁门、金寨、霍山、东至、石台、青阳、广德、泾县、绩溪、旌德、宁国）评选 2 个、普通类（共 46 个）评选 5 个。

第三条　坚持公平、公正、公开、择优的原则，原则上每年评选一次。

第四条　申报条件：凡在创建优秀基层县级局活动中通过省局验收的县级烟草专卖局均可参与申报。以市为单位，每单位最多申报 2 个县级局。

第五条　评比内容：本次评比主要侧重以下几个方面内容。

1. 依法行政职能、专卖管理基础、干部队伍素质、基层管理水平在已达标的基础上，今年以来有明显提升。

2. 领导坚强有力，干部职工职业道德良好，劳动关系和谐。

3. 专卖各项管理数据指标领先。

突出市场守法经营率、持证经营率、内管预警信息处理率、技能鉴定合格率、案件审理和行政许可效率、行政执法社会满意度。

4. 创优长效机制健全、完善，有组织、有领导，持续改进措施健全，工作落实到位，基础工作持续提升。

5. 基础管理规范，管理流程顺畅，管理民主科学，创新机制建立，两项监管重实效、有亮点、有创新。

6. 所（队）长业务熟练、向心力、凝聚力强；所（队）管理规范，队伍富有活力。

7. 信息化支撑有力，现有专卖管理软件普及使用。

8. 基础设施投入力度大，基层所（队）建设符合省局建设规范要求、标识使用规范、设施功能齐全，满足工作生活需要。

（详见附件2：评比细则）

第六条　申报程序：县级局填写《安徽省烟草专卖局优秀县级局标兵单位》评选申报表，市局签署意见后以市为单位上报。（申报表样见附件2）

第七条　评比程序：省局专卖处对各单位申报资格进行初审，对于符合申报条件的县级局，提出审核和推荐意见，并将建议名单推荐给评审委员会，同时在网上公示合格单位名单。

第八条　省局专卖处牵头，组织有关领导和专家组成评审委员会，设主任一人、副主任二人。按照制定的具体评审标准，对被推荐县级局进行综合评价（现场考核部分由省局专卖处牵头提前完成），形成综合评定意见，确定评定分数。

第九条　评审委员会按综合评定排列顺序确定安徽省烟草专卖局优秀县级局标兵单位名单，经公示无异议后公布。

第十条　奖励：授予“安徽省烟草专卖局优秀县级局标兵单位”荣誉称号的单位，颁发证书、奖牌；在行业网站、媒体宣传表彰；所属市局年度经济运行考核总分加2分。

第十一条　本办法由安徽省烟草专卖局专卖监督管理处负责解释。

第十二条　本办法自发布之日起试行。

附件 1：

优秀县级烟草专卖局标兵单位评选申报表

申报单位	
申报类别	
主要业绩	
市级局审核意见	（加盖公章）
省局专卖部门 现场考核结果	
省级局评审委员会 评定意见	（加盖公章）
备注	

附件 2：

优秀县级烟草专卖局标兵单位评比细则

考评项目	子项目	考评内容	考评标准	得分	备注
班子建设（10 分）		领导坚强有力，管理民主科学，职业道德良好，劳动关系和谐	1. 贯彻落实科学发展观，围绕“卷烟上水平”、“四个提升”、“235 教育实践”活动，推动各项工作上水平、创一流。有规划、有目标、有措施、有痕迹。（1 分） 2. 本市范围内年度考核优秀并名列前两名。（1 分） 3. 员工对班子满意度 95% 以上。（1 分） 4. 执行民主决策制度、执行议事规则，有规范的痕迹记录。办事公开，有方案、有痕迹、有载体，员工认可度较高。（1 分） 5. 坚持局务公开、民主监督等制度。有较为全面的公开内容、丰富的公开形式、规范的公开程序。（1 分） 6. 两年内无违反行业职业道德规范事件发生。（1 分）		
队伍建设（30 分）	机构设置（5 分）	机构设置完整，称谓规范，人员配置到位	1. 按省局要求，机构设置到位。以文件为准。 2. 所（队）称谓：从事机动稽查工作队伍的一律称为“烟草专卖稽查队”（简称稽查队，不得以“中心管理所”等名称代替）；从事市场监管工作的一律称为“XX 烟草专卖管理所”。以文件及匾牌为准。 3. 所（队）人员编制：山区县级局每所（队）不得少于 5 人；其他地区县级局每所（队）不得少于 8 人。 4. 一项不符合要求的，扣 1 分		

（续表）

考评项目	子项目	考评内容	考评标准	得分	备注
队伍建设（30分）	设施装备配置（10分）	1. 县局有独立的办公楼，并悬挂县烟草专卖局的标志牌 2. 队所外观、设施整洁卫生 3. 队所办公、生活设施完备 4. 执法车辆配备标准；办公、办案器材配备符合标准。有摄像机、照相机、录音机	1. 办公楼外观整洁，无墙体破裂，污损，办公室不拥挤凌乱，附属设施清洁卫生。无独立的办公楼，扣2分；未悬挂标志牌的，扣1分；标志牌悬挂不规范的，每项扣0.5分。 2. 队所外观整洁，无墙体破损，办公室整洁，附属设施清洁卫生，标识规范。一项不到位的，扣0.5分。 3. 队所应有独立的办公（会议学习）室、寝室、运动场地（健身房）、伙房餐厅、卫生（洗涮）间，一项不符，扣1分。 4. 车辆配备以5人为基数单元配置，不到位的，一项扣1分。每所办公电脑不少于两台、配备摄像机、照相机、录音机等办案器材（以上设备无法正常使用的不算），没有配备的，每项扣0.5分		
	技能鉴定（5分）	专卖技能鉴定工作扎实到位	1. 五级专卖管理师岗位技能鉴定通过率100%；四级通过率65%以上，三级通过率25%以上；达不到上述标准，每低一个百分点扣0.2分。通过二级专卖管理师岗位技能鉴定考试的，每人加1分。 2. 按规定开展评聘工作加2分		
	教育培训（5分）	建立健全专卖人员培训机制	1. 建立健全培训考核制度，有全年有培训计划，有记录、有考核、有总结。 2. 专卖管理人员参加各类专卖业务培训率100%，每年每人累计培训时间不少于40课时，有教材有考卷有评分，并归档备案。 3. 新进、转岗人员需进行岗前培训。 4. 达不到上述标准的，每项扣1分		
	基层管理（5分）		1. 所（队）长业务熟练、向心力、凝聚力强；所（队）管理规范，队伍富有活力；所队长必须通过岗位技能鉴定四级考试，熟练回答相关应知应会提问，队员认可率90%以上。达不到上述标准的，每例扣1分。 2. 领导深入一线带班、跟班工作机制健全，执行到位，基层员工满意度高。没有制度或有制度未执行的扣1分，没有痕迹支撑的视同未执行		

（续表）

考评项目	子项目	考评内容	考评标准	得分	备注
文化建设（5分）		落实企业文化建设	1. 企业文化建设有年度工作计划，文化富有特色，与行业文化相融共进；（1分） 2. 企业文化宣贯有力，有活动，有载体，领导层自觉践行；（1分） 3. 规范应用《中国烟草视觉识别系统》；（1分） 4. 注重235教育实践活动与实际工作相结合，并做到有序开展。（2分）		
内部监管（15分）	机制建设（7分）	熟练掌握内管工作应知应会内容	1. 内管长效机制建立，内管人员熟练掌握和运用《烟草行业内部专卖管理监督工作规范》，依法依规开展监管工作，程序规范、痕迹完备。 2. 随机提问内管人员，不能正确回答的，每人扣1分		
	日常监管（8分）	严格按照国家局、省局内管工作规范要求，开展日常监管工作	1. 日常监管职责明确，监管任务具体，检查记录完整，发现异常及时，处理问题得当；抽查发现监管不到位的，每例扣1分。 2. 对上级局下发的检查意见书或提供的案件线索进行调查核实，并作出处理，做到程序规范、痕迹完备，一项不符，扣0.5分		
市场监管（20分）	市场管理（10分）	保持市场监管高压态势，卷烟市场秩序良好	1. 市场守法经营率95%以上；每低一个百分点扣1分。 2. 打团破网任务如期完成，2011年以来至少有一起符合省局标准以上的网络案件。没有网络案件的扣2分，完成国家局网络案件的加2分。 3. 零售户持证经营率98%以上。每低一个百分点扣1分		
	举报电话（2分）	规范“12313”管理，发挥社会举报作用	1. 对12313举报电话有记录台账，处理、反馈材料归档完整齐全，未建立台账的，扣2分；未归档的，扣1分。 2. 发现一起未处理或未及时处理的扣1分		
	协调联动（3分）	政法烟草联席会议、行政执法联席会议制度健全	1. 建立政法烟草联席会议、行政执法联席会议制度；（1分） 2. 两个联席会议机制运转顺畅，活动有记录，有效果；（1分） 3. 对上级指挥协调的案件，有开展和参与联动协查的方案和记录。（1分）		
	法规宣传（2分）	定期组织专题宣传活动	1. 定期组织烟草专卖法律法规和真假卷烟识别等专题宣传活动。每年面向社会的宣传不少于2次。 2. 本活动少一次扣1分，没有痕迹的视同没有开展		
	管理创新（3分）	创新市场管理方式和手段	1. 在市场管理中积极探索创新办法或新举措，大力开展QC小组活动。没有开展活动的扣3分。 2. 有获得省局表彰的科技创新项目或QC小组活动项目，加3分		

（续表）

考评项目	子项目	考评内容	考评标准	得分	备注
证件管理（5分）		严格许可证管理，打击无证经营	1. 依法进行许可证受理、审核、发放、变更、续展、注销等，许可证管理公正、公平；抽查20户卷宗，一例不符合扣1分。 2. 许可证管理档规范、完整、统一，许可卷宗完整、规范；一例不符合扣1分。 3. 无证经营治理有方案、有措施、有成效。（1分）		
依法行政（5分）		加强依法行政制度建设，行政处罚定性准确、依据合法、程序完备	1. 案卷卷宗优秀率95%以上（对比国家局案卷标准，程序合法、定性准确、处理及时、恰当，无差错点，即定性为优秀），低于95%的减1分。 2. 行政执法社会满意度90%以上。发放调查问卷，低于90%的减1分		
创优工作（10分）		全面提升优秀县级局创建工作	1. 创优长效机制健全、完善，有制度（1分）；有组织、有领导（1分），持续改进措施健全，工作落实到位，基础工作持续提升；对照达标验收阶段省局反馈的意见，考核整改落实情况，一项未完成的扣1分。 2. 基层所队建制完整，称谓规范，人员配备齐全，校园型、家园型、军营型特点突出，活力工程重点突出；除少数山区县局外，必须有1个以上下沉管理所，机动稽查力量齐全，队所联动机制建立，有活动、有成效。（3分）。 3. 基础管理规范。基础资料齐全，注重痕迹管理，现有信息软件普及使用。（2分） 4. 基础设施投入力度大，基层所（队）建设符合省局建设规范要求，无法全部达到规范要求的至少有一个近3年内新建（购）的标准化所队（在建或未交付使用的除外）。（3分）		
否定情形		在评选当年和上一年度有否定情形之一的单位，不得参加优秀县级局标兵单位申报、评选	1. 有严重违纪违规情形者； 2. 出现重大质量事故、重大安全事故者； 3. 抽查发现的重大不规范经营问题在日常监管中未发现的； 4. 参加专卖管理师职业技能鉴定总体通过率未达到30%的； 5. 出现错案并造成不良社会后果的		

注：本评比细则加、减分均以每项分值为限。

安徽省烟草专卖局关于进一步加强和完善基层专卖管理的意见

皖烟专〔2012〕303 号

各市烟草专卖局：

为建立专卖管理长效监管机制，提升队伍整体素质，保障有效管理市场、控制市场，省局在多年前就确定“管理模式、机构设置、运行方式、设施配置、信息流程、考核评价”等六个方面全省统一的基本模式（简称“六统一”），多年的实践充分验证了其科学性和有效性。但在近期的调研中发现，“六统一”在局部地区出现了偏差，具体表现是：一些本已下沉的队伍纷纷收缩甚至撤销；部分单位人员基层所（队）人员编制严重短缺，3～4 人的微型所（队）陆续出现；队伍称谓、标识标志形形色色；设施配置、资料卷宗参差不齐；考核标准、评价体系标准不一，盲目追求所谓市场净化率；教育培训投入与素质提升不成比例等等。这些偏差一定程度上制约了专卖管理职能的充分发挥，损伤了一线人员的工作积极性，造成了全省统一评价体系的混乱。

鉴于此，为进一步完善专卖管理长效监管机制，切实提升创建优秀基层县级工作水平，根据省局“创建提升年”的总体要求，现就如何进一步加强完善专卖管理队伍建设提出如下意见：

一、所（队）称谓、布局及人员配备

1. 所（队）称谓：从事稽查工作队伍的一律称为“烟草专卖稽查队”（简称稽查队，不得以“中心管理所、稽查中心”等名称代替。其成员称稽查员）；从事市场监管工作的队伍一律称为“XX 烟草专卖管理所”（成员称市管员）。

2. 所（队）布局：考虑到我省区域特点和南北差异，结合近年来的工作实践，所（队）布局的基本要求是：

人口在 30 万以下的县级局，设 1 队 1 所，即稽查队 1 个，管理所 1 个，经省局专卖监督管理处认可后，可实行队所合一的管理模式，也可不下沉。20 万以下人口的县级局，实行队、所合一，不下沉。

人口 30 万～50 万的县级局，设 1 队 2 所，即稽查队 1 个，管理所 2 个，其中一个所必须下沉。

人口 50 万～80 万的县级局，设 1 队 2～3 所，即稽查队 1 个，管理所 2～3 个。设 2 个所的，其中 1 个所必须下沉；设 3 个所的，其中 2 个所必须下沉。

80 万人口以上的县级局，设 1 队 3～4 所，即稽查队 1 个，管理所 3～4 个。设 3 个所的，其中 2 个所必须下沉；设 4 个所的，其中 3 个所必须下沉。

综合考虑当地地理环境、人口密度及交通状况，对于人口密度较高的城区分（区）局且同城范围内有两个以上（含）分（区）局的，可以降一档次设置、下沉所（队）；对于重要交通要道、全国著名风景区内可提升一个档次设置、下沉所（队）。

3. 所（队）人员配备：山区县级局每所（队）不得少于5人；其他地区县级局每所（队）不得少于8人；百万人口以上的县级局，倡导实行大所（队）制，每所（队）不少于10人。

以上人员配备不足部分从现有人员中调剂解决。

4. 工作职责：

（1）烟草专卖稽查队的职责：案件侦查、机动稽查、端窝打点；协助专卖管理所进行市场检查。

（2）烟草专卖管理所的职责：市场巡查及日常管理、简易案件的处理、参与一般案件的调查取证、零售户宣传教育培训、零售许可证管理、投诉处理、规范经营监管和市场信息收集反馈、零售户评价分类等。

专卖、管理所实稽查队行所（队）长负责制，所（队）长对辖区市场管理负总责，同时具有对市管员（稽查员）的考核权，分配、晋级的建议权。

二、形象标识、设施配置及卷宗资料

1. 形象标识：严格按照省局统一设计规范执行，不得随意改变。特别强调门头底板材质为铝塑板，颜色为墨绿色，徽章材质为铝制铸模（严禁使用塑料、吹塑等其他材质徽章），文字材质亚克力，字体为汉鼎大黑。所（队）挂牌为长方形不锈钢牌，上方为专卖徽章，中间为一草绿横线，下方为某某县烟草专卖局某某管理所。

2. 设施配置：电脑严格按照每5人2台标准配置，要保障线路畅通，不得将机关淘汰设备用于基层所（队）；执法车辆按照每5人为一基数单元的标准配置，每一基数单元配车一台，超过一个基数单元不足两个的，按一个计算，以此类推。

3. 卷宗资料：严格按照体系文件编制的要求，由局到所相应设立一、二、三级文件（资料），在省局统一规范要求没有出台之前，积极倡导用信息化手段支撑纸质文件。各类文件的装订要统一，要有行业标识，文件夹的样式、材质要统一。案卷要严格按照省局法规部门下发的模板制作，统一规范保管存放。

三、教育培训及配套保障

一是按需施教，全员覆盖。按照“理论联系实际，分级分类，讲求实效，改革创新”和“需要什么就培训什么，缺什么就补什么”的原则，系统地开展业务技能培训，有计划地开展知识更新和升级培训。根据年度培训计划的安排精心组织每场培训活动。力求全面、科学，具有可操作性，做到事前有计划、事中有控制、事后有评估。

二是坚持创新，形式多样。坚持“以人为本”，将培训内容与个人职业生涯发展密切结合。在方式方法上可采取集中培训、网络培训、以赛代训、进高校培训等系列措施，重在提升层次，突出效果。同时要广泛开展以“提升素质、创新创造”为主题的岗位大练兵活动，在学中干，在干中学。通过“应知应会一口清”“岗位技能大练兵”“演讲比赛”“QC攻关活动”等载体和平台，逐步提升全员履职能力和创新能力。加大对网络培训课程的开发力度，逐步推广网络培训。积极为专卖人员在岗参加各类院校在职学历教育创造条件、搭建平台。

三是加强考核，保障效果。为确保培训实效，防止培训流于形式，要为每位员工建立严格的培训考核登记档案。将培训经历、学习表现和培训考试考核结果作为考核、任职、定级、晋升职务的重要依据。对在各类培训中被评为优秀学员的给予通报表彰和一定的物质奖励；对在读书演讲、知识竞赛、业务比武、各类能手竞赛活动中的获奖者给予奖励，在提拔任用时，优先考虑。

四、专卖管理工作的考核评价

（一）建立专卖管理综合考核评价指数体系

1. 卷烟市场监管力度指数

评价项目：查获非法卷烟数量、5 万元以上案件数（无主案件不纳入评价）、国标案件数、省标案件数、拘留人数、逮捕人数、判刑（劳教）人数、刑期数

计算公式：市场监管力度指数＝查获非法卷烟相对分+［5 万元以上案件数×0. 1+国标网络案件数×3+省标网络案件数×1－败诉案件数×5+拘留人数×0. 5+逮捕人数×0. 5+判刑（劳教）人数×1+总刑期数×0. 1）］×难度系数

公式说明：查获非法卷烟相对分＝（市局查获非法卷烟数量÷市局卷烟计划销量）÷（全省查获非法卷烟数量÷全省卷烟计划销量）×1

非法卷烟包括假烟、走私烟、非法渠道烟及区内串码烟。非法烟叶按每担折算为 1 万支成品卷烟计算。缓刑的刑期减半计算，无期徒刑及以上视为 30 年刑期。

考虑到各地发案及破案概率的差异，借鉴省局年度经济运行考核办法有关权重设置的思路，按照销量、零售户数确定不同的难度系数（具体见附件）。

指数运用：市场监管得分＝市场监管设定考核分值×（市场监管力度指数/全省平均指数）。

本项得分实行上限封顶，即实际得分超过考核设定分值 120% 以上部分，不再计入得分范畴，但可作为评先的依据。

2. 卷烟市场规范指数

评价项目：零售户守法经营率、零售户持证经营率、零售户亮证经营率。

计算公式：零售户守法经营率＝守法经营户数/检查户数×100%

（注：公开摆卖非法卷烟的，每户按 1. 5 户折算，销售假冒、走私卷烟的每户按 1. 2 户折算）

零售户持证经营率＝持证经营户数/检查户数×100%

零售户亮证经营率＝亮证经营户数/检查持证户数×100%

烟草市场规范指数＝守法经营率×70+持证率×20+亮证率×10

指数运用：市场规范得分＝市场规范设定考核分值×（市场规范指数/全省平均指数）

3. 专卖队伍素质指数

评价项目：文化结构（分别考察大学以上、大专和高中文化员工占比情况）、技能结构（分别考察高级以上、中级、初级职业技能员工占比情况）。

计算公式：专卖队伍素质指数＝（大学以上文化员工占比×50+大专文化员工占比×30

+高中文化员工占比×20）×30%+（高级以上技能员工占比×50+中级以上技能员工占比×30+初级技能员工占比×20）×70%

加减分项：专卖人员在全国烟草系统专卖类单项比赛中获奖的，单项奖项加5分/人次；在全省系统专卖类单项比赛中获奖的，单项奖项加2分/人次；专卖人员荣获国家级科技成果奖、QC小组活动成果奖的加6分，荣获省级科技成果奖、QC小组活动成果奖的加3分（仅限于与专卖管理有关的项目）。专卖人员发生严重违纪违规，受到相关处分或处理的，减5分/人次。

指数运用：队伍素质得分=队伍素质设定考核分值×（队伍素质指数/全省平均指数）

本项得分实行上限封顶，即实际得分超过考核设定分值120%以上部分，不再计入得分范畴，但可作为评先的依据。

（二）引入对标管理

1. 定期考核通报

通过定期开展考核和评价，用统一的、量化固化的、可执行的评价标准评估全省专卖管理工作的整体状况，通过对三大指数平均水平的测算，科学评价各基层单位专卖管理工作水平，权威性地发布各单位位次。

2. 树立标杆单位

根据考核评价结果，确定每一个指数最先进的单位为该项工作标杆单位，通过标杆的确立，树立全系统各单位的学习榜样，激励进位争先。

3. 引导对标创标

各单位通过与标杆单位的对比寻找差距，奋力追赶超越，通过不断地找差进位，实现不断瞄准标杆、超越标杆、创立新标杆的良性循环，以此推动整个专卖管理工作有条不紊地向前发展。

（三）成果运用

1. 与评先评优对接。今后的评先评优，三大综合指数将是重要的参考依据。

2. 与年度经济运行考核对接。就专卖管理工作的本质而言，此三项工作将是长期的考核重点，真实地掌握了此系列基础数据，将能很方便地测算该考核项目的得分。今后的专卖考核，将围绕三大指数，做较大幅度的调整。

安徽省烟草专卖局

2012年9月25日

附件：

市场监管难度系数表

序号	指标	A 类单位		B 类单位		C 类单位		D 类单位		E 类单位	
		区间	系数	区间	系数	区间	系数	区间	系数	区间	系数
1	X 销量规模(万箱)	X≥20	1	20>X≥15	1.025	15>X≥10	1.05	10>X≥6	1.075	6>X≥0	1.1
2	S 零售客户数(万户)	S≥2.5	1	2.5>S≥2	1.025	2>S≥1.5	1.05	1.5>S≥1	1.075	1>S≥0	1.1

生产经营类文件

安徽省烟草公司关于印发《2012年度为培育“532”和“461”知名品牌建功立业活动方案》的通知

皖烟销〔2012〕39号

各市烟草公司：

为进一步贯彻落实中国烟草总公司《关于在卷烟流通企业开展为培育“532”和“461”知名品牌建功立业活动的意见》，我们制定了《安徽省烟草公司2012年度为培育“532”和“461”知名品牌建功立业活动方案》，现下发给你们，请按照方案要求切实做好各项工作。

附件：《安徽省烟草公司2012年度为培育“532”和“461”知名品牌建功立业活动方案》

二〇一二年二月七日

安徽省烟草公司2012年度为培育“532”和“461”知名品牌建功立业活动方案

为持续贯彻落实行业“卷烟上水平”基本方针和战略任务，加快实现培育“532”“461”知名品牌的发展目标，贯彻共同发展的品牌战略，推动“建功立业”活动的深入开展，根据《安徽省烟草公司关于开展为培育“532”和“461”品牌建功立业活动的实施方案》（皖烟销〔2011〕47号）要求，特制定本年度活动实施方案如下：

一、工作目标

年度计划完成率为100%；重点品牌比重同比提高3%以上，重点扶持品牌实现快速增长；知名品牌平均上柜率不低于38%；“双低”产品销量比重不低于总销量的6%；精准营销工作的“五率”应用在知名品牌中得到全面推广。

二、活动原则

（一）工商协同的原则

建功立业活动的终极目标是为了实现“532”和“461”等重点品牌的成长，2011 年的活动经验表明，离开了品牌主体的密切配合，活动效果将事倍功半。各单位在活动开展中要加强工商协同，加快目标实现。

（二）突出重点的原则

目前，在品牌培育中仍然存在两个比较突出的问题：一个就是“双低”产品的销售距离行业平均水平仍存在不小差距，需要我们继续努力追赶；一个就是“双喜”“七匹狼”“娇子”等品牌的发展与全国趋势或格局不同步，影响到整体知名品牌的达标水平。在新的一年中，我们要充分正视和着力解决以上两个问题。

（三）坚持创新的原则

首先要不断创新与丰富“建功立业”活动开展的形式，其次要通过活动的开展，推动营销机制创新、管理创新和业务模式创新，不断提升个人和组织的品牌培育能力。

（四）“两个结合”的原则

一是要与基层创优工作相结合，通过经验交流、争优创优、技能竞赛等各项形式，切实提升基础单位的经营管理水平、营销队伍的综合素质和客户服务能力；二是要与终端建设相结合，充分发挥零售终端支撑卷烟营销的基础作用，坚持和巩固新型的客我关系，利用好零售终端这一重要的战略资源，将零售终端纳入到品牌培育营销体系，为培育行业知名品牌奠定坚实的市场基础。

三、活动内容与安排

（一）开展重点扶持品牌营销策划活动

所谓重点扶持品牌即省公司下发的《关于进一步加强“双喜”等部分重点品牌培育工作的通知》中确定的相关品牌，尤其是其中的“双喜”“娇子”“七匹狼”和“金圣”品牌。当前这些品牌的销售走势与该品牌在全国的走势出现了一定程度的背离，在各区域市场都存在不同的问题。今年要借助活动的开展，实现这些品牌的快速成长。各单位要围绕“双喜”等 4 个品牌，与工业企业一道制订各品牌的市场诊断计划、品牌销售计划、宣传推广计划，并积极实施有关计划。在 3 月底前，各单位完成 4 个品牌营销方案的策划工作并上报省公司营销管理处，9 月底前完成方案的实施工作，10 月底前上报营销方案总结材料。

（二）开展“双低”品牌推广月活动

为进一步加快“双低”品牌的发展，从 6 月份起，开展“双低”品牌推广月活动，通过各种方式，进一步向终端和消费者宣传“双低”产品的概念，同时加大对具有一定规模和覆盖范围的“双低”品牌规格的推广力度。

（三）开展高端品牌销售促进月活动

为培育高端市场和高端品牌，各单位利用中秋和国庆的假日消费季节，组织开展高端品牌培育月活动，进一步了解高端市场的消费特点，发掘高端消费的潜力，培育高端品牌。

（四）开展品牌培育工作的征文评选活动

10 月份，省公司将统一组织以品牌工作的开展和培育能力提升为主题的征文评选活动，进一步总结推广品牌培育工作的经验。

（五）开展年度“建功立业”活动的评比和表彰活动

11 月份，省局公司将组织人员到各单位进行“建功立业”活动的检查，根据《安徽省烟草公司培育“532”和“461”知名品牌先进单位评价标准》（见附件），结合检查情况，评比“建功立业”先进单位。同时在各单位推荐基础上，评选先进标兵。在年末召开的全省销售工作会议上，将公开表彰被评选的先进单位和标兵。

四、工作要求

（一）加强领导，制订方案

为扎实开展 2012 年度的“建功立业”活动，各单位要调整充实“建功立业”活动领导机构成员，根据省公司方案要求，结合本单位营销工作实际，制订年度活动方案。

（二）加强宣传，发动群众

建功立业活动的目的就是要充分发挥和调动广大商业营销战线干部员工在品牌培育中的积极性、主动性和创造性，各单位要通过科学制定实施方案，合理安排工作任务，让全体干部员工有明确的工作目标和具体内容，积极踊跃投身到建功立业活动中。为进一步扩大活动的影响，各单位要指定专人，对定期开展的各项活动进行专题报道工作，其中各单位在省公司内网报道频次不低于 4 次，在国家局内网报道频次不低于 1 次。

（三）周密部署，务求实效

本年度的“建功立业”活动方案以“活动开展”为载体，突出解决重点品牌培育工作中存在的主要问题，各单位要在科学制订方案的基础上，精心组织和实施活动方案，及时评估活动效果，提升品牌培育能力，实现活动的各项目标。

附件：

安徽省烟草公司2012年度培育“532”和“461”知名品牌先进单位评价标准

序号	评价项目	评价标准
1	市场环境与状态（20分）	1. 按照《国家烟草专卖局关于加强卷烟市场营销管理的意见》（国烟办〔2010〕261号）要求执行到位，零售价格年均波动幅度在5%范围内（4分），零售环节库存符合省局库存年度管理要求（6分）
		2. 零售客户经营毛利率达到10%以上（5分）。零售客户满意度测评超过全省平均指标以上（5分）
2	营销能力与水平（35分）	1. 市场把握能力强。建立市场信息采集、需求预测分析体系，准确把握市场需求与走势（2分）；建立工商协同营销机制，修订与制订“532”和“461”品牌整体培育规划和年度计划（2分）。年度、半年度重点品牌销量预测吻合度达到95%以上（4分）；重点品牌协议变更率控制在5%以内（2分）。商业库存环节指标符合省局年度控库管理要求（3分）
		2. 货源组织能力强。与工业企业有效协同，货源适销对路（2分）。全年重点品牌平均订单满足率85%以上，供应断货天数超过15天的品牌规格数控制在10%以内（3分）
		3. 终端营销能力强。货源分配规范，零售客户对货源供应满意度超过全省平均水平以上（2分）。重点品牌零售客户知晓率95%以上，卷烟陈列视觉效果突出（2分）。终端卷烟明码标价率100%（2分）。重点品牌年平均零售上柜率高于全省增长水平（2分）。精准营销五率应用覆盖所有知名品牌（2分）
		4. 营销人员职业技能鉴定通过率达到全省平均水平以上（3分）。客户经理服务客户数不超过全省平均水平10%（2分）。按照统一进度推进“135”工作法（2分）
3	培育绩效与成果（45分）	1. 年度计划完成率为100%（5分）
		1. 重点品牌销量同比增幅或销量比重超过全省平均水平以上（9分）
		2. 重点品牌销售额同比增幅或销售额比重达到全省平均水平以上（9分）
		3. 重点品牌平均市场覆盖率、平均零售上柜率超过全省平均水平以上（9分）
		4. 双低品牌销量增长率超过全省平均水平。（7分）
		5. 重点扶持品牌销量增长率超过全省平均水平，且每个品牌增长率不低于5%。（6分）
4	创新类加分	活动开展的形式创新（1分）；征文获一等奖加分（2分）；国家局组织的活动获奖加分（3分）

注：重点品牌指销售收入（含税）行业排名前15位品牌、三类及以上卷烟销量排名前15位品牌，部分工业自有主导品牌及混合型卷烟品牌。

安徽省烟草公司关于印发《现代卷烟零售终端建设十二五规划》的通知

皖烟销〔2012〕268 号

各市烟草公司：

现将《安徽省烟草专卖局（公司）现代卷烟零售终端建设十二五规划》印发给你们，请认真学习研究，并依据本规划及时修订完善本单位的现代卷烟零售终端建设规划和实施方案。

中国烟草总公司安徽省公司

2012 年 8 月 23 日

附件：

安徽省烟草专卖局（公司）现代卷烟零售终端建设十二五规划（2012—2015）

安徽省烟草专卖局（公司）现代卷烟零售终端建设十二五规划

（2012—2015）

安徽省烟草公司卷烟营销管理处

2012 年 6 月

目　录

1. 总则

1.1 适用范围

本规划依据《国家烟草专卖局关于全面加强现代卷烟零售终端建设的通知》制定，用于指导全省商业企业十二五期间现代卷烟零售终端建设工作。

本规划提出了安徽省“十二五”期间（2012—2015 年度）现代卷烟零售终端建设的指导思想、目标、内容、路径、阶段和要求。

各市公司应依据本规划制定本单位现代卷烟零售终端建设规划和实施方案。

1.2 编制原则

1.2.1 市场导向原则

遵循市场规律，尊重市场需求，适应环境变化，合理配置服务资源，为卷烟零售终端提供营销和服务支持，保持现代卷烟零售终端建设的创新性、时代性和特色性。

1.2.2 客户导向原则

从卷烟零售终端发展需要出发，以针对性服务措施帮助卷烟零售终端提升经营能力和盈利水平，打造“平等互利、长期合作、共同发展”的客我关系。

1.2.3 持续改进原则

系统规划卷烟零售终端的提升及发展路径，准确分析和评价卷烟零售终端现状，安排有效策略和措施，有目的、有计划地引导卷烟零售终端树立“自主管理、自觉提升、自我发展”的意识，增强卷烟零售终端的服务竞争力。

1.2.4 规范管理原则

严格控制现代卷烟零售终端建设的质量标准和运行办法，规范营销决策程序和业务操作流程，加强服务、控制促销过程，实现公平服务、规范经营，确保现代卷烟零售终端建设工作质量。

1.3 定义

1.3.1 卷烟零售终端

卷烟营销网络的最末端，是卷烟到达消费者的最终端口，是卷烟和消费者面对面展示和交易的环节，即卷烟零售终端，简称零售终端（下同）。

1.3.2 现代卷烟零售终端

现代卷烟零售终端是以诚信经营为基础，以产品销售、形象展示、品牌培育、宣传促销、信息采集和消费跟踪为主要功能，具备服务、品牌、竞争等现代经营意识的新型零售终端。

1.3.3 零售直营终端

零售直营终端是烟草商业企业投资建设和经营，具备现代卷烟零售终端功能，不以产品销售及盈利为主要目标的零售终端，简称直营终端（下同）。

1.3.4 零售终端优质化标准

零售终端优质化标准是多维度分等级的指标体系，用于衡量、分析和评估零售终端运行水平，查找短板，为安排针对性的服务措施提供依据。

1.3.5 零售终端功能化标准

零售终端功能化标准是在零售终端优质化标准的基础上，分别按照零售终端的产品销售、形象展示、品牌宣传、品牌促销、信息采集、消费跟踪等功能设立的评价标准。用于挖掘和强化零售终端优势功能，对零售终端建设达标情况实施评价和动态维护。

2. 现状分析

2.1 概况

2.1.1 规模和布局

零售终端总数：2011 年末，全省入网零售客户 26.1 万户，同比新增 979 户，增幅 0.4%。分区域看，铜陵、淮北、蚌埠增幅居前三位，分别为 8%、5.2% 和 3.7%，芜湖、

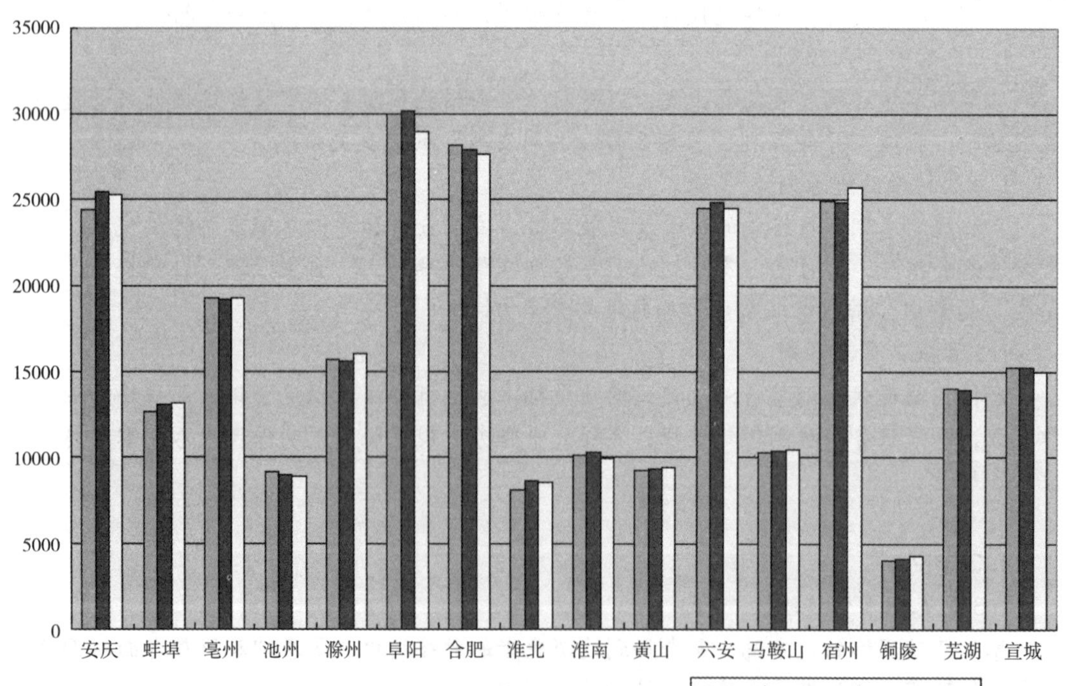

图 1　2009—2011 年各地市卷烟零售客户总数示意图

阜阳、池州降幅居前三位，分别为 3.9%、3.6% 和 2.6%。分市场类型看，城镇增加 2.1%，农村减少 1.5%。分业态看，超市、烟酒店、商场、便利店、娱乐服务类分别增长 26.7%、25.2%、11.8%、7.5%、5.1%，食杂店与其他类下降 0.8% 和 10.8%。

商户率：根据第六次人口普查数据推算，目前全省商户率约为 4.4‰，较 2009 年提高 0.02 个百分点。其中黄山、池州、铜陵等七家单位商户率超过全省平均水平。除合肥、马鞍山、芜湖因巢湖行政区划调整商户率难以对比外，其余 13 家单位中有 10 家终端规模出现增长。

城镇化：“十一五”期间，我省经济加速发展，城镇化进程明显加快，城镇化率从期初 37.1% 攀升至期末 43.7%。城镇、农村发展新格局给卷烟市场带来新的变化，2009—2011 年，全省城镇客户数量由 13.5 万户增至 13.8 万户，占总客户数量比重由 52.2% 提升至 53.1%，卷烟销量比重由 63.1% 提升至 66.6%，销售收入比重由 72.9% 提升至 74.1%；农村客户数量由 12.4 万户减至 12.2 万户，占客户数量比重由 47.8% 下降至 46.9%，农村市场销量、销售收入比重则逐年下降。

通过比较，近年来全省城镇市场销售率与城镇化率提速基本吻合，城镇客户率和城镇市场销售收入率提速相比城镇化率提速分别低 1.8、1.5 个百分点，总体略低于城镇化发展进程。

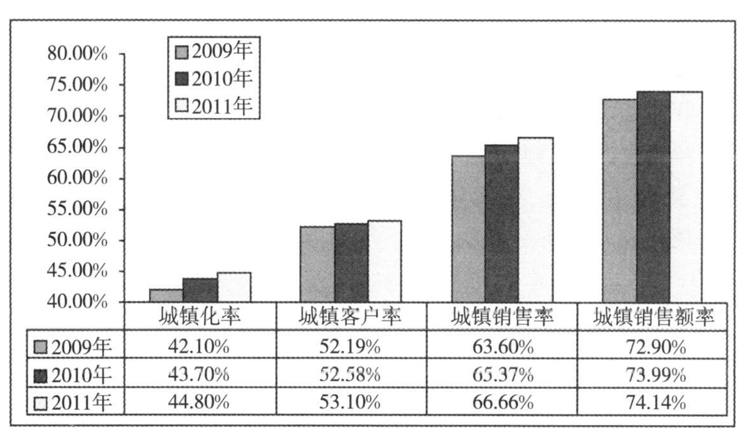

	城镇化率	城镇客户率	城镇销售率	城镇销售额率
2009年	42.10%	52.19%	63.60%	72.90%
2010年	43.70%	52.58%	65.37%	73.99%
2011年	44.80%	53.10%	66.66%	74.14%

图 2　2009—2011 年城镇化发展示意图

消费水平：2009—2011 年，以我省商业批发含税销售收入计算，年均增幅达到 17.1%，略低于同期社会消费品零售总额年均增幅 17.9%。从烟草商业企业对零售客户的年户均批发收入看，城镇客户经营规模稳定增长，年均增幅 16.8%，较同期城镇居民人均收入、人均消费年均增幅分别高出 1.9 和 3.3 个百分点；农村客户年均增长 15%，经营规模虽逐年增长，但较同期农村居民人均收入、人均消费年均增幅分别低 2.6 和 1.6 个百分点。

业态分布：2009—2011 年，超市、烟酒店、商场、便利店、娱乐服务五个零售业态客户数量均有所增长，增幅分别达到 26.7%、25.2%、11.8%、7.5% 和 5%，占客户数量比重分别为 2%、2%、0.1%、6.7% 和 1.6%；食杂店和其他类零售业态分别下降 0.8% 和 10.8%，占客户数量比重分别为 84.9% 和 2.8%。从销量看，2011 年各业态所占比重分别为：食杂店77.5%、便利店11%、超市5.1%、烟酒店2.9%、其他类2.1%、娱乐服务0.8%、商场0.6%，食杂店和便利店销量比重共占到88.5%。从销售收入看，各业态所占比重分别为：食杂店70.8%、便利店11.5%、超市8%、烟酒店4.5%、其他类2.3%、娱乐服务1.4%、商场1.5%，食杂店和便利店销售收入比重占到82.3%。综合分析，食杂店、便利店对卷烟销售贡献度高，超市、烟酒店、商场等业态发展较快。

表1　2009—2011年卷烟零售业态分布情况表

业态类型	2009年	户数比重	2010年	户数比重	2011年	户数比重
便利店	16179	6.23%	17048	6.51%	17399	6.67%
超市	4135	1.59%	4644	1.77%	5239	2.01%
商场	203	0.08%	218	0.08%	227	0.09%
烟酒店	4206	1.62%	4773	1.82%	5267	2.02%
娱乐服务	3904	1.50%	4001	1.53%	4101	1.57%
其他	8122	3.13%	7705	2.94%	7247	2.78%
食杂店	222943	85.85%	223682	85.35%	221191	84.85%
合计	259692	100%	262071	100%	260671	100%

2.1.2 功能发挥

卷烟销售：2009—2011年（按客户购进计算），户月均销量由149.7条提升至154.1条，年均增幅1.5%；户月均销售额由9888元提升至13500元，年均增幅16.9%；单条均价由66.05元提升至87.59元，年均增幅15.2%；2011年全省零售终端经营卷烟的毛利率达到9.9%，同比提高0.3个百分点。

品牌培育：2011年，全省零售终端卷烟经营面积达到794973平方米，户均3平方米，占店铺面积6.42%，其中烟酒店、食杂店、便利店较高，达到10.06%、8.79%、8.08%。

信息采集：依据区域、业态、规模三个维度，采取科学的抽样方法，2011年全省共建立市场信息采集点5700个，占客户数量比重的2.2%，其中1000个信息采集点采用终端扫码设备，占采集点数量比重的17.5%。

示范引领：2011年末，全省共建设示范店6028户，占客户数量比重2.3%，户均卷烟经营面积3.62平方米，超过全省平均水平0.62平方米。2011年全省示范店卷烟销量占总量比重5.1%，户均月销量340.4条，超过全省平均水平86.3条；销售收入占总量比重5.8%，户均月收入34063元，超过全省平均水平20562元。

2.1.3 网络服务支持

人力资源：2011年，全省共有卷烟营销人员1972人，大专（含）以上学历1151人，平均年龄35周岁。其中，管理人员236人，客户经理1275人，市场经理116人，品牌经理39人，电话订货员292人，在线服务员14人；获得卷烟商品营销师五级资格证书211人，四级919人，三级840人，二级2人；客户经理人均服务客户204.5户，高于国家局优秀营销部创建180户/人的标准。

业务方式：2011年，全省电话订货客户比重35%，网上订货客户比重65%，网上订货量比重59.5%，网上订货金额比重64.9%，电子结算客户比重99.6%，结算金额比重99.9%。全省统一实行电话订货、网上订货、物流配送、电子结算，依托网上订货平台的品牌推介、政策宣传、货源发布、在线客服、市场调查等营销活动逐步展开，并积极探索“网上订货、网上结算、网上配货、网上营销”四网合一的业务运行模式。

素质引导：面向零售终端实施卷烟陈列、品牌知识、宣传推介、服务礼仪等培训，以培训会、交流会、知识竞赛、网上交流等方式加强与零售终端的互动和沟通，引导零售终端转变经营观念，提高经营能力。

品牌培育支持：以培育行业知名品牌为目标，突出零售终端卷烟规范化、生动化陈列，提升卷烟展示效果；引导客户亮化店容店貌，改善店堂布局，营造清洁、文明的购物环境；加强对终端店铺内部柜台、货架、柱体、墙面等空间资源的利用和管理，发挥零售终端品牌培育的前沿阵地功能。

信息采集：制订《全省卷烟零售终端信息采集管理办法》，明确采集内容、规范采集流程、建立控制措施，保证信息采集工作质量；广泛开展客户培训活动，提高零售终端销售扫码、库存管理、销售分析、盈利分析的意愿和能力；综合分析应用市场信息采集数据指导卷烟营销工作，保持“稍紧平衡”的良好市场状态。

示范引领：制定《全省示范店建设指导意见》，从建设质量、引领效能、规范管理三个层面，对示范店的分类、选取、评定、管理等程序进行全面规划，树立典型、以点带面，增强零售终端提升的能力和动力。

2.2 服务体系建设历程

2.2.1 规范经营，确立以客户为中心的网络服务模式

1995—2000年，省局（公司）下发《关于建立和完善农村卷烟批发网点的实施意见》，开启了全省农村零售终端建设的序幕。全省系统开始重视终端市场，推行送货服务，走上了从“批发商”到“服务商”、从传统流通到现代流通的转型之路。

2000—2004年，以推行全面访销、全面配送为标志，以实施客户关系管理为内容，全省客户经理队伍建设取得突破性进展，卷烟营销管理力度加大，卷烟经营行为逐步规范，对零售终端的服务内容不断增加、服务质量显著提高。

2.2.2 构建高效率、低成本、优质服务的卷烟业务模式

2004—2009年，全省卷烟商业信息化建设取得质的飞跃，自主开发并应用了工商网上交易系统、资金结算系统、商业管理信息系统、96300客户投诉受理系统等信息化平台，全省17个地市建成了电话呼叫中心，推行电话订货、电子结算、物流配送的新型业务模式，降低了零售终端经营成本，提高了卷烟销售业务运行的效率。同时，以按客户订单组织货源工作和精准营销工作为抓手，进一步加强经营规范管理，提高对市场需求的响应能力。

2009—2011年，按照国家局部署，全省建立了统一的网上订货平台，按照公司引导、客户自主选择的原则大力推进网上订货，网上订货的卷烟销量和销售收入比重逐步提高；结合实际应用“135”工作法，强化营销队伍的素质和能力，提升服务的针对性、有效性；全省逐步建立零售终端自动信息采集系统，广泛开展示范店建设，提升了全省零售终端建

设水平的质量。

表2　2002—2012年安徽省烟草商业企业主要网建工作回顾（营销）

项目		02	03	04	05	06	07	08	09	10	11	12
市场营销	市场跟踪							零售终端信息采集				
												消费者数据库
	需求响应					按客户订单组织货源						
											精准营销	
客户营销	终端形象				明码标价							
									生动化陈列			
											零售客户分群标准	
	终端盈利			帮助客户理财、理货								
品牌营销	品牌培育									品牌建功立业活动		

表3　2002—2012年安徽省烟草商业企业主要网建工作回顾（管理）

项目		02	03	04	05	06	07	08	09	10	11	12
基础管理	队伍建设		建立营销职业技能鉴定体系									
									开展QC小组活动			
	营销管理					《网络业务规范》、《客户分类标准》						
										《网络业务规范》、		
							《四员工作手册》					
									基层营销部创建			
										“135”工作法		
	服务控制					投诉中心建设，投诉受理流程和管理办法						
							满意度调查					
										卷烟经营规范要求（20号文件）		
信息化建设	业务平台	工商网上交易平台										
									客户网上订货系统、终端信息管理系统			
			一号工程									
	管理平台				商业企业管理信息系统							
											“135”工作法平台	
								工商协同平台；信息采集系统。				

2.2.3 以服务客户为流通企业的根本任务，强化终端功能，掌控渠道资源

2011年，柳州网建会召开之后，行业发展对终端建设提出了更高的要求，发挥终端功能、挖掘终端价值成为终端建设的重要任务。卷烟商业企业将进一步探索现代卷烟零售终端的内涵、建设标准、动态管理办法、工作措施，按照突出现代性、富有时代性、体现特色性的要求，进一步发挥零售终端产品销售、形象展示、品牌培育、宣传促销、信息采集和消费跟踪的功能，打造一流终端。

2.3 经验

1. 树立了“以客户为中心”的营销理念，不断提升服务客户的水平已成为卷烟商业企业开展营销工作的根本目标和内在需求，成为卷烟商业企业实现自我价值的基本方式。

2. 经济环境和城市化进程对零售终端的市场格局和业态演变有着直接影响，终端建设必须从市场的实际情况出发，在准确把握市场成长趋势的前提下，合理配置营销网络资源，有效地提升零售终端的素质和运行水平。

3. 营销策略的公平、公开是优化客我关系、提升客户满意度的关键因素，特别是在货源供应和服务需求响应效率方面的影响尤为重要。

4. 认真贯彻落实国家局、省局（公司）有关卷烟销售网络建设的工作要求，统一执行面向零售客户的业务规范、服务规范，有助于建立并不断完善标准化的卷烟营销服务体系，提高服务的效率和质量，打造规模化的零售终端网络。

5. 加强与工业企业、零售客户、消费者的沟通与互动，以培训和座谈等形式加强市场信息交流、品牌信息宣传、服务信息沟通，适当吸引工业企业、零售客户参与卷烟商业企业的营销活动过程，在营销策划中兼顾各方需求，有助于相互之间的合作更加紧密、更加协同，有助于提升零售终端的素质和能力，有助于依托零售终端网络发挥营销功能。

6. 提高市场跟踪能力和营销网络运行水平，离不开信息化的支持。依托信息平台，商流、物流、订单流、资金流的效率大大提升，电子化、数据化的市场信息能够及时归集，对市场需求和动态的把握更加准确，有助于卷烟商业企业更加合理地配置营销资源，通过针对性的措施服务市场。

2.4 不足

1. 现代卷烟零售终端建设的提升路径不够明确。在前期的探索中，各地就卷烟零售终端建设工作采取了很多措施和做法，其中得到国家局认可的为数不多。对于一些单位在零售终端建设中以示范店、星级户区分客户群体并实施营销政策倾斜的做法以及直营店建设超大、超豪华的现象，已被国家局叫停。因此，在明确下一步零售终端建设要突出“产品销售、形象展示、品牌培育、宣传促销、信息采集、消费跟踪”六大功能的任务下，如何结合本地市场实际，找出零售终端功能强化的路径已成为首先必须解决的问题。

2. 零售终端素质参差不齐。近年来，通过加强客户服务和培训，零售客户的素质有了较大的提高，但由于培训的任务较重以及培训内容缺乏结合终端个性的指导，对零售终端店铺建设、经营能力、营销功能的改善不甚理想。尤其是农村客户的专业素质普遍低于城市客户，缺乏卷烟营销知识，缺乏品牌推荐能力的现状仍然普遍存在，零售客户

处在松散、自发的经营状态，自觉经营、自主管理、自我发展的意识和能力仍需要进一步提升。

3. 缺乏科学规范的客户分群办法及优质化评价标准。建立零售终端优质化评价标准，能够帮助营销人员了解零售终端提升的目标，能够帮助客户分析自身的短板和差距，能够帮助营销管理人员准确评估零售终端提升的绩效和进度，使服务和提升工作能够尽快步入制度化、常态化、专业化的轨道。目前，由于客户分群以及各群中客户优质状态的评价标准尚未建立，零售终端在店铺建设、经营能力、功能强化等方面的水平无法精确衡量，针对具体零售终端的服务和提升措施缺乏明确的指引，零售终端建设质量参差不齐，动态管理措施不到位。

4. 营销策略缺乏针对性。从实施营销活动的目标客户选择看，多数公司未制定客户群细分办法，通常依据客户综合价值评估等级安排营销策略，或在开展营销活动时从国家局的客户分类维度中临时选择抽取部分客户，尽管形式上“公平”，但由于缺乏针对性、差异化，营销策略往往与客户实际不匹配、与客户需求相悖离，客户配合度受到影响，策略实施的效果不够明显。另外，在客户忠诚度提升上多数卷烟商业企业未建立激励机制，少数已经实行积分制的单位经验不够成熟。

5. 信息化应用水平需进一步提升。首先，信息化对营销业务活动管理的支持还需要进一步提升，尤其是根据“135”工作法设计的营销工作平台需要进一步细化业务单元、连接相关岗位；其次，网上订货客户群体规模的扩张，增强了客我之间、客户之间开展网上沟通、网上互动的需求，但目前网上订货系统的功能扩展尚在开发过程中；第三，基于零售终端的市场信息采集网络已经初步建立，但直接来源于消费者的市场跟踪机制尚未建立，消费者数据库建设尚在酝酿中。

2.5 机遇

1. 经济发展赋予零售终端建设的可持续性。地方经济的发展为现代卷烟零售终端建设创造了良好的外部环境，安徽省及各地级市的十二五规划，描绘了经济发展的宏伟蓝图。同时，中部崛起战略稳步推进、安徽省“861”行动计划、新农村建设、地区性创新综合实验区建设、皖江城市带承接产业转移示范区等也为十二五期间的卷烟终端建设带来了巨大的发展机遇。

2. 市场竞争环境凸显了卷烟商业企业增强竞争实力的紧迫性。随着经济发展和市场成熟度的不断提高，快速消费品市场竞争加剧，差异化营销策略和措施发展迅速，特别是在渠道资源的竞争上进入了白热化的状态。在这种市场背景下，烟草行业同时面临着日益严峻的控烟形势，卷烟销售网络如何更好发挥功能已关系到行业在未来竞争格局中能力和地位。必须抓住机遇，充分发挥专卖制度下客户依存度较高的优势，以现代的营销思维和优质的服务工作打造“发展同向、工作同心、利益同体、服务同步”的客我关系，积极参与并支持零售终端的提升过程，提高客户满意度、忠诚度、依存度，掌控优质渠道资源、发挥零售终端功能。

3. 行业政策明确了现代卷烟零售终端建设工作的重要性。在2011年的网建会上，国家局明确了卷烟商业企业在零售终端建设中的主导作用，明确了零售终端强化功能、服务于品牌发展战略的工作要求。在2012年行业政治思想工作会议上，姜成康局长提出了坚持“三个始终”、树立“五种意识”的要求，强调要始终把为零售客户提供优质服务作为卷烟流通企业的根本任务。这充分说明零售终端建设已成为落实行业共同价值观、增强行业发展后劲的重要抓手，零售终端建设也将在工商企业的共同努力下，在各级领导的高度重视下取得新的突破、新的发展。

4. 科技创新拓展了现代卷烟零售终端建设的发展空间。近年来，新的营销理论和信息化手段飞速发展，商业模式、营销模式、业务模式的创新案例层出不穷，新思维、新理论、新技术正在推动经济社会不断加速前进。在这个时代的背景下，卷烟商业企业加强零售终端建设是顺应时代潮流之举，必将在国家局的正确领导下，在创新的推动下，抓住机遇，攻坚克难，实现“卷烟上水平”的目标。

3. 指导思想

深入贯彻落实科学发展观，紧紧围绕“卷烟上水平”的基本方针和战略任务，深刻认识开展零售终端建设对烟草行业持续健康发展的重要意义，坚持“发展同向、工作同心、服务同步、利益同体”的终端提升原则，实现国家局“一流的服务、一流的手段、一流的管理、一流的素质”的网络发展目标，以卷烟商业企业为主体，以提升客户价值为途径，以培育品牌为抓手，进一步优化资源配置，完善服务体系，推进协同营销，强化信息化支持，有效改进和提升卷烟零售终端经营能力和盈利水平，充分发挥零售终端“产品销售、形象展示、品牌培育、宣传促销、信息采集、消费跟踪”的功能，实现企业市场竞争能力的提升。

现代卷烟零售终端建设遵循国家局“整体规划、统一推进，自愿参与、加强互动，分类指导、整体提升，严格管理、规范运作”的基本原则。

4. 目标任务

4.1 总体目标

到2015年末，零售终端货源满足率达到88%以上，货源的满意度达到95%以上，客户满意度保持在90%以上的水平，平均零售毛利率达到10%以上；

全省零售终端优质化客户占零售客户总数比重不低于20%，零售终端功能化客户占零售客户总数比重不低于20%，同时达到优质化、功能化标准的客户占零售客户总数比重不低于15%；

全省建立消费者数据库，其中完备的消费者档案数不低于6000个，动态跟踪的消费者不少于1600人，消费者信息分析利用率达到95%以上，消费者数据库成为支持营销决策的重要工具；

零售终端培训广泛开展，培训覆盖面100%，人均年培训学时不得少于16学时。

4.2　分阶段任务

4.2.1 基础巩固阶段（2012—2013 年）

主要任务是加强市场环境治理和营销队伍建设，完善零售终端分群办法、制定零售终端优质化、功能化评价标准和管理办法，完善市场信息采集和消费跟踪机制、品牌培育工作机制，提升营销管理效率和质量，改进信息化支持水平。具体工作任务如下：

1. 完善零售终端建设制度

2012 年底前，全省根据“品牌培育的前沿，宣传促销的平台，信息采集的端口，消费跟踪的触手”终端功能化要求，制定全省统一的客户群分类标准、零售终端服务工作流程、零售终端优质化评价标准、零售终端功能化建设标准。探索建立面向零售终端和消费者的激励机制。各地市公司对零售终端进行分客户群管理，结合本地烟草市场特点制订现代卷烟零售终端建设规划。

2. 加强营销信息化平台建设

2013 年底前，省局（公司）搭建覆盖工业企业、商业企业、零售终端的信息化平台。平台将集成网上订货、工商网上配货、批零网上配货、信息采集、消费跟踪、品牌培育、宣传促销等功能。零售终端信息管理系统免费提供终端使用。

4.2.2 体系建设推进阶段（2014 年）

主要任务是在第一阶段的基础上，系统完善以信息化支撑为载体，以客户服务、品牌培育、市场监测、质量控制为内容，以零售终端网络为前台的共同面向消费者的服务体系，具体工作任务如下：

1. 市场跟踪体系

2014 年底前，加强零售终端信息采集网络建设，提高信息化水平；定向、定点、定期采集和利用消费者信息，建立消费者数据库；按照品牌培育要求跟踪市场信息，完善工商市场信息反馈机制；推进批零网上配货业务应用范围。

2. 品牌培育体系

2014 年底前，全省零售终端功能化客户占零售客户总数比重不低于 15%，功能化零售网络逐步形成。零售终端使用零售终端信息系统比例超过 10%，保存 6000 个以上消费者档案，定期跟踪访问，初步完成工商零一体面向消费者的现代卷烟营销体系建设。

3. 终端建设体系

2014 年底前，各卷烟商业企业零售终端运行管理和动态维护工作步入组织化、制度化的轨道，零售终端提升和管理方法持续改进，营销队伍专业化能力提升，营销措施针对性、有效性增强。

4.2.3 总结提升阶段（2015 年）

主要任务是巩固零售终端建设成果，进一步改进终端建设工作质量，在完成国家局下达任务的基础上，力争达到全国先进水平。2015 年，总结近几年来全省零售终端建设的经验、成果和不足，讨论并完善全省终端建设管理、评价、考核体系。

5. 实施办法

5.1 总体思路

现代卷烟零售终端建设的总体思路概括为：

——根据市场特点和零售终端条件设计和规划零售终端提升路径；

——准确评价零售终端运行状况，合理安排营销策略，有效参与零售终端提升过程；

——持续改善和优化零售终端经营能力和运行状况，提升零售终端的优质化、功能化水平。

5.1.1 提升路径

1. 从初始化到优质化的提升

通过零售终端信息的全面整理及终端价值评估模型的建立，从零售终端的市场地位、网络功能价值、提升潜力等诸方面对零售终端进行评价，形成零售终端提升前的初始状态信息。

在零售终端分群管理的基础上，为每个零售终端群体建立量化的优质评价标准，直观反映各个群体中零售终端的优质水平。同时，以该标准比对零售终端的初始状态，查找短板、分析潜力，制定有针对性的提升计划，帮助零售终端达到优质化的水平。

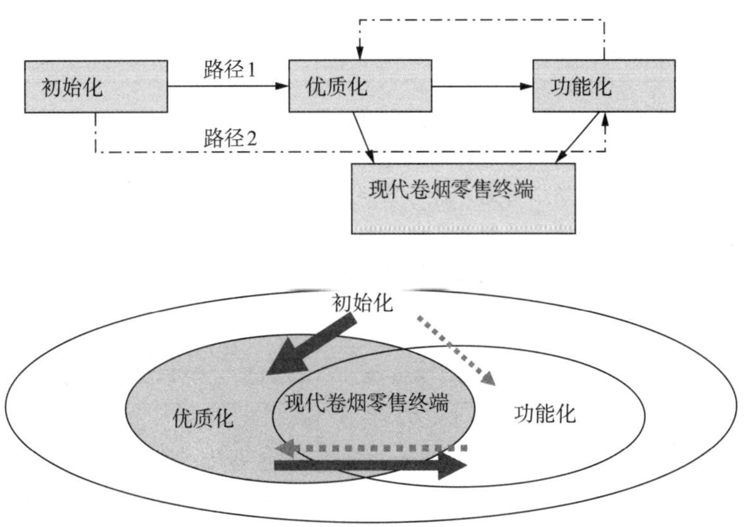

图4　零售终端状态关系示意图

2. 从优质化到功能化的提升

根据零售终端网络发展的规划和营销需要，卷烟商业企业按照“产品销售、形象展示、品牌培育、宣传促销、信息采集、消费跟踪”的功能要求，制定零售终端功能化标准和布局要求；按照标准要求，以达到优质化标准的零售终端为对象，采取有效措施强化相应功能，发挥应有作用。

3. 从初始化到功能化的提升

当营销活动实施区域内优质化零售终端不能满足功能化要求时，可以在初始化的零售终端中选择合适对象发展，但应同时将发展对象列入优质化零售终端的提升计划。

5.1.2 提升过程

在实施零售终端从初始化到优质化、功能化的提升过程中，应把握以下要点：

1. 为零售终端提供明确的目标指引，吸引零售终端自愿参与到提升过程。

2. 对有关服务人员的提升计划、措施、实施进度进行及时指导，定期评价提升绩效。

3. 尽可能突出营销策略和措施在零售终端提升中的关键作用，使提升过程有效促进客我关系。

5.1.3 动态维护

1. 建立零售终端优质化、功能化状况跟踪机制，定期评价零售终端优质化、功能化达标状况。

2. 建立零售终端优质化、功能化的动态维护办法，及时发现并帮助零售终端解决终端运行中出现的问题，总结经验，完善制度。

表4　现代卷烟零售终端建设的基本思路

提升路径	零售终端（初始）	零售终端（优质）	零售终端（功能）	现代卷烟零售终端（优质化+功能化）
营销策略	业务服务策略	短板提升策略	功能强化策略	质量控制策略
主要措施	优化业务模式，合理配置营销资源，为零售终端的卷烟经营提供的必要的业务支持和营销服务	多维度分析、评价零售终端状态，有计划、针对性的提升短板，使终端状态接近或达到优质化标准	根据终端特点、市场特点、营销目的，挖掘和强化终端能力，发挥零售终端优势功能	关注零售终端的短板提升状况，对达到优质化、功能化标准的终端运行质量进行跟踪评价、激励和维护
实施要求	公平性、公开性	针对性、差异性	目的性、协同性	动态性、及时性
关键标准	零售终端分群标准；零售终端公平服务标准	零售终端优质化标准	零售终端功能化标准	零售终端优质化、功能化动态评价和维护标准
协同关系	工商协同，提升货源供应、市场投放的水平	商零协同，共同分析市场、采取有效措施，提升零售终端短板	工商零协同，以品牌培育为目标，有效开展市场跟踪、品牌宣传、促销活动	工商零协同，推动零售终端网络建设步入良性发展轨道

5.2 实施内容

5.2.1 完善公平服务

1. 优化业务模式

(1) 履行行业使命，践行“两个至上”的共同价值观；

(2) 通过持续优化业务模式，优化营销服务资源配置，提高业务效率；

(3) 广泛开展面向零售终端的经营业务指导、客户关系管理、终端业务培训等服务项目；

(4) 以市场需求为导向，不断完善品牌投放、货源供应、宣传促销等业务管理规定，有序开展营销服务活动，做到政策公开、策略公平、过程透明。

2. 巩固基础工作

(1) 完善零售终端基础信息采集和维护办法，及时更新零售终端基础信息；

(2) 根据市场特点和营销服务的需求，优化零售终端分类办法，细分零售终端群体；

(3) 加强营销队伍建设，定期组织零售终端建设相关培训；

(4) 开展终端建设推进技术和方法的研究；

(5) 制定品牌经理、市场经理、客户经理推进零售终端建设工作的操作办法；

(6) 完善服务质量管理办法，提高客户投诉和意见处理效率。

3. 健全策略体系

(1) 加强策略研究、制定、执行程序管理；

(2) 建立面向零售终端的策略公开机制；

(3) 制定零售终端分群业务策略和营销策略，在体现细分市场营销策略差异化的同时，确保同客户群零售终端享有一致的基本业务策略和服务策略；

(4) 对营销服务策略实行策略库管理，及时收录策略信息、评价策略效果。

4. 完善协同机制

(1) 深入开展与工业企业的协同营销工作，在深度沟通、准确把握工业企业品牌发展愿景的基础上，制定零售终端发展规划；

(2) 有序安排和实施品牌宣传促销活动和市场跟踪活动；

(3) 及时向工业企业、零售终端反馈市场动态，取得共识；

(4) 在面向消费者开展营销活动的过程中，适当吸纳零售终端参与营销活动的策划、跟踪、评估等过程。

5.2.2 培养优质终端

1. 建立现代卷烟零售终端优质化评价标准，方法如下：

(1) 细分客户群；

(2) 以客户群为单位选择衡量指标：

① 共性指标：包括零售终端诚信规范经营、现代流通特征、自愿参与和经营素质等方面。

● 长期诚信规范经营，至少连续 12 个月无违反烟草专卖法律法规的经营行为，且坚持卷烟零售明码实价；

● 具有现代流通的基本特征，以“网上订货、网上配货、电子（网上）结算”为主要标志；

● 经营场所配备电脑、互联网、扫码设备或零售 POS 机等信息化设备，安装使用终端管理信息系统等；

● 在平等互利的前提下，自愿利用其营销资源，与烟草商业企业合作共同开展卷烟营销和品牌培育工作；

● 具有较强的经营素质，包括有关软件的使用能力、较强的卷烟出样陈列能力、较高的产品推介以及与消费者的沟通交流能力；

● 具有较好的店面形象，店面干净、整洁、有序；陈列设施条件较好，陈列规范、美观；

● 具备醒目、美观的店招，或店铺具备改造提升潜力，并自愿提升的；

● 经营稳定，非重大节日期间没有销量明显波动的异常情况。

② 个性指标：在普遍达到共性标准的前提下，各地根据当地社会经济发展和卷烟市场实际情况，结合终端布局要求，针对不同零售终端群体的特点，设定个性指标。可参考的主要指标包括：

● 经营面积；

● 陈列设施；

● 陈列面积；

● 广告面积；

● 经营业绩；

● 盈利水平；

● 店铺地段。

2. 分析零售终端现状

（1）通过数据分析和研判，对照零售终端优质化标准，组织客户经理分析零售终端现状与优质化标杆之间的差距；

（2）按照营销目标和工作重点的要求，确定提升对象、找准短板、制定方案和提升计划；

（3）有计划地解决终端存在的问题，逐步提升零售终端优质化覆盖率。

3. 检查零售终端提升状况

（1）定期检查零售终端优质化提升情况，跟踪优质化覆盖率任务执行进度；

（2）定期检查营销人员终端提升计划落实情况和提升效果；

（3）对营销人员服务绩效进行考核。

4. 建立零售终端激励机制

（1）制定零售终端优质化提升评估办法和激励措施；

（2）准确评价零售终端优质化提升效果；

（3）对零售终端采取适当的激励措施，但激励措施不得违反服务公平原则。

5.2.3 强化终端功能

1. 制定规划

分析市场情况，根据营销工作目标要求制定功能化零售终端市场布局规划。

规划应重点按照产品销售、形象展示、品牌培育、宣传促销、信息采集、消费跟踪等类型安排，并就功能化终端的目标数量、质量标准、实施办法、进度提出要求。

2. 建立标准

制定零售终端功能化建设标准，重点按照产品销售、形象展示、品牌培育、宣传促销、信息采集、消费跟踪等功能类型明确零售终端发展对象的选择条件、店内店外环境标准、硬件设施备置标准、营业人员素质要求等内容。

3. 强化功能

● 营销部门依据零售终端功能化建设规划，下达零售终端功能化提升任务。

● 营销人员执行维护和提升任务，引导零售终端按照相关标准实施改进提升，帮助零售终端达到零售终端功能化建设标准的要求。品牌宣传、品牌促销终端实施的活动由品牌经理负责、客户经理协助；产品销售、形象展示、信息采集、消费跟踪终端实施的活动由市场经理按照营销中心要求组织客户经理实施。

● 营销部门定期、分类组织零售终端参加营销功能强化培训。

● 营销部门为零售终端功能化达标客户提供柜台标牌，按照六项功能是否达标分别进行颜色标识。

● 营销部门建立台账，对零售终端功能化达标信息进行综合管理。

● 营销部门定期检查零售终端功能化布局，检查规划完成进度，对终端功能化提升任务进行调整。

● 营销部门按照零售终端功能化类型，定期在功能终端开展营销活动，引导功能终端发挥功能。

4. 动态维护

客户经理及时关注和维护终端达标状况，营销部门定期组织相关岗位评估终端作用发挥情况。

5.3 工作要求

1. 正确认识开展零售终端建设的重要意义

开展零售终端建设是国家局立足当前、着眼长远的战略部署，是履行责任、培育品牌、增强竞争实力的重要抓手。抓好零售终端建设工作，能够提高了解市场、跟踪市场、响应市场的效率，能够强化卷烟营销网络掌控渠道资源、引导市场、服务市场、控制市场的能力，能够增强营销队伍职业化、专业化的素质，是深入推进协同营销、构建现代卷烟营销体系的强劲助力。各市公司要广泛开展学习和讨论活动，正确认识开展零售终端建设的重要性和紧迫性，把握国家局、省局（公司）有关零售终端建设工作的目标、部署和工作要求，为终端建设工作的推进打下良好的思想基础。

2. 树立服务理念，增强忧患意识，推动卷烟营销上水平

各市公司要认真分析行业发展环境和市场发展趋势，认清市场化条件下营销参与竞争的实质，客观评价市场化模拟条件下卷烟商业企业的渠道控制能力和自由竞争实力，放眼长远、找准短板、谋划思路，强化做好终端建设工作的使命感和责任感。要立足行业可持续发展，在行业政策的引领下，立足市场实际、创新营销方法、扎实工作基础、提升对市

场的响应效率。要统筹不同区域和不同客户协调发展，始终把服务摆在突出位置，坚持“与客户共创成功”的理念，坚持“发展同向、工作同心、服务同步、利益同体”的要求。

要加快构建工商零共同面向消费者的卷烟营销体系，深入探索和优化以品牌为抓手的工商协同营销和商零协同营销的新模式，准确定位主体关系、完善协同办法，建立工商零之间平等互利、相互支持、共同发展的合作机制。

3. 健全组织，保障推进有力

省局（公司）成立零售终端建设领导小组，由省局（公司）分管销售领导挂帅，专卖、人事、计划、财务、政工、科技、信息、物流、营销等部门负责人参加。领导小组全面领导全省卷烟零售终端建设工作，审批零售终端建设工作方案和相关制度，分阶段召开全省零售终端建设工作会议，部署、检查、考核终端建设工作质量。

领导小组下设办公室，由营销管理处负责人担任主任。办公室成员主要由营销管理处有关人员担任，相关处室联络员参加。办公室按年度制定全省零售终端建设实施方案，对照五年规划和年度实施方案要求，定期检查任务完成情况，分析和总结工作中出现的新情况、新问题，更新营销创新项目课题方向和QC攻关方向，对各单位零售终端建设工作质量提出考评意见。

市局（公司）在成立领导小组和办公室的基础上，还要依据终端建设的工作重点，分解项目，成立相应的工作小组。

4. 着眼长远，稳步推进

终端建设是一项系统工程，需要循序渐进；要与社会经济发展水平、终端条件和环境相适应；要整体规划、分布实施、有序推进。各市公司要遵循市场规律，尊重客户意愿合理规划终端布局，科学选择现代卷烟零售终端，有效开发和利用终端资源，发挥市场机制配置资源的基础作用；发展现代卷烟零售终端要兼顾市场类型、经营业态和商圈，以市区为主，县（区）范围内以城区和经济发达的重点乡镇为主；要严格控制烟酒类连锁店以及烟酒类客户的比例；着眼于与零售客户的长远合作，加强客我沟通，妥善处理客我利益关系，引领客户与行业共同发展、和谐发展。

5. 坚持标准，确保工作质量

一是在选择标准上要体现“三性”，坚持做到标准不降、条件不减，在建设模式上要突出“三自”，在选择对象上要严格控制烟酒店的比重；二是不得弱化普通终端，要坚持做到大小客户一律平等、货源供应一视同仁、客户服务同一标准，坚决不能依靠大户建设零售终端；三是终端建设要注重功能发挥，体现软件水平，不能只靠花钱买店面、搞装修，低层次、低水平建设终端；四是充分发挥客户经理作用，通过积极运用“135”工作法，提高客户经理终端工作能力。要通过探索“线上”“线下”客我互动途径，拓展客户经理工作内容；要通过客户经理牵头，组织零售客户以小组为单位开展活动，原则上不搞零售客户协会。

安徽省烟草公司下发《关于卷烟货源供应的管理意见》的通知

皖烟销〔2012〕347 号

各市烟草公司：

现将《安徽省烟草公司关于卷烟货源供应的管理意见》下发给你们，自 10 月份起请按照《意见》要求改进货源供应管理，规范卷烟销售工作，提升卷烟工业企业、零售客户和消费者的满意度，实现市场营销上水平的工作目标。

中国烟草总公司安徽省公司

2012 年 10 月 26 日

安徽省烟草公司关于卷烟货源供应的管理意见

为进一步严格规范全省卷烟货源供应管理，全面促进卷烟销售工作，更好地实现卷烟工业企业、零售客户、消费者“三个满意”，着力实现“市场营销上水平”，特制定本意见。

一、指导原则

（一）市场导向原则

坚持以市场为导向，把握卷烟市场运行的客观规律与真实需求，努力克服各种非市场因素的影响，提高货源供应的适应性与科学性。

（二）稍紧平衡原则

贯彻“控制总量、稍紧平衡”的方针，切实实现“市场需求基本满足、零售客户有所选择、零售价格基本稳定、社会库存基本合理、供求关系稍紧平衡”。

（三）公平公正公开原则

在卷烟货源供应，特别是紧俏货源的分配上，要坚持公平、公正、公开原则。要真正做到机会公平、过程公正、结果公开，货源投放政策信息公开透明、阳光操作。

（四）平等互利原则

卷烟商业企业与零售客户之间要做到“平等互利、长期合作、共同发展”，明确双方的权利和义务，地位平等，互惠互利，精诚合作，共同服务消费者。

二、货源供应的流程管理

（一）货源供应流程

货源供应流程总体分为以下环节：

1. 确定零售客户商定量

每月下旬，县（区）营销部客户经理开展下月度所辖区域零售客户的合理定量工作，与客户商定一致后录入营销信息系统并提报，营销部市场经理、营销部经理逐级审核客户定量，通过后提报各市公司营销管理中心，营销管理中心经理审核通过后，形成零售客户下月度的合理定量，并作为下月度客户货源供应的计划依据。

2. 衔接货源计划

每月 25 日前，采供部门依据预测的卷烟市场需求与所核定的客户商定量，与卷烟工业企业衔接下月度卷烟调运计划，通过中烟商务物流网“工商协同子系统”模块中完成需求衔接，并在下月度适时衔接确认调运合同，组织适销对路货源。

3. 制定投放策略

每月最后一周前，采供部门确定本单位下月度货源供应政策与策略，经营销管理中心经理审核后报分管领导批准实施。

4. 系统分配货源

根据批准的货源供应政策与策略，采供部门通过信息系统以“卷烟月投放计划”或“卷烟周投放计划”的方式自动分配货源。一般情况下，营销信息系统中的“卷烟月投放计划”应在下月度客户首周订货前设置完毕，“卷烟周投放计划”在客户下周期订货前设置完毕。

在客户订货周期到来之时，通过网上订货或电话呼出方式真实采集零售客户的实时要货需求，并根据设定的货源供应策略确认零售客户订单，进行货款结算和配送。

5. 定期评价投放效果

每月上旬，采供部门组织开展订单需求满足率等五率指标分析，结合客户拜访、客户投诉建议评价上月货源组织和投放效果，调整并改进次月货源供应策略。

具体流程详见附件一。

（二）总量浮动管理

各市公司在每月度的实际货源供应中，根据市场需求变化和销售季节的时间特征，对遵纪守法、进销存合理、零售价格执行好、具有一定示范效应的客户，允许对其月度合理定量进行适度向上浮动；对违法乱纪、低价竞销、进行不正当竞争的客户，对其月度定量要从严管理。

向下浮动的比例由各市公司根据本地区市场管理的实际自行掌握。向上浮动的比例进行分类管理，根据客户的实际经营情况，可允许大、中经营规模的客户实际购货量在商定总量的5% ~10% 的幅度上浮；经营规模小的客户，应允许其实际购货量在商定总量的15% 左右上浮。另外，各市公司还应积极探索零售户存销比与总量浮动的关系，依据本地区市场实际情况，确定合理的零售户存销比对应总量浮动的比例。

经营规模的界定标准为：根据国家局《关于进一步规范卷烟零售客户分类工作的通知》（中烟销网〔2008〕57 号），按客户卷烟购进量、购进额比重之和再除以 2 计算的数值由大到小排序，位于前面 20% 的零售客户为经营规模大的客户，位于中间 60% 的零售客户为经营规模中的客户，位于后面 20% 的零售客户为经营规模小的客户。

（三）销售大户管理

贯彻“控制大户、培育中户、扶持小户”的要求，严格控制大户的总体数量。各市公司在进行货源供应时，不得对大户进行货源倾斜，要严格控制大户数量。要以正常月份卷烟零售客户平均销量的3~5倍为标准来确定卷烟销售大户，大户比例不得超过各单位总客户数的10%。遇春节或节假日坐落月，销售大户比例可适当放宽，春节落点月的大户比例可放宽至25%，节假日落点月可放宽至20%。

各市公司要以月为周期对大户卷烟销售进行市场跟踪，了解实际流向，对有再批发等违规经营行为的客户，要切实加强监管，确保没有再批发行为。

实行大户管理备案制度。千条以上的大户原则上不超过客户总数的0.5%，各市公司按月上报千条以上大户名单给卷烟营销管理处备案，以便接受省局（公司）管理检查。

三、货源供应的政策管理

（一）紧俏、顺销品牌的界定与维护

紧俏品牌是指适应本地市场需求，零售户和消费者认可程度高，但货源供应缺口较大，不能长期满足零售户需求的品牌。符合以下几个条件之一的，应确定为紧俏品牌：一是零售户订单满足率连续三个月低于70%；二是市场零售价格长期高于零售指导价；三是由于特殊原因，如喜事用烟等，在当地市场具有刚性需求，且不能满足的品牌。

顺销品牌的界定范围是：是指货源除特殊情况外，能基本满足市场需求的品牌。原则上，紧俏品牌和新品牌以外的品牌都归属于顺销品牌。

紧俏品牌、顺销品牌由各市公司自行决定，并在管理信息系统中设置紧俏品牌、顺销品牌、新品属性，确定专人进行日常维护。

（二）做好顺销品牌货源的月投放，保证月度顺销品牌基本满足

各市公司原则上零售客户单个订货周期内对每一顺销规格的订购量最高不得超过49条（含49条），遇节假日落点月可适度放宽。

对顺销品牌卷烟供应，要做到基本满足市场需求、均衡销售。同品类、同价位的卷烟供应，主销的顺销品牌（规格）应不低于2个，可替代品牌（规格）要不少于2个。同时，每月顺销单品牌（规格）供应的断货天数不得超过一个订货周期，品牌（规格）需求满足率达到90%以上。为有效降低断货风险，允许各单位依据本单位市场实际，对货源短期不足的顺销品牌规格的月投放标准进行微调，但对同一订货周期内同一县级区域市场的零售客户要保持供应标准的一致。

（三）加强紧俏货源的周投放管理，确保货源分配的“公开、公平、公正”

“中华”品牌货源分配按《安徽省烟草公司关于开展中华品牌精准营销工作的意见》（皖烟销〔2011〕86号）的要求执行。

各市公司自行确定的紧俏货源分配，要根据当地情况制订每个时间段紧俏品牌分配标准，在对零售户评估基础上确定投放的零售户类别，按照周投放周期对下个周期的紧俏货源进行直接分配，原则上不允许各基层营销部或客户经理进行微调，防止有人为现象的发生，杜绝“关系烟”“人情烟”，切实规范操作。

对系统直分的紧俏货源量，各市公司相关营销组织与人员应及时通过网络、电话、报

刊等有关渠道把紧俏分配的卷烟品牌、投放策略告知零售客户。

作为紧俏货源分配的品牌、规格不得超过各市公司所经营卷烟品牌、规格的30%，销售数量不得超过总量的20%，超出部分必须报省局营销管理处审批。

（四）严格规范，做好高价位卷烟供应与销售管理

高价位卷烟是指统一批发价格在600元/条以上，零售价格在900～1000元/条，且在国家局公布的《全国高价位卷烟目录表》（国烟办综【2012】165号文）中的卷烟规格。

具体高价位卷烟的销售要求，按《安徽省烟草专卖局（公司）关于加强高价位卷烟销售管理的通知》（皖烟销〔2012〕119号）的要求执行。

（五）加强点面结合，促进新品牌良性成长

新品牌是指投放市场六个月以内，处于新品培育阶段，尚未全面铺开销售的品牌。

对新品的货源供应与投放，要根据新品自身特点，选择合适的、对新品接受能力强的客户群，参考同品类卷烟的销售情况制定供应策略。

各市公司在新品的导入期，要加强宣传，重点上柜，适度促销，提升品牌知名度，让品牌尽快进入成长阶段。在新品的成长期，要做好“控量、稳价、铺面”，促进品牌的销售增长与稳定。

四、卷烟销售特殊服务业务的管理

（一）服务对象和业务范围

卷烟供应特殊服务的对象，主要为党政机关、社会团体以及部分企、事业单位。通过实行定点供应，满足上述服务对象在大型会议、外事接待以及其他重要活动中对卷烟的需求。

（二）供应品牌与标准

主要是高档品牌。全省范围内主要为中华软硬盒、苏烟、时代熊猫、黄鹤楼1916、南京（九五）、玉溪、黄山品牌高端卷烟（零售价格260元/条以上）等。

各市公司单次特殊卷烟供应数量原则上低于50条（不含50条）。

（三）供应价格

特殊服务供应的卷烟价格按照省局（公司）统一规定的卷烟零售指导价执行。

（四）卷烟供应特殊服务窗口的设立

根据服务对象对卷烟供应的防假性特别要求，从规模、信誉、守法经营等标准确定供应点与数量，建立供应点评价标准，定期开展供应点的评价和监督，实行供应点的动态调整机制，供应点的标准和供应点名单要通过面向零售户的网上订货系统进行公示。

（五）卷烟销售特殊服务业务流程

需求单位开具介绍信，经市公司领导审批后，营销中心专人负责开具购烟单据，购烟人持购烟单据自行前往供应点购买。

五、内部接待用烟的管理

各市公司的内部接待用烟参照卷烟销售特殊服务业务的管理规定，内部接待用烟一律按零售指导价格从卷烟销售特殊服务的供应点进行购买，并完善入账等相关手续。

六、直营店的管理

按照统一标准确定直营店的供应类别，在货源供应上不准对直营店搞特殊化、个性化。

七、货源供应的分析与考核管理

为进一步规范货源供应管理，不断提升促进货源供应工作的水平，实行货源供应分析上报制度和年度考核管理。

（一）建立货源供应分析报送制度

月份结束5日内各单位要报送上月度货源供应情况分析报告，季度或半年时间节点要开展季度和半年系统分析，具体分析报告提纲详见附件三。

（二）建立货源供应的考核制度

各单位要建立货源供应的考核体系，省局（公司）将把部分货源供应管理指标纳入年度经济运行考核。考核内容如下：

1. 规范经营管理

特殊服务业务管理、内部接待用烟管理、直营店管理三方面中任一方面有违规行为的，视同不规范经营行为。

2. 零售客户订单满足率和货源供应满意度

总体零售客户订单满足率高于零售客户满意度，顺销品牌的订单满足率不低于90%，货源供应满意度高于零售客户满意度。

3. 销售预测吻合度和货源衔接执行率

每月25日前上报本单位产销衔接情况表，省局（公司）依据信息管理系统中的月度实际销售和进货量考核各单位上月产销衔接报表中的销量预测吻合度和货源衔接的执行率。

4. 断货品牌（规格）占比

根据信息管理系统相关数据分析，对断货品牌规格占比进行分月考核（工业公司计划、生产，突发灾害性天气等原因引起的断货除外）。

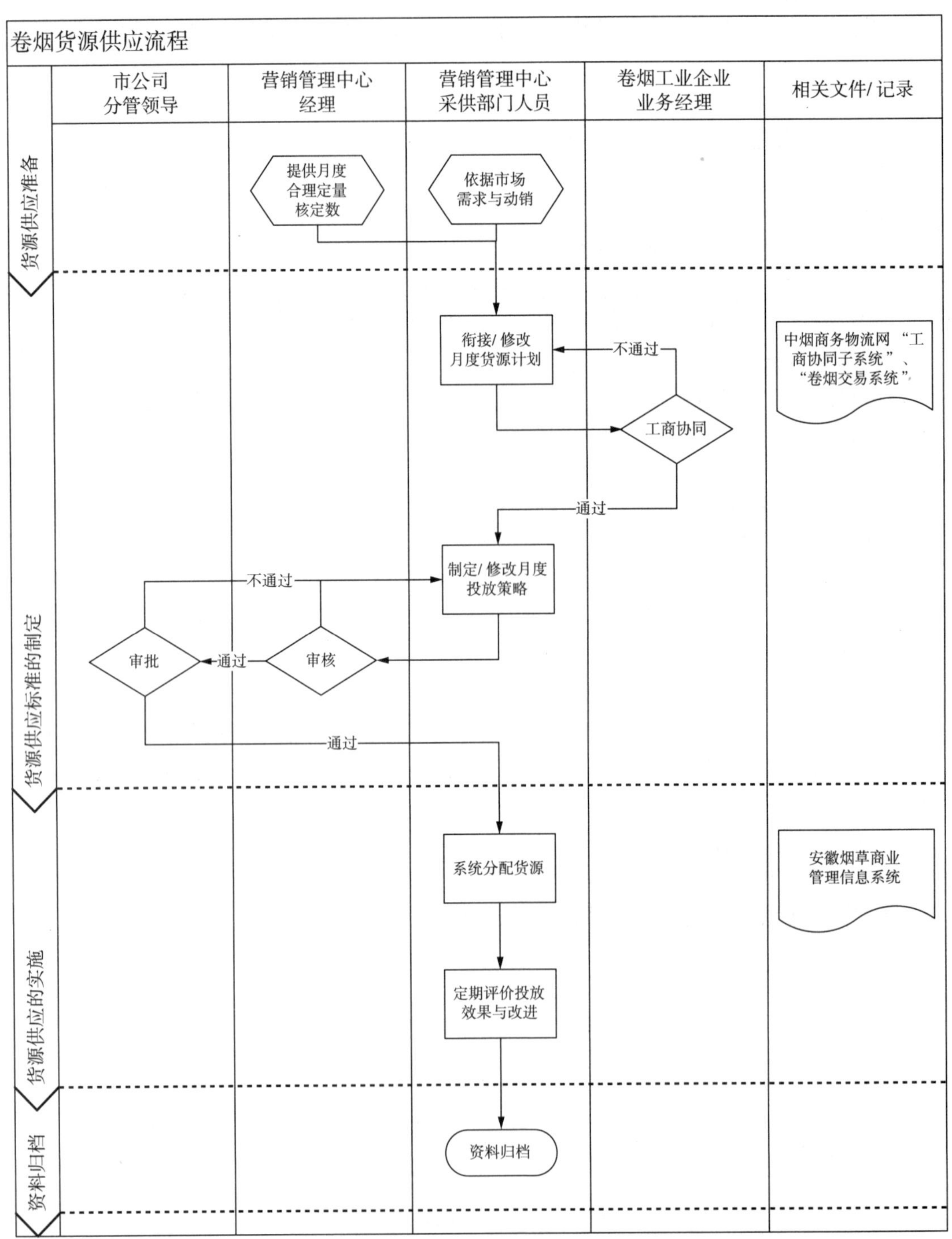
卷烟货源供应流程
市公司
分管领导
营销管理中心
经理
营销管理中心
采供部门人员
卷烟工业企业
业务经理
相关文件/记录
货源供应准备
提供月度
合理定量
核定数
依据市场
需求与动销
衔接/修改
月度货源计划
不通过
工商协同
中烟商务物流网“工商协同子系统”、“卷烟交易系统”
通过
货源供应标准的制定
制定/修改月度
投放策略
不通过
审批
通过
审核
通过
货源供应的实施
系统分配货源
安徽烟草商业
管理信息系统
定期评价投放
效果与改进
资料归档
资料归档

安徽烟草货源供应考核指标体系和说明

考核项目	基本分	计算方式	备注
总体订单满足率	20	总体零售客户订单满足率=（实际供应数量/零售客户原始要货数量）×100%	年度总体订单满足率得分=各月度总体订单满足率得分的平均值
顺销品牌订单满足率	15	顺销品牌订单满足率=（顺销品牌实际供应数量/零售客户顺销品牌原始要货数量）×100%	年度顺销品牌订单满足率得分=各月度顺销品牌订单满足率得分的平均值
货源供应满意度	15	货源供应满意度以省局季度满意度调查数据为准	年度货源供应满意度得分=各季度货源供应满意度得分的平均值
销售预测吻合度	20	销售预测吻合度=（实际销售数/预测销售数）×100%	年度销售预测吻合度得分=各月度销售预测吻合度得分的平均值
货源衔接执行率	20	货源衔接执行率=（实际进货数/预测衔接数）×100%	年度货源衔接率得分=各月度货源衔接率得分的平均值
断货品牌规格占比	10	断货品牌规格占比=（断货时长超过5天（含5天）以上的品牌规格数/在销品牌规格总数）×100%	年度断货品牌规格占比得分=各月度断货品牌规格占比得分的平均值

月度货源供应情况分析报告提纲

一、本单位货源供应的概况

二、对货源供应工作的执行情况

订单满足率、断货率、品牌规格滞销状况等方面的执行情况等。

三、工作建议

货源组织方面存在的主要问题，改进货源供应的主要建议，需要省局（公司）协调、指导的工作方面。

内部管理监督类文件

安徽省烟草专卖局（公司）关于印发廉政风险防控机制建设实施意见的通知

皖烟监〔2012〕127 号

各直属单位：

为深入贯彻中央纪委《关于加强廉政风险防控的指导意见》，进一步加强党风廉政建设和反腐败工作，加大源头治理工作力度，最大限度地降低在行政执法、卷烟经营、烟叶生产、企业管理中存在的腐败风险，着力营造风清气正的企业氛围，努力为“卷烟上水平”和成长型企业建设提供纪律保证，省局（公司）决定在系统内组织开展廉政风险防控机制建设，并提出如下实施意见。

一、廉政风险防控机制建设的指导思想和目标要求

（一）指导思想。以邓小平理论和“三个代表”重要思想为指导，深入贯彻落实科学发展观，坚持标本兼治、综合治理、惩防并举、注重预防的方针，围绕卷烟经营、专卖管理、烟叶生产、综合管理等重点岗位和关键环节，以找准廉政风险点为基础，以制约和监督权力运行为核心，以规范工作流程为重点，以降低廉政风险为目标，将风险管理理论和现代质量管理方法引入反腐倡廉建设，建立起预警在先、防范在前的工作机制，着力减少“权力寻租”的土壤，最大限度地降低腐败问题发生的概率。

（二）目标要求。通过认真分析查找权力运行的风险点和薄弱环节，树立廉政风险防控管理意识。紧紧抓住“找、防、控”三个环节，通过“找”，准确识别工作中各个岗位、各个环节可能存在的廉政风险点；通过“防”，从制度、流程、操作手段等各个层面，拓展预防廉政风险的途径，形成标准化防控模式和规范化处置措施；通过“控”，把对权力的监督制约贯穿于工作的各个方面，有效控制和及时化解主要廉政风险。使干部员工由被动接受监督逐步向主动防控转变，不断增强其主动发现问题、自我纠正问题、有效改进问题的能力，确保省局（公司）重大决策部署的贯彻落实，为建设成长型企业提供坚强的组织纪律保证。

二、廉政风险防控机制建设的实施步骤

（一）宣传发动

组织召开由各岗位人员参加的动员大会，使每个干部员工充分认识开展廉政风险防控工作的指导思想、工作目标、基本要求，明确具体工作的方法步骤，提高参与的积极性和主动性。通过开展专题党课、警示教育活动、专题学习等形式，切实增强党员干部的风险意识、责任意识，提高廉洁从业的自觉性。要积极采取措施，从精神上关心、爱护、帮助党员干部，倡导积极向上的生活情趣，为廉政风险防控机制建设工作打下扎实的思想基础，营造良好的工作氛围。

（二）查找风险点

风险点的查找要突出干部员工自身的主观能动性和创造性，要将查找的过程作为干部员工接受廉政教育、认识自身岗位廉政风险的契机。

1. 深入查找，确保廉政风险查找工作全覆盖。主要通过采取“两条途径”，突出“三个层次”，查找“四类风险”。

“两条途径”：一是自己找、群众提、互相查、领导点、组织评等五种查找方法，找出每个岗位的廉政风险点；二是利用财务审计、执法检查、干部考察、工作督查、举报投诉等五种渠道和手段搜集每个岗位的廉政风险点。

“三个层次”：一是查找单位风险，重点查找在“三重一大”，即重大事项决策、重要人事任免、重大项目安排和大额资金使用等方面容易产生腐败行为的廉政风险；二是查找部门风险，重点查找综合管理、专卖执法、卷烟营销、烟叶收购等重要环节可能产生的廉政风险；三是查找岗位风险，各级重要岗位人员对照岗位职责、工作制度，查找并分析出个人在履行岗位职责、执行制度，行使自由裁量权和现场即决权、内部管理权等方面存在或潜在的廉政风险。

“四类风险”：一是岗位职责风险。主要是具体工作岗位上履行职责、行使权力过程中容易出现的廉政风险点；二是制度机制风险。主要是在履行职责、行使权力过程中，由于制度缺失、机制不畅而容易使潜在的廉政风险变为现实的廉政风险点；三是思想道德风险。主要是由于个人思想道德水准原因或自律不严而容易出现的廉政风险点；四是外部风险。针对烟草对外工作特点，查找在对外业务活动中可能出现的风险点。

2. 认真辨识，确保廉政风险查找准确到位。按照“个人查找—部门内部互评—组织审核—领导班子集体审定—返回本人确认—公示”的程序，查准、查全、查深岗位的廉政风险点。其中，单位风险点的审核由所在单位纪检组负责，审核前需充分征求基层单位、员工意见；部门风险点的审核由监察部门负责；岗位风险点的审核由所在部门负责。查找、审核过程中，要正确区分廉政风险点与安全风险点、工作风险点等其他风险点。同时要抓住主要岗位、重点环节，切忌主次不分。充分利用党务公开栏、电子显示屏等载体将查找的廉政风险点予以公开，广泛听取各方面的意见，主动接受社会监督。

3. 评定风险等级。根据权力的重要程度、自由裁量权的大小、腐败现象发生的概率及危害程度等因素，按照“高”“中”“低”三个等级进行评定，并经单位领导班子集体审定。对不同等级的廉政风险实行分级管理、分级负责、责任到人。

（三）制定防控措施

1. 程序预防。针对查找出的各个岗位廉政风险，一要明确职权。通过定岗、定职、定责，梳理形成权力行使依据、程序、时限及相应责任的职权清单，对主要业务和高风险事项编制权力运行流程图。二要适度分权。理清权力运行界限，推行岗位权力分权制约，建立完善岗位制约措施，确保各项权力行使的廉政责任落实到岗到人，防止权力失控。三要优化程序。按照“工作有程序，程序有控制，控制有标准”的要求，优化权力运行路径，规范办事程序，减少中间环节，提升办事效率。

2. 制度预防。一是建立岗位廉政风险档案。将各个岗位的职能、履职依据、查找的廉政风险点和具体防范措施等内容，按照“一岗一档”的要求，建立岗位廉政风险档案。通过信息化手段，将各个岗位的廉政风险档案内容进行公布、公示，实现“人人都知道自己和他人的岗位风险”，使各个工作岗位人员在接受他人监督同时，又能监督他人。二是建立廉政风险分析制度。通过采取调查分析法，即通过信访调查、各类测评，以及对行政相对人、服务对象和合作对象的调查，确定廉政高风险岗位和监督重点；逻辑分析法，即通过对日常行政审批、客户投诉、群众举报等情况，筛选出异常情况并进行逻辑分析，分析这些异常情况背后是否存在人为因素，及时发现廉政隐患；流程分析法，通过对权力运行过程和管理服务流程逐步、逐环节地进行梳理分析，找出其中的漏洞、缺陷。分析廉政风险可能在哪些工作环节、哪些岗位、哪些人身上发生，便于及时掌握廉政风险发生、演变的表现形式和内在规律。三是完善内控制度。要从建立健全岗位管理的基本制度、规范权力运行的廉政制度、监督制度执行的违规处罚制度等方面入手，依托现有的“反腐倡廉制度”，进一步清理整合制度。重点围绕加强以决策权、自由裁量权、行政审批权、卷烟货源采购分配权、干部人事权、资金和财务管理权、工程项目和大宗物品采购权等方面权力的制约和监督，不断健全和完善单位内控制度。

3. 科技预防。运用科技手段，积极探索廉政风险实时动态预防机制。对梳理出来的各类廉政风险点，结合行政权力运行，逐步建立综合电子监察系统。探索依托科技手段，将业务流程进行优化、固化和程序化，逐步将重点环节的运转过程，实现过程公开，纳入综合电子监察系统监控范围，对违反规定的实行分级预警，实现网上实时动态监控。

（四）落实提高

1. 加强监督考核。一是要拓宽监督渠道。要注意听取服务对象和基层干部员工对廉政建设的意见和建议，通过座谈会、走访、问卷调查、设立意见箱、拓宽投诉举报渠道等多种形式，改进工作作风，提高服务质量。通过拓宽监督渠道，及时发现苗头性、倾向性的廉政风险问题，督促整改落实，加强有效控制。二是要加强监督检查。要建立岗位廉政风险逐月检查制，对岗位廉政风险防范承诺、防控措施落实情况每月开展监督检查，对制度不落实，措施不到位的及时指出，责成整改。同时，要把落实廉政风险防控制度的情况，纳入个人年终考核和述职述廉内容。

2. 建立长效机制。主要是通过建立风险控制机制，加强风险过程控制。一是预警机制。加强廉政风险预防制度执行情况的跟踪了解，对可能发生廉政风险的苗头性、倾向性问题，单位纪检监察部门要及时运用提醒、函询、诫勉等形式向有关部门或个人发出预警信号，对调查确认的，及时采取措施堵塞漏洞，控制廉政风险的进一步发展。二是纠错机制。对已违纪违规的个人和单位，及时采取叫停、督察、问责等处置措施，及时纠正工作中的失误和偏差，避免问题发展成严重违纪违法行为。三是信息沟通机制。通过建立风险信息沟通机制，促使党员干部认清所在岗位的廉政风险，增强自我防范、降低风险的能力，通过风险信息交流引导党员干部达成共识，进而更好地控制风险。

三、廉政风险防控机制建设的工作要求

（一）加强组织领导，健全工作机构。实施廉政风险防控管理是加强反腐倡廉建设的内在需要，是贯彻落实惩治和预防腐败体系的重要举措，是对权力运行实施有效监控的重要手段，也是加强内部管理、推进工作规范高效的一项基础性工作。各单位要成立廉政风险防控机制建设工作领导小组，下设办公室具体负责组织协调、检查等工作。各单位“一把手”是廉政风险防控工作的第一责任人，必须高度重视此项工作，做到防控工作亲自部署、防控任务亲自安排、重大问题亲自过问、重要事项亲自督办。

（二）坚持点线结合，做到统筹兼顾。腐败易发的关键环节是“点”，整个权力运行过程是“线”，在具体工作中要做到点线结合、统筹兼顾、全面查找、整体防控。要突出抓好重点岗位和关键环节的廉政风险防范工作，坚持以重点带全面，以关键环节促整体。要在查找廉政风险内容、规范工作流程、完善防控措施上下功夫。要与落实党风廉政建设责任制相结合，与问责、明示承诺相结合，与“践行‘两个至上’、做到‘三个始终’、树立‘五种意识’”教育实践活动相结合，着力解决涉及烟农、经营户和企业员工切身利益的重点、难点、热点问题，使预防腐败的责任真正落实到每一个岗位。

（三）突出工作重点，务求取得实效。开展重点岗位廉政风险排查防范工作要突出抓好领导班子和中层干部，关键岗位和重点人员，以近年来违纪违法案件多发易发的重点领域、重点环节为重点，以干部员工关注的热点问题为重点，做到不漏岗、不缺项，使排查工作做到多层次、全方位建立起较为完善的惩防体系，确保各阶段工作取得实效。

（四）试点先行，全面推进。廉政风险防控机制建设是一项系统的工程。建设过程涉及面广、工作量大。鉴于系统内已有部分单位前期已启动该项工作，并取得一定成果，具备一定基础。省局（公司）选定池州、马鞍山、蚌埠市局（公司）和桐城市局等四家单位为先行先试单位。试点单位在 7 月份前需完成机制建设任务。从今年下半年开始，在总结试点单位成功经验的基础上，全省系统全面推开，并在年内取得阶段性进展。

（五）注重方法创新，建立长效机制。开展廉政风险防控机制建设的核心是有效预防和减少腐败发生概率，关键在建立能用、管用的防控机制。各单位在具体工作中，既要坚持基本原则、基本要求，做到岗位职责明确、岗位风险清楚、防范措施有效，又要勇于实践，大胆探索，不照抄照办，不搞一种模式，努力形成具有各自特色的廉政风险防控机制。

二〇一二年四月九日

关于印发《安徽省烟草公司企业负责人职务消费行为监督管理实施细则》的通知

皖烟办〔2012〕317 号

行业各直属单位、省公司机关各部门：

为严格规范管理企业负责人职务消费行为，省公司制定了《安徽省烟草公司企业负责人职务消费行为监督管理实施细则》（以下简称《细则》），现印发你们，请遵照执行，并就有关事项要求如下：

一、加强制度建设。各直属单位要根据《细则》，结合企业生产经营实际，制订相应的企业负责人职务消费行为监督管理措施，明确公务用车、通信、业务招待、差旅、国（境）外考察、培训等项目具体监督管理措施，建立健全职务消费监督管理制度体系。

二、加强职务消费行为监督管理。要充分认识加强职务消费行为监督管理的重要意义，进一步加强党风廉政建设，弘扬艰苦奋斗优良传统。企业主要负责人要全面负责本企业职务消费监督管理工作，把工作任务落实到相关部门和责任人，切实推进职务消费监督管理工作。

三、各直属单位企业负责人职务消费行为监督管理措施于 10 月底前上报省公司备案。

中国烟草总公司安徽省公司

2012 年 9 月 28 日

安徽省烟草公司企业负责人职务消费行为监督管理实施细则

第一条　为严格规范全省系统企业负责人职务消费行为，根据《国有企业领导人员廉洁从业若干规定》（国办发〔2009〕26 号）、《企业财务通则》（财政部令 2006 年第 41 号）、《国有企业负责人职务消费行为监督管理暂行办法》（财企〔2012〕15 号）和《中国烟草总公司关于印发烟草行业企业负责人职务消费行为监督管理实施办法的通知》（中烟办〔2012〕187 号）等有关规定，制定本细则。

第二条　本细则适用于省公司本级和各直属单位。

第三条　本细则所指企业负责人是指省公司本级和各直属单位领导班子成员。

第四条　本细则所称企业负责人职务消费是指企业负责人在履行工作职责时，发生的由企业承担的消费性支出。主要包括但不限于公务用车、通信、业务招待、差旅、国（境）外考察、培训等项目。

第五条　全省系统企业负责人要严格执行《国有企业领导人员廉洁从业若干规定》，规范职务消费，不得有以下行为：

（一）超标准购买公务车辆。全省系统要严格执行烟草行业车辆配备使用管理有关办法，按照核定的领导班子职数配备领导用车，并按照相应价格和排量标准进行车辆购置。对已配备公务用车的企业负责人，不得再发放用车相关补贴。

（二）超标准报销差旅费、通信费、业务招待费、车辆交通费和出国考察费。

（三）利用职务上的便利，在企业内部或到下属单位以及业务往来单位转移职务消费支出。企业负责人要严格执行《国家烟草专卖局关于进一步严格规范工商企业卷烟经营行为的意见》（国烟办〔2012〕171 号），严禁以任何理由向关联方企业负责人送钱送物，或收受、索要钱物。

（四）豪华装修办公场所或购置高档办公家具。

（五）违反规定用公款进行高消费娱乐活动，或者用公款支付非因公的消费娱乐活动费及礼品费。

（六）用公款支付应当由个人承担的购置住宅、住宅装修、物业管理等生活费用，或者挪用企业的材料物资，修建和装修个人住宅。

（七）违反规定用公款支付应当由个人负担的各种名义的培训费、书刊费等。

（八）违反规定用公款为个人购买商业保险。

（九）违反规定用公款为个人变相支付各种理疗保健、运动健身和会所、俱乐部等费用。

（十）违反规定用公款为亲属、子女支付各项费用，或者用公款支付应当由个人承担的其他费用。

（十一）通过虚开会议费发票及虚购物资材料、固定资产、办公用品等名义套取现金，用于职务消费支出。

（十二）其他违反法律、法规规定的职务消费。

第六条　全省系统要严格执行《国家烟草专卖局关于加强烟草行业收入分配管理的意见》（国烟人〔2011〕413 号），切实加强对企业负责人年金、住房补贴等支出的管理，不得违反国家有关规定和行业政策。

第七条　全省系统企业负责人公务用车、国（境）外考察费用按国家局规定执行；通信、业务招待、差旅、培训等费用按现行规定执行。

第八条　要根据国家局和省公司确定的各职位消费标准，编制企业负责人年度职务消费预算方案，并严格执行。预算方案主要包括企业负责人职务消费总体预算方案和公务用车、通信、业务招待、差旅、国（境）外考察、培训等专项预算方案。

第九条　企业负责人职务消费相关制度，要以适当方式向员工公开。

第十条　省公司纪检监察部门要适时对企业负责人职务消费情况进行监督检查，并将检查结果作为企业负责人年度考核、组织考察的重要内容和任免奖惩的重要依据。

第十一条　省公司纪检监察、审计等内部监督部门要切实履行职责，对企业负责人职务消费行为实施有效监督，建立企业负责人个人诚信档案。

第十二条　对于违反本细则第五、六条规定的，由省公司纪检监察部门严肃追究企业负责人的责任。涉嫌犯罪的，移送司法机关依法处理。

第十三条　各直属单位要根据本细则并结合实际，制订相应的监督管理措施，明确公务用车、通信、业务招待、差旅、国（境）外考察、培训等项目具体监督管理措施。

第十四条　本细则由省公司负责解释。

第十五条　本细则自印发之日起施行。

中共安徽省烟草专卖局（公司）党组印发《关于实行领导干部问责的暂行办法》的通知

皖烟党〔2012〕65号

各直属单位党组（党委）、省局（公司）机关各部门：

《关于实行领导干部问责的暂行办法》已经审议通过，现印发给你们，请遵照执行。

特此通知。

中共安徽省烟草专卖局（公司）党组

2012年12月10日

关于实行领导干部问责的暂行办法

第一章　总　则

第一条　为加强对系统各级领导干部的管理和监督，增强领导干部的责任意识和大局意识，深入贯彻落实科学发展观，保证党的路线方针政策贯彻执行和政令畅通，确保卷烟上水平，确保各项目标任务顺利实现，根据中共安徽省委办公厅、安徽省人民政府办公厅印发《安徽省贯彻落实〈关于实行党政领导干部问责的暂行规定〉实施办法》的通知（皖办发〔2012〕30号）精神，结合我省系统实际，制定本暂行办法。

第二条　本办法适用于省局（公司）系统处级领导干部。

第三条　对领导干部实行问责，坚持严格要求、实事求是，权责一致、惩教结合，归口管理、依法有序的原则。

第四条　领导干部受到问责，同时需要追究纪律责任的，依照有关规定给予党纪政纪处分；涉嫌犯罪的，移送司法机关处理。

第二章　问责情形、方式及适用

第五条　领导干部在决策过程中有下列情形之一的，应当问责：

（一）对涉及企业发展的重大决策事项，未按规定程序和议事规则进行，造成重大损失或者恶劣影响的；

（二）对社会影响面广，与员工利益、卷烟经营户利益或烟农利益密切相关的决策事项，未按照规定通过召开职代会、座谈会、听证会、论证会等形式广泛征求意见，造成重大损失或者恶劣影响的；

（三）决策失误导致大规模集体上访、重复上访、负面网络舆情或引发其他严重社会矛盾的；

（四）决策失误造成重大人员伤亡、财产损失、资源浪费或者其他恶劣影响的。

第六条　领导干部在本职工作中有下列情形之一的，应当问责：

（一）对党和国家的路线方针政策、上级机关的决定、命令和工作部署贯彻执行不力，造成严重后果的；

（二）对涉及员工、卷烟经营户、烟农合法权益的重大问题处理不当，或者对其合理诉求置之不理，造成严重后果的；

（三）因工作失职，使本单位发生特别重大事故、事件、案件，或者在较短时间内连续发生重大事故、事件、案件，造成重大损失或者恶劣影响的；

（四）对群体性、突发性事件处置不当，导致事态恶化，造成恶劣影响，或者对突发事件、重大事故、重大案件和其他重要情况瞒报、谎报、缓报、漏报，造成严重后果的。

第七条　领导干部在生产、经营、管理工作中有下列情形之一的，应当问责：

（一）在行政许可、行政处罚、行政强制、行政监督检查等工作中滥用职权，强令、授意实施违法的行政行为，或者不作为，引发群体性事件或者其他重大事件的；

（二）在卷烟经营过程中违反本地真实市场需求购进货源、盲目投放货源、不公平分配货源等不规范操作，引发群体性事件或其他重大事件的；

（三）在烟叶生产经营过程中不规范操作，引发群体性事件或造成严重后果的；

（四）在工程建设、物资采购、宣传促销等活动中，不按有关规定办理，造成严重后果的；

（五）违反规定干预工程建设、物资采购、宣传促销项目招标投标活动，造成严重后果的；

（六）违反规定干预安全生产，造成安全事故的；

（七）坐收坐支罚没款、私设小金库、擅自挪用公款公物等违反财经秩序，造成严重后果的。

第八条　领导干部在履行监督管理职责中有下列情形之一的，应当问责：

（一）对分管的单位或部门管理、监督不力，在其职责范围内发生特别重大事故、事件、案件，或者在较短时间内连续发生重大事故、事件、案件，造成重大损失或者恶劣影响的；

（二）明知直接下属出现严重违法违纪行为，不及时制止或者查处的；

（三）本单位工作人员效率低下、态度生硬、服务质量差等违反效能建设有关规定，群众反映强烈，或者影响企业发展环境造成严重后果的。

第九条　领导干部在干部选拔任用、员工招聘等组织人事管理工作中有下列情形之一的，应当问责：

（一）违反干部选拔任用工作程序和有关规定，导致用人失察失误，任用对象发生违纪违法行为，造成恶劣影响的；

（二）在机构变动或主要领导成员已经明确即将离任时突击进行干部人事调整，造成恶劣影响的；

（三）违反规定超职数配备领导干部或提高干部职级待遇，造成恶劣影响的；

（四）擅自增设机构，未经批复从单位外调进员工，严重违规招聘新员工，对违反组织人事纪律的行为查处不力，造成恶劣影响的；

（五）在收入分配中严重违反省局（公司）政策要求，造成恶劣影响的；

（六）本单位用人上的不正之风和腐败现象严重，干部群众反映强烈，造成恶劣社会影响的。

第十条　领导干部有其他给国家利益、企业利益、员工利益或集体财产造成重大损失或者恶劣影响等失职行为的，应当问责。

第十一条　本单位在贯彻落实党风廉政建设责任制方面出现的问题，按照《中共安徽省烟草专卖局（公司）党组关于实行党风廉政建设责任制的规定》（皖烟党〔2011〕2号），追究领导干部责任。

第十二条　对领导干部实行问责的方式分为：责令公开道歉、停职检查、引咎辞职、责令辞职、免职。

第十三条　领导干部具有本办法第五条至第十条所列情形，并具有下列情形之一的，应当从重问责：

（一）干扰、阻碍问责调查的，或者采取不正当手段拉拢、贿赂调查人员的；

（二）弄虚作假、隐瞒事实真相的；

（三）对检举人、控告人打击、报复、陷害的；

（四）对存在的问题整改不力，屡次出现同类问责情形的；

（五）党内法规、国家法律法规和行业内制度规定的其他从重情节的。

第十四条　领导干部具有本办法第五条至第十条所列情形，并具有下列情形之一的，可以从轻问责：

（一）主动采取措施，有效避免损失或者挽回影响的；

（二）积极配合问责调查，并且主动承担责任的；

（三）党内法规、国家法律法规和行业内制度规定的其他从轻情节的。

第十五条　应予问责的事项由领导班子集体决策的，按照领导干部各自在集体决策中所起的作用和应负的责任分别问责。

对领导干部实行问责，应根据实际情况追究负有直接责任、主要领导责任和重要领导责任人员的责任。具体责任划分，按照有关规定界定。

第十六条　受到问责的领导干部，取消当年年度考核评优和评选各类先进的资格。

引咎辞职、责令辞职、免职的领导干部，一年内不得重新担任与其原任职务相当的领导职务。

引咎辞职、责令辞职、免职的领导干部，可以根据工作需要以及本人一贯表现、特长等情况，由党组（党委）按照干部管理权限酌情安排适当的岗位或者相应工作岗位。

第三章　问责程序

第十七条　对领导干部实行问责，按照干部管理权限进行。纪检监察机构、人事部门按照管理权限履行本办法中的有关职责。

第十八条　纪检监察机构、人事部门发现领导干部有下列问责情形的线索，经批准可以启动问责调查程序：

（一）公民、法人或者其他组织的检举和控告；

（二）司法机关提供的情况及意见、建议；

（三）处理重大事故、查办案件、巡视、审计等工作中发现的线索；

（四）工作考核、工作检查或者政风、行风评议结果；

（五）新闻媒体曝光的事项；

（六）其他反映领导干部存在需要问责情形的线索。

第十九条　发现领导干部应当问责的线索，纪检监察机构按照权限和程序进行调查；其中在干部监督管理、选拔任用、员工招聘、收入分配工作中发现的领导干部应当问责的线索，由人事部门按照权限和程序进行调查。

巡视机构、司法机关、审计部门以及履行考核、检查、评议等职责的单位或部门发现领导干部应当问责的线索，应及时移交纪检监察机构或人事部门。

第二十条　纪检监察机构或人事部门调查问责事项应当组成调查组。调查组根据收集的证据和了解的情况写出调查报告并上报。

第二十一条　调查人员有下列情形之一的，应当回避，被调查的领导干部也有权申请调查人员回避：

（一）是被调查对象的近亲属的；

（二）本人或近亲属与调查事项有利害关系的；

（三）与被调查对象有其他关系，可能影响公正处理问责事项的。

第二十二条　在调查过程中，调查人员有滥用职权、徇私舞弊、玩忽职守的，应当依照有关规定追究责任。

第二十三条　被调查的领导干部应当主动配合调查。阻挠、拒绝或干预调查工作的，调查组可提请问责决定机构依照有关规定暂停被调查的领导干部职务。

第二十四条　调查结束后，需要问责的，以纪检监察机构或人事部门名义正式向问责决定机构提出问责建议。

第二十五条　问责决定做出前，应当听取被问责的领导干部的陈述和申辩，并记录在案；对其合理意见，应当予以采纳。

问责决定机构可以根据纪检监察机构或者人事部门提出的问责建议做出问责决定。

对事实清楚、不需要进行问责调查的，问责决定机构可以直接做出问责决定。

第二十六条　问责决定机构按照干部管理权限对领导干部做出问责决定，应当经领导班子集体讨论决定。

第二十七条　问责决定机构做出问责决定后，由人事部门办理相关事宜。

第二十八条　对领导干部实行问责，应当制作《领导干部问责决定书》（样本见附件）。《领导干部问责决定书》由负责调查的纪检监察机构或人事部门草拟。

《领导干部问责决定书》应当写明问责事实、问责依据、问责方式、批准机关、生效时间、当事人的申诉期限及受理机关等。做出责令公开道歉决定的，还应当写明公开道歉的方式、范围等。

《领导干部问责决定书》应送达被问责的领导干部本人及其所在单位。

第二十九条　问责决定做出后，应当派专人与被问责的领导干部谈话，做好其思想工作，督促其做好工作交接等后续工作。

人事部门应当及时将被问责的领导干部的有关问责材料归入其个人档案，并将执行情况报告问责决定机构。

第三十条　问责决定一般应当公开。

第三十一条　被问责的领导干部对问责决定不服的，可以自接到《领导干部问责决定书》之日起 15 日内，向问责决定机构提出书面申诉。

问责决定机构接到书面申诉后，应当在 30 日内做出维持、变更或者撤销问责的决定。

申诉处理决定应当以书面形式告知申诉人及其所在单位。

第三十二条　被问责的领导干部申诉期间，不停止问责决定的执行。

第四章　附　则

第三十三条　对各直属单位党组（党委）管理的干部实行问责，参照本办法执行。

第三十四条　本办法所称重大事故、事件、案件，根据国务院《生产安全事故报告和调查处理条例》等有关法律法规及司法机关和有关职能部门认定意见界定。

第三十五条　本办法由省局（公司）纪检组监察处、人事处负责解释。

第三十六条　本办法自发布之日起实施。

附件：

领导干部问责决定书

（ ） 决字第 号

关于＊＊＊＊＊的决定

第一部分：被问责的领导干部的基本情况。
第二部分：问责事实、问责依据、问责方式和生效时间。
第三部分：当事人不服问责决定的申诉期限及受理机关。

批准机关
年 月 日

本问责决定书一式（ ）份

科技工作类文件

安徽省烟草专卖局（公司）
关于印发 2012 年科技工作要点的通知

皖烟科〔2012〕46 号

行业各直属单位：

为继续推进“卷烟上水平”基本方针和战略任务，加快企业组织成长，切实增强科技创新驱动力，贯彻落实国家局、省局（公司）工作会议所确定的年度工作目标，有针对性地做好科技创新工作，省局（公司）研究制定了《安徽省烟草专卖局（公司）2012 年科技工作要点》，现予以印发，请结合实际，认真贯彻落实。

二〇一二年二月十五日

安徽省烟草专卖局（公司）2012 年科技工作要点

2012 年，科技工作将认真贯彻落实国家局、省局（公司）工作会议精神，紧紧围绕“科技创新上水平”目标任务，进一步推进创新体系建设，着力实施项目带动战略、标准化战略和知识产权战略，不断提升 QC 小组活动水平，更好发挥科技支撑引领作用。

一、进一步推进创新体系建设

（一）推进企业技术中心建设。学习借鉴行业内外技术中心建设的经验和做法，完善企业技术中心组织管理体系和运行机制，加大软硬件投入力度，继续加强企业技术中心与工业企业、高校、科研机构开展产学研合作，力争 2012 年企业技术中心建设取得新突破。

（二）推进与省烟草研究所的技术合作。围绕安徽烟叶生产技术关键，重点在烟叶技术重大专项、关键技术研究上合作攻关，在烟草病虫害预测预报、测土配方实施等方面提供技术服务，在烟区技术辅导、技术推广、人才培养上发挥积极作用。

（三）推进市级公司创新平台建设。鼓励市级公司以科技项目为载体，与高校院所建立产学研技术合作平台，在技术创新、营销创新、管理创新、机制创新以及人才培养等方面有新作为。推进马鞍山市公司消费者行为研究工作站建设，健全运行机制，扩大研究范围，发挥好平台在聚集各方资源、产出创新成果、培养创新人才上的积极作用。

（四）继续健全创新激励机制。修订省公司科技创新奖励办法，完善2012年度科技创新考核指标体系，做好2011年度科技统计和创新考核工作，组织开展2012年度科技进步奖的评选表彰活动。

（五）继续强化科技基础工作。加强信息化建设，修订完善相关科技管理制度，做好科技档案的归集整理，推进科技信息化管理；建立科技信息月报、科技数据季报制度，按时编制科技工作简报和向国家局报送科技信息动态；加大科技管理人员培训力度，提高科技管理人员水平。

二、着力实施项目带动战略

（一）组织开展年度科技项目立项工作。实施科技项目计划改革，组织编制科技项目指南，采取自由申报和课题公开竞标相结合的办法。完善面上项目计划管理，继续做好省公司面上计划项目遴选工作。

（二）继续推进重大专项实施。以科技重大专项为抓手，继续深入推进烟草有害生物调查、焦甜香特色优质烟叶开发、生态安全烟叶研究与开发三个重大专项实施，进一步提升技术创新水平和实效。

（三）切实加强科技项目管理。继续坚持项目期中专家评估和项目年报审核制度，完善中期评估、年报审核细则和要求。开展在研科技项目现场检查，指导督促项目实施，按时组织科技项目结题验收。

（四）切实加强科技成果的转化应用。加快项目成果转化，拓宽科技成果共享渠道，组织成果完成单位和使用单位编制实施成果应用推广计划，做好节能环保技术、低碳技术和循环经济技术的推广应用。

三、着力实施标准化战略

（一）加强标准化工作体系建设。成立省局（公司）标准化技术委员会，推进各直属单位建立标准化工作机构，加强华环公司打叶复烤标准研究室建设，有效组织开展标准化工作。

（二）加强标准制修订和宣贯工作。加强烟叶安全标准体系建设，组织制修订一批烟叶安全性控制的企业标准。组织开展重要标准制修订项目申报立项工作，制订并发布一批企业标准。推进标准宣贯工作，组织开展对有关重要标准执行情况的综合评价。

（三）大力推进烟叶标准化生产。按照国家局领导提出的与现代烟草科技、与现代烟草农业、与现代管理手段、与职业烟农队伍“四个结合”的要求，以科技成果为依托，以基地单元建设为基础，以工业需求为向导，以建设现代烟草农业为目标，以提高职业烟农综合素质为要务，应用现代的管理理念和手段，切实抓好相关工作的落实。省局（公司）和烟叶产区要研究制定系统的工作方案，建立健全长效机制，持续提升水平，切实发挥烟叶标准化生产的支撑和保障作用。

（四）继续推进打叶复烤企业标准化工作。华环公司要以重组组合及技术改造为契机，以打叶复烤标准研究室为依托，大力推进标准化工作，着力加强技术、管理标准的深入研究，建立科学、全面、适用的企业标准体系，尤其要制订并实施一批涉及安全卫生、节能减排等方面先进的企业标准。

四、着力实施知识产权战略

（一）健全知识产权工作机制。加强知识产权组织领导，建立以各级科技委为知识产权决策管理机构，以各级科技主管部门为日常管理机构，以各级科技管理人员为主体的知识产权组织体系；完善知识产权管理制度，制定全省系统知识产权管理办法；完善知识产权激励机制，开展群众性知识产权宣传和普及活动，形成浓厚的知识产权文化氛围。

（二）加强知识产权保护和运用。增强知识产权保护意识，及时将科研成果和其他智力资源转化为知识产权加以保护，加强科技项目成果中涉及知识产权的管理，定期通报具有典型性或普遍性的知识产权案例，提高科技人员知识产权保护的警觉性。提高全省系统知识产权运用效率，鼓励各单位采取自主实施、许可转让等多种方式将知识产权转化应用到生产经营上，产生现实生产力。

（三）提高全省系统核心专利拥有量。提高全省系统发明专利数量，围绕全省系统科技创新发展规划确定的重点领域，加大科研开发力度，将高质量的核心技术专利创造融入科技重大专项和重点项目的实施过程。鼓励更多的专利成果产出，加大对可能有知识产权成果的科技项目的投入力度，积极鼓励各单位申报专利，努力实现知识产权创造质与量同步提升。

五、深入推进 QC 小组活动

（一）开展 2012 年优秀 QC 小组成果评选发布。按照省公司 QC 小组活动有关管理制度，各单位按时完成本单位 QC 小组评审发布、向省公司及地方质协申报推荐优秀 QC 小组。省公司组织开展 2012 年度优秀 QC 小组成果评选发布，向国家、行业及安徽省主管部门申报推荐优秀 QC 小组。

（二）加强 QC 知识普及和骨干培训。首先是知识普及。遵循“人人参与”的原则，持续全面普及 QC 知识，提高全员参与意识和能力，奠定群众性活动的基础；其次是骨干培训。加强 QC 骨干和班组长的培训，使之能带领更多的员工参与 QC 小组活动中去。

（三）提高 QC 小组活动质量和水平。一是全面覆盖，在各单位均有 QC 小组活动的基础上，向更多部门、领域扩展，覆盖生产经营管理各方面；二是深化发展，在课题出成果、活动育人才以及整体推进企业发展进步上取得新进展；三是加强协作，筛选共性的关键课题，组建跨单位小组，协同攻关，优势互补，成果共享。

安徽省烟草专卖局（公司）关于印发《安徽省烟草专卖局（公司）科技创新管理办法》等七项制度的通知

皖烟办文〔2012〕8号

行业各直属单位，省局（公司）机关各部门：

为进一步加强全省系统科技创新工作规范化、制度化建设，推动科技创新上水平有效开展，省局（公司）制修订了《安徽省烟草专卖局（公司）科技创新管理办法》《安徽省烟草公司科技项目管理办法》《安徽省烟草专卖局（公司）科技项目验收办法》《安徽省烟草专卖局（公司）科学技术成果鉴定办法》《安徽省烟草专卖局（公司）知识产权管理办法》、《安徽省烟草公司科技创新奖励办法》《安徽省烟草公司科学技术进步奖评审细则》等七项管理制度。经局长（总经理）办公会审议通过，现印发给你们，请认真贯彻执行。

安徽省烟草专卖局

2012年11月20日

安徽省烟草专卖局（公司）科技创新管理办法

第一章 总 则

第一条 为加强科技创新管理，实现科技创新管理的规范化、制度化和科学化，依据国家行业科技创新管理的相关法律法规规定，制定本办法。

第二条 本办法所称科技创新是创造和应用新知识、新技术、新工艺，采用新的生产方式和经营管理模式，开发新产品，提高产品质量，提供新服务的过程。

科技创新包括知识创新、技术创新和现代科技引领的管理创新。

第二章 组织机构及职责

第三条 安徽省烟草专卖局（公司）科学技术委员会（以下简称省局（公司）科技委），是由省局（公司）领导的，负责全省系统科技创新管理的机构。其主要职责是：

（一）制定全省系统科技发展规划、知识产权保护战略，提出科技工作的方针政策和措施；

（二）审定省局（公司）年度科技创新计划、年度科技经费计划和科学技术奖励计划，确定向上级单位推荐立项科技项目和科技奖励项目；

（三）审定省局（公司）科技主管部门提出的议案；

（四）研究解决科技项目实施过程中出现的重大问题；

（五）其他需要科技委审议的有关事项。

第四条　科技委下设办公室，与省局（公司）科技主管部门合署办公，负责科技委日常工作。

第五条　科技委不定期召开工作会议，研究决定属于科技委职责范围内的重大事项。一般性事项由科技委办公室初审，明确初审意见后，由科技委主任委员或副主任委员审批。

第六条　直属单位成立科技委，明确归口管理部门负责本单位科技创新管理工作。

第三章　科技项目管理

第七条　省局（公司）科技主管部门负责省公司立项科技项目以及上级单位或委托单位委托项目的管理。

直属单位科技主管部门负责本单位立项科技项目以及上级单位或委托单位委托项目的管理。

第八条　省局（公司）和直属单位应根据国家行业有关法律法规规定，制定本单位科技项目立项、评审、验收、成果鉴定等相关管理制度。

第九条　省局（公司）及直属单位对在科研活动中产生的论文、专利等相关知识产权成果，应做好知识产权保护工作。

第十条　省局（公司）及直属单位科技主管部门负责科技档案的收集、整理和归档，确保科技档案的完整、准确、系统、安全。

第十一条　直属单位立项的科技项目计划、合同及验收（鉴定）证书须上报省局（公司）科技主管部门备案。

第四章　科技经费管理

第十二条　科技经费包括科研、开发、人才培养及奖励等资金。

第十三条　科技经费坚持合理配置、专款专用、规范管理的原则。

第十四条　科技经费主要来源于省公司拨款和项目承担单位自筹等方面；鼓励全省系统各单位多渠道筹集科研、开发资金。

第十五条　科技经费按行业财务管理有关规定实行预算管理，科技项目经费实行合同管理。

第五章　科技人才管理

第十六条　省局（公司）成立科技人才领导机构，负责编制和组织实施科技人才发展规划。

第十七条　通过项目研究、继续教育、出国进修等方式加强科技人才培养，提高科技人才的创新能力和综合素质。

第十八条　省局（公司）建立科技人才库，健全科技人才考核评价体系，实行动态管理。

第六章　科技创新奖励

第十九条　设立安徽省烟草公司科学技术进步奖、安徽省烟草公司质量管理小组成果奖以及专利奖和科技论文奖。

第二十条　省公司科技创新奖励原则上每年评选一次，也可视具体情况酌减评选频次。

第七章　附　则

第二十一条　本办法由安徽省烟草专卖局（公司）负责解释。

第二十二条　本办法自印发之日起施行，《安徽省烟草专卖局（公司）科技创新工作管理办法（暂行）》（皖烟科〔2009〕329 号）同时废止。

安徽省烟草公司科技项目管理办法

第一章　总　则

第一条　为加强安徽省烟草公司（以下简称省公司）科技项目管理，依据国家行业有关管理规定以及《安徽省烟草专卖局（公司）科技创新管理办法》，制定本办法。

第二条　本办法所称科技项目为省公司计划项目。列入国家或者省部级计划的科技项目，按照相应的项目管理办法执行。

第三条　科技项目实行合同制管理，由省公司与项目承担单位签订科技项目合同，明确相互权利和义务关系。

第二章　科技项目指南的编制

第四条　依据省局（公司）科技发展规划和年度科技工作计划，编制科技项目指南。

第五条　科技项目指南的编制应以应用研究、技术开发为主，适当安排应用基础研究，做到横向和纵向配合、近期需要和长远发展相互衔接。

第六条　科技项目指南编制程序：

（一）需求征集。省公司科技主管部门组织征集科技项目需求，编制科技项目指南草案。科技项目指南包括申报科技项目的范围、性质、规模、目标，确定项目申报的条件、时间、渠道、方式；

（二）研讨论证。省公司科技主管部门组织召开需求研讨会、专家咨询论证会，修订完善科技项目指南草案；

（三）审定发布。

第三章　科技项目计划的编制

第七条　科技项目计划由重大科技专项、重点科技项目、面上科技项目和预研科技项目组成。

（一）重大科技专项是指立足解决制约企业发展的基础性、全局性和关键性技术难题的项目；

（二）重点科技项目是指立足解决带有局部性但明显制约企业发展的核心性、瓶颈性技术难题的项目；

（三）面上科技项目是指由直属单位立项，经认定纳入省公司科技项目计划管理的项目；

（四）预研科技项目是指具有前瞻性研究的预备研发项目。

第八条　科技项目按研究内容划分为烟草农业、打叶复烤、信息化、卷烟营销、烟草物流、基础管理、标准制修订等。

第九条　省公司科技主管部门按照省公司预算管理的有关要求，编制年度科技项目经费预算。

第十条　省公司科技主管部门按照审定的年度科技项目经费预算，组织科技项目申报立项。

第十一条　科技项目申报一般采取自由申报的方式进行，也可根据项目的性质、内容以及开展研究、开发工作的需要，采用招投标方式或直接确定项目承担单位。

第十二条　科技项目申报单位按照省公司科技项目申报要求，依据年度科技项目指南选定课题，填报《安徽省烟草公司科技项目申报书》（附件1）。

第十三条　省公司科技主管部门负责科技项目申报书的形式审查；对通过形式审查的科技项目组织专家评审。

第十四条　省公司科技主管部门根据专家评审意见和年度科技经费预算对项目进行排序和分类，编制科技项目计划草案。

第十五条　科技委全体会议对科技项目计划草案进行审定。省公司科技主管部门根据科技委会议审定意见，下达年度科技项目计划。

第十六条　科技项目负责人应符合以下要求：

（一）项目负责人应当是申报项目的实际负责人；

（二）项目负责人原则上应具有中级以上专业技术职务（职称）；

（三）年度科技项目指南中对申请数量和申请资格的其他要求。

第十七条　科技项目申报单位应对提交的申报材料的真实性负责。

第十八条　形式审查内容包括材料是否齐全、文件的真实性和合法性、项目承担单位的资格和项目组成员的任职资格条件以及项目必要性审查等。

有下列情形之一的，不予受理：

（一）申报单位和项目负责人不符合本办法规定条件的；

（二）申报材料不符合年度科技项目指南要求的；

（三）未在规定期限内提交申报书的。

第十九条　科技项目的评审专家从科技委专家库中遴选产生，必要时可以特邀其他专家参加评审。评审专家从必要性、创新性、可行性以及项目经费预算等方面对项目申请进行独立判断和评价，提出评审意见。

第四章　科技项目的实施管理

第二十条　项目承担单位应在项目计划下达之日起30日内，填报《安徽省烟草公司科技项目合同》（附件2）。

第二十一条　科技项目合同必须明确委托单位、承担单位和保证单位的职责、权利义务和成果的知识产权归属。有两家以上单位承担的项目，应在合同中明确各承担单位的研究任务及经费分配；项目需要协作单位的，承担单位要与协作单位签署有关协议，明确双方的职责、权利、经费分配等相关事宜。

第二十二条　省公司科技主管部门对在研科技项目执行情况组织期中评估和不定期检查。

第二十三条　科技项目承担单位应在每年1月31日前向省公司科技主管部门报送上年度《安徽省烟草公司科技项目合同执行情况年报》（附件3）。省公司科技主管部门组织对项目年报的审核。

第二十四条　在科技项目合同期内，原则上不得更改项目名称、主要研究内容及技术经济考核指标、经费、项目负责人和主要技术骨干等内容。

第二十五条　科技项目在实施过程中有下列情形之一的，应及时修订或撤销：

（一）经实践证明所选技术路线不合理或技术无实用价值；

（二）国内已有相同（引进消化项目除外）或更高水平的科技成果并已得到应用；

（三）实施内容与合同规定的研究内容不符；

（四）与项目相匹配的资金（含自筹资金等）和原材料等不落实并影响项目完成；

（五）研究项目依托的基本设施等条件不落实；

（六）参加研究的主要技术骨干发生重大变化，项目难以继续进行或无法完成目标；

（七）侵占他人知识产权或发生知识产权纠纷；

（八）挪用科研经费；

（九）组织管理不力致使项目无法进行。

第二十六条　符合本办法第二十五条规定需调整或撤销的科技项目，项目承担单位应及时向省公司科技主管部门提出申请，填写《安徽省烟草公司科技项目修订（撤销）申请书》（附件4）。省公司科技主管部门组织审查后，做出同意或不同意的决定。

第二十七条　同意撤销的科技项目，承担单位应在项目撤销后60日内对已做工作、经费使用、已购置设备仪器、阶段性成果、知识产权等情况做出书面报告，报省公司科技主管部门备案。

第五章 科技项目经费管理

第二十八条 科技项目经费包括与项目研究直接相关的设备费、材料费、测试化验加工费、燃料动力费、差旅费、会议费、出版/文献/信息传播/知识产权事务费、劳务费、专家咨询费、管理费和其他费用等。

第二十九条 科技项目经费实行预算审核、中期抽查、决算审计（或审查）等监督管理方式。

第三十条 科技项目经费预算原则上不做调整。由于项目研究目标、重大技术路线或主要研究内容调整，以及不可抗力造成意外损失等原因确需调整的，须报省公司批准。

第三十一条 科技项目合同签订后，由省公司科技主管部门编制项目经费年度拨付计划。

第三十二条 对跨年度的科技项目，省公司科技主管部门依据项目年报审核、中期评估结果，编制结转经费拨付计划。对审查不符合要求的项目将缓拨或停拨结转经费。

第三十三条 因故中止实施或撤销的科技项目停止拨款，项目承担单位应将已拨项目经费余额自通知之日起 90 日内退回。

第三十四条 科技项目的年度结余经费，结转下一年度继续使用。结题项目的结余经费，项目承担单位应将项目经费余额自通知之日起 90 日内退回。

第三十五条 省公司机关部门承担的科技项目，经费支出由项目负责人、部门负责人签字后报省公司科技主管部门审核备案，按省公司财务管理相关规定报销。

第三十六条 科技项目完成后，承担单位应及时编制项目经费决算报告，由项目承担单位财务主管部门审核签署意见。

第三十七条 对于违反财经纪律，弄虚作假、截留、挪用、挤占项目经费，以及不按规定退回项目经费余额的，省公司将根据情况采取通报批评、停止拨款、终止项目、取消以后年度申报资格等措施予以处罚。构成犯罪的，依法追究有关人员刑事责任。

第六章 科技项目结题

第三十八条 省局（公司）科技主管部门负责组织项目结题工作，也可委托直属单位组织项目结题工作。

第三十九条 科技项目承担单位在项目合同书规定完成日期之日起 60 日内向省局（公司）科技主管部门提出结题的书面申请，并提交项目全套结题材料。在合同规定时间内不能进行结题的，项目承担单位应提出延迟结题申请，经省局（公司）同意后方可延期。

第四十条 根据科技项目的完成情况和研究水平的不同，项目的结题采取鉴定和验收两种不同方式。

第四十一条 省局（公司）科技主管部门组织专家对结题申请进行技术性初审，提出结题方式意见。

第四十二条 符合科技项目验收条件的，省局（公司）科技主管部门组织验收专家组进行项目验收。项目验收通过后，由省局（公司）出具项目验收证书，作为项目合同完成的依据。

第四十三条 达到科技项目鉴定条件的，省局（公司）科技主管部门组织鉴定委员会进行成果鉴定。项目成果通过鉴定后，由省局（公司）出具项目成果鉴定证书。

第四十四条　科技项目合同规定研究成果需要进行技术鉴定、成果鉴定或委托中介机构对研发成果进行客观评价的，应在项目结题工作前进行。

第四十五条　首次验收不予通过的科技项目，项目承担单位必须整改，整改完成后方可再次提出验收申请。

第四十六条　经两次验收都不予通过的科技项目，将不再受理验收申请，终止项目的实施，做出项目验收不予通过的最终结论。

第四十七条　申请科技项目验收或鉴定的成果必须进行标注。标注内容中文格式为"安徽省烟草公司科技项目合同项目，项目号 XXXX"。英文格式为"Project XXXX supported by Anhui Province Tobacco corporation"。其他语种，参考英文标注。标注位置应在学术论著、鉴定证书、技术资料及其他有效证明材料的封面，或书前扉页，或论文首页等醒目处，或致谢部分。

第四十八条　科技项目验收、鉴定费用由项目承担单位负担。

第七章　科技成果的管理、奖励和推广

第四十九条　通过结题的科技项目，项目承担单位应及时完成科技成果登记。

第五十条　科技项目结题通过后，项目承担单位须按照科技档案管理有关规定，将项目实施过程中直接产生的，具有保存价值的各种文字、图表、声像等全部历史记录立卷归档。

第五十一条　科技项目取得的技术成果归属按照合同书的规定执行，合同书未规定的按照有关法律法规的规定执行。

第五十二条　科技项目承担单位在结题后，应就研究成果做好科学技术奖励的申报工作。

第五十三条　省公司科技主管部门根据科技成果情况，编制推广计划。成果完成单位须根据计划要求，对成果应用推广承担必要的义务和责任。

第八章　附　则

第五十四条　本办法由安徽省烟草公司负责解释。

第五十五条　本办法自印发之日起施行，《安徽省烟草专卖局（公司）科技项目管理办法（暂行）》（皖烟科〔2009〕329 号）同时废止。

附件：

1.《安徽省烟草公司科技项目申报书》
2.《安徽省烟草公司科技项目合同》
3.《安徽省烟草公司科技项目合同执行情况年报》
4.《安徽省烟草公司科技项目修订（撤销）申请书》

附表略——————

安徽省烟草专卖局（公司）科技项目验收办法

第一章　总　则

第一条　为进一步加强科技项目验收工作，根据《安徽省烟草专卖局（公司）科技创新管理办法》《安徽省烟草公司科技项目管理办法》等规定，制定本办法。

第二条　科技项目验收是科技项目管理的基本程序之一，是对项目是否按时按质完成任务目标、经费是否合理规范使用的考核与评价。

第三条　科技项目验收应坚持实事求是、客观公正的原则，保证验收工作的严肃性和科学性。

第二章　验收组织

第四条　省局（公司）科技主管部门负责组织省公司科技项目的验收。也可授权直属单位科技主管部门组织验收，或者委托有关单位主持验收。

第五条　科技项目验收原则上采取会议验收形式。由省局（公司）科技主管部门聘请同行专家组成验收专家组。验收专家组由 5 ~ 7 人组成，原则上从省局（公司）科技委专家库中遴选。验收结论必须经验收专家 2/3 以上多数通过。

根据工作需要，任务下达单位或者委托单位的人员可作为同行专家参加对该项目的验收。

第六条　科技项目验收实行回避制度。项目承担单位、协作单位及其他与项目承担单位有利益关系的人员不能作为验收专家参加验收工作。

第七条　参加科技项目验收工作的专家在验收工作中应当对验收的项目进行全面认真的评价，并对所提出的评价意见负责。

第八条　参加科技项目验收工作的专家在验收工作中享有下列权利：

（一）独立对验收的项目进行评价，不受任何单位和个人的干扰；

（二）要求项目完成单位或者个人提供充分、翔实的技术资料，包括必要的原始资料，向项目完成单位或者个人提出质疑并要求做出解释，要求复核试验或者测试结果；

（三）充分发表个人意见，要求在验收意见中记载不同意见，可以拒绝在验收意见上签字；

（四）要求排除影响验收工作正常进行的干扰，必要时可以向省局（公司）科技主管部门提出中止验收的请求。

第三章　验收程序及要求

第九条　科技项目承担单位在项目合同书规定完成日期之日起 60 日内向省局（公司）科技主管部门提交验收申请。

如不能按期验收，项目承担单位应向省局（公司）科技主管部门提出延迟验收申请报告，延期验收时间不得超过规定完成日期后 1 年。

第十条 申请科技项目验收，应具备下列条件：

（一）已完成合同书约定的任务目标；

（二）不存在科技成果完成单位或者人员名次排列异议和权属方面的争议；

（三）技术资料齐全，并符合档案管理部门的要求。

第十一条 申请科技项目验收，应提供以下材料：

（一）科技项目验收材料封面（附件 1）；

（二）科技项目验收材料目录；

（三）科技项目验收鉴定申请表（附件 2）；

（四）科技项目合同；

（五）科技项目修订（撤销）计划申报书；

（六）科技项目工作报告；

（七）科技项目技术报告；

（八）科技项目经费决算表（附件 3）；

（九）购置的固定资产清单；

（十）科技项目年报；

（十一）有关检测证明；

（十二）用户使用情况报告；

（十三）经济效益分析报告；

（十四）测试记录；

（十五）与科技项目成果有关的重要数据、技术资料、专利、专著、知识产权协议、论文和照片资料等；

（十六）其他证明材料。

第十二条 省局（公司）科技主管部门组织对验收材料进行形式审查和技术性初审。

第十三条 通过形式审查和技术性初审的科技项目由省局（公司）科技主管部门选聘评审专家组成验收专家组进行验收。

第十四条 在科技项目验收会议前 1 天，省局（公司）科技主管部门应将科技项目的验收资料送达承担验收任务的专家。专家在收到验收资料后，应当认真进行审查，并准备验收意见。

第十五条 科技项目验收由验收专家组组长主持，通过工作报告、技术报告等汇报、现场考察或观看演示、专家质疑等环节进行项目验收。

第十六条 科技项目验收以项目合同书为基本依据，参考验收材料，对项目的各项任务指标完成、经费使用是否合理规范、取得的经济社会效益、知识产权的形成、科技人才的培养、组织管理等情况做出客观的、实事求是的验收结论。

第十七条 科技项目验收结论分为通过验收和不通过验收。

项目目标和任务已按照考核目标要求完成，经费使用合理，提供的验收文件和资料齐全、数据真实，予以通过验收。

凡有下列情况之一的，不予通过验收：

（一）未按合同要求完成预定的目标、任务；

（二）提供的验收文件、资料、数据不真实；

（三）擅自修改合同中的考核目标、内容、技术路线；

（四）实施过程中出现重大问题，但未能解决和做出说明，或研究成果存在纠纷尚未解决的。

第十八条　通过验收的科技项目，由省局（公司）科技主管部门出具《科技项目验收证书》（附件4）。

未通过验收的项目，项目承担单位应针对存在的问题进行整改，整改后再进行申请项目验收。如逾期未提出申请或再次未通过验收，则按“验收不通过”结论予以结题。

第十九条　科技项目验收结束30日内，省局（公司）科技主管部门应督促项目完成单位填写《科学技术成果登记表》（附件5），进行成果登记。

第二十条　科技项目承担单位负责项目验收资料的整理归档（一式两份），由省局（公司）科技主管部门和项目承担单位分别保管。

第二十一条　省局（公司）科技主管部门对科技项目验收情况进行汇总，对项目验收不通过的项目负责人、项目承担单位给予记录，作为项目负责人和项目承担单位信用评价以及科技创新工作考核的依据。

第二十二条　参加科技项目验收的有关人员未经允许擅自披露、使用，或者向他人提供和转让被验收项目技术的，依据有关规定追究其责任；涉及国家技术秘密的，依照有关法律法规规定处理。

第二十三条　对参加科技项目验收工作的专家，由项目承担单位支付差旅费并酌情发给专家咨询费。

第四章　附　则

第二十四条　本办法由安徽省烟草专卖局（公司）负责解释。

第二十五条　本办法自印发之日起施行。

附件：

1. 科技项目验收鉴定材料封面（略）
2. 《科技项目验收鉴定申请表》（略）
3. 《科技项目经费决算表》（略）
4. 《科技项目验收证书》（略）
5. 《科学技术成果登记表》（略）

安徽省烟草专卖局（公司）科学技术成果鉴定办法

第一章 总 则

第一条 为了加强科学技术成果（以下简称科技成果）鉴定工作的管理，依据国家、行业有关法律法规规定以及《安徽省烟草专卖局（公司）科技创新管理办法》，制定本办法。

第二条 科技成果鉴定是指由安徽省烟草专卖局（公司）［以下简称省局（公司）］聘请具有相应能力和资质的同行专家，按照规定的形式和程序，对已结束研究并提出申请的科技项目进行审查和评价，评审该科技项目是否达到研究目标，并对该科技项目所取得科研成果的内容和水平给出客观、公正和具有权威性的技术评价意见。

第三条 科技成果鉴定工作应当坚持实事求是、科学民主、客观公正、注重质量、讲求实效的原则，保证科技成果鉴定工作的严肃性和科学性。

第二章 鉴定组织

第四条 省局（公司）科技主管部门负责组织科技成果鉴定。也可授权直属单位科技主管部门组织鉴定，或者委托有关单位主持鉴定。

第五条 科技成果鉴定采取会议鉴定形式。由省局（公司）科技主管部门聘请同行专家组成鉴定委员会。鉴定委员会由 7 ~ 11 人组成，原则上从省局（公司）科技委专家库中遴选。鉴定委员会到会专家不得少于应聘专家的 4/5，鉴定结论必须经鉴定委员会专家2/3以上多数或者到会专家 3/4 以上多数通过。

第六条 聘请的同行专家应当具备下列条件：

（一）具有高级技术职称（职务）［特殊情况下可聘请具有中级技术职称（职务）的中青年科技骨干］；

（二）对被鉴定科技成果所属专业有较丰富的理论知识和实践经验，熟悉国内外该领域技术发展的状况；

（三）具有良好的科学道德和职业道德。

被鉴定科技成果的完成单位的人员不得作为同行专家参加对该成果的鉴定。

根据工作需要，任务下达单位或者委托单位的人员可作为同行专家参加对该成果的鉴定。

第七条 参加鉴定工作的专家在鉴定工作中应当对被鉴定的科技成果进行全面认真的技术评价，并对所提出的评价意见负责。

参加鉴定工作的专家应当保守被鉴定科技成果的技术秘密。

第八条 参加鉴定工作的专家在鉴定工作中享有下列权利：

（一）独立对被鉴定的科技成果进行评价，不受任何单位和个人的干扰；

（二）要求科技成果完成单位或者个人提供充分、翔实的技术资料，包括必要的原始资料；

（三）向科技成果完成单位或者个人提出质疑并要求做出解释，要求复核试验或者测试结果；

（四）充分发表个人意见，要求在鉴定结论中记载不同意见，可以拒绝在鉴定结论上签字；

（五）要求排除影响鉴定工作正常进行的干扰，必要时可以向省局（公司）科技主管部门提出中止鉴定的请求。

第三章　鉴定程序及要求

第九条　需要鉴定的科技成果，由科技成果第一完成单位向省局（公司）科技主管部门提交鉴定申请，并同时提交鉴定材料。

第十条　申请科技成果鉴定，应当符合下列条件：

（一）已完成合同约定的或者计划任务书规定的任务要求；

（二）不存在科技成果完成单位或者人员名次排列异议和权属方面的争议；

（三）技术资料齐全，并符合档案管理部门的要求；

（四）有经国家、国家烟草专卖局或者省局（公司）认定的科技信息机构出具的查新结论报告。

第十一条　申请科技成果鉴定，应提供以下鉴定材料：

（一）科技项目验收鉴定材料封面（附件1）；

（二）科技项目验收鉴定材料目录；

（三）科技成果鉴定申请表（附件2）；

（四）科技项目合同；

（五）科技项目修订（撤销）计划申报书；

（六）科技项目工作报告；

（七）科技项目技术报告；

（八）查新结论报告；

（九）科技项目经费决算表（附件3）；

（十）购置的固定资产清单；

（十一）科技项目年报；

（十二）有关检测证明；

（十三）用户使用情况报告；

（十四）经济效益分析报告；

（十五）测试记录；

（十六）与科技项目成果有关的重要数据、技术资料、专利、专著、知识产权协议、论文和照片资料等；

（十七）其他证明材料。

第十二条　省局（公司）科技主管部门组织对鉴定材料进行形式审查。

第十三条　通过形式审查的科技成果，省局（公司）科技主管部门将选聘3名或3名以上的评审专家对成果鉴定材料进行技术性初审。

第十四条　技术性初审的主要内容：

（一）判定项目是否达到鉴定要求；

（二）是否完成合同约定的或者科技项目申报书规定的任务要求；

（三）报送的文件和技术资料内容是否正确、翔实；

（四）初步判定该项技术的创造性、先进性、实用性、成熟性、可靠性、推广应用的条件和前景，以及存在的问题等。

第十五条　经评审专家认定符合鉴定条件的，评审专家应给出初审意见；省局（公司）科技主管部门应督促成果完成单位按专家初审意见对材料进行修订。

对评审专家认定的重大科技成果，省局（公司）科技主管部门可组织申请上一级科技成果管理机构组织鉴定。

第十六条　通过初审的科技成果，省局（公司）科技主管部门选聘评审专家组成鉴定委员会，负责科技成果的鉴定。

第十七条　在鉴定会议前1天，省局（公司）科技主管部门应将科技成果的鉴定材料送达承担鉴定任务的专家。专家在收到鉴定材料后，应当认真进行审查，并准备鉴定意见。

需要进行现场测试的，测试组专家应在鉴定会召开前完成测试工作，并出具测试报告。

需要进行检测的，必须经国家和省、自治区、直辖市、国家烟草专卖局或者国务院有关部门认定的专业技术检测机构进行检验、测试，并出具检测报告。

第十八条　科技成果鉴定由鉴定委员会主任主持，通过工作报告、技术报告等汇报、现场考察或观看演示、专家质疑等环节进行成果鉴定。

第十九条　科技成果鉴定的主要内容：

（一）是否完成合同或计划任务书要求的指标；

（二）技术资料是否齐全完整，并符合规定；

（三）技术成果的创造性、先进性和成熟程度；

（四）技术成果的应用价值及推广的条件和前景；

（五）存在问题及改进意见。

第二十条　根据评议情况，由鉴定委员会讨论形成鉴定意见，鉴定委员会委员在鉴定意见中签字。不同意鉴定意见的委员有权拒绝签字。

第二十一条　科技成果经鉴定委员会评议未通过的，鉴定委员会应正式写出未通过的理由，经省局（公司）科技主管部门审核后，通知成果完成单位。

第二十二条　经鉴定通过的科技成果，由省局（公司）颁发《科学技术成果鉴定证书》（附件4）。

第二十三条　科技成果鉴定结束30日内，省局（公司）科技主管部门应督促成果完成单位填写《科学技术成果登记表》（附件5），进行成果登记。

第二十四条　科技成果完成单位负责鉴定材料的整理归档（一式两份），由省局（公司）科技主管部门和成果完成单位分别保管。

第四章　鉴定管理

第二十五条　参加科技成果鉴定的专家，应当严格遵守科学道德和职业道德规范，保证科技成果鉴定的严肃性和科学性。

第二十六条　参加科技成果鉴定的专家和工作人员不得以任何理由将评议情况，特别是讨论中的不同意见对外泄露。

第二十七条　省局（公司）科技主管部门应当严格控制鉴定会的规模，除参加鉴定工作的专家和少数必要的管理人员外，不得邀请其他人员参加。

第二十八条　对参加鉴定工作的专家，由成果完成单位支付差旅费并酌情发给专家咨询费。

第二十九条　科技成果完成单位或者个人窃取他人的科技成果的，或者在鉴定过程中徇私舞弊、弄虚作假的，一经查实，省局（公司）科技主管部门应当中止鉴定。已经通过鉴定的，应当予以撤销。

第三十条　参加鉴定的有关人员，擅自披露、使用或者向他人提供或转让被鉴定科技成果的关键技术的，应当依据有关法规，追究其法律责任。

第五章　附　则

第三十一条　本办法由安徽省烟草专卖局（公司）负责解释。

第三十二条　本办法自印发之日起施行。

附件：

1. 科技项目验收鉴定材料封面（略）
2. 《科技项目验收鉴定申请表》（略）
3. 《科技项目经费决算表》（略）
4. 《科学技术成果鉴定证书》（略）
5. 《科学技术成果登记表》（略）

安徽省烟草专卖局（公司）知识产权管理办法

第一章 总 则

第一条 为贯彻落实《国家知识产权战略纲要》和《烟草行业知识产权发展战略（2007—2015）》，加强对安徽省烟草专卖局（公司）知识产权的保护，规范知识产权管理工作，鼓励员工发明创造的积极性，促进科技成果的推广应用，根据国家行业有关法律法规规定，制定本办法。

第二条 本办法所称保护的知识产权包括：

（一）专利权和技术秘密。包括新产品、新技术、新工艺、新方法、新材料、新设计、新配方、新品种等专利权和技术秘密；

（二）商标权。包括注册商标、商号等；

（三）著作权及其邻接权。包括计算机软件、文档资料、视听资料、艺术表演、规范汇编等；

（四）植物新品种权；

（五）商业秘密权。企业所拥有的未公开的工程、设计、市场、经营、服务、财务、管理等信息；

（六）依照国家法律，法规规定，或者依合同约定由公司享有或持有的其他知识产权。

第三条 省局（公司）科技主管部门组织制定知识产权发展规划和规章制度，指导、协调、监督、检查全省系统知识产权创造、运用、保护和管理工作。

第二章 知识产权归属

第四条 本单位员工为执行单位任务或主要利用单位的物质技术条件或名义所完成的发明创造属职务发明，申请权和批准后的专利权归本单位，完成人为该专利的发明人或者设计人。职务发明按《中华人民共和国专利法》及相关法律法规执行。

第五条 利用本单位的物质技术条件所完成的发明创造，单位与发明人或者设计人订有合同，对专利申请权和专利权归属做出约定的，依其合同约定。

第六条 本单位与外单位合作或者接受外单位委托及本单位员工与他人合作或者接受他人委托完成的发明创造，其专利申请权和专利权的归属根据合同的约定确定。

第七条 本单位员工结合本职工作发表的文章，其著作权归作者本人。

第八条 由本单位主持、代表本单位意志创作并承担责任的作品，本单位视为作者，享有著作权。

第九条 本单位员工为执行本单位任务或主要是利用本单位的物质条件、名义完成，并由本单位承担责任的工程设计，产品设计图纸及其说明，计算机软件，集成电路布图设计，电子出版物等职务作品，作者享有署名权，著作权的其他权利归本单位所有。

第十条 执行本单位任务，或者主要是利用本单位的物质技术条件所培育的植物新品种属于职务育种，其植物新品种的申请权属于本单位，申请被批准后，品种权由本单位拥有。委托育种或合作育种，品种权的归属应在合同中约定。

第十一条　以单位名称，单位名义申请注册的商标及其他标志，包括但不限于《安徽省烟草专卖局》，《中国烟草总公司安徽省烟草公司》，《安徽省烟草公司》，《ANHUI TOBACCO》等，均为单位所有的知识产权。

第三章　知识产权管理

第十二条　以知识产权作为出资入股时，应由具有资质的评估机构对该知识产权进行评估，并明确该知识产权所占全部注册资本的比例，经审查批准后签订有关协议。

第十三条　涉及专利权、商标权和著作权等知识产权方面的许可证贸易时，须经单位审查批准后方可签订合同。

第十四条　与其他单位、个人进行委托研究、委托开发或合作研究、合作开发所签订的合同，必须有关于知识产权保护的条款并对知识产权的归属以及利益的分配加以明确约定。

第十五条　订立技术合同，包括技术开发、技术转让、技术咨询、技术服务等合同，必须严格遵守技术合同管理的相关规定，明确约定科技成果有关权益的分配。任何个人未经同意，不得以单位的名义对外签订技术合同。

第十六条　科技项目完成后，项目负责人须及时向项目下达的主管部门提交全部科技档案文件，凡符合专利授予条件的，应及时申请专利，不宜申请专利的技术秘密，采取相应保密措施。

第十七条　本单位派出人员不得擅自将本单位的知识产权带出。在外派单位工作期间取得的知识产权成果，除与外派单位有协议外，归本单位所有。

第十八条　本单位离休、退休、停薪留职、辞职及调离的员工，在离开本单位前，必须将工作中的全部技术资料、材料、设备、产品、计算机软件等交回，不得私自备份。

第四章　知识产权保护

第十九条　任何人不得采用不正当手段擅自将本单位拥有知识产权的技术成果披露、使用、许可他人使用。

第二十条　未经本单位批准，擅自将职务发明作为非职务发明申报专利的，一经发现，单位有权要求更换专利权人，并对责任人予以经济处罚和行政处分。

第二十一条　严格执行科技档案的相关制度规定，包括档案密级制定、借阅程序等，对涉及本单位技术秘密和商业秘密的科技档案应采取限制阅读措施。

第二十二条　对本单位的技术秘密和商业秘密，应严格执行国家和本单位的有关规定，签订保密协议。

第二十三条　本单位员工在国内外科技交流活动中，包括讲学、访问、参观、咨询、通信及参加会议等，对本单位应保密的信息和技术资料等负有保密义务。

第二十四条　接待外来人员时应做好相关知识产权保密工作。

第二十五条　本单位员工对于从外单位获得的技术资料等，必须遵守合理使用原则。

未经许可擅自使用而被他人指控侵权的，由责任人承担全部责任。

第五章　奖励和惩罚

第二十六条　知识产权相关成果完成人享有在有关成果文件上注明自己是该成果完成人的权利。对于知识产权相关成果完成人，按照相关规定给予奖励，并作为职称评聘和业绩考核的重要依据。

第二十七条　本单位所属的知识产权实施后的收益分配按国家相关法律法规和单位的相关规定执行。

第二十八条　对于在知识产权创造、运用、保护和管理工作中有突出贡献的，或有效制止侵权、维护本单位知识产权合法权益成绩显著的人员，按照相关规定给予奖励。

第二十九条　未经批准，擅自转让、实施本单位所属专利，剽窃、窃取、篡改、非法占有或者以其他方式侵犯本单位知识产权的，或造成本单位知识产权被侵犯的，区别以下情况追究相应责任：

侵害人为本单位员工的，应责令其改正，并按照情节轻重给予相应处分，造成损失的，追究其经济责任。触犯刑法的将依法追究其刑事责任。

侵害人为非本单位员工的，应要求其停止侵害，承担责任；造成损失的，应要求其赔偿损失。必要时，提请行政机关处理或遵循法律途径解决。触犯刑法的要依法追究刑事责任。

第六章　附　则

第三十条　本办法由安徽省烟草专卖局（公司）负责解释。

第三十一条　本办法自印发之日起施行。

安徽省烟草公司科技创新奖励办法

第一章　总　则

第一条　为引导和激励全省系统积极开展科技创新活动，增强自主创新能力，依据国家、行业有关法律法规和规定以及《安徽省烟草专卖局（公司）科技创新管理办法》，制定本办法。

第二条　本办法所称科技创新奖励包括：安徽省烟草公司科学技术进步奖（以下简称省公司科技进步奖）、专利奖和科技论文奖。

第三条　安徽省烟草公司（以下简称省公司）科技创新奖励贯彻尊重劳动、尊重知识、尊重人才、尊重创造的方针。

第四条　省公司维护科技创新奖励的严肃性，省公司科技创新奖的推荐、评审、授予，不受任何组织或个人的干涉。

第五条　安徽省烟草专卖局（公司）科学技术委员会［以下简称省局（公司）科技

委］负责省公司科技创新奖励的评审工作，同时负责从获奖者中择优向上一级推荐申报有关科技创新奖励。

第六条　省公司科技主管部门负责省公司科技创新奖励评审的组织、监督工作。省局（公司）科技委办公室负责奖励评审的日常工作。

第二章　奖项设置

第七条　省公司科技进步奖授予在实施省公司或直属单位科技计划项目中，在烟草科学技术关键领域研究、核心技术突破和自主知识产权获取等方面做出突出贡献的个人或单位。

第八条　省公司科技进步奖相当于市厅级奖励。省公司科技进步奖设一等奖、二等奖、三等奖，视情况增设优秀奖。对完成具有特别重大意义的科学技术成果做出突出贡献的单位、个人，可授予特等奖。

省公司科技进步奖每年的授奖数量一般不超过 20 项。

第九条　省公司专利奖重点奖励在科技创新工作中获得受理与授权的发明专利和实用新型专利的发明人。

第十条　省公司科技论文奖奖励在科技项目研究过程中发表科技论文的个人。

第三章　推荐、评审和奖励

第十一条　省公司科技创新奖励原则上每年评审一次，也可视具体情况酌减评审频次，具体推荐时间和推荐奖项由省公司确定。

第十二条　省公司科技创新奖励按下列程序进行推荐：

（一）行业内推荐的评奖项目由直属单位归口初审。初审合格后，由直属单位向省公司科技主管部门提交推荐材料。

（二）行业外单位推荐的评奖项目，可直接向省公司科技主管部门提交推荐材料。

第十三条　推荐单位应当填写统一格式的推荐书，提供真实、可靠的评价材料。

第十四条　省局（公司）科技委通过评审，做出认定科技创新奖励结论并向省公司提出获奖人选、奖励种类和奖励等级的建议。省公司根据省局（公司）科技委的建议，经审议后做出科技创新奖获奖人选、奖励种类和奖励等级的决定。

第十五条　省公司科技创新奖由省公司颁发奖励证书和奖金。省公司科技创新奖的奖金由省公司支付。

（一）省公司科技进步奖按如下等级奖励：

奖励等级	荣誉奖	奖金
特等奖	奖励证书	200000 元
一等奖	奖励证书	100000 元
二等奖	奖励证书	60000 元
三等奖	奖励证书	40000 元
优秀奖	奖励证书	20000 元

省公司科技进步奖的奖励证书分别发给获奖单位和获奖人。

行业内单位作为项目候选单位，获各类省部级以上科学技术奖励的烟草类科技成果，省公司另行配套给予奖励。

（二）专利奖励限于所有权属行业内单位的专利。专利按类别和申请状态给予奖励。发明专利获受理的奖励 1000 元，获授权的奖励 3000 元；实用新型专利获授权的奖励 1000 元。

（三）科技论文奖励限于在省公司科技项目研究过程中公开发表的科技论文，且论文的第一完成单位必须为行业内单位。

科技论文按发表刊物的类别给予奖励：

发表在世界性有影响的刊物上被 SCI、EI、STP、SSCI 收录，且影响因子在 3.0 以上（含 3.0）的，给予 3000 元/篇的奖励。

在 CORESTA、TSRC 等行业国际会议上交流，被 SCI、EI、ISTP、SSCI 收录，且影响因子在 1.0 以上（含 1.0）3.0 以下的给予 2000 元/篇的奖励。

发表在中文核心期刊或外文期刊上的，给予 1000 元/篇的奖励。

第四章　罚　则

第十六条　剽窃、侵夺他人的发现、发明或者其他科学技术成果者，或者以其他不正当手段骗取省公司科技创新奖者，由省公司科技主管部门报省公司批准后撤销奖励，追回奖金。

第十七条　推荐单位或个人提供虚假数据、材料，协助他人骗取省公司科技创新奖者，由省公司给予通报批评；情节严重的，暂停或者取消其推荐资格；对负有直接责任的主管人员和其他直接责任人员，依法给予行政处分。

第十八条　参与省公司科技创新奖评审活动的人员，以及有关工作人员在评审活动中弄虚作假、徇私舞弊，依法给予行政处分。

第五章　附　则

第十九条　省公司科学技术进步奖评审细则另行制订。

第二十条　本办法由省公司负责解释。

第二十一条　本办法自发布之日起施行。

安徽省烟草公司科学技术进步奖评审细则

第一章　总　则

第一条　为了做好安徽省烟草公司（以下简称省公司）科学技术进步奖的评审工作，保证省公司科学技术进步奖的评审质量，根据《安徽省烟草公司科技创新奖励办法》（以下简称《奖励办法》），制订本细则。

第二条　本细则适用于省公司科学技术进步奖的推荐、评审、授奖等各项活动。

第三条　省公司科学技术进步奖的推荐、评审和授奖坚持公开、公平、公正原则，实行科学的评审制度，不受任何组织或者个人的非法干涉。

第四条　省公司科学技术进步奖对同一项目授奖的个人和单位按照贡献大小排序。

仅对项目起组织、管理和辅助服务的单位和人员不得作为省公司科学技术进步奖的候选人。

第五条　省公司科学技术进步奖是省公司授予个人或者单位的荣誉，授奖证书不作为确定科学技术成果权属的直接依据。

第二章　奖励范围及评审标准

第六条　省公司科学技术进步奖奖励范围：

（一）烟草科学研究与技术开发类项目（包括烟草基础理论研究和烟草应用研究），是指在烟草科学研究和技术开发活动中，完成具有重大市场实用价值的产品、技术、工艺、材料、设计、生物新品种及其推广应用，或在烟草行业领域产生重要影响的应用基础研究。

（二）烟草科学技术推广应用项目（包括烟草新品种推广应用、烟草农业科学技术推广、烟草加工工艺技术与设备推广等），是指在组织和推广烟草重大科学技术成果（含新技术成果与集成技术成果）方面，促进了企业的整体科技进步与生产水平、产品质量水平等方面的提高、并已经取得了显著的经济效益或社会效益。

（三）烟草公益类项目（包括烟草标准化研究、软科学研究、信息化研究、科技专著等）：在烟草标准、计量、软科学研究、科技信息、科技档案、科学技术普及、自然资源调查和合理利用、科技专著与科技教材编写等科学技术基础性工作方面的公益性科学技术事业中取得的重大成果及其应用推广。

第七条　省公司科学技术进步奖的项目应总体符合下列条件：

（一）技术创新性突出：在技术上有重要的创新，形成了具有自主知识产权的核心技术；技术难度较大，解决了制约企业发展的技术瓶颈等关键问题；总体技术水平和主要技术经济指标达到或超过行业先进水平。

（二）经济效益或者社会效益显著：所研究、开发及推广应用的科技项目经过一年以上较大规模的实施应用，产生了显著的经济效益或社会效益，为企业发展做出了很大贡献。

（三）推动科技进步作用明显：成果的转化程度高，具有较强的示范、带动和扩散能力，提高了企业的创新能力、竞争能力和整体技术水平，对企业的发展具有很大作用。

（四）列入省公司及直属单位计划的科技项目，并通过省局（公司）（含市厅级）及以上科技管理机构组织的项目验收鉴定，在省局（公司）进行过成果登记备案。

第八条　主要完成人须具备下列条件之一：

（一）提出和确定项目的总体方案设计；

（二）在研究过程中直接参与并对关键技术和疑难问题的解决做出重要贡献；

（三）直接参与并解决推广应用中的重要技术难点。

第九条　主要完成单位须是实质性参与项目研制、开发、投产、应用和推广过程并提供技术、设备和人员等条件的单位。

第十条　省公司科学技术进步奖励单项授奖人数和授奖单位数量实行限额限制。

特等奖的人数不超过 30 人，单位不超过 15 个；

一等奖的人数不超过 25 人，单位不超过 10 个；

二等奖的人数不超过 20 人，单位不超过 7 个；

三等奖的人数不超过 15 人，单位不超过 5 个；

优秀奖的人数不超过 10 人，单位不超过 3 个。

第十一条　省公司科学技术进步奖评审标准

（一）烟草科学研究与技术开发类成果评审标准：

1. 烟草基础理论研究成果

一等奖：提出专业领域新的理论体系，学术上有新的创见，其理论对烟草行业的技术进步有重要作用和普遍意义，有重大的实用价值、科学价值以及社会效益或经济效益。

二等奖：提出专业领域新的理论观点，学术上有新的突破，其理论对烟草行业的技术进步有显著的作用，有较大的实用价值、科学价值以及社会效益或经济效益。

三等奖：学术上有突破，其理论对促进烟草行业的技术进步有较大的推动作用，有一定的实用价值、科学价值以及社会效益或经济效益。

优秀奖：学术上有一定突破，其理论对促进公司的技术进步有一定的推动作用，有一定的实用价值和科学价值。

对于特别重大的基础理论研究成果可评为特等奖。

2. 烟草应用研究成果

一等奖：科学技术成果达到国内先进或行业领先水平，技术难度大，在烟草行业应用有重大变革性、创新性、突破性的实用价值和推广价值，对推动烟草行业技术进步有很大作用，应用后具有重大经济效益或社会效益。

二等奖：科学技术成果达到行业先进水平，技术难度较大，在烟草行业应用有很大的实用价值和推广价值，对推动烟草行业技术进步有较大的作用，应用后具有很大的经济效益或社会效益。

三等奖：科学技术成果接近行业先进水平，技术难度较大，有一定创新；在全省系统应用有很大的实用价值和推广价值，对推动全省系统技术进步有大的作用，应用后具有较大的经济效益或社会效益。

优秀奖：科学技术成果有一定的先进性，在全省系统应用有较大的实用价值和推广价值，对全省系统的技术进步有一定的推动作用，应用后具有一定的经济效益或社会效益。

对于特别重大的应用研究成果可评为特等奖。

（二）烟草科学技术推广应用成果评审标准

基本要求：采用已有技术，且已在企业内推广应用一年以上的新技术成果。

一等奖：推广应用的科学技术成果有很大的覆盖面，占可推广面比例很大，已取得十分显著的经济效益、社会效益或生态效益；推广机制、方法和措施有重大的改进和创新；

对行业发展有重大的推动作用。

二等奖：推广应用的科学技术成果有大的覆盖面，占可推广面比例大，已取得显著的经济效益、社会效益或生态效益；推广机制、方法和措施有很大的改进和创新；对全省系统发展有很大的推动作用。

三等奖：推广应用的科学技术成果有较大的覆盖面，占可推广面比例较大，已取得明显的经济效益、社会效益或生态效益；推广机制、方法和措施有较大的改进和创新；对企业发展有较大的推动作用。

优秀奖：推广应用的科学技术成果有一定的覆盖面，占可推广面一定比例，已取得一定的经济效益、社会效益或生态效益；推广机制、方法和措施有一定的改进和创新；对企业发展有一定的推动作用。

（三）烟草公益类成果评审标准

1. 烟草标准化研究应用成果

基本要求：结合行业实际，积极采用新技术、先进方法与先进设备研究制订的，经批准发布并实施一年以上的国家标准、行业标准、企业标准及计量标准。

一等奖：对行业的技术进步有重大促进作用，具有广泛影响、在行业内广泛采用以及具有较高先进性和实用性的国家标准、行业标准，对提高相关生产技术、产品质量和管理水平具有重大的促进作用，达到国内先进或行业领先水平，具有重大的经济或社会效益。

二等奖：对行业的技术进步有很大的促进作用，具有较大影响、在行业内较广泛采用以及具有较高先进性和实用性的国家标准、行业标准，对提高相关生产技术、产品质量和管理水平具有很大的促进作用，达到行业先进水平，具有很大的经济或社会效益。

三等奖：对行业或企业的技术进步有较大促进作用，在企业采用以及具有较高先进性和实用性的国家标准、行业标准、企业标准，对提高企业的生产技术、产品质量和管理水平具有较大的促进作用，接近行业先进水平，具有较大的经济或社会效益。

优秀奖：对行业或企业的技术进步有一定促进作用，在企业采用以及具有较高先进性和实用性的国家标准、行业标准、企业标准，对提高企业的生产技术、产品质量和管理水平具有重要的促进作用，并具有一定先进水平，具有一定的经济或社会效益。

对于特别重大的烟草标准化研究应用成果可评为特等奖。

2. 软科学研究成果

一等奖：结合行业实际，提出有创新、有特色的新方法、新方案、新理论，对推动行业科学决策和管理现代化、促进行业发展、体制改革有显著贡献，在行业内外产生重大影响并取得重大的社会效益或经济效益。

二等奖：结合行业实际提出的方法、方案、理论，对行业发展、体制改革、管理现代化具有很大创新性和普遍的指导意义，在行业内产生重大影响并取得很大的社会效益或经济效益。

三等奖：结合行业实际提出的方法、方案、理论，对行业发展、体制改革、管理现代化具有较大创新性和积极的指导意义，在全省系统内产生较大影响并取得较大的社会效益或经济效益。

优秀奖：结合企业实际提出的方法、方案、理论，对企业发展、体制改革、管理现代化具有较大创新性和积极的指导意义，在企业内产生重大影响并取得一定的社会效益或经济效益。

对于特别重大的软科学研究成果可评为特等奖。

3. 科学技术信息化成果

一等奖：研究开发的信息系统、信息平台、数据库等信息化成果具有专业覆盖面和深度，技术先进可靠，达到国内先进或行业领先水平，具有重大实用价值，信息技术应用取得显著成效，为推进行业技术进步发挥了重大作用，获得重大的经济效益或社会效益。

二等奖：研究开发的信息系统、信息平台、数据库等信息化成果具有专业覆盖面和深度，技术先进可靠，达到行业先进水平，具有较强实用价值，信息技术应用取得明显成效，为推进行业技术进步发挥了很大作用，获得很大的经济效益或社会效益。

三等奖：研究开发的信息系统、信息平台、数据库等信息化成果具有专业覆盖面和深度，技术较先进，接近行业先进水平，具有较强实用价值，信息技术应用取得较好成效，为推进行业技术进步发挥了重要作用，获得较大的经济效益或社会效益。

优秀奖：研究开发的信息系统、信息平台、数据库等信息化成果具有专业覆盖面和深度，技术较先进，具有一定实用价值，信息技术应用取得一定成效，为推进企业技术进步发挥了一定作用，获得良好的经济效益或社会效益。

对于特别重大的信息化研究成果可评为特等奖。

第三章　评审组织

第十二条　省局（公司）科技委负责省公司科学技术进步奖的评审工作。

第十三条　省局（公司）科技委根据当年度评审工作需要，成立由全体科技委委员和相关学科领域专家参加的评审委员会，负责会议评审。

第四章　推　荐

第十四条　直属单位负责省公司科学技术进步奖的推荐工作。行业外单位可直接向省公司科技主管部门提交推荐材料。

第十五条　推荐单位应按照当年度省公司有关文件的要求，以及《奖励办法》的有关规定进行省公司科学技术进步奖的推荐工作。

第十六条　省公司科学技术进步奖应采用网上与书面相结合的方式进行推荐并保持网上与书面推荐内容完全一致，同时必须在规定的推荐日期内完成推荐。

第十七条　推荐单位应依照《奖励办法》和本细则的规定进行初审。初审的主要内容包括：省公司科学技术进步奖的材料是否真实可靠，是否符合本细则中对推荐条件的具体规定，是否获得过市厅级以上科学技术进步奖励，经济效益证明和其他证明材料是否真实可靠。

第十八条　推荐省公司科学技术进步奖的项目应报送下列材料：

（一）《安徽省烟草公司科学技术进步奖推荐书》（见附件 1）。

推荐书中的项目名称、完成单位和完成人应与立项合同、验收鉴定证书或视同鉴定

（评审）证明中的名称、完成单位和完成人一致。

（二）相关证明材料（文件）。

所有推荐项目应提供市厅级及以上单位出具的成果验收鉴定证书或视同鉴定（评审）证明，专利授权证书，主要应用单位财务部门出具的经济效益证明、使用单位出具的应用推广证明等。

（三）项目的试验研究总结报告（研制报告或技术报告；专利说明书；原版图书；标准原件；已公开发表论文等）。

（四）推荐单位认为应附的其他材料。

（五）推荐软科学研究成果，须提供由省公司相关部门或直属单位或项目完成单位的上级主管部门出具的被采纳或使用的证明。

（六）推荐科学技术推广应用类成果，须提供各成果应用单位推广情况、实际应用效果以及产生的经济与社会效益等证明。

第十九条　省公司科学技术进步奖的完成人、完成单位和推荐单位须填写声明书。

第二十条　推荐单位推荐省公司科学技术进步奖的完成人、完成单位应当征得完成人和完成单位的同意。

第二十一条　推荐单位认为有关专家、学者参加评审可能影响评审公正性的，可以要求其回避并在推荐时书面提出理由及相关的证明材料。

第二十二条　推荐省公司科学技术进步奖的完成人或推荐项目有下列情形之一者，暂不予受理。

（一）具有知识产权纠纷或其他异议未解决的；

（二）法律、行政法规规定必须取得有关许可证，且直接关系到人身和社会安全、公共利益的项目，如动植物新品种、基因工程技术及其产品等，在未获得主管行政机关批准之前的；

（三）未办理有关科技成果登记手续的；

（四）已经获得过市厅级及以上自然科学奖、技术发明奖、科学技术进步奖或者科学技术成果推广奖的；

（五）发现有弄虚作假或剽窃他人成果的；

（六）推荐书缺项的。

第二十三条　经评定未授奖省公司科学技术进步奖的候选项目，可参加下一年度的推荐，但同一项目最多只能推荐 2 次。

第五章　评　审

第二十四条　省公司科学技术进步奖评审委员和相关的工作人员须对完成人和完成单位所完成项目的技术内容及评审情况严格保守秘密。

第二十五条　省公司科学技术进步奖的评审采用形式审查和会议评审程序。

第二十六条　省局（公司）科技委办公室负责省公司科学技术进步奖的形式审查工作，对形式审查结果写出书面意见，向省局（公司）科技委报告。

第二十七条　通过形式审查的推荐评奖项目方可进入会议评审程序。

第二十八条　会议评审时，应根据当年度所评审项目的学科情况，分成若干个学科评审组对所属学科的项目进行评审。学科评审组原则上至少应由 5 名以上评审委员组成并指定正、副组长各 1 名。

第二十九条　参加会议评审的全体评审委员应依照《奖励办法》和本细则的相关规定对推荐项目进行评审。评审程序和要求为：

（一）参加会议答辩的项目第一完成人应在评审会议或学科评审组会议上介绍项目的主要技术原理和关键技术并对评审委员提出的有关问题进行答辩。

无故不参加项目答辩的单位或个人视同放弃会议评审。

（二）对每个推荐项目确定至少两名主要审查人员，分别担任主审和副审。主要审查人员应熟悉有关项目的材料，对照推荐材料并根据评审标准和定量评价指标进行定量打分和定性评价，同时提出推荐意见、推荐奖励等级及其理由。

（三）由项目的主审和副审向学科评审组介绍项目情况，提出推荐意见、推荐奖励等级及其理由。学科评审组对所属项目分别进行评审组评议，形成评审组的推荐意见与推荐奖励等级的理由，同时应按照相应的评审标准和项目的实际水平对本学科的推荐项目进行排序。

（四）由项目的主审和副审向全体评审委员介绍项目情况，提出推荐意见、推荐奖励等级及其理由。学科评审组组长和副组长向全体评审委员介绍小组评议情况和评议结果并报告所属项目的排序情况以及各项目的推荐奖励等级。全体评审委员在此基础上进行集体评议。

（五）采用记名投票制对推荐项目进行评审投票。

第三十条　每年评审出的省公司科学技术进步奖一等奖项目应不超过 2 项，二等奖项目不超过 4 项，三等奖项目不超过 6 项，优秀奖项目原则上不超过剩余项目的 30%，且每年评审出的项目总数不超过 20 项。

一等奖、二等奖项目得票数须不低于出席会议的未回避评审委员 2/3；三等奖、优秀奖项目得票数须不低于出席会议的未回避评审委员 1/2。

第三十一条　特等奖项目在评审出的一等奖项目中产生。在评出一等奖项目后，如有 3 名以上评审委员认为已评审为一等奖的项目达到特等奖的评审标准时，经 3 名以上评审委员提议，由会议主持人组织，可对评审为一等奖的项目再进行特等奖投票，得票数超过出席会议的未回避评审委员 2/3 的项目可确定为特等奖。

每年评审出的省公司科学技术进步奖特等奖项目不超过 1 项。

第三十二条　省公司科学技术进步一等奖出现空缺时，经 3 名以上评审委员提议，可由会议主持人组织，对评审一等奖时得票半数以上的项目再进行一次投票，投票得票数超过出席会议的未回避评审委员 2/3 的项目可确定为一等奖。但通过该程序评审出的一等奖项目无评审特等奖的资格。

第三十三条　省公司科技进步奖各类奖项在达不到要求条件时均可空缺。

第三十四条　在会议评审完毕后 30 日内，省公司科技主管部门对评审结果予以公示。

第六章　异议及其处理

第三十五条　省公司科学技术进步奖评审工作实行异议制度。任何单位或者个人对省公司科学技术进步奖完成人、完成单位及其项目持有异议的，应当在初评结果公布之日起30日内向省公司科技主管部门提出。逾期且无正当理由的，不予受理。

第三十六条　提出异议的单位或者个人应当提供书面异议材料并提供必要的证明文件或证明材料。

提出异议的单位或个人应当表明真实身份。个人提出异议的，应当在异议材料上签署真实姓名；以单位名义提出异议的，应当加盖本单位公章。

第三十七条　异议分为实质性异议和非实质性异议。凡对涉及省公司科学技术进步奖完成人、完成单位所完成项目的创新性、先进性、实用性，以及推荐书填写不实所提出的异议为实质性异议。对完成人、完成单位及其排序的异议，为非实质性异议。

推荐单位及完成人、完成单位对评审等级的意见，不属于异议范围。

第三十八条　省公司科技主管部门在接到异议材料后，要对异议内容进行审查，如果异议内容属于本细则第三十七条所述情况并能提供充分证据的，须在10日内予以受理。

第三十九条　实质性异议由省公司科技主管部门负责协调，有关推荐单位或者推荐人协助。涉及异议的任何一方应当积极配合，不得推诿和延误。推荐单位或者推荐人接到异议通知后，应当在规定的时间内核实异议材料并将调查、核实的情况报送省公司科技主管部门审核。省公司科技主管部门认为必要时，可以组织评审委员或其他相关专家进行调查，提出处理意见。

非实质性异议由推荐单位或者推荐人负责协调，提出初步处理意见报送省公司科技主管部门审核。涉及跨部门的异议处理，由省公司科技主管部门负责协调，相关推荐单位或者推荐人协助，其处理程序参照前款规定办理。

推荐单位或者推荐人在规定的时间内未提出调查、核实报告和协调处理意见的，视为自动放弃。

第四十条　省公司科技主管部门要向省局（公司）科技委或直接向省公司报告异议核实情况及处理意见，提请省局（公司）科技委决定或由省公司裁定并将决定或裁定意见通知异议方和推荐单位、推荐人。

第四十一条　异议自省公司科学技术进步奖励初评结果公布之日起30日内处理完毕的，不影响本年度评审与授奖；30日内未处理完毕的，提交下一年度再次参加评审。

第七章　批准与授奖

第四十二条　省公司对省局（公司）科技委推荐的科学技术奖励获奖人选、项目及等级进行审核、批准和授奖。

第四十三条　省公司科学技术进步奖按如下等级奖励：

奖励等级	荣誉奖	奖金
特等奖	奖励证书	200000元
一等奖	奖励证书	100000元
二等奖	奖励证书	60000元
三等奖	奖励证书	40000元

优秀奖　　奖励证书　20000 元

项目的获奖人所得奖金不得少于奖金总额的 70%，其余部分可发给其他有关人员，不搞平均主义。荣获奖励项目的获奖人的业绩记入本人档案并作为考核、评定技术职称、职务晋升等的重要依据之一。

一个单位完成的省公司科学技术进步奖项目，奖金由项目完成单位负责组织分配。两个以上单位完成的项目，奖金由第一完成单位负责与其他主要完成单位协商后提出分配方案。

各级主管部门或单位不得截留和挪用科学技术奖励奖金。奖金分配后，由其所在单位负责将分配结果报省公司科技主管部门备案。自奖金拨出半年后分配方案仍未落实者，推荐单位须负责将奖金退回省公司。

省公司科学技术进步奖的奖励证书分别发给获奖单位和获奖人。

第四十四条　行业内单位作为项目完成单位，获各类省部级以上科学技术奖励的烟草类科技成果，省公司另行给予配套奖励。

该项配套奖励奖金的分配按本细则第四十二条的有关规定进行处理。

第八章　罚　则

第四十五条　对通过剽窃、侵夺他人科学技术成果，弄虚作假或者其他不正当手段谋取省公司科学技术进步奖的单位和个人，尚未授奖的，由省局（公司）科技委办公室取消其当年获奖资格；已经授奖的，经省公司科技主管部门审核，报省公司批准后撤销奖励，追回奖金并公开通报。情节严重者，取消其一定期限内或者终身被推荐省公司科学技术进步奖的资格，同时建议其所在单位或主管部门给予相应的处分。

第四十六条　推荐单位和推荐人提供虚假数据、材料，协助被推荐单位和个人骗取省公司科学技术进步奖的，由省公司予以通报批评；情节严重的，暂停或者取消其推荐资格；对负有直接责任的主管人员和其他直接责任人员，建议其所在单位或主管部门给予相应的处分。

第四十七条　参与省公司科学技术进步奖评审工作的专家在评审活动中违反评审行为准则和相关规定的，由省公司分别情况给予责令改正、记录不良信誉、警告、通报批评、解除聘任或者取消资格等处理；同时可以建议其所在单位或主管部门给予相应的处分。

第四十八条　参与省公司科学技术进步奖评审组织工作的人员在评审活动中弄虚作假、徇私舞弊的，由省公司依法给予相应的处分。

第九章　附　则

第四十九条　本细则由省公司负责解释。

第五十条　本细则自印发之日起施行。

附表略————

烟草专卖管理

【卷烟打假成效显著】

专卖市场监管继续保持高压。2012 年全省共查处涉烟案件 20471 起，同比增加 7.19%，其中 5 万元以上案件 170 起，同比增加 3.03%；符合国家烟草专卖局标准网络案件 5 起，符合省局标准网络案件 35 起。查获各类非法卷烟 6929 万支，同比减少 12.6%，其中假冒卷烟 676 万支，同比减少 77.7%；非法流入烟 6244 万支，同比增加 27.7%。判刑 156 人，同比减少 3.7%；拘留 194 人，同比减少 21.5%。同年 11 月份全省专卖市场检查结果显示，本省卷烟市场规范指数为 92.4，继续保持较高市场规范程度。

烟草市场专项整治效果显著。全年开展三次全省性卷烟市场整治行动。“11–3 号”专项行动为元旦、春节期间卷烟市场良好秩序奠定基础；“金龙一号”专项行动，对跨省、跨区非法流入烟、无证经营等问题进行重点打击；“金龙二号”专项行动，对“名烟名酒店”、娱乐场所等重点对象进行专项打击。各市局结合省局专项行动也都开展各具特色专项打击活动，做到月月有活动、季季有高潮。

“打团破网”大要案件长抓不懈。针对时下犯罪团伙网络化、家族化、职业化特点，坚持抓源头、挖窝点，立足于深挖犯罪团伙，揪出隐蔽较深的地下产销网络。努力提高案件经营能力，提高“打团破网”成功率。据各市局上报数据，全省全年共破获涉烟网络案件 30 起，其中符合国家局标准网络案件 5 起，符合省局标准 35 起。全年查获 10 万元以上卷烟案件 70 起。进一步加大涉烟案件嫌疑人抓捕行动，特别加大赴广东、福建抓捕力度。累计赴省外抓捕嫌疑人 37 人次。用好用足“两高”司法解释，全年累计判刑 156 人。

创新市场监管模式取得成果。以两个联席会议机制为平台，积极推动专卖管理社会化进程，加快转变传统市场监管模式，努力探索实践市场监管新的有效途径。走出一条政法委牵头推进、社区主动参与、烟草积极配合的卷烟市场监管新路子。积极组织、指导各市局开展城乡联动，确保所队之间每周开展一次互查，每月组织一次联合稽查，确保稽查全覆盖。一些市局革新市场检查模式，建立局长带班、队长值班制度、纪检督察制度和信息公示制度。池州市局提出“三维四频记分监管法”，从零售客户零售业态、区域位置、守法记录三个维度展开分析，进行合理分类，区别采取“周、旬、月、季”四种频率监管方式，探索许可证退出机制，采取记分制管理方式，较好维护卷烟经营商户合法权益。

7月份，省公安厅决定将涉烟刑事案件管辖权由经侦部门移交给治安部门。9月，省公安厅与省局召开会议，对如何做好工作移交，加强业务对接问题进行认真交流。12月底，两厅局召开全省性专题会议，进一步明确烟草、治安协作机制，畅通沟通渠道。截至年末，全省涉烟案件交接工作全部完成。

【专卖内管规范有力】

专卖内管委派制是国家局深入解决行业“注重自律”课题的最新探索，对进一步完善专卖内管长效机制、不断提高行业严格规范水平，具有十分重大的意义。省局党组高度重视，积极落实，单设内管处，调配精干人员，组织开展该工作。10～11月，内管处到部分单位开展专题调研，通过听取汇报、实地查看、座谈交流等方式，较好掌握本省基层单位内管工作现状、存在问题和困难，为全面推进内管委派制做好前期准备工作。

落实非法流通卷烟案件督办。2012年11月6日，国家局指定安徽省局督办一起涉及阜阳市卷烟非法流通案件。安徽省局党组高度重视，立即成立督查组，赶赴阜阳市局（公司）核查有关情况。督查组通过调取销售数据、了解货源投放政策、询问销售人员、走访零售户实地调查核实等方式进行深入核查。

12月17日，安徽省局（公司）专门召开全省规范经营专题会议，研究部署下一步规范经营工作。张靖江副局长通报阜阳市非法流通卷烟案件情况。安徽省局（公司）局长、总经理问武在会上强调，要高度重视规范工作，把规范落实到实际工作中，建立良好的客我关系，切实搞好队伍建设，切实做到全面规范。为进一步贯彻落实规范经营工作，参会各直属单位主要负责人、专卖分管领导、营销分管领导、专卖管理科长、营销中心经理五个组针对规范工作进行讨论。

加强专卖内管会议落实宣贯。一是召开驻皖工业座谈会，进一步规范工业企业在皖宣传促销工作。2012年初，安徽省局在合肥召开驻皖工业代表座谈会，来自全国20余家工业代表参加会议。会议首先传达学习国家局最新专卖内管文件精神，全面总结上年卷烟宣传促销规范情况，对2012年宣传促销监管工作部署。会议分析当前行业面临的形势及国家局“532”“461”品牌发展态势，强调各工业企业要充分认识安徽市场的重要性和特殊性，增强压力感和紧迫感，不断创新宣传促销工作，切实加强规范自律，为推进行业卷烟上水平工作再做新贡献。2012年，安徽省局严格按照《关于加强对卷烟工业企业、市烟草公司内部专卖管理监督有关工作规定》要求，严把宣传促销审批关，共审批24批次宣传促销申请。对不符合条件和宣传促销内容违反规定的一律禁止，并要求重新制定或修改申请方案。经各地跟踪监管，没有发现重大违规宣传行为。二是召开全省专卖管理工作视频会议，全面部署专卖内管工作。会议传达2012年全国烟草专卖管理暨专卖内管工作现场会会议精神及国家局副局长赵洪顺所作工作报告。会议要求2012年专卖内管工作要着力构建“制度完善、职责明确、监管到位、奖惩分明”的内部监管体系，维护良好的生产经营秩序。在借鉴江西经验基础上，认真贯彻落实国家局实行专卖内管派驻制工作意见要求，全面提高科学有效监管水平，开创专卖内管工作新局面。

开展行业企业生产经营检查。一是对烟叶种植收购进行专项检查。5月中旬，安徽省局专卖、烟叶、纪检、整顿办等部门成立联合专项检查工作组，对安徽烟叶产烟区生产经营情况进行检查。检查组以合同为主线重点检查烟叶种植收购工作。皖南烟叶公司严格贯彻落实国家局、省局关于烟叶种植收购合同管理有关文件精神，严格控制烟叶种植面积和合同管理，切实抓好烟叶种植合同签订工作，全区签订合同面积 12.2 万亩，签订合同份数为 2112 份。并在合同签订结束后，联合所在基层烟站的市、县两级内管部门对合同签订和烟叶大田移栽情况，进行实地检查和抽查走访。亳州地区烟叶收购工作组织有力，全区开展烟叶收购保卫战，加大对不法收购行为打击力度，圆满完成年度烟叶收购工作，没有发生不规范收购行为。

二是对省内工业企业进行全面检查。9 月份，安徽省局内管处根据行业内部专卖管理监督检查制度要求，组织检查工作组，对安徽中烟本部及所属五家卷烟厂生产、销售、宣传促销、废弃烟草专卖品处理及贯彻执行国家局“六个严禁、一个严控”纪律要求等情况进行深入细致检查核实，指出存在问题，提出整改意见和建议。从检查情况来看，没有发现重大违法违规生产经营行为。

三是对商业企业进行年度检查考核。12 月初，安徽省局内管处结合行业内管形势发展要求，专门研究制订一套科学性、导向性和操作性都比较强的内管考核方案。并按照安徽省局（公司）办公会议要求，从部分地市抽调县级局局长、营销人员、专职内管人员参加检查考核工作，充分保证考核工作专业性和全面性。

【队伍建设不断提升】

积极开展“创建提升年”活动。年初省局（公司）工作会议确定 2012 年为“创建提升年”，要求积极探索建立创建优秀县级局长效机制，按照“三个相适应”“三个领先”要求，总结、巩固和提升优秀县级局创建水平。确定滁州市局作为“创建提升年”试点单位。省局下发《关于全面提升创建优秀基层县级局工作水平的意见》，明确提出通过今后 1 ~2 年努力，到 2014 年，实现“五个提升”，达到“四个一流”，通过“五个提升”“四个一流”和基础设施的配套，使全省县级局创优达标率达到 100%，其中优秀率达到 30%，超过全国平均水平。9 月份，省局下发《优秀县级局标兵单位评比暂行办法》，明确县级局标兵单位评比标准和办法。12 月初，在广德召开全省优秀县级局创建工作现场会。在开展标兵单位评选同时，专卖处组织开展第四批县级局创优验收工作。截至 12 月底，全省 82 家县级局通过达标验收，通过率 94%；经各市局评选推荐、省局初核，产生 13 家省级优秀县级局标兵候选单位，最终 9 家县级局获得标兵单位殊荣。

根据打造“三型所（队）”要求，继续加强基层所（队）建设。一是从作风纪律、内勤内务角度全面塑造执法队伍良好形象，打造“军营型”所（队）。部分市局在基层所（队）设置“荣誉墙”，对获得荣誉进行展示，激发集体荣誉感。二是加强学习型组织建设，打造“校园型”所（队）。一些市局开展每周一学习、每天读书一小时等活动。在基层所（队）开设图书室，为每个所（队）提供书刊数百册，图书内容兼具专业性和人文性。三是注重人文关怀，打造“家园型”所（队）。大部分市局在基层所（队）开辟小菜园或小花园，增强基层专卖人员归属感和凝聚力。

基础管理不断夯实。一是进一步加强基础设施建设。2012 年，全省各地建成一批新的县级局办公楼、专卖管理所，更新一批办公设备，一些基层所（队）旧貌换新颜。二是加快专卖信息化建设。依托数字化执法平台建设，以淮南市局为基础，整合全省资源，总结完善市场管理“六有六步”工作法，初步实现“量化目标、细化标准、固化流程、优化考评、强化监管、深化改进”的专卖市场管理“六化”工作目标。支撑软件于2014年完成。此外，马鞍山、黄山市局也在信息支撑专卖管理方面做出很好尝试。三是加强课题研究，创新管理方法。2012年以来，结合全面提升创建工作实际，认真选题，确定3个市局立项科技创新项目，分配到3个市级局进行攻关研究，力求通过科技创新促进提升县级局工作水平。明确以零售业态分类监管法为理论基础，建立起一套整合辖区监管板块、集中市场监管资源、新建零售商户记分管理的县级局专卖管理模式，在工作方法创新方面做出有益尝试。四是建立更加科学的业绩考评机制。2012年，省局研究决定试行新的专卖管理评价体系。该体系通过三个指数对专卖管理工作进行综合评价，科学评价各基层单位专卖管理工作水平和在全省应有位次，促进形成瞄准标杆、超越标杆、创立新标杆良性循环，推动全省专卖管理工作稳步向前发展。

队伍素质不断提升。为进一步激发专卖队伍活力，提出实施专卖队伍建设“活力工程”。各市局多措并举，开展各具特色队伍建设工作。滁州市局开展“两评三树”活动，即县局开展评选红旗所（队）和评选星级专卖管理员，市局开展树标杆县级局、树标杆所（队）和树专卖标兵活动，充分发挥选树标杆典型引路作用，形成“比有对象、学有榜样、赶有目标”氛围。亳州市局从深化“235”教育实践活动入手，从“岗位之星”评选、加强“三型所（队）”建设、专卖骨干异地交流三个方面，树立榜样并发挥榜样引领作用。宿州市局在之前推行“四好中队”基础上，推行“标杆中队”创建活动，促进各中队间对照标杆查差补缺，形成你超我赶、整体提高良好局面。铜陵市局采用“月赛”形式，开展为期半年专卖管理岗位劳动竞赛，每月进行一个项目比赛，及时跟进考核、奖评、总结。

省局专卖处配合相关部门继续开展专卖管理岗位技能鉴定和技能竞赛活动。根据省局“四严”要求，全力抓好技能鉴定学风考风，营造真考实学不作弊的考试学习氛围，进一步树立技能鉴定严肃性和权威性。全年共进行专卖管理岗位技能鉴定3批次，总体通过率为14.2%。铜陵、安庆、亳州、淮南等市局通过率居前。10月份，举行全省专卖管理员技能竞赛，蚌埠、亳州、马鞍山等市局平均成绩位列前三名，同时评选出个人成绩“十佳”，对全省专卖管理技能水平再次检阅。

卷烟营销

2012 年，全省营销战线认真贯彻国家烟草专卖局各项工作部署，紧紧围绕“卷烟上水平”基本方针和战略任务，按照“四个全面提升”“加快组织成长”工作要求，主动加强宏观调控，积极开展品牌培育，有序推进终端建设，着力夯实管理基础，实现卷烟销售稳定增长，较好完成各项目标任务，在国家局年度销售工作考核中荣获一等奖，取得历史性突破。

【市场调控销售稳健】

货源组织能力有效增强：针对各地经济发展及卷烟市场较大差异，安徽省烟草专卖局（公司）充分发挥营销指导职能，在广泛开展市场调研基础上，提出“控制五类烟降幅，稳定四类烟销量”发展思路，集中全省市场资源，与工业企业统一协商、集中谈判，赢得货源组织特别是中低档货源组织主动权。全年四、五类烟降幅分别低于全国平均水平 12 个和 2.3 个百分点，对满足市场需求，实现销售稳健增长起到重要支撑作用。针对部分单位个别规格动销偏慢、市场接受度不高等问题，依托全省商商调剂平台，定期发布货源调剂信息，及时调整货源协议，努力增强各单位卷烟经营的灵活性和主动性。全省除下半年受调控因素影响外，订单需求满足率达到 70%，月度存销比均控制在 0.5 以内。

市场调控措施主动到位：上半年全省销售进度达 54%，整体有所偏快，特别是 1、2 月份销量同比增幅 11%，完成全年增量任务。为保持市场稳定，合理优化商零库存，省局（公司）及时召开专题会议，提出“控总量、调结构、降库存、稳价格”及“渐进式调控”工作方针。每季度召开市场形势分析会，指导各单位合理制定月度销售计划，逐月进行市场调控，及时跟踪市场状态，避免市场出现较大波动，保持卷烟销售平稳增长。全年累计实现销量 195.6 万箱，同比增长 1.4%，完成年度计划任务 100.2%。

市场监测水平持续提升：按照国家局关于加强市场信息监测工作要求，科学调整全省信息监测点，规范市场监测流程，实施市场动态“季度、月度、旬度”通报机制，建立起“事前风险控制、事中分析跟踪、事后完善指导”工作流程，把控市场能力有效增强。扎实推进国家局市场信息自动采集试点工作，顺利召开全国中南片区市场信息监测片区会议，明确“提升终端盈利水平、提高营销服务能力及强化信息技术支撑”三大关键环节，信息监测迈出新步伐。加大市场调研力度，不定期分区域、分品牌开展需求总量、价格波动、结构变化、品牌动向、库存大小等内容的市场调研，及时收集第一手市场信息，形成“元旦、春节、国庆”等重大节假日市场调研常态机制，准确研判市场发展动向，为科学制定、及时调整营销策略提供有效支撑。

【品牌培育成长良好】

知名品牌稳定发展：紧紧围绕国家局“532”“461”知名品牌发展战略，定期公布行业“两个前15”品牌目录，引导各单位把握行业“大品牌、大企业”发展方向。制订下发《为培育“532”“461”品牌建功立业活动实施方案》，指导各单位组织演讲比赛、营销论文评选、卷烟品吸及宣传等活动，有效激发全体营销人员培育品牌积极性、主动性和创造性，促进知名品牌健康发展。全年销售行业三类以上前15位品牌121.8万箱，同比增长15.5%，占同类烟比重98.4%，其中“黄山”“利群”“红塔山”“玉溪”“中华”“南京”等品牌三类以上烟销量突破4万箱，“七匹狼”“黄鹤楼”“黄金叶”“泰山”等品牌同比增幅均超过40%；行业销售额前15位品牌实现批发收入440.9亿元，同比增长13.8%，占总收入比重93.8%，其中“黄山”“中华”“玉溪”“利群”等品牌批发收入突破20亿元，“黄鹤楼”“黄金叶”“泰山”等品牌同比增幅均在30%以上。按照黄山品牌高端突破的工作目标，以“黄山（天都）”“黄山（红方印）”新品上市为契机，组织各单位广泛开展“免费品吸、集盒抽奖、积分兑奖、岗位竞赛”等活动，努力提高黄山品牌知名度和美誉度。全年销售黄山品牌三类以上烟76.8万箱，同比增长16.6%，批发收入254.3亿元，同比增长12.5%；其中“黄山（天都）”“黄山（红方印）”上市仅四个月，就分别实现销量89箱和430箱，获得市场广泛认可。

“一高一低”品牌发展迅速：一是积极营造公平竞争的市场环境。先后引入10多个高端规格，指导各单位完善高价位卷烟投放标准，突出抓住重点商圈优质客户，切实发挥高端规格对提升品牌价值引领和促进作用。全年销售一类烟30.8万箱，同比增长22.3%，占总销量比重15.7%，同比增长2.7个百分点，销量增幅及比重与全国平均水平基本同步。其中，含税调拨价171元/条以上卷烟销量6.5万箱，同比增长13.9%；批发价680元/条以上卷烟销量1734箱，同比增长88.8%。二是“低焦”卷烟发展迅速。围绕销量占比6%年度目标任务，积极引进重点品牌中低焦规格，持续丰富产品宽度、加强宣传、提高上柜率，有效提升“低焦”卷烟市场形象，促进低焦品牌健康发展。全年共销售低焦卷烟21.7万箱，同比增长277%，占总销量比重11.1%，同比提高8.1个百分点；6mg以下低焦卷烟实现销量4994箱，同比增长205%，占总销量比重0.26%，同比0.08%提高0.18个百分点。

共同发展格局基本形成：一是责任品牌培育效果显著。省局（公司）集全省之力培育“娇子、金圣、双喜·红双喜、七匹狼”四个责任品牌。在召开协同营销会议、下发促销方案基础上，以提高上柜率为抓手，以完善考核为手段，以宣传促销为内容，有力破解责任品牌在引入期市场接受度低难题。全年责任品牌实现销量4.95万箱，同比增长31.8%，目标完成率107.7%，16家单位全部完成责任品牌年度培育目标，其中亳州、阜阳、蚌埠3家单位均在120%以上；四个责任品牌全部完成年度培育目标，“七匹狼”“金圣”“娇子”“双喜·红双喜”年度销量同比分别增长96.8%、77.9%、26.9%和22%，目标完成率分别为100.5%、105.9%、106.5%和109.5%。二是鼓励品牌发展态势良好。按照国家局“共同发展”的工作部署，积极扶持中小企业发展，不断加大对“钻石”“兰州”等鼓励品牌培育力度，两个品牌年销量同比分别增长33.2%和5.5%，促进小企业重点品牌与行业知名品牌和谐发展、共同成长。

【终端建设服务提升】

系统规划现代零售终端建设：按照“集大成、重创新、成体系、高水平”网建要求，先后组织制订《现代卷烟零售终端建设管理办法（试行）》《卷烟零售客户分群管理标准（试行）》《卷烟零售终端优质化工作标准（试行）》《卷烟零售终端功能化工作标准（试行）》等制度文件，系统规划全省现代卷烟零售终端建设路径。先后召开合肥、马鞍山两次终端建设现场会，进一步总结推广“创新智能信息化营销模式，与客户共创现代流通价值”的终端建设经验，为全省现代卷烟零售终端建设稳步推进奠定良好基础。

“两个推广”提高服务效率：一是网上订货机制日趋成熟。以城镇带动农村、以优质客户帮扶弱势客户、以成熟客户引导新增客户方式，逐步提高网上订货覆盖率。积极发挥指导与协调职能，广泛收集基层需求信息，积极协调软件开发商完善网上订货功能模块，为客户创造良好的网上订货环境。定期公布各单位网上订货工作现状，总结和推广成功经验，促进网上订货工作稳步推进。年末全省网上订货面达到80%，网上订货成功率达到95%，网上订货量比重达到87%，网上订货金额比重达到90%。二是深化运用“135”工作法。全面总结“135”工作法应用经验，进一步细化实施细则、优化服务策略，指导各单位开展新品上市推广及问卷调查，定期分析重点品牌市场表现，并将工作法延伸到其他营销岗位。各单位广泛开展不同形式的“135”工作法岗位练兵活动，持续巩固工作法应用成果、提升营销工作效率。通过召开座谈会、印发简报等形式，为各单位开展横向交流与学习创造条件，持续提高各级营销人员工作法应用水平，促进各单位、各岗位之间相互学习、共同提升。

丰富载体提升服务效果：按照“三个始终”要求，指导各单位苦练内功、外树形象，主动加强与银行等机构协调沟通，积极搭建平台推进“借转贷”业务，为零售客户缓解资金压力、提供增值服务。以开展“235”教育实践活动为载体，广泛开展远程客户培训、专题讲座进乡镇、进社区、进街道等活动，积极拓展客户服务范围，多角度、多层次维护客户利益，提升服务效果。积极发挥全省“96300”客户服务中心职能，定期下发《全省月度客户投诉简报》《全省季度客户满意度调查报告》，持续增强各单位对客户投诉重视程度。开展“客户投诉回头看”活动，深入分析制约客户满意度提升瓶颈因素，指导各单位主动完善服务策略及考核办法，解决客户关注焦点问题，全年客户满意度达到95%的较高水平。

【基础管理机制完善】

深入开展基层创优：以创建优秀县级营销部为抓手，围绕卷烟经营和提升业务能力，加强考核评价力度，组织“优秀县级营销部创建回头看”活动，查找不足、完善提升，年末全省优秀营销部达标率95%。按照《地市级公司营销管理中心创优活动的实施意见》

要求，扎实推进基层创优由“优秀县级营销部创建”向“优秀地市级公司营销管理中心创建”延伸，将基层营销创优工作向纵深发展，不断提升基层营销队伍素质及管理水平。

积极实施营销创新：采取“引进来、走出去”、建立内训师队伍等方式，紧抓营销人员学习培训不放松，不断完善奖惩机制，激发全体营销人员主动学习热情。年末全省营销人员持证率达到97%，其中取得高级营销员职业资格1019人，占营销人员比重48%，取得二级营销师职业资格12人，同比增加10人。指导各单位围绕市场监测、品牌培育、精准营销、组织成长等内容，广泛开展课题研究和QC小组活动，主动探索、深入研究，形成一批较高水平创新成果，营销创新能力显著增强。

严格坚持规范经营：按照“六个严禁，一个严控”工作要求，在宣传促销、品牌引进、货源采购、货源投放等重点领域和关键环节加强管理、严格规范。深入开展“天价烟”专项检查，巩固“天价烟”治理成果，维护高端品牌正常的市场价格秩序。坚持警示教育与内部监管相结合，持续提升全体营销人员规范经营意识，形成良好职业操守。以质量体系建设为契机，全面梳理营销工作中存在的风险点，确保全员参与、全流程覆盖、不留死角，在制度层面有效杜绝不规范行为发生。

物流建设

【概　况】

2012 年，安徽烟草物流系统认真贯彻落实全国行业物流会议和全省烟草工作会议精神，紧紧围绕“卷烟上水平”战略任务和“1+5”工作目标，注重结合全省物流工作实际，重点抓好基础建设、物流管理、效率服务、队伍建设、信息支撑五个方面的工作，实现物流建设水平持续提升。

2012 年全省累计配送卷烟 195.61 万箱，同比增加 2.68 万箱，增长 1.39%；单箱物流费用 193.84 元/箱，同比增加 14.15 元/箱，增幅为 7.87%；物流费用率为 0.94%，同比下降 0.02 个百分点；库存周转次数为 21.11 次，同比增加 0.57 次，增幅 2.78%；物流从业人员 2282 人，同比增加 29 人，增幅 1.29%；人工费用比例 66.75%，同比上升 2.93 个百分点；物流车辆 713 辆（部分车辆已淘汰但尚未处置），同比增加 18 辆，增幅 2.59%。

【资源统计】

截止 2012 年底，全省共建有 16 个卷烟配送中心，5 个分库，27 个中转站。物流规模超过 20 万箱卷烟配送中心 3 个，10 万～20 万箱卷烟配送中心 5 个，10 万箱以下 8 个。

表 1　全省物流基础资源同期对比表

基础资源	2012 年	2011 年	对比	变幅
卷烟配送中心（个）	16	16	0	不变
其中：20 万箱以上规模（个）	3	3	0	不变
10 万～20 万箱规模（个）	5	5	0	不变
10 万箱以下规模（个）	8	8	0	不变
配送分库（个）	5	5	0	不变
中转站（个）	27	26	+1	+3.85%

全省烟草配送中心总建筑面积 58217 平方米，其中收货区建筑面积 3404 平方米、仓

储面积21833平方米、分拣面积15274平方米、发货暂存区建筑面积7455平方米、辅助用房建筑面积10251平方米。

表2　全省物流设施资源同期对比表

物流设施资源	2012年	2011年	对比	变幅
配送中心总建筑面积（m^2）	58217	54276	+3941	+7.26%
其中：收货区建筑面积（m^2）	3404	3104	+300	+9.66%
仓储面积（m^2）	21833	19599	+2234	+11.40%
分拣面积（m^2）	15274	14063	+1211	+8.61%
发货暂存区面积（m^2）	7455	8040	-585	-7.28%
辅助用房面积（m^2）	10251	9470	+781	+8.25%

全省卷烟配送中心共装备13条半自动分拣线、25条电子标签分拣线和44台包装机，实行100%分拣到户，全省条烟分拣系统设计分拣能力之和达到每小时383040条。全省自有车辆713台，其中终端配送车辆665台，中转车辆48台，实现对全省14万平方公里区域上26.7万零售客户全面覆盖。

表3　全省物流设备资源同期对比表

物流设备资源	2012年	2011年	对比	变幅
半自动分拣线（条）	13	9	+4	+44.44%
电子标签分拣线（条）	25	29	-4	+13.79%
包装机（台）	44	41	+3	+7.32%
自有车辆（辆）	713	695	+18	+2.59%
其中：终端配送车辆（辆）	665	653	+12	+1.84%
中转车辆（辆）	48	42	+6	+14.29%

全省物流从业人员共有2253人。其中：高、中层管理人员132人，综合管理人员86人，仓储人员147人，分拣人员402人，配送人员1436人，信息系统维护人员19人，设备维护人员16人，其他人员44人。

表4　全省物流人力资源同期对比表

物流人力资源	2012年	2011年	对比	变幅
全省物流从业人员数量（人）	2282	2253	+29	+1.29%
其中：高、中层管理人员（人）	132	121	+11	+9.09%
综合管理人员量（人）	86	88	-2	-2.27%
仓储人员数量（人）	147	153	-6	-3.92%

（续表）

物流人力资源	2012 年	2011 年	对比	变幅
分拣人员数量	402	399	+3	+0.75%
配送人员数量	1436	1409	+27	+1.92%
信息系统维护人员（人）	19	20	-1	-5.00%
设备维护人员数量（人）	16	16	0	不变
其他人员数量（人）	44	47	-3	-6.38%

【设施建设】

针对全省物流配送中心建设较早，仓储分拣能力不足，不能满足当下和未来发展需要的问题，按照全省商业系统物流建设规划方案，加快物流基础设施建设步伐。

一是指导新配送中心项目建设，对阜阳、黄山新配送中心建设项目需求内容、控制价格、设计方案进行评审；对亳州新配送中心工艺设计方案进行审议；对滁州新配送中心内部布局、业务流程和资源整合进行优化。二是协助做好搬迁改造项目。积极协调安徽中烟物流中心，协助蚌埠市公司借用烟厂闲置仓库整体搬迁配送中心，解决场地狭小、环境条件差的困难；针对池州市公司时下仓储分拣能力不足问题，提出就地改造意见，并对相关设备配置进行研究；组织相关部门，对马鞍山市公司分拣设备改造项目进行验收。三是组织仓储分拣系统设计。落实国家烟草专卖局推广密集式仓储和储分一体化工作要求，结合六安、淮南市公司配送中心分拣设备改造机会，对整体设计进行优化，取消备货区，有效利用仓储空间，从设计上达到布局合理，流程顺畅。

【工作部署】

安徽省烟草专卖局（公司）物流管理处及早谋划、统一部署，对全年工作进行引领、安排，保证全省系统物流工作有序推进。

召开宣城物流现场会。2 月，全省系统物流工作现场会在宣城召开。会议传达何国家局泽华副局长在行业现代物流建设工作会议上讲话精神，通报《全省烟草商业 2011—2020 年物流建设规划》和《物流业务规范》主要内容，参观宣城市公司物流监控中心和物流作业现场，交流宣城、安庆、马鞍山、宿州、芜湖五家市公司物流建设经验。省局（公司）副总经理卓俭华发表题为《夯实发展基础，全面提升水平，努力开创物流工作新局面》的讲话，回顾全省系统 2011 年物流工作开展情况，分析当前物流工作面临形势任务，提出下一阶段工作要求。

下发全年物流工作要点。全省物流工作现场会结束后，对会议提出的工作任务进行细化落实，围绕 5 大目标 17 项任务制订计划，形成《2012 年全省系统物流工作要点》，并印发全省。

一是加快物流建设，提高资源利用水平。依据《十二五物流建设规划》，加快推进物流中心建设；改进存储方式，提高仓储能力；加强工艺设备研究，提高技术装备水平。二是加强基础管理，提高物流管理水平。总结推广先进单位工作经验；全力做好《物流业务规范》宣贯并进行完善；继续加强对标管理，完善考核评价；加强现场管理，统一工作标准；加强日常管理，建立工作机制。三是突出效率服务，提高物流运行水平。推广单车多班送货经验，探索柔性送货模式；推进工商物流一体化建设，开展即时物流试点工作；加强“徽映”服务品牌建设，进一步提高物流服务水平。四是注重培养锻炼，提高队伍素质水平。加强业务学习和培训，提高物流管理人员理论水平；组织开展业务技能竞赛，促进物流员工技能水平提升；深入开展课题研究，加大物流创新力度。五是强化信息技术应用，提高科技创新水平。加快物流综合管理信息系统建设，做好系统开发和实施准备；加大物流信息技术创新应用，开展电子标签、影像技术、周转箱在分拣、配送环节的应用试点。

【基础管理】

2012 年，全省物流系统进一步夯实物流管理基础，通过提升现场管理、强化对标管理、加强物流工作交流、推动效能建设等多种措施，促进物流管理能力有效提升。

一是推广 7S 现场管理。2012 年，安徽省烟草专卖局（公司）进一步加强物流现场管理推进工作。省局（公司）制定下发《卷烟配送中心 7S 现场管理实施方案》和《7S 现场管理作业标准》，分别从办公场所、仓储作业、分拣作业、送货作业四个部分统一 7S 作业标准，对全省系统物流 7S 现场管理工作进行统一部署，组织配送中心按照实施导入、阶段考核、初步达标考核和持续推进四个阶段开展现场管理实施工作。各市局（公司）围绕 7S 现场管理要求，制定细化方案，建立明确职责分工，统一作业标准，加大检查考核，为安全、舒适、有序工作环境的创造和物流现场管理水平提高奠定基础。

二是加强物流对标管理。在 2011 年全面开展物流对标基础上，进一步巩固对标成果，不断强化对标力度和质量。每月发布全省物流指标，每半年发布行业物流指标，通过物流指标对比分析，不断查找工作中差距，明确努力方向。通过绩效考核和奖惩兑现，使基层各级物流人员对对标活动认识更加深入，提高物流人员实施对标管理积极性。

三是加强物流工作交流。为及时了解基层工作动态，交流各单位物流建设中好经验做法，提供一个交流学习平台，每月编印《物流工作动态》，内容包括月度物流运行指标分析、物流信息系统使用情况、基层物流工作情况，促进基层单位相互学习、共同提高。

四是加强部门效能建设。认真学习行业“235”教育实践活动精神和省局（公司）开展效能建设要求，从部门做起，树立责任意识、改进工作作风、提升服务水平。每月召开处务会，总结上个月工作，安排下个月任务；注重部门协同，做好相关处室日常沟通和协调配合；加强工作调研，及时为基层解决工作中的实际问题；开展效能检查，保质保量完成各项工作任务。

【队伍建设】

2012 年，安徽省烟草专卖局（公司）以业务培训和技能竞赛为抓手，多层次、大范围开展一系列活动。

一是广泛开展培训活动。组织物流员工积极参加国家局举办的物流统计、物流系统、物流技术等各种培训班；结合全省工作实际，7月份举办物流管理人员培训，系统学习精益物流、烟草供应链、成本与绩效、作业管理、物流流程与服务、现场管理等知识，拓展工作思路，丰富管理视野；9月份举办物流技术人员培训，邀请设备厂商技术人员授课，针对设备维护保养重点和难点，把理论学习与现场操作相结合，取得良好效果。

二是深入开展竞赛活动。根据省局（公司）《关于开展2012年岗位技能竞赛活动的通知》要求，结合物流工作实际需要，物流管理处先后制定《2012年全省系统叉车工岗位技能竞赛实施方案》和《2012年全省系统送货员岗位技能竞赛实施方案》，并于8月份举办物流叉车工岗位技能竞赛，12月份举办物流送货员岗位技能竞赛。在竞赛中，叉车工通过障碍搬运托盘、托盘卸货上架、托盘运水堆垛，送货员通过卷烟订单核对、服务情景模拟等技能项目，展示一线员工娴熟技术和良好技能，达到锻炼队伍、提升水平的目的。

【工商一体化】

2012年，安徽省烟草专卖局（公司）继续开展工商物流一体化探索和实践，在同城仓储、网上配货、即时物流等工作上实现重要突破。

一是研究同城仓储资源共用工作。结合全省物流一体化建设规划，在阜阳市公司新配送中心建设设计中，围绕卷烟仓储与阜阳卷烟厂省内调拨卷烟共存问题，和安徽中烟物流中心进行协商，进一步提高资源统一利用水平。

二是扩大网上配货应用范围。在上年省内试点基础上，总结推广新业务模式的完善提升，协同有关部门召开芜湖市公司与上海烟草集团网上配货启动会，进一步扩大网上配货应用范围，提升应用效果。

三是完善即时物流试点工作。在总结宣城市公司与浙江中烟开展“即时物流”试点工作的基础上，对目前新配送中心项目设计，应用即时物流业务模式，缩短业务流程，提高运行效率。

四是探索件烟周转箱应用。通过与安徽中烟共同对件烟周转箱应用进行调研，学习江苏中烟南京卷烟厂试点工作经验，与相关供应商进行座谈，为下一步全省试点做好相应准备。

【信息化建设】

围绕现代物流发展需要，按照物流信息化建设规划，2012年，省局（公司）全面加快物流信息化建设。

一是提升现有系统应用效果。针对系统运行中存在问题，会同信息中心和系统服务商，对多家单位进行上门服务，现场处理解决问题，加强系统维护和运行跟踪，工商卷烟在途管理系统到货确认率由2月份60.2%提升至99.9%，由行业中等水平跃居至全国第四；GPS系统车辆上线率、信息下载率、信息发送率分别由年初99%、76%、73%上升至11月份的99%、92%、89%，物流信息系统运行水平明显提升。

二是推进物流管理系统开发。组织人员进行大量调研，分析物流业务运行和管理需求，明确物流管理信息系统项目建设目标、建设思路、功能需求、实施计划，并会同有关部门对招标文件、控制价格、接口费用等进行商讨，为项目建设做好前期各项准备工作。

三是加强新技术应用研究。为有效提升卷烟中转和配送中货物交接效率，提高信息技术在物流业务环节中应用水平，上一年选择六安市公司作为试点，在卷烟周转箱上使用二维条码，通过条码数据自动读写，减少交接时间，提高运行效率。

【课题研究】

针对以市级公司为主体的配送中心任务导向型明显，目标责任不明确，责权利不对称，人员包袱过重，考核机制不完善，员工积极性不能有效发挥等问题，按照国家局明确提出“把配送中心作为企业内部相对独立运行的业务实体，并作为成本中心进行有效管理”指示的精神，安徽省烟草专卖局（公司）在 2012 年着力开展卷烟配送中心相对独立运行课题研究，在坚持原有管理体制不变前提下，搞活内部运行机制，激发配送中心活力，切实提升物流管理水平。

为落实此项工作，省局（公司）邀请中科大和相关市公司，成立课题小组，在全面调研和综合分析基础上，制定《卷烟配送中心相对独立运行的实施意见》，并选取宣城、合肥市公司作为试点单位，开展相对独立运行的探索与实践。项目启动后，多次组织相关处室、科大专家、试点单位进行研讨，就相对独立运行实施内容、管理模式、运行机制开展深入论证。同时，组织人员前往完全独立运行的白沙物流进行考察，在对白沙物流管理模式学习借鉴基础上，进一步充实和完善《实施意见》，为卷烟配送中心相对独立运行实施做好充分准备。

【特事要辑】

1 月，组织做好节前卷烟配送工作，节前 22 天顺利完成 34.6 万箱配送任务，打破节前平均配送规模记录；

2 月，在宣城召开物流工作现场会，回顾 2011 年工作，分析形势，部署 2012 年工作；发布《物流业务规范》；启动芜湖市公司与上海烟草集团网上配货，扩大网上配货试点范围；迎接国家局“复烤企业物流运行现状”调研组调研。

3 月，安徽工商双方召开物流座谈会，就同城仓储、即时物流、件烟周转箱应用等工作进行研讨，形成合作框架性意见；下发《2012 年全省商业物流工作要点》，指导全年物流工作开展；组织物流工作考核，对 2011 年全省物流工作开展全面评价；下发《安徽省烟草专卖局（公司）关于 2011 年度全省烟草商业企业卷烟物流对标情况的通报》，将 2011 年度物流工作对标情况向全省通报；对《物流工作简报》进行改版，编印《物流工作动态》。

4 月，参加中烟商务物流公司组织召开的卷烟批零在途信息系统功能规范研讨会；编制并上报《2011 年安徽烟草商业物流工作年鉴》。

5 月，印发《安徽烟草商业企业配送中心创先争优活动方案》，组织各市局（公司）开展创先争优活动。

6 月，开展全省配送中心示范单位评比，推荐马鞍山市公司配送中心参与行业评比。

7 月，组织各单位物流分管领导及配送中心管理人员物流管理知识培训。

8 月，组织全省物流系统叉车工岗位技能竞赛活动；参加行业密集式仓储技术应用研讨会；研究蚌埠市公司配送中心搬迁改造项目方案；接待中烟商务物流公司工商卷烟交易网上结算工作调研。

9 月，举办全省系统物流技术人员物流设备维护培训班；开展配送中心相对独立运作课题研究。

10 月，组织《物流服务规范》编撰工作。

11 月，对阜阳、亳州、滁州等公司新配送中心物流工艺设计方案进行研究论证。

12 月，组织开展全省物流系统第三届送货员岗位技能竞赛；制定并下发精益物流工作实施意见。

烟叶生产与经营

2012年，全省烟叶工作以现代烟草农业建设为统领，以特色优质烟叶开发为重点，围绕“扩量、提质、夯基”，稳步扩大规模，狠抓基础管理，加强质量管理，诚信经营，提升服务水平。烟叶收购量突破50万担，其中特色优质烟叶过半，收购量和收购质量均达到十五年来的最好水平。

【主要指标】

生产种植：2012年，实际落实烟叶种植面积16.9万亩，同比增加11.9%；签订种植收购合同4530份，种植主体户均规模37.2亩，同比增加27.4%。落实焦甜香特色优质烟叶面积9万亩，较上年增长28.6%。

烟叶收购：全省收购烟叶51.6万担，均价20.13元/公斤，同比15.77元/公斤增长27.65%。上等烟占46.64%，中等烟占45.89%，下等烟占7.47%。烟叶收购等级平均合格率把烟59.9%，片烟57.3%。

烟叶销售：2012年度，申请国家局与新疆烟草进出口公司增补1.6万担出口备货烟叶销售计划。全年签订烟叶购销合同50.8万担，其中省内销售烟叶27.9万担，省外销售烟叶22.9万担。全年度把烟工商交接平均合格率63.9%，片烟58.8%。

复烤加工：全年投烤烟叶191.05万担，同比增加10.79%，其中复烤“中华”品牌原料90万担。实现加工收入3.14亿元，同比增长19.68%，实现利润6608.27万元，同比增长5.14%。

【稳定种植规模】

受2011年旱涝急转自然灾害的影响，加上烟用生产资料价格上涨，劳动用工成本大幅上升，烟农种烟积极性普遍不高。面对严峻形势，通过组织召开生产动员会和多种形式慰问等措施，宣传烟叶产业长期稳定优势和烟叶种植扶持政策；与地方政府及保险部门协调，加强沟通，争取政府补贴保费，提高烟叶种植保险赔付额度，提高烟农烟叶种植风险防范能力；创新烟叶生产基层管理方式，分片组建生产小组，将烟叶收购任务完成率、技术服务到位率和烟农满意度作为生产小组绩效考核依据；严格规范签订合同，层层分解合同计划，按照摸底、核实、签订、发放、栽后复核合同签订程序，确保合同签订真实性和规范性。

【适用技术推广】

实践“烟叶一生管理”和GAP生产理念，针对烟叶生产过程做整体研究分析，把培育壮苗、测土配方施肥、科学烘烤作为重点环节突破，加大成熟适用技术推广应用。加大品种推广，云烟97和云烟87种植面积分别占68.2%和19.8%；推进集约化育苗，落实烟叶育苗面积18.3万亩，其中漂浮育苗12.1万亩，占66.5%，湿润育苗6.1万亩，占33.5%，商品化供苗16.3万亩，占89.3%，全省育苗工场20个，育苗面积5万亩，占27.6%；推行测土配方施肥，2011年度，“烤烟生产测土配方施肥”技术服务组在全省烟区采集土壤样品219个，提出2012年各烟叶产区区域性施肥技术参考方案，全面推广定株定量精准施肥。同时，皖南烟叶公司与中国农科院合作，在上海烟草集团公司皖南华阳河基地单元开展测土配方施肥工作，全区共取土壤样品132个，覆盖5万亩基本烟田；推行GAP管理，依据国家局烟草良好农业操作规范和实施细则，皖南烟叶公司对宣州区黄渡村5569亩宜烟土地轮作规划、土壤水分管理、品种挑选、烟叶种植管理、病虫害综合防治、农药管理、烟叶烘烤和烤房管理、烟叶储存管理、非烟物质控制等实行全过程监控，实现烟叶质量可追溯。

【烟叶特色品牌】

以国家局“浓香型特色优质烟叶研究开发”和“皖南烤烟浓香型焦甜香特色彰显关键技术研究与开发”项目为研究重点，联合青州烟草所共同确定多项研究课题，理清“焦甜香”在浓香型烟叶中的品质定位，筛选彰显特色的关键因子，逐一细化和量化烟叶品质形成各因素贡献率。利用特色烟区划成果，皖南烟叶公司重点围绕“两江一河”流域内砂性土壤，重点开发郎溪、泾县、旌德、绩溪等新区。池州烟区根据南京土壤研究所提供的东至县土壤研究参数，以“三河一湖”流域为依托，制定烟叶面积发展规划。加强工商协调，共同做好精品特色烟开发。根据上海烟草集团和安徽中烟需求，选择6个基层烟站辖区内土壤种植条件较好、烟农生产水平较高、劳动力较为充足区域，开发精品特色优质烟叶。

【原料基地单元】

基地单元建设成效显著，皖南烟叶公司四个特色烟叶基地单元全部通过国家局验收。工商合作力度持续加大，皖南烟叶公司与安徽中烟公司经过协调沟通，启动“皖南优质特色烟叶开发研究室”建设。池州市公司与安徽中烟公司、安徽省农科院烟草研究所共建科学研究与示范基地。省局（公司）与上海烟草集团签订原料合作框架协议，打造“中华”卷烟品牌发展优质原料保障基地和打叶复烤专线，在皖南烟叶公司建设上海烟草“中华”原料科技创新示范园区，深度介入华环公司易地技改项目，共同将华环公司技改项目建设成为与“中华”品牌相配套的打叶复烤生产专线。

【烟叶基础设施】

烟叶基础设施建设以高质量、高标准、高要求为出发点，重点抓好建设过程各环节监督管理，确保各项工作落到实处。加快2011年度项目建设进度，2011年度实际实施项目4018个，行业补贴资金9860.34万元；2012年度项目建设有序开展；加强监管，确保质量，会同审计、纪检等部门对大型工程项目规划设计检查一次以上，对重点招投标工程检查三次以上；持续加强两个工场建设，全省共建有育苗工场20个，育苗能力7.8万亩，其中大棚形式占95.2%，皖南烟区基本实现育苗工场全覆盖，100%实行集约化育苗、商品化供苗，全省以烤房群组为主建设8m密集烤房，共建有烘烤工场510个，其中10座以上烤房群179个，烘烤能力达10.5万担，实现100%密集烘烤。

【种植专业服务】

全省积极发展种植专业户、家庭农场和专业合作社，促进土地流转，全省1000亩以上集中种植片区11片，500亩以上集中种植片区42片，100亩以上家庭农场主462名，50亩以上农户1246户。2012年，全省共组建起垄移栽、大田管理和采烤服务队3000余支，服务面积10万亩以上。通过专业化服务强势发展，促使机械化进程加快，各地在冬耕、整地、起垄、植保环节实现100%机械化，机械减工成为现代烟草农业建设主要特征。基于服务减工、机械减工两个核心因素影响，生产用工由以前30个工/亩左右下降到22个工/亩左右。

【基层烟站创优】

在行业深入开展“235”教育实践活动中，烟叶基层建设与创先争优活动相结合。科学规划烟叶基层站创建工作，2012年，在皖南芜湖烟叶工作站、泾县工作站，亳州市牛集烟站、芦庙烟站、池州市查桥烟站等5个烟叶收购站持续开展优秀烟叶基层站创建活动；抓好基层收购站基础设施建设，通过改扩建，做到收购场地功能分区明显，设备设施逐步配套，职工工作、生活环境改善；抓好制度建设，建立健全各项规章制度，通过标准化体系建设，明确烟叶主要业务工作流程，科学合理设置岗位；抓好队伍建设，烟叶收购站对烟农、专业化服务队、基层工作人员开展全方位培训，提高基层队伍素质和业务技能；坚持规范教育，诚信经营。

【规范烟叶收购】

严格规范烟叶收购行为，坚持按合同组织收购，严格执行收购调拨流程，宣贯《烟叶收购管理规范》，加强收购工作监督检查，成立省、市两级烟叶收购工作检查组，对烟叶收购、工商交接、复烤加工等环节合同执行、收购政策执行、烟叶收购和工商交接质量监督检查考核；加强质量管理，以等级质量为核心，强化质量责任，以收购流程管理为基础，成包质量为重点，中心库入库和工商交接为关口，解决混青、混部位问题，树立市场意识和诚信经营理念；开展散叶收购，按照“减工、降本、提质、增效”目标要求，立足烟区实际，重点围绕等级质量提高，在过程管控上狠下功夫，全省总计收购散叶28.5万担，占全省收购量57%；持续提升服务水平，加强专业分级队伍建设，增强服务烟农意识，将烟叶序列“235”教育实践活动推向纵深。

【落实中心工作】

坚持“四个全面提升”，紧紧围绕省局（公司）中心工作，推进“烟叶发展上水平”。深入开展“235”教育实践活动，践行“始终把烟农利益放在心上”的理念，以“服务多一点，管理高一点，成本降一点，收益增一点”为活动主题，以“一张笑脸，一家亲情，一套标准，一生管理，一起成长”为活动载体，持续延伸活动内涵；持续加强烟叶员工培训和劳动竞赛，提升管理队伍和技术队伍素质水平，开展现代烟草农业建设、基层人员和烟叶分级技术培训班，培训190余人次。举办安徽省第二届烟叶分级职业技能竞赛，通过竞赛选拔四名选手参加第五届全国烟叶分级职业技能竞赛，并获得安徽省参赛以来最好成绩；开展质量体系贯标运行，根据部门体系运行实际情况，持续改进，控制节点，抓住关键，完善和优化烟叶工作管理流程，理顺与各市级公司工作流程，顺利通过省局（公司）内审；持续加强烟叶科技项目实施水平，重点加强三个国家局重大专项组织实施和管理，制订年度研究方案，组织项目实施，加强项目监督考核，科学使用项目研究经费，全年组织人员参加国家局科技项目各类研讨会近10次，参会人员50余人次，举办全省项目立项、研讨、中期汇报和年度总结等会议5次，以会代训，搭建交流平台，培养技术队伍，提高项目实施水平。

【烟叶工作成效】

领导重视，烟叶发展进入最佳机遇期。省政府高度重视皖南焦甜香特色烟叶发展，建立以省发改委、省经信委、省财政厅、省农委、省物价局、省国土资源厅、安徽中烟公司等省直厅局以及烟叶产区市政府参加的联席会议制度。按照国家局姜成康局长、何泽华副局长视察安徽烟草时提出的“彰显特色，稳扩规模，加快皖南特色烟叶发展步伐”要求，全面推进皖南特色烟叶健康快速发展，形成能与国内知名品牌配套、在全国具有影响力的特色烟区之一。

突出特色，烟叶生产产量和质量双项突破。全省烟叶工作按照“扩量、提质、夯基”要求，紧扣烟叶生产环节，注重管理和技术落实到位率，实现烟叶生产产量和质量双项突破。烟叶收购量实现1998年以来新突破，一举突破50万担；收购焦甜香质感烟叶26万担，焦甜香烟叶成功进入安徽中烟顶端品牌“黄山天都”卷烟主配方和上海烟草集团“软中华”卷烟配方，成为卷烟工业企业竞相追捧的稀缺烟叶资源，市场供不应求；池州烟区拉开富硒有机烟叶研究开发序幕，全省特色优质烟叶开发有规划、有步骤、有特色、有实效。

狠抓基础，烟叶基层建设成效显著。皖南烟叶公司黄渡烟叶工作站获得“全国烟草行业烟叶工作站标兵单位”称号；华环公司获得“全国打叶复烤企业标兵单位”称号；皖南烟叶公司和上海烟草集团共建“华阳河中华”原料基地单元获得“全国优秀基地单元”称号。

管理与服务

行政、外事与烟草学会

【政务工作】

协调专题调研。确定调研专题，协调有关单位和部门，做好省局（公司）领导省内外工作交流和基层调研的协调沟通。

加强政务督办。着力提高督办工作能力和工作效率，加强省局（公司）各项工作部署督办和落实。做好年度工作报告任务分解和责任落实，印发半年工作要点，年中和全年工作汇报会集中听取任务完成情况。及时跟踪领导交办事项完成进度，及时反馈决策落实过程中各种情况，及时提出相关对策和建议。

积极以文辅政。围绕年度主要工作任务，领会和遵照决策意图，起草和修改各类文稿，梳理工作、总结规律。做好国家烟草专卖局和有关单位领导调研汇报材料撰写，做好后续文稿整理，形成会议纪要，以文辅政水平、起草文稿水平有效提升。组织开展省局（公司）机关简报报表专项清理，印发全省系统进一步规范简报报表意见。编发《安烟政务信息》7 期，并完成《安烟政务信息》改版。

【事务管理】

严格文书管理。执行行业机关公文处理办法，完成新旧公文处理办法转变，新公文处理办法得到较好执行。全年处理文书公函信件 3000 余封，制发公文 600 余件。

推进志书编纂。收集完成《安徽烟草志（1996—2010）》初稿，志书编纂办公室完成修改反馈，组织召开志书第一次工商审稿会，完成反馈稿收集整理。集中力量编纂 2011 年年鉴，完成电子稿排版。完成向《中国烟草年鉴》《安徽年鉴》等组稿与撰稿任务。

加强档案管理。整理归档 2011 年文书档案 573 件，文书整理及时、文书管理规范。有效发挥文书档案效用，为各部门提供查阅服务。

做好会议服务。严格审核年度会议计划，规范会议管理，按计划组织召开各类会议。组织召开年度工作会议、半年和年度工作汇报会，组织多次国家局领导考察调研汇报会，服务月度工作计划与协调会8次，参与筹备和协调任期经济责任审计、皖沪烟草合作框架协议签字仪式，协调纪检组、监察处做好国家局巡视组巡视期间各类会议。

【外事管理】

严格外事计划管理，严肃外事纪律，做好外事报批审核与申报服务。全年组织考察培训团5个，参加国家局领导干部素质提升、中韩烟草体育交流、财务管理、危机管理及高级财务考察培训团组各1人，共计办理出访42人次，完成年度各类外事计划。协调有关各方，迎接全国人大外事委员会履约控烟调研各项准备及专题汇报工作。

【信访稳定】

做好日常信访，重视并妥善处理来信来访。全年共接听接待来电来访12批（次），其中集体访1批（次）、20人（次），比上年有大幅下降。完成上级交办信件3件。加强和改进政务值班，制发值班表12份，安排政务值班700余人次。强化应急处置，积极做好各种矛盾和突发事件应急处理，迎接并顺利通过行业应急预案检查，获得较好评价。

【新闻宣传】

制订年度新闻宣传工作重点，召开新闻宣传座谈会，评选表彰新闻宣传先进单位、优秀通讯员、优秀新闻作品。与行业媒体建立良好的合作关系，全年在行业主流媒体发布各类宣传报道950余篇，其中行业网站420余篇，中国烟草杂志及其网320余篇，东方烟草报210余篇。加强和巩固与新华社安徽分社媒体顾问合作关系，加强舆论信息监测，协调处理突发新闻媒体事件。成立全省系统网评员队伍。邀请行业内外主流媒体对全省烟草行业进行深度采访报道。全年编发《烟草速递》12期，出版《安徽烟草》杂志13期（含增刊1期）。完成2013年地方报纸杂志订阅538份，全省系统订阅行业报纸杂志17501份。

承办行业网站工作会议，获行业网站建设先进单位荣誉称号，在会上做网站建设经验交流发言，一人次获行业网站优秀通讯员荣誉称号。按季度定期发布网站情况通报。梳理省局（公司）内外网站栏目，在门户网站设立“媒体看烟草”专栏，内外网站栏目设置更为合理。联合有关部门开展省局（公司）外网应急预案演练。做好内外网站内容保障，全年内网发布信息3389篇，同比增加461篇，增幅15.7%。

【学会建设】

组织召开安徽省烟草学会第五次会员代表大会，选举产生安徽省烟草学会第五届理事会，圆满完成理事会换届选举。征集并向中国烟草学会报送2012年学术年会论文39篇。开展烟草工艺质量学术论文征集活动，组织召开省烟草学会工业专业委员会学术年会暨工艺质量研究及管理成果发布交流会。

经济运行与计划投资

【体系建设】

根据行业2012年企业管理工作要点，结合全省系统工作实际，制定下发《全省系统2012年企业管理工作要点》《管理创一流活动实施方案》及《质量管理体系省级审核实施方案》，全面部署2012年全省烟草商业系统企业管理工作。

组织召开“管理创一流”活动启动会，会议对创一流工作重要意义、基本思路、目标要求和具体措施等予以明确；在对合肥、宣城、六安、马鞍山市局（公司）进行工作调研和组织研讨基础上，多次召开相关部门（单位）人员研讨，分别从创一流五个方面制定评价标准，形成“管理创一流”评价标准。

召开质量管理体系省级审核启动会暨审核员培训，组织实施省级审核。年度完成11家单位审核工作。审核过程中，适时下发审核报告和审核通报，全面通报体系运行情况和改进方向，为体系建设创一流提供动力。

组织召开省局（公司）机关体系运行宣贯培训，发布2012年度文件制修订计划，协调相关部门继续完善三层次文件编制工作；组织开展机关管理体系内审工作。

先后两次召开管理体系信息化项目建设协调会，协调推进管理体系信息化建设，“徽映”标准化质量管理体系信息平台统一文件管理中心上线运行。

【经济运行】

坚持和完善经济运行分析制度，季度对全省经济运行情况进行全面分析和总结，针对经济运行存在问题，及时提出调控建议。组织召开全省烟草商业经济运行分析会议，传达行业2012年经济运行工作会议精神，分析通报1～4月份全省经济运行总体情况，安排部署经济运行工作。

围绕省局（公司）年初工作重点，结合国家局考核导向，完善考核指标体系，制定并下发《2012年度全省烟草商业经济运行考核办法》。同时，严格按照2011年全省经济运行业绩考核办法，本着“公开、公平、公正”原则，全面完成对各市局（公司）2011年度经济运行考核。

在认真分析卷烟产供销计划完成情况的基础上，结合对国家宏观经济形势和行业经济发展趋势的把握，对2012年全省卷烟生产、销售、库存、市场、结构等情况进行预测，协调相关部门编制2012年卷烟购销计划。

【价格管理】

全面落实国家局有关“天价烟”专项治理会议和文件精神，制定印发实施方案，组织开展“天价烟”专项治理工作；多次组织不同层级检查组对“天价烟”专项治理和明码标价执行情况进行全面检查，发现问题现场整改，及时印发“天价烟”专项治理情况通报，“天价烟”专项治理长效机制初步建立，治理工作取得初步成效。

继续开展对新增品牌价格报备、审批、价格目标更新维护工作；根据国家局价格调整要求，及时调整卷烟调拨价和批发价格；搞好罚没卷烟价格鉴证工作，年度共出具价格鉴证结论书104份；受国家局委托，承办2012年卷烟价格管理片区座谈会。

【对标管理】

继续坚持对标通报制度，年度共印发四期对标指标和通报，对季度指标进行综合评价；借助“徽映”标准化信息系统建设，策划并建成对标管理模块，实现对标数据在线查询和共享；举办对标目标管理培训班。

【投资管理】

借助省局（公司）三项工作管理信息系统计划管理模块，编制完成全省系统2013年度投资项目计划，资本性支出非项目类投资计划及省局（公司）本级2013年度物资采购计划及采购方式。

制定《安徽省烟草专卖局（公司）招投标实施办法补充意见》，细化招投标管理关键环节。充实招标代理库，选择3家信誉好、实力强的代理机构进入代理库，代理机构由3家扩充到6家、提高竞争力。组织实施全省系统烤房设备、烟用化肥、省局（公司）信息化项目、工程建设项目等13项招投标工作；配合直属单位实施技改，配送中心，仓储设施，经营业务用房建设项目等28项招投标工作；审查省局（公司）本级建设项目及直属单位单项合同金额达到500万元以上建设项目招标文件31个。

完善省局（公司）“三项工作”管理委员会议事规则，制定《安徽省烟草专卖局（公司）投资项目投资控制管理办法》《安徽省烟草专卖局（公司）规划设计管理办法》等制度，不断完善投资管理制度，力争管理制度覆盖投资项目管理的全过程；开展项目“三清”调查，建立项目管理台账，进一步夯实规范管理基础；三是制定投资项目管理达标创优活动实施方案，完善投资项目管理达标创优活动评比实施方案，确定优秀投资项目评比办法、优秀项目管理团队及先进工作者选评办法，通过创优达标现场会、先进管理经验推广和创新做法交流等多种形式开展投资项目达标创优活动，推动投资项目规范管理；开展工程变更管理检查，严控随意变更、杜绝擅自提高建设标准；充分发挥项目管理小组作用，解决人力资源短缺问题，全面提高现场管理水平。

制定《安徽省烟草专卖局（公司）投资项目考核办法》，重点考核项目管理制度和程序执行、项目招标落实“应招尽招、真招实招”情况，项目实施中“投资、进度、质量”控制、项目竣工验收等内容；制定项目管理工作组考核办法，正确引导、充分发挥项目督导和项目管理工作组作用，加强“质量、进度、投资”三方面监管，防止增资、变更随意性。

对省局（公司）新办公楼购置项目室外景观设计、室内装修设计方案进行审核；配合信息中心制定中心机房及监控室设计方案，组织中心机房项目招标工作；多次召开省局

（公司）购置办公楼项目领导小组办公室会议，与香溢公司进行协调，确保办公楼建设顺利进行。

财务管理

【目标任务】

全省烟草商业系统财务管理工作按照“四个全面提升”工作要求，各项工作稳步推进。以目标引领推动工作落实，分解目标任务，明确时间进度，责任落实到人；定期检查工作进度，查找目标差距，确保工作落实；建立健全工作简报制度，定期编发财务信息化工作简报，总结前一阶段工作，明确下一阶段工作重点；建立基层单位月度财务工作小结和计划简报发布制度，及时掌握基层财务工作动态，促进单位间学习交流。

【会计规范】

不断完善财务报告编制工作机制，采取网络审核和现场审核相结合方式，确保会计信息质量；编发审验工作通报，进一步规范年度财务报告编制。召开年报审计反馈意见会，约谈会计师事务所，听取外部审计意见，充分了解全省系统基础管理存在的薄弱环节。开展会计基础工作规范研究，修订完善标准化课题文稿，顺利完成会计标准化课题结题工作。开展基层单位会计核算规范化在线检查，深入了解基层单位会计基础工作现状，建立会计信息质量定期通报机制，督促会计工作标准严格落实，为年终考评提供参考依据。

【预算管理】

选择安庆市公司作为全省系统定额体系建设试点单位，对试点工作进行跟踪指导，全力推动预算定额标准体系建立。以科学编制为依据，开展 2012 年预算特别调整工作。加大预算审核力度，对年度预算费用同比增长或调整幅度较大的单位，采取面对面审核方式，切实了解基层单位预算变化真实原因。两次召开重点费用预算控制座谈会，做好重点预算控制指标分解下达和计划控制；编制月度分解控制计划执行情况表，确保重点预算指标控制目标顺利实现。加强预算考核管理，预算考核实现信息化。开展预算决算分析，下发 2011 年度预算执行及考核情况通报，整理汇编全年预算管理资料，强化预算闭环管理。

【系统建设】

根据全省系统财务信息化建设的总体规划，有序推进系统实施和优化工作，努力构建一体化财务信息数字平台。系统实施方面，资产管理子系统与资金监管系统建设工作并行推进，顺利上线运行。资产管理系统的实施，以信息化手段固化国有资产管理流程，实现对资产全程动态管理。资金监管系统搭建以信息化为载体，以监管规则为抓手、以过程控制为导向，覆盖省、市、县三级资金监管体系，对加强资金监管、降低资金风险将发挥积极作用。资金监管系统上线运行预示全省系统财务集中管控平台初步建成，财务监管机制通过信息化手段予以固化和落实目标基本实现。在合肥试点的基础上，推广实施智能财务分析系统。系统完善方面，持续优化预算系统功能。跟踪解决预算系统遗留问题，完成按填报部门查询功能和月度预算考核报表定制工作，妥善解决系统运行速度较慢等问题。

【资产监管】

严格资产处置预案管理，规范资产处置行为。赴安庆、池州、宣城等地实地了解拟处置资产的状况，加强对资产处置审核把关。开展资产处置专项调查，强化资产处置闭环管理。调查了解全省系统资产评估收费情况，拟定资产评估业务收费标准指导意见。开展产权登记及年检工作，完成21户所属企业产权年检工作，其中注销登记2户，变动登记7户，产权登记基础性管理作用充分发挥。根据全面审计发现全省系统资产权证存在的问题，下发整改通知，分类提出整改意见，引入资产白皮书管理办法，有效解决因历史遗留问题导致权证无法办理而影响整改成效等现实问题，确保整改工作实质推进。做实资产清查工作，掌握资产存量状态，全面摸清家底。协调做好蚌埠铁路经营部股权无偿划转蚌埠市公司事宜，开展多元化企业经营管理分析评价，促进多元化企业良性发展。

【资金监管】

持续加强电子结算工作。分片区召开银企座谈会，搭建银企沟通平台，深化银企合作机制，会议取得良好效果。会议召开为进一步巩固银企合作基础，实现银企协同发展、互利双赢奠定良好基础。加强银行账户管理，统计分析全省系统账户信息情况，完成银行账户年检工作。统一取消县级收入户资金归集关系，协调解决县级收入户撤销事宜，截至当年完成46个县局（营销部）收入户销户工作。开展存量资金管理分析，统筹资金存放管理，全年实现利息收入5亿元，资金运行安全高效。

【服务提升】

一是坚持重心下移。协同农行赴滁州、芜湖实地解决两家市公司电子结算对账及差错更正问题；陪同安徽省国税局员工赴池州、宿州两地开展调研，协调解决区域物流整合后相关物流费用涉税事宜；做好皖南烟叶公司内部贷款审批、发放工作，解决企业烟叶收购资金缺口；制定下发关于培训中心与其教学点费用结算有关事项通知，进一步理顺培训中心与其教学点费用结算关系，规范发票开具和培训费用收支行为；积极与投保公司进行磋商，做好财产保险续签工作，实现部分费率优惠下调，极力维护企业利益。

二是加强政策研究。关注国家和行业财税政策动态，汇总上报全省系统涉税诉求和税收政策建议，为企业经营管理中相关涉税事宜寻求政策支持；对两烟价格调整影响进行分析和测算，发挥财务管理预测功能；围绕科技创新和管理创新工作，加强政策研究和资金保障，探索有效激励和监管机制；加强企业内部控制规范的学习研究，努力构建以风险防范为导向的财务监管机制。

【队伍建设】

以打造“精明、精通、精湛”的财务队伍为目标，搭建多层次历练平台，推动全省系统财务人员素质和能力全面提升。一是加强思想作风建设，深入开展“235”教育实践活动，践行“两个至上”，努力做到“三个始终”，牢固树立“五种意识”。确立“诚信严谨、兼容通达”的部门工作理念，引领部门工作深入、高效开展。二是加快高层次人才培养，委托江西财经大学举办会计硕士学位班（MPAcc）。组织全省系统符合条件人员参加2012年会计领军（后备）人才考试选拔，派员参加全省会计领军后备人才第一期培训班。三是加大学习培训力度，继续举办第二期财审经理研修班，研修项目突出管理热点、达到预期效果。成功举办“徽映杯”第五届财审知识竞赛，实现财务队伍持续练兵。积极参加国家局举办的行业会计知识、预算、国资、多元化管理等各类培训班，不断提升专业素养。

人事劳资与技能鉴定

【干部人事工作】

做好人力资源管理基础工作。为提高人力资源管理与决策水平，开展机构、人员、职务与薪酬等相关信息的统计工作，对全省烟草商业系统及各直属单位人力资源数量与年龄、学历、性别等结构，干部、技术与技能人才队伍数量与结构，专卖、营销、物流、烟叶、复烤队伍的数量与结构，以及机构设置，各直属单位工资总额，各类别各级别员工工资发放水平及增长，同级别新老员工收入差距，内退、离退休、劳务派遣、外包人员收入分配等情况，进行全面调查统计和深入分析，并提出未来一段时期人力资源工作发展初步设想，形成近3万字首份人力资源分析报告与薪酬分配专题报告，为科学开展人力资源工作积累第一手资料，奠定良好基础。

开展全省系统人事劳资技能鉴定工作大检查。根据安徽省烟草专卖局（公司）党组安排，在全省系统首次全面开展干部人事劳资等工作检查。制定《检查评分明细表》，共8项一级指标，27项二级指标，86项三级指标，对各直属单位工作做出全面客观评价；设计12张表格，便于信息的系统掌握和汇总分析；列出直属单位需要提供5个大类26个项目材料清单。检查过程严格按照“六实”要求开展，各直属单位做到“实情实报”“实功实做”，积极配合检查工作，客观反映情况，并对存在的问题表示坚决整改；在对各单位反馈检查结果时，检查组坚持“实话实说”，通过检查查找不足、总结经验、改进工作。

大力完善提升人力资源管理信息系统。人力资源管理信息系统开发与运用取得实质性突破。一是以前没有使用的模块现在开始使用，使用不到位的模块现在能够使用到位；二是系统从以前单独运行，到实现与财务NC系统有效对接；三是由以前从流程角度分别对收入、人与事进行独立管控，到实现三条线全方位协同管控，从而实现管住钱，就管住事，进而就管住人的递进管理，为规范干部人事劳资管理提供有效支撑。

扎实做好各项工作。起草下发《创建优秀地市级局（公司）活动实施方案》，进一步细化完善活动达标标准，共计9项一级指标、30项二级指标、110项三级指标，确保活动扎实深入开展。认真审核、严格把关，完成全省系统 9 名人员高级专业技术资格申报工作。在蚌埠、宣城、池州市局和皖南烟叶公司等单位大力支持下，认真做好国家烟草专卖局新进大学生实习工作，较好完成国家局交办任务。

【劳动用工分配】

严谨规范做好工效挂钩工作。综合考虑各单位干部人员现状，结合人员干部编制控制情况，以及技术技能职务聘任等情况，认真细致核定各单位工资总额，使每家单位工资总额调整均有据可依。根据国家局新调整工资发放管理办法，前移工资发放严把控制关口，协同财务处加强工资预算和发放审批管理工作，确定各单位月度工资发放上限，确保良好的工资发放秩序与节奏。

继续做好年金管理工作。两次召开年金管理委员会会议，总结汇报 2011 年企业年金工作，以及 2009—2011 年三年合同期企业年金工作，就合同中相关条款反复磋商谈判，在续签合同中加强对受托人、投资管理人约束，降低各项费率标准，理顺委托人、受托人、投资管理人、账户管理人之间关系，切实维护企业和员工利益。

加强劳动用工管理。根据国家局有关会议精神要求，在合肥、蚌埠、六安、宣城、安庆市局（公司）大力协助下，初步制定安徽省局（公司）系统《员工守则》《劳动合同管理制度》《工资薪酬管理办法》《保险福利管理办法》《劳动纪律管理规定》《员工违规惩戒办法》《员工休息休假规定》七项制度，为全省系统规范开展劳动用工分配管理、构建和谐劳动关系，提供可靠制度依据。

【技能鉴定工作】

把严格规范作为技能鉴定工作的重中之重。按照“严格鉴定要求、严格鉴定程序、严格考场纪律、严格评分标准”的工作要求，共计开展 16 批次、2494 人次技能鉴定工作；鉴定合格 452 人。鉴定规模减小、鉴定通过率降低，但是鉴定过程更加规范，鉴定质量明显提升。取得二级技能资格人员达 82 人，高技能人才队伍建设取得历史性突破。

举办省级二类技能竞赛。在烟叶处、营销处大力支持配合下，首次一年举办两次省级二类技能竞赛，竞赛组织严密规范，参赛选手展现较好技能水平和精神风貌。

审计工作

【整改工作】

组织开展全面审计“回头看”工作。在认真总结 2011 年全面审计自查、复查工作基础上，按照国家烟草专卖局部署，2 月份下发通知，3 月份开展工作。将全面审计“回头看”与免检工作相结合，将免检指标与审计问题整改情况有机结合，全方位、多角度逐一核查各单位审计问题整改情况，并对部分单位审计“回头看”工作进行重点抽查，对审计发现问题进行分类汇总梳理，查找问题发生原因，针对自查及复查工作底稿中的问题，逐项落实整改并跟踪整改情况，确保全省烟草商业系统“回头看”工作开展得扎实有效。

迎接国家局经济责任审计暨全面审计重点检查，整理归档全面审计自查、复查及“回头看”资料，装订成册，认真准备相关汇报材料，全程配合国家局经济责任暨全面审计重点检查组在安徽省历时17天审计工作，协助检查组在各单位现场检查，及时跟踪审计问题，做好解释沟通，确保国家局检查组工作顺利开展。

开展经济责任审计问题整改工作。认真梳理国家局经济责任审计暨全面审计重点检查问题，分门别类，对于能立即整改问题对照整改建议立即整改；对于不能立即整改问题，制定整改措施及时间表，积极整改；对于已经发生难以整改问题，抓紧完善制度、程序，加以规范，最终形成整改情况报告，按时上报国家局。

开展全面审计整改检查及总结工作。根据国家局《关于进一步做好行业全面审计整改工作的通知》（国烟财【2012】319号）文件精神，就梳理出的问题进一步征求安徽省烟草专卖局相关业务部门具体整改意见，组织两个检查小组到13家地市公司进行问题整改情况现场检查，逐项逐条核实各单位问题整改情况，确保“项项有着落，条条有回音”，截至2012年底，共计整改问题460条，整改金额49 846万元，整改金额比率达95.15%，整改成效明显。

【基础工作】

进一步完善相关审计制度。完成审计“十二五”规划具体指导意见编制工作；制定《工程造价中介机构管理暂行办法》，修改完善《工程建设项目审计管理办法》。

开展科技创新项目。3月份，申报烟草商业企业审计评价体系研究课题，经过现场答辩、专家评审等环节，被列入省局2012年科技创新项目计划。按照项目进度，召开启动大会，抽调全省审计骨干组成项目研究小组，经反复研究讨论，确定项目研究内容及思路框架，正在按计划分项开展项目研究工作。

加快推进审计信息化工作。协同信息中心与软件公司完成审计信息系统用户编码统一工作，协调解决审计信息系统一期运行中存在问题。组织二期系统需求研究，与软件公司洽商信息系统二期需求问题，先后五次召开需求研究讨论会，从各项具体业务出发，制定出一套基于烟草商业业务流程的需求表格。

完成省级工程造价咨询机构备选库调整工作。经外网发布调整公告，协同相关部门综合打分和现场考察，最终确定调整三家单位，召开造价中介机构座谈会，明确双方权利义务，加强对造价中介机构监管。

持续开展优秀审计项目评选工作。连续四年开展全省优秀审计项目评选活动，2012年评选出黄山市公司专卖内部管理监督审计等六个优秀审计项目。

【审计项目】

开展全面预算管理审计。按照“探索新型审计方式，进一步拓展审计信息系统应用”工作目标要求，借助审计信息系统，采用“统一组织，分散实施”的组织形式，统一审计方案，统一审计范围、内容、方法，统一审计报告模板，由各市局（公司）分散实施，项目完成后由各市局（公司）出具审计报告。

开展县级局局长（经理）经济责任审计调研。精心研究制定审计方案，了解县级局在专卖管理、营销管理、资产管理、财务收支等方面管理模式和职责权限，分北片和南片地区进行审计调研，汇总出具审计报告，充分征求相关主管部门意见，提出合理配置县级局局长（经理）的资源，明确职责及权限等具体建议，探索如何从根本上调动县级局积极性，激发县级局活力。

开展专卖内部控制制度评审。首次开展对专卖内部控制制度评审，组织业务骨干对审计方案进行反复讨论，通过对市场监管、行政执法、内部监管等专卖内部控制制度审查，就制度健全性、符合性以及控制和组织活动有效性进行评价。审计提出5条意见和建议，取得较好的审计效果。

开展全省烟叶基础设施审计。9月份，统一开展2011年全省烟叶基础设施建设项目审计，皖南烟叶公司项目由省局（公司）组织实施，池州、亳州、阜阳市公司由本单位审计部门组织实施。主要从项目建设、资金使用两方面开展审计，抽查烟水配套设施、密集烤房现场及档案资料和相关付款凭证，共提出27条审计建议，相关单位对审计建议进行逐项整改落实。

开展市公司工程建设项目专项审计。对年度工程建设项目较多，投资额较大，建设较集中的滁州市公司进行专项工程建设项目审计，确保工程建设规范有序。

完成经济责任审计工作。完成合肥、蚌埠市公司原法定代表人离任经济责任审计工作，共提出13条审计意见和建议，均被采纳。

协调直属单位基建结（决）算审计工作。全年完成18家单位基建工程跟踪或结（决）算审计单位选定工作，其中有超亿元1个项目按相关规定行文国家局，由国家局组织实施，对于投资金额较大重点项目，跟踪项目进展情况。

【人员培训】

举办为期9天的“建设工程造价员资格考试”考前培训班，全省共38人报名，人员涉及基建管理、财务管理、内部审计等多个岗位，12人通过考试。

协同财务处与上海国家会计学院联合举办财审经理研修班，12名审计人员参加培训。

10名审计人员参加会计硕士考前培训。

13名审计人员参加第五届财审知识大赛，2名审计人员获得“十佳”称号。

【审计协调】

选派审计人员13人次，历时近3个月，参加国家局全面审计重点检查工作。

协助完成国家局经济责任审计组对六安市局（公司）经济责任审计工作。

积极参加科技创新项目评优活动。经过申报、答辩、评选，审计作业标准指南项目获得2012年省局科技创新项目三等奖。

制定“235”主题教育实践活动实施方案，明确具体活动内容、时间安排等，扎实开展“235”教育实践活动。

配合烟叶基础设施项目验收、免检单位检查等工作；配合省局（公司）相关部门完成招标采购、商务谈判、招标文件评审等日常性工作 19 次，做好审计服务，确保采购过程规范与效率。

法规建设

【法规工作】

2012 年，安徽省烟草专卖局（公司）结合六五普法规划，研究印发《2012 年度法规工作要点和考核办法》，对各单位全年 11 个法规重点工作项目，以及五个方面年度法规工作考核要点进行明确。根据国家烟草专卖局法规司要求，认真收集 2010 年度和 2011 年度法规和普法工作数据，总结上报全省系统近几年法规工作中一些好做法和好经验。

为促进行业普法与地方普法相协调，派员参加省直机关“六五”普法工作部署暨骨干培训会议，赴湖南长沙参加全国烟草行业法规体改工作会议。在以上会议基础上，部署全省系统 2012 年法规工作会议，准备会议相关材料。

4 月份，在池州青阳召开 2012 年度法规工作现场会。对 2011 年法规工作进行总结，对法规工作任务和方法进行探讨，对 2012 年乃至“六五”期间重点法规工作进行部署。并安排三个单位发言，分别就普法工作如何做好与政府部门之间沟通、普法培训如何适应专卖执法和烟草企业管理实际需要、普法工作如何实施创新进行工作交流。期间，组织参观池州市局烟草专卖行政诉讼模拟法庭，通过对庭审流程、法庭调查、法庭辩论等各环节现场观摩，对行政执法中关键问题有更加直观和深刻体会，反响强烈，成为“六五”普法工作创新一个范例。

【完善两级制度体系】

在上年市级局制度范本上网公示基础上，该年上半年，对省局（公司）层面制度及制度梳理论证结束后新发制度一并进行收集，并在省局协同办公网上网公示。为推动市级层面制度执行，将制度建设和执行纳入全省系统年度法规工作要点。调研和检查直属单位制度执行情况，寻找制度在贯彻落实过程中存在问题以及需要改进和提升内容，为继续修改完善打基础。

为推进制度体系完善，在分析和调研基础上，对制度建设过程、工作方法和经验、存在差距和问题进行建设性总结。相关材料在上报国家局法规司后，制作相应学习课件，在省局机关大讲堂和党组中心组学习进行专题汇报，较为具体阐述制度体系建设与成长型组织建设之间关系，论证制度建设重要性。

为推动制度贯彻落实，促进基层干部员工尽快熟悉并执行制度，启动为期两年制度大宣讲活动，制定《在全省系统开展法制集中巡回宣讲活动的实施方案》，对制度宣讲指导思想、总体目标、内容、对象和方式及组织保障等进行总体部署。召开制度宣讲课件制作会议，部署和协调制度宣讲计划投资与物资采购类课题培训任务。

【“六五”普法】

2012年，全省系统累计开展421期各类法律知识培训，总计39701人次接受培训，其中专卖执法人员26354人次，生产经营人员7964人次，管理人员4012人次，各级领导干部2303人次。“法律五进”活动深入开展，其中法律进机关133个、进农村762个、进社区828个、进企业78个、进网点127896个。举办法律知识竞赛63次，涉法文艺演出8场，法制展览260期，法律宣传阵地建设382个。开展案卷评查活动152次，案卷合格率99%；开展合同审核2355个，制度和规范性文件审核2271件，专卖执法案件专项审查4209个；省局（公司）机关层面编发普法短信52条。

为创新普法方式，以省局（公司）机关大讲堂为平台，举办一次行政诉讼案件模拟法庭活动。由池州市局部分法规和专卖执法骨干具体承担，省局（公司）法规处指导庭审流程并审阅庭审相关证据和文字材料、进行总结点评，为丰富机关大讲堂内容、创新普法方式和提升普法实效作一次有益探索，受到机关同志热烈欢迎。

继续部署在“3·15”“6·29”“12·4”等法制纪念日开展大规模普法宣传活动。该年是实施“六五”普法规划第二年，又适逢宪法颁布实施30周年，党的十八大胜利闭幕，为进一步增强法治观念，提高全省系统法治化管理水平，形成全省系统广大干部员工自觉学法守法用法良好氛围和烟草专卖依法行政、文明执法良好工作作风，自11月下旬至12月下旬，在全省系统重点部署“12.4”全国法制宣传日系列宣传活动。要求各单位将本年度宣传和学习活动和“服务科学发展”主题结合起来；和当前全行业开展“235”教育实践活动结合起来；和国家局关于烟草专卖柔性执法总体要求结合起来；和全省系统成长型企业文化战略结合起来。真正把法律知识和法治精神送到基层、农村和广大零售客户，切实解决广大群众身边与烟草相关涉法问题。

【《专卖办案指南》编撰】

探索研究烟草专卖执法中新问题和新困难，完成《烟草专卖办案实用指南》审稿修改工作。《烟草专卖办案实用指南》出台先后历时一年多，因执法实践变化和新法颁布，数易其稿，共召开不少于10次编撰校对会议，大范围征求基层执法人员意见，同时得到机关有关部门大力支持。《烟草专卖办案实用指南》编撰凝聚集体智慧，是一本集专卖办案之大成，具有一定理论底蕴和难度，同时又具备较高适用性、指导性烟草专卖执法工具书。

为抓好《烟草专卖办案实用指南》运用，以“12·4”全国法制宣传日为契机，部署大规模宣传学习活动。做到基层执法人员人手一册，实现基层执法人员对《烟草专卖办案实用指南》宣传学习全覆盖。在学习方式上，采取考试测试、知识竞赛、办案情景模拟、模拟法庭、模拟听证、案卷对比评查讲解等多种方式。要求以宣传和学习《烟草专卖办案实用指南》为契机，大力开展烟草专卖执法规范化建设，深入推动依法行政和文明执法，在全省系统掀起学法、守法、用法新高潮。

【法律知识培训考试】

认真把好烟草专卖执法资格准入。与省政府法制办联合发文，于2~3月份举办6期全省专卖管理人员行政执法资格培训和考试，解决全省 1500 多名专卖执法人员执法资格证期限届满换发问题。

不断提升烟草专卖执法人员素质。该年，国家局下发《关于组织 2012 年烟草行业专卖执法人员和法规人员法律知识统一培训考试工作的通知》。省局（公司）高度重视，及时召开会议传达文件精神，下发培训考试工作通知，对培训考试工作进行具体部署。自 6～9月份开展大规模培训，采取分层和集中两种方式，在各市县局组织培训同时，省局（公司）专门组织普法培训师赴各市举行专题培训。培训范围涉及专卖执法常用 16 部法律、法规、规章，全体专卖执法人员和法规人员累计培训时间超过 7 天。为确保考试质量，使用考试软件由计算机随机组卷，实现“千人千卷”，同时维持良好的考试纪律。由于培训工作组织有力，考试平均分为 81.9，及格率达到 95.8%。针对 136 名考试不合格人员举办补考，其中 134 名考生补考通过。法律知识考试工作顺利开展，有效提升全省系统执法和法规人员法律知识水平。

【执法规范化建设】

认真探索烟草专卖柔性执法制度。根据国家局《关于加强烟草法治建设的实施意见》及法规工作会议部署，在淮南市局和宣城市局开展烟草专卖公正文明执法方面试点探索。着手对柔性执法试点工作相关资料进行收集和准备，全省系统柔性执法制度研究工作全面启动。

主动应对烟草专卖执法实践变化。《行政强制法》于 2012 年 1 月 1 日起实施，为指导基层正确实施该法，举办《行政强制法》领导干部培训班。就当前烟草专卖行政执法程序中需要改变的执法行为以及相关法律文书进行调整，在年初研究出台《〈中华人民共和国行政强制法〉施行后烟草专卖行政执法若干问题的指导意见》，对因新法出台基层执法中存在疑问给予明确答复。解决因新法颁布而产生一系列执法实践问题。

【普法人才队伍建设】

为做好全省普法培训师队伍建设工作，努力实现普法培训师资源在全省范围内统一配置和使用，在上年建立普法培训师队伍基础上，就普法培训师培养、使用与管理制定相关实施办法。收集各直属单位六五普法教育培训需求，召开普法培训师教研组组长工作协调会，为分类别制定全省系统直属单位本年度普法教育培训课件以及法律知识统一考试培训课件做准备。

6 月份，对培训师提供普法培训课件进行收集和审阅，寻找其中可能存在问题，并进行反馈。同时，举办一期普法培训师培训班，为提升普法培训师培训艺术和技巧、培训课件制作、培训课堂驾驭能力和培训质量打基础。

为高水平、高层次培养法律专业人才，初步拟定在全省系统举办法律硕士班相关议案，报行政办公会议审议批准通过，并会同培训中心与安徽大学法学院初步接洽商谈招生事宜。

【法律服务及其他工作】

全年累计审查机关各部门提交经济合同 28 份，管理制度 23 项；审理 1 起不服行政处罚而向省局提起行政复议的案件。

针对当前招投标过程中出现的问题，对招投标流程进行重新设计，制作相关流程图和招投标过程痕迹化表格，向省局（公司）办公会议作专题汇报，为招投标管理部门以制度化手段规范招投标程序提供参考。

按照省政府办公厅文件要求，继续推进烟草专卖行政审批清理。针对省局（公司）层面烟草专卖行政审批工作现状，进行项目统计，依照相关法律研究梳理相关法律程序，形成流程优化材料。

为落实国家局部署，召开卷烟包装标识国家标准和宣传用语清理依据说明培训会议，对卷烟包装标识国家标准进行重点培训。专门发文对开展卷烟包装标识和广告宣传内容及用语集中检查进行具体部署，明确检查范围、检查主体、检查依据和标准以及检查步骤，统一烟包装标识清理工作管理口径。

科技创新

【概　况】

2012 年，科技工作在创新体系建设、科技项目管理、标准制修订、群众性创新活动、质量监督检测等方面取得新成绩。皖南烟叶公司技术中心建成皖南特色优质烟叶开发研究室，共建沪皖中华原料联合实验室和高科技示范园；华环公司技术中心通过省级技术中心复评验收；在研科技项目 168 个，其中总公司计划项目 10 项，省公司计划项目 89 项，市公司计划项目 69 项；开展 2012 年度科技进步奖评选活动，共 11 个科技项目获奖；荣获全国优秀 QC 小组 1 个、质量信得过班组 1 个、QC 小组活动卓越领导者 1 人，全国烟草行业优秀 QC 小组 2 个，安徽省优秀 QC 小组 30 个、质量信得过班组 5 个、QC 小组活动优秀企业 2 家；获准承担 4 项行业标准制修订任务，制订发布省公司 8 项企业标准，制定安徽省初烤烟重金属和农残控制管理 2 项暂行规定；申请专利 12 件，授权专利 8 件，登记计算机软件著作权 12 件，公开发表科技论文 48 篇。

【创新体系建设】

烟叶生产加工技术创新体系建设。皖南烟叶公司技术中心完善组织管理体系和运行机制，建成皖南特色优质烟叶开发研究室，共建沪皖中华原料联合实验室和高科技示范园；华环公司技术中心通过省级技术中心复评验收；省烟草研究所全年发布烟草病虫信息简报 11 期，提供测土施肥配方 4 份，驻烟区技术服务人员 16 人，承担科研项目 15 项，取得科技成果 2 项。

商业企业创新体系建设。基本确立技术创新、管理创新、营销创新和文化创新的大创新观，初步构建领导重视、部门推进、骨干引领、全员参与创新推进体系，以项目为载体、以科研院所为依托的产学研技术合作体系。全年产学研合作项目 29 项，支持科技经费 608 万元。

科技创新机制进一步完善。制修订 7 项科技创新管理制度，完善三维评价、两级考核的考评体系，组织开展年度创新能力考核，组织开展年度科技进步奖和优秀 QC 小组评选活动。

【科技项目管理】

开展年度科技项目立项。共批准省公司 2012 年科技项目计划 31 项；列入总公司重点科技项目计划 1 项、面上项目计划 1 项。省公司资助项目经费 503 万元，市公司投入项目经费 620 万元。

加强科技项目规范管理。印发科技项目中期检查评估通报，组织专家期中检查评估项目 25 项，现场实施检查项目 5 项，验收鉴定项目 19 项。

科技成果不断涌现。获省部级科技成果 1 项，市厅级科技成果 24 项。获科技成果奖励 13 项，华环公司《基于三张控制图表的弹性目标管控系统》成果获安徽省企业管理现代化创新成果一等奖。申请专利 12 件，授权专利 8 件，登记计算机软件著作权 12 件，公开发表科技论文 48 篇。

【标准化管理】

开展标准制修订工作。获准承担或参与 4 项行业标准制修订任务。《安徽省烤烟技术管理标准体系》项目顺利通过审定。《烟草商业企业预算定额标准体系构建与应用》等标准项目立项研究。

产品安全标准体系建设。构建安徽烟叶生产加工产品安全标准体系表，制订发布省公司 8 项企业标准，制定安徽省初烤烟重金属和农残控制管理 2 项暂行规定。

商业企业标准化建设试点工作。2012 年，国家局以项目带动形式，启动烟草商业企业标准化建设试点工作，省公司借助参加“烟草商业企业标准体系构成及要求”行业标准制定，在马鞍山市公司开展商业企业标准化建设试点。

烟叶生产和复烤企业标准化建设。推动烟叶产区制定系统标准化工作方案，建立健全长效机制，顺利通过国家局组织综合检查考评。华环公司打叶复烤标准研究室建设有力推进，并在坚实的标准化工作基础上，成功导入卓越绩效管理标准，获首届安徽省卓越绩效奖。

【群众性创新活动】

QC 小组活动深入开展。全省系统注册 QC 小组 485 个，参加人数 3240 人，活动普及率 27.7%。注册小组课题 489 个，其中：烟叶生产加工课题 47 个、营销物流 152 个、专卖管理 115 个、信息技术 16 个、基础管理 121 个，综合性课题 38 个。具备初级诊断师及以上资格人员达 102 人。召开 2012 年优秀 QC 小组成果发布会，对 21 个优秀 QC 小组进行隆重表彰。

QC 小组活动收获很多荣誉。马鞍山市公司蚂蚁 QC 小组被授予“全省系统标杆 QC 小组”称号。荣获全国优秀 QC 小组 1 个，全国质量信得过班组 1 个，全国 QC 小组活动卓越领导者1人，全国烟草行业优秀QC小组2个。有12家单位30个小组荣获安徽省优秀QC小组，5个班组荣获安徽省质量信得过班组，2家单位荣获安徽省QC小组活动优秀企业。

【质量监督检验】

完成监督抽查检验任务。协助完成全国市场卷烟质量抽查2次，卷烟省际交叉抽查1次，烟用辅材抽查9批次，烟叶工商交接检查29批次。开展全省卷烟市场质量抽查2批次，黄山品牌卷烟质量抽查4次。监督抽查全省烟叶51批次，片烟检查12批次，烟叶收购等级质量检查37批次。召开卷烟感官质量评吸会4次。

做好专卖打假真伪鉴别检验工作。共受理真伪卷烟鉴别检验委托检验样品3292个，出具真伪卷烟鉴别检验报告905份；开展大要案现场检测服务，现场抽样78场次。参与专卖岗位技能鉴定工作，开展消费者质量技术宣传活动，到基层单位开展卷烟检验技能培训10余次，接受社会消费者咨询300余起。

加强业务培训和技术创新。共参加技能培训30人次，技术人员培训覆盖率达到100%。承担在研科技项目2项，1项课题成果获省公司2012年度科技进步二等奖。

烟草质量监督与监测

【质量监督】

2012年，按照监督检验计划，圆满完成各类烟草质量检验任务。全年开展卷烟市场监督抽查4次，共抽查省内外17家卷烟工业企业生产产品175个。开展重金属监测样品88个，烟叶内在化学成分监测样品48个。组织开展全省烟叶工商交接等级质量监督检查39批次，抽检把数1965把；协助开展省内烟叶收购等级质量监督检查18个批次，配合国家烟草专卖局开展烟叶工商交接检查1次。协助国家局完成382个卷烟产品监督检测工作。全年抽取卷烟辅材各类样品108个，其中省内滤棒、丝束、香精香料、卷烟条/盒包装纸、内衬纸、卷烟纸、水基胶、烟用接装纸累计74个，省外（湖北）烟用卷烟纸，香精香料累计34个。全年抽查安徽中烟工业公司5个生产企业“黄山”品牌17个规格75个样品。组织开展感官评吸检验样品169个。

【打假检测】

全年共受理省内烟草、工商、公安等100余家单位卷烟产品真伪鉴别检验委托，共鉴别检验卷烟样品3300多个，出具真伪鉴别检验报告950余份。全年赴全省14个地市42家委托单位开展75起服务专卖打假大案要案现场抽样工作，累计抽取样品435个，涉及“中华”“云溪”“云烟”“黄山”等39个品牌，抽取卷烟数量1454.1条。对大案要案现场抽取样品，优先进入检验环节，为行政和刑事执法及时出具符合法律要求的鉴别检验报告，最大程度降低专卖打假办案成本，提高办案时效。

【技术服务】

一是提供技术咨询服务。对来电咨询或上门咨询客户提供卷烟真伪识别解答，包括参加省政府部门组织“3·15现场咨询会”，现场接待客户200多人次，发放技术宣传资料600余份。二是为全省烟草专卖系统、省工商局系统开展卷烟真伪鉴别技术讲座累计10场次，受训人员达千人次。三是为地市局提供多套卷烟真假比对样品，提供相关人员检验资质证书、实验室认可证书等资料信息。四是按月度定期发布《卷烟真伪鉴别检验通报》，便于烟草专卖部门及时了解省内卷烟市场假冒伪劣卷烟流行趋势及品牌结构分布特点。五是疏通与客户交流渠道，从直观、简便、保密、及时、实效五个方面开展服务客户工作，提升服务质量。

【质检能力建设】

围绕质量体系目标，质检站从人员、环境、设备等方面不断推进质检能力建设。一是组织员工参加行业内外相关业务知识培训，倡导员工通过实践与理论、工作与学习相结合等多种形式，提升自我综合能力。2012年，先后组织员工26人次参加行业内外技术培训15场次。二是参加行业组织共同实验活动，卷烟主流烟气、卷烟及卷烟纸物理指标，烟草中总植物碱含量测试三个项目的共同实验反馈数据表明实验仪器设备性能、检测人员技能水平均能满足要求。三是加强仪器设备管控，按国家相关法律法规以及质量管理体系要求对检验室仪器进行校验、计量，对仪器校验、计量报告进行确认、核查，确保满足检验要求。四是通过项目研究带动质检能力建设。2012年，开展《烟用添加剂中香豆素、黄樟素及其衍生物的分析方法研究》项目通过验收，在研《皖产烟叶与皖销卷烟品牌中重金属分布规律与烟气转移率研究》项目得到有效推进。五是开展省产烟叶内存化学成分及重金属含量监测，通过持续跟踪监测和数据积累，分析掌握省产烟叶主要化学成分及其重金属等内在品质特点及差异，为提高省产烟叶可用性提供数据参考及技术支持。

【质量体系建设】

通过学习、交流等形式，保证人员在开展质量活动时所必须掌握的质量体系相关知识。同时，对质量活动进行月度总结分析，对存在问题提出整改措施，对下月工作质量目标、计划任务进行部署和分解，确保员工思路清晰，目标明确。通过对与业务工作密切相关部分程序进行修订，提高质量体系与工作实际贴和度，突出质量体系应用性和时效性。注重检验过程中监督工作，对开展检验及与之相关活动进行监督，做好跟踪记录，分析潜在不符合的可能原因以及采取措施的必要性和可行性，提高对问题预知能力。以强化内审和持续改进为工作重点，加强管理评审后续改进验证工作，确保质量管理体系始终处于可控状态，实现体系持续改进，保持质量体系持续有效运行。

安全生产

【概　况】

2012 年，安徽烟草商业系统认真贯彻落实国务院、省政府和国家烟草专卖局安全生产工作电视电话会议精神，对照省烟草专卖局（公司）主要目标，以安全生产标准化创建为抓手，围绕“树意识、重基础、严管理、促规范、强素质、上水平”工作重点，努力推动安全管理水平持续提升，较好地完成全年安全工作任务。全年接报安全生产事故 4 起，与 2011 年 10 起相比，下降 60%，是历年事故最少的一年。

【安全责任落实】

以科学发展、安全发展为指导，充分认识安全生产工作重要性，积极组织各级安委会成员及安全管理人员收听收看 2012 年烟草行业安全生产工作电视电话会议，及时转发国家局李克明副局长《抓基层　重基础　不断提升行业安全生产管理水平》重要讲话；组织召开 2012 年全省系统安全生产工作会议，总结分析全省系统安全生产形势，安排部署 2012 年安全生产工作。各直属单位按照《烟草企业安全生产标准化规范》（YC/T384—2011），进一步细化安全生产岗位责任，逐级签订《安全生产目标责任书》，明确各级各部门各岗位安全生产责任，健全并落实安全责任考评机制，安全生产责任得到全员、全方位、全过程有效落实。

【安全检查】

按照安全生产标准化要求，严格落实不同层次安全检查制度，在此基础上，根据不同季节气候和特殊时期特点，及时、有针对性地加强安全隐患排查和整改。全年累计查出各类隐患 904 项，整改率达 100%。

全省系统严格执行省局（公司）《关于开展建筑消防及电气防火安全检测测试的通知》，聘请有资质检测机构进行专业检测和安全自查，3 月底完成各类防雷设施检测工作，7 月底完成所有建筑消防电气安全检测和建筑消防设施安全测试工作。查出各类隐患 5815 项，整改率达 99%。

【交通和消防安全】

组织驾驶员岗位技能竞赛，把功夫用在驾驶员开展“岗位大练兵”活动上，促进全省系统驾驶员驾驶技能明显提高，淮南、六安、合肥市局（公司）取得集体总分一、二、三名好成绩。严格《中国烟草机动车驾驶员上岗证》审批，全年分别组织 8 次共 116 人驾驶员上岗资格考试，合格率为 51%。2012 年，全省系统未发生一起交通死亡责任事故。

对防火重点部位、重点设施、重点场所实行重点管理、责任到人，严格落实各单位消防控制室24小时值班制度，对消火栓、灭火器箱日常检查进行规范，全省系统统一点检和巡检制度内容。

【安全生产标准化】

通过七个“抓好”，全力推进安全生产标准化创建工作。即抓好组织领导，抓好学习培训和相互观摩，抓好方案制定，抓好安全生产标准化体系文件建立，抓好与职业健康安全管理体系相互弥补融合，抓好安全标准化企业自评工作，抓好安全标准化复评工作。2012年组织全省安保骨干力量，完成对合肥、亳州、阜阳、蚌埠、滁州、马鞍山、铜陵、宣城、池州市局（公司）和华环公司10个直属单位安全生产标准化复评。通过不懈努力，合肥、阜阳、亳州、滁州、宣城、马鞍山、铜陵、池州市局（公司）和华环国际有限公司共9个单位顺利通过省安监局二级达标评审。

【安全队伍建设】

2月份，举办全省系统安全生产标准化和安全技术知识培训班，共有379名安全管理和技术人员参加培训。3月份，举办全省系统电工技术培训班，共128人参加培训。3月、5月分别组织两批共30名安全管理人员参加国家局举办的烟草企业安全生产标准化考评员培训班，为全省系统培养储备技术能力较强的烟草企业安全生产标准化考评员。

按照国家局《关于烟草行业注册安全工程师岗位设置及聘任工作的实施意见》要求，大力支持和积极组织符合条件员工参加国家注册安全工程师执业资格考试，全省系统取得国家注册安全工程师执业资格人数由2011年30人增至62人。拟制下发《安徽省烟草专卖局关于安全工程师岗位设置及聘任工作的实施意见》，16个直属单位完成安全工程师聘任工作。

党的建设与思想政治工作

【机关党建】

2012年，安徽省烟草专卖局（公司）把深入学习贯彻党的十八大精神作为首要政治任务和全省系统政治工作中重中之重。密切结合机关工作实际，制定出台全省系统及省局机关学习贯彻党的十八大精神文件，及时发放十八大报告和新党章等学习材料，开展“学习十八大每周一讲”活动，要求机关各支部每周组织开展学习讨论会，专题学习十八大报告和党章，对照查摆，深入剖析，在解决实际问题中带动机关工作。以组织建设年活动为契机，开展机关党组织分类定级工作，在支部自评基础上，组织开展现场复查，网上在线群众测评，促进机关支部组织建设规范化，提高机关党建工作科学化水平；精心组织完成机关党委换届选举工作。开展职工书画摄影评选，举办“庆祝党的十八大职工优秀书画摄影作品展”。注重树立先进典型，发挥示范引领作用，全省系统共设置“党员示范岗”

460个，党员责任区312个；开展烟农、零售客户党员摸底，授牌党员示范烟农、党员示范零售客户和党员诚信店258户。主动与社区、农村基层党组织建立互动联系，共同组织客我双方党员共同参加“双重组织生活”，积极探索组织建设向党员客户延伸的有效机制。同时，按照党组中心组学习计划，不断丰富学习内容，创新学习方式，精心做好党组中心组理论学习的会务组织筹备和服务保障工作。办好机关大讲堂，先后邀请中央党校教授曹普作学习党的十八大精神专题辅导等十余场讲座，提升机关员工综合素质，取得良好效果。认真完成省直工委创先争优先进基层党组织申报工作，机关党委获得“先进基层党组织”称号；积极开展党员发展工作，完成党费收缴、党员年报等基础性工作。

【思想政治工作】

深入开展“235”教育实践活动，加强思想政治建设。作为国家烟草专卖局重点推进单位，安徽省烟草专卖局（公司）认真按照国家局相关工作部署，以“创先争优，引领组织成长”为主题，以宣传、教育、讨论、践行为主线，遵循“创优到全员，工作全覆盖”原则，大力发扬“实话实说、实情实报、实功实做”“六实作风”，坚持创“三先”、争“三优”，围绕中心，突出重点，全力推进基层组织、基层创优、基础管理、队伍建设和企业文化等五个方面上水平。成立活动领导小组及其办公室，召开动员大会，制定实施方案，开辟专题网页，编印活动简报，建立联系点制度，先后分两个片区召开经验交流会、先进事迹宣讲会、现场推进会。为加强活动指导，每个阶段省局（公司）还分别制定出台宣传动员阶段、组织实施阶段重点工作任务，细化阶段活动举措。省局机关每个部门和各直属单位都提炼出特色鲜明主题，实现部门序列横向到边，基层单位纵向到底。紧紧抓住领导干部和领导班子这一重点，省局（公司）领导两次带队，分为六个调研组开展集中调研，随机抽取调研对象，采取“面对面、背靠背”一线走访、座谈交流、查阅资料、听取汇报等方式，加强工作指导，切实做到深入基层、深入一线，掌握实情，解决问题，推动工作上水平。深入开展各层面大讨论，全省系统共征集合理化意见建议达1198条。各直属单位纷纷建立问题与意见落实工作台账，制定整改落实工作方案，明确责任人，细化工作举措，反馈整改效果，确保各类建议件件有回应、事事有着落，并将落实整改作为工作督查督办重点内容，纳入绩效考核，促进工作效率持续提升。在整改落实阶段，除少数受客观原因限制无法整改外，大部分意见和建议都得到整改落实，很多合理化建议得到采纳，确保取得实实在在效果。深入开展“结对共建，成长同行”主题实践活动，以共建组织、共抓业务、共帮客户、共带队伍、共育典型为重点，通过各层面“一对一”结对，突出各级领导干部、党员与基层一线员工、广大客户结对，开展互学、互动、互助、互帮活动，发挥党员干部模范带头作用。全省系统各类结对共建数量达3168对。10月30日，国家局姜成康局长在安徽调研时，对安徽省局（公司）“235”教育实践活动给予“很有特色，很有内容，很有成效”的充分肯定。《中国烟草》《烟草企业文化》《东方烟草报》等行业媒体相继对安徽省局（公司）“235”教育实践活动情况进行系列报道，向行业宣传介绍安徽省局（公司）典型做法。芜湖南陵县局“235”教育实践活动在中央《深入开展创先争优活动简报》第2513期上专题报道，报送中央有关领导，同时被人民网、全国党员干部现代远程教育网、组织工作网等媒体转载，树立起烟草行业良好形象。12月27

日，在全国烟草行业“235”教育实践活动交流汇报会上，安徽省局（公司）以专题片、展板及书面材料作专题汇报交流，得到国家局高度评价。

深入贯彻落实全国行业政治工会会议精神，组织召开省局（公司）党组专题民主生活会、全省系统思想政治工作会议、机关副处级以上干部集中学习会等会，做好务服务保障工作，并认真组织、全面贯彻落实会议精神。

【优秀基层单位创建】

按照国家局统一部署，制定出台《安徽省烟草专卖局（公司）关于印发深入开展创建优秀基层单位活动实施方案的通知》，坚持创“三先”争“三优”，全面加强建设“基础管理扎实、创新活力较强、管理民主科学、职业道德良好、劳动关系和谐、领导坚强有力”的基层单位。

【青年工作】

充分发挥机关团委作用，召开“五四”纪念大会，邀请行业老前辈作艰苦创业专题报告，组建“徽映”青年志愿者服务队，学习雷锋精神，先后开展“共建成长林，奉献徽映情”义务植树、合肥儿童福利院慰问、高刘村关爱留守儿童、“情暖夕阳”等志愿服务活动，积极引导和激励青年员工立足岗位成长。

【文明创建和效能建设】

进一步加强机关文明创建和效能建设工作，分别通过省直文明办工作检查，开展机关效能重点推进月活动，重点贯彻效能建设“八项制度”，深入开展“六查找、六提升”活动，开展机关效能督查，改进机关作风，提升机关效能。

【企业文化建设】

2012 年，安徽省烟草专卖局（公司）全面推进企业文化和服务品牌建设，不断增强文化自觉自信。制定出台《安徽省烟草专卖局（公司）关于加强“成长”文化融合工作的意见》，以“成长”文化为主线，按照“传承对接，统分结合、彰显特色，创新实践”的原则，构建统一核心理念、统一核心规范、统一服务品牌、统一评价体系的一套科学规范“161”母子文化体系，并从自主提炼特色理念、自主导入行为模式、自主开展主题活动、自主创新管理实践来体现子文化特色。2012 年，省局（公司）机关完成部门理念提炼，各直属单位完成体系融合工作。年初，省局（公司）召开服务品牌建设推进现场会，推广安庆市局（公司）“感知徽映”中心典型做法，全省系统“感知徽映”中心建设稳步推进。大力推进“徽映”服务品牌试点工作，合肥市局（公司）围绕窗口作用发挥，推进视觉识别系统应用全面规范；蚌埠市局（公司）围绕宣贯培训体系建设，形成《徽映服务工作标准》初稿；池州市局（公司）围绕视觉识别应用，形成《“徽映”服务品牌行为识别系统》初稿；宣城市局（公司）围绕管理体系建设，积极推进内评外测相结合服务品牌管理体系建设。同时，积极开展科技项目研究，完成《“徽映”服务品牌管理体系研究》项目申报立项工作，提升服务品牌建设理论研究水平。积极开展新办公楼企业文化中心建设设计及布展内容框架等建设前提工作；组织“成长之歌”创作，广泛开展丰富多彩、职工喜闻乐见文体活动，潜移默化，寓教于乐，丰富职工文化生活，营造浓厚的文化氛围。

纪检监察

【八项规定】

利用党组中心组理论学习会，组织领导干部学习《十八届中央政治局关于改进工作作风、密切联系群众的八项规定》及实施细则。制定下发《关于2013年元旦、春节期间改进工作作风，加强廉洁自律的通知》，要求各直属单位认真学习贯彻党的十八大精神，提高党员领导干部廉洁从业自觉性，坚决制止铺张浪费和奢侈享乐，严格执行党员领导干部廉洁自律各项规定，改进作风，精心安排好“两节”期间生产经营和帮扶慰问工作，强化监督检查和责任追究，严肃查处违纪违法行为。下发《安徽省烟草专卖局（公司）关于改进工作作风的规定》，改进调查研究、减少会议活动、精简文件简报、厉行勤俭节约、优化新闻报道、规范企业往来。

【责任制落实】

全省系统各级党组（党委）作为反腐倡廉建设的责任主体，坚持把党风廉政建设责任制列入党组（党委）总体工作规划，摆上重要议事日程。领导班子主要负责人通过加强领导和组织实施，对涉及党风廉政建设和反腐败重要工作亲自部署、重大问题亲自过问、重点环节亲自协调、重要案件亲自督办。与所属领导班子其他成员和各单位、部门主要负责人签订《党风廉政建设责任书》和《干部廉政从业承诺书》，落实“一岗双责”党风廉政建设责任制工作要求。领导班子其他成员根据分工抓好职责范围内党风廉政建设和反腐败工作，落实反腐倡廉各项任务。2012年度，全省系统各级党组（党委）会研究反腐倡廉工作141项，党组（党委）书记作为反腐倡廉建设第一责任人，部署反腐倡廉重要工作88次，协调落实惩防体系建设任务91次，各级班子成员在职责范围内组织研究和参加分管范围反腐倡廉工作227次。

各级纪检监察机构认真履行组织协调和监督检查职责，贯彻落实省纪委、国家局、省局（公司）工作部署，协助党组（党委）纪检组（纪委）贯彻落实党风廉政建设责任制各项任务。年初制定工作要点，确立2012年党风廉政建设工作思路和重点内容，分解落实到具体责任部门，做到与业务工作同时安排布置，并纳入2012年度总体考核范围，与经济指标和工作质量同时考核，保证党风廉政建设责任制得到有效落实。

【纪检监督】

认真贯彻落实中共中央办公厅、国务院办公厅《关于进一步推进国有企业贯彻落实

"三重一大"决策制度的意见》文件精神，根据驻国家局纪检组监察局相关文件要求，在全省系统内组织开展对贯彻落实《意见》情况监督检查，规范决策行为，防范决策风险，推动企业持续健康发展；完成对行业内干部员工投资入股关联企业问题清理整顿，形成总结材料上报国家局；对直属单位领导班子和领导干部开展廉政考核，参与干部选拔任用"一报告两评议"工作，对拟提任干部廉政情况提出书面使用意见24人次；对省局（公司）机关科以下工作人员招聘程序、全省系统在职攻读会计硕士专业学位人员考试进行现场监督；对全省烟叶种植面积开展核查；对基建工程、招投标、大宗物资采购工作过程进行监督126次；受理处理信访举报，2012年，省局（公司）纪检监察机构受理来信举报20件，对自办7件信访举报，认真组织核查，做出调查结论，提出处理意见，发挥96300举报电话监督作用，对接听的举报，及时调查了解和转办，针对信访举报和查办案件工作中发现苗头性、倾向性问题，分析原因，提出完善制度和加强管理相关意见和建议。

工程建设项目监管过程中，坚持阳光操作、权责对等、制度管人、严格监督。工作中，相关单位坚持以"五个关口"为重点，变被动监督为主动监督，实行关口前移，从全省系统组织投资项目管理人员，定期对项目施工现场进行督导。将投资数额特别大、基建任务特别重的部分单位，列为省局监察处重点联系单位，跟踪监督。由项目管理小组统一领导，成立项目施工、招标、材料采购、工程款支付等小组，明确分工，各司其职，形成项目管理制衡机制。落实项目第一责任人责任。针对重大投资项目，由项目所在地行业直属单位与地方检察机关建立同步预防制度。检察机关发挥专业预防优势，为烟草行业提供预防咨询、教育、廉政辅导、行贿犯罪档案查询、廉政联合检查、提供廉政制度风险监察建议、重大事项集体决策和重大技术问题专家会商、联合排查腐败风险，并相互进行信息交流。烟草、检察两部门立足职能，分工协作，密切配合，努力打造"规范工程、阳光工程、廉洁工程、高效工程"。

【作风建设】

在2012年元旦、春节前夕，下发《关于节日期间严格遵守廉洁自律规定坚决禁止奢侈浪费行为的通知》，对各级领导班子和领导干部提出要求，增强干部员工廉洁自律意识。加强企业负责人职务消费监督管理，制定《安徽省烟草公司企业负责人职务消费行为监督管理实施细则》，并监督落实。各直属单位将明示承诺内容与党风廉政建设、学习型组织建设、企业文化建设、业务工作、客户满意度及信息化工作相结合，修订完善《明示承诺书》；部分单位开展八小时以外督查，把党员干部八小时以外管理情况列入干部考察和考核重要内容，邀请市纪委对全市系统作风纪律情况进行明察暗访；部分单位选取各类业态零售户作为政风行风监督点，统一编号和授牌，定期采集信息，收集客户意见和建议；部分单位开展"岗位职责承诺"和"正风气提效能"建言献策活动等。

【廉政教育】

组织召开全省系统纪检监察工作会议，学习贯彻全国烟草行业纪检监察工作会议和省纪委九届二次全会精神。在集中学习贯彻全国烟草行业政工会议精神期间，省局（公司）组织机关全体人员观看警示教育片《欲盖弥彰——刘志华腐败案警示录》《暴风雨中的忏悔——皮黔生渎职受贿案警示录》。省局（公司）机关和各直属单位分别组织系统内全体副科级以上党员领导干部观看《苏联亡党亡国20年祭》，以案为鉴，警钟长鸣。组织省局（公司）机关党员干部参加省直纪工委举办的“保持党的纯洁性主题教育实践活动先进事迹报告会”。各直属单位采取形式多样宣传教育活动，部分单位在节日期间对干部员工制发廉政短信、印制廉政台历；部分单位编制廉政简报、期刊，供干部员工学习查看；部分单位及时更换廉政宣传展板内容、开展廉政书画展、举办廉政主题演讲活动等等。

【廉政制度】

制定下发《关于进一步严肃组织人事纪律的通知》，匡正选人用人风气，规范干部管理和机构设置。在系统内，严禁超规定擅自增设机构或部门；严禁超编配备中层管理干部；严禁单位主要负责人改任非领导职务前6个月内或需调整且经组织谈话后，提拔、调整干部；严禁未经批准从单位外调进员工或招聘新员工等。违反规定一律无效，并责令限期改正。制定《关于进一步加强工程项目监督管理的意见》，规范工程项目建设工作，提高监督质量、规范监督程序，确保全省系统工程项目建设“廉洁、优质、安全、高效”。制定《安徽省烟草专卖局（公司）关于实行领导干部问责的暂行办法》，加强对系统各级领导干部管理和监督，增强领导干部责任意识和大局意识。各直属单位持续抓好反腐倡廉制度梳理、完善等工作，规范权力运行。

【队伍建设】

分批分期将全省系统监察室主任、县局纪检组长和业务骨干送往专业培训机构轮训。4月份，组织4名直属单位纪检监察干部参加由驻国家局纪检组监察局组织的中国纪检监察学院纪检监察综合业务培训班。5月份，组织10名直属单位纪检监察干部参加由驻国家局纪检组监察局组织的中央纪委监察部北戴河培训中心纪检监察综合业务培训班。7月份，组织直属单位纪检监察办案骨干参加由驻国家局纪检组监察局组织的“纪检监察案件检查业务培训班”。10月份，组织3名纪检监察干部参加由驻国家局纪检组监察局组织的以工程项目、招标采购监管为主要内容纪检监察业务培训班。

【风险防控】

年初全省系统纪检监察工作会议上，省局（公司）党组将廉政风险防控工作作为本年纪检监察重点，要求在全省系统深入开展。该年二季度，省局（公司）机关和各直属单位分别采用党组中心组集中学习、专题会议等多种形式认真学习中共安徽省委、省人民政府关于加强廉政风险防控工作有关文件及领导讲话精神，把握开展廉政风险防控工作指导思想、工作原则、工作内容和工作重点。通过学习，营造良好工作氛围，为后期具体工作开展奠定思想基础，提供舆论支持。

为确保企业廉政风险防控工作措施有用、适用、实用，3月份，组织人员对部分直属单位进行专题调研，在反复调查研究基础上，结合行业实际和特点，制定下发《安徽省烟草专卖局（公司）廉政风险防控机制建设实施意见》（皖烟监〔2012〕127号），围绕卷烟经营、专卖管理、烟叶生产、综合管理等重点岗位和关键环节，以找准廉政风险点为基础，以制约和监督权力运行为核心，以规范工作流程为重点，以降低廉政风险为目标，将风险管理理论和现代质量管理方法引入反腐倡廉建设，建立预警在先、防范在前工作机制，减少“权力寻租”土壤，最大限度降低腐败问题发生概率。

廉政风险防控机制建设是一项系统工程，建设过程涉及面广、工作量大。鉴于全省系统内部分单位前期按照地方党委政府统一部署启动该项工作，并取得一定成果，具备一定基础。为此，省局（公司）选定3个市局（公司）和1个县级局等四家单位为先行先试单位。在廉政风险防控长效机制建设过程中，试点单位严格按照省局（公司）统一部署，在单位内全面开展，截至6月底，完成清权确权、风险排查、风险评估、制定措施、监控执行等各阶段和环节的工作任务。8月份，省局（公司）组织召开全省系统纪检监察暨廉政风险防控管理工作动员会，在全省系统范围内全面启动风险防控管理工作。为了解、掌握各单位工作进展情况，12月中旬，省局（公司）分两片组织召开全省系统廉政风险防控管理工作汇报会，分析情况，交流经验，查摆不足，部署下一阶段工作任务。

根据安徽省廉政风险防控工作指导协调小组下发《关于开展全省廉政风险防控工作实施方案》要求，省局（公司）在机关各部门同步开展廉政风险防控管理工作。首先，成立组织、制定方案。为贯彻落实省委省政府有关文件精神，省局（公司）成立以分管领导为组长、监察处和政工处部门负责人为副组长，机关其他各部门主要负责人为成员的省局（公司）廉政风险防控管理工作指导协调小组，下设办公室，办公室设在监察处，具体负责廉政风险防控管理工作组织、协调、实施。各部门明确一名工作人员为联络员，具体负责日常事务联络等工作。9月份，制定下发省局（公司）机关《关于开展廉政风险防控管理工作实施方案》，明确目标任务、实施范围、工作步骤，同时要求到2013年6月底，全面完成各项工作。其次，召开动员会，全员参与防控管理工作。9月7日，省局（公司）廉政风险防控管理工作指导协调小组组织机关各部门主要负责人、联络员召开动员大会，明确具体工作任务、工作方法及工作时间表，在机关各部门正式启动廉政风险防控管理各项工作。9月中旬起，省局（公司）机关各部门掀起风险防控管理热潮，分别通过召开处务会、支部会等形式动员全体人员开展岗位清权确权、风险点查找、风险等级评定、防控措施清理等工作。10月底，各部门将部门工作职责、重要职权目录、岗位风险点集中交至廉政风险防控管理工作指导协调小组办公室（监察处）。再次，编制文件，开展审核，11月上旬，监察处分别从先行先试单位抽调业务骨干，由副处长负责，组成工作组，利用一周时间集中开展风险防控文件编写，完成各部门工作职责、重要职权目录、岗位框架图、权力运行流程及风险分布图、廉政风险防控一览表等五份文件初稿拟稿工作。初稿工作完成后，协调小组办公室将文件初稿分部门送发至各处室，各部门对各自初稿讨论、审核，由部门负责人签字确认后交由监察处备案。监察处在广泛征求各部门意见基础上，对全部文件初稿修订，形成审核稿。经各部门审核，共形成文字材料5万字，查找省局（公司）机关各部门廉政风险点240个。其中，低风险点129个、中风险点90个、高风险点21个。

【廉政文化】

各直属单位发挥廉政文化导向、教育和警示作用，注重将廉政文化建设与各项工作有机结合，做到有目标、有内容、有载体、有形式。抓住廉政文化建设是党风廉政建设政治文化这一本质，突出重点，把立足党员干部作为廉政文化建设永恒主题，狠抓党员干部廉政教育，加强党员干部纯洁性教育和危机教育，培育廉洁从政价值取向，营造有利于企业党员干部廉洁从政道德环境和企业氛围，筑牢廉洁自律思想防线。部分单位制定廉政文化建设 3 年规划和年度廉政教育计划；部分单位开展廉政文化主题征文活动、印制廉政文化期刊；部分单位开展廉政文化知识竞赛、举办主题演讲活动等等。截至 12 月底，全省系统共 7 家直属单位分别获得省、市级“廉政文化建设示范点”称号。

工会与民主管理

【工会管理】

完善系统工会管理体系，加强基层工会组织建设，规范工会和职代会运行，着手在安徽省烟草专卖局（公司）系统工会层面上，建立健全制度体系，组织骨干力量，编写《民主管理规范性文件汇编》，提高全省系统工会工作规范的规范化、体系化。组织开展各类工会活动，圆满完成行业成立 30 周年晚会参演节目排练、演出工作，得到国家烟草专卖局好评；“徽映”篮球队代表安徽获得贺龙中国业余篮球公开赛全国总决赛第 6 名，代表省直机关参加省大运会“三人制”篮球赛获第 1 名，参加安徽大企业杯男子篮球邀请赛获第 2 名。举办“徽映”杯第一届职工运动会，第四届烹饪技能比赛，先后开展省局（公司）机关春节联欢会、养生健康讲座、“三八”节女性员工户外活动、徒步拓展训练、登山等系列活动。省局（公司）荣获“全国全民健身先进单位”称号。

【民主管理】

利用网上问卷调查系统，开展员工文化生活、生产经营、行政执法、政务服务、评先评优等问卷调查 150 余次，很多合理化建议得到吸纳和采用，广泛征求员工意见，实现决策民主化。加大民主管理监督考核，发布公开工作监测通报 6 期。2012 年，全省系统累计发布各类公开信息 27.6 万余条，员工日浏览点击量上万人次，评论数 126 万余条，评论回复数 30 万次以上，员工参与民主管理氛围浓厚。按照国家烟草专卖局监察局要求，深化政（企）务公开加强政务服务工作经验交流材料撰写及上报工作，得到国家局肯定（代表行业报国务院有关会议）。

【劳动竞赛】

会同专卖处、营销处、物流处、安保处等部门，先后制定出台专卖管理岗位、客户经理、送货员、叉车工、驾驶员等各类别岗位技能竞赛实施方案，认真组织开展各类技能竞赛，鼓励基层员工岗位成长。

离退休人员管理与服务

2012年，安徽烟草商业系统离退休人员服务管理工作，按照省局（公司）党组要求，确立“徽映夕阳红”年度工作主题，坚持突出以人为本工作理念，始终把离退休人员工作放在重要位置，较好落实“两项待遇”，推进“两项建设”，加大活动中心建设力度，开展工作调研，注重工作指导，离退休人员服务管理工作取得积极成效。

【推进“两项建设”】

为使离退休人员做到政治坚定、思想常新、理想永存，全省烟草商业系统突出离退休人员党支部建设和思想政治建设，把“235”教育实践活动融入服务管理工作。

健全党的组织，有效发挥党支部的战斗堡垒作用。各单位根据离退休党员数量和分布情况，科学设置党支部和党小组，选配组织能力强、工作热情高、在群众中有一定威信的退休党员干部从事支部工作，省局（公司）本年举办机关第七期党支部书记（扩大）培训班；在支部活动上求实创新，普遍开展“老敬老、老爱老、老教老、老帮老”活动，宣城市局在职党员和离退休人员相互结成79个帮学对子，并成立关工委；宿州市局各支部开展活动经费保障有力，滁州市局离退休人员党支部定期集中上党课；省局机关退休人员陈卡琳同志光荣加入中国共产党。党的十八大召开期间和闭幕后，全省系统各支部组织收听收看大会实况，安排老同志参加学习辅导，把老党员思想统一到十八大精神上来。

落实政治待遇，促进思想政治工作。注重老同志学习教育，省局机关组织离退休人员专题学习行业文化，活动室集中订阅各类报纸杂志38种，保证离退休人员能及时了解党的方针政策和行业发展情况，激发离退休人员爱党、爱国、爱烟草热情；畅通老同志进言渠道，省局机关定期召开老干部主题座谈会，通报行业发展和经济运行情况，宣传离退休有关政策规定，听取离退休人员对企业生产经营管理意见建议，耐心回答离退休人员关心关注焦点问题，结合走访慰问，了解离退休人员思想动态，保证老同志心里话有地方说、有人讲，通过做好一人一事思想政治工作，稳定离退休人员队伍，为建设和谐烟草打下良好基础，全年处理来信来访26件（次）；活跃老同志组织活动，各单位定期组织老同志就近就地参观学习，本年省局机关组织140余名离退休人员赴黄山了解徽文化发展史，以及实地考察徽州皖韵假日酒店建设改造运营情况、参观蚌埠卷烟厂、走访凤阳小岗村等系列活动。

开展争先创优，保持向上精神状态。按照中央要求和省局“235”教育实践活动方案，在离退休人员中重点开展“一迎四争”活动，即以良好精神面貌和心齐气顺精神状态迎接党的十八大胜利召开；争做思想政治上的模范，道德品行上的模范，教育后代上的模范，文化学习和活动上的模范，收到较好效果。

【保障生活待遇】

认真落实离退休人员生活待遇，安排好老同志晚年生活。确保老同志共享行业发展成果，在省局（公司）党组关心下，从2012年元月起，机关对离退休人员生活补贴标准调整理顺，对系统内各单位离退休人员生活补贴落实情况调研指导，帮助基层统一思想、理顺关系。合肥、芜湖、马鞍山接收巢湖撤并划交的老同志补贴标准统一，铜陵市局按政策解决一名遗孀住房货币化补贴问题，亳州市局、淮南市局建立困难人员帮扶基金，省局（公司）发动青年志愿者与16名空巢、高龄、离休、失能老人结成5个帮扶小组；保证医疗待遇落实，各单位每年组织一次离退休人员体检，并建立健康档案，普遍办理补充医保，许多单位制定大病救助措施，实实在在解决老同志后顾之忧；开展走访慰问座谈，各单位在重阳节、春节期间走访慰问，对生病住院和特殊困难人员做到及时看望，省局机关本年共看望多病、高龄退休人员76位，基层走访慰问离退休干部、遗孀57位，召开联系点座谈会两次。

【丰富文化生活】

各单位发挥离退休人员活动中心阵地作用，组织离退休人员开展学习、文化、娱乐健身活动，充实离退休人员精神文化生活，促进其身心健康。省局机关书画摄影展连续举办七届，门球队参加省、市老龄委组织的各类比赛，太极拳爱好者组队参加行业首届职工运动会，离退休人员7人次8幅作品发表在《东方烟草报》爱晚亭专刊；各单位组织离退休人员参加老年大学各类兴趣班学习，引导离退休人员在安度晚年幸福生活同时，参与“尊重、关爱、愉悦、和谐”的文化养老活动；开展老有所为活动，省局机关离退休人员党总支邀请离退休老领导参加机关五四运动93周年纪念大会，并作行业传统教育报告，发挥老同志传统政治优势，先后组织开展“育树育人”活动、“映山红”捐书活动、交通文明创建活动，丰富老同志精神文化生活。

信息化建设与统计服务

【信息化战略转型】

高度重视行业信息化重点工程建设，扎实开展投资管理系统、行业调控信息支持系统建设，全面实施审计管理和财务全面预算、网上报账与资产管理系统；顺利完成基地单元系统验收工作，并着手系统升级改造事宜。升级改造人力资源管理系统，完善薪资管控、技能鉴定、报表管理功能模块，实现HR系统与NC系统自动衔接报账功能，实现干部人事管理和薪资管理事前、事中和事后控制。

量身研发零售终端信息系统，整合营销管理信息系统和“135工作法”系统功能，完成系统一期建设试点。升级建设“三项工作”管理系统，从“工程投资、物资采购、宣传促销”三项工作的工作流程与监管流程开展调研，完成年度计划编报模块开发和上线运行，有效促进企业投资管理与项目管理规范运作；启动安徽烟草商业物流综合管控平台系统建设，做到全程透明、全程可控、统一平台、资源共享。

深入开展信息化战线“235”教育实践活动，启动历时 3 个月的系统应用专项调查活动，组织全省并选取 17800 客户样本开展市场走访调研，安排专人深入一线，实地走访 29 个网上订货零售终端，从零售客户接入端、运营商链路和应用系统三个层面调查系统产生问题，总结运行薄弱环节，研究技术解决方案，网上订货系统运行明显改善。截至 11 月底，本省网上订货户数达到 21.6 万户，占全省客户比重 81.4%，较上年提升 16.4 个百分点，网上订货金额占总金额 90.7%，网上订货客户对系统运行质量满意度明显提升。

突出培育信息化服务文化，组织召开信息化工作意见征询会，向机关各处室和基层各单位征求意见，梳理现存系统应用问题和客户建议，尽可能解决影响使用效果问题。下移服务重心，指导并帮助基层单位开展系统建设、机房建设、系统迁移、设备安装、虚拟化应用等。升级改造电子邮件系统，实现与企业门户的集成，满足企业现代化办公对邮件系统要求。做好电子结算系统和营销“135”工作法平台系统功能完善和日常运维，保障系统平稳运行。

【信息化集成整合】

全面启动 IT 基础设施集成整合项目，对现有基础设施进行初步整合，通过 SVC 整合存储资源，形成虚拟化存储资源池，实现存储空间集中统一管理；通过 PC 服务器更新和虚拟化软件实现服务器虚拟化，实现资源充分利用；通过小机资源扩展解决部分集中部署应用压力。开展市局（公司）信息化计算存储资源调整升级的交流研讨和方案测试，形成系统平台改造和数据备份系统改造初步方案。

完成统一用户管理中心建设，通过安徽烟草统一用户管理核心应用系统建设，整合各类应用系统用户账号和权限。依据规范发布标准账号信息，组织实施并完成全省统一用户账号标准化工作。大力推进应用平台建设，通过构建安徽烟草应用门户平台，实现各类应用系统单点登录；通过建立统一流程平台，实现流程集成规范化；通过发布管理驾驶舱子门户和门户功能导航应用，实现“功能漫游”的良好用户体验。

有效开展系统集成整合建设，通过“平台+应用”方式，分阶段组织实施全省主要应用系统的集成整合。对主要信息系统进行二次集成，完成应用系统功能导航，实现个人功能定制和一定范围信息共享。

【风险管控能力】

全面启动安徽烟草等保整改一期项目建设，完成“等级保护整改项目”招投标与部分实施工作，建立信息安全管理体系；通过采购相关的信息安全产品完善信息安全技术防护体系，对现有网络、主机和应用进行安全防护；通过统一安全运维管理中心（SOC）建设，实现对信息安全产品统一管理、监控并规范信息安全运维流程。

组织完成全省系统行业终端计算机应用安全和互联网接入专项检查，组织开展年度网络与信息安全检查工作，完成行业信息安全检查等级保护自查与上报，迎接省公安厅信息安全等级保护检查。先后组织开展4次信息安全应急演练，提高应对突发问题的响应能力和处理能力。完成全省商业管理信息系统的系统管理类角色、账号的梳理，制定统一规则和实施计划，确保行业信息和零售客户信息安全。

积极主动开展信息安全文化建设，在全省统一门户首页上增加“信息安全小贴士”，组织开展“信息安全日”活动，举办信息安全知识讲座，宣传和普及信息安全知识，营造良好氛围。

积极探索建立自运维管理机制，对现有运维服务队伍进行分类整合，集中全省运维服务电话，统一受理故障申告。理顺运维业务流程和管理要求，实现全省主要信息系统运维服务人员集中办公。建立健全运维规章制度，加强日常管理和监控，提高运维服务响应速度和效率。

积极响应国家烟草专卖局信息中心关于运维要统一整合的要求，对省烟草专卖局IT基础设施运维进行集中招标，分别签订一号工程、CA、GPS和资金管理中心等系统运维服务合同。加强核心业务系统日常巡检维护，先后组织开展4次全省主要信息系统巡检，全年受理商业信息系统和打码到条系统运维服务请求达3000多起，有力保障生产经营业务正常开展。

加强视频会议系统日常管理，完成各项视频会议及培训达12余次，参会人员3500人次，组织有关人员对各地市视频会议系统巡检67次，排除各类故障40次。加强机关程控虚拟网控电话日常维护管理，保障对外通讯交流畅通。做好机关宿舍宽带网管理维护，年度解决住户各类申告约900余次。

【机房重点工程】

安徽省烟草专卖局（公司）新办公楼数据中心机房规划设计和建设是“十二五”规划中的重点工程，为保障省局（公司）整体搬迁新大楼，对该重点工程关键任务进行分解，确定机房规划与建设、核心网络建设与广域网带宽升级、计算与存储资源的调整规划与建设、老机房设备搬迁与应用系统迁移四大关键项目，制定倒计时时间计划表。

省局信息中心积极与计划处、新大楼承建方沟通，与机房设计单位先后对合肥海关、安徽电信、安徽中烟、苏州国科和上海容灾中心等多家行业内外单位的机房进行现场考察调研，并参考河南、广东、吉林等省局新建办公楼中心机房设计思路，完成新建办公楼数据中心机房规划设计并进行专家论证，努力使之成为行业内设计一流的机房方案。在此基础上，完成深化设计与实施总包的招投标工作，项目工作有实质性突破。

积极与电信、移动、联通等网络运营商和华为、思科等网络设备厂商沟通交流，了解网络技术发展新趋势，研究广域网互联新方法，对安徽烟草新数据中心网络和全省骨干网进行方案设计和优化完善。

【信息资源应用】

精心做好统计应用系统建设，开展系统多个版本升级部署，先后3次赴基层单位开展项目运行调研，5次组织开展现场培训，多次开展项目运行情况调查和座谈，帮助基层单位解决运行问题。升级部署系统出入库客户端，减少出入库不可识别码手工添加数量，规范基层单位出入库打扫码行为。研究制定技术实施方案，调整安徽商业管理信息系统统计口径，保障全省主要信息系统指标统计口径与全国接轨。

坚持不懈抓好统计数据质量，探索并建立统计日报数据质量控制“三道关口”工作机制，重点加强系统运行日检查和数据质量日审核。坚持日报数据催报机制和数据质量定期通报机制，先后5次下发统计数据质量通报。按照国家局统一部署，认真组织开展统计应用项目省内自查，自查面达100%。承担项目省际间互查领导小组职责，完成对江西省局互查工作。顺利迎接国家局项目重点抽查，认真准备资料，客观反映情况，有效落实反馈整改。2012年，全省统计应用系统运行顺畅，未发生影响企业生产经营系统故障。该年，日报国家局重报次数为零，迟报次数也为零。

不断提升信息资源利用水平，坚持每月编制统计报表。充分利用掌握大量数据资源优势，先后开展“卷烟品牌发展和预警指数”和“零售客户终端布局优化”统计课题研究。坚持每月撰写统计分析报告，不定期开展专题统计分析，研究发展规律，提出关注焦点，为企业经营决策建言献策。

【基础管理工作】

重点加强全省系统IT治理，抓好省市两级信息化平衡发展，经过讨论、调研等形式广泛征求意见，制定并下发全省系统信息化工作管理办法和信息化评价考核细则。探索打通信息化人员技能晋升通道，研究制订相关管理办法。成立安徽省烟草专卖局（公司）信息化专家委员会，制定信息化专家委员会工作办法。初步探索实施目标过程管理方法，提高日常工作目标感和效率。

加强各领域标准和制度建设，在集成整合方面，先后建立门户集成规范、单点登录规范和统一用户管理规范。在运维管理方面，先后制订运维人员值班管理和现场管理工作制度。在统计管理方面，制订并下发统计工作管理办法和统计报表制度。

积极培育先进的IT部门文化，省局经济信息中心被省直机关工委授予安徽省“百个书香处室”荣誉称号。专题部署年度“读书、研究、调查”活动，全省共收集信息化专业论文40篇，同比增加67%，读书报告83篇，同比增加77%，统计调查报告17篇，并外聘专家开展读书报告和论文评选。积极引导信息化科技创新，全省烟草商业系统当年新开展信息化类科研项目10个，申报并获得专利3个，软件著作权10个，国内外重要期刊发表论文12篇。

努力提升信息化从业人员素质，先后举办全省信息中心主任、注册信息安全工程师、运维人员、统计从业资格考前4个培训班，认真组织人员参加国家局举办的各类现场培训班和网络培训班，全省培训人次达到160人次（不包括网上培训），其中注册信息安全工程师培训班23人参加培训，均一次性通过认证考试，取得注册信息安全工程师（CISP）资格证书，数量规模在全国烟草行业尚属一流。

搭建基层单位信息化交流工作平台，先后编制信息化工作交流简报5期，组织召开各类研讨交流30余次。

后勤服务与保障

2012年，机关行政管理中心紧紧围绕安徽省烟草专卖局（公司）中心工作，以“235教育实践活动”为契机，以“管理、服务、保障”为工作主线，以提升广大职工满意度为工作目标，扎实推进各项工作上水平。

【接待与服务】

加强公务接待。2012年配合相关处室圆满完成各级领导来省局（公司）考察调研接待工作，共接待客人276批次，共计815人；购买返程票730余张，从机场贵宾室、火车站迎送客人98次，计380人；安排保障大型会议8次，参会代表1396人，本着热情高效、细致周到的服务，赢得服务对象一致好评，展现安徽烟草良好形象。

注重民主参与。在关系职工切身利益问题上，广泛征求意见，了解职工真实需求，积极采纳合理化建议。2012年下半年组织一次网上调查，收到各类意见建议14条，如网上预订面点、食堂包厢软装饰更新、早餐品种改善等。此外，在福利用品采购与职工体检等福利保障方面也积极征求职工意见，竭力为广大职工做好服务。

强化安全意识。牢固树立“服务第一、安全至上”宗旨，确保机关内部治安、食品卫生及公务车行车安全。通过人防和技防有效结合加强机关内部治安保卫管理，多年一直保持治安刑事案件零发生率；通过采购、储藏、制作等环节有效监管控制食品卫生安全，连续三年获得食品卫生等级“A级单位”称号；通过驾驶员行车安全教育及车辆定期维护保养，确保公务车辆行车安全，2012年累计安全行车130万公里，未发生任何责任事故。

注重服务外包沟通。安徽省烟草专卖局（公司）自2008年起实行后勤服务外包，2012年后勤服务人员82人，承担大量繁重的后勤具体事务，充分调动后勤人员工作积极性和主动性，使其后勤服务质量整体提升。在10月份新后勤服务外包合同续签过程中，与相关部门历时两个月对合同条款逐一修改论证，特别是加大对外包公司考核力度，增加对服务人员正向激励内容，取得良好效果。针对餐饮质量一度难以提升局面，充分利用系统内资源优势，采取“走出去、引进来”的办法，加强与各地市局（公司）和安徽中烟在后勤管理上沟通与交流，进一步激发后勤员工工作活力。

【规范管理】

加强制度运行。一是制、修订六项管理制度。其中《采购管理办法》《采购实施细则》《车辆管理办法》是根据国家烟草专卖局“三项工作”及车辆管理方面新规定重新修订；《办公设备管理办法》是在原有制度基础上进一步细化；《内部治安保卫管理办法》和《机关食堂管理办法》根据实际工作需要制定。通过制度修订、相关申请审批表格完善，确保以后工作中切实做到职能职责明确、业务流程清晰、责任落实到位、工作运转高效。

加强资金管理。根据2012年整顿规范工作会议精神，物资采购主要是在公开、公平、公正前提下，落实好“应招尽招”，努力做到真招实招。工程投资主要是在严格遵守政府各项规定基础上，严格落实行业近年提出各项监管措施，特别是加强标后各环节管理，严防施工过程设计变更、降低建设标准、非法转包等不规范行为出现。全年，按照“三项工作”及全面审计工作要求，及时落实各项整改措施，完善相关制度、工作机制、合同管理及其他痕迹化资料，累计完成办公设备、车辆、茶叶等集中采购任务400余万元。离退休活动中心新建项目时间紧、任务急，在相关人员大力督促跟进下，在确保工程质量前提下用半年时间完成项目土建部分。12月份，积极与有关各方联系，在较短时间内完成土建、规划、人防、消防、环保、质检、防雷、测绘等10个部门验收工作，并完成内部装修公开招标工作。

加强资产管理。主要是利用信息化加强对资产生命周期全过程跟踪管理，防止管理环节缺失与脱节。2012年新增资产185件，按流程报废资产35件，截至目前共有资产2043项。与此同时，配合使用部门做好办公设备使用与维护，提高设备利用率；做好办公室墙体、门窗维修，逐步改善办公条件；加强水、电、暖气、锅炉设施维护、保养和管理，消除安全隐患，确保正常使用。为防止维修材料使用浪费，在采购、入库、领取、使用各个环节均保留痕迹化记录，严格把关，责任到人。

加强节能减排。为全面贯彻落实《安徽省公共机构节能办法》，结合安徽烟草商业企业实际，特制订《安徽省烟草专卖局（公司）机关节能工作方案》，加强节能工作组织领导，完善相关制度，提出切实可行节能措施。2012年上半年，将办公区部分公共区域灯具更换成LED节能灯；在日常工作中，加强对水电暖设备设施检查和维护保养，并指定专人对机房、食堂、开水间、换热站等重点部位能耗进行实时监测，进行能源消耗分析，加强能源消耗支出管理；同时，通过统一办理公务车加油卡、ETC高速公路充值卡等措施有效控制车辆燃油费、过路费。针对机关数台车辆使用年限超8年，维修费用激增现状，2012年底，按国家局最新下发车辆配置标准置换6台符合规定使用年限车辆。

教育培训工作

2012年，安徽省烟草专卖局（公司）共计举办省级培训项目41个，70期次，培训6238人次。其中举办全省系统内培训项目36个，59期次，培训4373人次。承接国家烟草专卖局培训项目5个，11期次，培训1865人次。

【年度计划】

年初下发针对省局（公司）机关部门及各直属单位教育培训需求采集通知，收集各岗位各层级培训需求29份，并结合省局（公司）主要工作安排，系统梳理与分析，制定2012年度教育培训工作计划。计划共计涉及17个部门，39个班级，45期次，2987人次，191天实际教育培训日（不含物流工程硕士班）。全年计划开设管理人员培训班15个，

1153 人次，涉及省局机关全体处级及以上干部、各直属单位领导班子。开设专业技术培训班 16 个，892 人次。开设业务类培训班 5 个，552 人次。开设生产操作类（烟叶）培训班 3 个，230 人次。

【干部培训】

2012 年，共计举办管理类培训班 15 个，1957 人次参加培训。加强高级管理人员培训，全年落实季度中心组学习制度，对全省处级及以上干部进行党性修养、党的十八大会议精神等知识教育。2 月份，举办高层管理人员安全生产标准化宣贯培训班，提升领导干部安全生产意识。5 月、10 月，分别组织两期全省系统处级干部赴中国延安干部学院进行为期一周专题培训，突出加强领导干部党性修养。高层次教育培训为高级管理人员科学管理理念的形成、企业科学决策的制定等提供了较好支持。加强基层管理干部培训，全年分别举办营销、物流、整顿、内管、采购、贯标、人力资源等基层管理干部培训班，突出学习与执行能力培养。组织全省系统县级局副局长培训班，在专卖法律法规、专卖执法实践等方面进行系统培训。加强科级干部素质教育，按照科级干部培训规划，全年共计举办 4 期全省系统科级干部综合知识培训班，473 名学员参加培训。每期培训班历时一个月时间，以贯彻理论联系实际的方针，以教师理论授课和自学为主，丰富理论辅导和知识讲座课程，加强研讨和交流，探索研究式教学方法，取得积极成效，在全省系统引起强烈反响，为科级干部综合素质提升提供重要契机。同时，也为全省系统组织健康成长提供较好人力资源储备。

【业务培训】

根据国家局和省局（公司）党组对基层人员岗位适应性能力培训要求，按照岗位培训层次性和专业性，2012 年全年共计举办基层一线人员培训班 7 个，培训 470 人次，较好适应企业发展对基层人员提升岗位适应能力要求。全年开设财务预算、基础审计、科技创新、信息技术等知识培训班 12 期次，1117 人次参加培训。专业技术培训突出时效性和前瞻性，切实保证各类专业技术人员与时俱进的岗位适应能力和创新能力。

【学历教育】

3 月份，与中国科技大学合作办学物流工程硕士班正式开班，全省系统 60 名学员参加硕士教育。硕士班以每月集中上课形式运行，截至 2012 年 12 月，完成 10 门课程授课。6 月份，举办为期 4 个月会计硕士考前辅导班。10 月份，全省系统 59 名学员参加全国统考，55 人达线。与安徽大学初步达成合作办学协议，拟举办法律硕士班。

【承接培训】

2012 年，培训中心承接国家局培训班 11 期次，全国行业共计 1865 人次参加培训。5 月，承接国家局多元化管理培训班，65 人次参加培训；承接国有资产管理人员培训班两期，202 人次参加培训。7 月份，承接国家局预算管理培训班四期，655 人次参加培训。7 月～11 月，承接国家局财会知识培训班，814 人次参加培训。12 月份，承接国家局通讯员培训班，129 人次参加培训。培训中心较好地完成国家局交办的培训任务，树立起良好的服务形象。

【培训考核】

认真贯彻落实全省系统教育培训体系建设实施意见相关要求，以考核为抓手，突出对各直属单位教育培训工作管理力度。3 月份，组织考核小组对各直属单位进行年度教育培训工作考核。考核结果显示，全省系统教育培训工作力度持续加强，培训工作不平衡现象逐步改观。同时也存在教育培训缺少长期规划、缺少对企业战略发展支撑问题。落实国家局行业教育培训管理信息系统使用要求，在全省系统推广使用此系统，全面实现教育培训管理信息化。

【内部管理】

逐步完善各项内部管理制度，重点加强教育培训保障措施建设，以培训硬件设备的维护保养、教学点培训管理为重点，不断优化培训资源利用，教育培训保障逐步成熟。2012 年培训班级未出现教学事故，学员满意率较好。三个教学点（黄山徽州皖韵假日酒店、池州九子山宾馆、黄山迎客松宾馆）共计承办培训班级 16 期次，1489 人次。充分发挥教学培训资源利用率，为大规模教学培训工作奠定基础。

内部监督与整顿规范

【管理规范能力提升】

明确规范目标。2012 年，根据国家烟草专卖局《关于继续深入推进“两项工作”的意见》和省局（公司）工作部署，研究制定《2012 年全省系统整顿规范工作要点》，明确加强“两项工作”规范管理意见，突出公开招标、办事公开、免检制度、专项治理、“三项工作”监管系统应用五项工作。

强化规范支撑。根据国家局《关于印发烟草行业物资采购、工程投资和宣传促销项目管理程序的规定》《关于印发低于 30 万元物资采购补充规定的通知》精神，修订有关制度条款，落实国家局“能招尽招”要求，提升公开招标项目金额比例；协助出台《工程投资、物资采购、宣传促销管理委员会议事规则》，进一步加强“三项工作”管理，规范机构职能发挥；制定下发《关于贯彻落实国家局行业各直属单位负责人会议精神的意见》，重点突出公开招标，完善“三项工作”管理制度，确立不公开招标项目报告制；牵头制定《安徽省烟草专卖局（公司）企业负责人职务消费行为监督管理实施细则》，对全省系统企业负责人公务用车、通信、业务招待、差旅、国（境）外考察、培训等职务消费行为监督管理做出具体要求。制定《安徽省烟草专卖局（公司）工作检查暂行办法》，明确工作检查范围、原则、报批程序、实施程序和相关纪律，进一步规范省局（公司）对基层单位工作检查，加强机关部门工作协调配合，转变作风，提高效能，确保检查工作有序开展。

营造规范氛围。充分利用省局（公司）专题网页，营造自律规范舆论氛围。2012 年，围绕“两项工作”“免检工作”“公开招标”“专项整治”等重点工作，认真做好专题网页日常更新和维护，及时宣传国家局、省局（公司）加强内部监管和整顿规范工作部署要求和有关会议精神，介绍直属单位工作经验和工作动态，搭建学习交流网络平台，全面展示全省系统自律规范良好形象。全年共向国家局报送工作动态和汇报材料 23 篇，更新省局内部管理监督工作专题网页稿件 280 余篇，编发《整顿规范工作简报》15 期。

【“三项工作”突出重点】

加强机构建设。明确管委会宏观决策与管理、计划规划审批审定、预算调整、项目审查及听取工作汇报的主要工作职责，强化管委会办公室项目初审、项目实施方案审核、“三项工作”具体组织、协调等相关工作职责。

突出招标重点。严把采购方式审批关，明确“三项工作”采购方式归口审批权，坚持由“三项工作”管委会审核全年拟实施的“三项工作”实施方式；创新公开招标途径，对全年拟实施项目进行合理归类整合，同类项目合理打包，作为同一项目公开招标，2012 年，仅宣城、安庆、铜陵、滁州、淮北、合肥等 6 家单位就有 108 个零星项目，通过归类整合为 28 个项目进行公开招标；建立定点供应商。对频次较多每次采购金额较小项目，以公开招标方式确定入围供应商作为定点供应商，再通过竞争性谈判或询价方式实施采购；坚持变分散采购为集中采购，根据项目特点和类型，归口采购部门统一实施；规范招标管理，严格按照公开招标程序规定规范操作，严禁随意简化、变更招标程序，严禁“暗箱操作”，严格招标文件编写、拦标价设定及评标委员选取、开标评标等关键环节监督，确保真招实招。2012 年全省系统“三项工作”实施 1672 个项目，金额 10. 21 亿元，公开招标金额 9. 24 亿元，占比为 90. 50% 。

规范项目管理。严格执行《项目管理程序规定》，落实“上一个环节不通过，不得进入下一个环节”要求，规范“三项工作”项目从立项审批、项目预算、具体实施、合同签订、项目审计、项目付款等程序管理，强化项目事前、事中和事后全程公开，业务部门、管理部门、监督部门各司其职，注重审计、财务、法规、整顿办全程监管，不断提高项目管理程序化、规范化水平。

监管项目实施。一是动态监管项目实施方式。设计“三项工作”报表台账，汇总机关和各直属单位项目实施计划与实际实施情况，实时掌握各单位“三项工作”项目实施、采购方式变更等情况，对采购方式不当单位予以通报批评，对违反“应招尽招”要求准备实施项目，及时制止并予以纠正；二是加强项目运行网上监管。万元以上项目通过“三项工作”监管系统运作，监管部门严格审核把关，及时审批，及时通报系统运行情况，并将其纳入免检指标考评，确保项目实施严格规范。截至 2012 年底，各直属单位“三项工作”监管系统共上线运行 2838 个（工程基建项目除外）项目，涉及金额 1. 85 亿元。

【免检制度标杆效应】

提升考核指标。围绕年度中心工作，突出加强内部监管和提高规范管理水平主线，科学设置 8 大类 52 项近 600 个考核指标，动态合理调整，进一步提高考评指标科学性、系统性、针对性和可操作性；统一考评标准，严肃考评纪律，实事求是地客观评价被考评单位，确保公平、公正。

突出关键指标、全年免检工作重点是依照“四高”原则，畅通退出通道，着力提升规范境界与品质，提升免检单位质量。突出关键性指标考核，发挥规范导向作用，综合运用全面审计等相关检查数据，对关键性指标项目管理单位实行一票否决。

规范考评管理。制定《管理规范免检单位现场考评人员管理细则（试行）》，明确现场考评人员工作任务、职责、选取条件和管理要求，开展考评人员培训，进一步提高考评工作的质量和水平。

【发挥职能力促规范】

开展专项整治。认真落实国家局“天价烟”治理和“六禁、一控”纪律要求，会同营销等部门制定专项整治方案，积极督导各直属单位贯彻落实，全面开展卷烟规范经营专项整顿活动，并向国家局作专题报告，受到国家局充分肯定。

强化协同配合。一是加强工作指导，对基层单位规范管理特别是公开招投标工作等问题请示、疑惑，及时给予答复；二是注重沟通协调，加强与省局机关相关部门协作配合，在保证规范管理基础上，进一步提高工作效率。

加强队伍建设。一是强化自身学习，不断提高政治素质和工作能力，适应形势变化和工作需要；二是改进工作作风，坚持每月召开整顿办工作例会，总结上月工作，布置分解当月工作任务，保证按时按量按质完成；三是积极开展调研工作。根据工作重点，有针对性地开展调研。

全省系统各单位

合肥市烟草专卖局（公司）

【概　况】

合肥市烟草专卖局、安徽省烟草公司合肥市公司，2000 年，由原“合肥市烟草专卖局（厂、分公司）”实行工商分设，成立隶属于安徽省烟草专卖局（公司）二级机构的“合肥市烟草专卖局、中国烟草总公司安徽省公司合肥分公司”；2006 年 1 月，成为独立法人实体“合肥市烟草公司”；2006 年年底，成为中国烟草总公司安徽省公司全资子公司“安徽省烟草公司合肥市公司”，合肥市烟草专卖局、安徽省烟草公司合肥市公司下辖巢湖市烟草专卖局（营销部）、庐江县烟草专卖局（营销部）、肥东县烟草专卖局、肥西县烟草专卖局、长丰县烟草专卖局、瑶海区烟草专卖局（营销部）、包河区烟草专卖局（营销部）、庐阳区烟草专卖局、蜀山区烟草专卖局，共计 9 个直属单位，并保留有卷烟营销中心肥东营销部、卷烟营销中心肥西营销部，卷烟营销中心长丰营销部，卷烟营销中心蜀山营销部，卷烟营销中心庐阳营销部，各营销部与各县（区）局合署办公。截止 2012 年底，合肥市局（公司）总资产 303117 万元，其中固定资产 32640 万元，流动资产 261169 万元，资产负债率 4.70%。市局（公司）共有各类人员 1704 人，其中老员工 594 人、新员工 867 人、大集体 64 人、外包 179 人。

【生产经营】

2012 年，实现税利 193454 万元，同比减少 13891 万元，下降 6.70%，利润总额 116987 万元，同比减少 10457 万元，下降 8.21%。全区实现卷烟销售 136.05 亿支（27.2 万箱），同比增长 4.31%。一类烟销量 32.92 亿支（6.58 万箱），同比增长 29.33%，二类烟销量 40.55 亿支（8.11 万箱），同比增长 14.92%，三类烟销量 29.64 亿支（5.93 万箱），同比下降 4.72%，四类烟销量 26.37 亿支（5.27 万箱），同比下降 11.53%，五类烟销量6.57亿支（1.31万箱），同比下降25.08%。

2012年，本地区销量居前三位卷烟品牌分别为："黄山""红塔山""红三环"，三个品牌全年销售总量为85.05亿支，其中："黄山"销量74.77亿支（14.95万箱），同比增长4.64%，"红塔山"销量5.19亿支（1.038万箱），同比下降7.26%，"红三环"销量5.09亿支（1.018万箱），同比下降40.46%。

2012年，卷烟实现含税销售收入845214.84万元，同比增长14.07%。

2012年，三类及以上卷烟销量前15位品牌合计销售94.25亿支（18.85万箱），同比增幅12.56%；销售收入前15位品牌合计实现销售收入79.75亿元，同比增幅15.95%，占全部销售收入比重为94.36%。低焦油品牌累计销售14.22亿支（2.84万箱），同比增幅28.84%，占总销量比重达10.45%。

公司三项费用率为4.08%。

品牌培育：加快终端建设步伐。集中资源优势，打造"四网合一"、"优质化、功能化"现代卷烟零售终端，切实发挥典型示范作用；工商联手，建成"中国知名卷烟品牌会展中心"；试点引入"徽映e家"软件，着力强化零售终端信息采集和消费跟踪功能，探索目标消费者"会员积分制"管理。

网络建设：对外实施客户分类分群，优化服务和管理资源配置；创新增值服务，全面推行卷烟结算"借转贷"业务。

物流建设：整合配送区域、线路、车辆管理等资源，提高响应客户需求服务效率；优化仓储分拣流程，全面推动仓储标准化，狠抓卷烟出入库管理工作，推行四步一体入库精细化管理；完善物流专业对标指标体系，积极推进全省商业企业卷烟物流送货服务规范等行业标准。

【专卖管理】

卷烟打假打私：先后组织开展"净园-2""金龙一号""净园-3""净园-4""净园-5""金龙二号"系列卷烟打假专项行动。累计查获涉烟违法案件2438起，同比增长31%；其中5万元以上大要案56起，同比增长24.44%；判刑21人，比上年下降16%；查获各类违规卷烟57196.8条，同比增长16.97%，其中假烟6692.6条，同比下降51.41%；走私烟66.6条，同比下降82.48%；非法流入及串码违规卷烟50437.6条，同比增长45.15%。涉案总金额1199.85万元，同比增长18.96%。

内部专卖管理监督：强化市、县、所三级内管监督体系，发挥内管工作职能；加强市场动态分析，对市公司经营、配送环节进行全过程监控，加强营销策略备案、新品上市审批。大力开展高档卷烟经营场所"天价烟"治理行动；加强驻肥工业企业监管，定期组织内管人员对合肥卷烟厂生产经营活动进行监督。

打假长效机制建设：完善政法烟草执法长效机制，全年完成符合省级局网络案件标准大要案件1起，完成符合国家局网络案件标准大要案件1起。包河区局6月13日，现场查获假冒伪劣卷烟案值29.85万元，此案由包河公安局立案侦查，通过深挖，累计查获非法经营案值达198.22万元，刑拘4名涉案当事人。

专卖队伍建设：大力开展基层岗位练兵、岗位技能竞赛、技能鉴定、职业道德和文明执法等活动，不断增强执法人员法制观念。组织案卷管理、内部监管培训，提升队伍依法行政能力。2012 年底，全市专卖序列高级烟草专卖管理员 65 人，中级 238 人、初级 38 人，持证率达 93.68%。

【多元化经营】

2012 年，合肥市公司“徽映”服务部共实现销售额 2238 万元，其中卷烟业务 1924.2 万元，占比 86%，非烟业务 313.2 万元，占比 14.0%。共实现毛利 499.2 万元，其中卷烟业务毛利 461.4 万元，占比 92.4%。非烟业务毛利 37.8 万元，占比 7.6%。

【企业管理】

基础管理：强化“三项工作”项目实施过程监督；规范项目资料归档，明确“三项工作”项目资料归档内容与顺序；开展“两项工作”检查；推进“三项工作”监管系统应用；制定监督系统应用相关措施，将系统应用情况纳入规范管理考核。

财务管理：统一会计核算口径，规范会计处理标准；制定经济事项审批规定，实施有效内部控制；加大票据核查力度；开展往来挂账清理工作。制定市局（公司）2013 年成本费用定额标准体系；注重预算执行过程跟踪，加强沟通。

实行银行账户日监管，监控各银行账户资金使用情况；配合省局（公司）开展资产软件项目调研论证等工作，梳理补充 5000 多项资产信息；针对资产新增、转移、维护、租赁转让报废处置全生命周期不同变化要求制定资产管理办法。

【科技创新】

合肥市公司《合肥烟草企业 IT 虚拟化技术应用研究》和《烟草商业企业基于会计事项的权限管理与风险控制研究》两个项目参加省局（公司）2012 年度科学技术进步奖评审会汇报答辩；在科学大众《科学教育》发表《基于 Vmware 的合肥烟草虚拟化实践》和在《中国总会计师》上发表《国有企业基于会计事项的权限管理与风险控制研究》两篇论文。

2012 年，共注册 QC 小组 45 个，参加 QC 小组活动 295 人，QC 小组普及率 21.78%，并召开 QC 成果发布暨评审会，组织开展 QC 小组基础知识培训。在全省 2012 年科技工作会议暨优秀 QC 小组成果发布会上，肥东营销部飞鸽 QC 小组荣获三等奖。

制定《合肥市烟草专卖局（公司）科技创新工作管理办法》，并印发新修订《合肥市烟草专卖局（公司）科学技术委员会章程》。

【思想政治工作】

重点围绕十八大精神，学习新《党章》《十八大报告》等相关文件。深入开展“讲大局、强责任、提能力、抓落实”专题活动。参加市直机关工委“万名党员服务日”活动，设立便民服务点，树立专题展板，选派业务部门党员，提供法律宣传、真假烟鉴别等服务，党员走上街头，义务献血。

按照“235”教育实践活动部署，坚持创“三先”、争“三优”，加强活动组织领导，制定活动方案，建立领导联系点制度，开辟专题网页、政企务公开网专栏，营造浓厚氛围。每月办公会听取“235”教育活动月度工作汇报并提出要求。深入开展“结对共建，成长同行”主题实践活动，5月和9月，省局（公司）问武局长两次带领调研组亲临市局（公司）实地调研，走访零售户、座谈交流、查阅资料、听取汇报，为市局（公司）“235”活动指明方向。市局（公司）领导班子带领由机关各部门负责人组成6个调研组，赴各直属单位和配送党支部调研，广泛收集零售客户和员工意见。建立机关部门与基层一线结对10对、局领导和员工结对5对、一线党员与客户结对64对。创先争优活动中，加强基层党组织建设，设立党员示范岗、党员责任区、党员零售户示范岗，发挥先进标杆榜样作用，确定配送党支部为基层示范党支部，巢湖市局专卖党小组、肥西县局山南所党小组为基层示范党小组，全区建立党员示范岗48个，党员责任区47个，零售终端党员示范岗5个。

【企业文化】

将合肥市局（公司）企业文化主题提升为“成长·融”文化，拍摄《融合文化　争创一流》企业文化宣传片，举办企业文化大讲堂，开展机关向基层、基层管理人员向一线，一线向客户三级宣誓。

以“徽映”服务品牌规范视觉应用为主抓手，充分利用企业内外报刊、媒体、网站设置“徽映”专栏，为员工和广大客户解读“徽映”服务内涵与外延。严格推广“徽映”视觉识别系统规范应用，审核配送车辆贴膜、徽映店、相关宣传用品、员工工作服等。建成“徽映”品牌会展展厅，定期组织零售户、工业企业代表参观。冠名“徽映”运动比赛、技能竞赛、爱心助学、志愿服务队等各种活动，适时开展“徽映”服务品牌对工业企业、零售客户、消费者和社会的传播工作。

【文化活动】

承办省局（公司）“徽映”篮球队集训工作，取得全国业余篮球公开赛全国总决赛（CBO）第六名、安徽省“淮北矿业杯”职工篮球邀请赛第二名、第三届体育大会三人制篮球赛冠军。

组织员工参加全省烟草系统运动会，获得篮球冠军、羽毛球男单、乒乓球女单冠军。

组织开展市局（公司）第一届“徽映”职工运动会，圆满完成田径、篮球等12个大项比赛。

组织开展太极拳培训。

派员参加庆祝中国烟草成立30周年职工演出。

配合相关部门，举办市局（公司）工商零新春联谊会。

参加全省烟草系统书画摄影评比，多人获奖。

各文体协会单项协会开展活动正常开展，员工业余文化生活丰富多彩，文体活动蓬勃开展。

【特事要辑】

5月19日，合肥市公司承办全省卷烟营销网络建设现场会，就打造具有合肥特色现代终端建设体系做经验介绍，与会代表现场观摩合肥零售终端建设情况。

11 月 27 日，国家局副局长赵洪顺到合肥市局（公司）调研，实地走访包河区局滨湖管理所，了解基层所队建设情况。

2012 年合肥市烟草商业系统主要情况统计

地市级局（公司）名称		合肥市烟草专卖局（公司）
主要负责人/法人代表		张丙利
总资产（万元）		303117
资产负债率（%）		4.70%
所属县级局（个）		9
所属县级营销部（个）		9 个营销部
从业人员（人）		1704
所属业务机构	营销机构	1 个营销中心
	物流配送机构	1 个配送中心
	专卖稽查机构	1 个稽查支队、2 个稽查队
	烟叶机构	
销售卷烟	亿支	136.05
	2012 年比 2011 年（%）	4.31
卷烟销售收入（万元）		722524
实现税利	万元	193454
	2012 年比 2011 年（%）	-6.70
实现利润	万元	116987
	2012 年比 2011 年（%）	-8.21
查处涉烟违法案件（起）		2438
查处涉烟违法案件案值（万元）		1199.85
2012 年度烟草行业投入烟叶生产基础设施建设资金（万元）		
全年烟水配套工程新增受益面积（万亩）		
烟叶种植（万亩）		
烟叶收购（万担）		
零售户数（户）		29446
零售户销售毛利率（%）		11.57

淮北市烟草专卖局（公司）

【概　况】

淮北市烟草专卖局（公司）成立于1981年，隶属于安徽省烟草专卖局（公司），下辖濉溪县烟草专卖局、直属分局，属政企合一国有独资单位。总资产（年末值）55732.61万元、固定资产（年末净值）2783.14万元、流动资产52086.80万元、资产负债率5.73%。从业人员329人，其中聘用人员188人。

【生产经营】

经济效益总体情况。单条均价81.27元，同比增长10.69%；实现税利2.52亿元，同比增长7.54%，其中利润1.41亿元，同比增长6.97%，税金1.11亿元，同比增长8.28%。“双喜·红双喜”销售957.83箱，“娇子”销售146.55箱，“七匹狼”销售136.43箱，“金圣”销售118.08箱，超额完成任务目标。销售“双低”品牌4995.5箱，同比增长469.05%。

销售卷烟情况。全年共销售卷烟6.24万箱，同比增长1.87%；实现含税销售收入12.67亿元，同比增长12.77%。一类烟销售5285.56箱，同比增长34.65%；二类烟销售9245.14箱，同比增长76.76%；三类烟销售18644.61箱，同比下降0.29%；四类烟销售13965.35箱，同比下降14.29%；五类烟销售15237.58箱，同比下降10.17%。全市销量前三位卷烟品牌："黄山"品牌，销售33236.47箱，同比增长1.32%；"红三环"品牌，销售12289.42箱，同比下降10.2%；"红梅"品牌，销售2109.21箱，同比增长8.61%。

公司三项费用率为6.09%，同比下降0.29%。

主要做法：加强市场宏观调控，开展节日消费市场需求观察月、卷烟价格调整、低档烟市场需求等专项调研，召开销售思路会、货源协调会、工商协同会，分析市场状态。科学实施卷烟投放，加强零售客户需求分析，优化供应策略，提高订单满足率和客户满意度。加强市场信息分析，做好每月卷烟投放计划。探索精益物流，以优化配送线路和配送流程为重点，提高配送效率，探索到点准时送货，降低物流运行成本。提升网络建设水平，开展示范店回头看活动，规范卷烟经营行为，充分发挥示范引领作用。推广“135”工作法，提升应用水平。加强网上订货信息共享、经营指导等增值服务，增强实用性、有效性。网上订货户7369户，比重83.54%；示范店290户，比重3.27%。

【专卖管理】

开展专项行动，按照省局统一部署及结合实际开展“12-1”“金龙一号”“金龙二号”“夏季攻势”“2012秋季”等专项行动，维护卷烟市场。加大监管力度，加强“天价烟”专项治理，签订辖区无“天价烟”承诺书。实现市场监管向常态化转变，2012年，专卖内管信息17205条，启动4750条，比例达27%。加大无证经营监管力度，配合协同工商部门，做好无证经营户建档及取缔工作。开展法律培训、业务指导及上门服务，提升“三率”水平。提高涉烟法律法规意识，通过开展“3·15”“6·29”“12·4”等专题宣传活动，发放8000多份粘贴“12313”等相关烟草知识宣传单页，通过《服务视窗》宣传如何防卷烟调包等知识，全力推进法律法规宣传。专卖打假成效明显，共出动执法人员4784人次；查处各类案件828起；查获各类卷烟12242条，查获实物涉案值144.82万元，罚没款18.43万元。焚烧假烟106件（5300条），市场标值100多万元。

【企业管理】

各项规定建章立制，召开20多场制度论证会议，不同部门层面讨论制度达60次，参与人员达780人次。共颁布制度200多项，基本实现制度与流程相配套，关键岗位与风险防控相配套，制度内容与体系建设相配套“三配套”工程。全面预算刚性制约，将预算纳入月度会，加大预算月度执行考核力度，并进行专项通报。优化报销流程，实现预算定额为抓手，提升管理水平。全面审计自查整改，开展全面审计“回头看”活动，认真分析存在的问题，制定限期整改责任书，确保整改工作得到有效落实。“两项工作”严格自律。充分发挥“三项工作”管理委员会职能，加强内部管理监督体系建设。针对工程招投标、物资采购、宣传促销，纪检监察、审计部门实施事前、事中、事后全程监管，增加透明度。开展供应商每年一评比、每季度一检查，突出规范运作。深化政企务公开工作，建立网上问卷调查、政企务公开信息分析报告机制。信息化建设提供保障，开发实施车辆管理软件、预算考核管理软件、电访客服软件，强化信息化支撑。开展安全标准化建设，常态化开展新年开门仪式、日常安全培训、“安全生产月”、安全知识竞赛等活动，启动安全生产标准化建设，发布安全生产标准化文件，为企业发展提供安全运行环境。

【信息化建设】

开发实施车辆管理软件、预算考核管理软件、电访客服软件，强化信息化支撑。

【人事劳资】

推进项目制管理，形成“定向与不定向考核项目”为主要内容项目制管理选拔提名，突出干部选拔新模式。完成配送中心线路优化、专卖教育培训两个“完全定向项目”，营销“双低”品牌培育、专卖队伍建设两个“不完全定向项目”以及省局（公司）借用人员，不定向选拔副督导员考核选拔工作。二是完成大学生招聘及技术技能岗位评聘工作。按照招聘程序，通过资格审查、笔试、面试、考察、公示等环节，顺利完成4位大学生招聘工作。根据专卖、营销、驾驶员等技能类岗位，采取外聘第三方出卷、演讲、答辩及委托交通管理部门考试中心进行理论和技能考试等方式，开展5名高级工、15名中级工评聘工作。针对技术类岗位，开展2名会计师、1名注册安全工程师、1名助理工程师评聘工作。

【思想政治工作】

加强反腐倡廉建设，构建“12345”廉政风险防控体系，规范权力运行。开展“迎接党的十八大，保持党的纯洁性”主题教育活动，政风行风建设工作被市委、市政府评为“政风行风建设满意单位”。开展“235”教育实践活动，完成30期“235”教育实践活动简报。开展党员为期一周“站柜”服务零售客户活动，倾听客户和消费者诉求，帮助零售户提升经营管理水平。定时定期组织各部门开展不同层次大讨论活动，查找问题、撰写心得，共开展大讨论活动26次，撰写心得300多篇。建立联系点制度。建立市局（公司）领导联系点12个，联系单位、部门12个，联系基层党支部3个，联系卷烟零售户4个。

【企业文化】

加强企业文化建设。形成“崇德勤业　立者成长”母子文化体系。立足“徽映”服务品牌，扎实推进体验店建设，建设企业文化长廊。开展员工、专家、零售户“三大讲堂”活动，活动开展以来，参与人员2000多人次，撰写心得体会近5000篇。参加全省系统“徽映”杯首届职工体育运动会，开展登山、太极拳训练、业务技能竞赛、职工运动会等文体活动，丰富精神文化生活。

【文化活动】

每月定期开展员工、专家、零售户“三大讲堂”活动。

1~12月，每季度开展专卖大比武技能竞赛活动。

4月20日，开展“徽映杯”登山比赛活动。

4~12月，每月定期开展太极拳训练活动。

5月10日，举办安全知识竞赛活动。

9月25日，参加全省系统“徽映”杯首届职工体育运动会。

12月27日，举办“徽映杯”第三届职工运动会。

2012年淮北市烟草商业系统主要情况统计

地市级局（公司）名称		淮北市烟草专卖局（公司）
主要负责人/法人代表		张雪松
总资产（万元）		55732.61
资产负债率（%）		5.73
所属县级局（个）		2
所属县级营销部（个）		2个营销部
从业人员（人）		329
所属业务机构	营销机构	1个营销中心、1个订单部
	物流配送机构	1个物流中心、2个配送站
	专卖稽查机构	1个稽查支队、8个稽查大队
	烟叶机构	—

（续表）

地市级局（公司）名称		淮北市烟草专卖局（公司）
销售卷烟	亿支	31.2
	2012 年比 2011 年（%）	1.87
卷烟销售收入（万元）		126700
实现税利	万元	25200
	2012 年比 2011 年（%）	7.54
实现利润	万元	14100
	2012 年比 2011 年（%）	6.97
查处涉烟违法案件（起）		828
查处涉烟违法案件案值（万元）		144.82
2012 年度烟草行业投入烟叶生产基础设施建设资金（万元）		—
全年烟水配套工程新增受益面积（万亩）		—
烟叶种植（万亩）		—
烟叶收购（万担）		—
零售户数（户）		8832
零售户销售毛利率（%）		10.85

亳州市烟草专卖局（公司）

【概　况】

亳州市位于安徽省西北部，黄淮平原南端，其西部、北部与河南省接壤，西南部与阜阳市毗邻，东部与淮北市、宿州市相倚，东南部与蚌埠市、淮南市为邻。2000 年，建立地级亳州市，辖谯城区（原县级亳州市）、涡阳县、蒙城县和利辛县。

亳州市烟草专卖局（公司）坐落于亳州市谯城区。其前身为安徽省烟草公司亳县分公司，成立于 1981 年 5 月。1985 年 3 月，亳县烟草分公司改称亳州分公司。1998 年 5 月，更名为安徽省烟草公司亳州市公司，同时成立亳州市烟草专卖局与安徽省烟草公司亳州市烟草公司一套机构、两个牌子。2000 年 5 月，地级亳州市成立后，下辖涡阳县烟草专卖局、蒙城县烟草专卖局、利辛县烟草专卖局和谯城区直属分局四个县、区局（2012 年无变化）；企业总资产 45167 万元、固定资产 8923 万元、流动资产 29171 万元、资产负债率 10.43%，在岗员工 1071 人（其中：聘用员工 380 人）。

【生产经营】

2012 年，实现税利 37173 万元，同比增加 850 万元，增幅为 2.3%，实现利润 15162 万元，同比下降 326 万元，降幅 2.1%。

2012 年，实现卷烟销量 65.1 亿支（13.03 万箱），上年同期为 64.1 亿支，同比增长 1 亿支，增幅 1.6%；一类卷烟销量 6.3 亿支，上年同期为 5.2 亿支，同比增长，1.1 亿支，增幅 21.7%；二类卷烟销量 6.7 亿支，上年同期为 4.5 亿支，同比增长 2.2 亿支，增幅 47.9%；三类卷烟销量 19.7 亿支，上年同期为 18.2 亿支，同比增长 1.5 亿支，增幅 8.5%；四类卷烟销量 22.7 亿支，上年同期为 23.8 亿支，同比减少 1.1 亿支，降幅 4.5%；五类卷烟销量 9.7 亿支，上年同期为 12.4 亿支。同比减少 2.7 亿支，降幅 22.1%。

2012 年销量前三位卷烟品牌是“黄山”“红三环”和“雄狮”，分别销售 30.6 亿支、10.5 亿支和 4.4 亿支；“532”品牌卷烟销量 30.4 亿支，同比增长 5.1 亿支，增幅 20.2%；“461”品牌卷烟销量 46.0 亿支，同比增长 4.9 亿支，增幅 11.9%。

全年卷烟实现销售收入 209629 万元，同比 188300 万元，增加 21329 万元。增幅 11.3%；实现卷烟税利 36995 万元，实现卷烟利润 16714 万元，同比增加 1379 万元，增幅为 1379 万元。

烟叶实现销售收入 4020 万元，同比下降 4591 万元，降幅 53.3%；实现烟叶税利 178 万元，同比下降 505 万元，降幅 73.9%；实现烟叶利润-1552 万元，同比下降 1705 万元，降幅 1114%。

公司三项费用率 12.6%，同比下降 0.6 个百分点。

【营销网建】

2012 年，亳州市公司坚持“稳中求进”指导思想不动摇，稳增销量，稳步投放，稳控结构，总体实现“销量同比增长、结构明显提升、价格基本稳定”的目标；着力推进品牌培育工作，责任品牌影响力、黄山品牌提升力、“双低”品牌推进力、精准营销拓展力同步增强；大力提升服务客户能力，网上订货业务扎实推进，功能终端建设加快启动，营销规范执行到位，市场进退机制公开透明，市场运行态势良好，网建基础进一步提升。

【专卖管理】

2012 年，全市共查处各类涉烟违法案件 1515 起，总案值 359.3 万元，罚没款 19 万元；查获各类涉案卷烟 781.59 万支；5 万元以上大要案 6 起，刑事拘留 19 人，逮捕 12 人，判刑 10 人，罚金 7 人；破获符合省局标准网络案件 4 起。2012 年，专卖管理工作坚持一手抓市场，一手抓队伍，加速推进“打团破网”工作，不断完善管服措施，扎实开展优秀县级局创建，涡阳县局通过全省优秀县级局验收，谯城分局通过全省标杆县级局验收。着力实施“阳光专卖”工程，市场整治行动成效显著，市场监管机制日趋完善，全市专卖管理队伍建设显现活力，依法行政能力不断提升，有力保障“两烟”市场规范有序运行。

【烟叶产销】

烟叶实现销售收入 4020 万元，同比下降 4591 万元，降幅为 53.3%；实现烟叶税利 178 万元，同比下降 505 万元，降幅 73.9%，实现烟叶利润-1552 万元，同比下降 1705 万元，降幅 1114%。

2012 年，亳州市公司深入推进“烟叶生产基地单元建设”，树立“把烟农放在心上、把生产抓在手上”服务理念，探索实施诚信烟农管理模式，统筹规划，规范运作，圆满完成生产、收购任务。全年投入资金 706 万元，完成烟叶生产基础设施建设 275 项（机井 95 眼、密集式烤房 180 座，机耕路 9.02 公里），建成烟叶核心示范区 5 个；落实烟叶种植面积 1440 公顷（2.16 万亩），签订合同 1962 份；收购烟叶 4100 吨（8.2 万担），投入收购资金 7864.18 万元，实现税金 1730.12 万元，收购扶持补贴 1339 万元。

【企业管理】

提升基础管理水平。立足长效，提升监管能力；常抓不懈，夯实基础工作；找准定位，服务意识不断增强；把握实效，系统建设稳步推进。全力推进省局（公司）国有资产系统和资金监管系统上线工作。积极配合劳资部门推进劳资系统上线。优化预算管理系统指标。

启动标准化体系建设项目。建立健全整顿规范长效机制。坚持“民主、公开、规范、透明”原则，加大民主管理工作力度，确保工程投资、物资采购、宣传促销等项目运作全程公开透明，监管同步到位；扎实推进“三项工作”项目监管；启动标准化体系建设工作。

安全生产标准化达标验收。一是加强“九个”落实，确保安全生产零事故。落实安全机制，谋划安全思路；落实安全责任，履行“一岗双责”；落实会议制度，健全工作机制；落实安全检查，消除事故隐患；落实教育培训，提升安全能力；落实车辆管理，确保交通安全；落实保障机制，加大安全投入；落实“三同时”监管，提升本质安全；落实安全月活动，营造安全氛围。二是精心组织、全员参与，顺利通过安全标准化达标验收。

【文化活动】

3 月 15 日，在魏武广场组织开展“徽映志愿者”服务队法律咨询活动；该月，亳州市局（公司）组织开展学雷锋活动月活动。

4 月 9 日，组织开展全市春季运动会，分别进行羽毛球、乒乓球、篮球和八十分等比赛项目；25 日，召开全市系统“235”教育实践活动动员会议；28 日，组织开展成长文化、徽映服务品牌和行业行为规范全市系统宣贯活动。

5 月 3 日，组织开展以“学习实践提高，推动组织成长”为主题五四青年座谈会；18 日，亳州市局组织开展“古井文化行”文化交流活动；27 日，亳州市局（公司）组织慰问烟农家庭留守儿童。

6 月，亳州市局（公司）全面启动成长文化融合工作；29 日，亳州市局（公司）召开建党 91 周年纪念大会。

7 月 20 日，亳州市局（公司）五禽戏表演队代表安徽省局在北京参加中国烟草总公司成立 30 周年职工文艺演出，并荣获省局（公司）表彰通报。

8 月 31 日，亳州市局（公司）召开母子文化融合座谈会。

9 月 5 日，亳州市局（公司）举办以“感恩敬业忠诚　提速提神提效”为主题“235”暨保持党的纯洁性教育实践活动演讲比赛；6 日，2012 年全国百城千村健身气功交流展示安徽大会暨中国（亳州）第四届华佗五禽戏养生健身节在亳州市魏武广场举行，亳州市局（公司）《和谐五禽》表演轰动全场；25 日，亳州市局（公司）成功举办“徽映”杯“235”暨“保持党的纯洁性”教育实践活动知识竞赛。

10 月 23 日，亳州市局（公司）组织“235”教育实践活动先进事迹报告会，并于 24 日至 26 日在全市系统巡回报告；26 日，亳州市局（公司）机关工会举行钓鱼比赛；该月，亳州市局（公司）举办第八届职工书画摄影作品展。

11 月 16 日，亳州市局（公司）联合谯城区文化馆、亳州市清雅合唱团联合举办“清雅大爱颂党恩”歌舞晚会；11 月至 12 月，亳州市局在潜山组织开展 2 批次员工户外拓展训练。

12 月 4 日，亳州市局参加“亳州市‘12·5’国际志愿者日主题志愿服务系列活动”。

【特事要辑】

4 月 25 日，召开“践行‘两个至上’，做到‘三个始终’，树立‘五种意识’”教育实践活动动员大会。

5 月 16 日，在谯城分局召开“235”教育实践活动创争工作现场推进会；28 日，省局（公司）纪检组长鹿军到亳州市局（公司）调研指导“235”教育实践活动。

6 月 27 日，省局（公司）副总经理董建江到亳州调研烟叶生产工作。

7 月 5 日，省局（公司）局长、总经理问武到亳州市局（公司）调研。

8 月 10 日，省局（公司）下发《关于对参加中国烟草总公司成立 30 周年职工文艺演出演职人员表彰的通报》，通报表彰亳州烟草五禽戏节目演职人员；31 日，亳州市局崔大林荣获“全国打假先进个人”荣誉称号。

9 月 11 日；举行标准化体系建设启动暨标准化管理员培训大会。

11 月 2 日，国家局巡视组叶建华一行到亳州烟草巡视工作；21 日，省局（公司）副总经理董建江到亳州市局（公司）调研指导工作。

12 月 20 日，亳州市局（公司）顺利通过安全生产标准化达标创建国家二级评定；20 日，谯城分局顺利通过省局（公司）标兵县级局单位创建工作验收；20 日至 21 日，省农科院烟草研究所副所长祖朝龙协调中科院南京土壤研究所专家和教授对亳州植烟土壤、灌溉水等环境资源进行调研；26 日，省局（公司）巡视员、副总经理卓俭华到亳州市局（公司）调研指导工作。

2012 年亳州市烟草商业系统主要情况统计

<table>
<tr><td colspan="2">地市级局（公司）名称</td><td>亳州市烟草专卖局（公司）</td></tr>
<tr><td colspan="2">主要负责人/法人代表</td><td>李成贵</td></tr>
<tr><td colspan="2">总资产（万元）</td><td>45167</td></tr>
<tr><td colspan="2">资产负债率（%）</td><td>10.43</td></tr>
<tr><td colspan="2">所属县级局（个）</td><td>4</td></tr>
<tr><td colspan="2">所属县级营销部（个）</td><td>4</td></tr>
<tr><td colspan="2">从业人员（人）</td><td>1071</td></tr>
<tr><td rowspan="4">所属业务机构</td><td>营销机构</td><td>1 个营销中心、1 个订单部、4 个营销部</td></tr>
<tr><td>物流配送机构</td><td>1 个卷烟配送中心、3 个中转站</td></tr>
<tr><td>专卖稽查机构</td><td>1 个稽查支队、4 个稽查大队（包括 5 个稽查机动队、14 个专卖管理所）</td></tr>
<tr><td>烟叶机构</td><td>1 个烟叶经理部，5 个烟叶工作站，1 个烟叶物资库</td></tr>
<tr><td rowspan="2">销售卷烟</td><td>亿支</td><td>65.1</td></tr>
<tr><td>2012 年比 2011 年（%）</td><td>1.6</td></tr>
<tr><td colspan="2">卷烟销售收入（万元）</td><td>209629</td></tr>
<tr><td rowspan="2">实现税利</td><td>万元</td><td>37173</td></tr>
<tr><td>2012 年比 2011 年（%）</td><td>2.34</td></tr>
<tr><td rowspan="2">实现利润</td><td>万元</td><td>15162</td></tr>
<tr><td>2012 年比 2011 年（%）</td><td>-2.10</td></tr>
<tr><td colspan="2">查处涉烟违法案件（起）</td><td>1515</td></tr>
<tr><td colspan="2">查处涉烟违法案件案值（万元）</td><td>359.3</td></tr>
<tr><td colspan="2">2012 年度烟草行业投入烟叶生产基础设施建设资金（万元）</td><td>706</td></tr>
<tr><td colspan="2">全年烟水配套工程新增受益面积（万亩）</td><td>13760</td></tr>
<tr><td colspan="2">烟叶种植（万亩）</td><td>2.16</td></tr>
<tr><td colspan="2">烟叶收购（万担）</td><td>8.2</td></tr>
<tr><td colspan="2">零售户数（户）</td><td>20295</td></tr>
<tr><td colspan="2">零售户销售毛利率（%）</td><td>10.02</td></tr>
</table>

宿州市烟草专卖市局（公司）

【概　况】

安徽省宿州市烟草专卖局、安徽省烟草公司宿州市公司成立于1981年，下辖灵璧、泗县、萧县、砀山4个县局及一个直属分局，辖灵璧、泗县、萧县、砀山、埇桥五个县（区）营销部。2012年，末总资产90687万元、固定资产（年末净值）4913万元、流动资产83875万元、资产负债率9.60%；从业人员总数848人（其中原聘用员工571人）；2012年，被市委、市政府评为“第七届文明单位”；被市政府授予“依法行政示范点”“政（企）务公开工作示范点”“卫生先进单位”等荣誉称号。

【生产经营】

经济效益总体情况。2012年，卷烟实现销售收入245334万元，同比增幅14.7%；实现税利55053万元、实现利润30408万元，与2011年同比分别增加6379万元、3632万元，增长率分别为13.11%、13.56%。

2012年，全市共销售卷烟79.3187亿支，同比增量0.539亿支，增幅达0.68%。其中一类烟销售6.309亿支，同比增量1.344亿支，增幅27%；二类烟销售6.4935亿支，同比增量2.7亿支，增幅71.1%；三类烟销售23.7615亿支，同比增量3.968亿支，增幅30%；四类烟销售27.024亿支，同比减少2.419亿支，增幅8.2%；五类烟销售15.7295亿支，同比减少5.079亿支，同比下降24.4%。

2012年，全市销量居前二位卷烟品牌依次为“黄山一品”（新）硬盒、“黄山”硬盒、“红三环渡江”软盒。其中“黄山一品”（新）硬盒销售16.409亿支；“黄山”硬盒销售15.222亿支；“红三环渡江”软盒销售10.6565亿支。

公司三项费用率为6.5%。

围绕夯基固本，突出品牌培育，网络建设水平优化升级。精心实施“爱我黄山、建功立业”营销策划活动，组建“品牌管理部”和“网络客服部”，开展“品牌销售规律研究”，探索构建卷烟消费者数据库并试运行，探索开展网络拜访和电话拜访新模式，继续深入推广“网上订货”和“135”工作法，不断夯实现代营销网络基础，创造品牌成长良好市场环境，网建水平进一步提档升级。全年销售双低品牌6.332亿支，同比增长370.8%；销售“责任品牌”0.6592亿支，增长19.3%，均完成或超额完成全年目标值；“532”品牌累计销售33.9367亿支，同比增长29.2%，“461”品牌累计销售53.0834亿支，同比增长11.5%；累计销售“黄山”41.11045亿支，同比增长10.2%，三类以上“黄山”销售24.70155亿支，同比增长33.5%。为客户提供理财增值服务，推广使用贷记卡结算1142户。科学制订现代终端建设五年规划，开展“工商携手、走进终端”活动。加强协作，与宿州电信公司签订“烟草E通”信息化合作协议，推动网上订货业务深入开展。网上订货客户共计 22083 户，网上订货率达到 82.58%，同比提高 17.61 个百分点，网上订货成功率为 97.6%，位居全省前列。

围绕提高标准，突出成本控制，物流运营质量全面提升。注重改进，提高基础管理标准。修改完善 7S 现场管理实施细则，围绕“质、本、量、效”四个指标加强二、三级考核控制，促进现场管理水平提升。优化流程，提高运营效率标准。科学设置每个规格卷烟定点存放位置，提高出库效率和准确率；同时将零散卷烟仓储出库、分拣配货两个独立环节合二为一，减少流程、缩短时间，解决差错责任不清现象。突出创新，提高成本控制标准。变换对标分析方法，以单箱作为对标基础；降低塑膜厚度与宽度、采取“粘尾结头”更换塑膜等方法，使单箱塑膜消耗下降 6.52%；优化送货线路，全市共减少 30 条送货线路和 6 台送货车辆。保障质量，提高优质服务标准。按照“六西格玛”管理理念，建立产品质量控制及责任追究制度，确保产品零缺陷；推进“7S”现场管理由内部向终端送货延伸，提升送货服务品质；通过设立工业送货温馨告示牌，建立“工业车辆出、入时间记录表”，提高对工业客户服务水平。

【专卖管理】

按照基础扎实，模式优化，方法创新工作思路，突出内部监管、市场监管、队伍建设专卖管理三大任务，精心组织实施“11-3”“金龙一号”“秋风”“飓风”等专项行动，市场管控能力进一步增强。以预警信息系统为抓手，积极探索内管工作向基层延伸，实现预警检查与中队市场监管紧密结合。以联席机制为抓手，将公安经侦、技侦、网侦、情报等多警种纳入联合打假机制，强化案件深挖意识，相继破获万元以上大案 34 起，成功破获符合省局和市局标准网络案件各 1 起。畅通对外举报渠道，广发宣传卡，有效提升获取信息能力。全年共查处各类违法案件 2329 起，查获各类违法卷烟 27029.2 条，罚没款 30.94 万元、治安拘留 7 人、刑事拘留 10 人，判刑 3 人；查处和取缔无证经营户 925 户，经教育转化为持证户 323 户，查获无证经营卷烟 6326 条。以对标创优为抓手，推行“标兵县局”“标杆中队”创建活动，开展案卷季度评查活动，优化整合中队力量，提出基层中队“四个一”培训思路，执法主体建设全面提升。以严格考核为抓手，科学量化查获量任务指标，突出假烟考核和内管考核，专卖管理工作质量大为提高。以工作创新为抓手，“三大工程”进展顺利，零售户培训率 100%，打假进社区比率 34.9%，卷烟经营放心店比率 8.2%，圆满完成年度目标任务。

【企业管理】

加强内部监管及整顿规范工作。以办事公开民主管理为依托，突出对“三项工作”、“三重一大”事项民主监督，确保“两项工作”紧密结合。加强费用管理与成本控制。按月分析通报预算考核，加强资产管理，实施标杆管理，控制成本费用。加强质量管理体系建设。以开展“管理创一流”活动为契机，开展质量管理体系建设全面提升活动，修订完善并发布新版质量管理体系文件。加强科技创新。全面推进 QC 群众性创新活动，全年共注册 QC 小组 22 个，同比增长 69.2%，泗县虹栋 QC 小组获全省系统质量管理成果发布三等奖。统筹推动年度科技项目，积极选择项目研究课题，其中《卷烟消费者数据库的建立与应用》《手机一卡通宿州烟草应用项目研究》被列为省局（公司）面上项目。加强安全生产标准化建设。严格落实安全生产责任制，深入开展宣教活动，稳步推进安全生产标准化建设，顺利通过第三方职业健康安全管理体系再认证审核。

【信息化建设】

加强信息技术拓展应用。完成“135”工作法信息系统推广应用，稳步推进“手机一卡通”科技创新项目应用研究，全面推广应用“国有资产管理系统”等全省重点信息化建设项目。

【人力资源管理】

注重探索考核薪酬方法，优化考核流程，增设专项奖励指标，完善共性考核，实现机关部门自主进行绩效工资分配。全面加强干部队伍建设，关注员工个人成长，采取民主推荐、竞争上岗等多种形式选拔科级干部 7 人。深入开展技术技能聘任工作，续聘 29 人，新聘 77 人。注重综合型、高学历人才引进，全程委托人才中介机招聘四名新员工。

【思想政治工作】

坚持筑牢思想防线，实现廉政勤政建设升级。加强反腐倡廉建设。开展“六要六不要”“正风气、提效能”“廉政文化我参与”“保持党的纯洁性、迎接党的十八大”等主题教育活动。

【企业文化】

狠抓母子文化融合，对原有“凝”文化深度挖掘和再次提升，形成“架构一致、特色鲜明”独特子文化理念体系，通过省局（公司）审核验收。大力开展企业文化“九个一”载体建设，以“成长・凝”为文化主题，举办职工运动会、主题征文、书画摄影比赛、文化成长故事访谈、辩论赛等丰富多彩文体活动。开展“博爱在江淮”公益募捐、“金秋助学”、结对帮扶等活动，展示烟草良好形象。做好文明创建，荣获宿州市第七届文明单位、卫生先进单位、市直首批“五好”关工委等称号。

【文化活动】

2 月 16 日，由市局（公司）学习型组织项目办组织策划《宿州烟草成长的故事》系列谈访节目第一期录制完成，为学习型组织建设注入新活力。

3 月 25 日，宿州市局（公司）正式创办《宿州烟草》内部报纸。

“五一”节前夕，举办“廉政文化我参与，提高标准我争先”主题演讲比赛。

6 月 27 日，宿州市局（公司）举办“学党史、忆传统、增党性、庆党建——喜迎十八大”知识竞赛。

8 月 3 日，宿州市局（公司）50 多名机关党员走进“淮海战役革命烈士纪念馆”接受革命传统教育。

8 月 7 日至 10 日，安徽烟草商业系统“徽映杯”第一届职工运动会扑克牌北片区预赛在宿州举办并圆满落下帷幕。

10月上旬，精心策划设置打造“成长·凝”企业文化长廊；18～19日，举办“保持党的纯洁性、迎接党的十八大”主题辩论赛；25～27日，举办首届凝文化节暨“徽映”杯第四届职工运动会。

11月15日，召开六届八次全体职工代表大会，专题就“成长·凝”母子文化融合及理念体系提交职代会审议通过；15日，召开安全生产标准化文件发布大会。

12月25日，举办《烟草专卖办案实用指南》知识竞赛。

【特事要辑】

1月10日，省局（公司）副巡视员曹永钦到宿州市局（公司）开展春节走访慰问调研。

2月7日，宿州市局（公司）召开2012年度工作会议。

5月24日，省局（公司）纪检组长鹿军到宿州市局（公司）开展“235”教育实践活动集中调研。

11月5日，国家局巡视组叶建华一行到宿州烟草视察工作；16日，省局（公司）副总经理卓俭华到宿州市局（公司）调研指导工作；22日，省局（公司）副总经理董建江到宿州市局（公司）调研指导工作。

12月25日，省局副局长张靖江到宿州市局（公司）调研专卖基层中队建设情况。

2011年宿州市烟草商业系统主要情况统计

地市级局（公司）名称		宿州市烟草专卖局（公司）
主要负责人/法人代表		王世华/丁惠萍
总资产（万元）		90687
资产负债率（%）		9.60
所属县级局（个）		5
所属县级营销部（个）		5个营销部
从业人员（人）		848
所属业务机构	访销机构	1个营销中心
	物流配送机构	1个物流中心、5个配送站
	稽查机构	1个稽查支队
	烟叶机构	—
销售卷烟	亿支	79.3187
	2012年比2011年（%）	0.68
卷烟销售收入（万元）		245334

（续表）

地市级局（公司）名称		宿州市烟草专卖局（公司）
实现税利	万元	55053
	2012年比2011年（%）	13.11
实现利润	万元	30408
	2012年比2011年（%）	13.56
查处涉烟违法案件（起）		2329
查处涉烟违法案件案值（万元）		288.5
2012年度烟草行业投入烟叶生产基础设施建设资金（万元）		—
全年烟水配套工程累计受益面积（万亩）		—
烟叶种植（亩）		—
烟叶收购（担）		—
零售户数（户）		26673
零售户销售毛利率（%）		10

蚌埠市烟草专卖局（公司）

【概　况】

蚌埠市烟草专卖局、安徽省公司蚌埠市公司于2000年3月分设成立，辖怀远、五河、固镇三个县局和一个直属分局。2012年末，总资产69433.98万元、固定资产（净值）4490.62万元、流动资产61293.58万元、资产负债率7.9%。在岗员工总数498人。

2012年，市局（公司）被市委市政府评为“2011年度蚌埠市纳税大户”，被省局（公司）授予“2011年度徽映杯全省系统第四届财审知识竞赛团体一等奖”，荣获省局（公司）“2011年度全省系统新闻宣传工作二等奖”，怀远县局被中共安徽省委政法委、省局授予“全省卷烟打假工作先进集体”荣誉称号。

【生产经营】

2012年，蚌埠市局（公司）实现税利4.44亿元，同比增长6.0%；实现利润总额2.36亿元，同比增长6.0%。

全市销售卷烟总量57.15亿支，同比增长1.13%。其中，“532”潜力品牌销售29.05亿支，增幅13.84%；“461”潜力品牌销售42.2亿支，增幅9.78%；“双低”品牌销量4.0亿支，同比增长383%。

2012 年，本地区销量居前三位卷烟品牌分别为："黄山""红三环""利群"，三个品牌全年销售总量为 41.6 亿支。其中，"黄山"销量 29.9 亿支，同比增长 11.97%；"红三环"销量 9.15 亿支，同比下降 26.01%；"利群"销量 2.55 亿支，同比增长 12.04%。

2012 年，卷烟实现销售收入 20.22 亿元（不含税），同比增长 9.8%，单条均价 82.78 元。

公司三项费用率 7.45%。

【专卖管理】

打假态势保持高压，发挥"两大"联席会议机制作用，加大无证经营处罚力度，"11-3""徽映高端""金龙一号""两节市场整治""金龙二号"等专项行动相继开展，凸显联合执法巨大优势。推进"烟草专卖市场分析评价及监管体系建设"课题应用和"三防"情报网络建设，突出情报获取、市场分析、有效打击三个环节，继续完善监管的长效机制。监管长效机制持续巩固，分群组织第二轮客户培训，加强诚信示范店建设，跟踪检查并表彰激励打假进社区（乡村）进展成效，三大工程不断取得新进步。全年全区打假进驻社区、乡村分别达到 11 个和 10 个；共有功能店 4615 户，占总户数 34%。执法主体能力有效提升，深入开展"三标三带"活动，定期组织县级局创争评比，分层举办业务技能培训，分季度开展业务交流，技能竞赛常态化开展，激励促进团队、个人提升业务素养。固镇县局"模拟法庭"活动，以案说法、现场模拟、情景再现，创新普法形式，提高执法人员依法行政能力和实战水平，并在蚌埠市执法单位骨干培训班上现场演绎，赢得相关单位广泛赞誉。怀远县局创新市场监管模式，积极推进"三无示范街"建设，取得良好的社会反响，得到省局肯定。完善专销协同机制，每月末召开专卖、营销和督查协调会，开展市场分析，通报市场检查，及时掌握市场变化，实现信息共享，专销协同作用得到更好发挥。内管体系日趋完善。修订内管工作规范实施细则，出台内控制度，以标准化推进监管长效机制建设。创新内管季度考核，实行"互查交流为主、集中评审为辅"内管考核模式，有效落实内管检查考核制度。查处 10 万元以上卷烟非法流通案件 4 起，并按规定及时将条码抄报国家局，确保卷烟市场稳定。

全年查获各类涉烟案件 1092 起，同比减少 43.24%；查获各类非法卷烟 700.14 件，同比减少 60.08%；其中假冒卷烟 100.6 件，同比减少 71.4%；非法流入烟 220.94 件，同比上升 7.15%。查获 20 万元以上大要案 6 起，4 起符合省局标准，分别为怀远"1·11"案件、固镇"7·11"案件、分局"7·29"案件和五河"9·14"案件，各区域打团破网全面开花。全年判刑 15 人，拘留 13 人，未发生行政复议改变及行政诉讼败诉案件。

【营销网建】

服务效率持续提高，科学设置市场细分、客户分群纬度和标准，优化调整拜访线路，减少客户经理路途消耗，增加实地交流时间，使得分群服务模式与市场实际更吻合，网建运行效率大为提升。品牌培育成效明显，实施"一品一策"，推进分群培育模式，围绕"知名品牌"、"责任品牌"和"双低"品牌，分月开展创争活动，评选表彰标杆，激发营销人员为品牌培育建功立业。2012 年，"责任"品牌完成率 122.45%，提前两个月完成年度任务，得到省公司充分认可，被评为2012年度培育知名品牌建功立业活动先进单位一等奖，并在全省卷烟营销工作会议作交流发言。终端建设再上台阶，推广应用“徽映e家”和借转贷业务，发挥终端功能价值，全面建设现代卷烟零售终端。全年推进“徽映e家”100户；“借转贷”业务1083户，占客户比重7.93%；累计开通网上订货客户11472户，网上订货面84.05%，网上订货销量占比重90.88%，网上订货金额占比92.25%。全区需求预测准确率月均保持在85%以上，客户盈利水平10%以上。营销队伍再添活力，分层制定团队建设实施规划，推进“日学、周测、月考、季赛”竞赛活动，举办春（秋）季培训班，营销人员技能水平有效提高。物流运行更加平稳。立足制度和标准建设，规范服务流程，推进“1235卓越班组”创建。继续优化送货线路，严格控制送货成本，提高分拣效率，借助外租库解决仓储分拣分离问题，物流运行效率进一步提升。上年该公司物流万箱用工和单车配送量均位于全省前列，车辆百公里油耗同比下降6%。

【规范管理】

基础管理更加翔实，加强资金、资产监管和预算管理，加大成本费用控制力度，完成物流单独核算工作。持续推进管理对标和岗位对标，完善分类标杆体系。深化分层对标，融合团队创优，经验做法在全省系统对标工作会议上作经验交流。推进四岗互控工作，规范举报投诉处置，适时开展专项督查，提高重点工作运行质量。完善合同审查机制，提升审计工作质量，降低企业经营风险。创新开展徽映服务标准化建设，常态化组织质量管理体系评审，全面推动管理创一流活动，加快发展方式转变。规范管理更加自觉，发挥三项工作委员会作用，全面落实“应招尽招，真招实招”。修订完善规范管理制度，实现更高水平的规范。发挥审计监督作用，实现监督关口前移，落实全面审计问题整改。民主公开成效突出，突出“七类十三项”关键节点公开，引导大家关注公开、参与网上评论，发挥公开监督作用。被评为“安徽省厂务公开民主管理示范单位”。廉政建设提升规范，强化免检跟踪考评，开展廉政风险源查找和评估，梳理形成高、中、低三个等级廉政风险点295个。发挥廉政文化导向、教育和警示作用，定期开展效能监察，被市纪委推荐申报省级“廉政文化进机关示范点”。科技创新全面推进，全年申报创新项目23个、QC项目31个。三个省局层面项目通过验收，《虚拟二级银行账户管理》在省局QC发布并荣获三等奖，“账户管家”QC小组获得省优秀质量管理小组称号。成长环境保障有力，发挥网站、报纸等各类载体作用，加强新闻宣传报道和横向工作交流，荣获省局2011年度新闻宣传工作先进单位二等奖。加强信息安全和运维管理，推动信息化与业务深度融合。加强安全教育培训和检查，加强隐患排查整改力度，深入推进安全标准化达标创建。

【人力资源】

强化人力资源管理，深化以竞争制、交流制、转任制等为主要内容的干部人事制度改革，升级优化人力资源管理系统，关键岗位坚持公开选拔和竞争上岗。探索分级分层分岗培训模式，在机关和基层不同岗位中选聘内训师，结合岗位、能力，给课程，分任务。组建实映职工学校，着力解决“学什么、怎样学、谁来教、如何教”问题。编印《蚌埠卷烟物流从业人员知识读本》，坚持每月一堂课、每月一考试，大大促进物流员工整体水平提升；财审部门采取自主备课、轮流授课方式，坚持每月开展“财审小课堂”活动，培训成效明显。推进优秀地市局（公司）创建，总结推广县级局职能定位及工作机制研究经验，建立基层权责利和谐对等机制模式，专销协同机制进一步完善。开展“立标杆树典型、学先进促成长”评选活动，发掘长期在基层实干的先进典型。技能训练成效明显，分类明确岗位练兵重点，加大资金和资源支持，在各序列实行月考、季赛、年赛等分级竞赛，重点培养领军人才，带动技能全面提升。3 人取得国家注册审核员资格，注册安全信息工程师和营销师级人才分别新增 1 人，企业文化师、专卖师级人才零突破；全省各类技能竞赛中，各序列捷报频传，专卖取得团体、个人第一；营销 2 人分获第 4 和第 12 名；物流获团体第四，2 人分获第 5 和第 10 名；财审获团体第四，有 2 人进入十佳。

【企业文化】

加强文化融合和服务品牌传播，坚持思想文化建设，开展党的十八大学习活动，完成“成长·实”文化体系融合，并通过省局专家组验收。发布《徽映服务工作标准》《徽映服务品牌传播宣贯工作标准》，举办“徽映服务万户行”系列活动和“徽映服务志愿者”主题服务活动、徽映服务“三级承诺”。树立和谐烟草形象，发挥工青妇团、文体协会优势，各类业余活动丰富多样，团队和谐氛围更浓。团组织被评为“市五四红旗团总支”。建立“徽映爱心基金”，全面开展“责任烟草、徽映学子”爱心助学行动、“百名党员帮扶困难卷烟零售客户行动”及“金秋助学”活动等，先后捐助 17 名困难客户子女、10 名困难家庭大学生和 10 名贫困留守儿童入学，帮扶市社会福利院孤残儿童、打假进乡村（社区）等，累计捐款捐物近 50 万元。

【“235”主题实践活动】

解决难题办实事，开展“走基层、问计策、摸实情、解难题”专题调研，召开员工座谈会 21 场次，党员员工座谈会 9 场次，党员客户座谈会 13 场次，现场听取意见，解答问题，指导改进。找准落点建机制，制定典型选树激励制度，明确标准，在各岗位序列、基层团队，全面开展“三岗二区”（党员示范岗、创新示范岗、青年文明岗、党支部责任区、党小组责任区）创先争优与标杆评选活动。推进“结对共建、成长同行”活动。创新党建新模式，深化“三级管理”模式，明确“四强”先进党支部、“四有”红旗党小组和“四优”模范党员创争考评标准，发挥“党组织建在基层”优势，系统推进“四个一”活动。即“一个党小组责任区带动一个基层团队或班组”（党小组主动领题，在基层创建和课题研究、QC 小组活动、难点攻关等实践中协作带动“团队创先争优”“项目创优”）、“一名党员牵头组建一个帮扶小组”计划（组建“创新互帮小组”“学习互促小组”“生活互助小组”“专销互动小组”）、“一名党员结对一名客户”行动、“一个党支部与一个打假进社区、进乡村的乡村、社区党组织或困难党员结对”。探索终端党建新举措，以“一店三区”创争活动，（即创争“优质卷烟零售终端示范店”“卷烟规范经营自律责任区”“卷烟打假进乡村、进社区自律责任区”“结对共建自律示范区”），探索卷烟零售党员客户“双重组织生活”模式，在基层单位试点推进。

【文化活动】

3月19日，举办以“成长在岗位，争创我先行”为主题的员工大讲堂活动。

4月28日，蚌埠市局（公司）参加蚌埠市第二届全民健身羽毛球大赛，荣获亚军。

6月29日，召开纪念建党91周年暨创先争优活动表彰大会。

7月16日至20日，安徽烟草商业系统“徽映杯”第一届职工运动会羽毛球赛北片区预赛在蚌埠市体育馆隆重举行。

【特事要辑】

4月25日，省局（公司）局长、总经理问武，到“创先争优”活动联系点蚌埠市局（公司）调研指导工作。

8月22日，蚌埠市局（公司）工会开展“徽金秋助学”活动，为刚刚考入大学10名贫困家庭学子每人捐助3000元慰问金。

9月10日，省局（公司）局长、总经理问武到全省系统“235”活动重点推进单位蚌埠市局（公司），进行第二次集中调研。

11月5日至8日，省局（公司）机关第七期离退休党支部书记（扩大）学习班在蚌埠举办。

12月26日，蚌埠市局（公司）举办“实映”职工培训学校揭牌仪式。

2012年蚌埠市烟草商业系统主要情况统计

地市级局（公司）名称		蚌埠市烟草专卖局（公司）
法人代表/主要负责人		童学根
总资产（万元）		69433.98
资产负债率		7.90
所属县级局数量（个）		4
所属县级公司数量（个）		—
所属县级营销部/分公司（个）		4
从业人员（人）		498
所属业务机构	访销机构	1个营销中心、1个电访中心
	物流配送机构	1个配送中心
	稽查机构	4个稽查大队 1个打假大队、12个专卖管理所
	烟叶机构	—

（续表）

地市级局（公司）名称		蚌埠市烟草专卖局（公司）
销售卷烟	亿支	57.15
	2012 年比 2011 年±（%）	1.13
卷烟销售收入（万元）		200200（不含税）
实现税利	万元	44000
	2012 年比 2011 年±（%）	6.0
实现利润	万元	23600
	2012 年比 2011 年±（%）	6.0
查处涉烟违法案件（起）		1092
查处涉烟违法案件案值（万元）		326
2012 年度烟草行业投入烟叶生产基础设施建设资金（万元）		—
烟水配套工程累计收益面积（万亩）		—
烟叶种植（亩）		—
烟叶收购（担）		—
零售户数（户）		13300
零售户销售毛利率（%）		10

阜阳市烟草专卖局（公司）

【概　况】

阜阳市烟草专卖局、安徽省烟草公司阜阳市公司建立于 1981 年，2000 年与阜阳卷烟厂分设，2004 年 1 月 1 日取消所属县级公司法人资格。市局（公司）下设 13 个职能部门，下辖临泉、阜南、太和、颍上、界首 5 个县级烟草专卖局、营销部和 1 个直属分局、营销部。2012 年底总资产（年末值）10.76 亿元、固定资产（年末净值）1.19 亿元、流动资产 8.13 亿元、资产负债率 6.38%。从业人员总数 1244 人，其中聘用员工 740 人。

【生产经营】

2012 年实现税利 80294.38 万元，同比增长 20.7%、利润 43253.32 万元，同比增长 17.71%。全年销售卷烟 113.78 亿支（22.756 万箱），同比增长 0.91%。其中一类烟 9.14 亿支（1.8275 万箱），同比增长 41.14%；二类烟 13.7 亿支（2.7393 万箱），同比增长 50.01%；三类烟 32.57 亿支（6.5132 万箱），同比增长 26.03%；四类烟 36.15 亿支

(7.2307 万箱), 同比下降 20.65%; 五类烟 22.23 亿支 (4.4453 万箱), 同比下降13.68%。

全年销量居前三位卷烟品牌为:"黄山""红三环""红梅", 销量分别为: 53.2 亿支(10.64 万箱)、17.45 亿支 (3.49 万箱)、7.2 亿支 (1.44 万箱)。

实现卷烟销售收入 (不含税) 353486.61 万元, 同比增长 17.68%; 实现税利 80373.42 万元, 同比增长 21%; 实现利润 43698.65 万元, 同比增长 18.56%; 实现烟叶销售收入 963.83 万元, 同比增长 64.99%; 实现税利-79.04 万元, 同比下降 179.54%; 实现利润-445.33 万元, 同比增长 300.49%。三项费用率 6.33%。

品牌培育成效显著。开展为培育"532""461"知名品牌建功立业活动, 加强重点品牌、责任品牌、"双低"品牌和"黄山"品牌培育, 重点品牌规模发展、责任品牌突破提升、低焦品牌快速成长。重点品牌销售 55.5 亿支 (11.1 万箱), 占 1 ~ 3 类烟比重达 99.9%, 同比增长 34.4%; "461" 知名品牌销售额累计 (含税) 36.8 亿元, 同比增长 23.1%。重点知名品牌增幅位居全省第一; "责任品牌" 销售 2 亿支 (0.4 万箱), 同比增长 46.5%, 完成年度目标 125.1%, 增幅和计划完成率均位居全省第二; "双低" 品牌销售 10.5 亿支 (2.1 万箱), 同比增幅 357.5%, 占销量比重 9.2%。"黄山" 品牌销售 53 亿支 (10.6 万箱), 同比增长 8.6%。其中, 三类以上卷烟销售 33 亿支 (6.6 万箱), 同比增长 36.4%。

网络基础更加扎实, 现代流通水平稳步提升。全市网上订货率达 89.72%, 其中自备电脑客户比率达 78.7%, 网上订货量、订货金额占当月销量和销售金额 90% 以上。试点推进现代终端建设, 选择 82 户诚信规范、经营稳定、素质较高的零售客户试点推广使用"徽映 e 家"零售经营管理系统。完善访送模式。推行"当日访销分拣, 次日送货"模式, 阜阳市城区客户实行"当日访销分拣、当日送货"模式, 客户订单响应时间由 48 小时压缩至22.23 小时; 优化配送线路, 一次配送客户比例由 41.7% 提高到 54.6%, 物流单箱费用控制达到全省先进水平。

【专卖管理】

扎实推进专卖内管、市场监管、卷烟打假、证件管理、基层建设和队伍建设等各项工作, 打假协作机制持续完善, 市场控制能力明显增强, 内部管理监督逐步规范, "三大工程" 有序推进。联合检察院、公安局等相关职能部门制定《关于打击涉烟违法犯罪工作的意见》, 构筑常态、长效打假协作机制, 案件经营、打团破网能力明显提升。全年累计查处案件 2152 起, 同比下降 4%; 查获各类卷烟 1525.33 万支 (305 箱), 同比增长 127.9%; 案值 678.2 万元, 同比增长 50%, 5 万元以上大要案 22 起, 同比增长 15.8%; 罚没款 91.16 万元, 同比增长 64.3%; 刑事拘留 21 人, 判刑 12 人; 查获符合省局标准网络案件 5 起。

【烟叶产销】

2012 年, 烟叶实现销售收入 963.83 万元, 同比增长 64.99%; 实现税利-79.04 万元, 同比下降 179.54%; 实现利润-445.33 万元, 同比增长 300.49%。深化现代烟草农业建设，积极推进规模化种植。2012 年，种植烟叶 0.4 万亩，连片种植面积占比 97%，户均面积达 69 亩。新建烟叶密集烤房 87 座，机井 81 眼，道路 14.12 公里，投入资金 685.51 万元。全年收购烤烟 0.0635 万吨（1.27 万担），均价 15.03 元/公斤。其中，上等烟占比 18.2%，中等烟占比 63.56%，下等烟占比 18.42%。

【企业管理】

以预算管理、贯标、对标和基层创优等工作为抓手，积极开展“管理创一流”活动，夯实企业基础管理。质量体系建设通过行业审核，安全管理通过安全标准化管理二级达标验收，全年无重大安全事故。

【队伍建设】

继续加强干部队伍建设，加大机关和基层交流力度，调整充实县局领导班子；公开选聘专业技术岗位 5 人，职业技能岗位 49 人；招聘大学生 2 名；认真落实离退休人员“两项待遇”。坚持“五个突出”，扎实推进“235”教育实践活动，通过开展多种行之有效活动，促进“两个至上”“三个始终”和“五种意识”在干部员工心中扎根。全面做好“六五”普法。以迎接党的十八大胜利召开和学习宣传贯彻党的十八大精神为主线，集中开展“保持党的纯洁性、迎接党的十八大”主题教育实践活动。坚持党组中心组学习制度，加强党风廉政建设和基层党组织建设。

【企业文化】

完成母子文化融合对接工作。申创第八届市级文明单位，传播“徽映”服务品牌，在太和县先行试点建设感知徽映中心，开展多种形式员工文化活动和“徽映”服务品牌宣贯活动。组织参加全省系统“徽映杯”首届职工运动会，四项赛事全部晋级决赛，获得全省乒乓球男子单打第一名，团体第三名，羽毛球女子单打第三名，篮球第五名，彰显队伍风采。

【文化活动】

3 月 8 日，举办庆“3.8”女工趣味活动；该月，开展“学雷锋、树新风”主题活动。

4 月 10 日，开展“徽映杯”春季员工徒步拉练活动；28 日，开展“黄山”杯春季钓鱼比赛；4 月份，开展“经典天天读”活动。

5 月 22 日，举办“黄山杯·徽映服务品牌建设”知识竞赛。

6 月 1 日，组织志愿者看望慰问孤残儿童；4 日，组织党员、职工和青年志愿者参与义务献血志愿服务活动；12 日，组织志愿者开展关爱农村留守儿童活动；20～21 日，举办“徽映”杯首届职工羽毛球比赛；27 日，举办“讲述我身边党员的感人故事”创先争优主题演讲比赛。

9 月 15 日，组织志愿者参与全市“清洁家园、美化阜城”集中行动。

10 月 17 日，举办女性健康知识讲座；18 日，开展“金秋助学”捐助活动。

12 月 4～5 日，开展国际志愿者日活动；6 日，举办“道德讲堂”活动；该月，开展

"送温暖、献爱心" 活动。

2012 年阜阳市烟草商业系统主要情况统计

地市级局（公司）名称		阜阳市烟草专卖局（公司）
主要负责人/法人代表		胡志刚
总资产（万元）		107600
资产负债率（%）		6.38
所属县级局（个）		6
所属县级营销部（个）		6 个营销部
从业人员（人）		1244
所属业务机构	营销机构	1 个营销中心（下设 1 个订单部）
	物流配送机构	1 个配送中心（下设 3 个中转站）
	专卖稽查机构	1 个专卖管理科 （1 个稽查支队，52 个稽查中队）
	烟叶机构	1 个烟叶生产经营中心 （下设 1 个烟叶站）
销售卷烟	亿支	113.78
	2012 年比 2011 年（%）	0.91
卷烟销售收入（万元）		353486.61
实现税利	万元	80373.42
	2012 年比 2011 年（%）	21
实现利润	万元	43698.65
	2012 年比 2011 年（%）	18.56
查处涉烟违法案件（起）		2152
查处涉烟违法案件案值（万元）		678.2
2012 年度烟草行业投入烟叶生产基础设施建设资金（万元）		685.51
全年烟水配套工程新增受益面积（万亩）		0.4
烟叶种植（万亩）		0.4
烟叶收购（万担）		1.27
零售户数（户）		27848
零售户销售毛利率（%）		11.9

淮南市烟草专卖局（公司）

【概　况】

淮南市烟草专卖局、安徽省烟草公司淮南市公司成立于1983年4月。下辖凤台县局（区域营销部）、田家庵大通分局（区域营销部）、谢家集八公山分局（区域营销部）、潘集分局（区域营销部）、毛集分局、山南分局。2012年，总资产（年末值）83096.14万元，固定资产（年末净值）8558.97万元，流动资产73632.27万元，资产负债率3.78%。

在岗员工总数408人，其中原聘用员工290人。

历史沿革：1982年4月，淮南市烟草公司从淮南市糖业烟酒公司分离并正式成立，1983年4月，淮南市烟草专卖局（公司）成立。1985年，凤台县烟草专卖局（公司）划归淮南市局（公司）管理。1990年至2000年，淮南市局（公司）大规模开展农网和城网建设，逐步取消各地批发部。1995年，成立稽查大队与烟草专卖分局。2001年，在全省率先取消县级烟草公司法人资格，确立市级公司的市场主体地位。2005年，兴建新卷烟物流仓库。2006年，完成产权划转，建立现代产权制度。2008年，机关新办公楼建成使用。

【生产经营】

2012年，实现税利46851.08万元，同比减少0.003%，其中利润28567.34万元，同比减少0.011%。全年累计销售卷烟42.96亿支，同比增长0.9%，实现卷烟销售收入185254.73万元（不含税），同比增长6.3%；（注：1万箱=5亿支）。各类卷烟销售情况：一类卷烟销售：7.99亿支，同比增长18.99%；二类卷烟销售：9.20亿支，同比增长8.88%；三类卷烟销售：11.69亿支，同比减少3.79%；四类卷烟销售：9.25亿支，同比增长6.45%；五类卷烟销售：4.83亿支，同比减少26.4%；

销量前三位卷烟品牌是："黄山"品牌卷烟销售27.06亿支，同比增长2.9%；"红三环"品牌卷烟销售3.47亿支，同比减少33.8%；"红梅"品牌卷烟销售1.83亿支，同比增长48.8%。公司三项费用率：4.18%。

品牌培育："532"品牌销售54139箱，增幅3.8%；"461"品牌销售20.4亿元，增幅7.7%；"双低"品牌销售11590箱，增幅329%，比重达13.5%；全面完成责任品牌、"万宝路"销售目标。库存平均月度存销比0.37，名列全省系统前列。

零售终端建设：制定市局（公司）《零售终端五年规划》与《实施细则》，深入学习应用"135"工作法，开展"一对一"经营帮扶，提供站柜式指导服务，网订销量比例达82.4%，月均网订成功率99.5%；订单满足率88%；客户满意度97%。物流成本费用继续保持全省先进标杆，半自动分拣设备安装运行，物流运行效率逐步提升。

【专卖管理】

市场监管成效显著。切实发挥两个联席制度的优势，顺利完成治安烟草工作对接，积极开展“秋风行动”“金龙一号”“金龙二号”等专项行动。全年共查处涉烟案件565起，同比增长23%；查获非法卷烟18385.9条，其中假烟1734.8条，增长35%；上缴财政罚没款19.06万元，增长59%。成功查办国标、省标网络案件各1起。

内部监管严格到位。深入开展“天价烟”治理工作，切实做到认识到位、组织到位、宣传到位、排查到位、货源到位。积极开展非法流通卷烟整治工作，严守“六个严禁、一个严控”相关规定，及时处理内管预警信息，高度重视安徽景丰纸业监管工作，切实保障内部生产经营良好秩序。

监管模式更新完善。从执法平台建设和管理理念更新方面入手，积极探索市场监管新模式。创新提出市场管理“六有六步”工作法及数字化执法平台建设新思路，并经省局批复立项、正式实施。积极推进公正文明柔性执法试点工作，树立柔性执法理念，构建和谐执法环境，初步构建起“打管疏服”四位一体市场监管新体系。

【企业管理】

提出“三不六看”管理原则。要求工程投资、物资采购、宣传促销“三项工作”等相关人员，在工作中做到“不吃对方一顿饭、不拿对方一分钱、不抽对方一包烟”，进行重大决策时“一看工作是否需要、班子是否研究；二看纪检是否全程参与；三看程序是否合法合规；四看资金是否有预算；五看上级领导是否同意；六看省局是否有批复”。全面落实“应招尽招，真招实招”工作要求，招标项目金额比例超过90%。

全力创建优秀市级局（公司）。以“创三先、争三优”要求为指导，制定下发创建优秀市级局（公司）《实施方案》《工作措施明细表》，形成八大达标体系。通过质量管理体系建设省局审核，通过安全标准化建设省局二级达标复评，全面预算管理保持全省前三名，发布对标管理三大体系。上线运行全省系统资产、资金、“三项工作”监管系统。加快推进基层单位基础建设，毛集分局主体项目完工验收，“东方名珠”项目验收交付，谢八分局、潘集分局项目完成规划设计。

【信息化建设】

以信息化融合推动现代化管理。探索建设专卖管理“六有六步”数字化管理工作平台，逐步实现信息调取、查阅、处理信息化；工作计划、总结、反馈信息化；案件分析、查处、汇报信息化。初步开展“三阶段、三领域、四层级”目标循环管理信息系统建设，促进质量管理、对标管理、绩效管理相结合。正式运行服务器虚拟化系统，实现服务器管理集约化、科学化。

【人事与劳资】

打造专业化职业化队伍。制定《人才发展与培养管理办法》《公开选拔竞争上岗实施办法》等工作制度。探索“课题式”、“竞赛式”、“拓展式”培训模式，全年开展各类培训24次，参训近2000人次。大专以上学历员工比例59%，中高级以上占技能员工人数比例达90%，其中高级19%。注册安全工程师、注册会计师、网络安全工程师、硕士研究生等人才队伍不断壮大。

【思想政治工作】

全面加强干部队伍思想政治教育。将学习十八大精神作为首要任务，领导带头、全体动员，积极开展保持党的纯洁性教育活动、“235”教育实践活动，大力推进思想政治建设、党风廉政建设、企业文化建设。迅速掀起读党章、做表率、争先进新热潮。通过党组中心组学习会、民主生活会、支部座谈讨论会等学习方式，深入理解科学发展观和建设中国特色社会主义深刻内涵，坚定理想信念、坚守精神家园。从思想道德、理想信念、工作作风、宗旨意识等方面，开展“六查六看”对照检查，将思想和行动汇聚到落实科学发展观、推进卷烟上水平、建设成长型组织各项工作上来。

【企业文化】

推进行业母子文化建设融合。大力宣贯行业行为规范、成长文化理念、“徽映”服务品牌，推进母子文化融合，形成淮南烟草“成长之诚”文化体系架构。坚持落实领导班子“办公桌前移、工作重心下移”和“访基层、访客户、访一线”的“两移三访”长效机制。开展全员思想作风大讨论、民主评议、主题征文和“结对共建、成长同行”活动。坚持开展全民健身活动，努力打造企业文化特色名片。

【文化和活动】

1. 报刊简介

报刊名	《淮南烟草报》
报刊号/准印证号	无
刊期	月刊
创刊日期	2008 年 12 月
联系电话	0554-2519952
主办单位	淮南市烟草专卖局（公司）

2. 门户网站网址

单位名称	门户网站网址
淮南市烟草专卖局（公司）	http：//ah. tobacco. com. cn/cms/cms/website/hnsgs/index. jsp

3. 文化活动

5 月 4 日，举行成立三十周年庆祝大会暨“健身健心”活动展演。

9 月 27 ~28 日，承办省局（公司）“徽映”杯第一届职工体育运动会各项决赛活动。

9 月 24 日，举办“532、461”建功立业主题演讲比赛。

11 月 8 日，组队参加第五届世界传统武术锦标赛。

11 月 20 日，组队参加安徽省第三届体育运动会。

【特事要辑】

举办淮南烟草成立三十周年庆祝大会。5 月 4 日，淮南市局（公司）举办成立三十周年庆祝大会暨“健身健心”活动展演，回顾历程、总结经验、展望未来，加快建设“规范、诚信、发展、创新”一流企业。淮南烟草员工表演 42 式太极拳、心意六合拳、五禽戏等体育项目。安徽省局（公司）、安徽中烟工业公司、淮南市人民政府、安徽省体育局等有关领导参加大会。

承办省局（公司）第一届“徽映”杯职工体育大会。9 月 27～28 日，安徽省局（公司）“徽映”杯第一届职工体育运动会决赛在淮南举行。运动会设有篮球、乒乓球、羽毛球、太极拳、扑克牌 80 分共 5 个大项 9 个小项，全省系统共 20 个代表队 300 余名运动健儿同场竞技，一展风采。开幕式现场，300 余名太极拳、五禽戏、健排舞等运动项目爱好者相继表演太极拳、太极剑、心意六合拳等武术健身项目。

2012 年淮南市烟草商业系统主要情况统计

<table>
<tr><td colspan="2">地市级局（公司）名称</td><td>淮南市烟草专卖局（公司）</td></tr>
<tr><td colspan="2">主要负责人/法人代表</td><td>孙太勇</td></tr>
<tr><td colspan="2">总资产（万元）</td><td>83096. 14</td></tr>
<tr><td colspan="2">资产负债率（%）</td><td>3. 78</td></tr>
<tr><td colspan="2">所属县级局（个）</td><td>1</td></tr>
<tr><td colspan="2">所属县级营销部（个）</td><td>4 个营销部</td></tr>
<tr><td colspan="2">从业人员（人）</td><td>408</td></tr>
<tr><td rowspan="4">所属业务机构</td><td>营销机构</td><td>1 个访销中心</td></tr>
<tr><td>物流配送机构</td><td>1 个物流中心</td></tr>
<tr><td>专卖稽查机构</td><td>1 个稽查支队、18 个稽查大队、3 个管理所</td></tr>
<tr><td>烟叶机构</td><td>—</td></tr>
<tr><td rowspan="2">销售卷烟</td><td>亿支</td><td>42. 86</td></tr>
<tr><td>2012 年比 2011 年（%）</td><td>0. 68</td></tr>
<tr><td colspan="2">卷烟销售收入（万元）</td><td>185254. 73</td></tr>
<tr><td rowspan="2">实现税利</td><td>万元</td><td>46851. 08</td></tr>
<tr><td>2012 年比 2011 年（%）</td><td>-0. 32</td></tr>
<tr><td rowspan="2">实现利润</td><td>万元</td><td>28567. 34</td></tr>
<tr><td>2012 年比 2011 年（%）</td><td>-1. 15</td></tr>
</table>

（续表）

地市级局（公司）名称	淮南市烟草专卖局（公司）
查处涉烟违法案件（起）	565
查处涉烟违法案件案值（万元）	212.76
2012 年度烟草行业投入烟叶生产基础设施建设资金（万元）	—
全年烟水配套工程新增受益面积（万亩）	—
烟叶种植（万亩）	—
烟叶收购（万担）	—
零售户数（户）	10100
零售户销售毛利率（%）	10

滁州市烟草专卖局（公司）

【概　况】

滁州市烟草专卖局、安徽省公司滁州市公司于 2000 年 3 月与滁州卷烟厂“工商分设”，主要职能是对辖区卷烟市场依法进行烟草专卖行政管理和卷烟销售。2003 年 12 月，取消县级公司法人资格，确立市公司市场营销主体地位。

2012 年，总资产（年末值）111456.81 万元、固定资产（年末净值）8073.75 万元、流动资产 98793.79 万元、资产负债率 9.08%。2012 年，从业人员总数为 701 人，其中原聘用员工 323 人。

【生产经营】

2012 年，企业实现税利 66895 万元，比同期 63195 万元增长 5.58%；实现利润 38150 万元，比同期 36310 万元增长 5.07%。全市累计销售卷烟 138117 箱，其中，一类烟销售 19391 箱，同比增长 26.8%；二类烟销售 29020 箱，同比增长 26.2%；三类烟累计销售 39206 箱，同比增长 2.8%；四类烟累计销售 35306 箱，同比减少 7.8%；五类烟累计销售 15194 箱，同比减少 30.5%。销量居前三位卷烟品牌为“黄山”累计销售 75501 箱，“红三环”累计销售 11738 箱、“南京”累计销售 7282 箱。全年重点品牌累计销售 117608 箱，同比增加 8848 箱，上升 8.14%，占总量比重为 85.15%，同比上升 5.51%。全年累计销售“黄山”三类以上卷烟 47535 箱，同比增加 7557 箱，增长 18.9%，占“黄山”总销量 62.96%，同比上升 5.83%。销售“双低”品牌 10363 箱，占总量比重 7.5%。2012 年，全市卷烟实现销售（含税）收入 331054 万元、实现税利 66895 万元、实现利润 38150 万元。公司三项费用率为 6.15%，同比减少 0.11 个百分点。

发挥市场主体功能作用，品牌培育工作成效显著。以“黄山”品牌培育为突破口，以“532”“461”知名品牌和责任品牌为重点，确立主销品牌培育方向。一是增强责任品牌影响力。坚持以“扩大品牌影响力、增强品牌扩张力、培育品牌发展力”为着力点，全年责任品牌累计销售2570箱，完成年计划105%。二是增强“黄山”品牌提升力。以“狠抓品牌宣传、提升品牌形象、增加品牌销量”为突破口，全年累计销售“黄山”二类烟及以上达26950箱，同比增幅34.1%。三是增强“双低”品牌推进力。抓住“品牌引入、货源投放、宣传促销”关键点，全年累计销售“双低卷烟”10363箱，占总量比重7.5%，同比上升4个百分点，其中6mg以下低焦卷烟累计销售507箱，占总量比重0.37%。四是增强品牌精准营销拓展力。以“精确信息、精准投放、精细管理”为指导，扩大精准营销品牌范围。全年精准营销数量达5246箱，同比增长28.6%。由于在知名品牌建功立业活动中成绩显著，荣获全省系统二等奖。

突出网建优化升级，服务客户能力不断提升。终端建设全面启动，坚持以“四同”“四个一流”为终端建设和网建工作核心和基本目标，制定实施方案，强化工作措施，与区域143个条件较好、积极性较高零售客户签订现代卷烟零售终端建设协议。强化营销管理规范，该年，认真开展“天价烟”治理，严格执行“六个严禁、一个严控”的制度规定，着力规范工商交易行为，形成公开透明市场进入和退出机制。服务能力得到提升，加大客户培训力度，提升网上订货运行质量，网上订货率和成功率分别达到82.26%和96.5%。继续深入推进“135”工作法，设立专职品牌经理岗位，紧密结合“徽映”服务品牌宣贯和践行活动，将服务理念进行细化，构建较为统一客户服务标准和方法。创优活动扎实开展，以开展“五亮五比五创”活动为具体内容创先争优活动取得较好效果。物流对标管理水平提升，新物流配送中心顺利实现卷烟分拣配送试运行。物流信息化技术以及“柔性”工作制得到较好运用。采取“即访即送”模式，送货响应时间较同期减少17个小时。配送中心工作在全省系统位居第三，较上年同期上升8个位次。

【专卖管理】

一是市场整治行动成效显著。保持市场监管高压态势，先后开展“金龙一号”“金龙二号”“打击互联网涉烟违法行为”等专项整治行动。全市共查处违法案件1218起，其中，万元以上案件138起，5万元以上案件13起，符合省局网络案件标准20万元以上案件2起（来安县局6.26非法经营案，全椒县局7.10销售伪劣产品案）。查获各类违法卷烟39486条，案值590余万元，罚没款66.4万元。共移送司法案件11起，涉烟案件行政拘留1人、刑事拘留13人、逮捕2人、判刑6人。上年，由于工作表现突出，专卖监督管理科被省政法委、省局授予全省卷烟打假先进集体。二是市场监管机制日趋完善。在客户管理方面，修订《零售户守法动态管理办法》，固化形成“一线两面三监管三结合”工作模式。在市场管理方面，制定《稽查支队工作管理办法》等相关制度，集中稽查力量，大专卖管理效能得到有效发挥。在专销结合方面，制定《专销协作工作办法》，形成“一对应、三固化、五同步”为内涵管销互动化模式。在联合执法方面，出台《烟草市场联合执法工作实施办法》，完善行政执法和刑事执法机制。在卷烟社会化管理方面，将烟草市场管理纳入地方社会综治考核体系，探索建立零售户自律小组，促进市场自治管理。三是依法行政能力不断增强。推进“说理式”执法模式，提升执法的社会效果。加快专卖信息化进程，优化办证流程，实现咨询“零距离”、办理“零拖欠”、结果“零差错”。2012年，作为推进“说理式”执法试点单位，定远县局被评为县创建依法行政示范单位，并获县政府通报表彰。四是优秀县级局创建水平得到提升。按照“重心下移、着眼基层、突出服务、加强基础”的工作方针，全面提升县级局创建工作水平。重点是强化四个基础，即“思想认识基础、员工素质基础、硬件设施基础、制度建设基础”；实现三个转变，即推行“以全程说理式执法推动市场管理向柔性化转变、加强专销协作推动市场管理向管销互动化转变、创新管理模式推动市场管理向社会化管理转变”；实施一项“活力工程”，即激发员工活力，提升工作动力，从而使优秀县级局创建工作质量和水平迈上一个新台阶。在全省系统年度评比中，天长市局被评为优秀县级局。

【企业管理】

注重工作质量提升成效，管理基础进一步夯实。2012 年，将“上水平、争一流”提升管理水平作为努力方向，认真开展“工作质量提升年”活动。预算管理水平不断提升，把加强预算管理作为提升企业管理上水平重要环节，对费用项目指标进行优化，形成较为全面定额标准体系。建立预算分析例会制度，预算准确率和达成率同比显著提升。二是质量管理标准体系日趋完善。依据管理需要和上级要求，对体系文件进行框架再造，开发质量管理体系信息系统，实现 E 版体系文件网络发布，顺利通过质量管理体系省级审核。同时，实现中层干部占内审员比例 50% 年度目标，有两名员工还取得国家注册审核员资格。对标管理激励作用得到发挥，勇于自我加压，在省局确定对标管理项目基础上，建立相应对标管理指标，在适度压力和动力作用下，企业呈现出更加注重挖掘潜力、注重创新管理、注重节能降耗、注重提高效率、注重基础管理等良好态势。信息化建设持续推进，重点实施新配送园区综合布线及新中心机房建设、搬迁。顺利完成呼叫中心系统切换。中心机房整体工程达到国标 B 级机房标准。建成覆盖全市各基层单位视频会议系统。完善“三项工作监督管理系统”，强化相关系统平台维护与使用。安全管理标准化建设顺利实施，强力推进安全生产标准化建设，获得国家安全生产标准化二级企业资质并取得证书。《安全生产体系标准化研究及运用》科技创新项目通过省局验收。职业健康安全管理体系再次通过认证审核。同时，继续加大安全检查和隐患整改力度，确保全年安全生产经营无事故。基础建设步伐加快，上年共完成固定资产投资 5081 万元，其中，配送中心工程全面竣工并顺利通过验收。凤阳等 3 个县级局以及 4 个基层队所土建和装饰工程如期进行。

强化监管作用发挥，规范管理工作得到加强。充分发挥专卖内部监管作用，完善内管工作流程等相关制度，着力加强对新产品宣传促销等重点活动过程监管。以信息化监管促进业务规范化管理，确保监管工作质量稳步提高。该年多次开展专项检查，取得较好效果，继续保持辖区内工商两家均无违规经营案件发生良好态势。充分发挥内部审计监督作用，完成国家局和省局关于审计工作回头看工作任务，组织开展 6 个内部专项审计项目、9 个工程造价审计项目，审减金额 126 万元，审减率达 12%。期间，报送基建管理审计项目被省局评为年度优秀审计项目，审计派驻办工作在省局考核中表现突出并获得表彰。充分发挥内部管理监督作用，以抓好管理规范免检单位申报工作为契机，进一步夯实规范管理基础，再次获得免检单位称号。进一步强化对应用“三项工作监督管理系统”的情况考核，认真落实“应招尽招、真招实招”相关要求，公开招标项目以及公开招标金额均比同期有较大幅度提升。充分发挥民主监督作用，加大政（企）务公开力度。全年共发布各类信息 19841 条，网上互动评论信息 836200 余条，开展网上调查 27 次，收集职工合理化建议 286 条。充分发挥法律监督作用，全面落实“六五”普法规划，扎实推进“法律三进”活动，在加强制度建设、强化法律监督、防范经济风险、提升依法行政水平等方面均取得较好成效。充分发挥纪检监督作用，认真落实党风廉政建设责任制，加强党员干部党性修养教育，编发《廉政风险防控机制建设工作实施方案》《廉政风险防控管理知识手册》和《企业负责人职务消费行为监督管理办法》，强化对权力运行监督制约。加大对“三重一大”“三项工作”监督检查力度。认真对待群众信访举报工作，持续推进企业廉政文化建设。

凝心聚智促成长，企业发展活力得到激发。“235”主题教育实践活动深入开展，作为省局（公司）“235”教育实践活动重点推进单位，紧紧围绕“创先争优引领组织成长”这一主线，积极探索“三进四融五提升”模式，落实实践载体，创新活动方式，确立“成长在我心、创优我先行”活动主题。结合基层组织创优等活动，把“235”教育实践活动纳入创建评比范围，开展一系列特色鲜明的主题实践活动，进一步激发干部员工工作创造性和能动性，转变工作作风，提升服务水平，客我关系得到较好巩固和发展。实施目标绩效管理取得实效，突出目标引领作用，以各项工作奋力冲刺全省系统第一方阵为努力方向，增强奋力赶超意识。在实际工作中，注重目标制定和实施的质量，注重发挥绩效考核激励作用，注重全员参与，以深入开展“三亮三比三评”活动为抓手，以“督查问责、绩效考评”为手段，组织全员劳动竞赛活动，进而激发员工潜能和工作积极性。努力构建员工成长平台，注重培训效果评估和激励引入，修订完善《教育培训考核办法》。扎实开展技能鉴定工作，全市专业技能人员持证率达到 96.02%，定远县局（营销部）一名员工同时荣获全省系统第一届卷烟商品营销职业技能竞赛优胜奖，以及“省级烟草技术能手”两项荣誉称号。加强人才引进和选拔使用工作，全年共新招聘高校毕业生 4 人，技能员工 4 人，公开竞聘副科级干部 1 人，机关工作人员 4 人，彻底打破身份界限，公平公正晋升通道进一步畅通。四是文化引领作用得到较好发挥。按照省局统一部署，完成“成长”文化与“真・实・人本”文化对接融合，构建“成长・行”子文化体系，并通过验收。与此同时，认真开展文化理念培训，进一步提高干部员工知晓率。不断拓展企业文化建设与文明单位创建等活动有机结合。2012 年，市局（公司）被评为市级文明单位标兵，明光、来安两个县级局被评为市级文明单位。组织参加全省系统“徽映”杯第一届职工体育运动会，取得羽毛球团体第一名和乒乓球团体第二名。新闻宣传工作实现长足进步，获得全省系统三等奖。不断推进创新管理，2012 年，全市系统创新项目数不断增加，有 2 个项目顺利成为省局（公司）年度科技创新面上项目，在县级局单位科技创新项目上实现零突破，有 5 个项目已结题验收。群众性创新工作质量不断提升，全年共注册完成 29 个 QC 小组，有 7 名员工成功取得 QC 诊断师资格。组织市局（公司）第二届 QC 成果发布会，推荐 1 项成果取得全省优秀 QC 小组成果二等奖。《迅雷》与《扬帆启航》小组获得安徽省优秀 QC 小组称号。

【文化和活动】

1. 报刊简介

报刊名	《皖东烟草报》
报刊号/准印证号	—
刊期	月刊
创刊日期	2003 年
联系电话	0550-3216356 0550-3216344
主办单位	滁州市烟草专卖局 安徽省烟草公司滁州市公司

2. 门户网站网址

单位名称	门户网站网址
安徽省烟草公司滁州市公司	http：//www. ahyc. com. cn/cms/cms/website/czsgs/index. jsp

3. 文化活动

5 月 21 日，举办“成长”文化和“徽映”服务品牌培训班。

6 月 12 日，举办领导力、执行力培训。

6 月 26 日，举办“成长在我心，创优我先行”演讲比赛。

12 月 14 日，举办“235”教育实践活动先进事迹报告会。

2012 年滁州市烟草商业系统主要情况统计

地市级局（公司）名称		滁州市烟草专卖局（公司）
主要负责人/法人代表		程旭东
总资产（万元）		111457
资产负债率（%）		9.08
所属县级局（个）		7 个
所属县级营销部（个）		7 个营销部
从业人员（人）		701
所属业务机构	1 个营销中心、1 个电访中心	1 个营销中心、1 个电访中心
	1 个配送中心、4 个配送分库	1 个配送中心、4 个配送分库
	1 个稽查支队	1 个稽查支队

（续表）

地市级局（公司）名称		滁州市烟草专卖局（公司）
销售卷烟	亿支	69.06
	2012 年比 2011 年（%）	1.13
卷烟销售收入（万元）		331054
实现税利	万元	66895
	2012 年比 2011 年（%）	5.58
实现利润	万元	38150
	2012 年比 2011 年（%）	5.07
查处涉烟违法案件（起）		1218
查处涉烟违法案件案值（万元）		590
2012 年度烟草行业投入烟叶生产基础设施建设资金（万元）		—
全年烟水配套工程新增受益面积（万亩）		—
烟叶种植（万亩）		—
烟叶收购（万担）		—
零售户数（户）		16515
零售户销售毛利率（%）		10.6

六安市烟草专卖局（公司）

【概　况】

六安市烟草专卖局、安徽省烟草公司六安市公司成立于 1985 年，现辖寿县、霍邱、舒城、金寨、霍山五个县局和皋城、叶集两个直属分局。截止 2012 年底，全市资产总额 152261 万元，固定资产总额 17683 万元，流动资产总额 138477 万元，资产负债率 6.27%，单位从业人员共 760 人，原聘用在岗人员 550 人。2012 年，荣获六安市 2012 年度“安全生产月”活动先进单位；“裕安组”质量小组荣获“2012 年度安徽省质量信得过班组”称号。

【生产经营】

2012 年实现含税销售收入 39.44 亿元，同比增加 4.12 亿元，增幅 11.65%；实现税利 8.82 亿元，同比增加 0.69 亿元，增幅 8.51%；实现利润 5.26 亿元，同比增长 0.24 亿元，增幅 4.78%；三项费用率 3.66%，同比下降 0.16 个百分点。

2012 年，全市累计销售卷烟 82.02 亿支（16.405 万箱），同比增长 1.01%；其中一类烟销售 11.22 亿支（2.2446 万箱）、同比增长 31%，二类烟销售 22.66 亿支（4.5313 万箱）、同比增长 16.7%，三类烟销售 18.42 亿支（3.6832 万箱）、同比增长 11.9%，四类烟销售 21.18 亿支（4.2370 万箱）、同比下降 15.1%，五类烟销售 8.53 亿支（1.7069 万箱）、同比下降 27.7%；全市销量前三位卷烟品牌为“黄山”“红三环”“红梅”，销量分别为 52.45 亿支（10.4894 万箱）、9.34 亿支（1.8688 万箱）、2.69 亿支（0.5377 万箱）。

品牌培育：紧跟行业品牌发展大势，加强分类指导和梯次管理，完善品牌发展规划，强化工商协同营销，组织开展“品牌培育进千店”活动及“晒晒我的新品培育经验”征文活动，加强目标考核，突出发挥品牌发展导向作用，品牌培育取得预期效果。全市累计销售“532”品牌 49.56 亿支（9.9110 万箱），同比增幅 16.5%，占同类卷烟销量比重 95%，全市销售“461”品牌 369502 万元，同比增幅 15.5%，占总销售收入比重 94%。全市焦油含量 8mg 以下卷烟累计实现销量 9.98 亿支（1.9949 万箱），同比增长 284%，占总量比重 12.16%，6mg 以下卷烟实现销量 0.07 亿支（0.0180 万箱），同比增长 93.5%。全市“双喜·红双喜”“七匹狼”“娇子”“金圣”四个责任品牌分别销售 0.99 亿支（0.2479 万箱）、0.09 亿支（0.0220 万箱）、0.09 亿支（0.0226 万箱）、0.04 亿支（0.0109 万箱），均在 11 月提前完成全年目标。荣获省局（公司）2012 年度品牌培育建功立业活动一等奖。

网络建设：始终以零售客户为中心，持续提高客户服务水平。2012 年，六安市公司零售客户综合满意度为 96%，高于全省平均水平；客户投诉率降低至 1.2‰，低于全省平均水平。网上订货顺利开展。全年月均网上订货户数比重达 75.64%，月均网上订货总量比重 88.19%，月均网上订货金额比重 90.20%，月均网上订货成功率为 94.43%，各项指标在全省系统均处于较高水平。全面推广“135”工作法。针对“135”工作法推进应用中出现的问题和难点，下发《135 营销服务平台系统完善情况说明》，有效提高营销服务平台应用。终端建设稳步推进。开展卷烟零售终端摸底调研工作，结合网建检查走访，全面把握零售终端现状及变化趋势，系统规划十二五期间零售终端建设路径，切实引导零售终端由初始化向优质化、功能化转变。

订单供货：修订完善《六安市烟草公司货源分配管理办法》《六安市烟草公司高价位卷烟规格投放规定》，制定《六安市烟草公司星级客户评选及管理办法》《六安市烟草公司商超类客户管理办法》，从制度方面加强货源供应尤其是紧俏货源分配规范管理。建立完善市场调研和信息反馈机制，掌握第一手市场资料，尽量减少货源供应波动，满足市场需求。2012 年，全市客户月均订单满足率达 92.7%，卷烟市场供求关系得到进一步改善。

物流建设：围绕年度重点任务，坚持以精益物流、科技物流、人本物流为导向，以新仓库建设为契机，大力推进省局（公司）物流试点项目建设，运用信息手段，突出物流建设、管理、运行三大环节，配送各项指标运行情况良好。分拣打码到户、配送到位率 100%，电子结算率 99.3%，单箱物流费用 159.76 元，比全省平均水平低 34.84 元，物流费用率 0.78%，低于全省平均水平 0.16 个百分点，全年无安全事故，实现低成本、高效率运作。

【专卖管理】

监管机制不断完善，执法主体得以加强。市场监管充分发挥“两个机制”作用，加大市场整治力度，相继开展“两节”市场集中整治、“金龙一号”“金龙二号”等专项行动。共查处各类违法案件1834起，同比下降23.8%，其中案值5万元以上案件4起；查获违法卷烟341件，同比下降49.7%，其中假冒卷烟31.56件，无计划流入卷烟309件，走私烟0.59件，案值241.23万元。与此同时，积极协调工商部门开展无证户清理取缔工作，积极开展法律宣传，增强消费者维权意识。不断完善常态化内部监管机制，落实监管与被监管工作应承担责任，确保监管到位。加强对预警点分析处理，认真落实整改措施并做好追踪，促进企业自律。优秀县级局和基层队所标准化建设得到进一步推进，硬件建设有序跟进，扎实开展“六创标杆”活动，为基层专卖管理标准化建设探索有益经验。

【企业管理】

基础管理不断增强，各项工作规范有序。进一步提高组织体系科学化水平，加强内设机构整合调整，保证组织体系严格规范。员工工资分配进一步向新员工和基层一线岗位倾斜，确保收入水平对外具有竞争性、对内具有激励性。扎实推进“管理创一流”活动，大力加强科技创新和企业管理工作。通过科技项目实施，实现关键技术突破；通过QC小组活动，带动全员创新，推动全面提升。通过开展“全面优化质量管理体系建设暨迎接省级审核”活动，形成以“明理念、明目标、明重点、明方法、明步骤”为核心的“五明”体系管理平台，顺利通过省级审核。扎实开展“三项工作”，对物资采购、宣传促销和工程投资项目进行全面检查，进一步增强规范意识。积极落实“应招必招，能招尽招，真招实招”要求，公开招标项目数和项目金额同比大幅提升。深入推进政务公开工作，全面公开办事流程，建立内部监管工作长效机制。预算管理大力推进“全员参与、全面考核、全过程控制”，成本费用控制取得显著成效，实现总费用率同比下降0.18个百分点。迎接国家局经济责任审计和全面审计重点检查，全面提升管理精细化程度和审计监督工作水平。安全管理注重将标准化建设与职业健康安全管理体系相融合，通过体系有效运行，实现标准化有力推进。信息建设注重基础，并围绕技术创新和重点项目建设，积极发挥信息保障支撑作用，提高统计应用水平，保障信息网络系统稳定运行。

【员工教育培训】

以“夯实队伍基础”为工作重点，不断加强全员培训工作，全年组织培训36批次，培训员工2900人次，有效促进教育培训质量提高和员工队伍素质整体提升。打通晋升通道，相继开展专卖序列岗位技能评聘、专业技术岗位评聘和新员工招聘工作，为“卷烟上水平”和“建设成长型企业”提供强有力的人才支撑。在全省系统开展专卖技能竞赛、驾驶员技能竞赛、优秀QC小组评选等各类评比竞赛中荣获较好成绩。

【思想政治工作】

思想教育以践行“235”教育实践活动为重点，不断深化活动主题、创新活动载体、拓展活动渠道，与企业文化建设相结合，与学习型企业建设相结合，与基层创优相结合，与企业管理相结合，取得阶段性成效。开展“创先争优喜迎十八大”主题建设年活动，党的十八大召开后，在抓理论学习的同时，注重各项工作落实，坚持把学习贯彻党的十八大精神与企业文化建设、“235”教育实践活动、基层单位创优、加强领导班子和干部队伍建设、党的建设等有机结合起来，有效促进各项工作顺利完成。

【文化建设】

深入推进企业文化建设，实现“成长”文化与“韧”文化有机融合，构建“161”母子文化架构。深入开展“成长”文化与“徽映”服务品牌宣贯，结合各类主题活动，积极开展文体活动，全面落实老干部生活待遇、政治待遇，增强员工归属感。认真开展基层党组织“百千万”工程暨结对共建活动，积极参与各类公益事业，共捐款近30万元，树立良好的社会形象。

【文化和活动】

3月8日，开展“三八”节女性专题文化知识讲座。

4月至11月，开展“读书学习、学以致用”主题活动。

5月，开展思想政治论文课题研究活动。

7月，召开“成长”文化融合座谈会；开展“235”教育实践活动专题大讨论活动。

8月，开展“立足岗位创一流，推进成长做贡献”主题活动。

【门户网站】

单位名称	门户网站网址
六安市烟草专卖局（公司）	http：//ah. tobacco. com. cn/cms/cms/website/lasgs/index. jsp

【特事要辑】

1月4日，省局（公司）局长、总经理、党组书记问武，一行到六安市局（公司）基层单位调研慰问。

4月16日，国家烟草专卖局全面审计检查组到六安市局（公司）开展全面审计重点检查工作。

7月17日，省局（公司）在六安召开“管理创一流”活动启动暨管理体系工作交流会。

9月12~13日，省局（公司）总会计师贾零霓到六安市局（公司）开展“235”教育实践活动第二次集中调研。

10月31日，国家局巡视组到六安市局（公司），通过听取汇报、个别谈话、查看资料等方式开展巡视工作。

11月1日，省局（公司）局长、总经理问武，副巡视员曹永钦到六安市霍山县局调研。

2012 年六安市烟草商业系统主要情况统计

<table>
<tr><td colspan="2">地市级局（公司）名称</td><td>六安市烟草专卖局（公司）</td></tr>
<tr><td colspan="2">主要负责人/法人代表</td><td>时玉玲（—2012. 12）
王世华（2012. 12—）</td></tr>
<tr><td colspan="2">总资产（万元）</td><td>152261</td></tr>
<tr><td colspan="2">资产负债率（%）</td><td>6. 27</td></tr>
<tr><td colspan="2">所属县级局（个）</td><td>7</td></tr>
<tr><td colspan="2">所属县级营销部（个）</td><td>6 个营销部</td></tr>
<tr><td colspan="2">从业人员（人）</td><td>760</td></tr>
<tr><td rowspan="4">所属业务机构</td><td>营销机构</td><td>1 个营销中心、1 个电访中心</td></tr>
<tr><td>物流配送机构</td><td>1 个配送中心
（4 个中转站、1 个分库）</td></tr>
<tr><td>专卖稽查机构</td><td>1 个稽查支队、8 个稽查中队、
20 个管理所</td></tr>
<tr><td>烟叶机构</td><td>—</td></tr>
<tr><td rowspan="2">销售卷烟</td><td>亿支</td><td>82. 02</td></tr>
<tr><td>2012 年比 2011 年（%）</td><td>1. 01</td></tr>
<tr><td colspan="2">卷烟销售收入（万元）</td><td>393830</td></tr>
<tr><td rowspan="2">实现税利</td><td>万元</td><td>88228</td></tr>
<tr><td>2012 年比 2011 年（%）</td><td>8. 51</td></tr>
<tr><td rowspan="2">实现利润</td><td>万元</td><td>52634</td></tr>
<tr><td>2012 年比 2011 年（%）</td><td>4. 78</td></tr>
<tr><td colspan="2">查处涉烟违法案件（起）</td><td>1834</td></tr>
<tr><td colspan="2">查处涉烟违法案件案值（万元）</td><td>241. 23</td></tr>
<tr><td colspan="2">2011 年度烟草行业投入烟叶生产基础设施建设资金（万元）</td><td>—</td></tr>
<tr><td colspan="2">全年烟水配套工程累计受益面积（万亩）</td><td>—</td></tr>
<tr><td colspan="2">烟叶种植（亩）</td><td>—</td></tr>
<tr><td colspan="2">烟叶收购（担）</td><td>—</td></tr>
<tr><td colspan="2">零售户数（户）</td><td>27290</td></tr>
<tr><td colspan="2">零售户销售毛利率（%）</td><td>11. 00</td></tr>
</table>

马鞍山市烟草专卖局（公司）

【概　况】

马鞍山市烟草专卖局、安徽省烟草公司马鞍山市公司，简称“马鞍山市局（公司）”始建于1981年10月。2000年10月，取消当涂县烟草公司法人代表资格。2005年11月，成立马鞍山市烟草专卖局钢城分局。2011年11月，因安徽行政区划调整后烟草组织机构相应调整，原巢湖市烟草专卖局（公司）所辖含山县烟草专卖局（营销部）、和县烟草专卖局（营销部）（不含沈巷镇烟草卷烟经营和烟草专卖管理）成建制划归马鞍山市烟草专卖局（公司）管辖。2012年，总资产（年末值）100701万元，固定资产（年末净值）6301万元，流动资产89078万元；资产负债率4.5%。共有从业人员440人（其中原聘用员工304人）。2012年，马鞍山市局（公司）被国家烟草专卖局评为全国卷烟打假工作先进集体、全国烟草行业现代卷烟配送中心示范单位，被中共安徽省委政法委、安徽省烟草专卖局评为全省卷烟打假工作先进集体，被安徽省安全生产监督管理局评为全省二级安全生产标准化企业，被安徽省经济和信息化委员会、省质量管理协会、省总工会、共青团安徽省委员会、省妇女联合会、省科学技术协会评为2012年安徽省质量管理小组活动优秀企业，被马鞍山市委、市政府评为2012年马鞍山企业100强和马鞍山服务业企业20强等称号。

【生产经营】

经济运行保持稳中求进。把握形势走向，加强对经济运行宏观调控和合理安排，突出品牌培育，维护流通秩序，提升经济增长质量和效益。累计销售卷烟38.324亿支（7.6648万箱），同比增幅1.6%（其中：省产卷烟和省外卷烟各占销量比重52.1%和47.9%）；实现含税销售收入22.84亿元，同比增幅9.7%；实现卷烟毛利5.2亿元，同比增加1.6亿元；实现利税5.3亿元，同比增加1.7亿元（其中：税金3亿元，同比增幅55%）；单条均价119.19元，同比增加8.8元/条；费用率为4.6%；国有资产保值增值率为115%。安全生产零事故。市场经营水平继续提升。坚持“控总量、调结构、降库存、稳价格”和“渐进式调控”工作方针，把握市场变化，科学组织货源，保持销量稳定增长良好市场状态。聚焦品牌培育，深入推进“知名品牌培育建功立业”活动，重点培育品牌集中度达到89.8%，“532”“461”品牌销量、销售额分别增长5.3%和11.3%，分别占总销量、总销售额比重67.5%和95.9%。“黄山”销量达到17.33亿支（3.466万箱），其中“黄山”1～3类烟销售12.993亿支（2.5986万箱），同比增幅8.2%。“双低”品牌销量5.218亿支（1.0436万箱），同比增幅221.9%，占总销量比重13.6%［其中：实现6mg及以下卷烟销量0.1895亿支（0.0379万箱），同比增长193.5%］。4个责任品牌销量1.476亿支（0.2952万箱），同比增幅24.3%，圆满完成年度目标，形成品牌共同发展格局。卷烟销售结构较为合理，一、二、三类卷烟销量同比增幅分别为15.7%、11.9%和

4%。本地区销量居前三位的卷烟品牌分别是“黄山”“南京”“利群”，销量分别为17.33亿支（3.466万箱）、3.5265亿支（0.7053万箱）、2.2115亿支（0.4423万箱）。加强和完善营销网络建设，网上订货达9753户，网订覆盖面为92.2%，网上订货成功率为93.8%，网上订货量比重为95.33%；电子结算面和网上结算销量比重均达100%，网上结算资金比重达97.85%。发展“贷记卡”用户397名。发展IPTV电视订货用户115名，占非网上订货户14%。“徽映e家”零售客户经营管理系统应用1160户，国家局和省局（公司）分别在马鞍山市局召开会议进行推广，得到国家局和省局（公司）肯定。深入应用“135”工作法等营销手段，提升市场营销水平。2012年，销售预测准确率达99.2%，月库存控制在省公司控库指标以内，订单满足率达到78.9%，同比上升24.2个百分点。零售毛利率11.3%，同比提高0.7个百分点。严格贯彻“六个严禁，一个严控”，深入开展“天价烟”专项检查。提升现代物流水平。分拣打码速度达到1.5万条/小时。实行“次日送货”“单车双班”，客户订单响应时间由48小时缩短为24小时，被列为全国烟草行业现代卷烟配送中心示范单位。

【专卖管理】

市场监管能力逐渐增强。始终把增强市场环境控制能力摆在突出位置，发挥两个联席会议制度作用，做好涉烟刑事案件管辖权由经侦部门移交治安部门工作衔接。紧抓“打团破网”工作，深挖犯罪团伙，开展“金龙一号”“金龙二号”专项行动，加强市场日常整治，保持对市场的高压态势。破获涉烟案件831起，查获非法卷烟26108条（其中假烟1044.2条），破获10万元以上案件2起，刑事拘留4人，判刑7人（其中：被判处10年以上有期徒刑2人，有1人被判处无期徒刑），移交工商部门处理行政处罚案件222起，上缴财政罚没款68.45万元（含罚没烟变卖款47.8万元）。进一步创新监管方式，积极探索专卖管理社会化工作。“卷烟打假进社区（村）”工作推进到292个社区和行政村。送电影进社区和行政村160场。开展真假卷烟鉴别比赛活动151场次，参赛人员4178人（其中消费者3186人）。评选5批1189名“诚信守法卷烟经营户”，对91名不守法的“诚信守法卷烟经营户”进行公开摘牌。开展“标兵县级局、标兵队所、标兵线路和标兵专卖管理员”四级联创等活动，探索“说理式”办案、电子办案、网上办案等模式。加强内部监管，没有不规范行为。第二次被评为全国卷烟打假工作先进集体，并受到省委政法委和省局表彰。

【企业管理】

基础管理工作质量得到巩固。认真落实全省系统“两项工作”推进会、整顿规范专题工作会议精神，规范执行，严格自查，加强监管，坚持公开。预算管理取得新突破，综合得分位列全省系统第三位。上线资产管理子系统与资金监管系统、“三项工作”监管系统，迎接全面审计复查，认真做好管理规范免检工作。审计派驻办被省局（公司）评为优秀审计派驻办。推进“管理创一流”和创建优秀地市局（公司）活动，被列为全省系统“管理创一流”活动试点单位，创建优秀市局（公司）活动量化指标达标率为92%。各项标准化管理体系建设与执行落实到位，扎实开展对标工作。推进安全标准化建设，严格落实各类应急预案，强化安全基础管理，通过安全生产二级达标评审。鼓励和支持群众性创新和改革，开展35个QC小组课题研究，活动普及率达49%，多个QC小组和课题在国家局、省局（公司）评比中获奖。两个课题被列为省局（公司）面上项目，市局（公司）被列为全省系统市场信息自动采集系统推广与应用方法研究项目和承担单位之一，烟草专卖社区化管理研究与实践课题通过省局（公司）科技项目验收。信息化建设稳步推进，有效集成整合各类信息化应用平台。基建投资工作规范扎实开展。信访、保密工作扎实，保持企业稳定。积极履行企业责任，加强政风行风建设，提升社会形象，被评为2012年马鞍山企业100强和马鞍山服务业企业20强，市委书记、市长分别就烟草工作批示予以肯定，管理经验在全市推广。

【队伍建设】

认真学习贯彻落实党的十八大精神和中央政治局关于改进工作作风、密切联系群众“八项规定”，扎实开展以“创先争优引领组织成长”为主题的“235”教育实践活动和服务品牌建设年活动，开展“三进三服务三提高”“有事请找我”等服务实践活动。加强教育培训，队伍整体素质有所提升，在全省系统岗位技能竞赛中，2个团体和4名员工分获“团体优胜”单位、“十佳”个人和技术能手称号。开展“保持党的纯洁性、迎接十八大”主题教育实践活动，严格落实党风廉政建设责任制，做好廉政风险防控机制和廉政文化建设。深入推进“六五”普法工作，全员法制意识普遍增强。同时认真做好离退休老干部服务等工作。

【企业文化】

推进文化体系融合和“徽映”服务品牌宣贯，建设“感知徽映”中心。成功举办第五届职工运动会。出版发布《马鞍山烟草志》。

【文化和活动】

5月18日，举办全市系统第五届职工运动会。

7月27日，举办“成长·馨”文化大讲堂——创先争优先进事迹巡回演讲会。

10月17~30日，举办“聚焦新马烟，喜迎十八大”摄影大赛；29日，举行新办公楼启用升旗仪式，同日，举行《马鞍山烟草志》发布会。

12月10日，举办“235”教育实践活动先进事迹演讲比赛。

1. 单位报刊简介

报刊名	《馨视野》
报刊号/准印证号	
刊期	月刊
创刊日期	2012年
联系电话	0555-2333497
主办单位	马鞍山市局（公司）办公室

2. 门户网站网址

单位名称	门户网站网址
马鞍山市烟草专卖局（公司）	http：//10.49.152.102/

2012 年马鞍山市烟草商业系统主要情况统计

地市级局（公司）名称		马鞍山市烟草专卖局（公司）
主要负责人/法人代表		施书林
总资产（万元）		100701
资产负债率（%）		4.5
所属县级局（个）		4 个县级局
所属县级营销部（个）		4 个营销部
从业人员（人）		440
所属业务机构	营销机构	1 个营销中心
	物流配送机构	1 个物流中心、1 个配送站
	专卖稽查机构	1 个稽查支队
	烟叶机构	—
销售卷烟	亿支	38.3
	2012 年比 2011 年（%）	149.9
卷烟销售收入（万元）		228390
实现税利	万元	53397
	2012 年比 2011 年（%）	147.8
实现利润	万元	31563
	2012 年比 2011 年（%）	139.8
查处涉烟违法案件（起）		831
查处涉烟违法案件案值（万元）		288.7
2012 年度烟草行业投入烟叶生产基础设施建设资金（万元）		—
全年烟水配套工程新增受益面积（万亩）		—
烟叶种植（万亩）		—
烟叶收购（万担）		—
零售户数（户）		10563
零售户销售毛利率（%）		11.3

芜湖市烟草专卖局（公司）

【概　况】

芜湖市烟草专卖局、安徽省烟草公司芜湖市公司，成立于2000年4月；下辖无为、芜湖、繁昌、南陵县局（营销部）；总资产（年末值）145319万元、固定资产（年末净值）5431万元、流动资产135462万元、资产负债率3.86%；从业人员总数565人。

【生产经营】

2012年，累计销售卷烟61.41亿支，同比60.08亿支，多销1.33亿支，增幅2.22%。其中一类卷烟销售12.35亿支，同比10.74亿支，多销1.61亿支，增幅15.02%；二类卷烟销售11.62亿支，同比9.61亿支，多销2.01亿支，增幅20.88%；三类卷烟销售22.76亿支，同比22.78亿支，减销0.02亿支，降幅0.10%；四类卷烟销售11.38亿支，同比12.76亿支，减销1.38亿支，降幅10.80%；五类卷烟销售3.30亿支，同比4.18亿支，减销0.88亿支，降幅21.15%。2012年销量排名前三卷烟品牌是“黄山”品牌、“盛唐”品牌、“云烟”品牌，销量分别为36.27亿支、3.52亿支、3.16亿支。

【专卖管理】

坚持并不断完善政法烟草与行政执法两个联席制度，深化与各行政执法部门沟通和协调，实现从侦破、立案到批捕、起诉、审判各环节畅通与高效。

元月和二月份，相继开展“11-3”等系列专项行动收尾工作；三、四、五月份，按照市局要求，各级专卖管理部门组织开展为期90天的“金龙一号”专项市场整治行动。九月份，开展“国庆、中秋”双节和“天价烟”专项市场整治活动，重点对“名烟名酒店”、“烟酒礼品店”、繁华路段等卷烟经营户进行清理整顿；十二月份，根据省局要求及时下发“金龙二号”烟草市场整治专项行动实施方案，对全市开展好此项行动进行全面部署。

2012年，成功破获一批有影响力案件，其中，“11·24”假冒卷烟案件查扣5个品种近1100条假冒卷烟，涉案金额55.7万元。两名涉案当事人分别被判处有期徒刑3年零9个月和两年零8个月。全年全区共出动专卖执法人员24432人次，出动公安、工商执法人员245人次，查获涉烟案件713起，查扣各类非法卷烟共计27598.9条（其中假冒卷烟2229.9条，占8%），涉案金额490万元。完成省局标准网络案件3起，向公安机关移送案件16起，判刑14人，刑事拘留11人。

认真对商业企业、工业企业和烟叶企业的生产经营全过程开展监管检查。利用内部专卖管理监督信息系统，处理各类预警68086条，处理率100%。

大要案件；“11·24”销售伪劣产品案件。2011年11月24日，芜湖市烟草专卖局直属分局根据举报信息，在弋江公安分局民警配合下，对芜湖市弋江嘉园生嵩园 15 幢 1 单元 XX 室陈某、王某租住房屋进行依法检查，在房间内查获硬“中华”卷烟 495 条、硬（黄）“芙蓉王”47 条、硬“冬虫夏草”35 条、软“皖烟（经典）”15 条、合计 5 个品牌、1084 条卷烟，总案值 55.7 万元。涉案卷烟经安徽省烟草质量监督检验站鉴定为假冒注册商标且伪劣卷烟。本案于查获当日移送至芜湖市弋江区公安分局。经弋江区公安分局经侦大队侦查、弋江区人民检察院起诉，芜湖市弋江区人民法院审理后判决《（2012）弋刑初字第 00071 号刑事判决书》：被告人陈某、王某犯销售伪劣产品罪，分别判处有期徒刑三年零九个月、罚金 10 万元和二年零八个月、罚金 8 万元。

“7・19”非法经营案件。2012 年 7 月 19 日，芜湖市烟草专卖局直属分局接到群众举报，对市区梅莲路一间从事礼品回收场所进行突击检查，当场缴获董某假冒注册商标且伪劣卷烟 118 条，品牌有软“中华”、硬“中华”，总案值 7 万余元。

本案于查获当天移交芜湖市镜湖公安分局。经镜湖区公安分局经侦大队侦查、镜湖区人民检察院起诉，芜湖市弋江区人民法院审理后判决《（2012）镜刑初字第 00449 号刑事判决书》：被告人董某犯非法经营罪，被判处有期徒刑一年，宣告缓刑二年，并处罚金 2 万元。

【企业管理】

以制度梳理与执行力考核为抓手，狠抓制度建设；以民主集中制和“三重一大”决策为重点，狠抓权力运行监督；以全面预算管理为支撑，狠抓财经秩序整顿；以全面审计整改为基础，提升专项审计质量；以“五条禁令”为依据，狠抓卷烟流通秩序整顿；以“三项检查”为契机，狠抓基建工程、大宗物资采购、广告宣传等关键项目规范。

逐级签订《安全责任状》，高度重视信访稳定工作，密切关注内外舆情，及时回复地方政府网站市民咨询与投诉。大力开展党风廉政建设，努力营造“风清、人正、气顺”的良好氛围。全年无一起行政败诉案件、无一起经济责任案件、无一起恶性上访事件、无一起重大安全责任事故。

【信息化建设】

深入推进政（企）务公开，有效保障员工知情权、参与权、表达权和监督权，全年面向全省系统公开信息 2427 条，面向本单位公开信息 2360 条，面向社会公开信息近 200 条，点击次数超过 130 万次。

【人力资源管理】

认真做好行政区划调整划转人员人事档案管理，同步完成划转员工人事系统基本信息维护工作。建立新员工人事档案，实现“一人一档”，并建立新员工个人成长档案，有效促进新员工职业生涯目标实现。全年举办一级培训 20 期，参训人员达 1400 余人次；各单位（部门）组织二级培训 80 余期，参训人数达 2000 余人次。共计投入培训费用约 131.6 万元，同比上年增加投入 80 余万元。组织 5 个批次 140 余人参加职业技能鉴定考试。专卖、营销、物流三个序列中高级以上持证人员比例达 83%。

【思想政治工作】

深入开展以“保持党的纯洁性、迎接党的十八大”为主题的一系列教育实践活动。

【企业文化】

构建学习平台，引领员工价值取向。组织全体员工进行企业文化相关知识网上问卷调查，学测结合，引导员工领悟企业文化内涵。

丰富宣传载体，创造浓厚文化氛围。筹建“感知徽映”体验式营销中心，利用多种宣传载体，促使企业文化直观展现。

深入开展活动，助推行业文化宣贯。扎实开展“235”教育实践活动，尤其是南陵县局“235”活动取得显著成效，经安徽省委组织部推荐上报至中央创先争优活动领导小组办公室，在中央《深入开展创先争优活动简报》刊载专题报道。11 月份在南陵县局承办全省推进“235”教育实践活动现场会。

【文化和活动】

2012 年 11 月，承办全省烟草商业系统在南陵县局举办“235”活动现场会。

2012 年，着手开展省市母子文化对接工作；开展“235”演讲比赛和全市巡回演讲；成立棋牌、钓鱼、户外、球类、书画摄影协会，开展培训和比赛。

【门户网站网址】

单位名称	门户网站网址
芜湖烟草专卖局（公司）	http：//10. 49. 32. 21/

【特事要辑】

4 月 11 日，省局（公司）在芜湖召开皖南片区卷烟营销座谈会，问武局长及省局有关领导亲临会议。

4 月 10 日和 5 月 29 日，省局（公司）局长、总经理问武一行来芜湖考察调研。

8 月 27 日，国家局副局长何泽华及全省工商系统有关领导来芜湖考察调研。

9 月 11 日和 10 月 31 日，省局（公司）局长、总经理问武一行来芜湖就“235”工作进行考察调研。

11 月 2 日，国家局巡视组来芜湖考察调研；22 日，芜湖市局承办全省烟草商业系统在南陵县局召开“235”活动现场会。

12 月 13 日，芜湖市局（公司）领导班子调整。原主要领导谢建生任调研员；胡家木任局长、经理、党组书记；副局长、副经理施书林调马鞍山市局（公司）担任主要领导职务。

2012 年芜湖市烟草商业系统主要情况统计

地市级局（公司）名称		芜湖市烟草专卖局（公司）
主要负责人/法人代表		谢建生
总资产（万元）		145319
资产负债率（%）		3.86
所属县级局（个）		4
所属县级营销部（个）		4
从业人员（人）		565
所属业务机构	访销机构	1
	物流配送机构	1 个物流中心、2 个配送站
	稽查机构	1
	烟叶机构	–
销售卷烟	亿支	61.41
	2012 年比 2011 年（%）	2.22
卷烟销售收入（万元）		275748（不含税）
实现税利	万元	76485
	2012 年比 2011 年（%）	44.10
实现利润	万元	46673
	2012 年比 2011 年（%）	38.49
查处涉烟违法案件（起）		713
查处涉烟违法案件案值（万元）		490
2012 年度烟草行业投入烟叶生产基础设施建设资金（万元）		–
全年烟水配套工程累计受益面积（万亩）		–
烟叶种植（亩）		–
烟叶收购（担）		–
零售户数（户）		13798
零售户销售毛利率（%）		10.4

宣城市烟草专卖局（公司）

【概　况】

宣城市烟草专卖局、安徽省烟草公司宣城市公司成立于1984年10月，现下辖宣州、郎溪、广德、宁国、泾县、绩溪、旌德七个县级局。截至2012年末，总资产109548万元，固定资产净值17703万元，流动资产83101万元，资产负债率4.69%；共有从业人员553人，其中原聘用员工388人。2012年，营销管理中心市场部被安徽省经济和信息化委员会、安徽省总工会、安徽省妇女联合会、安徽省科学技术会、安徽省质量管理协会授予全国质量信得过班组称号；创意qc小组、满意百分百qc小组、节流qc小组、蚂蚁qc小组、黑丝带qc小组被安徽省经济和信息化委员会、安徽省总工会、安徽省妇女联合会、安徽省科学技术会、安徽省质量管理协会授予安徽省2012年优秀质量管理小组称号。

【生产经营】

2012年，企业实现税利51485万元，同比增长0.2%；利润29171万元，同比下降增幅2.2%。2012年，全市共销售卷烟49.23亿支（9.84万箱），同比增长1.19%。其中一类烟销售9.994亿支（1.999万箱），同比增长15.71%；二类烟销售5.988亿支（1.198万箱），同比增长10.60%；三类烟销售17.783亿支（3.557万箱），同比增长8.57%；四类烟销售12.653亿支（2.531万箱），同比下降14.19%；五类烟销售2.81亿支（0.562万箱），同比下降19.16%。销量居前三位品牌为“黄山”“利群”“盛唐”，其中销售“黄山”品牌26.661亿支（5.332万箱）、“利群”3.61亿支（0.722万箱）、“云烟”2.234亿支（0.447万箱）。累计销售行业重点骨干品牌85947箱、同比增长4.58%，比重为87.29%；累计销售“532”潜力品牌62394箱、同比增长10.9%，占三类以上卷烟销量比重92.4%；“461”潜力品牌实现销售收入23.93亿元、同比增长8.9%，比重为95.3%。“双低”品牌快速发展，全年销售低焦卷烟12146箱、同比增长271.2%，比重为12.34%；6mg（含）以下卷烟累计销售584箱、同比增长224.8%，比重为0.59%。销售“黄山”品牌卷烟26.661亿支（5.332万箱），其中1~3类烟销售16.32亿支（3.264万）箱、同比增长9.08%，“黄山金皖”累计销售0.62亿支（0.125万箱），同比增长80.62%。卷烟实现销售收入214664万元，同比增长18.0%；实现税利51485万元，同比增长0.2%；利润29171万元，同比下降增幅2.2%。公司三项费用率6.36%，同比增长0.15个百分点。

营销管理重点工作。建设“1113”工程，建成1个“感知徽映中心”；帮助10个零售客户建成“现代功能终端”；帮促100个零售客户建成“优质功能终端”；帮扶3000个零售客户建成“标准功能终端”。网上订货率92.3%、成功率97.5%；电结入网率达

99.7%。积极探索“客户积分制”管理，探索功能服务区建设。全年发生96300客户投诉23起，同比减少7起；客户投诉率1.6‰（全省为1.8‰）；全年客户满意度为91.5分，同比提高1.3分。试行物流相对独立运行机制，作为全省第一批试点单位，逐步实施人、财、物相对独立运行。2012年，完成“五改四”送货模式创新、“四改二”送货频次创立、送货线路资源优化整合，减少年度费用50万元左右。与全省系统平均水平比，单箱仓储分拣费用低1.57元/箱，单箱配送费用低3.35元/箱，人工费用比重低3.29%。2012年初顺利承办全省物流建设现场会。

【专卖管理】

完善“两个联席会议”机制净化辖区市场。案件经营绩效创近5年来新高，2012年度共查处各类违法卷烟案件751起，其中5万元以上案件24起（10万元案件13起；国家局、省局标准网络案件分别2起和4起）；查获各类违法卷烟445.2件、同比上升17.7%；罚没款61万元；依法刑事拘留23人、批捕11人、判刑7人。围绕专卖基层建设重点开展县局创优，县级局均通过省局验收。12月份，在广德县召开全省系统创建优秀县级局现场会。落实专卖内管工作规范提高自律水平。对10个规格“天价烟”、725户零售户开展专项检查和入户宣传。烟叶抽查面达20%以上，废弃烟种烟苗处理监管率达100%，未发现违规违纪现象。全市系统共产生预警3万余条，处理率近90%。

【企业管理】

发挥财审防控职能。健全预算定额标准体系，落实省局五项费用压缩5%目标。发挥审计风险防范作用，全年完成决算审计12项，审减率达17%。落实“两项工作”规范要求。开展供应商名录建立、完善、梳理、招标工作，扎实推进“应招尽招”试点。连续两届荣获省局管理规范“免检单位”称号。发挥各项管理体系实效。修订宣烟质量管理体系方针、文件和目标。在率先通过省局（公司）质量管理体系省级审核（行审）基础上申请通过外部认证；通过省安监局二级企业达标评审。

【技术创新】

召开两级QC成果发布会，全年发放科技创新奖励3.6万元，年度新注册QC小组58个，科技创新项目市局层面7个。

【人事与劳资】

统一全市系统内设机构及相关职能、岗位设置，推行专业技术聘任，开展上挂下派。专卖、营销序列持证率分别达到97.2%、97.8%；营销队伍建设、科技创新、信息技术管理等工作在全省系统相关会议上作典型交流。

【思想政治工作】

“235”活动丰富多彩。开办“235”专题网页，统一制作宣传标语87条、展板152块、展架38个；编发“235”活动简报38期；结合创先争优，以“党员就在我身边”为口号开展“八个一”实践活动，主要做法在国家局简报（2012 年第 3 期）专版刊发，并得到省委督察组肯定；先后开展“将 3 · 5 变为 365”学雷锋常态化、“基层月”“百名客户走进宣烟面对面”“宣烟服务之我见征文演讲”“我为宣烟献一计”等主题活动。多次征集员工和客户各类意见与建议 264 条、“金点子”87 个，逐件落实反馈。全面推行“7S”管理。帮助员工解决家庭困难，宣烟“徽映”帮扶基金收到 837 人次捐款 18 万余元，对 26 名基层困难员工进行帮扶。结对共建基层队所和班组 18 个、青年员工 4 名、零售客户 55 名，活动达 300 多人次。系统构建学习型组织。创建倡学、导学、研学、督学四个机制。全年开办一级培训班 19 个，参训人员达 2800 余人次，投入培训经费 117 万元、同比增长 40%。当年，在行业第八次企业文化建设现场会上作交流发言，是唯一一家地市级公司，获国家烟草专卖局领导点名肯定。代表宣城市企业在第三届安徽企业文化论坛上交流发言。廉政风险防控体系建设有力推进，相继开展“廉政文化周”、“作风建设年”、“保持党的纯洁性，迎接党的十八大”等系列活动。

【企业文化】

明确“思源成长”主题。开展系列文化宣贯活动，配合省局政工处合作探索研究“徽映”服务品牌管理体系建设；全员学习演练行业行为规范；举办第一届员工大型综合运动会；开展“四项文体活动”（太极拳、工间操、足球俱乐部、乐队）；以“成长源动力　徽映你我他”为主题，开展扶助慰问活动；大力开展志愿者活动，全年员工参与义务献血 65 人次、“绿丝带”爱心送考 47 人次、全市青年志愿者活动 126 人次；深入开展文明创建，蝉联第九届省文明单位称号。

【文化和活动】

1 月 17 日，参加“情暖春运　一路有我”志愿者服务活动；18 日，邀请宣城市书法家义务写春联活动；14 日，开展“迎新春　贺佳节”春联征集评审活动。

2 月 13 日，职工书屋“每周一小时”读书活动正式启动。

3 月 9 日，组织员工参加义务献血活动；9 ~ 10 日，开展迎“三八”黄山欢乐行活动；10 日，组织员工参见敬亭山义务植树活动；20 日，召开“四项文体活动（太极拳、广播操、足球、乐器）”启动会；28 日，全员学太极拳正式启动。

4 月 17 日，召开深入持久学雷锋常态化启动布置会；25 日，“徽映青檀”足球俱乐部正式成立。

5 月 3 日，参加团市委举办的纪念建团九十周年表彰大会暨文艺汇演志愿活动。

6 月 7 ~ 8 日，积极参加“绿丝带”爱心送考活动；28 日，举办第三届员工书画摄影巡回展。

7 月 20 日，举办深入推进“235”教育实践活动演讲比赛。

9 月 4 ~ 6 日，举办全省系统“徽映”杯首届职工体育运动会扑克牌 80 分南片区预赛；15 日，“徽映青檀”足球队参加“徽映杯”2012 年宣城市区业余足球超级联赛；21 日，宣城烟草第一届员工运动会正式开幕。

11 月 3 日，参与美好乡村义务清扫活动；16 日，成立宣城烟草摄影协会；21 ~ 22 日，组织开展2012年度第二期“徽映青檀”成长团队拓展训练。

1. 内部报刊

报刊名	《徽映敬亭》
报刊号/准印证号	无
刊期	月刊
创刊日期	2009年
联系电话	0556-2615100
主办单位	宣城市局（公司）

2. 门户网站网址

单位名称	门户网站网址
宣城烟草信息网（内网）	http：//10. 49. 96. 12/
宣城市烟草专卖局（公司）（外网）	http：//ah. tobacco. com. cn/cms/cms/website/xcsgs/index. jsp

【特事要辑】

2月16～17日，全省系统物流工作现场会在宣城市召开。省局（公司）副总经理卓俭华出席会议并讲话，宣城市副市长汪谦慎到会场看望与会代表。

5月，宣城烟草举行首届“十大学习标兵”暨“省十佳”先进代表事迹巡回报告会，在各直属单位和市局机关共举办七场，历时四天，听众逾500人次，反响强烈。

8月28日，国家烟草专卖局副局长何泽华、总会计师张玉霞到宣城烟草视察工作，对宣城烟草各项工作给予充分肯定，并提出希望和要求。

11月，宣城烟草作为全国地市级公司唯一代表在全国烟草行业第八次企业文化建设现场会暨政研会秘书长会议上作交流发言，并受国家局领导点名肯定。

12月6～7日，全省创建优秀县级烟草专卖局工作现场会在广德县召开。

2012年宣城市烟草商业系统主要情况统计

地市级局（公司）名称	宣城市烟草专卖局（公司）
主要负责人/法人代表	齐美生
总资产（万元）	109548
资产负债率（%）	46. 9
所属县级局（个）	7
所属县级营销部（个）	7
从业人员（人）	553

（续表）

地市级局（公司）名称		宣城市烟草专卖局（公司）
所属业务机构	访销机构	1 个营销中心
	物流配送机构	1 个物流中心、1 个中转站
	稽查机构	1 个稽查支队，7 个稽查大队
	烟叶机构	–
销售卷烟	亿支	49.23
	2012 年比 2011 年（%）	1.19
卷烟销售收入（万元）		214664
实现税利	万元	51485
	2012 年比 2011 年（%）	0.2
实现利润	万元	29171
	2012 年比 2011 年（%）	–2.2
查处涉烟违法案件（起）		751
查处涉烟违法案件案值（万元）		395.938
2012 年度烟草行业投入烟叶生产基础设施建设资金（万元）		–
全年烟水配套工程累计受益面积（万亩）		–
烟叶种植（亩）		–
烟叶收购（担）		–
零售户数（户）		15221
零售户销售毛利率（%）		12

铜陵市烟草专卖局（公司）

【概　况】

1981 年，安徽省烟草公司铜陵市公司成立，1984 年，铜陵市烟草专卖局成立，同年合署办公，实行一套机构两块牌子的机构体制。2012 年，市局（公司）下辖铜陵县烟草专卖局与市烟草专卖局铜都分局，内设 13 个职能部门。截止 2012 年底，铜陵市局（公司）总资产 50100.51 万元，固定资产（净值）2876.54 万元。流动资产 45075.01 万元，资产负债率 7.05%。在岗员工共 175 人（其中聘用员工 107 人），辖区零售客户数量 4533 户。

【生产经营】

2012 年，全市共完成辖区卷烟销售 15.45 亿支（3.09 万箱），比上年增加 0.35 亿支（0.07 万箱），同比增长 2.32%。其中，一类烟销售 10083.3 箱，占总销量的 32.6%，同比 8896.7 箱，增长 13.3%。二类烟销售 5277.1 箱，占总销量 17.1%，同比 4442.1 箱，增长 18.8%。三类烟销售 9695 箱，占总销量 31.4%，同比 9384.9 箱，增长 3.3%。四类烟销售 4723.3 箱，占总销量 15.3%，同比 5857.1 箱，下降 19.4%。五类烟销售 1131.1 箱，占总销量 3.7%，同比 1577.3 箱，下降 28.3%。销量居前三位的卷烟品牌分别为："黄山" 15641.4 箱，同比增长 2.2%；"玉溪" 2273 箱，同比下降 8.1%；"利群" 2213.8 箱，同比增长 8.6%。

全年实现销售收入（含税）10.31 亿元，同比增长 9.6%；利税 2.49 亿元，同比增长 6%；实现利润 15810.4 万元，同比增长 7.3%。

【品牌培育】

立足市场需求，注重品牌培育，实施"9+1"品牌发展战略，完善铜陵烟草"适应型"卷烟品牌培育体系，建功立业成效明显。2012 年"532""461"知名品牌销量、销售额分别同比增长 1.1%、11.1%；"双低"品牌销量同比增长 226.5%；"责任品牌"销量同比增幅 44.6%，完成年度计划 110.9%，品牌培育取得实效。

【网络建设】

大力推进网上订货和卷烟经营积分制管理，提高服务增值，全年网上订货率 82%，网上订货成功率 95% 以上。制定"2235"零售终端建设规划，推进"2+2"卷烟分区陈列覆盖面，改进 200 户终端店面形象，全年全市零售户平均毛利率达 14.4%，超过全省目标值（10%）4 个百分点。开展物流结构、管理、服务与规范等管理活动，控制物流运行成本，有效提升物流配送整体工作水平。

【专卖管理】

充分发挥政法烟草、行政执法两个联席会议制度优势，坚决打击各种形式不合法、不规范行为，努力实现"三个基本买不到"和"一个杜绝"，确保全市市场净化率稳定在 98% 以上。强化"打团破网"力度，成功侦破"7·12"利用互联网销售假冒卷烟案件，涉案金额达 1400 万元，5 名犯罪嫌疑人被公安部门依法刑事拘留、批捕。相继开展"金龙一号"及"国庆、中秋"市场整治等专项行动 10 余次，开展"天价烟"专项治理，与全市 300 多零售客户签订"价格规范协议书"。开展"3·15 消费者权益"服务日活动，集中销毁非法卷烟 2000 余条、标值近 45 万元。推进"三大工程"建设，全年开展 20 多次形式多样、富有实效的卷烟零售户培训，新增零售户受训率达 100%。强化内部监督管理，提升内管业务和管理规范水平，全市行业无一起违反内管事件发生。

全年共查获各类违规卷烟 4775.7 条，查处涉烟违法案件 145 起，破获 1 起超百万元以上网络大案，累计罚没款 5.79 万元；判刑 2 人，批捕 5 人。

【企业管理】

以行业“管理规范免检单位”复核申报为契机，市局（公司）顺利通过全省系统“2012—2013 年度管理规范免检单位”验收。突出对标与质量管理体系建设有效结合，在省公司三季度对标指标通报中，综合评分排名全省第三。开展工会代表换届选举，开展网上问卷调查 12 次，发布各类信息 1755 条；员工发布评论 53890 条，同期增长 23.93%，政（企）务公开与民主管理不断加强。开展群众性创新活动，1 项 QC 小组成果荣获全省行业“三等奖”；创新课题“GPS 监控中心系统集成应用管理研究”项目顺利通过省公司鉴定验收，成功申报并列入省局（公司）立项科技项目 1 项，申请计算机软件专利 1 件。定期做好安全隐患排查，专人负责落实整改，消除各类安全隐患，市局（公司）连续十一年安全生产无事故。

【人事与劳资】

推行技术技能聘任常态化管理，开展职业技能与专业技术岗位人员评聘工作，新聘 6 名财务、信息等专业技术人员，打通技术、技能岗位晋升通道。

【企业文化】

按照省局（公司）统一部署，深入开展“235”教育实践活动，切实在培育员工优良作风上下功夫。一是抓组织领导，促氛围营造。先后制作宣传横幅 10 余条，专题宣传栏 5 期，编发活动简报 14 期。二是抓结对帮扶，促服务提升。全年市局（公司）党员干部与零售客户结对 54 个，调研走访客户 168 次。三是抓活动载体，促主题实践。开展“五比五创”、示范岗建设、“回报社会、感知徽映”学雷锋志愿服务等多种实践活动。四是抓统筹兼顾，促活动创新。2012 年，市局（公司）被省纪委、省监察厅命名为安徽省第三批“廉政文化进企业示范点”，形成市局（公司）“成长之熔”文化架构体系，荣获全市“书香机关”荣誉称号。2012 年，市局（公司）还全面参与地方社会事业，积极响应铜陵市委市政府号召，持续开展“两节”送温暖、“慈善一日捐”、支援贫困大学生等捐助慰问活动，累计 44.55 万元；代表铜陵市参加全省机关广播操展示并获佳绩，成功承办全省系统第一届“徽映杯”职工运动会乒乓球赛南片区预赛等活动。

2012 年铜陵市烟草商业系统主要情况统计

地市级局（公司）名称	铜陵市烟草专卖局（公司）
主要负责人/法人代表	陈长生
总资产（万元）	50100.5
资产负债率（%）	7.05
所属县级局（个）	2

（续表）

地市级局（公司）名称		铜陵市烟草专卖局（公司）
所属县级公司/分公司（个）		—
所属县级营销部（个）		1个营销部
从业人员（人）		175
所属业务机构	访销机构	1个营销中心、1个电访中心
	物流配送机构	1个物流中心、1个配送中心
	稽查机构	1个稽查支队
	烟叶机构	—
销售卷烟	亿支	15.45
	2012年比2011年（%）	2.3
卷烟销售收入（万元）		103072.9
实现税利	万元	25313.5
	2012年比2011年（%）	6
实现利润	万元	15810.4
	2012年比2011年（%）	7.3
查处涉烟违法案件（起）		145
查处涉烟违法案件案值（万元）		178.38
2012年度烟草行业投入烟叶生产基础设施建设资金（万元）		——
烟水配套工程累计受益面积（万亩）		——
烟叶种植（亩）		——
烟叶收购（担）		——
零售户数（户）		4533
零售户销售毛利率（%）		14.4

池州市烟草专卖局（公司）

【概　况】

池州市烟草专卖局、安徽省烟草公司池州市公司成立于1981年，下辖贵池区、东至县、石台县、青阳县等4个县级烟草专卖局（营销部）和烟叶生产经营中心、九子山宾馆共6个直属单位。2012年末，总资产56425万元、年末固定资产净值11919万元、流动资产40070万元、资产负债率10.9%；截至2012年底，共有从业人员574人，其中原聘用员工470人。2012年，先后获全国文明单位、省民主管理先进单位、市政务公开先进单位、市创先争优先进基层党组织、市预防职务犯罪先进单位等荣誉称号。

【生产经营】

2012年，企业实现税利2.73亿元（含卷烟销售、烟叶、多元化经营），同比上年2.88亿元，减少0.15亿元，同比降幅5.3%；剔除卷烟价格调整以及烟叶毛利等下降因素，实现税利3.04亿元，同比增长0.16亿元，同比增幅5.5%；其中，烟叶实现税利-0.08亿元，上年同期0.14亿元，同比下降0.22亿元。

2012年，销售卷烟26.89亿支（5.379万箱），同比增长0.1%。其中一类烟销售5.11亿支（1.022万箱），同比增长13.9%；二类烟销售6.44亿支（1.288万箱），同比增长26.4%；三类烟销售6.91亿支（1.383万箱），同比增长20.1%；四类烟销售6.81亿支（1.363万箱），同比下降26.9%；五类烟销售1.62亿支（0.324万箱），同比下降26.6%。销量居前三位卷烟品牌为“黄山”“盛唐”“红塔山”，其中销售“黄山”品牌18.06亿支（3.613万箱）、“盛唐”1.47亿支（0.293万箱）、“红塔山”0.85亿支（0.17万箱）。“532”潜力品牌销售17.37亿支（3.474万箱），增幅18.5%，占1~3类烟比重94%，同比提高0.8个百分点；“461”潜力品牌销售额13.95亿元，同比增收1.46亿元，增幅为11.7%，占总销售额比重96.9%，同比增加3个百分点；“双低”卷烟销量5亿支（1万箱），占总销量18.6%。

全年实现卷烟销售收入14.4亿元，同比增长1.1亿元，增幅8.2%；实现卷烟利润1.43亿元，去年同期1.68亿元，同比减少0.25亿元，同比降幅15%；剔除卷烟价格调整以及烟叶毛利下降等因素，实现利润1.74亿元，同比增长0.06亿元，同比增幅3.4%；其中，烟叶亏损0.11亿元，去年同期实现利润0.1亿元，同比下降0.22亿元。公司三项费用率7.5%，去年同期7.3%，同比增长0.2个百分点。

全年始终把“控总量、调结构、降库存、稳价格”作为经济运行调控的主要目标，根据市场真实需求制定营销策略，均衡合理投放，有效保障货源供给。强力推进重点骨干品牌培育，开展“品牌建功立业”活动，深化工商协同营销、精准营销，双低品牌销售位居全省首位。强化“135”工作法应用，探索推行客户积分制管理，稳步推进全市32个“徽映·九华”卷烟零售户自律互助小组活动，不断提升客户满意度。深入开展“天价烟”专项检查，建立健全专项治理长效机制，有效维护高端品牌市场价格秩序。探索物流降本增效新路径，第七次优化送货线路，强化费用核算与7S现场管理，运行“五改四”送货新模式，全市送货线路从110条整合为88条。

【专卖管理】

坚持“基本买不到假、非、私烟”工作重点，将卷烟市场稳定作为专卖管理核心工作常抓不懈，先后开展“金龙”“净化”系列专项整治行动，全市卷烟市场净化率始终保持在98%以上。健全优化政法烟草、行政执法联席会议机制，定期召开联席会议进行卷烟打假和烟草市场管理重大事宜磋商，明确目标，落实责任，增进部门沟通协作，充分发挥联合执法威力。按照“劝退一批、入网一批、取缔一批”十二字方针，稳妥推进无证经营清理取缔工作，全年累计清除无证卷烟经营户 138 户，无证经营现象明显减少。健全完善市、县两级内部监管制度、流程，巩固县级局执法主体地位，贵池区局顺利通过省局“优秀县级局标兵单位”验收。开展专卖管理创新，提出“三维四频记分监管法”并试点运行。深入构建市局-县级局-基层队所三级培训考核机制，先后举办专卖全员封闭培训、专卖骨干培训、案件处理专项培训等多次大规模集中培训。稳步推进专卖管理“三大工程”，加强后续管理监督。

2012 年，共查处涉烟违规案件 1838 起，捣毁窝点 27 个，查获各类涉烟卷烟 110.46 万支，涉案价值 147.94 万元，上缴罚没款 9.24 万元。共刑事拘留 8 人，判刑 8 人，累计判处有期徒刑 33 年 6 个月，罚金 118.3 万元，破获东至“7・18”、贵池“10・23”、“2・01” 3 起网络案件，其中贵池“10・23”案件符合国标，东至“7・18”、贵池“2・01”案件符合省标。超额完成国家烟草专卖局规定“每个地市级局每年破获 1 ~2 起网络案件”目标任务。

【烟叶产销】

2012 年，全市收购烟叶 0.255 万吨（5.1 万担），烟叶收购总值 5205.8 万元，完成烟叶特产税 1020 万元，同比上涨 50%，综合均价 20.41 元/公斤。2012 年，全市签订烟叶种植收购合同 398 份，种植面积 2.1 万亩，平均亩产值 2477.07 元。加速现代烟草农业发展步伐，多途径推进土地流转，深入探索专业合作社、烟叶种植专业户、家庭农场等规模化经营主体建设。完善烟农户籍化电子档案，实现“一体式”管理。推行散叶收购新模式，收购量突破 2 万担。强化基础设施建设，完成 44 个烟水、烟路工程项目和 678 座密集型烤房建设。推进烟叶标准化生产，以科技项目为龙头，多家共建科学研究与示范基地，打造特色优质烟叶发展平台。积极探索烟稻轮作新模式，“徽映”富硒米喜获丰收。切实发挥闲置资源综合效益，棚植果蔬等绿色农产品。狠抓技术队伍建设，开展“徽映金叶・惠及烟农”系列行动，组建“北机南调”机械服务队，举办多个环节理论及实操培训；针对技术力量薄弱问题，发挥骨干烟农作用，创新设置烟叶管理小组，实行竞争上岗、双向选择，完善考核机制，有力提升烟叶队伍整体素质。

【多元化经营】

九子山宾馆积极迎面市场，抓安全、严管理、稳效益，以服务赢得行业内外赞誉，实现经营收入 1433 万元，利税 101 万元。

【规范管理】

切实发挥“三项工作”管委会作用，注重重点环节和关键节点监督，坚决落实“应招必招、能招尽招、真招实招”制度。拓展政（企）务公开、民主管理工作深度广度，完善考核制度，全年两网累计公开信息 8000 余条，评论、回复数和问卷调查次数连续 6 个月稳居全省首位。注重源头治理，全力推进全省系统廉政风险防控试点工作，细致排查各岗位 266 个风险点，健全风险监测机制，得到中纪委、国家局、省局和市纪委领导肯定。不断梳理完善各项管理制度，健全覆盖全面的制度管理体系，印发制度汇编，开展全员制度学习测试。加强安全管理，深化安全生产责任制，构建安全文化体系，强力推进安全标准化建设试点，以较好成绩通过国家安标二级企业达标验收。

【财务审计】

以建设免检单位长效机制为平台，实施行政法人任中责任审计，通过国家局全面审计复查。全年进行各类项目决算审计 143 项，送审价 1927 万元，审计核减 386 万元，平均核减幅度 20%。加强财务监督，突出抓好全面预算管理，推行定额管理与对标管理，抓实资金、资产监管，预算考核位居全省系统较好位次。

【技术创新】

常态运行质量管理体系，启动“管理创一流”活动，全面提升企业管理水平。加强信息支撑，推进管理创新。集成整合信息系统资源，上线客户价值提升系统，自主开发应用员工积分制考核绩效管理系统。全面推动 QC 群众性创新活动，全员创新意识明显增强，一课题获全省系统优秀 QC 成果一等奖，并在国家局成果发布会上获三等奖，被授予“全国优秀质量管理小组”荣誉称号，取得历史性突破。由池州市烟草专卖局（公司）、中国科学技术大学共同承担的《基于分子信号诱导的烟草青枯病防治技术研究和主要稻田除草剂药害及应对措施研究》项目，已通过中国烟草总公司 2012 年度科技面上项目评审，正式纳入中国烟草总公司科技项目指导和跟踪管理范畴，是全省商业系统唯一一家获国家局项目的单位。

【信息化建设】

推进信息系统资源集成整合，实现统一用户、单点登录。自主开发人力资源积分制管理软件，通过软件系统制定各岗位考核细则，把考核细化，量化。以信息网站改版为平台，探索设立“徽香在线”网上课堂，形式多样，内容丰富，以生动活泼的形式为员工搭建文化知识学习常态教育新平台，为“三型组织”建设提供技术支撑。在研省立科技项目 2 个，其中，《异型烟自动打码到条》项目进入后期成果整理阶段，发表论文 1 篇，申报受理专利 1 件。

【人事与劳资】

进一步完善干部人事管理制度，制定出台《员工子女考取大学奖励办法》《员工生日送祝福》《员工积分制管理办法》。规范干部选拔任用程序，严格按照程序公开选拔 2 名副科级干部，提任 3 名正科级干部。进一步拓宽员工晋升通道，加大技术技能评聘力度，聘任中级会计师、中级农艺师和安全工程师各 1 名，聘任中、高级驾驶员各 2 名。进一步规范劳动合同签订和人事档案管理，强化用工管理。深推“三型”组织建设，举办 6 期践行“部队型组织”户外拓展培训，覆盖全员。强化技能鉴定工作，组织 102 人参加技能鉴定。狠抓学习型组织创建，依托徽香学院载体，利用徽香夜校、“成长 · 仁”文化大讲堂、徽香在线三个平台，认真开展“六个一”学习活动，全年发放各类书籍 9000 余册，开展市局层面各类专题培训 80 余次，120 余学时（天），参加人数 2700 余人次。

【235 主题教育】

召开全市系统“235”教育实践活动视频动员大会和推进大会，印发《“235”教育实践活动领导联系点的通知》《“235”教育实践活动主要工作安排》和《“235”教育实践活动工作手册》，在池烟信息网开辟235专栏引导员工学习，编制《“235”教育活动简报》68期宣传活动经验做法；在池州广播电视报、池州市环保自行车交换站台广告栏全面宣传“235”主题教育活动内容，营造氛围。通过走访联系点、召开座谈会广泛听取烟农、零售户和基层员工意见，各直属单位党组和各支部围绕教育实践活动主题，召开专题民主生活会和组织生活会，集中对40个问题逐项研究解决。创新举措组织开展“三送三慰问”活动，即“送关怀、送文化、送清凉”“慰问零售户、慰问烟农、慰问一线员工”。以结对共建活动为契机，全员结对，互帮互助，《印发结对共建手册》，跟踪记录，成效明显。开展“结对共建下基层、共谋双赢促发”主题活动，领导干部走村访户，发展落实烟叶面积。开展“235”教育实践活动主题演讲比赛，交流经验，学习分享。组织烟农、零售户代表参加235教育实践活动宣讲大会，自觉把践行“两个至上”转化为池烟“成长·仁”文化管理实践成果。

【党风廉政】

按照《建立健全惩治和预防腐败体系2008—2012年工作实施细则》要求，制定《2012年纪检监察工作要点》，开展推进惩治和预防腐败体系建设自查工作；根据《党风廉政责任制实施细则》和《考核办法》，成立党风廉政责任制领导小组，与年度工作目标任务同部署、同落实、同考核，组织党风廉政建设考评组对各单位领导班子及其成员全年贯彻落实党风廉政建设责任制情况进行检查考核，并将考核结果在全市系统内进行通报；突出一把手“一岗双责”，召开领导班子专题民主生活会，召开年度直属单位和部门主要负责人述职述廉视频大会和民主评议，签订党风廉政建设责任状和逐一廉政谈话，与副科以上干部签订廉洁自律承诺书，开展“三重一大”决策制度执行情况自查自纠活动，强化监督，推进党风廉政建设工作深入开展。

【企业文化】

充分利用《徽映九华报》《池烟之声》宣传池烟动态，扩展“徽映”服务品牌社会影响力；开展“十大徽映服务标兵”巡回演讲。参加全省系统“徽映”杯第一届职工体育运动会篮球赛南片区预赛、全省系统运动会。筹备组织第三届文艺汇演，举办钓鱼比赛，建设企业文化展厅。融合池烟“仁”文化与省局“成长”文化，召开“成长”文化及“徽映”服务品牌培训会，全员覆盖，整合提炼“成长·仁”子文化体系架构通过验收，打造独具池烟特色“三型”组织（学院型、部队型、家庭型），编写《三型组织建设规划》。筹办“徽香学院”，编写《徽香学院管理手册》，召开两次“徽香学院”“三型组织”建设规划研讨会。构建“12343学习体系”和“六个一”学习机制，每月开展读书心得体会评比活动，将优秀文章分批挂网、汇编成册。编印“徽映”服务品牌理念成册，面向全市卷烟零售户、烟农、全体员工和其他利益相关者发放。建立一套与池烟各类岗位职责相匹配的行为识别系统——《徽映服务品牌行为识别系统》；创新开展“徽映九华·春夏秋冬”系列活动，陆续开展“你的心愿我来实现——我会服务·夏耕行动”、“思故乡情、品家乡烟”、“徽映·九华”零售户自律互助小组、“我想读书·夏耕行动”读书月、夏耕成长品质——关注特殊儿童成长、“八一拥军”、“徽映九华·金秋助学”等系列内涵丰富活动，充分发挥企业文化凝心聚魂功能，激发全体干部员工的工作潜能。

2012 年池州市烟草商业系统主要情况统计

地市级局（公司）名称		池州市烟草专卖局（公司）
主要负责人/法人代表		吴兰田
总资产（万元）		56425
资产负债率（%）		10.9
所属县级局（个）		4
所属县级营销部（个）		4
从业人员（人）		574
所属业务机构	营销机构	1 个营销中心
	物流配送机构	1 个物流中心、1 个配送站
	专卖稽查机构	1 个稽查支队，四个稽查大队
	烟叶机构	1 个烟站，9 个烟叶技术服务点
销售卷烟	亿支	26.89
	2012 年比 2011 年（%）	0.1
卷烟销售收入（万元）		143982
实现税利	万元	27265
	2012 年比 2011 年（%）	-5.3
实现利润	万元	14273
	2012 年比 2011 年（%）	-15
查处涉烟违法案件（起）		1838
查处涉烟违法案件案值（万元）		147.94
2012 年度烟草行业投入烟叶生产基础设施建设资金（万元）		3944.92
全年烟水配套工程新增受益面积（万亩）		1
烟叶种植（万亩）		2.1
烟叶收购（万担）		5.1
零售户数（户）		9212
零售户销售毛利率（%）		11.4

安庆市烟草专卖局（公司）

【概　况】

安庆市烟草专卖局、安徽省烟草公司安庆市公司成立于1981年。下辖宜城烟草专卖局以及桐城市、怀宁县、枞阳县、潜山县、岳西县、太湖县、望江县、宿松县烟草专卖局，9个驻地营销部。截至2012年末，总资产165096万元，固定资产净值22734万元，流动资产139638万元，资产负债率4.04%。从业人员1075人（含劳务派遣人员），其中在册在岗278人，聘用在岗618人，劳务派遣人员179人。2012年，安庆市局（公司）相继获得团中央授予全国五四红旗团支部称号，国家局党组颁发全国烟草行业离退休干部工作先进集体称号，省档案局认定档案目标管理省一级单位，共青团安徽省委员会授予2011年度省级“青年文明号”，省经信委、省质协授予2012年安徽省质量管理小组活动优秀企业称号，省烟草专卖局（公司）颁发新闻宣传先进集体等荣誉。

【生产经营】

2012年，累计销售卷烟84亿支（16.8万箱），同比下降1.17%，其中销售省产卷烟60.3亿支（12.1万箱），同比下降2.05%，占总量比重为71.73%，同比下降0.65个百分点；销售省外卷烟23.8亿支（4.8万箱），同比上升1.15%，占总量比重为28.3%，同比上升0.65个百分点；一至五类烟分别销售13.9亿支（2.8万箱）、20.2亿支（4万箱）、23.3亿支（4.7万箱）、19.7亿支（3.9万箱）、6.9亿支（1.4万箱），同比分别增长14.5%、20.1%、11.7%、-20.7%、-33.2%，销售结构“二升两降”。本地区销量居前三位卷烟品牌是“黄山”“盛唐”和“白沙”，其销量分别为50.6亿支（10.1万箱）、7.5亿支（1.5万箱）、3.4亿支（0.7万箱），重点骨干品牌（即“20+10”品牌）共销售72.4亿支，同比增长6.6%；重点品牌集中度为86.1%，同比79.8%，提高6.3个百分点。经济效益稳步提升；全年实现卷烟销售收入352，504万元，利税85178万元，同比增长2.49%，其中利润51，285万元，同比增长1.88%；缴纳税金55482万元，同比增长34.39%。公司三项费用率4.96%，同比下降0.29个百分点。

【专卖管理】

重点开展卷烟市场综合整治、内部专卖管理监督、优秀县级局创建、基层专卖队伍建设四大重点工作，实现卷烟市场秩序稳定，卷烟经营规范有序良好局面。

【市场营销】

聚焦终端建设，全面提升网建水平。市场价格基本稳定，客户盈利普遍提高，卷烟零售毛利率基本维持在10%以上。客我关系进一步融洽，困难客户得到帮扶，服务流程进一步规范，重点品牌集中度进一步提高，低焦油卷烟销售比例显著增长，特色品牌、责任品牌占据一定的市场份额。

【基础管理】

聚焦人财物三大方面，实现基础管理再上台阶。一是创新预算定额管理。基本形成成本费用标准四级共 158 项。二是规范资产管理。初步形成一套账物明朗、流程清晰、责任明确、运行有序的资产管理体系。三是持续推进标准化体系建设。质量体系建设顺利通过省级审核，安全生产标准化管理体系建成并发布实施。

【文化建设】

2012 年下半年，在原有安庆烟草“和”文化建设成果的基础上，按照省烟草专卖局（公司）“161”母子文化建设要求，遵循“传承对接，统分结合，彰显特色，创新实践”原则，以“成长·和”为安庆烟草文化主题，经过理念征集、小组讨论、问卷调查、党组研究等环节，集全员之智，确定安庆烟草“成长·和”文化体系、实践追求和员工准则，11 月 30 日，“成长·和”文化顺利通过省局（公司）验收。

【“235”教育实践活动】

作为国家局“235”教育实践活动试点单位，自 2 月下旬召开“235”教育实践活动动员大会开始，围绕解决“精神懈怠”和“能力不足”两大问题，开展以“高”“低”“大”“特”；“万”“千”“百”“一”；“学”“成”“共”“乐”十二字为要求，以帮扶零售客户、与工业企业共育品牌、关心员工成长为重点的“10 个 1”实践活动。在 12 月 27 日全国烟草行业“235”教育实践活动交流汇报会上，安庆市局（公司）作“235”教育实践活动情况交流发言。行业主要领导在安庆调研时指出：“安庆烟草‘235’教育实践活动符合国家局要求，非常具有成效。采取的一些活动形式，也是非常有特点。”

【特事要辑】

国家局局长姜成康、副局长李克明到安庆烟草调研。8 月 29 日，国家烟草专卖局局长姜成康、副局长李克明到安庆烟草调研。安徽省政府副省长黄海嵩、安庆市委书记朱读稳等一同调研。姜局长对安庆烟草各项工作，尤其是感知徽映中心建设和企业文化建设给予充分肯定和高度评价，并强调“235”教育实践活动要以领导干部为重点，以解决突出问题为主要任务，以促进工作水平全面提升和企业持续发展为根本目标。李副局长要求，“235”教育实践活动要重在教育，重在实践，要与领导班子建设和思想政治建设有机结合起来，使班子建设得到进一步加强，使行业共同价值观在员工队伍中进一步确立起来；要进一步提升服务品牌能力和服务客户能力。

机关团支部获“全国五四红旗团委”称号。市局（公司）机关团支部积极作为，努力调动广大团员青年的积极性和主动性，围绕安庆烟草发展中心，更好开展工作，取得显著成效，被共青团中央授予“全国五四红旗团委”称号。

离退休干部工作获表彰。4 月，安庆烟草荣获国家局党组颁发“全国烟草行业离退休干部工作先进集体”荣誉奖牌。多年来，安庆烟草始终将离退休老干部工作摆在重要位置，列入重要议事日程，确定5月20日为安庆烟草敬老日，建立领导拜访、徽映志愿者服务机制，建起一个较高标准“老同志之家”，全面落实老同志政治待遇和生活待遇，持续提升和改进老干部服务及管理工作，促进离退休老干部工作不断上水平。

2012 年安庆市烟草商业系统主要情况统计

地市级局（公司）名称		安庆市烟草专卖局（公司）
主要负责人/法人代表		范家福
总资产（万元）		165096
资产负债率（%）		4.04
所属县级局（个）		9
所属县级营销部（个）		9
从业人员（人）		1075
所属业务	营销机构	1个营销中心
	物流配送机构	1个配送中心
机构	专卖稽查机构	1个稽查支队、9个稽查大队 37个基层专卖管理所（队）
	烟叶机构	——
销售卷烟	亿支	84
	2012年比2011年（%）	-1.17
卷烟销售收入（万元）		352504
实现税利	万元	85178
	2012年比2011年（%）	2.49
实现利润	万元	51285
	2012年比2011年（%）	1.88
查处涉烟违法案件（起）		2852
查处涉烟违法案件案值（万元）		629
2012年度烟草行业投入烟叶生产基础设施建设资金（万元）		——
全年烟水配套工程新增受益面积（万亩）		——
烟叶种植（万亩）		——
烟叶收购（万担）		——
零售户数（户）		26140
零售户销售毛利率（%）		10

黄山市烟草专卖局（公司）

【概　况】

黄山市烟草专卖局、安徽省烟草公司黄山市公司，简称黄山市局（公司），组建于1981年。内设12个职能部门，下辖屯溪区、徽州区、歙县、休宁县、祁门县、黟县和黄山区7个区、县烟草专卖局（营销部）。2012年，全市持证经营卷烟零售户9579户，其中城镇卷烟零售经营户4800户，乡村卷烟零售经营户4779户，电子结算率达到99%，网上订货率73.6%。截止2012年底，总资产74017万元（年末值）、固定资产8082万元（净值）、流动资产60349万元、资产负债率7.44%、三项费用率7.15%。

【生产经营】

全年共销售卷烟5.26万箱，同比增长1.05%；实现销售收入（含税）14.11亿元，同比增长8.92%；实现利税2.88亿元，同比增长6.03%；实现利润1.59亿元，同比增长3.25%；三项费用为8628万元，同比下降0.32%；三项费用率为7.16%，同比下降0.66个百分点。经济指标全面向好，经济运行整体健康平稳。

【专卖管理】

以“三个基本买不到”为目标，着力加强市场监管精细化管理，为发展提供良好市场环境。制定出台《市场规范监督指标检查办法》，高度关注非法卷烟流通问题，充分发挥烟草市场联合打假和联动执法工作机制作用，保持打假高压态势，在省局（公司）统一部署下相继开展“11-3”“金龙一号”“雷霆行动”“金秋-12”和“天价烟”治理等专项行动。以流程监管为突破口，制定实施流程化管理制度、表格化管理举措，全面落实内部监管制度化、规范化、日常化要求，以内管促外管，充分发挥预警平台作用，通过对预警信息调查、分析和派发，有效挖掘应用内管预警信息，为案件经营提供有价值线索。自主研发应用专卖电子政务管理平台，通过一个数据库、两张网、三大模块、四项创新，大大提高行政许可和执法办案规范与效率。2012年，全市查处各类违法案件192起，查获各类卷烟125.43件，案值151.38万元，刑拘6人，批捕3人，判刑12人，已判结省标网络案件3起。在上年查获省标2起、市标2起基础上，再创“小市场也有大案件”的优异成绩。

【基层创优】

确立以创建优秀地市局（公司）活动为总抓手，其他五大创优活动为主要内容的总体创优思路，全面创建、系统创优，取得良好效果；稳步推进基建项目管理达标创优工作，屯溪分局（营销部）综合经营业务用房装饰工程竣工验收并交付使用，“徽映”感知中心基本建成，配送中心和其他区县局（营销部）在建办公楼项目有序推进；扎实开展文明创建和档案目标升级管理工作，顺利成为第十届市级文明单位，实现档案管理“省一级”目标。

【规范管理】

始终把“严格规范”作为各项工作生命线，严管理、促规范，实现“五个延伸”。免检工作由“他律”向“自律”延伸，顺利通过安徽省烟草专卖局管理规范免检单位复审；“三项工作”由“应招尽招”向“能招尽招”和“真招实招”延伸，公开招标金额9月份前为84.56%，9月份以后达到95.62%；办事公开民主管理由注重形式向丰富内涵延伸，建立党务公开栏目，实现公开工作由数量型向质量型提升；廉政建设由规范性向实效性延伸，党风廉政建设责任制全面落实，廉洁自律意识切实增强；安全工作由意识宣贯向标准化管理延伸，安全标准化建设全面推进。

【科技创新】

科技项目建设有序推进，群众性创新活动成效显著。三个省局（公司）面上科技项目在执行情况检查评估中，分别获得2优1良好成绩；全年发布优秀QC成果9个，其中《提高零售终端库存信息采集准确率》荣获全省2012年度优秀QC小组二等奖，“原子”“趋势”“徽源”三个QC小组荣获“安徽省优秀质量管理小组”称号。

2012年黄山市烟草商业系统主要情况统计

地市级局（公司）名称		黄山市烟草专卖局（公司）
主要负责人/法人代表		张后全
总资产（万元）		74017
资产负债率（%）		7.44
所属县级局（个）		7
所属县级营销部（个）		7个营销部
从业人员（人）		387
所属业务机构	营销机构	1个营销中心
	物流配送机构	1个物流配送中心
	专卖稽查机构	7个专卖稽查大队、13个专卖稽查中队、1个专卖稽查支队
	烟叶机构	–
销售卷烟	亿支	26.30
	2012年比2011年（%）	1.05

（续表）

地市级局（公司）名称		黄山市烟草专卖局（公司）
卷烟销售收入（万元）		141100
实现税利	万元	28800
	2012 年比 2011 年（%）	4.72
实现利润	万元	15900
	2012 年比 2011 年（%）	3.59
查处涉烟违法案件（起）		192
查处涉烟违法案件案值（万元）		151.38
2012 年度烟草行业投入烟叶生产基础设施建设资金（万元）		–
全年烟水配套工程新增受益面积（万亩）		–
烟叶种植（万亩）		–
烟叶收购（万担）		–
零售户数（户）		9579
零售户销售毛利率（%）		10.6

华环国际烟草有限公司

【概　况】

华环国际烟草有限公司成立于 1994 年 5 月 28 日，位于安徽省凤阳县门台工业园区。公司隶属于安徽省烟草专卖局（公司），下设华环加工中心和涡阳烟叶复烤厂两个分支机构，是由安徽省烟草公司蚌埠储运公司、上海烟草集团有限责任公司和安徽中烟工业有限责任公司共同投资建设、共同经营的现代化打叶复烤企业。

截止 2012 年底，公司总资产 74805.75 万元，固定资产（净值）10026.61 万元，流动资产 54561.57 万元，资产负债率 10.30%。

华环公司现有从业人员 482 人。华环加工中心拥有一条从美国引进的 9000kg/h 打叶复烤生产线，年设计生产能力 2.25 万吨（45 万担），建有动静结合的“中华”烟叶原料挑选专线。涡阳烟叶复烤厂位于安徽省涡阳县，占地总面积 19 万平方米，拥有 6000kg/h 打叶复烤生产线和年中转能力 100 万担烟叶铁路专用线各一条。

【生产经营】

2012 年，打叶复烤 191.05 万担，同比增加 18.61 万担，增幅 10.79%；产出片烟量

62718.24 吨，同比增加 5994.34 吨，增幅 10.57%；实现主营业务收入 31379.52 万元，同比增加 5199.15 万元，增幅 19.86%；实现利润 6607.35 万元，同比增加 322.44 万元，增幅 5.13%；实现可比利润 8157 万元，同比增加 1873 万元，增幅 29.81%；全年费用率 27.50%，同比下降 1.96 个百分点。2012 年，涡阳复烤厂加工客户由 3 家变为 8 家，加工资源在两个加工点实现优化配置，涡阳复烤厂生产过程质量控制能力显著提升，主要技术指标保持平稳较快增长，其中水分优良率提高 12.61%，大中片率提高 3%。

【企业管理】

基础管理。以强化基础设施建设、提高基础管理水平为重点，稳步实施夯基工程，企业管理得到加强。投资 4000 万元在涡阳复烤厂实施空压机、回潮机等设备技改项目和仓库基础设施建设，提高生产过程控制能力，改善库容条件，满足客户要求。加强重点标准研究室建设管理，《打叶复烤企业生产车间 6S 规范》等 3 个行业标准制定取得积极进展。修订成本费用定额，初步建立成本费用预算定额标准体系。认真落实厉行节约规定，业务招待、宣传促销等五项重点费用得到有效控制。开展对标管理，全年吨烟耗煤同比下降 11.50%，吨烟耗电同比下降 5.84%，吨烟燃料动力比对标指标低 1.7 元，吨烟能耗指标位居全国复烤企业前例。严格落实安全生产责任制，有效运行安全标准化体系，提高安全技术装备水平，强化安全隐患排查，实现全年安全生产无事故，受到国家局安全检查组充分肯定。

信息化建设。完成上海烟草集团有限责任公司配方加工管理（信息链）系统和样品管理软件开发及运行，成功应用浙江中烟批次管理系统，进一步提高产品质量均匀性和可追溯性。以《信息化建设规划》为指导，分步实施易地技改信息化项目。涡阳复烤厂改造复烤机水分自动控制系统，进一步提升水分控制能力，水分优良率达 80% 以上；实施片烟装箱密度无损检测控制系统，有效控制片烟装箱密度偏差，密度偏差合格率达 85% 以上。

人力资源管理。制定《“师徒制”培育模式管理办法与实施细则》，以员工素质教育为重点，突出抓好能力培训，运行“师徒制”和“37+3”全员学习模式，举行“师徒结对”拜师仪式，结成 3 对师徒，进一步推进技能迁移与学习型员工建设，共培训 9469 人次。选派烟叶分级技术骨干参加省局（公司）烟叶分级职业技能竞赛，4 名选手进入前 8 名，其中 3 名被国家烟草专卖局授予“全国烟草技术能手”荣誉称号。

思想政治工作。认真落实全国和全省烟草政治工作会议精神，进一步加强和改进党委中心组学习，组织党委中心组学习 5 次，开展廉政警示教育 5 次，领导班子和干部队伍规范意识得到加强。全面推进廉政风险防控建设，制定《廉政风险防控实施方案》，形成以积极防范为核心、以强化管理为手段的科学防控机制。加强职务消费行为监督管理，制定《企业负责人职务消费行为监督管理暂行办法》。印发《易地技改项目廉政监督管理办法》，构建项目规范管理制度体系。

企业文化。完成企业文化整合提升，与“成长”文化进行有机对接，初步构建“成长·搏”文化体系。发挥企业文化融心、融智、融情功能，以迎接党的十八大和中国烟草成立 30 周年为契机，广泛开展主题教育和文体活动，以文化融合推进制度融合、管理融合、行为融合，逐步推进深层次融合和全方位发展。

技术创新。进一步完善以项目研究为载体的技术创新运行机制，通过提升创新能力，深度满足重点卷烟品牌的深层次、个性化需求。制定《“一厂三中心”建设实施方案》，积极推进技改项目新建技术中心规划设计工作。优化技术中心机构设置，为提升研究水平提供组织保障，技术中心被评为省认定企业技术中心合格企业。组织落实 8 个科技项目申报工作，其中 2 个项目立项，2 个为面上项目，4 个公司立项，配方打叶工艺技术研究荣获省局科学技术进步奖三等奖。制定均匀性控制管理标准，有效运行“中华”原料均匀性配方加工新工艺模式，“中华”片烟烟碱 CV 值下降幅度 87.87%，产品质量均质性进一步提升。积极组织专利申报，取得 6 项国家知识产权局实用新型专利。高效开展群众性创新活动，4 个 QC 小组当选安徽省优秀质量管理小组。

【“235”教育实践活动】

扎实推进“235”教育实践活动，建立“235”教育实践活动长效宣誓机制，增强干部职工践行“235”的自觉性和坚定性。与上海烟草集团采购中心开展“结对共建、成长同行”主题实践活动，共同深入烟叶产区开展“235”教育实践活动，加强外派人员基层党组织建设，进一步调动外派人员立足岗位、扎实工作的积极性、主动性。

安徽皖南烟叶有限责任公司

【概　况】

安徽皖南烟叶有限责任公司位于安徽省宣城市，成立于 2004 年 12 月 31 日。作为全国烟草行业唯一跨地区股份制专业化烟叶生产企业，公司统一整合皖南地区宣城、芜湖、黄山三地市自然资源、人力资源、对烟叶生产、技术研发、人员培训、烟叶购销、品牌塑造和市场拓展等工作进行统一管理。截至 2012 年，总资产 89655.96 万元，固定资产 5451.49 万元，流动资产 82925.81 万元，资产负债率 57.2%。共有在岗员工 441 人，实施全员聘用制，其中大专以上学历 162 人。

【生产经营】

2012 年，共落实种烟面积 12.2 万亩，收购烟叶 1.84 万吨（36.8 万担），同比增长 25.6%；收购综合均价 24.628 元/千克，同比增加 54.89%，烟农 2112 名，户均规模 57.8 亩。

2012 年，企业实现总利润 8709.28 万元，同比增加 33.18%，烟叶实现税利 11373.76 万元，同比增加 25.78%，三项费用率为 20.93%。与省内工业企业签订购销合同 2.26 万吨（45.2 万担，含池州烟区），实际调拨 2.1 万吨（41.95 万担），其中省内 0.99 万吨

（19.85 万担）、省外 1.11 万吨（22.1 万担），与安徽中烟工业有限责任公司、上海烟草集团有限责任公司、湖南中烟工业有限责任公司、浙江中烟工业有限责任公司、湖北中烟工业有限责任公司、甘肃烟草工业有限责任公司六家国内重点卷烟工业企业建立长期合作关系，初步形成省内和省外市场并重的合理布局。

【企业管理】

公司自成立起，便紧紧围绕“做精做强，做成精品”的总体要求，以现代烟草农业为统领，以特色烟开发为中心，充分挖掘规模、科技、管理、服务四大潜力，强抓机遇，加强技术创新，进一步挖掘和发挥质量优势和品牌优势，为民族卷烟品牌配套服务。一是深入开展“235”教育活动，确定“改进作风、改变方法、提高能力、落实制度、强化执行”活动目标，试点单位先试先行，坚持做到将问题整改贯穿始终、将学习提升贯穿始终、将促进工作贯穿始终，进一步改进工作作风，持续转变管理方式。二是推行人事改革，按照“一次公开竞标、一次公开竞聘、一次双向选择”的组建程序，组建 74 个生产管理小组；运用“123”和“121”工作法，实现小组团队服务。后勤服务人员改革启动，对该序列人员实行双重管理，实现同岗不同薪。三是开展成人学历教育。公开考试选拔 50 名员工参加安徽农业大学成人学历教育，其中本科 22 人，专科 28 人。完成植物学、土壤学和营养学三门课程学习和测试。

【技术创新】

按照安徽省烟草专卖局（公司）“边研究、边开发”工作要求，进一步优化特色烟开发布局，着力开展特色烟叶研究与开发。重点在华阳河、青弋江、水阳江流域及其支状水系两岸的冲击面砂土、砂壤土上精心选择种植区域。2012 年，特色烟落实种植面积 8.6 万亩，收购烟叶 26 万担。一是持续开展技术创新。联合上海烟草集团和青州烟草所等单位，开展 NC55 等优良品种试验示范、《不同氮肥形态及配比对烤烟产质量的研究》等 14 项课题研究。2012 年，在《中国烟草科学》等期刊公开发表论文 7 篇，“自动化加煤模块式可拆卸密集烤房”烘烤研究和示范验证取得初步成果。二是积极探索模式创新。依托金叶烟稻合作社集中流转宣州区黄渡村 5569 亩基本烟田，制定三年生产规划和基础设施建设规划，试点开展现代烟草农业示范村建设，探索烟叶生产发展新模式，解决土地和烟农不稳定等影响现代烟草农业深层次问题。三是启动卓越绩效管理。安排 9 人参加专业培训，成立公司卓越绩效管理领导组、办公室和项目组，开展管理层和小组长基础知识转训。多次组织内部研讨、专题召开策略研讨会，确定 2013 年公司级 KPI，形成基础策略库，为推进绩效管理打好基础。四是大力开展 QC 小组活动。开展研读一本书、参加一个小组、研究一个问题，取得一点成效“四个一”活动，选送 10 名 QC 小组骨干参加 QC 诊断师培训。2012 年共有 54 个 QC 课题，顺利结题 39 个，群众性创新积极性明显提高。

【现代烟草农业建设】

一是基础设施建设规模进一步扩大。2012 年，规划实施烟水项目 1037 个，配套资金

3990万元，兴建小塘坝167个、提水站26座、沟渠210条、机耕路24条，修建烟路634条；购置1354套大中型机械，配套资金2232万元；新建密集烤房1933座，配套资金5113万元；建设5个育苗工场，配套资金405万元。体现田、水、路、农机具、基层站以及育苗、烘烤设施的综合配套。2012年度烟草行业投入烟叶生产基础设施建设资金11740万元；全年烟水配套工程受益面积12.2万亩，较之2011年受益面积10.8万亩，新增受益面积1.4万亩。二是合作社建设进一步推进。全区共成立8个专业化合作社，组建3226支服务队，培训并评聘“三师一手”队伍1873名。黄渡综合型合作社建设启动，菌棒加工厂建成投产使用。利用95个大棚、110座密集烤房种植五大类瓜果蔬菜和三大类食用菌，选择“双直6181”等优质籼稻和粳稻品种进行种植。烟叶生产组织化水平明显提高，设施综合利用效益初显。三是烟农队伍整体水平进一步提升。推行户内管理，帮助种植大户制定生产计划，科学控制用工成本和生产风险，组织协调专业化服务以及管理好聘用人员。该年现代烟农372名，户均规模为91亩，占烟农总数18%，占总面积28%。四是散烟收购规模进一步扩大。扩大合作社主导专业化分级服务方式，利用育苗和烘烤等设施，设立45个合作社主导散烟集中专业化分级点，完成5.6万担散烟分级任务，占31万担散烟收购总量18%。五是基地单元建设水平进一步提升。与安徽中烟共建皖南特色优质烟叶开发研究室，开展配方打叶等项目研究，搭建工商合作新平台。2012年，安徽中烟华阳河“黄山”基地单元顺利通过国家局验收并达到优秀标准，湖南中烟青弋江“白沙”基地单元通过国家局特色烟中期评估验收。

【文化建设】

主动融入省局公司“成长”文化，做好公司企业文化理念体系完善和与省局“成长”文化对接，建立起具有鲜明时代特征、行业特色和企业特质的皖南烟叶“创文化”体系。突出人的主体地位，着力在改进工作作风、保持良好状态上下功夫，进一步落实公司“创”文化。坚持以科学发展观为指导，将“解放思想、实事求是、创新发展”指导思想、“认真、细致、务实、创新”工作作风，融入“创”文化体系，进一步完善提升公司“创”文化，实现工作上统筹兼顾，发展上全面协调可持续。

2012年安徽皖南烟叶有限责任公司主要情况统计

地市级局（公司）名称	安徽皖南烟叶有限责任公司
法人代表/主要负责人	王道支
总资产（万元）	89655.96
资产负债率	57.2%
从业人员（人）	441
所属烟叶经理部个数	5个经理部
所属业务机构（烟叶机构）	8个烟叶站

（续表）

地市级局（公司）名称	安徽皖南烟叶有限责任公司
实现两烟税利（万元）	11373.76
2012 年比 2011 年（%）	25.78
实现两烟利润（万元）	8709.28
2012 年比 2011 年（%）	33.18
2012 年度烟草行业投入烟叶生产基础设施建设资金（万元）	11740
全年烟水配套工程新增受益面积（万亩）	1.4
烟叶种植（万亩）	12.2
烟叶收购（万担）	36.83
烟叶种植户数（户）	2112

光荣榜

受表彰奖励集体

1. 安徽省烟草专卖局（公司）营销管理处荣获国家烟草专卖局颁发的“2012 年度全国卷烟销售优秀单位”二等奖。

2. 合肥市烟草专卖局（公司）卷烟营销中心被安徽省烟草专卖局（公司）授予“安徽省烟草专卖局（公司）第一届卷烟商品营销职业技能竞赛团体优胜单位”荣誉称号。

3. 合肥市烟草专卖局（公司）审计派驻办被安徽省审计厅授予“2012 年安徽省内部审计先进单位”荣誉称号。

4. 合肥市烟草专卖局（公司）审计派驻办被安徽省烟草专卖局（公司）授予“2012 年度优秀审计派驻办”荣誉称号。

5. 合肥市烟草专卖局（公司）巢湖市局（营销部）被中共合肥市委办公厅授予“合肥市第十二届文明单位”荣誉称号。

6. 合肥市烟草专卖局（公司）庐江县局被中共合肥市委办公厅授予“合肥市第十二届文明单位”荣誉称号。

7. 合肥市烟草专卖局（公司）配送中心在全省系统驾驶员岗位劳动竞赛中荣获团体第三名。

8. 合肥市烟草专卖局（公司）肥东营销部飞鸽 QC 小组在全省系统优秀 QC 成果发布中荣获三等奖。

9. 淮北市烟草专卖局（公司）被安徽省烟草专卖局（公司）授予“全省系统新闻宣传工作先进单位”荣誉称号。

10. 淮北市烟草专卖局（公司）完美 QC 小组在全省系统优秀 QC 成果发布中荣获一等奖。

11. 亳州市烟草专卖局（公司）被中共亳州市委、亳州市人民政府授予“全市综合治理先进集体”荣誉称号。

12. 亳州市烟草专卖局（公司）被中共亳州市委授予“全市创先争优先进基层党组织”荣誉称号。

13. 亳州市烟草专卖局（公司）被亳州市人民政府授予“2011 年度全市安全生产目标管理先进单位”荣誉称号。

14. 亳州市烟草专卖局（公司）在中国烟草 30 周年演出中获得国家烟草专卖局人事司通报表彰。

15. 亳州市烟草专卖局（公司）被安徽省烟草专卖局授予“全省系统卷烟打假工作先进集体”荣誉称号。

16. 亳州市烟草专卖局（公司）在全省系统专卖技能竞赛中荣获团体优胜奖。

17. 亳州市烟草专卖局（公司）被安徽省烟草专卖局（公司）授予“2009—2011 年度安全生产先进单位”荣誉称号。

18. 亳州市烟草专卖局（公司）涡阳县局被亳州市人民政府授予“2011 年度全市安全生产先进单位”荣誉称号。

19. 亳州市烟草专卖局（公司）涡阳县局被中共亳州市委、亳州市人民政府授予“亳州市第六届文明单位”荣誉称号。

20. 亳州市烟草专卖局（公司）烟叶经理部被安徽省烟草专卖局（公司）授予“全省烟叶生产发展先进集体”荣誉称号。

21. 亳州市烟草专卖局（公司）芦庙烟站被安徽省烟草专卖局（公司）授予“全省系统‘235’活动先进单位”荣誉称号。

22. 亳州市烟草专卖局（公司）谯城分局被安徽省烟草专卖局（公司）授予“全省系统‘235’活动先进单位”荣誉称号。

23. 亳州市烟草专卖局（公司）配送中心被中共安徽省烟草专卖局（公司）党组授予“全省系统‘235’活动先进基层党组织”荣誉称号。

24. 宿州市烟草专卖局（公司）荣获宿州市总工会颁发的“全市工会工作岗位目标考核”特等奖。

25. 宿州市烟草专卖局（公司）被宿州市总工会授予“2011 年度职工互助保障工作先进单位”荣誉称号。

26. 宿州市烟草专卖局（公司）被宿州市总工会授予“全市职工后勤保障工作先进单位”荣誉称号。

27. 宿州市烟草专卖局（公司）被中共宿州市委、宿州市人民政府授予“宿州市第七届文明单位”荣誉称号。

28. 宿州市烟草专卖局（公司）荣获安徽省烟草专卖局（公司）颁发的“全省系统‘徽映’杯第一届职工体育运动会”优秀组织奖。

29. 宿州市烟草专卖局（公司）被安徽省总工会授予“2012 年度全省工会财务工作先进集体”荣誉称号。

30. 蚌埠市烟草专卖局（公司）在 2011 年度“徽映杯”全省系统第四届财审知识竞赛中荣获团体一等奖。

31. 蚌埠市烟草专卖局（公司）在 2011 年度全省系统新闻宣传工作中荣获二等奖。

32. 蚌埠市烟草专卖局（公司）怀远县局被中共安徽省委政法委、安徽省烟草专卖局授予“全省卷烟打假工作先进集体”荣誉称号。

33. 阜阳市烟草专卖局（公司）太和县局（营销部）开拓 QC 小组被安徽省烟草专卖局（公司）授予“安徽省烟草公司优秀质量管理小组”荣誉称号。

34. 淮南市烟草专卖局（公司）被国家体育总局授予“全国全民健身先进单位”荣誉称号。

35. 淮南市烟草专卖局（公司）被安徽省烟草专卖局（公司）授予“管理规范免检单位”荣誉称号。

36. 淮南市烟草专卖局（公司）被中共淮南市委、淮南市人民政府授予“2011 年度目标管理考核优秀单位”荣誉称号。

37. 淮南市烟草专卖局（公司）潘集分局党支部被中共淮南市委授予“全市创先争优先进基层党组织”荣誉称号。

38. 淮南市烟草专卖局（公司）“动力班”QC 小组在全省系统优秀 QC 成果发布中荣获三等奖。

39. 淮南市烟草专卖局（公司）“动力班”QC 小组被安徽省质量管理协会、安徽省总工会、安徽省经信委等六单位联合授予“全省优秀质量小组”荣誉称号。

40. 淮南市烟草专卖局（公司）配送中心分拣组被淮南市总工会授予“工人先锋号”荣誉称号。

41. 滁州市烟草专卖局（公司）在全省系统新闻宣传工作中荣获三等奖。

42. 滁州市烟草专卖局（公司）被中共安徽省委政法委、安徽省烟草专卖局授予“全省卷烟打假工作先进集体”荣誉称号。

43. 滁州市烟草专卖局（公司）迅雷 QC 小组在全省系统优秀 QC 成果发布中荣获二等奖。

44. 滁州市烟草专卖局（公司）《全面预算管理流程》在安徽省烟草专卖局 2011 年度质量管理体系优秀管理流程评选中荣获一等奖。

45. 滁州市烟草专卖局（公司）扬帆启航 QC 小组被安徽省烟草专卖局（公司）授予“安徽省烟草公司优秀质量管理小组”荣誉称号。

46. 六安市烟草专卖局（公司）在全省系统新闻宣传工作中荣获三等奖。

47. 六安市烟草专卖局（公司）服务之星 qc 小组在全省系统优秀 QC 成果发布中荣获三等奖。

48. 六安市烟草专卖局（公司）和谐共赢 qc 小组在全省系统优秀 QC 成果发布中荣获三等奖。

49. 六安市烟草专卖局（公司）被六安市人民政府授予“六安市 2012 年度‘安全生产月’活动先进单位”荣誉称号。

50. 六安市烟草专卖局（公司）皋城分局（营销部）裕安组被安徽省经济和信息化委员会等授予“2012 年度安徽省质量信得过班组”荣誉称号。

51. 六安市烟草专卖局（公司）在 2012 年度全省烟草系统送货员岗位技能竞赛中荣获“团体优胜单位”荣誉称号。

52. 六安市烟草专卖局（公司）在2012年度全省烟草系统驾驶员岗位技能竞赛中荣获“团体优胜单位”荣誉称号。

53. 马鞍山市烟草专卖局（公司）被国家烟草专卖局授予“全国卷烟打假工作先进集体”荣誉称号。

54. 马鞍山市烟草专卖局（公司）被国家烟草专卖局授予“全国烟草行业现代卷烟物流配送中心示范单位”荣誉称号。

55. 马鞍山市烟草专卖局（公司）被安徽省经济和信息化委员会、安徽省质量管理协会、安徽省总工会授予“2012年安徽省质量管理小组活动优秀企业”荣誉称号。

56. 马鞍山市烟草专卖局（公司）“蚂蚁”QC小组在全国烟草行业第二十三届优秀质量管理小组成果发布中荣获三等奖。

57. 马鞍山市烟草专卖局（公司）“蚂蚁”QC小组被共青团安徽省委员会、安徽省妇女联合会、安徽省科学技术协会授予“2012年安徽省优秀质量管理小组”荣誉称号。

58. 马鞍山市烟草专卖局（公司）“千里马”QC小组被共青团安徽省委员会、安徽省妇女联合会、安徽省科学技术协会授予“2012年安徽省优秀质量管理小组”荣誉称号。

59. 马鞍山市烟草专卖局（公司）“啄木鸟”QC小组被共青团安徽省委员会、安徽省妇女联合会、安徽省科学技术协会授予“2012年安徽省优秀质量管理小组”荣誉称号。

60. 芜湖市烟草专卖局（公司）被安徽省烟草专卖局（公司）授予“全省系统营销创优先进单位”荣誉称号。

61. 芜湖市烟草专卖局（公司）营销管理中心在全省系统2012年度品牌培育建功立业活动中荣获一等奖。

62. 芜湖市烟草专卖局（公司）南陵县局被中共安徽省烟草专卖局（公司）党组授予“‘235’活动优秀基层党组织”荣誉称号。

63. 芜湖市烟草专卖局（公司）无为县局被中共安徽省烟草专卖局（公司）党组授予“‘235’活动优秀基层党组织”荣誉称号。

64. 芜湖市烟草专卖局（公司）在全省系统第五届财审知识竞赛中荣获优秀团体第一名。

65. 宣城市烟草专卖局（公司）在全省系统送货员岗位技能竞赛中荣获“团体优胜单位”荣誉称号。

66. 宣城市烟草专卖局（公司）“地市烟草商业主体管理体系信息系统研究”科技项目荣获全省系统2012年度科学技术进步奖三等奖。

67. 宣城市烟草专卖局（公司）满意百分百QC小组在2012年度全省烟草商业系统优秀QC小组成果发布中荣获二等奖。

68. 宣城市烟草专卖局（公司）刑天QC小组在2012年度全省烟草商业系统优秀QC小组成果发布中荣获三等奖。

69. 宣城市烟草专卖局（公司）营销管理中心市场部被国家经济和信息化委员会、中华全国总工会、全国妇女联合会、全国质量管理协会联合授予“全国质量信得过班组”荣誉称号。

70. 宣城市烟草专卖局（公司）创意QC小组被安徽省经济和信息化委员会、安徽省总工会、安徽省妇女联合会、安徽省科学技术协会、安徽省质量管理协会联合授予“安徽省2012年优秀质量管理小组”荣誉称号。

71. 宣城市烟草专卖局（公司）满意百分百QC小组被安徽省经济和信息化委员会、安徽省总工会、安徽省妇女联合会、安徽省科学技术协会、安徽省质量管理协会联合授予“安徽省2012年优秀质量管理小组”荣誉称号。

72. 宣城市烟草专卖局（公司）节流QC小组被安徽省经济和信息化委员会、安徽省总工会、安徽省妇女联合会、安徽省科学技术协会、安徽省质量管理协会联合授予“安徽省2012年优秀质量管理小组”荣誉称号。

73. 宣城市烟草专卖局（公司）蚂蚁QC小组被安徽省经济和信息化委员会、安徽省总工会、安徽省妇女联合会、安徽省科学技术协会、安徽省质量管理协会联合授予“安徽省2012年优秀质量管理小组”荣誉称号。

74. 宣城市烟草专卖局（公司）黑丝带QC小组被安徽省经济和信息化委员会、安徽省总工会、安徽省妇女联合会、安徽省科学技术协会、安徽省质量管理协会联合授予“安徽省2012年优秀质量管理小组”荣誉称号。

75. 铜陵市烟草专卖局（公司）被安徽省烟草专卖局授予“全省系统安全生产先进单位”荣誉称号。

76. 铜陵市烟草专卖局（公司）被安徽省烟草专卖局（公司）授予“全省系统2012—2013年度管理规范免检单位”荣誉称号。

77. 铜陵市烟草专卖局（公司）“探路者”QC小组被安徽省烟草专卖局（公司）授予“全省系统2012年度优秀质量管理小组”荣誉称号。

78. 池州市烟草专卖局（公司）被中央文明委授予“第四批全国文明单位”荣誉称号。

79. 池州市烟草专卖局（公司）被共青团池州市委、池州市安全生产监督管理局授予“池州市青年安全生产示范岗”荣誉称号。

80. 池州市烟草专卖局（公司）被池州市总工会授予“2012年度市直工会工作目标责任制考核先进单位”荣誉称号。

81. 池州市烟草专卖局（公司）机关团委被共青团池州市委授予“市直优秀团组织”荣誉称号。

82. 池州市烟草专卖局（公司）九子山宾馆被共青团池州市委授予“青年文明号”荣誉称号。

83. 池州市烟草专卖局（公司）被池州市人民政府授予“2011年度全市安全生产工作先进单位”荣誉称号。

84. 池州市烟草专卖局（公司）青阳县局团支部被共青团池州市委、池州市人力资源与社会保障局授予“2011年度池州市五四红旗团支部”荣誉称号。

85. 池州市烟草专卖局（公司）在全省系统2011年度预算管理考核中荣获第一名。

86. 池州市烟草专卖局（公司）机关党委被中共池州市委授予“全市创先争优先进基层党组织”荣誉称号。

87. 池州市烟草专卖局（公司）订单部被池州市委组织部、池州市妇女联合会授予

"池州市城乡妇女创先争优先进集体"荣誉称号。

88. 池州市烟草专卖局（公司）在全省烟草商业系统优秀 QC 成果发布中荣获一等奖。

89. 池州市烟草专卖局（公司）烟叶生产经营中心被安徽省烟草专卖局（公司）授予"烟叶生产组织先进集体"荣誉称号。

90. 安庆市烟草专卖局（公司）在 2012 年度全省系统新闻宣传工作中荣获二等奖。

91. 安庆市烟草专卖局（公司）机关团支部被共青团中央委员会授予"全国五四红旗团支部"荣誉称号。

92. 安庆市烟草专卖局（公司）被中共国家烟草专卖局党组授予"全国烟草行业离退休干部工作先进集体"荣誉称号。

93. 安庆市烟草专卖局（公司）96500 指挥中心被共青团安徽省委员会授予"2011 年度省级青年文明号"荣誉称号。

94. 黄山市烟草专卖局（公司）在全省烟草商业系统第四届财审知识竞赛中荣获团体二等奖。

95. 黄山市烟草专卖局（公司）屯徽营销部被中国烟草总公司授予"2009—2011 年度全国烟草行业县级卷烟营销部标兵单位"荣誉称号。

96. 黄山市烟草专卖局（公司）在全省烟草商业系统"建功立业活动"中荣获二等奖。

97. 黄山市烟草专卖局（公司）被中共黄山市委、黄山市人民政府授予"第十届市级文明单位"荣誉称号。

98. 安徽皖南烟叶有限责任公司被宣城市直属机关工会工作委员会授予"2011 年度工会工作目标责任制考核先进单位"荣誉称号。

99. 安徽皖南烟叶有限责任公司被安徽省烟草专卖局（公司）授予"烟叶生产组织先进集体"荣誉称号。

100. 安徽皖南烟叶有限责任公司南陵经理部被安徽省烟草专卖局（公司）授予"烟叶生产发展先进集体"荣誉称号。

101. 安徽皖南烟叶有限责任公司黄渡烟叶工作站被安徽省烟草专卖局（公司）授予"烟叶生产发展先进集体"荣誉称号。

102. 安徽皖南烟叶有限责任公司黄渡烟叶工作站被安徽省烟草专卖局（公司）授予"烟叶工作站创优先进单位"荣誉称号。

103. 安徽皖南烟叶有限责任公司黄渡烟叶工作站党支部被中共安徽省烟草专卖局（公司）党组授予"全省系统先进基层党组织"荣誉称号。

104. 安徽皖南烟叶有限责任公司金坝烟站党支部被中共安徽省烟草专卖局（公司）党组授予"全省系统先进基层党组织"荣誉称号。

105. 安徽皖南烟叶有限责任公司黄渡烟叶工作站被中国烟草总公司授予"全国烟草行业烟叶工作站标兵单位"荣誉称号。

106. 安徽皖南烟叶有限责任公司宣州区中华-华阳河单元被中国烟草总公司授予"全国优秀烟叶基地单元"荣誉称号。

107. 安徽皖南烟叶有限责任公司神龙 QC 小组在全省烟草商业系统 2012 年度优秀 QC

小组成果发布中荣获二等奖。

108. 安徽皖南烟叶有限责任公司“背式抑芽涂抹器”被国家知识产权局授予“实用新型专利”。

109. 华环国际烟草有限公司荣获安徽省人民政府颁发的“安徽省卓越绩效奖”。

110. 华环国际烟草有限公司被国家烟草专卖局授予“全国打叶复烤企业标兵单位”荣誉称号。

111. 华环国际烟草有限公司涡阳复烤厂被亳州市人力资源与社会保障局、亳州市总工会授予“工会工作规范化建设先进单位”荣誉称号。

112. 华环国际烟草有限公司新星等 4 个 QC 小组被安徽省经济和信息化委员会、安徽省总工会等六部门联合授予“安徽省优秀质量管理小组”荣誉称号。

113. 华环国际烟草有限公司技术中心党支部被中共安徽省烟草专卖局（公司）党组授予“全省系统先进基层党组织”荣誉称号。

受表彰奖励个人

1. 安徽省烟草专卖局（公司）王丹被安徽省审计厅授予“2012 年全省内部审计先进工作者”荣誉称号。

2. 合肥市烟草专卖局（公司）蒋宏亮在全省系统第一届卷烟商品营销职业技能竞赛中被安徽省烟草专卖局（公司）授予“十佳卷烟商品营销师”荣誉称号。

3. 合肥市烟草专卖局（公司）墨码头被合肥市劳动竞赛委员会、合肥市总工会授予“合肥市五一劳动奖章”。

4. 合肥市烟草专卖局（公司）马方权在“徽映杯”全省系统第五届财审知识竞赛中荣获“十佳个人”荣誉称号。

5. 合肥市烟草专卖局（公司）高翡在“徽映杯”全省系统第五届财审知识竞赛中荣获“十佳个人”荣誉称号。

6. 合肥市烟草专卖局（公司）王国磊被安徽省直属机关工会工作委员会授予“安徽省直机关五一劳动奖章”。

7. 淮北市烟草专卖局（公司）周智被安徽省烟草专卖局（公司）授予“全省系统新闻宣传工作先进个人”荣誉称号。

8. 亳州市烟草专卖局（公司）郭卢被全国总工会授予“全国优秀工会工作者”荣誉称号。

9. 亳州市烟草专卖局（公司）郭卢被亳州市总工会授予“亳州市五一劳动奖章”。

10. 亳州市烟草专卖局（公司）王涛被亳州市人民政府授予“2011 年度全市安全生产先进个人”荣誉称号。

11. 亳州市烟草专卖局（公司）邓贺祥在中国艺术摄影协会等举办的 14 届全国当代摄影艺术邀请赛中荣获优秀奖。

12. 亳州市烟草专卖局（公司）崔大林被国家烟草专卖局、公安部授予“全国卷烟打假工作先进个人”荣誉称号。

13. 亳州市烟草专卖局（公司）刘飞在全省系统专卖技能竞赛中荣获“十佳个人”荣誉称号。

14. 亳州市烟草专卖局（公司）吴磊在全省系统专卖技能竞赛中荣获“十佳个人”荣誉称号。

15. 亳州市烟草专卖局（公司）李令闯被中共安徽省烟草专卖局（公司）党组授予“全省系统‘235’活动优秀共产党员”荣誉称号。

16. 亳州市烟草专卖局（公司）赵安被安徽省烟草专卖局（公司）授予“全省系统烟叶生产先进个人”荣誉称号。

17. 亳州市烟草专卖局（公司）霍建峰被安徽省烟草专卖局（公司）授予“全省系统烟叶生产先进个人”荣誉称号。

18. 亳州市烟草专卖局（公司）李恒被安徽省烟草专卖局（公司）授予“2011 年度全省系统优秀通讯员”荣誉称号。

19. 宿州市烟草专卖局（公司）王建军被安徽省烟草专卖局（公司）授予“叉车工技术能手”荣誉称号。

20. 宿州市烟草专卖局（公司）赵广芝被安徽省烟草专卖局（公司）授予“十佳送货员”荣誉称号。

21. 宿州市烟草专卖局（公司）马峰被安徽省烟草专卖局（公司）授予“十佳驾驶员”荣誉称号。

22. 宿州市烟草专卖局（公司）马月云被中共安徽省烟草专卖局（公司）党组授予“先进工作者”荣誉称号。

23. 宿州市烟草专卖局（公司）唐涛被中共安徽省烟草专卖局（公司）党组授予“优秀共产党员”荣誉称号。

24. 宿州市烟草专卖局（公司）庞鹏被中共安徽省烟草专卖局（公司）党组授予“优秀共产党员”荣誉称号。

25. 宿州市烟草专卖局（公司）许连生被中共安徽省烟草专卖局（公司）党组授予“优秀党务工作者”荣誉称号。

26. 蚌埠市烟草专卖局（公司）孙雯婕被蚌埠市总工会授予“蚌埠市劳动模范”荣誉称号。

27. 蚌埠市烟草专卖局（公司）姜少勇被蚌埠市精神文明建设指导委员会、蚌埠市总工会、共青团蚌埠市委联合授予“诚信百名服务明星”荣誉称号。

28. 蚌埠市烟草专卖局（公司）王曼茹被蚌埠市总工会授予“市党工共建创先争优活动先进个人”荣誉称号。

29. 阜阳市烟草专卖局（公司）胡厚玉在 2012 年度全省系统岗位技能竞赛中荣获“十佳卷烟商品营销师”荣誉称号。

30. 阜阳市烟草专卖局（公司）胡厚玉被安徽省烟草专卖局（公司）授予“省级烟草技术能手”荣誉称号。

31. 阜阳市烟草专卖局（公司）沈战旗被安徽省烟草专卖局（公司）授予“省级烟草技术能手”荣誉称号。

32. 阜阳市烟草专卖局（公司）冯辉在2012年度全省系统岗位技能竞赛中荣获“十佳专卖管理员”荣誉称号。

33. 阜阳市烟草专卖局（公司）蒋爱民在2012年度全省系统岗位技能竞赛中荣获“十佳驾驶员”荣誉称号。

34. 阜阳市烟草专卖局（公司）张泰源在2012年度全省系统岗位技能竞赛中荣获“叉车工技术能手”荣誉称号。

35. 阜阳市烟草专卖局（公司）杨朝武被安徽省烟草专卖局（公司）授予“全省系统烟叶工作先进个人”荣誉称号。

36. 淮南市烟草专卖局（公司）解毅坤被安徽省人民政府授予“安徽省劳动模范”荣誉称号。

37. 淮南市烟草专卖局（公司）张春艳被国家烟草专卖局授予“全国烟草技术能手”荣誉称号。

38. 淮南市烟草专卖局（公司）储旭被安徽省烟草专卖局（公司）授予“省级烟草技术能手”荣誉称号。

39. 滁州市烟草专卖局（公司）何娟娟被共青团滁州市委授予“滁州市优秀共青团员”荣誉称号。

40. 滁州市烟草专卖局（公司）储照凤在全省系统第一届卷烟商品营销职业技能竞赛中荣获优胜奖。

41. 滁州市烟草专卖局（公司）储照凤被安徽省烟草专卖局（公司）授予“省级烟草技术能手”荣誉称号。

42. 六安市烟草专卖局（公司）陈武被安徽省烟草专卖局（公司）授予“全省系统优秀通讯员”荣誉称号。

43. 六安市烟草专卖局（公司）杨军在2012年度全省烟草系统岗位技能竞赛中荣获“十佳专卖管理员”荣誉称号。

44. 六安市烟草专卖局（公司）李清在2012年度全省烟草系统岗位技能竞赛中荣获“十佳送货员”荣誉称号。

45. 六安市烟草专卖局（公司）谭剑在2012年度全省烟草系统岗位技能竞赛中荣获“十佳驾驶员”荣誉称号。

46. 六安市烟草专卖局（公司）夏勇在2012年度全省烟草系统岗位技能竞赛中荣获“十佳驾驶员”荣誉称号。

47. 马鞍山市烟草专卖局（公司）胡玉冰被安徽省烟草专卖局（公司）授予“全省烟草系统叉车工技术能手”荣誉称号。

48. 马鞍山市烟草专卖局（公司）何白根被安徽省烟草专卖局授予“全省烟草系统十佳专卖管理员”荣誉称号。

49. 马鞍山市烟草专卖局（公司）贺万斌被安徽省烟草专卖局（公司）授予“全省烟草系统十佳送货员”荣誉称号。

50. 马鞍山市烟草专卖局（公司）郭鑫被安徽省烟草专卖局（公司）授予“2012 年度全省烟草商业系统优秀新闻通讯员”荣誉称号。

51. 马鞍山市烟草专卖局（公司）李轶被中共安徽省烟草专卖局（公司）党组授予“全省系统优秀共产党员”荣誉称号。

52. 马鞍山市烟草专卖局（公司）陈卫国被中共安徽省烟草专卖局（公司）党组授予“全省系统优秀党务工作者”荣誉称号。

53. 芜湖市烟草专卖局（公司）曹文君被国家烟草专卖局授予“品牌培育能手”荣誉称号。

54. 芜湖市烟草专卖局（公司）吴文强被中共安徽省烟草专卖局（公司）党组授予“‘235’活动优秀共产党员”荣誉称号。

55. 芜湖市烟草专卖局（公司）钱玉喜被中共安徽省烟草专卖局（公司）党组授予“‘235’活动优秀共产党员”荣誉称号。

56. 芜湖市烟草专卖局（公司）范小明被中共安徽省烟草专卖局（公司）党组授予“‘235’活动先进工作者”荣誉称号。

57. 芜湖市烟草专卖局（公司）熊瑞荣被中共安徽省烟草专卖局（公司）党组授予“‘235’活动优秀党务工作者”荣誉称号。

58. 芜湖市烟草专卖局（公司）催勇被安徽省烟草专卖局（公司）授予“全省系统十佳专卖管理员”荣誉称号。

59. 芜湖市烟草专卖局（公司）徐友滨在全省系统岗位技能竞赛中荣获“技术能手”荣誉称号。

60. 芜湖市烟草专卖局（公司）刘桂涛在全省系统第五届财审知识竞赛中荣获“十佳个人”荣誉称号。

61. 宣城市烟草专卖局（公司）晁治国被安徽省烟草专卖局（公司）授予“十佳营销客户经理”荣誉称号。

62. 宣城市烟草专卖局（公司）晁治国被安徽省烟草专卖局（公司）授予“省级烟草技术能手”荣誉称号。

63. 宣城市烟草专卖局（公司）刘海琴被安徽省烟草专卖局（公司）授予“省级烟草技术能手”荣誉称号。

64. 宣城市烟草专卖局（公司）胡旭被安徽省烟草专卖局（公司）授予“十佳专卖管理员”荣誉称号。

65. 宣城市烟草专卖局（公司）李梅被安徽省烟草专卖局（公司）授予“十佳送货员”荣誉称号。

66. 宣城市烟草专卖局（公司）郭小龙被安徽省烟草专卖局（公司）授予“十佳送货员”荣誉称号。

67. 宣城市烟草专卖局（公司）黄立平被安徽省烟草专卖局（公司）授予“十佳送货员”荣誉称号。

68. 宣城市烟草专卖局（公司）齐美生被国家经济和信息化委员会、中华全国总工会、全国妇女联合会、全国质量管理协会联合授予“全国质量管理小组活动卓越领导者”

荣誉称号。

69. 铜陵市烟草专卖局（公司）汪刚强被中共铜陵市委授予“优秀共产党员”荣誉称号。

70. 铜陵市烟草专卖局（公司）吴永柱被安徽省烟草专卖局（公司）授予“2011 年度全省系统优秀通讯员”荣誉称号。

71. 池州市烟草专卖局（公司）杜宇被国家烟草专卖局授予“全国烟草技术能手”荣誉称号。

72. 池州市烟草专卖局（公司）张伟被国家烟草专卖局授予“全国烟草技术能手”荣誉称号。

73. 池州市烟草专卖局（公司）丁飞被国家烟草专卖局授予“全国烟草技术能手”荣誉称号。

74. 池州市烟草专卖局（公司）季益华被国家烟草专卖局授予“全国烟草技术能手”荣誉称号。

75. 池州市烟草专卖局（公司）陈学斌被池州市人民政府授予“2011 年度全市安全生产工作先进个人”荣誉称号。

76. 池州市烟草专卖局（公司）秦艳被共青团池州市委授予“池州市优秀共青团员”荣誉称号。

77. 池州市烟草专卖局（公司）吴兰田被中华全国总工会、共青团中央委员会、中国科学技术协会、中国质量协会、中国妇女联合会授予“全国质量管理小组活动卓越领导者”荣誉称号。

78. 池州市烟草专卖局（公司）吴兰田被池州市妇女联合会授予“池州市关心支持妇女工作先进个人”荣誉称号。

79. 池州市烟草专卖局（公司）陶旭东被安徽省烟草专卖局（公司）授予“省级烟草技术能手”荣誉称号。

80. 池州市烟草专卖局（公司）许华英被安徽省烟草专卖局（公司）授予“省级烟草技术能手”荣誉称号。

81. 安庆市烟草专卖局（公司）叶安荣被安徽省烟草专卖局（公司）授予“省级烟草技术能手”荣誉称号。

82. 安庆市烟草专卖局（公司）王堂节被安庆市总工会、安庆市劳动竞赛委员会授予“安庆市劳动标兵”荣誉称号。

83. 安庆市烟草专卖局（公司）张娟娟被安徽省烟草专卖局（公司）授予“2011 年度全省系统新闻宣传工作优秀通讯员”荣誉称号。

84. 安庆市烟草专卖局（公司）张辉被安徽省直属机关工作委员会授予“安徽省直机关五一劳动奖章”。

85. 安庆市烟草专卖局（公司）蒋继东被中共安庆市委授予“2011 年度全市党委系统督查工作先进个人”荣誉称号。

86. 安庆市烟草专卖局（公司）胡海霞被安庆市总工会授予“‘学比创争’先进女职工”荣誉称号。

87. 黄山市烟草专卖局（公司）汪美丽被安徽省烟草专卖局（公司）授予“省级烟草技术能手”荣誉称号。

88. 安徽皖南烟叶有限责任公司夏定贵被中共安徽省烟草专卖局（公司）党组授予“全省系统优秀共产党员”荣誉称号。

89. 安徽皖南烟叶有限责任公司万祚华被中共安徽省烟草专卖局（公司）党组授予“全省系统优秀共产党员”荣誉称号。

90. 安徽皖南烟叶有限责任公司李隼翔被中共安徽省烟草专卖局（公司）党组授予“全省系统优秀党务工作者”荣誉称号。

91. 安徽皖南烟叶有限责任公司闵光宏被中共安徽省烟草专卖局（公司）党组授予“全省系统优秀党务工作者”荣誉称号。

92. 安徽皖南烟叶有限责任公司金玉青被中共安徽省烟草专卖局（公司）党组授予“全省系统先进工作者”荣誉称号。

93. 安徽皖南烟叶有限责任公司王大虎被安徽省烟草专卖局（公司）授予“2009－2011 年全省系统安全生产先进个人”荣誉称号。

94. 安徽皖南烟叶有限责任公司朱典富被安徽省烟草专卖局（公司）授予“十佳烟技员”荣誉称号。

95. 安徽皖南烟叶有限责任公司汤四海被安徽省烟草专卖局（公司）授予“十佳烟技员”荣誉称号。

96. 安徽皖南烟叶有限责任公司肖新年被安徽省烟草专卖局（公司）授予“十佳烟技员”荣誉称号。

97. 安徽皖南烟叶有限责任公司王道支被安徽省烟草专卖局（公司）授予“安徽省烟叶工作先进个人”荣誉称号。

98. 安徽皖南烟叶有限责任公司郜迎春被安徽省烟草专卖局（公司）授予“安徽省烟叶工作先进个人”荣誉称号。

99. 安徽皖南烟叶有限责任公司张国英被安徽省烟草专卖局（公司）授予“安徽省烟叶工作先进个人”荣誉称号。

100. 安徽皖南烟叶有限责任公司杜军被安徽省烟草专卖局（公司）授予“安徽省烟叶工作先进个人”荣誉称号。

101. 安徽皖南烟叶有限责任公司鲁先林被安徽省烟草专卖局（公司）授予“安徽省烟叶工作先进个人”荣誉称号。

102. 安徽皖南烟叶有限责任公司李长正被安徽省烟草专卖局（公司）授予“安徽省烟叶工作先进个人”荣誉称号。

103. 安徽皖南烟叶有限责任公司王明亮被安徽省烟草专卖局（公司）授予“安徽省烟叶工作先进个人”荣誉称号。

104. 安徽皖南烟叶有限责任公司周金玉被安徽省烟草专卖局（公司）授予“安徽省烟叶工作先进个人”荣誉称号。

105. 安徽皖南烟叶有限责任公司张萍被安徽省烟草专卖局（公司）授予“2011 年度新闻宣传工作优秀通讯员”荣誉称号。

106. 安徽皖南烟叶有限责任公司饶婷在“徽映杯”全省系统第五届财审知识竞赛中荣获“十佳个人”荣誉称号。

107. 华环国际烟草有限公司刘德功被中共安徽省烟草专卖局（公司）党组授予“全省系统优秀党务工作者”荣誉称号。

108. 华环国际烟草有限公司吕跃军被中共蚌埠市委授予“蚌埠市创先争优优秀共产党员”荣誉称号。

公益事业

公益事业（2012 年度）

2012 年，安徽省烟草商业系统共捐款 357.02 万元，其中，员工个人捐款 28.50 万元，用于各种社会公益活动。

安徽省烟草专卖局（公司）机关：资助教育事业，向金寨县金叶希望学校捐款 15 万元。资助乡村建设，向定远县和长丰县捐款 30 万元。

合肥市烟草专卖局（公司）：扶贫济困，向困难群众捐款 2.5 万元；参加“双百双千”“送温暖、献爱心”活动，捐款 4.03 万元；向西部贫困地区捐赠冬衣被 362 件；向敬老院捐款 0.15 万元；向“关爱帮扶资金”捐款 0.27 万元；向患病出租车驾驶员捐款 1.04 万元；开展义务献血活动，献血 9600 毫升。资助教育事业，参加“金秋助学”活动，捐款 4 万元；开展“徽映圆梦”活动，向洪冲学校捐建物理实验室及学习用具，价值 4.8 万元，并发放奖学金 3 万元。资助乡村新农村建设，捐款 1 万元。

淮北市烟草专卖局（公司）：扶贫济困，帮扶市社会福利院孤寡儿童并捐赠价值 1 万元的米、面、油等生活必需品。

亳州市烟草专卖局（公司）：扶贫济困，向光荣院捐款 0.12 万元；向魏岗镇留守儿童活动室捐赠空调 1 台，价值 0.6 万元。资助教育事业，向亳州特殊教育学校捐款 0.8 万元。

宿州市烟草专卖局（公司）：扶贫济困，向埇桥区道港口社区、萧县程蒋山村捐款 2 万元；开展“博爱在江淮”活动，捐款 1.9 万元。

蚌埠市烟草专卖局（公司）：扶贫济困，帮扶 17 名困难零售客户子女、10 名困难家庭大学生和 10 名贫困留守儿童入学，捐款 50 万元。

阜阳市烟草专卖局（公司）：扶贫济困，帮扶太和县草寺村留守儿童和 18 名困难群众，捐赠价值 2.3 万元的米、面、油等生活必需品；参加“送温暖、献爱心”活动，捐款 6.95 万元；救助艾滋病人，捐款 2 万元。

淮南市烟草专卖局（公司）：资助乡村建设，向上窑镇上窑村捐款 3.3 万元，用于修建公路；资助体育事业，向淮南市太极拳协会、市中老年太极拳协会等捐款4.6万元。支持教育事业，向市十一中捐赠物资，价值约3万元。

滁州市烟草专卖局（公司）：扶贫济困，开展“送温暖，献爱心”、“235”结对帮扶等活动，捐款13.42万元；向见义勇为基金会捐款10万元；天长市局孙俊个人向天长市红十字会捐款1万元。资助教育事业，捐款10.53万元。资助乡村建设，向“三民工程”、“新农村建设”等项目捐款9.7万元。资助医疗事业，捐款2万元。

六安市烟草专卖局（公司）：扶贫济困，向帮扶村捐款16.4万元。资助乡村建设，捐款10.8万元。资助社会公益团体，捐款0.65万元。

马鞍山市烟草专卖局（公司）：扶贫济困，向特困党员捐款0.25万元；开展“新春送温暖”活动，捐款3.8万元；参加“慈善一日捐”活动，捐款2.05万元；开展“党内关爱·先锋同行”活动，捐款0.44万元。资助乡村建设，支援对口帮扶当涂县石桥镇石桥村建设，捐款1.6万元。

芜湖市烟草专卖局（公司）：扶贫济困，开展“送温暖、献爱心”活动，捐款2.33万元；向困难群众捐款3.2万元；向“计划生育专项基金”捐款0.3万元。资助教育事业，向困难卷烟零售客户子女捐款0.54万元。资助社区建设，向结对帮扶社区捐款4.5万元。

宣城市烟草专卖局（公司）：扶贫济困，向困难卷烟零售客户捐款5.2万元；帮扶社会机构，慰问泾县王直助教中心，捐款、捐物共计9万元；向市福利院捐款1.02万元。资助教育事业，参加“栋梁圆梦”、“徽映青檀、唱响明天”活动，捐款9.6万元。资助乡村建设，向旌德县俞村镇凫阳村捐款1万元；向宣州区交通村捐款4.5万元；向市思佳社区建设捐款2.06万元。资助体育事业，捐款3万元。

铜陵市烟草专卖局（公司）：扶贫济困，参加“慈善一日捐”活动，捐款3万元；向贫困学生捐款5.2万元。资助乡村建设，向对口援助村捐款17万元。资助公益活动，赞助铜陵市“青铜博览会”，捐款20万元。

池州市烟草专卖局（公司）：扶贫济困，向贫困儿童捐款0.5万元；向涓桥敬老院捐赠米、油等生活必需品。资助教育事业，关爱特教儿童，捐款1万元；开展“知识之光点亮孩子的眼睛，爱心之火温暖他们的世界”爱心报刊捐赠活动。

安庆市烟草专卖局（公司）：扶贫济困，开展“徽映”为孤寡老人献爱心活动，捐赠轮椅；向困难卷烟零售客户捐款11.2万元。资助教育事业，开展向中小学学生赠书、“爱心包裹”活动，捐款1.07万元；向贫困地区小学生捐赠价值1万元的“爱心包裹”200个。

黄山市烟草专卖局（公司）：扶贫济困，向徽州区杨村乡捐款3万元；开展义务献血活动，献血6300毫升。资助教育事业，向祁门县白塔村捐款2万元，用于白塔村小学操场硬化建设。

华环国际烟草有限公司：资助教育事业，向40名贫困家庭小学生各捐赠200元助学金，共计0.8万元。

安徽皖南烟叶有限责任公司：扶贫济困，向寒亭敬老院捐款0.3万元。资助教育事业，向白塔小学、三溪镇小学捐款3.1万元。资助乡村建设，向新田镇“美好乡村建设”捐款5万元；向广德县卯林村“新农村建设”捐款5万元。

报刊文萃

把握工作中的稳与变

文/李胜

稳与变，相对而言。如果用线条比喻，稳是直线，变是曲线。在稳与变相互作用的过程中，作为曲线的“变”并不是无拘无束、自由自在，而是要围绕作为直线的“稳”，不能偏离直线的方向。从一定意义上说，稳是方向、是目标，变则是方法、是措施，只有两者有效结合，相互促进，才能加快推进工作开展。

稳、变结合，是实现持续、协调、共同发展过程中必须遵循的方法论。两者一动一静，辩证统一。稳而不变，易生僵化；变而不稳，易失原则。

要把握稳、变的相对性。国家提出“十二五”的主题是科学发展，主线是加快转变经济发展方式。在烟草行业，国家局提出了“卷烟上水平”的基本方针和战略任务。行业省级、市级、县级单位又在“卷烟上水平”的指导下，根据各自实际，提出了相应的落实措施。由此可见，“卷烟上水平”基本方针和战略任务是科学发展主题、转变经济发展方式主线的“变”，同时也是行业各级单位所必须把握的“稳”。把握这种相对性，才能让我们更加明确应该坚持什么，从而便于在工作中灵活操作、加快发展。

要把握稳、变内涵的一致性。“变”可以结合不同的实际化为不同的具体措施，但贯穿其中的理念不能变异脱轨，要与上一级政策相契合相统一。偏离主题和主线，则是偏离的“变”，异化的“变”，错误的“变”。因此，保持内涵的一致性才能确保我们的工作不变质，才能“万变不离其宗”。

要把握稳、变的实践性。稳、变结合，不仅仅是口号、是要求，更需要在日常工作中实践和推进。要坚持发展方向的稳定性，按照“卷烟上水平”的基本方针和战略任务，牢牢把握企业发展方向，坚持科学发展，转变发展方式，面对各种风险考验，都能坚韧不拔、矢志不移，不松懈、不动摇。在“变”的实践中，要敢于创新、立足竞争、有效调适。善于开动脑筋，创新工作的方式方法，注重求“变”；要在坚持专卖体制的前提下，面向市场竞争，做到敢“变”；要及时有效检验“变”的效果，在“变”中修正、完善与提高，力求善“变”。

要把握稳、变的延展性。坚持稳、变结合，不仅表现在企业发展战略、方向、理念等方面，更要深入分解并细化到日常工作中。要把稳、变结合的要求从宏观层面拉近到你我身边，融入不同层级、不同岗位中。要认识到，稳、变结合是对每一个人、每一项工作的要求。要围绕中心工作，分析本职岗位，查找出哪些是必须坚持的，哪些是可以创新变化的，在思维方式上、具体措施上懂得突破陈规，善于开拓创新。变一变，工作困难或许就会柳暗花明；变一变，工作效果或许就会事半功倍。

（摘自《东方烟草报》　2012 年 03 月 13 日）

活力终端“我们要共赢”

——马鞍山卷烟市场信息自动采集与分析工作纪实

文/郭鑫

6 月 28 日，中南部区第一届卷烟营销信息交流座谈会在安徽省马鞍山市召开，中国卷烟销售公司有关领导与来自安徽、河南、湖南、湖北、江西等 18 家省级工商企业代表以及安徽省 16 家地市级公司的代表齐聚一堂，分享交流了马鞍山市局在卷烟市场信息自动采集与分析工作上的先进经验。

作为经验交流的“主角”，马鞍山市局的卷烟市场信息自动采集与分析工作取得了哪些成效和经验？这些经验对未来行业终端建设又有何种意义？请走近马鞍山市局（公司）。

信息技术　打通工商零

众所周知，市场信息采集是现代零售终端建设的重要组成部分，是感知市场的“触角”，对于准确把握市场动态、科学开展货源供应具有十分重要的意义。

然而市场信息采集工作也是零售终端建设的难点。“使用人工采集数据的方式，虽然数据质量可控，但时间跨度长、工作量大；使用自动采集数据的方式虽然时效性强，但客户配合程度的高低直接影响到数据质量。”

这一“重”一“难”，概括了市场信息采集工作的特点，也是与会代表的共识，然而在参观马鞍山市卷烟零售终端时，代表们留意到：马鞍山的卷烟零售客户对于参与信息自动采集的主动性很强，扫码率很高，而且多数零售客户乐于使用包含了信息采集系统的“徽映 e 家”零售终端管理平台。马鞍山市局是如何做到这一点的呢?

“关键是转变工作思路，以聚焦客户利益提升为根本点，对信息采集系统进行革新升级。”马鞍山市局（公司）局长（经理）胡家木回答道。

这一“转变”对商业企业提出了更高的要求，而真正落实到零售客户的具体操作中，只需轻按“一键”。

“操作‘徽映 e 家’，大约需要哪些步骤？”

“‘徽映 e 家’支持‘一键式’操作。”马鞍山市的一位客户经理介绍说，“在‘徽映 e 家’建设初期，公司就充分考虑到零售客户文化素质和电脑操作水平的差异性，力争使操作过程更简单。”

按照“一键式”操作的思路，电脑操作能力较弱的客户，只需他们点击“销售开单”，坚持扫码销售，店铺的经营统计分析工作可以由客户经理协助完成，这种“一对一”的信息交流反馈机制，大大减轻了零售客户的操作负担，能让他们科学、轻松理财。

不仅如此，“徽映 e 家”还有更为丰富的内涵。对于工业企业来说，通过系统后台“品牌分析”模块，一方面能够获取卷烟品牌规格的进销存情况，同时还可以对零售客户的购进行为、消费者的消费习惯以及行为变化等因素进行综合分析，在品牌研发、宣传促销方面做到“有的放矢”。

对于商业企业来说，系统实现了对终端数据信息的自动采集和分析，大大强化了企业对网络渠道的控制能力。“去年 8 月，市公司通过系统发现某品牌卷烟出现毛利率走低的情况，综合系统各模块分析结果，得出主要原因是该规格卷烟社会库存偏大，零售客户为减少资金占用，急于消化库存而降价销售。为此市公司及时调整投放节奏，降低社会库存，9 月底，监测数据表明该规格卷烟社会存销比降至 0.37，综合毛利率上升到 6.1%。”胡家木介绍道。

胡家木认为，“徽映 e 家”系统为商业企业由“事后处理”转变为“过程控制”提供了可能性，也为工商协同的进一步深化开拓了空间。

利益链接　添客户活力

要想实现信息自动采集，离不开零售客户的主动参与。零售客户能否坚持扫码，是市场信息自动采集的关键。为此，如何以利益链接为纽带，增强客户扫码销售的主动性成为问题解决的关键。如何引导零售客户从“要我扫码”到“我要扫码”的转变？马鞍山市局（公司）通过摸索，在客我双方的需求上找到平衡。

具体来说，就是将零售客户店内的所有商品都纳入“扫码”的范围，非烟商品与卷烟销售信息同步进入信息管理系统，能够帮助解决零售终端传统经营模式中普遍存在的几个“不清楚”：一天收支不清楚、每月盈利不清楚、货品库存不清楚、一个经营周期内各类货品的销量不清楚、每种商品所占的盈利比例不清楚……

现在，通过“商品结构管理”，零售客户可以随时查看各类商品的实时库存、资金占用等情况，及时调整库存结构，增强盈利能力。此外，系统还可以自动生成不同维度的流水账分析结果，对任一时间段内的商品销售及盈利情况进行对比分析，为零售客户的科学经营、合理安排资金奠定了基础。

“过去客户‘盘账’不方便，现在通过信息平台，每天的库存、购进、销售情况一目了然，客户用得高兴，自然会给予配合。”湖北省局的代表认为马鞍山的经验对自己很有启发。

借力“徽映 e 家”管理平台，不少零售客户实现了经营上的“突破”。

位于马鞍山市华山路一个居民小区附近的升升超市，是一个中小型零售店。其斜对面不足50米就是大润发超市，附近300米左右就是苏果超市，小区里面还有两家商店，应该说竞争和生存压力很大。而超市老板汪芳润告诉记者："事在人为，面对竞争，我们并不怕。"汪芳润说，自从去年使用了烟草部门提供的"徽映e家"，他坚持扫码销售，坚持运用信息系统的分析结果，将商品结构和库存都调节得很好，资金周转速度加快，资金利用效率提升。"靠精打细算、科学经营，现在超市每个月盈利多出了900元左右，去年利润总计已经超过10万元了。"汪老板颇为兴奋地告诉与会代表。

服务优化　信息很关键

"服务优化"不是空泛的口号。做好营销信息工作，提供及时准确的卷烟市场信息本身就是流通企业服务优化的具体体现。

"正是通过对终端信息快速有效的实时收集分析，商业企业才能为零售客户提供有效的货源供应，才能为工商协同、品牌精准营销提供有效的信息支撑，才能为行业宏观调控、保持稍紧平衡的市场状态提供科学依据。"中国卷烟销售公司有关领导如此评价信息采集和分析工作同服务优化之间的关系。

为优化服务，"徽映e家"还致力于有效解决消费行为研究问题。通过平台搜集和分析零售客户辐射的几十个甚至上百个消费者的样本数据，"掌握消费者的消费情况，不仅能够让我们及时了解品牌重复购买率和忠诚度的真实情况，还有效提升了工商协同营销的效率。"胡家木说道。

"在开展工作的过程中，许多'细节'是我们预先设想不到的。所以先试点，根据客户反馈逐步完善，然后再进一步推广。要真正从零售客户的现实需求出发，才不会伤害到零售客户参与的积极性。"胡家木如是说。

座谈过程中，一位商业企业代表的发言令人印象深刻："把所有的难题留给我们，把所有的'便利'留给客户。"这句话体现出烟草商业企业工作观念的转变，代表了烟草人的心声。不仅如此，通过烟草人的不懈努力，"实现共同价值"的愿景也正在零售客户中引起共鸣，正如零售客户汪芳润所说："科学的经营才是靠谱的经营。随着我这小店越来越有活力，我有信心和烟草共同发展、实现共赢！"

（摘自《中国烟草》2012年第15期　2012年08月01日）

登门报喜

文/杨正军

"今天我们是专程登门报喜的，顺便代表这些贫困学生谢谢你们烟草人！"

8月23日上午，安徽省滁州中学副校长杨超一行来到滁州市烟草专卖局（公司），将印着受助贫困学生名单的一大张《感谢信》送到滁州市局（公司）纪检组长贾新善手上。在过去的三年里，这些贫困学生在烟草公司的资助下，通过自己的努力考进了理想的大学。看着昔日几近辍学的贫困学生都有了“好前程”，贾新善十分宽慰，乐滋滋地安排人把《感谢信》贴到了办公楼一楼大厅的显眼处，让干部职工都看一看，一块儿跟着高兴高兴。

《感谢信》长约1.2米、宽约0.9厘米，四周用喜庆的红色勾边，中间是黄色铺底，乍看起来像一幅宣传画。信的开头几句话大致讲述了滁州市局（公司）无私捐助学校的举措，随后依照“学生姓名”“困难情况”“考取大学”等项辑录了24名受助贫困学生的相关信息。

前来“参观”的干部职工聚在《感谢信》前，听滁州中学的老师讲解起来：

“大家看，这个裴思闻，父母都是聋哑人，孩子学习很勤奋，考上了北京航空航天大学，是这24名贫困学生里考得最好的一个！”杨超指着《感谢信》名单的第一个名字说。

“这个叫金帅的同学，父母双亡，全靠捐助才读完高中，今年考取了武汉理工大学；还有这个胡雪峰，自幼就成了孤儿，现在被安徽财经大学录取了；龚芸也很争气，考取了南京审计学院，她父亲残疾，家里就靠母亲一个人务农维持……”听着学校老师的一一介绍，在场的每一位烟草人都为孩子们今天的成绩感到高兴。

2010年元旦刚过，滁州市局（公司）得知滁州中学有许多贫困学生的信息后，向滁州中学一次性捐助了10万元。为了科学利用这批助学款，滁州中学认真选定了24名特困生，由学校负责分期、分批、定时发放，直到这些学生顺利完成高中学业为止。近3年来，受资助的24名贫困学生克服来自家庭的诸多困难，勤俭节约，刻苦学习，奋发图强，最终均以优异成绩全部考上了大学。

“拿到录取通知书时，同学们纷纷表示会在各自的学校里继续努力学习，学好本领，回报社会！”杨超转达受助学生的承诺后说，“烟草公司的这笔真情资助是一个火种，我们的学生将把火种接力传播下去！”

“让爱传出去，它像阳光温暖我和你。”大家耳畔隐约响起了那首经典公益歌曲的曲调。大红的《感谢信》，一个个名字，一所所高校，浓缩着无尽的爱与被爱。听着学校老师的讲述，滁州市局（公司）干部职工仿佛看到了象牙塔内一张张灿烂自信的笑脸，心底不由地生出美好的祝愿……

有力的思想政治工作是各项工作顺利推进的重要保障。笔者认为，在提高针对性、注重灵活性和突出实效性等方面下功夫做好思想政治工作，不断探索新的手段和机制，能够为优秀县级局创建工作提供有力支撑。

（摘自《东方烟草报》 2012年9月6日）

做好思想政治工作 推动优秀县级局创建

文/郑以坤

有力的思想政治工作是各项工作顺利推进的重要保障。笔者认为，在提高针对性、注重灵活性和突出实效性等方面下功夫做好思想政治工作，不断探索新的手段和机制，能够为优秀县级局创建工作提供有力支撑。

关注操作性　与制度建设结合

建立制度建设是促进工作落实的重要保证。思想政治工作是一项长期性、经常性的工作，需要依靠制度的规范性、稳定性和制约性来提高其可操作性。

建立思想汇报制度。定期召开干部职工民主生活会，认真开展批评与自我批评，自觉接受监督。

建立民主对话制度。涉及重大活动安排、重大决策出台等情况时，要召开民主对话会，听取群众意见和建议，使决策更加科学合理。

建立思想分析制度。通过谈心、汇报和调查，及时了解、掌握干部职工学习、工作、生活情况，并针对存在的问题，采取有效措施。

建立健全理论学习制度。不断完善培训学习机制，建立健全学习制度，做好计划、确立主题、明确职责，加强效果检查，组织学习交流。

建立先进典型事迹报告制度。做到事迹内容贴近实际，从而使先进典型事迹报告真正起到弘扬正气、鼓舞斗志、激励干劲的作用。

注重示范性　与领导干部素质建设结合

领导干部要率先垂范，增强号召力。要坚持讲实话、办实事，既看到成绩，又看到不足，带头搞好廉政建设，坚持以身作则、率先垂范，以高尚的人格品德增强号召力。

要不断提高综合素质，增强影响力。要加强理论学习，善于运用科学的立场、观点和方法分析、解决工作中存在的问题；要广泛了解政治、法律、决策科学、领导科学等，使管理更加规范、制度、科学化；要与时俱进，研究先进理念，做到“专”和“博”相结合、求知与修身共进步，为开展思想政治工作打好基础。

要深入基层，提高思想政治工作的生命力。要深入实际、注重调研，做到问题在一线发现、实情在一线掌握、办法在一线产生、问题在一线解决、典型在一线挖掘、经验在一线总结；要坚持问政于民、问需于民、问计于民，不断提高思想政治工作的针对性和实效性，以实际行动密切干群关系，提高思想政治工作的生命力。

提高针对性　与作风建设结合

要大力倡导说实话、鼓实劲、求实效的工作作风，形成真抓实干、实事求是、雷厉风行的良好风气，以公平、公开为原则，广开渠道、畅通言路，提高干部职工的知情权、参与权和发言权。

要增强管理工作的透明度，坚持“从群众中来、到群众中去”的工作方法，让干部职工真正参政议政，发挥“主人翁”的作用；思想政治工作者尤其是领导干部要甘作“出气筒”“顺心丸”，对于干部职工提出的意见建议，要以“有则改之、无则加勉”的态度积极接受。

把握灵活性　与解决实际问题结合

思想政治工作必须投入“情”、突出“实”，营造“一人有事大家想，一人有难大家帮，集体事情大家做，集体荣誉人人创”的良好氛围。

坚持既讲道理，又办实事。要倾听干部职工的呼声，在实施重大改革决策时进行广泛宣传和细致的思想工作，引导干部职工正确认识和处理个人利益与党、国家和人民利益的关系；要认真贯彻落实党的各项政策，把好事办实、实事办好，真正把组织的温暖送到干部职工的心坎上。

坚持从具体事情抓起。要善于分析干部职工的思想变化，把思想政治工作和关心、解决实际问题结合，做到既讲道理又办实事，千方百计把好事办实，完善奖惩体系，切实把实事办好。

突出实效性　与提高干部职工的综合能力结合

干部职工的综合能力关系到烟草事业的健康、稳定和发展，关系到优秀县级局创建工作。

提高经营案件的能力。专卖执法人员的能力和水平直接影响案件经营工作的效率和质量，在实际工作中要着力培养专卖执法人员经营案件的能力，即分析判断、组织协调、驾驭案件和抵御风险等能力。

巩固专卖业务能力。要狠抓教育培训，按照上级队伍建设的各项要求，加强业务培训。

增强抵御腐败的能力。进一步加强对《烟草专卖文明执法行为规范》等的监督落实，深入查找在管理中存在的薄弱环节，分析情况、研究对策，增强干部职工遵守各项制度、依法行政、文明执法和廉洁从业的自觉性。

激发自我教育的能力。思想政治工作要鼓励干部职工充分发挥自己的想象力和主观能动性，积极提出自己的新观点、新思路、新方法，真正将思想政治工作落到实处。

提升环境的影响力。加强职工活动室等硬环境和企业文化、创新文化、执行文化、班组文化等软环境建设，积极营造读书、学习、求知、向善的文化氛围，提高良好环境的影响力。

着眼长期性　与创新工作机制结合

推动优秀县级局创建工作，就必须在创新工作机制等方面下功夫，不断赋予思想政治工作新的生命力。

创新领导机制。要创新思想政治工作的领导机制，强化对思想政治工作的领导，使思想政治工作在党组织的统一领导下，做到齐抓共管、形成合力，保证思想政治工作机制的有效运行。

创新动力机制。思想政治工作的动力机制主要来自思想政治教育，但在社会主义市场经济条件下，在加强思想政治教育的基础上，还应创新动力机制，实施物质、精神双驱动。

创新运行机制。新形势下，思想政治工作的运行机制应该是面向实践、有首创精神的，贯彻上级精神要联系实际，提倡具体情况具体对待、具体问题具体分析，有针对性地开展工作，从而形成思想政治工作的新特色。

创新制约机制。建立规范有序的思想政治工作管理机制，形成一套科学的干部管理、组织管理、宣传管理、文化管理、教育管理、文体管理和属地管理等全方位的思想政治工作管理体系，将思想政治工作纳入规范化、制度化的轨道，充分发挥其作用，不断推进优秀县级局创建工作。

（摘自《东方烟草报》　2012 年 09 月 13 日）

营销变“法”

——安徽烟草商业以“135”工作法推动营销上水平

文/郑旭南（记者）李胜　许超

推行实施两年后，安徽省合肥市烟草专卖局（公司）庐阳区营销部的客户经理潘珺渐渐发现自己在日常工作中越来越离不开“135”营销工作法了，对该工作法的使用也愈来愈得心应手。在她看来，“135”工作法给客户经理的工作带来了很大改变，“让我们的工作思路更加清晰，真正做到了自主作业、自我管理、自觉提升”。

“以前我们客户经理样样都要做，样样都要干好，就等于说胡子眉毛一把抓，没有一个系统的操作规范，整天处于忙、乱、杂、繁的工作状态。”潘珺对比介绍说，“实行了‘135’工作法后，我们的工作有章可循了，在一条主线的引领下，把握三个要点，按照五步操作进行服务营销，解决了客户经理‘干什么、怎么干’的问题。”

事实上，类似的工作体会并非客户经理潘珺一个人所独有。从某种程度上看，对于实施“135”工作法推动营销工作上水平而言，潘珺的话或许可以代表安徽烟草商业系统全体营销人员的心声。

“自推行以来，我们越来越深刻认识到‘135’工作法为解决当前营销工作中存在的问题提供了科学而有效的方法。越是深入推进，就越能看到其在营销现代化、标准化、专业化等方面产生的明显效果，越能感觉到市场把握、品牌培育、客户服务等营销措施针对性、有效性的增强，这有效推动了营销上水平。”安徽省烟草专卖局（公司）相关负责人介绍道。

学习经验　试点先行

直到今天，安徽省局（公司）卷烟营销管理处副处长郑文宾还记得最初接触到“135”工作法的情景。

“2010 年兰州网建会刚一开完，参加会议的同事就把兰州市烟草公司的‘135’工作法经验介绍材料和国家局副局长何泽华在会上的讲话发了回来。”10 月 23 日下午，郑文宾在办公室对记者回忆说，当时他就觉得“这套工作法将对营销管理和服务水平的提升带来重大影响”。

在他的记忆里，省局（公司）从一开始即高度重视“135”工作法的推广应用，及时组织安排全省营销系统人员进行了认真学习。据郑文宾介绍，兰州网建会结束没多久，他和营销战线的同事们即分批前往甘肃学习了“135”工作法的实际操作经验，并先后多次组织全省商业系统营销管理人员、品牌经理、市场经理、客户经理参加了专题培训，使各级营销人员熟练掌握“135”工作法的基本理论、业务流程和操作技巧。

“在学习和实践中，我们认真分析了安徽的卷烟营销工作现状，找出了影响当时卷烟营销上水平的几个关键问题。”郑文宾对存在的问题记得很清楚，“比如客户经理营销业务的范围和内容不够明晰，业务指导无法具体到细节；品牌经理岗位设置不够统一和规范；客户分群方法不统一；品牌营销的形式较为简单；客户服务的时间、措施、方法与客户需求不适应，服务效果欠佳等。”

对比查找出的诸多问题，郑文宾和同事们愈加认识到学习和推行“135”工作法的必要性和紧迫感。然而，安徽烟草商业营销系统并没有简单盲目地学兰州市公司的现成经验。

“通过对存在问题的分析，我们觉得应用和推广‘135’工作法不能简单地复制兰州经验，而是应当结合安徽烟草商业实际，通过加强基础管理、优化营销管理方法等来实现‘135’工作法的落地。”安徽省局（公司）卷烟营销管理处处长项建安如是表示。

为探索“135”工作法与本省实际相结合的经验，在充分调研和分析的基础上，安徽省局（公司）编制了“135”工作法的实施方案，并制定了“先试点、再全省统一推广实施”的工作计划。凭借良好的工作基础，合肥市局（公司）和蚌埠市局（公司）成为最早的两家试点单位。

“以蚌埠市局（公司）‘科学分类、专业分工、团队协作、区别考核’方法为基础，我们要求进一步明确岗位分工、细分业务单元、优化业务流程、分步实施营销项目，使‘135’工作法的应用不仅能够有效提高营销管理的效率，同时也能加强细节管理，让‘135’工作法融入每位员工的行为和习惯当中。”郑文宾说省局（公司）有关领导对此非常重视，多次对试点单位进行了现场指导。

上述两家试点单位没有辜负安徽烟草商业系统上下的期望。据省局（公司）卷烟营销管理处一位工作人员介绍，两家单位在做好各项前期准备工作的基础上，积极协调软件开发商，及时提报信息化需求，分别开发出功能较为完善的“135”工作法操作系统平台，保质保量地完成了试点任务。

“通过认真学习兰州经验，我们按照‘试点先行、有序推进’的方式，积极探索构建适合自身的‘135’工作平台，初步形成了以品牌、客户、市场为核心，以细分市场和业务单元为基础，以营销项目控制为抓手的‘135’工作法应用体系，为提升营销管理和服务水平打下了基础。”项建安总结道。

立足实际　创新推广

在多位安徽烟草商业受访人士看来，合肥市局（公司）和蚌埠市局（公司）探索而成的试点经验大大加快了全省商业营销系统推广实施“135”工作法的进程。

据蚌埠市局（公司）卷烟营销管理中心经理唐陈平回忆，去年6月安徽烟草商业系统在合肥召开了一场全省“135”工作法系统应用平台座谈会，会上17家地市级局（公司）

有关负责人悉数到场，对两家试点单位系统功能的完善性、先进性和实用性进行了现场评估。

“通过综合评价，我们选择了应用更为贴近营销工作实际的蚌埠市局（公司）的‘135’工作法系统平台，并要求于当年 8 月底完成在全省范围内的推广实施。”郑文宾说这与省局（公司）对全省“135”工作法的推广目标、时间进度、质量要求及保障措施等安排部署相符合。

“立足实际、创新推广”成为安徽烟草商业系统推广实施“135”工作法的特有之处。以“优化服务模式、梳理业务流程”为例，据了解，为了将“135”工作法融入工作细节，安徽烟草商业在试点中整合修订了作业指导书，重新梳理了营销业务作业流程。

“主要是以市场、品牌、客户营销为核心业务，将涉及营销部经理、品牌经理、市场经理、客户经理等关键岗位的基本营销业务细分成 10 个业务单元，并将每个业务单元运行产生的营销项目分别按分析、计划、实施、评估、改进五步骤来确定具体作业内容，形成可执行和检查的材料。”项建安解释道，“在此基础上，各业务单元产生的营销项目可以按照管理程序在各岗位之间相互贯通。”

前文提及的“135”工作平台也是一个重要集成创新。为了实现服务模式的信息化支撑和服务效率的提高，安徽烟草商业在原有营销信息系统的基础上，按照实施“135”工作法的要求重新构建了一个全新的“135”工作平台。

“我们对营销系统进行了优化升级，整合了全省卷烟营销现有应用系统，集成了信息收集、需求预测、订单采集、货源组织、卷烟投放、工商协同、品牌培育等功能，实现了有效集成，无缝整合。”郑文宾说。

另外一个值得关注的创新之处是，为了更好地支持客户经理开展营销服务工作，安徽烟草商业还特别设计开发了一个客户经理“终端移动工作平台”，成为推广“135”工作法的一大亮点。

时任蚌埠市局（公司）局长（经理）、现任合肥市局（公司）局长（经理）张丙利认为：“通过这一平台，客户经理在拜访零售客户的时候，可以用笔记本电脑、通过3G无线网络连接后台系统，记录拜访用时、调取工作计划、了解任务要点、采集市场信息、记录客户意见，向客户传递业务信息、推介卷烟产品、展示优质终端陈列图片，并能根据客户经营情况选择经营指标与所在客户群作对比分析。”

这受到了营销人员的一致欢迎。蚌埠市局（公司）客户经理刘云雷告诉记者，使用“终端移动工作平台”有效提高了客户经理服务零售客户的效率和质量，提升了品牌培育水平，也降低了客户经理的劳动强度。“以前拜访零售客户时很多东西都要先手写记录下来然后回去后再录入电脑，费时又费力。现在用移动工作平台就方便多了，既便捷又高效。”刘云雷说。

不仅如此，移动工作平台的“痕迹化”和“实时性”也可以让客户经理的日常工作得到有效监管。“我们会对客户经理每个工作日的移动平台使用情况进行统计、抽查、上报，对其任务完成情况进行监控，并要求客户经理每天必须开启 GPS 定位系统，对使用异常情况及时进行反馈。”马鞍山市局（公司）有关负责人进一步补充。

“在‘135’工作法推广过程中，我们结合本地营销实际，优化业务流程，创新系统功能，在保证推广效果的同时提升了营销管理水平。”郑文宾说。

潜心应用　成效显现

经过近两年时间的推行应用，“135”工作法的成效正在安徽各地日渐显现。作为试点单位的具体组织实施者，张丙利认为“135”工作法首先解决了品牌经理、市场经理、客户经理岗位“干什么、怎么干”的问题。

在他看来，“135”工作法明确了每个岗位的工作流程，各岗位营销人员对照每月的工作目标，制定、发布和领取工作任务，在月末进行总结评估，营销工作能力和意识均有了明显提升。

同时，“135”营销服务平台亦解决了营销管理的信息化支持问题。“通过工作平台中目标制定、跟踪评价、改进提升等流程化的设计，将无形的管理有形化，明确了整个工作过程由‘谁来管’、‘管什么’和‘怎么管’，强化了过程管理和结果导向相结合的管理理念，改进了管理方式和效率，提高了管理水平。”项建安如是指出。

服务客户和培育品牌水平的提升则是众多安徽烟草商业营销系统人士普遍认为实施“135”工作法的最明显成效。

“如每月选择零售客户作为重点指导对象进行帮扶服务，深入分析和评估其经营现状，从订货、库存管理、商品陈列、销售指导等量身定制指导方案和计划，提升零售客户的经营能力；在品牌培育方面，通过分析查找同价位品牌在各细分市场和客户群的销售表现，锁定目标零售客户群体，分客户群设置上柜率和投放标准，为新品培育提供突破口。”张丙利介绍说。

对此，客户经理刘云雷用一个服务客户、培育品牌的事例来展现“135”工作法给其工作带来的改变：

通过日常拜访了解到的需求和“135”工作平台显示的客户经营效果明细表，我分析了蚌山区零售客户韩淼“瑞丰烟酒店”当前的经营状况，根据“135”工作法为其提供个性化服务。经过为其提供供货总量商定、传递公司信息、重点品牌宣传、合理库存、卷烟陈列等四周时间的服务，韩淼店里的卷烟销量和毛利率有了明显增长，他表示下个月要增加订货需求和引进新品。

“听到客户的需求，我觉得自身工作真的有了很大改善。‘135’工作法的实施让客户经理知道从哪些方面为客户提供服务，而客户也真正感受到了客户经理的周到服务，客我关系更加融洽了，也实现了品牌培育的目标。”刘云雷深有体会地说。

营销变“法”，越变越好。“当前，安徽烟草商业系统的‘135’工作法推广应用工作仍在积极推进。我们将在现有基础上，继续探索完善‘135’工作平台，不断加强营销队伍素质建设，努力以‘135’工作法推动卷烟营销上水平。”安徽省局（公司）相关负责人如是表示。

（摘自《中国烟草》2012年第22期　2012年11月15日）

实践“235”　凝心聚力促发展

——安徽南陵烟草深化创先争优活动

文/宁志（记者）毛峰　张杰

一场影响深远、意义重大的创先争优活动正在全国范围内深入开展，行业也不例外。围绕深入开展创先争优活动，2012 年年初，国家局党组强调要切实加强行业各级领导班子思想政治建设和基层建设，随后下发通知要求在全行业全面开展践行“两个至上”、做到“三个始终”、树立“五种意识”的教育实践活动。“235”教育实践活动是行业扎扎实实开展创先争优活动的重要载体，既贯彻中央精神之要求，也顺应行业发展之需要。

根据国家局部署，安徽省局（公司）迅速行动，切实将“235”教育实践活动作为引领和推进各项工作的重要抓手，扎实教育，创新形式，深入实践，活动在全省烟草系统内有声有色展开，其中最为典型的就是芜湖市局（公司）下属单位南陵县局（营销部）。近期，南陵县局（营销部）开展“235”教育实践活动的事迹经县、市、省委组织部门推荐上报至中央创先争优活动领导小组办公室，被中央《深入开展创先争优活动简报》刊载，其做法被人民网等媒体转载，这充分体现了中央对行业全面开展践行“235”教育实践活动的充分肯定。

作为全省烟草系统基层单位的一个代表，南陵县局（营销部）“235”教育实践活动是安徽省局（公司）扎实开展“235”教育实践活动的一个缩影。今年 3 次到芜湖调研的安徽省局（公司）局长（总经理）问武评价：“南陵县局讲政治、讲大局，从最基层的角度，紧密结合创先争优活动，坚持创‘三先’争‘三优’，联系各项工作实际，解决突出问题，行动迅速，成效明显，起到了立竿见影的效果，得到了地方党委和政府、广大零售客户、基层员工及社会各界的好评和支持，反映出了行业的面貌，为树立行业良好形象做出了应有的努力。”

创先争优及“235”教育实践活动涉及面广泛，覆盖行业每一个单位，结合方方面面的工作，一个基层单位能够脱颖而出，得到各方赞誉，实属不易。近日，记者走进芜湖，试图勾勒出南陵县局（营销部）正在开展的“235”教育实践活动全貌。

活动纷呈　各有承载

“235”是一条统领全局工作的思想主线，反映了行业的责任价值取向。对于基层单位而言，实践“235”这个题目很“深”，涉及人的思想观念、价值取向层面，不是开个会、发个文那么简单；这个题目亦很“大”，不仅站得很高，而且内涵外延丰富，如果泛泛而谈难有实实在在的效果。南陵县局（营销部）领导对此有清醒的认识，要求活动的组织坚持从实际出发，精心安排，把握实质，提升内涵。

南陵县局局长范小明介绍，根据行业总体部署和安徽省局（公司）具体要求，在芜湖市局（公司）指导下，南陵县局（营销部）明确了“以‘235’教育实践活动推进创先争优、以创先争优引领组织成长、以组织成长促进‘卷烟上水平’”的指导思想，以此统领“235”教育实践活动的开展。在此基础上，南陵县局（营销部）深入挖掘“235”教育实践活动的内涵和教育功能，寻找紧密联系本单位实际的结合点，经过认真考虑，提出组织“大讨论、大调研”，创建“示范岗、责任区”，争创“三面红旗”等举措，使“235”教育实践活动具体化、生动化——

加强基层党组织建设、发挥党员先锋模范作用是推进“235”教育实践活动的重要抓手，南陵县局（营销部）相继开展了创建“党员示范岗”和“党员责任区”活动，引导党员结合岗位本职工作，更积极、更主动地履行党员义务，更好地发挥先锋、示范、引导作用。

针对如何落实“三个始终”，南陵县局（营销部）结合自身实际找准着力点，提出“争当服务烟农红旗班组，把维护烟农利益放在心上”、“争当服务客户红旗标兵，把为客户服务作为根本任务”、“争当服务员工红旗支部，把调动员工积极性、主动性、创造性作为工做出发点”的争创“三面红旗”的活动，突出凝聚力、执行力、创造力，坚持烟农、零售客户和员工同进步、共成长。

提高认识、增强素质是“235”教育实践活动的题中之意，南陵县局（营销部）相继组织开展了“摆问题、找根源、精神懈怠在哪里？促发展、拓思路，能力不足怎么办?”的大讨论活动，广泛发动，全员参与，采取“自己提出来、组织点出来、相互讲出来”的方式，反省个人的思想和素质，盘点工作的思路和方法，引导员工树立“五种意识”，有针对性地解决存在的问题。

……

具体必然生动，承载“235”教育实践的活动虽然多，但每个活动不仅有一定的形式、流程，更有鲜明的主题和丰富内容，让员工融入活动中，感动在活动中。在创建“党员示范岗”过程中，有一位叫钱玉喜的送货员，他在基层岗位工作了22年，临近退休想调整岗位，“235”教育实践活动开展以来，他主动放弃了这个想法，如今这位56岁的老党员一如既往地在偏僻的乡村线路上，踩着泥泞，冒着风雨，把一条条卷烟送到零售客户手中。钱玉喜说：“我是一名党员，不能因为上了年纪就要求组织的特殊关照，送货工作只有起点，没有终点，退休之前，只要我还干得动，就会一直干下去。”

一名党员就是一面旗帜，钱玉喜的事迹在南陵县局（营销部）引起了很多人的共鸣，在示范引领方面发挥了积极作用，而各种活动中许许多多类似的事迹，带动着“235”教育实践转化为提高认识、凝聚人心、铸炼党性、提升队伍的契机与推手。

承载之要　突出实效

“235”教育实践活动是一种形式，抓有章法，就能成为有效手段，取得实实在在的效果；抓不得法，就会流于形式，成为一时热闹。南陵县局（营销部）视“235”教育实践活动为一条推动企业组织成长、服务科学发展的路径，着力于查找和解决问题，“哪里是瓶颈，哪里就是突破口，哪里是短板，哪里就是着力点”。

“235”说大很大，说小也小，完全可以也应该从所在地实际入手，从身边人、身边事抓起。事业成败，关键在人，在争当“服务员工红旗支部”活动中，南陵县局（营销部）

让支部搭台，员工“唱戏”，把“培养人、激励人、关心人、凝聚人”作为目标，积极推进学习型组织建设，开展“读书励志、岗位成才”的主题读书活动；在多个序列开展争创标兵和劳动技能竞赛活动，营造“比、学、赶、超”氛围；班子领导成员与困难职工结成对子、引入家访机制，传递组织关怀；定期组织内容活泼的文体活动，丰富员工业余文化生活……除了支部开展的各种常规性活动外，南陵县局（营销部）还依据培养“实话实说、实情实报、实功实做”等“六实”作风，通过设立意见箱、发放意见征求表、召开座谈会、征求合理化建议等形式，倾听员工心声，切实解决员工反映的实际问题。

“活动一共征集了17条合理化建议，能解决的立即解决，有13条建议已经解决，4条短期内无法解决的建议已拟定了计划表，制订了分阶段解决方案，并明确了整改时限和具体负责人，保证员工提出的合理化建议件件有回音、事事有着落。”范小明表示，全方位、多角度把脉员工需求、增进交流沟通，让每一位员工真正感受到尊重与关注，增强了归属感和责任感，进而调动了员工的主动性、积极性和创造性，企业的凝聚力与战斗力得到显著提升。

得意之笔是，为了确保“235”教育实践活动不走过场、不做表面文章，南陵县局（营销部）特别强调活动过程的痕迹化管理，每项活动开展之前，都会按照PDCA循环确定各环节必须提报的痕迹资料种类与内容，明确各部门上报时限和责任人，对活动过程进行监督和指导。在南陵县局（营销部）“235”教育实践活动开展的每个阶段、每个环节、每个节点均实现了事前方案详细、事中记录翔实、事后资料齐备，由各类方案、记录、报告、心得组成的痕迹资料涉及文字、图片共计28类近70份，图片资料近500张，整个活动有迹可循、有档可查，有力地保证了活动落在实处、取得实效，工作之细令人惊讶。

大兴求真务实之风，南陵县局（营销部）“235”教育实践活动给人一个深刻的印象：抓有章法，有的放矢，十分扎实，将“235”教育实践活动不折不扣地贯彻到基层、落实到基层，在思想上、行动上与上级要求一致，取得了实实在在的成效。

实践升华　助推发展

“235”教育实践活动是一个过程，其效应也是缓慢释放、持续不断的。许多工作比以前做得更好了，业绩更高了，回过头去看，里面有“235”教育实践活动的力量。

自“235”教育实践活动开展以来，南陵县局（营销部）卷烟市场稳定有序，1～10月，市场净化率98.33%，同比增长1.66%，零售客户平均盈利率达到10.68%；卷烟销量完成全年目标计划的88.1%，同比增幅4.28%，经济运行保持健康平稳；干部职工积极参与结对共建、文明窗口创建、一访一评等活动，争当客户的知心人、贴心人，截至今年三季度，辖区零售客户满意度99.09%，同比增长0.82%，客户满意度得到显著提升。这些成绩和硕果的取得，离不开“235”教育实践活动润物无声的巨大张力。

有道则明，“235”教育实践活动的作用并不局限于思想认识层面的提升，深入到一定程度，其效果必然会外溢，极大影响着具体工作的开展，这可以在南陵县局（营销部）找到例证。

2012年，芜湖市局（公司）下发了《卷烟零售终端建设实施方案》，南陵县局（营销部）在贯彻落实中创新开展了以“明码标价、卷烟出样、提升终端建设水平”为主要内容的“创建示范一条街”活动。创建之初，部分员工有畏难情绪，认为全面铺开是一个较为漫长而艰巨的过程，“235”教育实践活动有机融入工作中以后，这种情况发生了转变，客户经理克服畏难情绪，主动寻求零售客户配合，通过开展面谈、算损溢账等多种努力争取零售客户的信任和理解，涌现出峨岭、许镇、籍山示范区为代表的明码标价规范、卷烟整条陈列、标准化烟柜建设典型，示范街创建进程有效推进。目前，南陵县共有8条拜访线路、195名零售客户加入了“创建示范一条街”活动，零售客户的参与积极性很高，推动了全县范围内卷烟明码标价和出样的普及、提升，对卷烟零售终端建设工作起到了强有力的促进作用。

教育显成效，实践助成长。南陵县局（营销部）充分借助“235”教育实践活动，使之贯穿各项工作，覆盖全员，基层的精神面貌在潜移默化中改变，员工队伍展现出更加蓬勃的朝气，工作的责任意识、创新意识在增强，取得了弘扬精神、构筑氛围、推进工作的“倍数效应”，成为一种弥足珍贵的企业发展“软实力”。

11月22日，安徽省局（公司）在南陵召开推进“235”教育实践活动现场会，总结推广南陵县局（营销部）“235”教育实践活动经验和典型做法，省局（公司）纪检组组长鹿军要求突出用十八大精神统领各项工作，以更加昂扬的精神状态，努力在践行“两个至上”、做到“三个始终”、树立“五种意识”上取得新进展、新突破，实现全年各项目标任务的全面完成。今后，南陵县局（营销部）的“235”教育实践活动将与时俱进，内容在深化，实践也将升华。

（摘自《中国烟草》2012年第24期　2012年12月15日）

大事记

2012 年大事记

1 月 9 日，省政法烟草卷烟打假联席会议在合肥召开。总结 2011 年全省卷烟打假工作开展情况，客观评价取得的成绩，理性分析存在的问题，安排部署 2012 年专卖打假工作任务。

1 月 17 日，省烟草行政执法联席会议在合肥召开。总结 2011 年全省烟草行政执法工作开展情况，评价成绩，总结经验，研究问题，安排部署 2012 年烟草行政执法工作任务。

2 月 9 日，省局（公司）召开安徽省特色优质烟叶开发重大专项 2011 年度总结会。

2 月 20 日至 22 日，全省烟草专卖行政执法案卷评审会议在马鞍山市召开。

2 月 21 日至 24 日，国家烟草专卖局整顿办副主任马宁一行到省局（公司）调研指导整顿规范工作。

3 月 12 日，国家烟草专卖局烟叶收购站标兵单位验收小组一行到黄渡烟叶工作站就优秀烟站创建活动进行验收考评。

3 月 14 日，安徽省政法委秘书长郑宏一行代表省委创先争优督查组到宣城烟草检查指导创先争优工作。

3 月 21 日，中国烟草杂志社总编辑王献生一行到合肥市局（公司）调研。

3 月 29 日，国家烟草专卖局经济运行司体系建设调研组赴皖调研“体系建设创一流”工作。

4 月 14 至 15 日，国家烟草专卖局检查组一行对芜湖市场“天价烟”及卷烟过度包装专项治理工作落实情况进行检查。

4 月 16 日，国家烟草专卖局全面审计检查组到六安市局（公司）开展全面审计重点检查工作。

4 月 19 日，安徽省人民政府副省长梁卫国到皖南烟叶公司视察烟叶生产情况。省政府副秘书长程中才，省林业厅巡视员汪炳瑜，省农委副主任王华，省水利厅副厅长蔡建平等随行。宣城市委常委、副市长黄东升陪同。

4 月 19 日，全省现代烟草农业建设研讨会在合肥召开。省局（公司）副总经理董建江出席会议并作讲话。

4 月 25 日，省局（公司）局长、总经理问武到创先争优活动联系点蚌埠市局（公司）调研指导工作。

4 月 25 日，中纪委检查一室综合处吴伟锋在驻国家局监察局副局长程春节等陪同下，到池州市局（公司）调研指导廉政风险防控工作。安徽中烟副总经理周恩海、省局（公司）纪检组长鹿军等陪同调研。

5 月 14 日至 15 日，全省卷烟营销网络建设现场会在合肥召开。会议传达 2011 年国家烟草专卖局副局长何泽华、中国卷烟销售公司总经理曹华青在全国卷烟销售网络建设现场会上讲话要点，与会人员交流网建工作经验，研究和探索网络建设新方向和新举措。省局（公司）副巡视员曹永钦作题为《夯实管理基础，深化队伍建设，培育知名品牌，全力推进现代卷烟零售终端建设》工作报告。

5 月 16 日至 17 日，国家烟草专卖局科技司调研组到省局（公司）及华环公司，就烟叶产品质量安全标准体系建设情况进行调研指导。

6 月 4 日，国家烟草专卖局人劳司政工处负责人到池州市局（公司）调研企业文化建设工作。

6 月 6 日至 7 日，国家烟草专卖局卷烟销售公司一行到马鞍山市局（公司）调研，重点调研市场信息自动采集等工作。

6 月 13 日，国家烟草专卖局经济信息中心网络管理处负责人一行在省局（公司）经济信息中心负责人陪同下到滁州，就网络信息安全建设工作开展情况进行检查和指导。

6 月 28 日，中南片区第一届卷烟营销信息交流座谈会在马鞍山召开，安徽、河南、湖南、湖北、江西、广西、海南、山东、四川、云南、江苏、陕西等十八家工商企业代表以及安徽 16 家地市级公司代表参加会议。中国卷烟销售总公司副总经理王宏出席会议并讲话。省局（公司）局长、总经理问武在会议期间会见参会有关领导。省局（公司）副总经理卓俭华出席会议。

7 月 5 日，国家烟草质检中心主任胡清源一行到省局（公司）质检站指导烟草质量监督检验工作。

7 月 10 日，国家烟草专卖局烟草商业企业标准体系项目组就如何推进标准化工作到马鞍山市局（公司）开展调研。

7 月 17 日，省局（公司）在六安召开“管理创一流”活动启动暨管理体系工作交流会。

7 月 18 日，国家烟草专卖局法规体改司一行到安庆烟草调研母子公司体制改革后的运营情况。

7 月 20 日，亳州烟草创编的五禽戏表演节目在北京会议中心精彩亮相，取得圆满成功，受到国家局和省局（公司）领导高度赞扬。

7 月 25 日，2012 年全省烟叶收购暨现代烟草农业建设现场会在宣城召开，会议传达全国烟叶收购暨现代烟草农业建设现场会精神，各烟叶产区进行交流发言。

7 月 27 日，国家局整顿办联合检查组到蚌埠市局（公司）就“两项工作”开展、严格规范卷烟经营行为及治理“天价烟”和过度包装工作进行检查指导。

7 月 23 日至 28 日，全省系统会计基础工作规范及核算标准化成果应用研讨会在宣城召开。

8 月 30 日，“黄山”品牌发展座谈会在安徽合肥召开。国家烟草专卖局局长姜成康出席会议并讲话。安徽省常务副省长詹夏来致辞，国家局副局长何泽华、李克明讲话。安徽省副省长黄海嵩、国家局总会计师张玉霞出席会议。

9 月 28 日，皖南特色优质烟叶发展第一次政府联席会议在省政府召开，会议听取省局（公司）关于皖南特色优质烟叶生产工作汇报，分析皖南特色优质烟叶生产面临的形势，研究解决特色优质烟叶生产工作中的重点问题。省政府副秘书长黄晓武主持会议。

10 月 31 日，国家烟草专卖局巡视组到六安市局（公司），通过听取汇报、个别谈话、查看资料等方式开展巡视工作。

11 月 8 日，全省商业系统卷烟营销网络建设工作会议在马鞍山召开。省局（公司）副总经理卓俭华、副总经理董建江、总会计师贾零霓出席会议，安徽中烟工业公司副总经理张力应邀出席会议。马鞍山市人民政府副市长季翔到会致辞。

12 月 28 日，全省公安烟草卷烟打假工作会议在合肥召开。公安部治安局六处处长冯毅、省公安厅副厅长周礼明、省局（公司）副局长张靖江出席会议并讲话。省局（公司）副总经理卓俭华主持会议。